股道酬勤

郑子如 ◎ 著

一本书读懂中国股市

研究出版社

图书在版编目（CIP）数据

股道酬勤 / 郑子如著.

—— 北京 ： 研究出版社， 2013.8

ISBN 978-7-80168-839-2

Ⅰ. ①股…

Ⅱ. ①郑…

Ⅲ. ①股票投资－基本知识

Ⅳ. ①F830.91

中国版本图书馆CIP数据核字(2013)第207375号

责任编辑：傅旭清　　　　责任校对：张　璐

出版发行：研究出版社

地址：北京市东城区沙滩北街二号中研楼

电话：010-55602355

网址：www.yjcbs.com　E-mail：yjcbsfxb@126.com

经　　销：新华书店

印　　刷：北京奥隆印刷厂

版　　次：2013年11月第一版　2013年11月第一次印刷

规　　格：710毫米×1000毫米　1/16

印　　张：29.5印张

字　　数：550千字

书　　号：ISBN 978-7-80168-839-2

定　　价：45.00元

前　言

　　不知不觉中，我在股市里已摸爬滚打了十五个春秋，曾经遍体鳞伤，满脸血泪，回想起来，多少个春节是在煎熬中度过。老伴说，你看看人家楼下老李，不在股市，种花遛鸟，过得多好！是啊，几家欢乐几家愁，自己赔了钱，还连累家人受过，于心不忍啊。

　　如果说钱被贼偷了，丢个清楚；请客吃饭，花个痛快；旅游消费了，图个享受，总之有个说法。可在股市里赔了，都不知道账上的钱是怎么一点点变少的。

　　记得那是在 1997 年夏，2 万元入市。钱放在股市，心里攥得紧紧的，"股市有风险，入市须谨慎"记得牢牢的。当天就买了 1000 股上海石化，看到成功交易的一刹那，我按捺不住心中的喜悦对老伴说，咱有股票了！当时那个激动，那个兴奋啊，至今都仿佛就在眼前。同时，心也在翻滚着。是的，我第一次有了股票，但股票是什么？钱花了，东西没见着，都放在哪里了？不知道。上街买东西，掏出钱来交给卖家，几元几角的纸币看得很清楚，就算刷卡，也拿到了实实在在的商品。可我的股票呢？看不见摸不着，心里不知道是什么滋味。

　　当然，那时并不清楚，在那个时点，大盘"一览众山小"已是过去式，风光不再。而此时，大盘正领着众股民下山，我是直接参加到下山的队伍中，而对此我全然不知，准确地说，是根本不懂。入市当天买的上海石化最终以每股赔 1.48 元卖出，这是交的第一次学费！听人们说，到股市得交学费，新手入市难免要交学费，哪有免费的午餐？可谁知道，这仅仅是学前班的学费。

书还得念，学费还要继续交。钞票定时地往股市里投，股票有节奏地一支支地买，账户余额不停地一分分地少。就这样，度过了四个春秋。说实在的，还不是真正的痛苦，钱也不多，也许只是享受着温水煮青蛙的感觉。

真正的痛苦还在后面，那是在2004年。名家推荐金股，名字那个好听，叫"金钱豹"。大盘股我早已领教，再也不敢涉足，"金钱豹"盘子小，正合我意，就决定选它。当时是分三次按均价23.66元买的，公司在北京，为慎重起见，我还参加了股东大会，记得是在腾达大厦。事情总是这样，当你买了以后，先给你尝个甜头，还没来得及从沾沾自喜中反应过来，随后一路阴跌，一年后以均价11元全部卖出，创买股以来单股损失最高记录。

有我这么笨的吗？有我这么蠢的吗？七年了还在赔钱，而且越赔越大！我常常怨恨自己，更可恨的是我还把老伴拉下水，让她和我一起"受苦"，每天中午在营业部闭市后，两块五买五个烧饼，她两个我三个匆匆吃完，一想到这些，我的心里更不是滋味。但是每每想到，虽然清贫但能和老伴在一起，有个伴，有个安慰，心里也就非常的温暖和满足。

说实在的，我不是个懒惰的人，从入市那天起就用心学基础知识，画K线图，看各种各样的参考书，但始终没有走出亏损的怪圈。从那以后，我开始冷静下来，反省自己，极力寻找屡屡失败的原因。经过半年多的反思，终于找出了失败的根源，失败的关键就在于选股没主意，总是随波逐流，自己的资金自己做不了主。从那以后，我决心丢掉幻想和依赖，自己选股。2005年我的股票池陆续都换成了自己选的股。那一年，资金开始出现净收益，2008年，亏损全部收回，2008年到2011年每年都是正收益。

惨痛的教训使我们变得聪明起来了，我开始认真总结，摸索出了在股市生存下去的四原则：

坚持自己选股的原则。我的资金我做主，凡买股必自选，自己写研报，提出买股的十大理由：1. 基本情况心知肚明；2. 近三年收益逐年提高；3. 净利润10%以上；4. 行业龙头且牌子过硬；5. 每年发红包常使你惊喜；6. 老董是个好人，有个优秀的管理团队。7. 产品质优服务好，市场占有率高，前景看好；8. 科研队伍强，后续品种储备充分；9. 公司受国家政策扶植；10. 科技成分比例大，含量高。

坚持价值投资长期持有原则。按照十大理由选出的股，基本上是优质股。自己选出的优质股，最具投资价值，那么理所当然地要坚持长期持有，形式上买的是股票，实际上买的是公司股权，投资的是公司，对于优质的公司要有持有十年的信心和勇气。

坚持目标低的原则。股市是高风险市场，控制风险最好的办法就是要把目标定得低些再低些。恐惧和贪婪是附在投资者身上的鬼魂，赶不走，驱不掉，对付恐惧和贪婪的灵丹妙药就是把收益定得低些，比如，我的原则是收益目标为10%，长期坚持下来收益就很可观了。我们常说，苹果树有大小年，股市也有大小年。股市大年目标为10%，小年可为5%甚至零收益，要树立不亏就是赢的理念，不追求大赢，永远不要奢望满仓，资金使用的极限是70%。要守好自己的钱袋子，牢记资金安全永远第一。

坚持刻苦学习的原则。股市是一所大学，投资者的成分很复杂，但不管什么类型的人，只要踏入股市的大门，就要坚持学习。国家政策和国际时事要明白，每天的财经新闻要清楚，上市公司的信息要掌握，大盘每天的走势要分析。功夫在盘外，机会总是给有准备的人。股道酬勤，刻苦学习是"悟"的提炼，深入研究是内功的沉淀，播下勤奋的种子，收获的是希望的果实。

在股市没有秘籍，只有功夫。没有大师，只有骗子。不能奢望经验，只有痛苦的记忆。如果有制胜的诀窍，那就是：相信自己，你能行！

每当我看到许多老年朋友在股市驰骋多年，还深套其中，亏损累累，心里很是难受。我多么渴求每个股友都能拥有好股票、好心态、好身体。虽年过花甲，但趁脑子还好使，我愿尽微薄之力，把我和我所熟悉的朋友的苦和乐、悲和喜记录下来，或许能给股友带来一点点感悟和帮助，这是我的初衷，也是我最大的心愿！

郑子如

2012 年 5 月

　　一个六十六岁的老股民，把自己在股市十五年的经验教训和周围股民的痛苦和欢乐，以生动真实的感受写成书，出版了这本《股道酬勤》，实属难能可贵，可喜可贺。

　　本书中以讲故事的形式开篇，提出问题，讲出了股民的困惑、迷茫。紧接着从政策、公司、技术三个层面深入浅出地加以分析和解答，以鲜活的事例普及了股票的基本知识。

　　本书从心理、哲理、智慧等不同角度回答了股市处处皆学问，需要投资者亲身感悟。作者还写了20篇调研报告，身先示范，告诉大家要亲自调研，亲手掌握公司第一手资料。书中以20篇案例作为最后一章，警示投资者，要把安全永远放在第一位。

　　这本书以广阔的视野，真情实感地把股市和人生紧密联系在一起，充满了哲理，读起来真实可信，书中详细地剖析了股民的多种心态，强调应以积极心态走进股市。可以说是股民进入股市的教科书，也是老年股民的良师益友，这些故事曾发生在自己身上，又像是身边股友的经历，读后倍感亲切。

　　作者本身是一个老股民，可以看出他花费了大量时间，呕心沥血，把自己亲身经历总结出书，字里行间倾吐了身陷套牢之苦，解套之乐。书中不少故事体现了对股民的同情之心，这本书也正是在这种思想凝聚之下写出来的，读后使人感动。

　　作者是一名退休军人，字里行间流露出一个军人执着勤奋，不甘失败，敢打必胜的信念。其实股市同其他行业一样，只要有信念，再加上几分勤奋，不敢说一定赢，但离战胜股市也就只有一步之遥了。

有道是"谈笑有鸿儒，往来无白丁"，只要我们勤学勤为，经常和有学问的人交往，才会不断进步，以提高自己独立操作的能力，掌握主动权，最终战胜股市。

股市波诡云谲，充满了惊险和奇遇，本书作者凭着对股市的激情和热爱，用犀利的笔触记录了一个个生动有趣的故事，读来耐人寻味，我愿意把《股道酬勤》这本书推荐给大家。

祝福广大股民手里有好股票，炒股有个好心情，年年都有好收成。

著名财经作家，原香港汇丰银行高级经理，现任职《商业银行企业信贷辅助系统》国际机构香港首席执行官，香港华星卫视首席财经顾问，中国民生银行策略顾问。

序言二

　　喜闻郑先生的《股道酬勤》即将正式出版，作者的辛勤耕耘终有成果。此书将为证券投资市场注入新的力量，为中国股市中千千万万的股民带来新思路和新方法。

　　郑先生是我营业部的资深股民，在股市中摸爬滚打了十几年，经历了股市的风云变幻、血雨腥风，有过卓越的成功战绩，也有过惨痛的失败教训。他从不甘心失败，经过刻苦学习，潜心钻研，总结出一套完善的炒股方法。更可贵的是他不忘多年的股友，下决心将自己在股市多年来的经验教训和周围股友的辛酸苦辣写出来，与广大股民分享。

　　此文真切生动、故事鲜活，经验可学可鉴，教训入木三分。文中故事都是股民身边常发生之事，易与广大股民产生心理共鸣。文字流畅、语言活泼，读起来亲切动人。本书集故事性、知识性于一体，充分体现出作者大智慧、大勇气。

　　郑先生多年以来不断总结经验教训，在探索股市运行规律，掌握投资的主动权方面下了不少功夫，其独特的炒股思路和方法值得我们学习。

　　对股市充满信心和保持良好的心态是坚持在股市中立于不败之地的思想基础。股市本身就是一个博弈的场所，大盘的涨跌、股价的波动，无一不牵动着每个股民的神经。要想做到在股市中胜不骄、败不馁、涨不喜、跌不悲、赢不狂、亏不怒，就需要股民始终保持一个健康的心态，否则很难坚持下去。

勤奋学习、刻苦钻研是立足股市的基本功。勤奋不能确保只赚不赔，但不学习、不了解股市，要想战胜股市也是不可能的。成功的投资者无一不是苦练内功的结果，靠运气、凭消息只能偶尔取胜，但绝不是取胜之本。在股市，低买高卖是常识，但却鲜有人做到，说到底归结为功夫不深、历练不够。因而，只有把基本功练扎实了，才能扎根于股市。

　　选择优质的股票是投资成功的前提。我们有些投资者，买卖股票拿不定主意，总是听别人指挥，往往造成投资失误。成功的投资者把大部分时间都用在了研究个股上，寻找优质股票，是每位股民必做的功课。对个股深入调研，发现股票的真实内在价值，剩下的就是怀着胜利的喜悦去采摘丰硕的果实。

　　作为营业部的一员，真诚服务每一位投资者是我们的宗旨，创造一个优质良好的投资环境是我们的职责。我们衷心祝福广大投资者心情愉快，投资顺利，获利多多。

信达证券北京营业部总经理

目 录

第 5 章 拜师篇：巴菲特，那老头儿 ································ **159**

第 6 章 哲理篇：股市是人生的一部分 ………………………… **209**

第 9 章　研报篇：自己的研报最可靠 ················· **355**

第10章 警示篇：警惕股市陷阱 ···················· 397

001　假如猪八戒炒股

猪八戒原是玉皇大帝手下的天蓬元帅，主管天河，是个有头有脸、有职有权的人物。只因醉酒调戏嫦娥被玉皇大帝逐出天界，到人间投胎，却又错投猪胎，但猪八戒毕竟是天蓬元帅，况且观音菩萨又赐法号悟能。你想想，世上能有几人得到观音菩萨赐号，要是现代人能有此殊荣，在中央电视台黄金时间做10秒钟的广告，至少也得几千万元。

在唐僧西天取经路过高老庄时，八戒被悟空收服，做了唐僧的二徒弟。对于猪八戒，唐僧唯一的要求是戒五荤三厌，五荤指五种辛味蔬菜，包括大蒜、葱、韭菜；三厌指雁、狗和乌龟，道教规定不能吃这三种动物。五荤三厌是佛道二教的混合，属宗教戒条，信徒不准食用。师父的要求，猪八戒一一应允，唐僧给他起了个别名叫"八戒"。正因为如此，在以后西去取经的日子里，八戒虽也偶犯错误，但他始终戒守"八戒"，因而成为悟空的好帮手，协助师父完成了西天取经的任务，作为唐僧三徒之一，猪八戒功不可没，从历史上讲，他是成功的。

话说回来，如果让猪八戒去炒股，我想他也是个成功者。他能帮助师傅功成名就地取经回来，这归功于他做到了"八戒"，所以他是个成功者。股市，也有很多戒律，有形的，无形的，但为什么大多数人做不到，败就败在不戒，这就是股民十有九亏的根本原因。

股市里有很多禁忌，看得见的硬规定，如"T+1"制度当日买股，只能第二天卖出；10%的涨跌停制度，"ST"股，只能涨跌5%。这些制度由电脑控制，事先设计好了，这都能做到。但有些不成文的规定，就要靠个人的领悟了，不然就会自食其果。有的人身体过敏，那就是对某种食物忌口。而在股市，你不服从，不忌，那就犯大错。股市有些大忌，不是小忌，必须做到，做不到，干脆离开股市。股市大忌很多，比如：不要借钱炒股；不要替人炒股；不要追高买股；切忌钱少股多，天女散花；不要买股评家推荐的股；不要酒醉后买卖股等等。

我们要学习猪八戒，他时时"八戒"。特别是散户，都是血汗钱，养命钱，一入市就要以八戒为师，我们那点钱，赢得起，输不起，要像爱护自己眼睛一样爱护自己的资金。善于总结经验，牢记失败教训，从"一戒"开始，逐渐"二戒"，"三戒"，根据自己的习惯，总结出哪些是要坚持的，哪些是必须要戒的，经验从实践中来，教训从失败中来，成功者善于总结经验，失败者重复错误。我劝准股民，开户前准备几戒，做不到不如用少量钱到酒馆喝喝酒，落得个酒足饭饱，岂不快哉！

天安门前有了孔子像，也许哪天某证券营业部大厅也矗立起一座"猪八戒"像，并立一警示牌，写明"股民八戒"：1. 戒买股不知理由；2. 戒把获利目标定得太高；3. 戒钱少股多；4. 戒山上买股；5. 戒不设止损止赢；6. 戒把家底全部搬到股市；7. 戒靠听消息买股；8. 戒借钱炒股。我断言：总比"股市有风险，入市须谨慎"受用得多。

在以下的文章里，我们把股市里的一些"忌"、"戒"的故事一一讲给大家听。

002　王科长一夜白了头

有一个千古流传的故事：伍子胥过昭关一夜白了头。伍子胥是楚国大夫伍奢的次子。楚平王即位后，伍奢任太师。后平王听信少师费无忌谗言，伍奢被杀。伍子胥随即逃走，楚平王下令各城门要塞悬挂伍子胥图像捉拿他，伍子胥先是投奔宋国，因宋国动乱，又投奔吴国，路过陈国，又向东行了数日，到达昭关（今安徽含山县北），昭关地势险要，两山对峙之间，前面是大江，且有重兵把守，伍子胥想过关，难于上青天，世传伍子胥过昭关，一夜白了头。天无绝人之路，在名医扁鹊弟子东皋公的巧妙安排下，化妆换衣，过了昭关。到了吴国，辅佐吴王阖闾，富国强兵，伐楚大胜，终报父仇，吴王阖闾死后，伍子胥被新君夫差封为大将。

伍子胥过昭关一夜白了头是历史故事，而上了岁数的人都看过电影《白毛女》，喜儿被黄世仁强奸后逃入深山，过着非人生活，变成满头白发，两年后，大春随部队回乡，找到喜儿，才得以伸冤报仇。

白毛女的故事也过了半个世纪，可在十年前，我见证了王科长一夜白了头的故事，至今想起，记忆犹新。王科长在北京市某单位任科长，个子不高，清瘦，为人谦和，深得科员爱戴。退休后用五万元开了户，开始了股市的生涯。初时，还很顺利，在 26 元买入琼民源，不长时间赚了 8000 多元。事有凑巧，同科老张、老梁和老宋相继退休，得知王科长炒股赚了钱，三人商量后，每人拿出平日积蓄 5 万元，共计 15 万元交给了王科长。当时 5 万元，那可是全家多少年的家底，王科长起初感到责任重大，再三推辞，后经不住恳求，终于答应三个老部下的要求，并特意将自己赚得 8000 元算作四个人的共同所得，随后一齐买了琼民源。此后不争气的琼民源，一路下滑，后又暴出该股高管问题连连，东窗事发，最终停牌，琼民源变成了"群民怨"。王科长和他的三个部下共计 20 万元，停牌时只剩下 9 万多元。毕竟是一个科室工作了 20 多年，感情没有受到任何伤害。可谁知道，王科长在其后的日子里，寝食难安，昼夜难眠，自己亏了不说，还连累了三个好兄弟，其中老宋的小儿子结婚急需用钱，人家虽未讲，但王科长更是急得像热锅上的蚂蚁，本来清瘦的身体，又瘦了整整一圈，眼看着王科长身体要垮，老张三人到王科长家安慰老领导，这更使王科长坐卧不安，不久，王科长满头黑发变成了白发，一日我到股市，股友老周告诉我，你可知王科长吗？我说不知，老宋指了指后排座上一个满头白发的老头子说，他就是王科长，因买琼民源一夜白了头，老周和王科长属同行，在股市里是老朋友，老周便一五一十地给我讲了王科长的故事。

两年后，琼民源重组成功，变成了中关村，股票代码是 000931。1999 年 7 月 12 日，中关村上市开盘价 37.58 元，当时最高上冲至 38.00，收盘价为 31.95 元，2000 年 3 月 6 日最高达到 44.80 元，在 2005 年 12 月 5 日下跌至 2.25 元，此后上冲至 14.70 元，作双头后一路下滑，后在 10 元以下长期做底，截止到 2010 年 12 月 31 日，该股收盘价为 6.65 元。

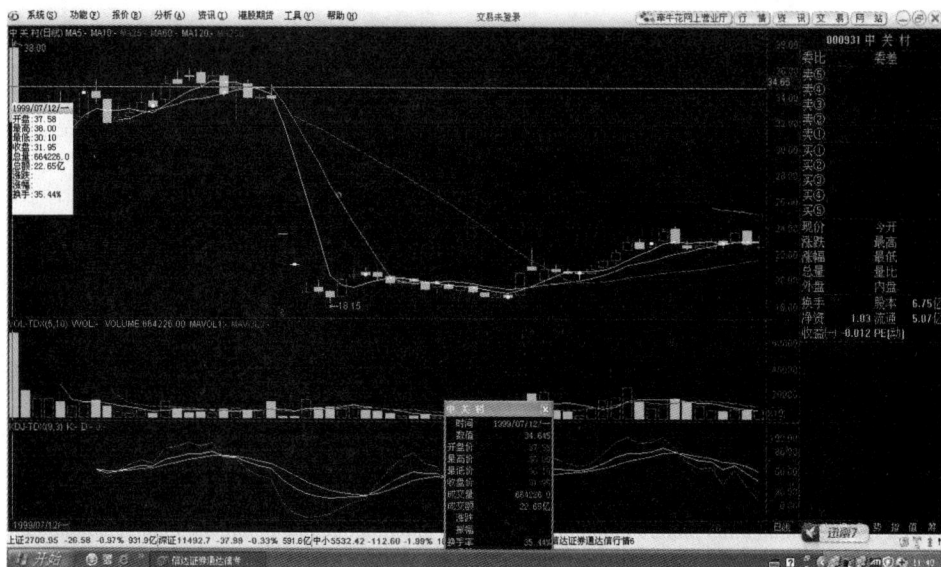

我默默地祝福王科长和他的三个好部下，但愿他们亏损在琼民源，赢在中关村。后来听说王科长在 37.48 元全部卖出，我衷心祝福他们。这里王科长犯了一个大忌，就是不要替朋友炒股，再好的朋友也不要，况且我们又不是炒股高手，股市风险无处不在。散户那点钱来之不易，亏了自己，又亏了别人，实在不划算，心里承受不起，精神压力大。

有道是：替人炒股犯大忌，亏人亏己心不安。

003 "春兰" 姑娘

营业部有个股民叫田春兰，年龄不过二十二、三岁，恬静，少言，见人总是先微微一笑，露出两个可爱的小酒窝，然后轻轻地点点头，很有礼貌。据说前两年卖服装赚了些钱，后因拆迁，门面铺没了，再也没找着合适的铺面，转身到了股市。

小田姑娘先后两次投入九万元，开始两眼只是盯着大盘，两个多月没买一只股，也许是热身吧。股市有一句话：人在股市，身不由己。这一天，小田姑娘终于出手了，以 33.54 元买入 2600 股春兰股份（600854），时间是 1998 年 6 月 10 日星期三。上证指数收于 1408.61 点。随后春兰股份一路下跌，到 2001 年 7 月 27 日跌至 22.00 元，小田姑娘含着眼泪以 22.48 元的价格全部卖出，每股净亏 11 元，9 万元只剩下 5.8 万元。

是巧合，还是命运的捉弄，用小田姑娘自己的话说：我也不知道为什么神差鬼使地买了个春兰股份。打那以后，熟悉她的人都叫她"春兰姑娘"，小田姑娘被人们慢慢忘记了。

不是春兰姑娘命不好，田春兰买了春兰股份，犯冲，况且春兰股份代码也犯忌，怎么起了个 600854，"把我死"，那就死吧！

春兰姑娘还算是幸运的，随后的日子里，春兰股份出现了断崖式下跌，到 2001 年 10 月 16 日收盘价 11.20 元，2005 年 7 月 21 日，该股收盘价为 3.24 元，2010 年 12 月 31 日收盘价为 6.62 元，春兰股份已戴上了沉重的帽子。当时春兰姑娘自己曾盘算着肯定能翻倍，很多人都信，股评家还一个劲地推荐，那时的春兰股份，风华正茂，一片春光，有不信的吗？

别说春兰姑娘，就连股市里顶级人物也有失足的时候。2007 年 11 月 5 日，中国石油上市开盘价为 48.60 元，收盘价为 43.96 元，有谁曾记得，2007 年 12 月 21 日，中石油收盘价为 30.54 元，正是那一天，著名股评人士激动地推荐，30 元以下大胆买进，这话能说有错吗？10 元买进也是 30 元以下呀！百万同志不也是在 30 元附近买了中石油吗？后来有的说，百万同志也割肉走人了，也有的说，中石油给他孙子留着，反正是哑巴吃黄莲有苦说不出。

话说回来，春兰姑娘买股没有错，错就错在买在高位上，高位买股是股市一大忌。高抛低吸，低买高卖，谁都知道，但又有多少人能做到呢，哪是高哪是低，谁告诉你呢？大盘到了 6124 点时，说上 8000 点指日可待，更有甚者到 10000 点不是梦，有谁又不信呢？上 8000 点、10000 点的话，这不是小散说的啊！都是电视上著名人士的金口玉言啊！

如果有人问我什么叫股民？我会毫不犹豫地告诉他：十元买的股，五元卖掉，这就是股民，难道不是吗？

004 老周醉酒买万科

交通管理部门对酒后驾车有明确规定，惩罚措施越来越严，但酒后驾车，屡禁不止，惨案时有发生。现各大城市对酒后驾车都采取了更加严厉措施，尤以北京最为严厉，本来嘛，人命关天，为一时痛快，喝醉了酒，醉醺醺地开车，不把自己命当回事，弄不好，连无辜之人都会丧了命，对此，我认为再严厉的措施都不为过。

但在股市，找不到对喝酒买股有什么条条框框规定，似乎喝酒和炒股沾不上边，可别这么说，醉酒买股一点也不新鲜，远的不说，前些日子，就有这么一件真事发生在我的身边。

前几日，我帮一位朋友到营业部开户，正巧碰上了老康、老周和老吕，几个老朋友有一阵子没见面，眼看上午就要收盘了，老康提议到对面小酒馆一叙。老吕说这回轮到我请客了，大家也不谦让，过去哥几个经常小聚，三、五十元，几个小凉菜，一瓶红星，一碗面。酒桌上老康坦白了自己一件事：2010年11月11日，老康以9.08元的价格买了5000股万科A（00002），原想地产股调整了近两年，股价也到底了，利空出尽了，国家也不会出什么更严厉措施了，技术上调整到位，当日万科A收了十字星，所以就进去了，这不已经套了快一块钱了。其实大家对老康挺服的，老康在万科上没少赚钱，来来回回做了几年。老吕说，套是暂时的，肯定能起来。

说者无意，听者有心。下午一开盘，大家又回到营业部看了会儿大盘，老周一贯对老康很折服，心想老康买股肯定错不了，再者，老周对万科也情有独钟，正好女儿给了老周2.5万元，人常说，酒醉心不醉，虽说老周不胜酒力，平时也不常喝酒，今天借着酒劲，以8.88元的价格买了2800股，整个操作过程没超过20秒，那一天是2010年12月23日星期四。

操作结束后，老周似乎清醒了许多，这才回过神来，买的对不对呀，他又打出了万科的 K 线图，对呀，前天涨停，成交量放大，回调两天，今天肯定收阴，阳后双阴阳，明天收阳没问题。老周想的没错，第二天收阳，这是有讲究的呀，但其后的日子里，不是万科不争气，是政策不给力，大盘春节前收盘时，万科收于 8.18 元，老周赔了八角钱。

大年初一，老周给老康拜年，酒后买万科的事对老康和盘托出，老康说："武松醉打蒋门神，老周醉酒买万科，有你的，拿着吗，老鼠拉木楸，大头在后呢。"老康的话，着实让老周过了个好年。

005　打新股小心"打"了自己

打新股中签比较低，中大盘新股中签率相对高些。中了签，运气好，上市一出手，少则 10%，多则翻倍，股市里专门有打新族。基金、券商、机构自不必说，散户里打新族为数也不少。一般年收益率少则 10%，多则 50% 左右，收益也较为可观。但在大势不好时，最好不要参与打新，不然一不小心"打"了自己。

欧阳温就是一个打新专业户，北京重点大学硕士毕业，金融专业。先是在国企干了 3 年，2009 年，跳槽到了北京一家外企，到 2010 年已在外企干了四年，如今已升任部门主管，月薪 1.2 万元，经过几年打拼，积累了 80 万元，原本打算买一套房，但房价高居不下，暂时放弃了买房打算，2010 年 8 月妻子生下了一对龙凤胎，于是彻底放弃了买房的念头。欧阳温的理财观念是工作忙，没精力看盘，坚持不买股，只打新股。2010 年打新股中签 16 个，获利 7.6 万元，收益率 9.5%，对此他非常满意。实际上，到 2010 年 11 月份，他就停止了打新，他认为大盘已经走弱，随即将 85 万元在银行参加了 30 天收益率为 3.2% 的理财计划。

相对于楚楚来说，就不如欧阳温那么幸运了。年轻人都叫她楚阿姨，我们年长者叫她楚楚，衣着朴素整洁，为人很随和，和她同时下岗的三个姐妹一同来到股市，不同的是，只有她坚持不买股只打新。她家住在郊区，有自己的小院，女儿已成家，在加拿大工作，生活没负担。楚楚也是个比较谨慎的人，12 万元，资金不多，中签率不高，到 2009 年底，大盘股中了 5 个，小盘股中了 6 个。2010 年初，女儿给了母亲 26 万元，加上获利凑足了 40 万元。2010 年中签 9 个，亏损一个，其中中国中冶中签 1000 股，申购价 5.42 元，2009 年 9 月 21 日上市开盘价 7.33 元，最高 7.50 元，收盘 6.94 元，楚楚当时想，获利太低，等等再说，可这一等一年过去了，直到现在，还在手上，到 2010 年 12 月 31 日，中国中冶收盘价 3.91 元，净亏 1500 元。2009 年获利 4.8%，2010 年获利 5.6%。

2011 年，楚楚本想将收益率定为 8%，谁曾想，出师不利，中了 2 个签，一个平收，一个亏损 7%。

楚楚，你可曾想到，一只新股发行，暴富了多少亿万富翁，你用血泪钱和女儿在外国打工钱打新，获得可怜几个铜子，那我也赞美你，因为你快乐并活着。

006　耿大个孤注一掷亏老本

有一个历史故事，北宋初年，辽国肖太后亲率大军南下侵宋。宰相寇准坚持抗战，并请宋真宗到澶州督战，宋军士气高昂，连连获胜，逼迫辽宋讲和。大臣王钦嫉妒寇准，在真宗面前进言，说皇上御驾亲征是孤注一掷，这样做太危险了，这就是"孤注一掷"这一典故的来历。股市里的孤注一掷，就是把所有的钱一次押上去，决一输赢，比喻在危急时用尽所有力量做最后一次冒险。

孤注一掷，用在股市那真是太危险了。不信，讲一个真实的故事：耿亮亮原是一名职业篮球运动员，1 米 88 的个子，据说三分球命准率极高。只因一次酒后驾车出了事故，最终退出运动生涯，命运把他带进了股市，股友们都叫他耿大个。他以球场上那种快速的节奏，不长时间，选准了招商银行，以 17.48 元的价格，20 万元买了 11000 股，时间是 2010 年 10 月 25 日。此后该股一路下跌，2010 年 6 月 9 日，该股最低下探至 12.31 元，2010 年 10 月 20 日反弹至 16.08 元，尔后作双头，继续下探至 2010 年 12 月 31 日，以 12.81 元收盘。

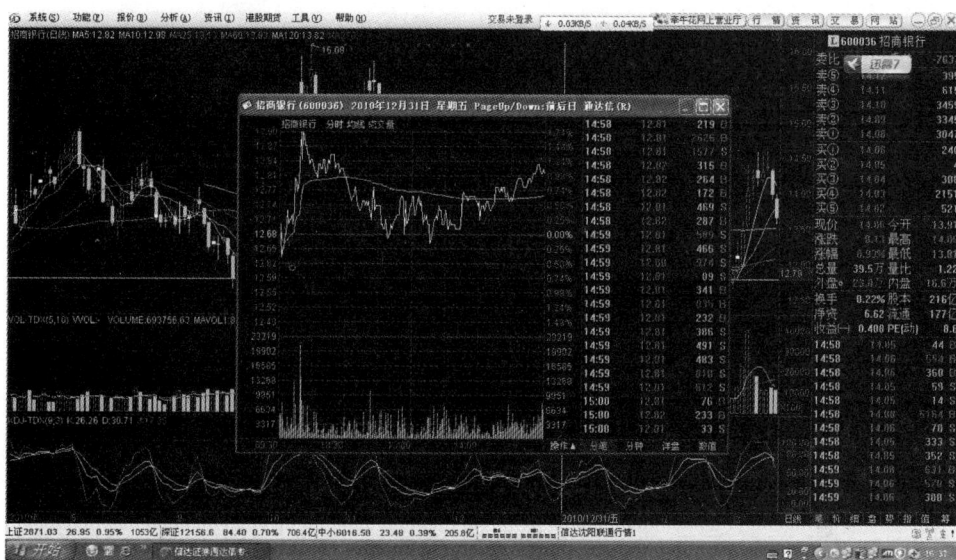

朋友们问耿大个为何买招商银行，他说原本想买个医药股，出事故后，在医院来来回回半年多，听病友们说医药股好，可当时还没开户，因媳妇在招商银行上班，效益也不错，听了媳妇的劝，孤注一掷，就买了招商银行。

耿大个投三分球，一投一个准，可买股票就不一定能买准了。他哪里知道，2010 年是小盘股，消费股当红，而地产、钢铁、银行类不受推崇，虽有几个月的行情，但远不如两年前那么火，只能说选股选对了，时间段没赶好。招商银行是个好股票，业绩好，市盈率低，长远看有后劲，但选股不如选时，耿大个错就错在没有找准时间段，孤注一掷要不得，看来还得练内功。

那真是：球场股场都是战场，买股卖股要靠内功。

007 听消息买股，是饮鸩止渴

有一个故事，说东汉时，有人在大将军梁商前诬告霍谞的舅父宋光，私自删改朝廷诏书，宋光为此入狱。而当时年仅十五岁的霍谞上书，为宋光辩白，说："霍光位极州长，素来奉公守法，即便对诏书有疑问，也不会冒死擅改。犹如人在饥时，以毒草充饥；而在渴时，饮鸩酒以解渴，一沾嘴，还未下肚，命以丧。"梁商看完霍谞的上书，觉得有理，随将上书呈于皇上，没几天，宋光便免罪获释。这就是饮鸩止渴的来历，意思是用错误的办法来解决眼前的困难而不顾后果。这里特别要指出的是这个办法有害，后果严重。

但凡有些常识的人都知道，饮鸩止渴不可取，但在股市，不论是新朋友，老股民，总有那么一些人爱听小道消息，宁可信其有，不可信其无，有些消息活龙活现，让你不得不信。岂不知这是饮鸩止渴。

我的一个朋友老黄，他弟弟从天津打来电话，说弟弟的朋友的老总告诉他，有一个股要连拉八个板，千万别告别人。老黄听了弟弟的话，连我也未告，将账上仅有的4.7万元，以15.55元的价格买了3000股，当时收盘价15.68元，此后该股一路下跌，老黄以12.33元出局，亏损1万元，最后该股一泻千里，到2元处才止跌，这个股票在A股中已找不到了，股名是百隆股份。

愿意听消息的人比比皆是，照此操作的大有人在。在股市为什么愿意听小道消息，无非是有些股民懒，不去认真研究上市公司，自己没有主见，不如听小道消息来得快，有的股民，账上有钱，不知买什么，急得要命，小道消息来了，瞌睡给了个枕头。岂不知，当你知道，某上市公司利好消息之时，正是主力出货之日，庄家给你端来一杯鸩酒，你以为给你一杯茅台，感激还来不及呢。

现在营业部的小道消息比前几年少多了，大多消息都上网了，手机上也不断出现，什么免费送你翻十倍的股票啦，一天抓一个涨停板啦，某某公司重大重组在即等等无奇不有。

对小道消息不听不信，以三大证券报刊登的上市公司公告、信息为准，不听小道消息的最好办法是把功夫下在研究上市公司基本面上。

小道消息是别有用心人散布的，爱听小道消息的人最好在耳朵上安一副过滤器，证监会专卖耳朵过滤器，不信上网查查，千万不要不吃敬酒喝鸩酒。

008　炒股软件不是万能钥匙

有些股民不在研究盘面上下工夫，也不肯在个股上动脑筋，总是想走捷径，试图有一种灵丹妙药，买了股票就能涨十倍。现在市场上出现的各种炒股软件琳琅满目，名目繁多，应接不暇，很有诱惑力。什么"顶级炒股软件，一亿股民的选择"、"炒股软件，波段选股王"、"股票软件，官方正版"、"股票软件，免费试用"、"中国最好的股票软件"、"天狼100，地虎50"等等。我们不否认这些软件能起到一些辅助作用，但肯定地说，它决不会也不可能给你推荐出涨10倍的股票。

冯强强就买了一套软件，一年使用费6800元。开始用的挺新鲜，可使着使着就不着调了，发现也没什么特殊之处，还是那些K线，有些指标名称古怪，花里胡哨，换汤不换药。比较起来，还不如营业部免费安装的软件简洁明了。2010年10月20日，小冯开始使用新软件买卖股票，先有小赚，到11月12日开始，买哪只套哪只。

小冯啊，你看看大盘，在你使用新软件时，大盘快到顶了，11月份大盘正在下山，活神仙也没办法。许多买过软件的朋友抱怨，买的软件不管用，有的股民来来回回买了好几个软件，花了不少冤枉钱。其实他们没有弄懂，不是软件不好，只是功夫没下对，真正的功夫在软件外。好多股民说他们买的价格很贵的软件怎么用也不灵，为什么不灵，股票软件正好捅到了你的软肋。软件不是万能钥匙，也不是灵丹妙药，客观地说，有些软件能起到一些提示或辅助作用，任何软件都是滞后的，先有大盘走势，后有软件指示，这决不是先有鸡，后有蛋，或先有蛋后有鸡的问题，大盘和个股的涨跌，受多种因素制约，一旦趋势形成，就会按照自身的规律运行，人为是改变不了的，我们只能顺从它，适应它。依靠软件炒股靠不住，不如把功夫下在研判、分析和掌握大势上，多在个股基本面上下工夫，精选股、选好股，这样才能赢得先机，获得收益。

炒股软件帮不上忙，要想获利还得靠自己，多练内功吧，我的股友。

009　捡钱包与送股票

央视财经频道多次报道骗子用捡钱包的伎俩行骗的案例，一骗子见一大妈从眼前走过，骗子掏出一个钱包扔在地下，喊声走过去的大妈，"丢了钱包没有"，大妈说"没丢呀", "既然不是大妈的, 但见者有份, 看看里面有多少钱。" 当着大妈的面数了数, 一千多元, 看看还有什么, 有个存折, 里面有一万伍千元。"小伙子, 交民警吧", 大妈急了。"不能交民警, 说不清楚, 还以为是我偷的。" 大妈犹豫了。小伙子说: "这样吧, 咱把钱取出来, 一人一半。" 大妈默认了。走着走着, 小伙子又说了: "大妈你给我5000元, 现金和存折都归您了。" 大妈信以为真, 回家里取了5000元, 交给了小伙子, 谁知在大妈取钱时, 小伙调了包, 将一叠假钞和一张假存折交给大妈, 丢下一句话: "千万别跟别人说", 随即扬长而去。

手机上诈骗短信和现场捡钱包大同小异, 手机上常接到这样的短信, "免费推荐股票, 先送一支试试, 就等于送你一个大钱包"。那就试试吗, 有的真的买了, 也涨了, 天上掉馅饼了。再送一支吧, 对不起, 先交费, 每周推荐一支, 一季15支 (其中免费送3支), 只需3500元。钱交了, 股送了, 并未食言。

小郭就上过手机送股的当。说来话长, 小郭进入股市还不到一年, 小伙子长得挺精神, 没有一点傻气, 可偏偏当了一回傻帽。一日收到一则短信, 免费推荐股票, 于是就试了试, 还挺灵的, 当时买了一支股, 收盘涨了2点多。第二天出手净赚350元。于是很痛快地交了3500元, 可后来, 才知上当了, 打电话问吧, 人家说, 现在大盘不好, 等等吧。

小郭啊, 打铁先得自身硬, 在股市里, 没捷径可走, 从练基本功开始, 一步一步往前走, 通往天堂的路不能踩着云朵, 那要靠自己铺路搭桥。

还有个故事不得不讲。2010年8月25日抗日战争胜利65周年, 那一天也正好是股民老曹60大寿, 刚过完生日, 下午老曹在去股市的路上, 手机响了起来。

"喂, 您好, 您的股票被套了吧?" 像是一个小伙子的声音。

"您怎么知道?" 老曹问到。

"您别急, 我们可以帮您解套。"

"有这等好事?"

"我们不但能帮您解套, 还能帮您获利。"

"遇见活神仙了!"

"大叔, 您今年有60岁了吗?"

"今天刚好60岁, 上午全家给我过的生日。"

"大叔, 祝您生日快乐, 健康长寿! 我们送您一件生日礼物"

"啊, 是吗, 什么礼物?"

"每周送您一支股票，保您获利 5%以上，每月获利 20%以上，不出半年，您不但解了套，还能获利颇丰。"

"哪有白推荐股票的。"

"我们公司规定，凡 60 岁以上的只收取半价 3000 元。"

"什么时候推荐？"

"款到后，即刻将推荐的股票信息打到您的手机上。"

不知道是因为过生日多喝了点酒，还是被小伙子说昏了头，反正老曹到银行不假思索地将 3000 元钱打到了对方账上，不久手机收到了短信，股票推荐了，心里还说了句，小伙子还挺守信用的！

第二天，新荐股票高开 1.2%，收盘只涨了 8 分钱。接下来就不用再讲了，老曹的股票照样深套着，新荐的股票没一个露脸的，气的老曹干脆关了手机。周围的朋友说："老曹，人家给你送了股票，你给人家送了大红包，不知道是谁给谁过生日。"

010　不要把全部家当押在股市

股市是天堂，更是地狱。

愿到天堂看一看，先下地狱走一走。

天堂有门你不进，地狱无门硬闯入。

小鬼笑迎贵客到，阎王设宴等君来。

这是一个朋友经常挂在嘴边的几句顺口溜，千万别当真，可也说出了几分道理。股市极有诱惑力，充满了想象，运气好，捧个大奖，弄个盆满钵满。股市又是个充满沼泽的泥潭，一旦进入，越陷越深，不能自拔。你好好看看 20 年沪深股市 K 线图，曲曲折折往上爬，多少断崖多少坑，20 年来坑里埋葬着多少孤魂野鬼。

既然股市充满了凶险，那么还有那么多人蜂拥而入，这就是股市的魅力。远的不说，2007 年 6124 点那拔行情，诱惑力多大，营业部开户的人排起长龙，惊动了警察出来维持秩序。有多少人翻箱倒柜，砸锅卖铁，卖房押地，抱着全家财产心甘情愿地奔入股市。记得大盘快到 6000 点时，证监会以不同形式四次提示风险，人都疯了，哪管风险，可谓"人有多大胆，地有多大产"。不禁使我回忆起 1958 年大跃进时代，亩产万斤不稀罕，超越万斤看河南，人在做天在看，三年自然灾害来个总清算，要饭满世界，尸骨到处见。据说河南饿死人最多，可谓老天有眼啊！

你要进入股市，没人阻拦，但奉劝诸位，先做好三件事，第一件，不要把全部家当押进股市，这是佛家大忌，佛祖有交代，佛曰有度，不听众人劝，还不信佛祖的。第二件，你有多少承受能力，亏5%行吗？亏10%呢？亏30%能承受吗？2007年10月16日（周二），上证指数最高摸到6124.04点，以6092.06点收盘。2008年10月28日最低探至1664.93点，当日收至1771.82点，一年零12天沪指跌去4459.11点，跌幅达72.81%。

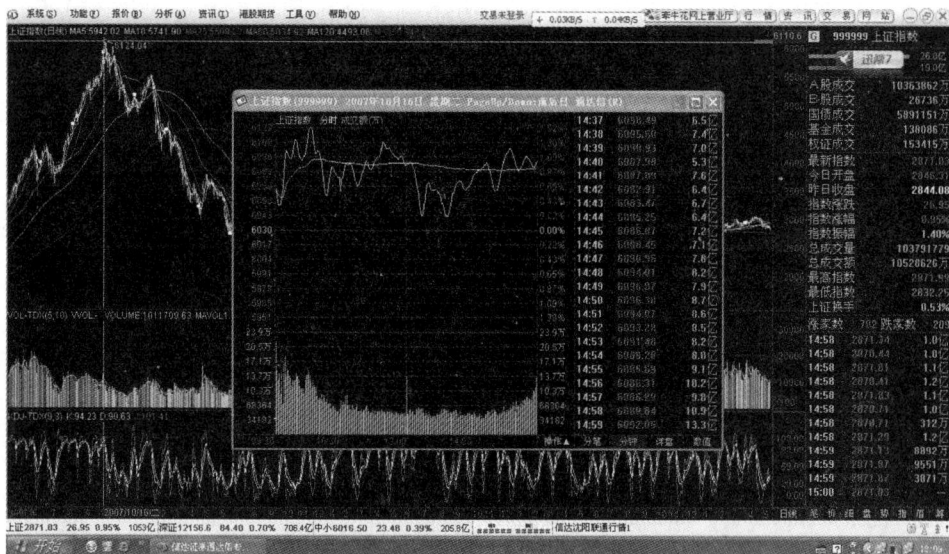

而此间有多少人知道6124.04是顶，又有多少人晓得1664.93点是底。大师胡立阳在大盘上涨到3200多点时，下令旗下全部收手，清盘关门，那是大师啊，在半山腰就下山了，在山顶上有多少人嘲笑："大师也不过如此！"胡立阳毕竟是大师，虽未修成正果，也难得逃过一劫。第三件，即便是进入股市的那部分资金切不可全部买入股票，要分期分批进入，极限为70%。赢利要按数学计算，不能用几何倍加数计算。当你进入营业部那天起，你先观察人群，一年后，你再看看还有多少熟面孔，三年后呢？熟面孔哪去了，上楼啦，还是跳楼啦？过去有一句话叫"铁打的营盘流水的兵"，是说军人有服役期，而营盘是固定的。而如今股市可谓是"漂浮的营业部，过眼的众股民"。

守护好你的家当，别让狼叼走了。

011 小李和她的 28 支股

有一个故事，叫贪心的蜈蚣，据说上帝在创造蜈蚣时，并没有为它造脚，但它仍可以爬得和蛇一样快速。有一天，它看到羚羊、梅花鹿和其他有脚的动物，都跑得比它还快，心里很不高兴，便嫉妒地说："哼！脚越多当然跑得越快"。

于是，它向上帝祷告说："上帝啊！我希望拥有比其他动物更多的脚。"上帝答应了蜈蚣的请求，它把好多的脚放在蜈蚣面前，任凭它自由取用。蜈蚣迫不及待拿起这些脚，一只一只地往身体贴上去，从头一直贴到尾，直到再也没有地方可贴啦，才依依不舍地停止。它心满意足地看着满身是脚的自己，心里暗暗窃喜："现在我可以向箭一样地飞出去了。"但是，等它一开始要跑步时，才发现自己完全无法控制这些脚，这些脚各走各的，它非得全神贯注才能使一大堆脚不至互相绊跌而顺利地往前走，这样一来，它走得比以前更慢了。

营业部的小李姑娘和贪心的蜈蚣倒有点类似。8 万元开户，第二天就买了 6 支股，36 天时间共买了 28 支股，每支大都 100 股，最多买了 300 股。老股民吴师傅原来在单位是汽车调度，那年 63 岁了，看到小李姑娘整天跑来跑去，顾东顾不了西，越想快赚钱，越赚不到钱，心里真替她着急，一老一小有一段对话：

"小李姑娘，买那么多股，调度不开呀？"

"没关系，哪支涨停就卖哪支。"

"那要跌停了呢？"

"我还没想过。"

过了一年，我去营业部办事，又见到了小李姑娘，她说手里只剩下 8 支股票了，账面亏损 2.48 万元。

对于资金比较少的散户来讲，买股不能多，不能学蜈蚣，越想走得快，越走不了，欲速则不达就是这个理。一般讲，只买一两支股，如果来回做，效果更好，贪多求快是股市大忌。

第三年，那是 2006 年，在营业部见到了吴师傅，他告诉我说，小李姑娘最近刚结婚，老公给了她 5 万元，钱多了，股反而少了，现在手里只有 3 支股，已盈利 6000 多元。

知错能改，善莫大焉，看来小李是个有心的姑娘。

012 靠技术选股有点单薄

大盘和各股的走势有其自身运行的规律和发展趋势。选股不仅要看技术指标，更要和其他方面综合起来进行分析，比如大盘当前趋势是上升途中还是下跌中继，各股基本面怎样，这些方面都要考虑进去。如果单纯从技术面选股，只考研几个技术指标，就断然做出买卖决定，显然有些单薄，也是很危险的，股市里就有些股民单纯靠技术选股，单吃技术这碗饭。

老汪是营业部有名的技术派，2010 年刚满 50 岁，北京名牌大学的高材生，学电子工程的，原在北京某企业当副总，因看不惯内部勾心斗角、争权夺势，又看到内部管理混乱因而辞职，后来，转身进入股市。过去炒股是业余，现在全身投入。他对股票技术走势判断，有自己独到见解，周围人很是佩服。老汪是 2007 年 7 月 30 日到达营业部大户室的，共有资金 180 万元，股票市值 10 万，现金 170 万元。通过研盘大势，他认为大盘走势很好，原先担心大盘在 5 月 29 日冲到 4335.96 点出现一波调整，在 6 月 20 日，沪指又冲上 4312.00 点，随后又出现调整，当时考虑大盘双头可能性较大，但到大户室的第一天，沪指已冲过前期双头高点，当日收盘至 4440.77 点。正是这一天，老汪认定大盘肯定要往上冲，随即将全部资金杀入，杯具也就此开始，到 10 月 16 日，沪指最高摸至 6124.24 点，报收 6092.06 点。老汪和多数股评家看法一致，认定大盘通过充分调整，还要继续向前，年底可达 8000 点。

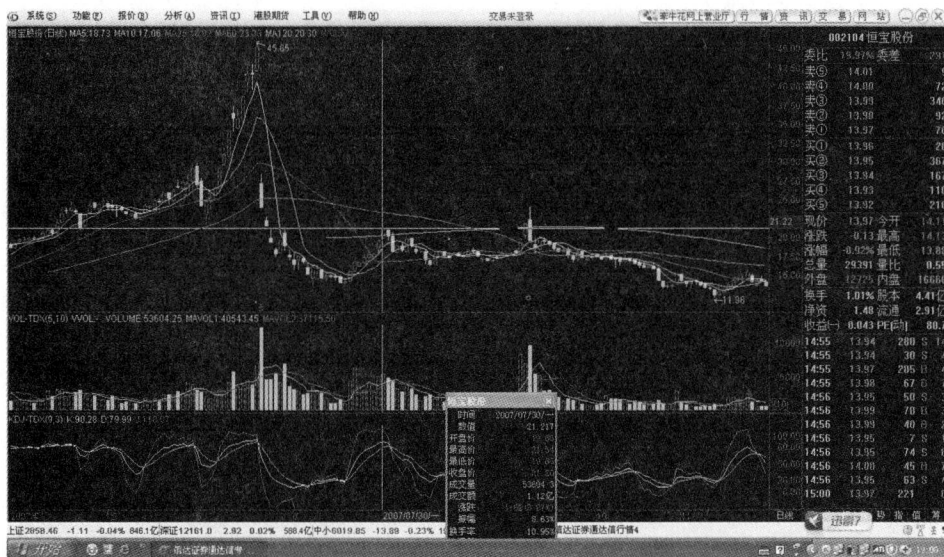

2008 年 4 月 21 日，大盘已跌去 51%，4 月 22 日，较前日低开 66.58 点开盘，开盘点位在 3076.72 点，当日报收 3147.79 点，正是这一天，老汪做出了炒股以来最重要的决定：全部清仓，他认为大盘已经完全走坏，继续下跌是必然的。因老汪从不炒大盘股，只炒中小盘，所以亏损最大。2007 年 7 月 30 日，老汪以 20.88 元买入恒宝股份 81000 股，到 2008 年 4 月 22 日，已 12.68 元价格全部卖出，亏损 69 万元。

有人疑惑，既然老汪是纯技术派，那么当大盘彻底走坏时，技术指标也已呈空头排列，当初出现死亡交叉时，就应出局。老汪当时认为大盘不至于坏到如此程度，在情绪受到打压时，老汪的胃病犯了，住了 12 天医院，又耽误了一些时间，再加上老汪有点倔脾气，所以亏损也在情理之中。

任何一个事物的出现、产生都是多种因素决定的，当然其中有一个必然是主要矛盾，而在股市中决定股市走向，也是多种因素共同作用的结果。但主要矛盾决不是技术，在我国股票市场，发展仅仅 20 年，且又是政策主导下的市场，永远不能靠技术主导市场。技术分析仅仅是一个方面，如果单靠技术选股，而忽视政策面、基本面那就大错特错了。

那次老汪全部清仓后，思想受到极大打击，心态彻底变坏，进而又做出了错误判断：中国股市 5 年内没行情。正因为如此，当大盘跌到 1664 点时，也未能预测到底部来临，因而错过了一次很好的抄底机会。

我们说，买股票要掌握 3 个支撑点，那就是主导股市的政策面，判断个股的基本面和辅助分析的技术面，三者缺一不可，不能偏废，一个好的技术派，他必然离不开其他两个方面，老汪的失败就在于他是一个纯技术派。

但愿老汪能从技术派中走出来。

013　铁树开花与大象起舞

相传铁树的生长发育需要土壤中有铁成分供应，铁树生长有很强的地域性，生长在热带的铁树，10 年后就能年年开花。我国北方气候寒冷，雨量又少，铁树生长非常缓慢，几十年只长到 1 米左右，而在广东可长到 4、5 米高，南洋可长到 20 米高。北方的铁树往往需要几十年，甚至几百年才能开花，有的终身不开花，所以铁树开花是一桩罕见的事情。而铁树开花这句成语一定是北方人的发明。在四川攀枝花市，有一片天然的铁树林，大约有十万株以上。

我们知道，现实中的大象是不会起舞的，除非专门训练的大象跳舞给观众表演。而大象起舞是股市专用词，特指权重股，由于市值大，难以撬动，所以不会轻易启动。

我们把铁树开花和大象起舞联系起来，无非是想说明股市中的权重股很难启动。比如四大银行、两桶油、钢铁股、地产股等等，而这些大盘股一年难得启动一次。既然这样，我劝一般散户不要买权重股，机构都撬不动，何况我们呢。2010年权重的表现给机构们上了一课，许多机构也从权重股中退出。

一般讲，权重股盘子大，业绩稳定，市盈率低。但致命弱点有三：一是体积大，不灵活，懒得动，一年很难有一拔行情。那年国家向市场投放4万亿，2010年紧缩开始，造成物价上涨，CPI高企不下，这种情况下，股市流动性趋紧，进而权重股就很难有起色；二是分红低。权重股分红比银行存款高不了多少，且很少送股，你想，臃肿的身材减肥还来不及呢，等着送股，岂不是北方的铁树难开花，保护区的大象难起舞；三是融资快。权重股融起资来就是南方的铁树年年开花，动物园里大象天天起舞。

2009年传出中国平安融资千亿，吓坏了大盘，当时大跌。2010年四大银行争相融资，全年大盘下跌，2009年12月31日，上证指数收报3277.14点，2010年12月31日上证指数收报2008.08点，跌幅14.32%；深成指2009年12月31日收报13699.97点，跌幅10%，全年沪深指数双双下跌，权重股可谓功不可没。

我们提醒散户一般不要买权重股，资金数量少，时间等不起，倒不如选择一些业绩稳定、分红送转常态，盘子适中的白马股，好好找找，两千多支股票，好股有的是。老股民和那些股市高手们，不妨在中小板、创业板中闯一闯，那里也有真金白银。

014 买ST股就等于买了个定时炸弹

对于一般股民来说，买ST股，那就等于买了个定时炸弹，十分危险。什么问题都得两方面看，并不是所有的人买了ST股就是买了定时炸弹，有的人买了ST股，就如同拣了个金蛋蛋，拣金蛋蛋的不外乎三种人：一种人是机构、券商、基金，他们有实力，亲自去ST公司调研。一般来说，ST股故事多，经过重组，烈火中永生，重新焕发出活力，经长时间停牌，重组成功，开盘首日，股价牛气冲天。一般散户，没这个实力，也没精力，更没资金亲自去调研，所以只能听听故事罢了；第二种人是股市高手，这些人是股市的精英，他们看盘技术熟练，分析 ST 公司能力强，能把控时机，消息也相对畅通，所以操作 ST 股得心应手；第三种人有门路，有关系，知道 ST 公司内幕情况，心中有底，所以敢于出手，传说当红演员万人迷陈好，电视剧《纸醉金迷》一看就是个贵夫人的坯子，人家命好，2009 年 3 月 31 日，ST 黑化（600187）股份流通股东名册上，陈好持有 280.13 万股，列流通股东第一名。2009 年 4 月 27 日停牌，此前陈好购入的成本价不高于 1.4 元，复牌当日全部卖出，狂赚 2700 万元。

千万不要跟人家比，话说回来，谁把内幕消息告诉你呀，你又不是杨玉环，八百里加急给你送荔枝，你只是小姐的身子丫环的命，认命吧，所以说，我们散户不要买 ST 股，太危险了。再说了，沪深股市两千多支股票选什么不好，非选 ST 股，叫我说不是神经病，就是脑袋进水了，不能只想到买 ST 股赚大钱，为何不看看，ST 股的风险有多大。

散户买了 ST 股，赔得多，赚得少，有的输得只剩下大裤衩。君不见许多 ST 股一亏，亏三年，只好到三板，有时间打开三板看看，惨得很。到了三板，竟如同下了十八层地狱，鬼知道哪年才能翻身，由主板送到三板的股大多一、两块钱，几毛钱的也有啊。

一般散户，承受能力差，一旦买了 ST 股后患无穷，对 ST 股来说，一半是火焰，一半是海水，如重组成功，咸鱼翻身，重组失败，三年后打入地狱。ST 股之所以亏损，不外乎三种情况：一是夕阳行业，属关停并转范围，行业前景暗淡，转型困难，业绩下滑，甚至出现亏损；二是企业规模小，同行业竞争激烈，产品落后，产销严重滞销，造成产品积压，出现亏损；三是经营不善，管理混乱，甚至主管领导贪污受贿，给企业带来灾难性后果，这些都是导致公司亏损的主要原因。如果一个企业出现亏损，形成趋势，就很难扭转局面，戴帽挂星已成必然。既然这样，我们散户就不要再去碰 ST 股了，远离 ST，精选优质股，但愿我的苦口良言能被股友理解。

015　机构推荐的金股不靠谱

不知何年何月，哪路神仙把自己推荐的股票冠名为"金股"，于是乎，每当岁末年初，各大机构推荐的十大金股，纷纷出笼，粉墨登场，可这些金股偏偏又不争气，年终一盘点，十有七八不发光，2010 年各路十大金股几乎全军覆灭，2011 年出笼的十大金股，持有者多数又陷入亏损。据统计，十五家券商推荐的 150 支金股，1 月份以来，平均跌幅为 9.08%，17 支收益为正，76 支跌幅超过 10%，而此时，沪指下跌 1.97%，深指下跌 4.53%。

许多股民深受金股之害，叫苦不迭，老许就是其中一位。2003 年初，老许在四川金融投资报上看到某专家推荐的十大金股，每支金股还有一个漂亮的名称，老许相中了其中一支股票叫金钱豹，这支股票就是比特科技（000621），于是小心翼翼地分三批吃进 12000 股，均价 23.66 元，该股最高摸至 25 元多。果然名不虚传，金钱豹在山上大概未捕获到猎物，一路往山下冲去，看来，饿极了的金钱豹要吃人了，老许在绝望中呼救不应，被金钱豹狠狠咬了一口，最后以 7.48 元价格将 1.2 万股全部卖出，每股亏损 16.18 元。老许说，他还曾参加了比特科技的股东大会，看不出有什么异样，一切平安无事，上一年度盈利 8000 多万元，只是没分红，还拟以 10 元的价格实行 10 配 3 股，只是未获证监会批准，此后连连亏损，退市前股价只奔两元。2010 年，老许在三板见到了往日冤家，它完全没了金钱豹威风凛凛的精气神，只见它二目痴呆无光，身体骨瘦如柴，到 2010 年 12 月 31 日，金钱豹的口袋里，只剩下 1.17 元，见此，老许不禁潸然泪下。

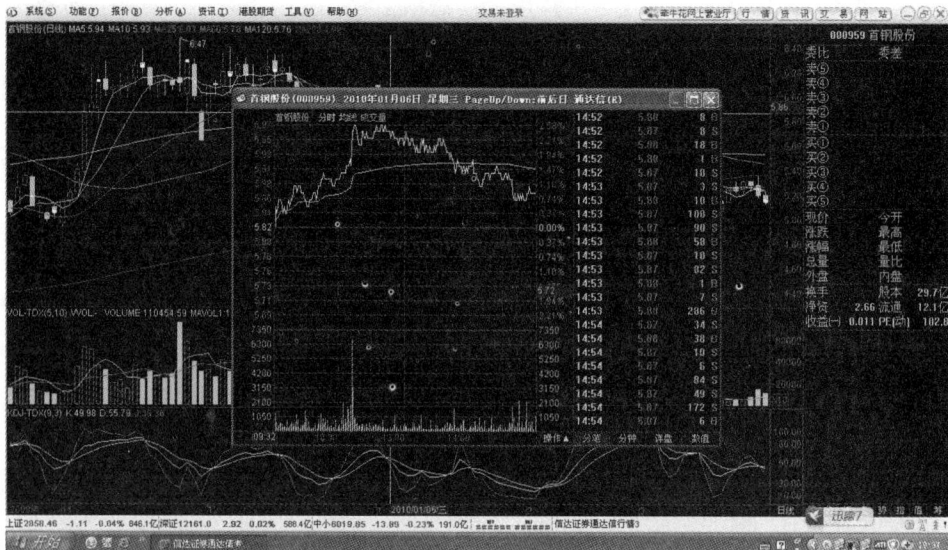

说句公道话，人家只是推荐，又不是你的顶头上司，命令你买。况且，人家说是金股，你就信以为真，谁不说自家的孩子亲，本来嘛，王婆卖瓜，自卖自夸，姜太公钓鱼愿者上钩。

老许的故事有点远啦，还是说点近的吧。文处长可是个久经沙场之人，早年辞职下海经商，曾经做过钢材生意，着实赚了一把。最近几年，身子骨顶不住了，这才转战到了股市。他是个爱热闹的人，本可在家里轻松上网炒股，可他耐不住寂寞，三天两头往股市里跑。2008 年 11 月 14 日，老许在去营业部路边的报摊上，看到一本《证券市场周刊》，里面有一篇文章，推出了首届年度金股推荐活动，推荐出最具投资价值 30 金股，同年上证指数从 1943 点涨至 3187 点，涨幅为 64.03%，而 30 金股达到 101.24%。2010 年初，因推荐金股获得"水晶球"奖的专家们，又推出了 30 金股，而 2010 年的金股就没那么幸运了。文处长因偏好钢铁，且家又在北京，因此选择了 30 金股排列第九的首钢股份。2010 年 1 月 6 日，先后共买入 16 万股，均价 5.88 元，2010 年 10 月 28 日，首钢停牌，股价为 4.42 元，文处长账面每股亏损 1.50 元。

文处长不愧是在国家机关工作三十多年的干部，又是在世面上混过的人，很是沉得住气，他认为，当初选中首钢，也正巧看到推荐的金股中有首钢股份，只不过和文处长想得不谋而合，他认为，首钢股份有重大重组题材，这是确定的，钢材库存积压他也是知道的，但并没想到国家对房地产调控步步紧逼，进而造成国内钢材需求趋淡，库存大量积压；且巴西铁矿石巨头垄断铁矿石价格，导致国内钢铁行业利润大幅下降，有的钢铁企业 2010 年出现巨亏，这对钢铁企业来说无疑是雪上加霜。

文处长对首钢重组报以极大的信心，他蛮有大将风度地说："等着瞧吧，首钢股份即使成不了金股，那也一定会成为银股！"股票市场就需要文处长这样沉着的人，他说得对，2010 年，银价比金价涨得快，那 2011 年呢？

但愿首钢重组后变成个金蛋蛋。

016　开放式基金，我的"肉肉"

前些日子，歌坛皇后韦唯带着三个儿子，做客北京电视台，最小的儿子叫"肉肉"，长得虎头虎脑，着实可爱，主持人问他为什么叫"肉肉"，肉肉答曰："长得胖呗。"有人在网上发了个帖子，说我们的开放式基金："肉、肉肉、太肉肉了。"

据报道，截止 2011 年 2 月 1 日，669 支开放式基金有 128 支的累计净值在 1 元以下，占比达到 19.13%，也就是说，这 128 支基金的持有人认购了该基金，到年底为止，账面还是亏损。这些基金不仅没有跑过 CPI，更没跑过大盘。在这些基金中，累计单位净值最低的是成立于 2007 年 8 月 17 日的中邮核心成长，仅为 0.6806 元，投资三年半时间，持有人的亏损近 32%，该基金在成立初，限额认购 150 亿份，4 个月时间内，规模猛增至 423 亿份。其后，随着股市的下跌，截止 2010 年末，规模剩下 316 亿份。

　　许多投资者买了开放式基金，至今还在亏损。龚先生于 2007 年 8 月初先后两个月在工行购买了 6 支开放式基金，共投入了 401950 元，截止到 2010 年 12 月 31 日，6 支基金面值 428745 元，获利 27795 元。三年五个月时间，获利 6.9%，还不如三年定期存款。但不管怎么说，龚先生购买的开放式基金虽然时间长一些，但收益为正值。

基金代码	基金名称	净值日期	单位净值
110003	易基 50 指数	2010.12.31	0.7573
160611	鹏华优质治理	2010.12.31	1.0450
202005	南方成分精选	2010.12.31	0.9521
260110	景顺长城精选	2010.12.31	0.8620
270005	广发聚丰基金	2010.12.31	0.8020
270007	广发大盘	2010.12.31	0.9747

　　吴太太购买的开放式基金那就惨多了。也是在 2007 年 8 月前后，当时大盘已接近 4700 点，吴太太在招商银行购买了 6 支开放式基金，共投入 25 万元，截止到 2010 年 12 月 31 日，6 支基金面值 196381.99 元，亏损 54118.01 元，仅华夏复兴基金为正收益，实践证明，购买开放式基金不能见一个买一个。2007 年 8 月份，大盘已到达 4700 点以上，行情火暴，大多数基金购买者是跑步入场的，所以亏损已在情理之中了。吴太太购买的中邮一号和中邮二号亏损最大，吴太太气愤地说："中邮核心，我看是中邮黑心，是中邮还是下游，早知道，还不如把钱放到银行。

　　现在手里拿着微利或亏损的基金，不知道是拿着好，还是赎回好，吴太太认为，已经这样了，破罐子破摔了，如果能涨回 10% 就赎回了。一般来讲，购买的开放式基金，如果跌破面值，就应该赎回，不应迟疑，如果没有及时赎回，跌幅较大，那只好被动拿着，等待反弹。

　　从表中看到，吴太太买的华夏复兴基金，收益率为 45%，这是王亚伟旗下的一只基金，看来选基金一定要看谁是基金的掌门人，千万不能眉毛胡子一把抓，选上中邮，那只能自认倒霉。

基金代码	基金名称	单位净值	单位成本
000031	华夏复兴基金	1.4620	1.0120
040008	华安优选基金	0.7875	1.0150
162207	泰达效率混合	0.9118	1.0149
460001	华泰柏瑞盛世	0.6852	0.8770
590001	中邮优选基金	1.4351	2.0619
590002	中邮成长基金	0.6981	1.0119

017 把目标定得低些再低些

有些股民一入市，信誓旦旦，把赢利目标定得很高，50%，甚至翻番。须知，这是很难达到的，有的电视台也常请一些民间高手介绍经验。记得有一次某电视台请出一名民间高手亮出400%收益的交割单，那一定是高手，偶尔一次那也无可厚非。我们要告诉广大股民的是如何做到年复利率，那些多年连续收益高的才是股民效仿的榜样，不然就有误导之嫌。

巴菲特的导师格雷厄姆是早期的一位成功的投资大师，他把投资的收益目标定为年复利率20%，巴菲特无疑是当代最伟大的投资大师，几十年的投资生涯，他的投资收益年复利率也是20%多，这是很了不起的成就。

十个人炒股，一个赚，一个平，八个赔，这是大多数人的共识，也是不争的事实，据说，在发达国家证券市场，投资股票主要靠上市公司年终分红，而在中国上市公司中，靠分红靠不住，许多公司多年来铁公鸡一毛不拔，即使分红也比银行存款高不了多少，所以只能靠做差价，高抛低吸，可有多少股民能做到低买高卖呢？

我们都知道，股市充满了风险，大多数时候风险大于收益，这是最浅显的道理，既然这样，我们就要把自己的收益目标，定得低些、再低些。目标定得低，容易实现，而实现了目标，更能激励自己，目标定得高，离实际相差甚远，往往实现不了，那就会出现怨天怨地，情绪低落，势必影响下一步投资计划。

宋朝理学家、教育学家程颢经常教育他的学生"病学者厌卑近而骛高远"。意思是说，不切实际追求过高的目标，好高骛远，这个成语就出自程颢之口，可谓语句精炼而入木三分。

一般来说，岁末年初，或一次投资结束后，就要认真总结经验。许多投资成功、收益颇丰的人士，总结出三条经验，就是投资三原则：一是不亏损为第一原则，十人炒股八个亏，不亏才是真英雄，不亏是赢的第一步，是赢的前提，只有不亏，才能谈得上赢利。聪明的投资者首先想的是如何做到不亏损，糊涂的投资者首当其冲地想到能获利多少，可见在股市做到不亏损是一件不容易的事情；二是目标定得低，年复利率定在10%，甚至再低些，坚持多年下来，收益就很可观了；三是高位不买股，坚持在低位买股，杜绝高位追进，这是实现目标的重要保证。高位买股容易被套，不但预定的目标实现不了，甚至还会出现亏损。

把目标定得低些、再低些，一直向前走，离目标就不远啦。

018　事不过三

事不过三源自春秋战国时期"一鼓作气，再而衰，三而竭"的典故。"事不过三"是用来警告人不要同样的错误一犯再犯；"三衰而竭"更是有两国交战的历史典故撑腰。在股市里则告诉大家不能老犯同一错误，在同一个地方摔倒多次。

"我在这儿已经工作了三十年，"一位工人抱怨他没有升级，"我比你提拔的许多人多了二十年的经验。""不对"，老板说，"你只有一年的经验，你从自己的错误中，没有学到任何教训，你仍然在犯你第一年犯过的错误。"这也许是一个笑话，可在现实中是真实的，而在股市中，许多人常犯同一个错误，这是大多数股民亏损的根本原因。

那么，投资者在股市常常重复哪些错误呢？高买低卖，这是股民常犯的第一个错误。谁都知道，低买高卖，波段操作，多么简单的道理，三年级小学都知道，而成年人怎么就做不到呢？俗话说："江山易改，本性难移。"这是由人的本性决定的，是不容易改变的。股价在高位时，人们都在极度亢奋中，没有最高，只有更高，那时，全身神经都绷起来了，热血沸腾，"冲啊！"那是人们歇斯底里的呼喊，任何力量难以阻挡，这就是人性。高位买股，常常能看到非常壮观的景象，"飞流直下三千尺，疑是银河落九天。"

高位深套，已属必然，许多股民套牢后，原先那种勇往直前的精神，荡然无存。接下来，一副无可奈何的表情，有的还怨天尤人，怪世道不好，还有的感叹，那么多人都套住了，我怕啥，一副十足的阿 Q 精神。

坐电梯不赚烦，这是在股市中常常重复犯的又一个错误。套住了，怎么办，坐电梯下来吧，谁可曾想股票跌下去像坐电梯，但要上去有时候要去爬楼梯，上去就没那么容易了。说实在的，坐电梯的错误我们犯不起，跌得越深，等的时间越长，好股票，错杀的股票有出头之日，可差的股票，超极大盘股，对不起，那就等着吧！40 元以上买的中石油，有出头之日吗？天晓得，66.18 元买的长虹呢，能解套吗，你问我，欲问何时能解套，把酒问苍天，你不知，我不知，只有天知道。

不止损，不设赢，这是股民常犯的第三个错误。买股票后，要设目标位，当手中的股票下跌后，亏损百分之几是止损点，要心里有数，涨多少出手，不能贪得无厌，在股市打听打听，又有多少能做到会止损，能止赢。

在工作中常犯同一个错误，那就不要升迁了，在股市中同理，那就等着倾家荡产吧。

019　韩波波被重工机械砸伤了

2007 年那波行情，把韩波波砸伤了，话还得从头说起。

2007 年 8 月 21 日，韩波波三十岁生日。那天，家里办了两件大事，一是全家为波波过了三十岁生日，子曰："十有五而至于学，三十而立。"是说三十岁应该能依靠自己的本领，独立承担自己应承受的责任，确定自己的人生目标与发展方向。况且，波波已经有了一份很好的工作，月薪四千多元，一个漂亮的妻子和一个三岁可爱的小女儿。全家为波波过了一个难忘的生日；二是下午办了又一件大事，买股票。他的一个同学告诉波波，有一支上海股票非常好，他准备下手了。其实波波对这支股票也盯了很久，只是没有机会。前几天，他清理了手中的三支股票，收回了十二万元，又从岳母和舅舅，还有一个要好的朋友借来十万元，并说定股票涨了，利润对半，赔了，按银行三年定期利息的 3 倍偿还。下午 2 点 31 分，以 26.62 元的价格买了振华港机8100 股。果然不负众望，到 10 月 12 日，振华港机最高摸至 32.80 元，当日报收 30.55 元。

波波哪里知道，他和他的股友，还有振华港机成千上万的广大粉丝们，所期待的振华港机上到 50 元，是众望所归，可那是单相思。你知道管总多大啦，人家已过七十了，还在岗位上玩命，哪顾得上众股民和粉丝们的追逐。随后那波心惊肉跳的下跌，着实吓了个波波半死。天啊！到 2010 年 7 月 5 日，振华港机已改名振华重工。这一改名，"重工"把振华压得直不起腰来，当日，股价最低至6.02元，报收6.13元。管总毕竟老了，重工这么沉重的担子，又怎么能担得起呢？奋斗了一辈子的管总，是让人爱还是让人恨呢？我们对一个古稀之年的老人又能苛求什么呢？

可话又说回来，真让人纳闷，2008年每股收益0.78元，2009年只有0.19元，2010年报亏5、6个亿，每股亏损0.15元。公司把责任归于受国际金融危机影响，钢材库存积压，高价购进，亏损严重。记得有过报道，搞钢材套期保值净赚了多少亿人民币，现在又说钢材库存积压，亏损了呢？看来，股价跌到6元多，也在情理之中。

波波，能怨谁呢，大盘已跌到1600多点啦，怪金融危机吧，怪二房吧，怪美国佬吧，但怪谁这次也不能怪本拉登了吧。波波不愧是一个而立之年的人，他承担了责任，他责怪自己，谁都怨不着，不该借钱炒股，害了自己，坑了别人，这真是损人不利己，周瑜打黄盖，一个愿打一个愿挨。

和大多数股民一样，波波是人不是神，他没有逃过一劫，他始终没有出手，他麻木了。他对他的亲朋好友多次谢罪，他们谅解波波了，他们都知道，这不能怪波波，全国股民都一样，都陷入水深火热之中，多好的亲朋好友啊！

2011年，三十三岁的波波，又成熟了许多，他要对得起亲朋好友。年初，深思熟虑的波波，又下了决心：低位补仓，"十二五"规划他读了五遍，他确信，七大新兴产业和大消费是重头戏，今年，高端制造天赐良机。况且，振华重工已一次亏个够，甩掉了沉重的包袱，他认定，振华重工抬头挺胸的日子到了。波波深信，振华重工一定能挑起中华民族的脊梁，重塑中国工人阶级的形象。于是，波波怀着自信，怀着对振华重工未来的憧憬，将自己两年来积蓄的 7 万元工资，父亲又给了他 8.5 万元，在 6.58 元位置买了 23000 股振华重工，那一天是 2011 年 1 月 14 日。

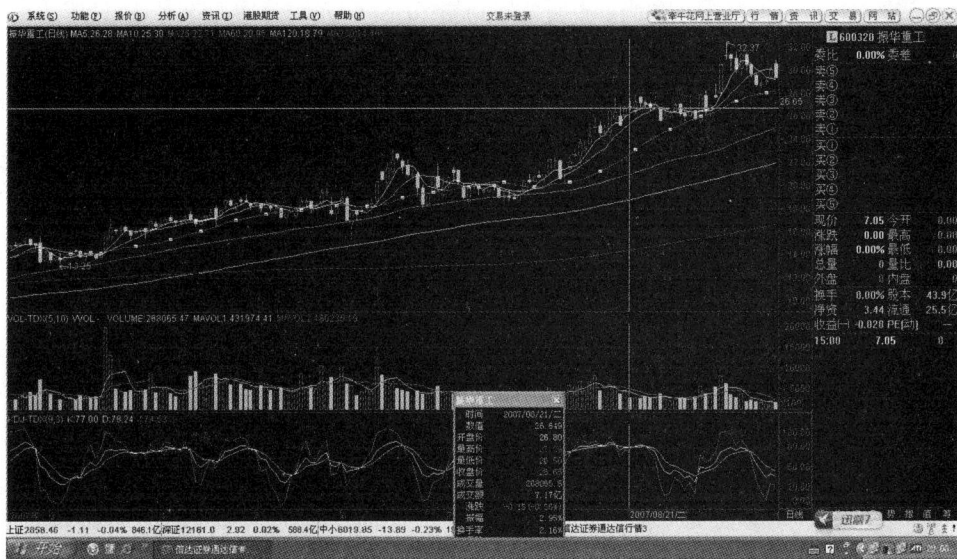

波波计划着，年底前最好能做一两次波段，出手一部分，还了亲朋好友的钱，最少给他们 10% 的利息，他们真不容易啊，我有负于他们呀！以后盈利了，再给他们一部分，我欠他们的钱还得起，可欠他们的情永远也还不了啊！

我们衷心祝愿波波和振华重工手牵手，肩并肩，一路朝前走。

020 营业部有个打工妹

营业部有个打工妹赖梅梅，她是 2006 年底在营业部上班的，负责大厅和二楼大户室卫生，月薪由初始的 1000 元到现在的 1400 元。由于梅梅老实勤快，营业部的工作人员都喜欢她，每天闭市后，她总是把前厅打扫得干干净净，通风透气，擦椅墩地，忙完后很麻利地又在二楼大户室干个不停，她把每个房间打扫一遍，把客户的茶杯洗刷干净，摆放整齐。第二天中午休市后，她匆匆吃完盒饭，楼上楼下又打扫了一遍，每天营业部都以清新、干净、整洁的面貌迎接新老客户，四年来，梅梅总是这样，一丝不苟地忙碌着。

梅梅是 2005 年初结的婚,2006 年 8 月生下一女,年底就和丈夫一同来到北京打工。丈夫小耿在营业部附近的公园里负责打扫卫生,晚上夫妻同住卫生间的工作间,小耿每月 1100 元,公司给上 200 元养老保险,扣除 100 元房费、水电费,实领工资 1100 元。大户室的客户见梅梅工作勤快,不时请她到家保洁,每月也能增加四五百元的收入,这样,夫妻俩每月有近 3000 元收入,每月给老家寄 400 元,他俩的生活费不超过 400 元,月结余 2200 元。

让梅梅发生变化的是在 2007 年国庆节休市的前一天。那天收市后,梅梅开始打扫卫生,一楼大厅有几份股民丢弃的证券报和两本证券周刊。下班后,她把报纸和周刊带回家,晚上开始看了起来,这一看,也许是缘分,她很快喜欢上了股票,渐渐地兴趣越来越浓,开市后也开始关注起行情和股民的评论。节假日,她多次到旧书摊买了十几本股票书籍,如饥似渴地学了起来,梅梅还花了三百元在旧货市场买了一台十九寸的彩电,大部分时间在看新闻、财经、股评节目,很少看文艺节目。2008 年 6 月份,她和小耿商量后开了户,成为一名正式股民。当时,她俩共有 36000 元,放入股市 30000 元,买了 1500 股同仁堂,梅梅胸有成竹地对小耿诉说购买同仁堂的理由,一口气如数家珍地说出了九个理由,俨然一副股市高手,这也不奇怪,成功总是赋予有准备的人,同仁堂由购买时的 19.6 元,到 2010 年 6 月 9 日以 29.00 元全部卖出。梅梅不知道同仁堂到底能涨到多少,她还没那个功力,1500 股同仁堂让梅梅赚了 12000 元,着实让夫妻俩兴奋了好一阵子。此后,梅梅又小做了几次,到 2010 年底,收益达到 16000 元，相当于又打了一份工，至此，梅梅账面上已经有了 46000 元。

　　接近梅梅的人问她只赚不赔的诀窍，梅梅说哪有什么诀窍，不过，她坦诚地说，"学习渴求股票知识，使我脑筋开了窍。"有人问，2011 年买什么股票好，梅梅很爽快地说，"超大盘不愿买，创业板不敢买，ST 股不能买，要买就买'十二五'"，多么独到的见解，多么雷人的语言！事实上，梅梅在 2010 年初，购买了中国一重和中国重工，她神秘地说，一个核工，一个重装，这就是"十二五"，多精辟！可妹妹哪里知道，日本大地震核电泄露，中国一重给梅梅心里也来了个九级大地震，她能扛得住吗？

　　前面讲了很多悲剧故事，赖梅梅的故事算是一个喜剧。有道是天道酬勤，一个打工妹，苦练内功，她深知她那些钱，赢得起，输得起，运气靠不住，苦练悟真经。这里给我们提出一个非常严肃的问题。股民要想占得先机，赢得市场，那就要学习，股市是一个大学校。俗话说，三年买卖四年艺，一辈子学不会庄稼人，学会炒股比做庄稼人还要难。

　　下面的故事看看股民们是怎样刻苦学习战胜股市的，您慢慢听。

021 掌握进入股市的第一把钥匙

毛泽东在 1948 年 3 月 20 日为中央起草的《关于情况的通报》中指出："只有党的政策和策略全部走上正轨，中国革命才有胜利的可能。政策和策略是党的生命，各级领导务必充分注意，万万不可粗心大意"。(《毛泽东选集》第二版第四卷第 1298 页)

政策，就是国家和政党在一定历史时期内为实现一定任务而规定的行动依据和准则；策略，即实现党的任务的手段和斗争方式。

我们知道，政策面、基本面、技术面是保证股市正常运行的三个支撑点，三者缺一不可。

政策面为股市保驾护航，引领股市健康运行。我们说，政策主导股市，是给股市提供精神食粮，中国股市走过 20 年，无一不是在政策的关怀和呵护下成长发展和壮大的，没有政策的导航，我国的股市就会迷失方向。

股市的正常运行，正是体现了党的政策的必然反映。我们党现阶段政策的制定是以科学发展观为指导思想，坚持以人为本，全面协调可持续发展。"十二五"规划是我们党政策和策略的具体体现。

作为投资者，无论是什么时期进入股市的，只要你一踏上股市的门槛就要认真学习政策，熟悉政策，读懂政策，掌握政策。政策是进入股市的第一把钥匙，有了这把钥匙，就点燃了进入股市殿堂的明灯，给你引路，使你不致迷失方向。

如果读不懂政策，眼前一团迷雾，脑里一盆糨糊，反映在股票的操作上，必然出现失误。最近一个时期以来，许多投资者对政策读不懂看不懂，许多人问，既然政策指引股市，那么这两年世界出现金融危机，虽危及中国，但我国由于采取的政策正确，经济运行正常，这三年来 GDP 都保持较快增长。以 2010 年为例，GDP 增长 10%，全球第一。上市公司净利润平均增幅 15%，可为什么股市跌幅达到 14%，全球倒数第二。而美国是这次金融危机的发源地，两年多了，经过多次政策调整，两次量化宽松政策，经济下滑得以扼制，但危机仍未过去，以二房信贷危机引发的美国金融危机，这么长时间过去了，现在二房危机又冒出来了。美国经济这么个状况，作为晴雨表的股市，美国的股市凯歌高奏，一路上涨。而我国经济这么好，可股市阴雨连绵，跌跌不止。

对这些问题，要回答，要找出问题的根源，怎么找？我们认为，要读懂政策。一要从政策本身上找原因，政策是否有偏差。比如，我们的货币政策有"两把刀"，存款利息的调整，存款准备金的调整，此外就再没有可以调整的法宝吗？不是的，绝对不是的。比如，我们制定政策应协调、平衡，现在政策在某些方面出现偏差，头疼医头，脚疼医脚。

二是要从股市中找原因，我们知道，政策对股市起主导作用，正确的政策能促进股市的健康发展，而政策的偏差，也能妨碍股市的正常运行。反过来讲，股市对政策的回报体现在两个方面：一方面，股市具有融资功能，通过融资，上市公司维护正常运转；另一方面，股市的财富效应使广大投资者源源不断涌入股市。应该说，股市的融资功能和投资者对股市的热情，保持一定的平衡和协调发展，这是股市正常运行的基本要素。二者出现偏差，甚至严重背离，股市就会出现剧烈波动。比如 2010 年股市融资功能发挥到极致，全年融资 4883 亿，347 家公司上市，全球第一，而我国的股市全球倒数第二，这就不难理解了。

三要从投资者自身中找原因。我们对上述问题如何看，仁者见仁，智者见智，股市操作切忌盲从，提倡独立性，对政策的理解也要提倡独立性，理解的深，理解的到位，就是说读懂政策了，那无疑就掌握了一把金黄色钥匙。

那么对当前的政策读懂了吗？那就好好读，慢慢品，拿好你的金钥匙。

022　告诉你秘诀，给你把宝剑

曾胖胖入市三个月，投资三万元，亏损 5400 元，嘴里叨叨："我的命不好。"

沈小姐入市八个月，投资 8 万元，亏损 12000 元，嘴里嘟囔："什么世道！"

吕大姐入市两年，投资 12 万元，亏损 24500 元，逢人便说："我的养命钱没了。"

傅小小入市 10 个月，投资 6 万，赢利 8000 元，轻蔑地一笑："原来股市赚钱就这么简单。"

够了，凡此种种不一而足，真替他们难受。偶尔赢一次，忘了姓付还是姓郑。大多数人亏损，能找出一百条理由，但很少有人找不学无术的理由，可怕啊，你不学政策，不懂策略，不分析市场，你哪能立得住脚啊，我们要吸取教训，要刻苦学习。心诚则灵，那么我就告诉你学习的密码，给你一把宝剑，带你走向赢利的殿堂。

有一个伟人，作了一次演讲，印成了册，发至全党，这部著作震动了世界，现在成了传世之作。股民朋友，让我们一起拜读一下这部著作，看能给我们什么启迪。

1938 年 2 月 18 日，日本军队向我台儿庄发动了强大攻势，国民党组织了 40 万军队血战台儿庄，历经数月，歼敌 2 万余人。台儿庄战役是抗日战争时期的一次重大胜利，极大地鼓舞了全中国人民抗战的信心。正是这一战役的胜利，国民党一些人产生了"速胜论"，说不出一年抗战就会胜利，但此后徐州沦陷，国民党内失败主义情绪"亡国论"论调不绝于耳，我们党内部也不同程度产生了这种情绪。

正是在这种情绪笼罩下，一个伟人站出来了，他科学地辩证地指出了"速胜论"和"亡国论"都是错误的，铿锵有力的指出抗日战争是持久的结论。那么抗日战争为什么是持久战，最后胜利为什么是中国的呢？伟人一一加以分析。

日本方面：他是一个强的帝国主义国家，他的军力、经济力和政治组织力在东方是一等的，在世界是五、六个著名帝国主义国家中的一个。这是日本侵略战争的基本条件，战争的不可避免和中国的不能速胜就建立在这个日本国家的帝国主义制度极其强的军力、经济力和政治组织力上面，然而，由于日本社会经济的帝国主义性，就产生了日本战争的帝国主义性，他的战争是退步的和野蛮的。同时，他又指出，日本战争虽是在其强的军力、经济力和政治组织力的基础上进行的，但同时又是在其先天不行的基础之上进行的，日本的国度比较地小，其人力、军力、财力、物力，均感缺乏，经不起长期战争。伟人最后指出，日本虽然能得到国际法西斯国家的援助，但同时，却又不能不遇到一个超过其国际援助力量的国际反对力量。那么结论就是：日本的长处是其战争力量之强，而其短处则在其战争本质的退步性、野蛮性，在其人力、物力不足，在其国际形势之寡助，这就是日本方面的特点。

中国方面：伟人指出，我们是一个半殖民地半封建的国家，是一个弱国，我国在军力、经济力和政治组织力各方面都显得不如敌人。战争之不可避免和中国之不能速胜，又在这个方面有其基础。同时，中国近百年的解放运动积累到了今日，锻炼了中国人民。今日中国的军事、经济、政治、文化各方面虽不如日本之强，但同中国自身比较起来，却有了比任何一个历史时期更为进步的因素。中国共产党及其领导的军队就是这种进步因素的代表。中国今天的解放战争，就是这种进步的基础上得到了持久战和最后胜利的可能性。伟人豪迈地指出，中国是如日东升的国家，这同日本帝国主义的没落状态恰是相反的对照。他指出，中国是一个很大的国家，地大物博、人多兵多，能够支持长期的战争。中国的战争的进步性、正义性而产生出来的国际广大援助，同日本的失道寡助又恰恰相反。伟人最后指出，中国的短处是战争力量之弱，而其长处则在其战争本质的进步性和正义性，在其是一个大国家，在其国际形势之多助。这就是中国的特点。

伟人还阐述了敌强我弱之下应采取持久战的策略，只要采取正确的策略必胜，要杜绝投降论和速胜论，在敌强于我时这两种论调就不现实，必然导致客观失败。伟人深刻提示抗日战争发展的基本规律，论述了只有实行人民战争，才能赢得胜利，指出了抗日战争作战形式主要是运动战，其次是攻击战。对抗战分阶段进行，各阶段采取的对应策略一一明示。

我们说，伟人上述的思想，是在抗日战争刚刚开始的 10 个月产生的，他是在 1938 年 5 月 26 日在抗日战争研究会上的演讲，尔后公开发表，它的意义就在于战争初期就能洞察秋毫，对抗日战争做出如此精确的分析，得出如此正确的结论，现在许多西方军事院校已将伟人大作作为经典必读教材。

我们之所以用较大篇幅介绍伟人这篇传世之作，就是希望广大股民朋友认真学习伟人之作，用以指导自己的行为，正确分析我国现阶段股市形势，以此作为正确投资策略，特别是屡战不胜者，要静下心来，一字一句读读伟人之作，将会大有受益。

正确掌握我国现阶段政策、策略，厘清当前股市主要矛盾和特点，及其运行规律，做出准确判断，采取正确的投资决策，以立于不败之地，不以暂时亏损为悲，也不要以偶尔赢利盲目自满。进入股市，就要有长期作战的思想，决不可能一口吃成个胖子，这就是我们向大家推荐学习伟人著作的理由，也是战胜股市的秘诀。

伟人就是毛泽东，这篇伟大著作就是《论持久战》。有人说的好，《论持久战》读上一百遍，将会受益千千万。《论持久战》是战胜股市的一把宝剑，只要你掌握了它的精髓。

告诉你秘诀，

给你把宝剑，

心中的明灯，

靠自己点燃。

023　一个老股民的回忆

钟理原是区党校教员，主讲党史和哲学。2003 年因病提前退休，2005 年 6 月进入股市，到现在已经是一个老股民了。

回忆起八年的股市生涯，老钟感慨万千。他说，股市本来就是一个大学校，一个大课堂，可一到年底，升学率不高，留级的不少，许多股民入市几年，不但毕不了业，还亏损累累，这是为什么？前几年，他曾彷徨过，思索过，渐渐地理出了头绪，找到了原因。理论根底浅，对股市分析不透彻；学习气氛不浓，在用功上下力气不够；亏损后不能从自身上找原因，怨天怨地。老钟认为，这些问题不解决，股民的困惑就不会根除。

老钟回忆起他给党校学员上课的情景。在党校，老钟最擅长讲毛主席军事思想中的哲学。他最拿手的课是讲毛主席的《论持久战》。他认为，《论持久战》对股民最管用，是根除股民顽疾的灵丹妙药。他在股民中试着给他们讲《论持久战》的思想，渐渐地被大家接受了。

老钟阐述了他的理由。他说首先《论持久战》给我们提供了认识股市强大的思想武器。股市是什么，是逐利的场所，但你不分析股市，盲目进入，跟风操作，哪有不败之理。毛主席对中国和日本各自特点的分析得出的抗日战争是持久战，中国必胜的结论，那么股市的特点散户的优势劣势，什么情况下散户的劣势会转化，对此散户要有清醒的认识。老钟说，有些散户认为我们永远是弱者，老钟不这样认为，散户的优势很多，只是视而不见罢了。

老钟说，毛主席指出，中国最大的敌人是日本主义，它的长处是政治力军力经济力强大，我们不可能很快战胜它，要坚持长久思想，它的弱点是国小，资源匮乏，战线长，后继不足，最根本它是侵略的野蛮的战争，这就决定了它是不可能战胜中国，注定要失败的。毛主席精辟的分析，对于今天的学习仍有着伟大的现实意义，为我们股民指明了方向。既然踏进股市的大门，就要有长期作战的思想，同时要对立必胜的信心，允许有反复，但思想要坚定，可以有失败，但不能屡战屡败。老钟说，股民的最大敌人是什么，就是股民自己，战胜敌人首先要战胜自己，敢于挑战自我，是在股市这个战场上取胜的思想基础，老股民都明白这个道理。

老钟说，毛主席对"亡国论"和"速胜论"的分析一针见血，非常透彻，这两种思想不但在国民党内部有，在共产党内部也有，台儿庄大捷冲昏了头脑，徐州沦陷又丧失了信心。在股市，有些股民稍有赢利，就昏昏然，可一旦出现亏损，信心全无，这种忽左忽右的思想，在股市中到处弥漫，要使我们的股民树立胜不骄败不馁的思想。

老钟把毛泽东《论持久战》的思想和股市紧密结合起来，他总结了三条基本思想：一是在股市要树立长期作战的思想。他认为，要股市取胜，必须立足长远，要有持久战思想，速战速决不可能取胜，试图一个交易日就取胜只能是一厢情愿，试图一个早晨就要拿下一座城市，那是天方夜谭，奢望很短时间使自己的股票翻翻不切实际。因此，只有树立长期扎根股市，制定出正确的操作策略，稳扎稳打，逐步积累，不断扩大战果，要有三年打算，五年规划，十年坚守的长期观念，这才是取胜之道。

二是坚持好股票长期持有的思想。老钟说，如果我们手里拿着优质股票，就要长期持有，要拿得住，握得紧，坐享所持股票内在价值的实现。坚持长期持有不动摇，不是置之不理，坐视不管，而是把功夫下在对所持股票进行调研，加深了解。只有这样才能拿得放心，而不管他人说三道四，不被舆论所左右。实践证明，好股票长期持有所带来的收益非常可观，那就要看个人的功力了。

三是要有长期猎守的思想。老钟认为，对手里没有股票，握有现金的投资者和刚入市的股民，不要急于买股，而要学会先观察，善于发现，要像动物守候猎物一样，不打无把握之仗，要静待时机，没有把握决不出手，一出手就有所斩获。到那时，满怀着胜利的喜悦，享受长期猎守所带来的果实。

老钟最后深有感触地说，在广大股民中进行长期有效的教育是一项非常必要和紧迫的任务，要培养股民坚定信念，使他们逐渐形成一支有理念，好心态，懂政策，会操作，永远充满信心的战斗队伍。

024 股民眼中的"十二五"

经过30年的改革发展，我国GDP首次超过日本，列全球第二，这是一个巨大的转折，2010年人均GDP达到了4382美元，列世界第93位。"十二五"规划必将引领全国人民迈向新的五年，人均收入再上一个新台阶，我们期望国家在未来的五年中取得辉煌的成就。

"十二五"规划是为全面建成小康社会打下具有决定意义的基础，明确提出要顺应各族人民过上更好生活的新期待，保证改善民生，坚持以人为本，使人民生活的提高和经济发展同步，这是大家议论最多的话题。

72岁的老股民顾大叔对大伙说，"告诉你们十二五规划把提高老百姓的生活放在心坎上了"。他动情地说，"说实在的，现在老百姓生活是提高了，但我觉得国家比老百姓富得快，前几年的金融危机，美国缺钱，银行倒闭，印了那么多钱投放市场，去年欧洲又没钱了，中国慷慨解囊，鼎力相助，帮他们渡过难关，我们在美国买了那么多国债，我真担心啊。国家是有钱了，可老百姓富得慢，我在农村的亲戚有的还很穷，还有娶不起媳妇的。这下好了，'十二五'规划把富国转向富民，这才是真正的国富民强啊，我们好日子还在后头哪。"

我们营业部大户室的几位对"十二五"规划中经济结构转变很感兴趣。他们认为，加快经济发展已迫在眉睫。邵兵原是某国企副总，退休后走进了大户室，他对这个问题有他的理解，他认为，中央把经济结构战略性调整作为加快转变经济发展方式的主攻方向完全正确。科技创新和进步是促进这种转变的支撑力量，国际国内形势的发展，消费投资，出口协调发展，我们的企业必须树立超前意识，首先要转变观念，使企业在转变经济发展方式上走在前面，不致掉队。他们企业原来的设备陈旧老化，产品落后滞销，2010年成功转型，520名工人无一下岗。

大户侯先生也有同感，他说："加快实施科技举国战略和人才强国战略，特别强调科技是第一生产力，人才是第一资源，两个第一相提并重。的确如此，没有科学，强国富国就是一句空话，没有人才'十二五'规划靠谁实现？"

在坚持扩大内需战略这个话题上，小彭有许多话要说。小彭是河北一个二线城市家电供销采购员，中转在北京，他说 2010 年他采购的家电数量较前一年增长 18.5%，2011 年一月份就增长了 23.8%。他认为，"十二五"规划把广大消费者需求作为扩大内需的战略重点，着力提高城乡中低收入，是有远见的行为，现在二、三线城市、广大农村需求非常旺盛，市场潜力十分巨大，如何挖掘这种潜能，"十二五"规划做出了具体部署，我们十分期待。他说，河北的北部、东北部贫困农村还有很多，提高他们的购买力，是在提高他们收入的基础上，政府在财政安排上要有所倾斜，使这些贫困农民买得起，如果政策措施跟上了，农村盘活了，二、三线城市热闹了，我国的经济发展就大有希望。

小彭计划今年家电销售增长 30%，他还找了个小徒弟，一边销售，一边调查需求，以便适时将老百姓需求送上门。他很有远见，利用每月来北京进货的几次机会，到他开户的营业部看看。2009 年 9 月 28 日，以 23.4 元买进 2000 股青岛海尔，目前账面上每股赢利 6 元多，他不打算卖，他认为家电市场很大，同时他于 2010 年 1 月 13 日以 6.38 元的买了 8000 股 ST 春兰股份。

机遇和有远见的人是一对好朋友，一个普通的家电销售多年在外，朋友当然也就多了，但你得善待朋友。

025　打开吧，潘多拉的盒子

潘多拉的盒子，这是古希腊的一个神话故事。潘多拉是宙斯创造的第一个人类女人，古希腊语中，潘是所有的意思，多拉则是礼物。潘多拉生了七个儿子，宙斯便把七个儿子用一个盒子封印起来，盒子的名字就叫"潘多拉之盒"，潘多拉当然生气了，总是想打开盒子看看自己的儿子。一次偷偷地打开了盒子，哪知道，盒子一打开，他的前六个儿子便飞了出去，他们的名字叫：贪婪、杀戮、恐惧、痛苦、疾病和欲望，从此人间多灾多难，但是潘多拉的第七个儿子叫希望，虽然人们受到贪婪、杀戮、恐惧、痛苦、疾病和欲望的折磨，但是人们不能退缩，因为还有希望。

许多人把利息的调整比作潘多拉的盒子，在股市中，人们对央行利息的调整充满了疑惑，过于敏感，不论是加息，还是降息，2011 年春节前后两次加息，绷紧了人们的神经，利息的上调实质是起到鼓励人们去存款而不是消费。一个时期的存款利息的调整是国家对这时期货币政策做出调整的反映。2011 年春节前后两次利息上调，直接对应的是物价过度上涨，春节前预计 CPI 会超过 5%，于是上调了 0.25%，春节后公布了一月份 CPI 为 4.9%，两节 CPI 还要上涨，所以又上调了 0.25%，这是大家预料之中。

本来嘛，CIP 的居高不下，存款利息上不去，二者差距越大，无疑说明物价上涨货币贬值，意味着老百姓实际存款利率提高和生活水平质量下降。而利息的上调正是要对冲二者之间的差距，使之达到均衡，处在一个合理范围。

大家最关注的是存款利息的上调对股市的影响，疑惑的是不知什么时候调整，调整到什么时候是个头，希望明着来，心里有准备，而不希望突然袭击，弄得措手不及，你手里潘多拉的盒子不要老拿着，打开吧，哪怕是魔鬼、恐惧，让大家一起面对，不是还有希望吗？历来不是有什么灾难，老百姓总是和国家一起承受、共同承担，共渡难关，分享快乐。

话又说回来，我们每个人手里都有一个潘多拉的盒子，就在你的手上，何时打开，决定权在自己。当然，每个人都想在最合适的时候打开。我们说，你对当前一个时期的政策掌握了，明白了，运用自如了，那就可以随时打开你手中潘多拉的盒子。当你感到物价上涨了，你确实能感到，自由市场的菜价又涨了，肉、蛋也涨价了，大米、面粉也涨了，生活日用品也涨了，你身边所接触到的日常需要的物品都涨了，那么你就应该想到国家的 CPI 也就涨了，加息也就临近了，你那高高在上的股票也该收收场了，这些都能心中有数，那么手中潘多拉的盒子就该打开了，把魔鬼放出去，把希望留在里面。你看，这不多主动，这就不用去抱怨国家没有提前通知你加息，你掌控了主动权，就知道什么时候调整利息了，就不会说国家搞突然袭击了。

认认真真读政策，明明白白做股票，潘多拉的盒子，就在你的手里。

026 存款准备金率，你的靴子有多少？

2011 年 2 月 22 日（星期二）中午十二时半，罗哥从大户室二楼来到大厅，准备买包烟，大厅几个熟悉的股友围了上来，马姑娘快人快语道："罗哥，存款准备金率的靴子又扔了下来，我们老家有句话说，鞋子合适不合适，只有脚知道，怎么回事啊？"。孙姐接了话茬，"我的儿子五年级语文上册有一篇文章叫郑人买履，是说郑人在家量好尺寸后就去市场上买鞋，到了鞋店，发现忘了拿量好的尺寸，又返回取尺寸，说的是太死板，不会灵活变通"。"别扯远了，叫不叫罗哥说了"，小何小伙子急了。

罗哥给大家讲靴子的故事。他说，有个老人卧室的楼上住着一个年轻人，年轻人深夜回来，进门脱了靴子就重重地一扔，咚地一声，使楼下的老人从梦中惊醒，接着又咣当一声，另一只靴子落地，好久老人才能入睡。时间长了，老人形成了条件反射，每晚都要等到年轻人两只靴子落地后才能入睡。有一次老人忍无可忍，到楼上提醒年轻人，年轻人答应改正，可第二天晚上，又是咚地一声，一只靴子落地了，老人忍着等第二只靴子落地后再睡，可等了大半夜，也未见另一只靴子落地的声音，那夜老人彻夜未眠，第二天老人上楼去问，原来是年轻人习惯性地扔下一只靴子后，突然想起了老人的警告，于是他把第二只靴子轻轻地放到地上，不想反而害得老人彻夜未眠。

罗哥接着说，在股市，大家把存款准备金率的上调比喻为悬在头上的靴子。你看今天，上午开盘2941点，中午收盘2869点，跌了72个点，这么惨烈的下跌，大家自然把原因归罪于存款准备金率的上调，这是很自然的。大家也许会问，央行还有多少靴子要扔下来。我查了下资料，春节前后两次调整存款准备金率，初六那次调整，存款准备金率已达到19.5%，已是历史最高了，多少是极限，不好说，有的专家指出，下限是10%，上限是30%，也有的专家说，20%左右就基本到顶了，你们看还能调多少，我看央行的靴子不多了。

罗哥还给大家解释了存款准备金是怎么回事。罗哥说，存款准备金就是大家在银行的存款，包括个人、企业都有，留出一定比率，以备有到期支取临时急用，不然都放出去了，客户需要怎么办，留有多少比率，这就要看当时的形势，一般来讲，人民币升值压力增加，物价过快上涨等，就要上调存款准备金率。2010年上调了8次，春节前后上调这两次，我认为主要针对房价居高不下，物价上涨过快，中央采取的紧缩政策。针对房价而言，加息能降低人们对购房的预期，缓和通胀压力，冲抵物价给人们带来的压力。问题的另一方面，如果无限制地加下去，不停地往下扔靴子，通胀变成滞胀，那人们也受不了，搞不好，造成经济硬着陆，这也是大家不愿看到的，所以我想存款准备金率的调整也快到头了。

开盘时间到了，大家才"放"了罗哥，眼疾手快的小马姑娘早已把罗哥喜欢的中南海牌香烟递给了罗哥。看着满盘皆绿的大盘，大家心结似乎解开了，心情坦然了许多。

央行的靴子不多了，听了罗哥的一番话，大家心里都这么想。

027 印花税, 股民心中的痛

2008 年 4 月 24 日, 经国务院批准, 财政部、国家税务局决定, 调整证券交易印花税率, 由现行的 3‰调整为 1‰, 至今已三年了, 仍维持 1‰未发生变化。我们今天重提印花税, 不仅是因为印花税是税收政策在证券市场的体现, 而着重指出, 有些造谣生事者老拿印花税说事, 深深地刺痛了股民的心。

在过去的 20 年中, 我国股市的印花税经过了多次调整。1990 年在深圳首开印花税征收, 规定由卖出股票者按成交额的 6‰交纳。同年 11 月实行双向征收 6‰, 1991 年调整为 3‰, 同时上海也开始征收 3‰的印花税。此后, 先后进行了七次调整, 直到 2008 年 4 月 24 日, 印花税降为 1‰, 且为单向征收, 一直维持至今。

其间, 每次调整都对股市带来或大或小的冲击, 可见印花税的频繁调整, 对证券市场的震动不可忽视, 其中有两次大的冲击, 老股民至今仍记忆犹新。1992 年 6 月 12 日, 国家税务总局和国家体改委联合发文, 明确规定股票市场印花税双方按 3‰缴纳。当时沪指由最低的 95.79 点, 涨到 1253.37 点, 而 6 月 12 日将印花税重提, 导致沪指一下子跌到 300 多点, 跌幅达 70%。2008 年 4 月 24 日晚间, 财政部、国家税务总局宣布将股票市场由现行的 3‰调整为 1‰, 这一特大利好消息引发 A 股市场井喷, 沪指高开 7.98%, 收盘劲升 9.29%, 创 1996 年 12 月实行涨跌停制度以来的历史最大涨幅。

可见, 证券市场印花税的调整和股票市场息息相关, 现在印花税总算稳定下来了。但树欲静而风不止, 就在 2009 年先后两次传出要调整印花税, 给投资者造成极大恐慌, 两市大盘应声回落, 从而迫使有关部门出面澄清谣言。

现在要让大家明白一个道理, 就是证券市场印花税已经稳定在一个平稳合理的水平上, 国家是不会轻易进行不必要的调整, 理由有三: 一是向上调整, 可能性几乎为零。现在世界上只有澳大利亚和中国还保留印花税, 说不定哪天澳大利亚取消了印花税, 我国还能保持多久。其实印花税在我国财政收中占比例很少, 最多收入的 2007 年占 4.05%, 最低 2005 年仅为 0.32%。更重要的是"十二五"规划确定以人为本, 并将国家财政收入和老百姓收入挂钩, 实行同步增长, 并提出许多惠民富民政策, 这在"十二五"规划体现的非常明确。在这种情况下, 能提高股票印花税吗? 这是非常简单明白的道理。第二是取消印花税。这种情况也不太可能, 因为证券交易税作为调节股票市场的工具, 在我国证券市场只有短短二十年, 还很不成熟, 保留和存在是必要的，所以短时期内不会取消。第三是保持现有税率，维持在1‰的水平比较合理，也反映了证券市场的现实情况，需要维持较长一段时间。有专家建议，保持十年不变，这是有道理的，非常符合我国股票市场的实际情况。

明白了这个道理，即使造谣生事，空头者轰炸，我仍泰然处之，不为所动。真可谓：任凭风吹浪打，我自闲庭信步。

028 你家有金条吗？

提起黄金，那是无人不爱无人不晓，可是问你家里有无金条，你就会说，那可是有钱人的专利，现在连有钱的白领也为买房发愁，哪里有闲钱买金条，决不敢奢望。

但是我们今天想要说的是身在股市，不能不了解黄金在国际、国内市场的动向，因为黄金的走势和股市关联度很大，值得我们关注。

老股民老方的太太金雅雅在黄金柜台上站了近三十年，退休后和老头一起走进了中户室，她对黄金最有发言权。她说，她刚参加工作时，黄金才几十元，现在已接近400元，有些品种还常常断货，我们认为有两个问题促使黄金价格上涨，一是现在人们有钱了，特别是有钱的人多了，买黄金作为理财品种，使其增值，推动了金价的上涨；再就是金融风暴，货币贬值，物价上涨，作为硬通货的黄金起到保值作用。老方接过话茬说，美国可以大量印刷钞票，但不能印刷黄金，美国第二次量化宽松政策，大量美元投放市场，进一步推动了金价上涨，现在已两次突破了1500美元，有的专家预计黄金将来可能达到2000至3000美元，照此看来，黄金上涨趋势已成定局，有钱还是买点黄金吧。

刚来中户室不久的唐小姐疑惑不解，钞票可以随便印刷，可黄金不能印刷，开采又是有限的，那将来市场钞票越来越多，造成物价上涨，货币贬值，那还了得。

朱凯退休前是一个职业学校的政治教师，他说，我查了些资料，关于黄金说来话长，国际货币体系是由1944年布雷森体系发源而来，实行双挂钩的货币制度：多国货币和美元挂钩，美元和黄金挂钩，全球实行本位制，汇率实行固定。据说全世界60多个国家把黄金存放在美国的曼哈顿，1990年我国也把600吨黄金放到了美国的曼哈顿。但是到了1976年，多国之间重新签订了牙买加协议，多国货币不必再和美元挂钩，牙买加体系下各国发行货币由各国决定，想发多少就发多少，这导致了三十多年来货币加速膨胀，致使货币信用下降，黄金使用超过货币，黄金避险功能显现，投资转向黄金，使金价上涨，现在看来，改革货币体系势在必然。当然走向多元化后，各国担负着对经济发展的责任，货币泛滥，首先冲击的是本国货币。

老方说，我国应对金融风暴所采取的措施是非常有力的，也是很负责任的，我国的货币管理和改革逐步适应国际形势的变化和需要。人民币国际化是中国经济甚至整体实力决定的，人民币国际化必然先实行自由兑换，这需要较长时间，日本、韩国、新西兰从放宽外汇管理到自由兑换用了二、三十年，我国在 1995 年放松管制，最主要是看经济实力。

大家有个共同的看法，黄金是国家经济实力的一个体现，但不是决定性的，美国黄金储备 8133 吨，世界第一，黄金储备最高，但并不能阻止金融危机的发生。我们是想从国际金价的持续上涨窥视国际经济形势的走向和发展趋势，金价的上涨预示通胀不可避免，告诫我们要适时采取应对措施，将通胀置于可控范围之内，使经济持续平衡较快增长。

家里有没有金条并不重要，重要的是好钢用在刀刃上，需要支出的时候，能够拿出来，不需要时能使其最大限度地增值，这才是硬道理。

029　魔鬼的汗珠滴了下来

笔者在写这篇文章的时候，日历上显示的是 2011 年 2 月 24 日。而正是这一天，伦敦布伦特油价一举突破 110 美元，收于每桶 111.25 美元。美国道指周二（2 月 22 日）大跌，周三（2 月 23 日）又大跌 107.01 点。外电有报道：第四次石油危机是否来临。

有经济学家称，世界经济从某种意义上讲就是石油经济，搞经济不懂石油不行，做股票不了解石油也不行，那我们先普及一点有关石油的知识吧。提起石油，和世界上每个国家息息相关，和每个家庭紧密相连，说形势、懂政策，不能不提石油，不能不了解石油。

石油，是以碳氢化合物为主要成分的，有色可燃性油质液体矿物。石油又称原油，是从地下深处开采的棕黑色可燃性液体。最早提出"石油"一词是公元 977 元中国北宋编著的《太平广记》。而北宋科学家沈括在其所著《梦溪笔谈》中根据这种油"生于水际沙石，与泉水相杂惘惘而出"，外国人称石油为"魔鬼的汗珠"，而最早开采石油的是中国。

石油的分布 3/4 集中于东半球。波斯湾、墨西哥湾占石油总存量的 51.3%，欧洲占 8%，非洲占 20%，中东地区占世界产油的 2/3 以上，美国是世界第二大产油国，伊朗占世界第三。世界发展到今天，90% 运输能量是依靠石油获得的。今天约 80% 可开采的石油储量是位于中东，其中 62.5% 位于沙特阿拉伯、阿拉伯酋长国、伊拉克、卡塔尔和科威特。

世界上许多冲突、危机、战争大都和石油有关。第二次世界大战打的就是石油。中东曾发生过三次石油危机：第一次发生在 1973 年 10 月，为打击以色列，OPEC 收回石油定价权引发全球石油危机；第二次是 1978 年，两伊战争使全球石油产量从 580 万桶锐减到 100 万桶；第三次是 1990 年 8 月，伊拉克攻占科威特，美国对伊拉克开战，伊朗石油供应中断，国际石油价格暴涨。三次石油危机给全世界经济带来严重打击，特别是第三次石油危机，使美国、英国经济衰退加速，全球经济增速跌破 2%。可见，石油对世界经济影响多大，关联度多高，石油是现代政治、经济危机的助推器，不能不引起我们高度关注。

今天，利比亚的动乱给第四次石油危机的出现提供了危险信号。利比亚的石油产量占全球原油生产的 2%。其实，仅 2% 的产量不会给世界原油供应带来影响，但是人们所担心的是利比亚的冲突是否会波及到另一个产油国，阿尔及利亚是否会出现动乱，进而扩散到沙特阿拉伯等石油大国。有专家分析认为，如果真的出现上述情况，石油可能会超过每桶 220 美元。

目前的事实是石油已冲过 100 美元大关，石油对世界经济的冲击已经显现，对复苏的全球经济无疑是雪上加霜。对我国来说，石油价格快速上涨已经尝到苦果。2011 年，输入性通胀已成事实，只有通过加息、提高存款准备金来严格控制通胀加剧的风险。2010 年，我国已 8 次提高存款准备金。2011 年春节前后二次加息、二次提高存款准备金就是应对石油价格上涨的举措，这是不得已而为之的办法。我国石油从自给自足已转向大量靠进口，且进口需求量逐年加大，2010 年进口石油已占全年石油需求的 55%。而中国进口石油几乎一半在以伦敦布伦特原油作为基准油进行定价，导致进口价格明显提高。这给我国成品油价格增加额外压力。

2010 年，我国股票市场交出的答卷沪深两个市场赢利 -14% 左右。许多基金、券商、机构收益寥寥，亏损连连。而广大散户更是大面积创伤，难以治愈。股市有一句话叫："通胀无牛市"，石油价格的上涨，带来输入性通胀，对股市的冲击显而易见，所以身在股市，不能不了解石油。

2010 年的股市的股民是：眼盯两个大盘红红绿绿，手提两个油桶战战兢兢。2011 年呢？

030 股民眼中的美国

2010 年底，我们所在的证券营业部搞了一次问卷调查。出了十道题，其中第五题是：你了解美国吗？请就美国当前政治经济等方面就你最关心的问题谈谈看法。发出问卷调查表 210 张，收回 188 张。下面就调查表中"你了解美国吗？"摘录了几个大家对此问题的看法。

1、关于人民币升值。问卷调查中，有 32.3% 的被调查者都提到美国迫使人民币加速升值，不怀好意。我们决不能重走日本老路。人们不会忘记，1980 年，日本的 GDP 快到美国的一半了，美国出手了。1985 年，美国拉拢几个国家迫使日本订立"广场协议"，到 1988 年，不到三年时间，迫使日元从 1 美元兑换 240 日元上升到了 1995 年 4 月的 1 美元兑换 79 日元，创下历史最高记录，这一记录重创了日本经济。1998 年东南亚金融风暴又是他们的杰作，尔后在香港豪赌，以失败告终。人们以为美元贬值，美元再也坚挺不起来了，那就大错特错了，美元的坚挺是不会改变的，他们决不会放弃世界第一货币的交椅。我国政府采取的稳健的货币政策是完全正确的，美国打出人民币汇率大幅升值的如意算盘是不会得逞的。

2、美国经济正在复苏，尽管是缓慢的。这占被调查问卷的 20.4%。2010 年第四季度，国内生产总值增长率为 2.8%，2010 年是美国经济的复苏年。美国经济已经从救援阶段走向增长阶段。许多美国专家预计 2011 年经济增长预测为 3%-4%。2011 年 2 月，股神巴菲特在给旗下伯克希尔·哈撒韦公司股东的年度致信中表示，尽管全球经济的不确定性一直存在，但投资者应对美国经济的未来保持乐观态度，美国的"好日子"就在前方。但许多专家预测，虽然美国经济走出了衰退期，但是衰退的阴影还没有完全散去。房地产市场依然不振，失业率高达 9%，油价高企不下，使美国经济要经历更多动荡。

3、美国是世界第一强国，虽有削弱，但在根本上还没有改变。这个问题占被调查中的比例为 14.2%。美国强国地位是由美国政治、经济、军事等多方面决定的，并不因为美国发生金融危机而改变了这个看法。美国国民生产总值占世界35%；美国的黄金储备8133吨，占全世界黄金储备的75%；美国的军费每年5千多亿美元以上，没有哪一个国家与之相比。对此，我们一定要保持清醒认识，2010年底，我国GDP已超过日本，成为全球第二，但就人均和日本相比还有很大差距。我们要有忧患意识，要达到中等发达国家水平还有一段路，要赶上发达国家水平，还有更长的路要走。

4、美国一国独大局面正在改变，世界多元化格局正在形成，这个问题占调查问卷的14.2%。美国、欧盟、日本、中国、俄罗斯等多元化格局大势所趋。欧盟的形成，是美国一国独大出现削弱最明显的标志，欧盟再不像过去那样在美国的指挥棒下，虽然欧盟在其成立到现在走过了艰难的日子，但已毕竟迈出了欧洲团结一致的步伐。中国对欧盟给以积极评价，并进行多方支持。2010年下半年，欧盟成员国发生经济危机，在欧盟力不从心情况下，中国将百亿元人民币送上，体现了中国政府和中国人民对欧盟的关切，而欧盟也真切感到中国在欧盟危难之中雪中送炭，中国是欧盟真正的朋友。

5、关注美国军事力量这一问题也占较大比例，达到10.5%。有一份调查卷中这样写道：我们都不会忘记，解放战争时期，美国武装了蒋介石八百万军队；朝鲜战争时，美国帮助南朝鲜侵略朝鲜，迫使中国出兵；70年代美国入侵越南，增加了中国更大经济压力。现在美国看到中国日益强大，他们一方面表示希望中国经济迅速发展，另一方面又惧怕中国强大，不时发出"中国威胁论"。时而声称中国军费年年增加，事实上中国军费不足美国零头。他们害怕中国制造航空母舰，全世界都知道美国航母在世界各地游弋了半个世纪，真可谓只许州官放火，不许百姓点灯。中国空军歼-20一亮相，美国紧接着投资37亿美元，计划五年研发新式隐性远程有人驾驶轰炸机，用以对付中国空军歼-20。

6、石油是美国最关心的问题之一，占调查问卷的5.8%。美国储存了那么多石油，其目的是垄断世界石油，美国掌握着石油定价权，操纵着石油价格的涨跌。每当美国宣布他们储存的石油减少多少桶，石油价格随即上涨，当发布石油储存增加时，石油价格应声回落。

7、其他所关心的问题占调查问卷的4.7%。有的调查问卷中指出，哪里出问题，哪里就有美国的影子。伊拉克被美国搞掉了，石油被霸占了；伊朗问题被美国列入被整的黑名单中；美韩多次军演，导致韩朝相互开炮；美国又瞄准了朝鲜；利比亚动乱，美国是否在看热闹（占3.2%）。

这就是股民眼中的美国，也是普通中国人眼中的美国，其实，每个中国人都希望美国顺利度过这场金融危机，尽快恢复经济。中国人更希望自己的国家繁荣昌盛、日益强大，和世界各国人民世世代代友好下去。

中国人眼中的美国就是这样，那美国人眼中的中国呢？

031 大户室的第三次热议

春节一过，大户室的几位进行第三次热议十二五。前两次重点讨论了两个议题：一是经济增长方式的转变，我们要转变什么观念；二是老百姓的收入要和国家经济增长同步意味着什么。这次讨论的重点是如何理解十二五规划把改造提升装备制造业作为重头戏。十二五规划对改造提升装备制造业是这样描述的："改造提升制造业。制造业发展重点是优化结构，改善品种质量，增强产业配套能力，淘汰落后产能。发展先进装备制造业，调整优化原材料工业，改造提升消费品工业，促进制造业由大变强。完善依托国家重点工程发展重大技术装备政策，提高基础工艺、基础材料、基础元器件研发和系统集成水平。支持企业技术改造，增强新产品开发能力和品牌创建能力。合理引导企业兼并重组，提高产业集中度，发展拥有国际知名品牌和核心竞争力的大中型企业，提升小企业专业化分工协作水平，促进企业组织结构优化。"

前两个问题分别是由于夫人和老董牵头，这次由韦小姐主持。韦小姐说了几句开场白：前两次讨论收获很大，开阔了我的思路，这次讨论高端制造业，正合我意，节前我出了点货，正好想进些货，于姨您先说吧。

于夫人也不谦逊，首先发了言：现在我们明显感到，工业占GDP的比重达到了极限，十二五期间，工业化很难再提速，这就要求规模扩张的工业化模式必然要让位于质量提升的增长模式。而高端制造业的自主创新能力在十二五期间都一定会有新突破，并形成有独特优势的高端制造产业链，高端制造业可能成为重中之重，十二五规划核心是抢占高端制造高点，将"中国制造变为中国创造"。我们要从十二五规划中寻找投资亮点，今年有关高端制造业股票会有不俗表现，现在就是要寻找那些估值偏低，刚刚起步的股票，比如我很看好重工机械。

新来大户室的帅哥小程也发了言。他说，要提高对高端制造业前面的行业，像航空航天制造、海洋工程、卫星数控机床等高水平装备制造业。比如海洋装备将成为未来五年国家战略的一大重点。我国的海洋开采相对薄弱，未来发展空间巨大。由此我想到，加快培育和发展战略性新兴产业已成为十二五的既定目标。十二五给了我们明确信号，将国强向民富上转变，世界工厂向世界市场上转变，由中国制造向中国创造上转变。我们的思想要跟上，步伐不落后，这给我们操作思路提供了广阔空间。

老董认为：高铁制造业在高端装备制造业中跑在了前面，这在有关高铁股票中已有较好的表现。前几年，我们从德国引进动车组的九大关键技术，经过消化吸收再创新，创造了十大关键技术。在200公里时速动车组的基础上，生产出了350公里时速的"和谐号"动车组。我已经享受了几次，确实又快又舒适，给人感觉一下子拉近了城市与城市之间的距离。据报道，美国已和我国签署了合作协议，在加利福尼亚铁路上用中国技术建设时速346公里的"子弹头"火车。当然，在具体操作上，高铁有关股票已涨幅较多，且高铁成本较高，直接影响收益水平。

韦小姐做了总结发言：大家说得很好，讲得很深，使我受益匪浅。我想补充一点，机械行业是高端装备制造业的一个重要组成部分，我查阅了一些资料，工程机械行业规模占全球比重只有20%，十二五将加快城市化和新农村建设，再加上未来人口成本上涨趋势明显，这表明对工程机械需求将大大增加，可以预见未来五年工程机械行业将迎来历史上最好的发展机遇。

看来，高端装备制造业已引起大家的关注，热议十二五还将继续进行，进入大家视线的下一个话题是什么呢？

032 孙医生的困惑

孙燕燕医生是2008年3月退休的，在家闲了不到半个月就找了两份工作。一份是在一家医院当医生，每周上班4天，周二、五下午不坐班，工资3000元。第二份工作是在离家不远的证券营业部开了户，开始运作股票。孙医生常说，人闲了会生病的，一忙了就什么都忘了，病也不找你了。重操旧业，儿科医生，现在挺吃香的，很受人尊敬。孙医生从医几十年以"细"著称，好多人称她细医生，细心、细致。她常说，为病人诊断，就讲一个细，没有细哪有准？这是当医生的起码准则，每天照常上班，倒无话可说。

开了户，孙医生把平时积蓄的10万元打入账上，每周到营业部2次，熟悉了环境，结识些股友。一个月后，就出手了，以33.66元价格买了云南白药2900股，那天是 2008 年 5 月 14 日，一直拿到现在。经过 10 转 3，现持股 3770 股。该股在 2010 年 10 月 8 日最高达到 74.69 元，到 2010 年 12 月 3 日已回落到 60.40 元。孙医生虽然还不大懂技术分析，也不知该股能跌到什么位置，都在说 2011 年七大新兴产业，医药股春天已过，她犹豫了，困惑了。已经拿了快 3 年了，也获利不少，是该走的时候了，可卖了又买什么呢？自己是个医生，对医药股还熟悉一些，当初买医药股就是考虑和自己专业近，别的股自己又不了解。正当拿不定主意时，老伴提醒她一句：你看看十二五对医药行业是怎么说的。一句话提醒了她。

打开电脑，百度十二五，仔细阅读起来。当谈到第八个大问题中的第 34 个问题专门提出加快医疗卫生事业的发展，她急忙叫来老伴，给他读了起来。读完后急忙取来笔记本，将重点的记录下来：

"增加财政投入，深化医药卫生体制改革"

"健全覆盖城乡居民的基本医疗保障体系，逐步提高保障标准"

"新增医疗卫生资源重点向农村和城市社区倾斜"

"建立和完善以国家基本药物制度为基础的药品供应保障体系"

"坚持中西医并重，支持中医药事业发展"

"鼓励社会资本以多种形式举办医疗机构"

她摘记了重点语句，关闭了电脑，紧闭双眼，进入了长时间的思考。

她想，规划在前几部分多次提出扩大内需，改善民生，现在国家已经把增加老百姓收入提高生活水平放在了十分重要位置，那么全民卫生健康更是国家关注的重点。她确信，城乡医疗卫生事业将有个大发展，好戏还在后面呢。2011 年，七大新兴产业要有大的发展，但扩大内需，医疗卫生也要加速。人常说，生活中，爱情是永恒的主题，那么，在股市中，医疗股就是永恒的主题。吃五谷杂粮谁还不生病？她深信，她的医药股不但没有走到尽头，而是路还长着呢。

一个大胆的想法在脑中形成了。她和老伴商量，不但不卖出原有的股票，而且还要加大投资，她把近三年在医院打工挣来的钱凑够了 10 万元，放入了股市，还买医药股。决心已下，买哪只医药股，她举棋不定。午饭端上来了，新炸得一盘油炸干辣椒放在了眼前。"川妹子，别犯傻了，吃饭吧。"老伴一句"川妹子"点醒了她。记得春节回重庆看望老母亲时，她参观过重庆的高科技园区。那里有一大片医疗企业，虽说春节期间，有好多还在加班。想到这里，眼前一亮，心里已经有底数了。第三天下午，利用休息时间，她到营业部办理了购买创业板股票的手续后，就在营业部的电脑上打出了 300006 莱美药业，时间是 2011 年 1 月 25 日（周二）14：54 分，以 30.7 元价格买了 3200 股。

买医药股，买家乡的医药股，孙医生心里很坦然。每天下班回家后，她总要打开电脑，看盘一小时，当看到莱美药业后，想母、思乡之情油然而生。她想好了，下次攒好钱要买一支北京的医药股，那会是谁呢？

033 北京摇号购车急坏了大郭

郭雷雷，1.82 米的个子，虽不很帅，但红黑的脸庞透出阳刚之气。大家叫他大郭，一个幸福的三口之家。从小酷爱汽车，4 岁就能说出上百个车种，家里收集的各种汽车照片几大本。13 岁就学会了开车，阴差阳错，2011 年春节前凑足了 15 万元，下决心要实现购车梦，"可梦里没儿犟求子"，不久前北京为缓解交通拥堵，实行了摇号购车，大郭参加了两次都没中号。此时大郭想，上天不成全我买车，这是天意，不要跟老天过不去，于是决定放弃摇号。

2011 年 3 月 2 日，他在网上看到一则消息，说由戴姆勒集团与比亚迪股份有限公司以 50：50 比例注资的合资公司深圳比亚迪戴姆勒新技术有限公司正式成立。双方表示要为中国市场推出全新电动车产品的宏图。他们将共同研发一款专门针对中国市场的电动车，并将在 2013 年正式推向市场，创立一个全新的品牌。这个品牌将双方共同拥有。

比亚迪创立于 1995 年，是一家在香港上市的高新技术民营企业。比亚迪在内地建有 9 大生产基地，总面积近 1000 万平方米。在美国、欧洲、日本、韩国、印度、台湾、香港等地设有分公司或办事处。员工总数超过 14 万人，在中国企业 500 强中，比亚迪排名 216 位。

看到这则消息，大郭想了很久，他联想到股神巴菲特参股比亚迪的那件事。股神巴菲特以 8 港元的价格认购比亚迪 2.25 亿股，约占比亚迪本次配售后 10% 的股份，总额为 18 亿港元。巴菲特投资代表了对比亚迪品牌价值的认可，对于加速新能源汽车及其他环保产品在欧美和欧洲市场，及至全球的推广都极具战略意义。比亚迪总裁王传福以 350 亿身价荣登中国首富的宝座。比亚迪开发了电动车、储能电话、太阳能电话三大绿色梦想。

十二五规划中，培育发展战略性新兴产业，指出积极有序发展新一代信息技术、节能环保、新能源、生物、高端装备制造、新材料、新能源汽车。新能源汽车，多么明确的信号！

大郭心想，我梦想买车，王传福梦想造车。一个新的想法在脑子里冒出来，车暂时不买了，等王传福造出新的电动汽车，再圆梦吧。

大郭是国家机关干部，他不可能不关注十二五。所以他联想到十二五规划中关于对新型产业的描述："培育发展战略性新兴产业，积极发展新一代信息技术、节能环保、新能源、生物、高端装备制造、新材料、新能源汽车"。国家要发展新能源汽车，比亚迪汽车几乎涵盖了七大新型产业，这是明确的信号。

不买汽车了，大郭要为绿色首都作一把贡献，为缓解北京交通拥堵出一分力，大郭下决心，不买汽车，买汽车股，不管怎么说，不能把钱放到离汽车远的地方。他在五年前就开了户，到现在账上只有基金 5000 个单位。他选中了上海汽车，可上海汽车停牌了。

大郭买车的梦想破灭了，买汽车股的念想刚刚进入梦乡。

034　眼下购买"两房"还欠火候

2011 年 3 月 3 日收市后，营业部召开了一个座谈会，主要内容是持有地产股票的投资者对房价调控看法、地产股今后走势分析及持股策略。座谈是由营业部房地产市场林研究员主持。座谈是在二楼会议室，30 多人坐满了整个会议室。

发言很热烈，大家主要围绕两个问题进行了讨论。

房地产调控政策什么时候能显现威力。曾在区体委工作 30 多年的一位退休老干部老何发了言。他说，前几天温总理在中国政府网和新华网接受专访，回答的第一个问题就是房价调控政策。去年共出台了三次调控政策，房价就是调不下来，房价照涨不误。全国 70 个大中城市商品住宅房销售价格全年均涨幅 13.67%，今年上涨趋势还未改变。温总理表示，解决房价上涨过快必须增加有效供给，今年要建 1000 万套保障房，控制投资和投机型住房需求，用差别化利率和税利调控房价，同时要管好市场，防止惜售、捂盘、圈地不用。

马夫人接过了话茬："我看了直播，总理动情了。他恳切希望房地产开发商作为社会一个成员，应该对社会尽到应有的责任。'你们的身上也应该留着道德的血液'。总理的话多么诚恳、多么真挚，我认为千千万万的开发商应该手拍胸膛想一想，圈到了地，荒着等地皮涨价，盖好了房不卖捂着互相抬价，他们的良心、道德哪里去了？"

小苏沉不住气了，把桌子一拍，站了起来。"他们的良心都叫狗吃了。最近看了一个消息，说一个开发商在博客上透露，房价高涨的时候利润达到多少自己心里最清楚，有的利润翻一番还多，有的效益成倍增长，在较短的时间内把房价提高到令人目瞪口呆的程度，简直是不打自招，你看，他们哪里是开发商？简直是强盗。"

主持人林研究员发了言：大家说得很好，春节过后，有些地方房价不但没降，反而又涨上去了，北京高档住房更是涨的惊人。房价上涨直接影响了股市，去年上证指数全年下跌了 14.3%，房价上涨是罪魁之一。的确，房价压不下去，不排除更严厉的调控政策出台，下面大家谈谈地产股的走势吧。

马小姐抢先发言：我的地产股已拿了快三年了，赔了 35%，割了吧不忍心，也不甘心，拿着吧不放心，直揪心。心里总是十五个吊桶，七上八下，大家给支个招。

其实参加座谈会的大都有地产股，都套着，只是有深有浅，都希望今年地产股有个好的起色，能回来 10%-20% 就知足了。

大家希望林研究员指点迷津。林研究员发了言，他说，我谈三点想法，和大家商量：一是地产股今年走势，我觉得和房价调控有联系，如果今年房价调控成效明显，使房价处在一个合理水平，那么地产股会有所表现。无论怎样，地产股会有机会，最近就有所起色；二是大家手里的地产股要认真分析一下，四月份年报和一季报全部要亮相，要甄别一下，业绩、送配、分红都通盘考虑，机会来了要抓住；三是手里如果没有地产股，我不赞成买，还要等一等，急于买房的现在还不到火候，房价高企一旦形成趋势，要降下来有个过程。我们所采取的策略是如果跌得很低，可以补一些仓，摊低成本，如能上涨 10% 左右，那就出一部分，今年力争做 1-2 次波段，那么损失就会降低。如有行情，又做得好，挽回损失是有希望的。如果地产股行情来了，我们一定和大家一起紧紧抓住，到时候我们并肩作战。

座谈会结束了，大家的眼睛似乎明亮了许多。是的，是信心，信心有了，什么都不在话下。

035　守护金矿的人

2011年3月5日，是钱靖56岁生日，年过半百，成就了老钱是个有经验有头脑的人。但就是性子有点古怪，有些事看似不合常规，他认准一个理，就坚持做下去，十匹马拉不回。过去在职时就这样，50岁内退时，只混了个副科级待遇，在股市6年，这种怪脾气表现得淋漓尽致。大多常人买股搭配，讲的是组合，可老钱只买黄金股，先后买过4只黄金股，且一次只做一只，有赔有赚，最后拿的山东黄金（600547）让他赚了个盆满钵满。

2010年五一劳动节前的4月28日，老钱将3200股山东黄金以75.88全部卖出去。老钱是在2008年12月25日，以46.88元的价格买进1600股，赶上一次10送10。一年半时间获利167000元。5月1日，为85岁的老母亲订做了一只8.5克的金戒指，6月26日生日那天，他要亲自给母亲戴在手上。

股民朋友问老钱，为什么退出山东黄金，老钱说，一来获利比较大，该走了，二来送配后股价已经走高了，老拿着，心里直打颤。问他接下来买什么，他不假思索地说，黄金股。股友们送了老钱一句话："守候金矿的人。"

老钱执著买黄金股，自有他的道理。他认为，金融危机，各国都在救市，经济受刺激得以恢复，紧跟着通胀必然显现。石油上涨、黄金上涨、资源全部上涨，上下游联动，物价上涨顺理成章。老钱说，这就是趋势，吃准政策不掉队，顺着趋势作个股，买黄金股是我的老本行，别的也不熟悉，做不了。

其实，老钱眼里早就瞄上了紫金矿业（601899）。到2010年8月6日，该股下跌至5.94元，虽然不知道底部在哪里，但老钱觉得快到动手的时候了。2010年8月18日，下午临收盘前的两分钟老钱以6.58元的价格买进3万股。2010年9月27日，经过33个交易日的横盘整理，该股从9月29日的6.26元开始启动，到10月5日，股价呈直线上升趋势，只用了9个交易日，就升到10.82元，涨幅达43%。11月12日，老钱以9.52元价格卖出1万股，在2011年2月14日又以7.47元的价格买回1万股，一直守仓至今。

老钱知道紫金矿业出了事，但他只知道2010年7月3日那起事故。其下属单位紫金山铜矿湿法厂发生钢酸水渗漏事故。他认为股价已经反映了那次事故。只是后来才知道又出了一次更大的事故，那就是2010年9月21日，高岭矿发生尾矿溃坝，致使下游村民财产被损毁，22人身亡。受灾的852名村民起诉，要求索赔1.7亿元。22名死亡家属集体诉讼，要求紫金矿业、信宜紫金和宝源矿业就人身损害赔偿1167.83万元。7月3日和9月21日两次事故，紫金矿业共赔偿了6000多万元，而索赔1.7亿元及22名死亡赔偿还没有处理完，紫金矿业已陷入漩涡之中。

但老钱认为，就目前而言，事故虽还未最后处理完，但事故本身属突发性事件，属一次性损失，并不是企业生产经营发生实质性变化。后期事故处理完毕后，随着大市趋暖，紫金矿业经过这次伤痛后，会认真吸取教训，加强整顿，下本钱做好污水处理，相信是金子总会发光的。

老钱执著地认为，紫金矿业的表现机会还在后面。股友们说得对，老钱就是一个守候金矿的人。

036　潜伏粤水电

2009年，电视连续剧《潜伏》播出后，引起轰动。之所以得到认可，一方面是演员表演的好，当红影星孙红雷把余泽成表现得惟妙惟肖，姚晨把妻子演到极致。"大嘴姚晨"从此家喻户晓。更深层的原因是观众喜欢。看诸如潜伏、卧底、谍战、特工连续剧，惊险刺激、心惊肉跳，而像武打片、清宫剧早已看腻。

其实，"潜伏"在股市中体现得毫不逊色。虽没有战争年代那么刀光剑影，却也演绎得淋漓尽致。庄家为运作一支股票，有时吸筹长达一年多，从吸筹、洗盘、拉升、出货有时长达数年，当然获利颇丰，利润一般高达几倍也在情理之中，而整个过程就是一场战役，更像一部长篇电视剧。运作好的庄家，"潜伏"得很深，散户无从察觉，只有上当得分。

"潜伏"具有两种基本素质：时间长的忍耐力和心理上的承受力。运作股票也要经受时间折磨，涨跌对心理的冲击，要养成长期"潜伏"定力，不是一件容易的事。

股民老沈就是一个潜伏老手。一次我俩在酒馆小酌，给我讲了潜伏粤水电（002060）的故事。

他说，2008年，他一直思考两个问题：一是全球气候变化和环境恶化，为应对产生了《京都议定书》，说明世界各国从开始重视气候环境的恶化到为改善环境付诸实践。二是1998年我国南方发生大冰冻，高压线结冰，高压塔被结冰压塌，我这辈子都没听说过。

老沈说，为此我联想到，1958 年在全国大兴水利建设。那年我 12 岁，放假学校还组织我们参加义务劳动。华北有三大水库，官厅水库是 1951 年修建，54 年建成，是新中国建成的第一座水库；密云水库是 1958 年 9 月动工，1960 年 4 月建成；十三陵水库是 1958 年初修建，6 月 30 日建成。记得有一年高考题还出了一道地理题，问华北三大水库。有一学生答：官厅水库、十三陵水库、齐奥塞斯库，把当时罗马尼亚总书记当水库了，开了一个国际玩笑。可惜几十年了，全国农村那些大大小小的水库水坝、沟沟渠渠大都不在了。看现在冰冻、大旱、洪水这么严重，不知哪一年，水利建设又要重新提出来。

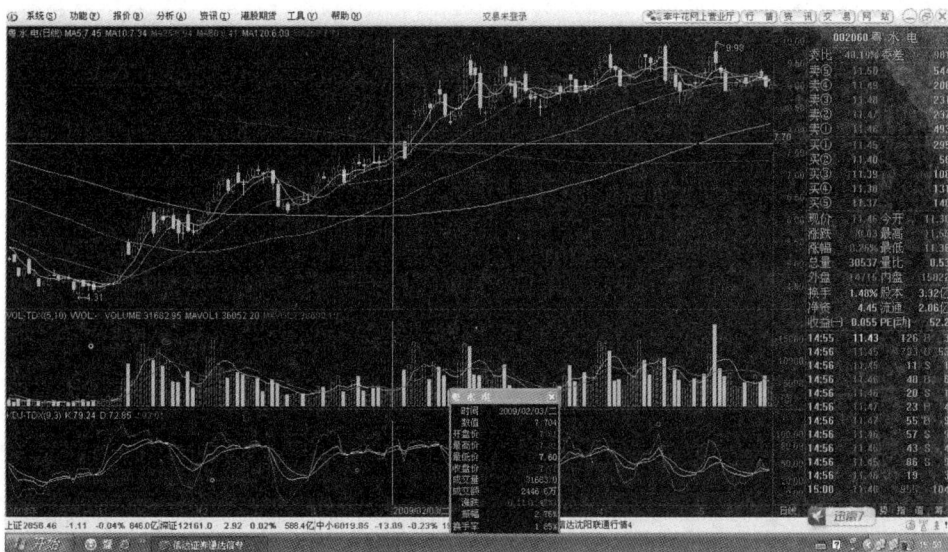

说到这里，老沈诡秘一笑，2009 年初我把上市公司有关水利股捋了一遍，相中了粤水电（002060），水电建设股，中小板、业绩还可以，在 2009 年 7 月 16 日前后，分三次买了 12000 股均价 7.66 元。可真让我猜中了，2010 年 11 月，各大网站发了一条消息，说连续 8 年的中央一号文件有可能将水利建设作为重点提上日程。果不其然，中央一号文件和十二五规划都将加强水利建设作为一个重要问题提了出来，中央为此加大了资金投入。我买的粤水电在 2010 年 11 月 17 日开始放量上攻，由启动时的 8.5 元左右，涨到最高 16.25 元。我在 2011 年 1 月 24 日以 14.66 元价格卖出 1 万股，现在还有 2000 股。

我佩服老沈的远见，一个老同志，对政策吃得准，有预见性，这决不是赌，而是经验，是实践，是一个老同志的真知灼见。

037 其实，股票是生活的一部分

幸福的家庭都是相似的，但不幸的家庭各不相同。

2010 年，这一年对赖丽丽一家来说，可谓祸不单行。5 月 2 日，和自己谈了两年恋爱的男朋友彻底离开了自己，对于 26 岁的丽丽来说，的确够痛苦的。但痛苦远不在失恋。父亲在八年前因病永远离开了这个家庭，只有母亲和丽丽相依为命。中秋节前一天，母亲采购过节食品时，腰部被车撞伤，腰 5 腰 6 粉碎性骨折，现还在医院躺着。还有一件让她苦恼的事，就是买了 2 支股到年底还亏 22%，也不知猴年马月才能解套。

2011 年元旦前两天，医院通知丽丽母亲可以出院了。当她赶到医院时，病房有两位客人正看望妈妈。丽丽认识，那是妈妈的老同学贺阿姨，还有贺阿姨的儿子小文。贺阿姨很熟悉，只是小文，丽丽多年未见，变得很陌生。但是，就在丽丽和小文四目相对时，双方好像都有一种"幸福来敲门"的感觉。大概这就是缘分吧。很快他俩进入了热恋之中，其实，两人在同一所大学，只是文文比丽丽高两届，现在文文在一家大银行当金融研究员，丽丽在保险公司。

很快，他们就谈到了股票，妈妈的病好了，失恋的痛苦消除了，那烦心的事就只剩下股票了。文文分析了丽丽的股票失利的原因，通过交流，文文很诚恳地指出了丽丽的弱项，鼓励她多学学当前政策，文文告诉丽丽，做股票要懂大势。当前的大势就是世界经济经重创之后，正在逐步恢复当中。我国的大势就是十二五规划起始之年，今年所制定十二五和十一五有很大的不同，它不仅是十一五的总结和继承，更是改革开放 30 年的总结，也是下一个 30 年的开启，是我国经济结构调整、生产方式转变、为全民小康打下重要基础的一年。今年将是改善民生、提高老百姓生活一个新的起点。前些日子，国务院通过了提高个税起征点，这是一个明确的信号，老百姓幸福生活又要上一个新的台阶。文文越说越激动，丽丽越听越兴奋，不住地点头，她更加深了对文文的爱慕之情。

文文接着说，现在股市的大势，我认为表现在两方面。一方面是十二五提出把消费放在重要位置，千方百计扩大全民消费，这是和改善老百姓生活、增加老百姓收入、提高生活质量紧紧联系在一起，同时提出七大新型产业是国家扶植和鼓励发展的重点，投资股票就要在消费和七大新型产业中掘金，这就是顺势而为；另一方面，股市走势逐渐明朗，两节过后股市一改节前弱势，逐级攀升，已站上 2900 点。大盘向上的趋势逐渐形成。如果我们认可前面所说，就要很好梳理一下自己的股票，做出适当调整，力争 2011 年能打个翻身仗。

看来，家庭要有个好的组合，股票也要有个好的组合，丽丽看到了希望，她对文文说，去年三件烦恼的事过去了，今年有三件喜事等着我们。"哪三件？"文文急不可待。丽丽笑而答道：第一，我要和你结婚；第二我要你搬到我们家，我不能没有你，我也不能离开我妈妈，再说我们没那么多钱买房，把我们家重新装修一下；第三，股票好好打理一下。前两件事由我负责，第三件事就交给你了，文文满口答应。

当幸福来临的时候，挡也挡不住。股票把丽丽和文文拴在了一起，其实，股票就是生活的一部分。

038　王明与 6124

乍一看题目，王明与 6124 牛马不相及，八竿子也打不着。王明其人在 80、90 后的人群中比较生疏了，但学过党史的人对王明并不陌生。

在 1931 年 1 月至 1935 年 1 月，以王明为代表的"左"倾冒险主义在党内占统治地位长达 4 年之久，而这次"左"倾冒险主义在党内统治时间最长，给党带来的危害最大，它使中国革命几乎陷于绝境。那时国民党几百万军队，而红军弱小，由于王明大搞"城市中心论"、"飞车集会"、"堡垒对堡垒"、"御敌于国门之外"，其结果，到 35 年初，国民党统治区内的党组织几乎丧失殆尽，最终导致第五次反围剿的失败，迫使红军进行战略转移。1934 年，红军长征时有 32 万多人，长征结束达到陕北时只剩下不到 3 万人，可见错误思想给革命带来多么大的损失。

1935 年 1 月，党在遵义召开了政治局扩大会议，结束了王明"左"倾冒险主义统治，确立了以毛泽东为代表的正确领导。在股市，我们常常提到"恐惧和贪婪"，认为是人性使然，这只是一个方面。股市的大起大落除自身规律外，思想认识和舆论导向对股市起着推波助澜作用。虽不能和党内错误思想相提并论，但在股市似乎也能看到类似王明思想的影子。大家都记得，2007 年 10 月 16 日（周二）上证指数最高达到 6124.04 点，仅仅用了一年时间，上升之快，令人瞠目结舌。这时全国股民处在狂热之中，尽管证监会4次提醒注意投资风险，但仍置若罔闻，只有股市教主胡立阳有先见之明，在上证指数上升到3600点时，即令旗下全部清仓，自己到世界各地旅游，虽说命令下得早一些，却躲过一劫，当时胡立阳此举受到多少人嘲笑。

而那时，全国股民到处莺歌燕舞，在舆论界发出了这样的声音："8000点指日可待"，"一万点可望可及"，"箭指12000点"。有谁又不相信呢？有多少股评家不是这样认为的呢？在舆论导向下，赚钱效应也使千千万万股民向更高的山头冲去。

真可谓乐极生悲，股市正是这样，在欢乐中死亡。此后大盘一路下跌到2008年10月28日，上证指数直跌到1664.93点才止住了脚步。仅仅一年时间啊！上证指数狂跌去73%，这是中国股市最惨烈最悲壮的时期。成千上万股民牺牲在高山下，那里埋葬着多少尸骨有谁能说得清啊！

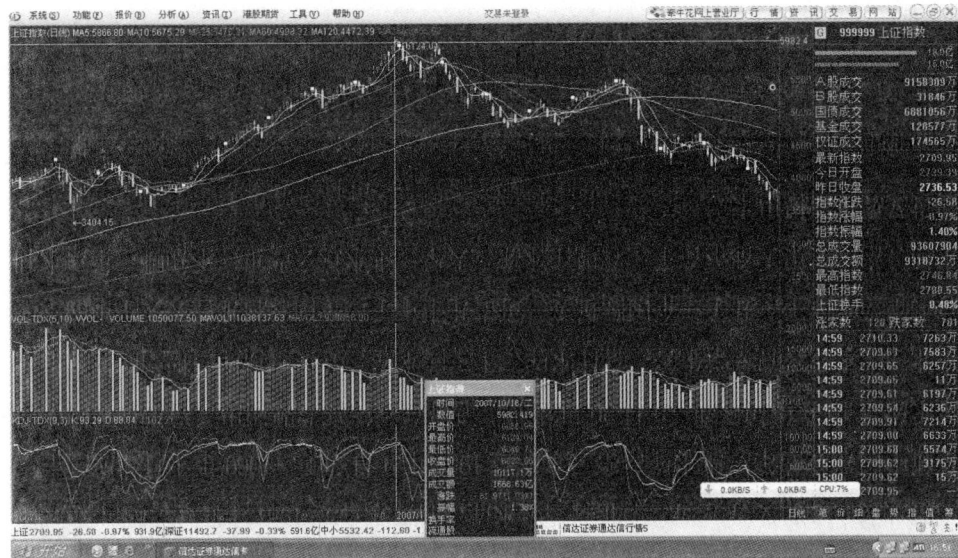

历史是多么惊人的相似。当年，革命失败后，王明对中国革命前途丧失了信心，最后落了个背叛革命的下场，留下了千古骂名。在现实生活中，历史又是一面镜子，还是那些占领舆论界的高手们，对中国股市产生了了极度的恐慌，当时出现了这种声音："大盘到1000点才能止住脚步"、"可以看到800点"、"再过10年也越不过6124点"。广大股民真不理解，那些股市的精英们，他们的论调变得那么快，翻手为云，覆手为雨，高调是他们唱出的，今天悲歌又出自他们的喉咙。是精英们的失误，还是自嘲？是误导还是别有用心？时间过去了三年，那段股市的历史难道不值得我们深思吗？

王明给中国革命带来的灾难不能忘记，6124 点给股民们带来的伤痛至今还在滴血！凉水能噎死人，错误导向也能害死人。

039　人生好伴侣，股市好搭档

过去相亲有一句话叫"猪狗不同槽"，是说猪狗结婚过不到一起。我属狗，老伴属猪，我们结婚四十年，虽有磕碰，但也相依相随。同在股市 15 载，同苦同乐，配合默契，老伴始终是我的好搭档。

要说我老伴，中国妇女所具有的优秀品德，她都有，唯独没有埋怨。贤惠、善良，血液里流淌着勤劳，与生俱来的满足，默默地奉献，从不奢望什么。

在家，她是一个好母亲。我有两个女儿，大女儿从军 26 年，高级职称，一个优秀的医护人员；二女儿北大博士毕业，从事法律工作。说实在的，两个孩子是怎么拉扯大的，我几乎没有多少记忆，功劳应该记在老伴身上，我在孩子身边的日子，屈指可数。想起来真是对不住孩子和老伴，唯一能给自己找出的理由，只能说我是个军人。

我老伴很聪明，上高中时就是数学科代表，典型的老三届，可惜失去了上大学的机会。恢复高考时，已是两个孩子的妈了，只好放弃了又一次进大学的机会，一个普普通通的女军工成了她一生的职业。

在工厂她是一个好工人。当焊工没一件次品，做十年仓库保管员，没一次差错。当焊工十年间，有一次 3% 涨工资车间只有一个名额，全车间一致同意给了她。

她是一个好股民。15 年股市的风风雨雨，老伴和我共同承担了痛苦，也一起享受了乐趣。在股票的操作中，她主要承担了"政协委员"的责任，负责监督和建议，提示风险。每当所持股票涨得离谱时，她没有常人的那种兴奋和疯狂，而多是表现出焦急和不安，不断提醒我。股市有句老话，会买是徒弟，会卖才是师傅，我承认她是师傅，多少次高位出逃，功劳应记在她身上。

我常犯同一个错误，2009 年鬼使神差地买了一只钢铁股，老伴得知后，嘲笑我说，钢铁股和你的年龄一样，已是夕阳了，亏你还是老股民，在她的逼迫下，我只好投降认赔卖出。幸亏当时有一只医疗股在低位，果断买入，补回了大部分亏损。

我佩服老伴的悟性，虽然她只是一个普通的工人。

退休进入股市后，坚持十五年学习不间断，她学习的方法不是读股票书籍，也不听股评，主要是通过听收音机和看电视。收看的主要内容是新闻、财经，及国内外大事，至今已听坏了四个收音机，常有两个收音机与其相伴。

老伴对我说，一生中有两次关心国家大事，一次是在初高中时，那时，书也不念了，大学也不用考了，整天关心国家大事。现在想起来，什么是国家大事不知道。进入股市的这十五年，才真正关心国家大事了，这次是自觉自愿的，而且真正懂了什么是国家大事。

她悟性高，对国际形势有独到的见解，对国家改革感悟比较深。比如她对美国到处捣乱不气恼，对国家调控政策不埋怨，对股市低迷不担心，这大概源于她长期坚持学时事，听新闻，关注国内外大事的缘故。

她认为，美国在全世界搞霸权，哪里不顺眼，就到哪里点火，搞掉了伊拉克，又瞄上了利比亚，叙利亚、朝鲜都在美国的黑名单上。现在全世界都在倡导和平相处，和谐发展，美国能当世界和平发展的大哥大吗？显然不可能，那为什么美国能在全世界横行霸道，除了美国的阶级本性外，经济实力是美国霸气的基础，现在还没有哪个国家能和美国抗衡，这是美国强盛的一面。但另一方面，当今世界欧盟的建立，俄罗斯重新崛起，普京很硬气，他说过一句话："给我二十年，还你一个强大的俄罗斯"，掷地有声。有一个值得注意的问题，美国在中东搞侵略，激起伊斯兰整个民族的反抗，伊斯兰国家的日益强盛和团结，终有一天够美国招架的。当今，中国在世界说话的分量越来越重。世界新格局的形成和出现，美国不可能长期为所欲为，独霸天下，美国最近几年在中国周围国家搞小动作，其实没什么可怕，这正说明美国害怕中国的一面，我们只有把自己国家搞强大了，美国就会害怕我们，小平同志说得好，发展才是硬道理。这就是我老伴对国际形势的理解。

老伴对国家近几年应对金融危机所采取的一系列调控政策，也有自己的理解，尤其是对房地产调控政策，她的态度是不埋怨。对房价的疯涨，她认为调控不行，不调控也不行，她的理由是房价居高不下，一方面是开发商的暴利，另一方面地方政府靠卖地充实财政，助推房价步步走高，如果国家不调控房价政策，就乱套了，可调控了也不可能把房价降下来。这里还有一个因素，中国现在富人太多，房价再高，也有人买得起，即使是房价再跌，普通人也买不起。这种冰火两重天的现状还能维持很长时间，所以，房价上涨是趋势，所以政府调控也不行，当然，调控能控制房价疯涨。

老伴认为，政府采取的两项措施很关键，一是大量建设经适房和廉租房，有效缓解住房紧张；二是开征房产税，两套房可免税，三套房开始征，拥有数量越多，税收越高。让那些多套住房者交不起税。老伴担心，房产税实施阻力肯定不小。那些权贵们害怕房产税实施，他们是既得利益的维护者。

老伴在股市15年，说实在的，她对股市很淡定，涨了不兴奋，跌了不埋怨。她认为，把股市当作一个消遣场所，充实一下老年生活，拿出一些钱来玩玩可以，赢个打酱油买菜的钱，输个水电煤气钱也可以，但不能玩大了，我们普通人驾驭不了股市。老伴因进入股市，而对国内外财经大事渐渐有了兴趣，甚至达到了迷恋程度，但她对股市并没有成瘾，她每天看盘不超过五分钟，常常几天不看电脑。

老伴一般不干涉我的实际操作，但她时常提醒我。我只是把老伴对形势的看法和对改革的理解描述了一下，我倒是想，一个普普通通的工人，能够坚持长期关心天下大事，关注国家政策，这是很难能可贵的。她说她过得很充实，至于做股票赔赚，她操心不多，这大概是她长期能在股市生存下去的最好解释吧。

040　中国股民为什么大多数亏损

中国股市成立二十年来，为中国经济稳定增长做出了巨大贡献，同时也为亿万投资者提供了一条投资渠道。但是参与股市的投资者大多数亏损，这是一个很严重的社会问题，因此，有必要认真分析和探讨。

中国股民之所以亏损，原因是多方面的，是一个很复杂的问题，但有两个原因应该能取得共识，这就是要从管理层和股民这两个主体去寻找原因。

从管理层上说，这是股民亏损的外在原因，但外因对内因起促进和延缓作用，那就首先分析管理层的原因，我们认为主要有三：

一是管理层指导思想上的失误。多年来，管理层思想根源，他们监管的是如何使更多的公司顺利上市，顺利完成融资，保证和促进我国经济平稳向前发展，这无疑是正确的，这只是一方面，另一方面就是在保证融资的基础上，使参与股市的主体广大股民有钱可赚，有红利可分，能正常享受上市公司的回报，从管理层上讲，他们的任务就是要使上市公司和股民协调发展，利益共享。现在的问题是，我们的指导思想很明确，主要是保证融资顺利进行，这是重中之重，是硬指标，雷打不动；而至于广大股民的利益是个人行为，管理层不过问股市涨跌，也不负责股民盈亏。从实质上讲，就是在指导思想上把人民利益和国家利益对立起来，割裂开了，正因为如此，许多政策都是保证、保护企业如何上市，融资如何不间断，至于股民的亏损那只是个人行为了，这是造成股民亏损的最主要的外在原因。

二是政策上的偏差。由于指导思想上的失误，必然带来政策上的偏差，那么，在政策上主要保证新股顺利上市。并且超常规发行势在必然，我们可以看看每次超级大盘股的发行，必然以大盘大幅下跌为代价，以广大投资者资金缩水为代价。这在k线图上留下了不可磨灭的印记。而对广大投资者的保护，只是一句口号而已，只是走走过场，玩点文字游戏而已，实质上的措施，政策上的呵护，不知体现在哪里。中国股民得不到政策上的保护，在制度上得不到保障，他们始终处于弱者地位，往往表现出无耐，失望，甚至绝望，眼瞅着自己本来就捉襟见肘的资金所剩无几。尤以最近三年来，无不表现出中国股民极大的忍耐度，忍受着资金损失的痛苦，心灵上的创伤越来越重，由此可见，保护投资者的利益是应该落到实处的时候了。

三是监管上的漏洞。由于我国证券市场才刚刚起步，许多规章制度还不完善。这就使证券犯罪有机可乘，最近几年证券界揭露出的大案，比如欺诈上市"老鼠仓"、"黑保代"、"抢帽子"，有些案件，骇人听闻，比如北京首放黑嘴王建中，采用"先行买入证券，后向公众推荐，再卖出证券"，非法获利1.25亿元，被中国证监会开出史上最大一笔罚单，没收非法获利1.25亿元罚款1.25亿元。史上最大"抢帽子"操纵案件，涉案证券账户148个，动用资金20亿元，交易股票552只，累计交易金额571亿元，非法获利4.26亿元，他们私自联络10家证券公司，8家证券咨询公司，以及30名证券分析师，使无数投资者深受其害。这一方面反映了证券市场犯罪猖狂，另一方面也反映了监管上的漏洞。

管理层的失误，无疑是造成股民普遍亏损的重要原因，但最根本原因还是从投资者本人身上查找，这是投资者亏损的主因。原因有三：

一是投资者整体素质不高，投资理念不明确。许多投资者，投资思想不明确，往往是抱着赚钱思想而来，亏损累累而退出。缺乏对股市的了解，对股市残酷性，思想准备不足。没有把资金安全放在第一位。盲目投资，盲听盲信，导致资金严重亏损。投资理念错位，有的投资者把股市看得非常简单，认为不就是低买高卖，可往往买在高位，割肉在地板上，他们始终不明白为什么10元钱买的股票往入是心甘情愿地在5元卖掉；还有的投资者认为在中国股市赚钱就这么难，始终找不到正确答案。投资者最大的困惑是中国的股民为什么大多数人赚不到钱。

二是不善于学习，对股市一知半解。有些投资者入市多年，对股市的形势、政策、上市公司基本情况、技术走势不了解，甚至有的投资者连净资产，市盈率这些基本的常识都弄不懂。不善于学习是造成大面积亏损的主要原因。我们认为，股道酬勤，勤奋不一定稳赚不赔，但不勤奋，赚不到钱是铁律，勤奋是树立正确投资理念的基础，是赚钱的前提。只有坚持不懈地学习，积累知识，正确的投资理念才会逐渐在头脑中形成，成功的概率才能增多，亏损的资金才会逐渐减少。

三是功夫不到位，研究不深入。如何把主要精力用在研究上市公司上，这是避免亏损的最有效的途径。投资者进入股市，通过买卖股票，实现投资收益，选择优质股票，是投资成功的最基本的标准。应该把主要精力放在如何选择好的股票上，有些投资者投资有误区，认为自己水平低，对上市公司不了解，其实，正因为不了解，才去接近它、研究它，上市公司有金矿，靠我们亲手去挖掘，只有经过自己深入研究出来的股票，才是最可靠、最值得信赖的。退一步讲，即使没有赚到钱，甚至亏损了，那也输得明白，输得服气，亏得明白，为下一次精准选股积累了经验。

我们欣喜地看到，总理关于提振股市信心的呐喊是使股市走出困境的精神支柱。证监会新的掌门人郭树清经过半年多热身，使我们看到了股市的希望，郭主席怀着一种"先天下之忧而忧"的思想和激情赴任的，他一改证监会不管股市涨跌，不负责投资者亏损的恶习，他同情弱小的投资者，喊出了收入低的股民不要进入股市，他也告诫承受力差的投资者应退出股市的忠告，他直言不讳的提出了蓝筹股已出现罕见的投资价值。他多次谏言，保险资金入市，现在已看到了曙光。我们相信，中国广大投资者经过这轮行情的洗礼会更加成熟。

中国股市迫切需要管理者能够勤政为民，切实把保护投资者利益落到实处，变口号为行动；中国股市迫切需要上市公司老总要勤恳，古曰："勤勤恳恳，忠款之貌也"，后人把做事忠实不懈叫勤恳。上市公司的高管们能做到勤恳，以优异的业绩回报投资者，这才是大幸，否则是大不幸；中国的股民迫切需要勤学，不断提高自己在股市中的生存能力，彻底改变亏损状况，只有这样，中国的股市才会迎来红彤彤的明天。

041　买股就是买上市公司

巴菲特说，买股票就是买上市公司，刘大姐也是这么认为的，而且深有体会。刘大姐说，巴菲特的话很有道理，我们通过买卖股票，去认识上市公司，把握上市公司，好的上市公司，能给投资者带来丰厚的回报，所以要挖掘优质的上市公司，只有了解了上市公司，才能进行正确投资，获得预期收益。刘大姐说，股市三大面，政策面为投资者指明政策方向，提供正确的投资理念；技术面提供分析市场的方法和工具；而基本面则是股市赖以存在基础，为投资者提供了看得见摸得着实实在在的对象，投资股市是一项虚拟经济的活动，但上市公司则是现实存在的，只有通过购买上市公司的股票行为，才能实现财富增值，从这一点讲，了解上市公司对每一个投资者都是至关重要的。

可以看出，刘大姐对上市公司有着深刻的理解，用刘大姐的话说，我是花大价钱买来的教训。1998 年刘大姐入市，那时的她，对股市一窍不通，想买什么买什么，人家说买什么就买什么，报纸上推荐什么买什么，完全像一只没头的苍蝇乱飞，其结果可想而知。更令她刻骨铭心的是 1999 年 8 月以 8.50 元的价格买了 1000 股上海的一支股票拿了一年，后来找不到这只股票了，股票还能丢了？营业部的工作人员在三板找到了这支股票。那天是 2000 年 9 月 28 日，价格是 1.48 元。刘大姐吓得出了一身冷汗："天哪！怎么会这样呢？"打那以后，刘大姐给自己定了三条戒律：不了解的股票坚决不买；业绩逐年下滑的股票坚决不买；看重的股票多种渠道了解后再去买。到 2006年，刘大姐的股票由原来亏损 42% 减亏到 -26%，12 只股票瘦身为 7 只。

2008 年她同单位退休的两个姐妹陈大姐和谢大姐也参加了股市，她们俩拜刘大姐为师，这使她俩少走了很多弯路。2008 年底，刘大姐在营业部结识了两位老大哥，老周和老黄。老周是一家报社的编辑，老黄是工程师，都已退休。由于谈得来，准确地说，同"病"相怜，同股相怜，同套相怜。刘大姐和老周老黄都有四川长虹、中石油，买时的价位相差无几，只不过从历史延续下来，老周和老黄到 2008 年底亏损面达到32%。

这样，从 2008 年初，他们 5 个人就形成了一个战斗集体。刘大姐提议，她们三姐妹住得比较近，而刘大姐家里有电脑，把她家作为活动点。老周和老黄离刘大姐只有 4 站路程，不坐车，坚持走路到刘大姐家。第一次相聚，他们 5 人在刘大姐家痛饮了一次，刘大姐的丈夫过去在部队首长小灶炒过两年菜，那天亲手做了八道菜，大家那个高兴劲儿，都说是生平最痛快的一件事。当时，他们一致同意：每周聚一次，每次由一人主讲，分析大盘走势和所持股票进行分析。每月进行 1-2 次讲课，重点对上市公司调研、解剖、分析，加深对上市公司的了解。

每个人首先亮了自己的家底：5 个人共持股 36 支股。初始共投入资金 126 万元，现股票市值 82 万元，现金 7 万元，平均亏损 30%，入市最早的 1998 年，最晚的 2008年，平均每年亏损 3.15%。

亮完家底，大家很快达成四点共识：一是瘦身，尽量减少股票，力争 2009 年底最多每人保留 5 支股票。二是实行重组，调仓换股，去掉绩差股，不管亏损多少，坚决卖掉。三是重点了解上市公司，不了解上市公司的股票，坚决不买。四是每月最后一周的周五下午聚会，由一人按分工汇报上市公司调研情况以及对上市公司情况分析，周四下午 1-3 点，看盘并分析当前走势，对大盘作出评判。

大家一致认为，到 2010 年，通过边学习、边提高，力争持股数量不超过 3 只。力争使亏损控制在 20% 以内。最后大家确定第一课有老周讲：调研上市公司从哪里入手。

"盼望着，盼望着，东风来了，春天的脚步近了。"第一次聚会就这样结束了，每个人脸上都是那么红润，眼里充满了希望，身心也轻松了许多，那一天正是 2008 年 2 月 5 日。

042　用万花筒看上市公司

"用万花筒看上市公司，可以从不同侧面、多角度去了解，尽可能对其了解得多些、细些、深些，以便给我们的决策提供更多的、更准确的信息。"这是老周研究上市公司得出的初步认识。超额的收益往往是对上市公司调研的程度，而这正是我们股民的软肋。

老周对大家说，最近几天脑子里全是上市公司的影子。要完全弄懂上市公司难度很大，要读懂上市公司年报更是一件头痛的事，特别是年报，就像天书。老周认为，对上市公司研究得那么精细，我们做不到，但对其基本情况及主要方面要心中有数。我觉得就目前情况看，了解上市公司要从两方面去考察，一方面先掌握其基本情况，另一方面在此基础上再深入进行。

老周认为，了解上市公司真实面貌，就是要真实反映其本质，就要去粗取精，去伪存真，由表及里，由浅到深，只有这样才能从现象看其本质。我们要了解上市公司，首先要从几个方面去了解：

主要看上市公司公开发布的信息。大多数上市公司都能准确及时地将公司重大信息公布于众，这在电脑资料中就能看到，同时也可以登录上市公司网站，能查到更多更详细的资料，我建议大家对手中持有股票的上市公司，经常去网站上访问一下，会有好处的。

参加上市公司股东大会。上市公司每年都要召开一次股东大会，我们应该参加一下，能和公司的高管直接见面，了解更多情况，有问题能当面提问能得到解答，平常我们是见不到他们的。

和上市公司董秘、证券事务代表经常保持联系。遇到问题、疑惑或传闻可直接打电话询问，使我们的股票始终保持不失控。

到上市公司调研。如果我们确定要买入某只股票且打算长期持有，有条件的话，最好到上市公司调研一下，一般情况下，他们是会接待的，对我们所提问题能给予认真解答。

从券商、基金等机构的调研报告中获取所持股票信息。有些调研报告有质量有分析，能帮助我们更好地认识上市公司。但这里要注意一个问题，有的调研报告不真实、虚假、甚至个别报告有配合炒作之嫌。

最后，老周说，还可以从更多层面去了解上市公司，我只是介绍了几个方面。我们了解上市公司，力争做到：一是通过多方面了解上市公司，使我们所买的股票是优质的，盈利是可持续的，是可以长期持有的，同时可以及时发现所持股票出现实质性变化，能及时调换避免更大亏损；二是对所持股票的上市公司信息尽可能做到滴水不漏；三是对其重大信息及时掌握，遇有所持上市公司发生突发情况能及时应对。

大家认为老周讲得很好，很有道理，重要的是帮助大家拓宽了思路，更加坚定了对了解上市公司的决心和信心。大家表示，一定要补上这一课，过去受伤的为什么总是我们股民？亏损了往往怨天尤人，痛定思痛，我们只能从自身上找原因，不刻苦学习，懒惰思想，靠股评人士推荐买股，凭小道消息进货，哪有不亏的道理？不下工夫了解上市公司哪能买上优质股票？这是沉痛的教训，是亏损的根源。

了解上市公司只是开了个头，用万花筒看了看，接下来，就是要走近上市公司，弄清了解上市公司什么？这个问题刘大姐主动承担下来。

看来，这回算是赶大车的找到了道，那速度就快多了。

043 和上市公司交朋友

和勤奋的人在一起，你不会懒惰，

和积极的人在一起，你不会消沉，

与智者同行，你会不同凡响，

与高人为伍，你能登上顶峰。

刘大姐开头就来了这么几句像是什么哲人说的话。她说，我记不得是谁说的，但觉得很有理，和好的上市公司交朋友，得到的回报就像上面说的一样，那我们就要寻找这样的上市公司。

了解上市公司，先了解其简历，名称、代码、所在地区自不必说，行业归类、经营范围、是不是行业龙头等都得了解到。在此基础上就进一步了解其规模和股本结构。比如中石油（601857）总股本1830亿，流通股1615亿，流通H股210亿。这么大的股本，2007年11月5日上市，开盘价为48.60元。到2008年10月28日，下跌到9.71元。我是在2007年12月20日买的，买入价是30.48元。当日上证指数收报5043.54点。当然事后我们才知道中石油跌得那么惨烈，一年时间下跌了80%。对应时间大盘在2008年10月28日收盘点位是1771.82点，跌幅为73%。当时买中石油我犯了两个致命错误：一是根本不了解基本情况，认为也没必要了解，买股票就是买股票，又不是公安局查户口，管它是干什么的，当时就是这么个态度。再说好多股评家说30元买中石油是时候了。第二个致命的错误是买在高位上，虽不在顶峰买的，但也是在高峰买的。我买的时候大盘在5043点，现在回想起来真可怕，不了解上市公司基本情况就去买，这就是盲目投资，而且买在高位，犯了买股票的大忌，这就是双套，不套你套谁？

说到这里，刘大姐沉默了，大家异口同声地说，我们也是那个价位买的。陈大姐气愤地说，说实在的，我不怪大盘下跌这么多，中石油定价那么高，也不怪我买的高，更不怪股评家推荐。怪就怪自己没主见，没主见就是自己没知识，不钻研，花钱买个教训嘛！从头来，现在我们抓紧学习一点也不晚，磨刀不误砍柴工。

刘大姐接着讲，陈大姐说得对，只有从自己身上找原因，加紧学习、苦练内功，才能提高自己，减少错误，不受骗，不被套。下面我还要讲一个问题，赢利主要来自两方面：一方面是低买高卖差价收入，另一方面靠上市公司分红扩股，分红是现金收入，到时由上市公司将红利直接打入股东账户上，而送转股除权后靠填权而使股价上涨，获得收益。所以我们要研究分析哪些上市公司分红扩股常态化，想了解这些情况并不难，在电脑个股中查F10资料分红扩股中就可以看出，当然需要分析，我们买股就是要买那些质地好，盈利能力强，能给股民年年送红包的上市公司。

说到这里，刘大姐沉思了片刻，脸上出现了孩童般的笑容。她说，小时候我们都盼着过年，妈妈能给我们缝一身新衣服，我妈妈的针线活可好了，让邻居小女孩好羡慕啊，尽管她们也穿着妈妈给做的新衣服。爸爸给我们每个孩子准备了压岁钱，尽管只有一元钱，那也高兴得不得了。过年无疑是一年中最快乐最幸福的一件事。后来我当了妈妈，每年照着传统，新衣服、压岁钱一样不少，只不过衣服是买的，压岁钱不是一元钱，而是上百了。

现在我们买了上市公司的股票，上市公司的老总们就是我们股民的父母官，每年当年报公布后，股民们期盼着能给我们发个大大的红包。许多上市公司每年能给股民们送红包，像贵州茅台、新兴铸管、佛山照明等等，每年都送红包。这些公司的老总们总是想着他们的子民。而有些上市公司，从不分红或即使分红也少得可怜，那真是铁公鸡一毛不拔。这样上市公司的股票就不能买。所以买股票时，一定要看上市以来分红扩股如何，过去买股我从不管这些，吃一堑长一智，今后要长记性啊！

刘大姐一会儿像个教授讲的有理有据、有根有叶，一会儿又像个孩子说得那么坦率、那么天真，不难看出，刘大姐眼里始终存满了期盼、自信。是啊，成功没有捷径，抵达光明之前必须穿越一段黑暗的历程。

044　老康和他的同仁堂

老周给大家讲了个真实的故事，老周的亲家老康和同仁堂一份难割难得的情结。

你别说，老康和同仁堂挺有缘分的。老康是 1997 年 5 月 8 日开的户，6 月 25 日落户在营业部。当时离家近的那个营业部要 5 万元开户，老康只有 2 万元，托朋友在很远一家营业部才开了户，一年后才迁回。同仁堂是 1997 年 5 月 29 日网上发行，6 月 25 日上市。老康和同仁堂同日在营业部亮相，你说是不是缘分？

还可以说得远一点。1971 年初，那时老康才 25 岁，刚调到北京工作。母亲从乡下来京看望儿子，因母亲肾亏，中医说要补肾，让吃同仁堂的六味地黄丸。母亲吃了同仁堂的六味地黄丸肾病好了。那是老康第一次认识同仁堂。

老康是个爱学习的人。那个年代除了政治书籍，几乎没有什么可学习的。1973 年，无意间老康得到两本小册子，一本是速记，老康用了三个月时间学会了速记，在机关也用上了。另一本是中药方 300 剂。老康查到了治肾的方子，和母亲买的六味地黄丸一样，老康认定是同仁堂编的。打那以后，老康开始背中药方，命运真会琢磨人，本来搞政治工作的老康，被调到了卫生部门工作了 3 年。80 年代又到医院当了几年头头，这不，和同仁堂越走越近了。

话说回来，老康在营业部，并不是一开始就知道同仁堂上市，一年后才知道。打那以后，老康惦记着同仁堂，有朝一日，我要买同仁堂。当时，老康已经有 5 万元，可都买了马钢、上海石化，那时的马钢和上海石化就像今天的中石油、中石化名气大着哪，5 万元的股套得死死的，动都动不了，越是得不到，越惦记着，这一惦记，8

年过去了。

俗话说，好事多磨。老康说，好事不怕等，好酒不怕巷子深，好药不怕没人买。2006 年 12 月 12 日，机会终于来了。这时的老康，感到购买同仁堂的时机已经成熟，资金也宽裕多了。不出手则罢，一出手就要狠。以 16.66 元的价格买入 1 万股。老康看得远，他还要给自己的外孙买。女婿给了 5 万元，买了 3000 股。女儿参加国际救援队，联合国给了 1900 美元加上几年的压岁钱又买了 1000 股。经过来年 10 转 2 后，有 4800 股，老康送了 200 股。现在老康外孙已经有了 5000 股同仁堂了。老康说，外孙 5000 股同仁堂，要等到上大学、留学、结婚生子，要留给下一代。

如果说老康多年前就想买同仁堂是有感恩的思想，只能说对同仁堂有着朴素的感情，可经过和医院打交道的那几年，又在股市磨炼了十来年，老康对同仁堂的认识升华了，这对他坚定持有同仁堂起了决定性作用。

老康深知，同仁堂到今年已经有 342 年历史了，官办了 188 年，历经了 8 代皇帝，一直到今天同仁堂的宗旨一天也没有变。老祖宗留下的那句话："炮制虽繁必不敢省人工，品味虽贵必不敢减物力"他们一天也不敢忘。老康记得今年 3 月初当当网董事长在北京电视台作节目时，举了同仁堂一个例子，说药材涨价厉害，可同仁堂所售安宫牛黄丸等贵重药保持不涨价，这就是信誉。老康也知道，著名歌手韦唯在做客北京电视台，介绍她的三个儿子。小儿子叫"肉肉"，老康想起在网上有帖子说同仁堂股价走的"肉"，老康也看到电视台某著名股评家点评三个股时，其中第一个点评同仁堂时，劝提问的股民卖掉同仁堂，他说理由是同仁堂的商标在台湾。当时老康气的牙咬得当当响，不过老康也想通了，让他们说去吧。老康曾经说过，同仁堂股价值 100 元，当然了，业绩 2 元，市盈率 50 倍那就会上到 100 元。可我们的客观地去看，茅台快上 200 元了，那是价格不断地上调的结果，相反，药价却不断地下调，政府三番五次强调这是国计民生问题，今后还得往下调。可政府从未说白酒关系到国计民生啊。人一生不喝酒能过去，不吃药可过不去啊！

老康也知道，有一段时间同仁堂股价走的肉了些。这不 2010 年以来是逐渐向好的趋势，今年的送派打破了沉闷的格局，看得出来，同仁堂要有大动作了。

老康深知，现在社会上，假药充斥市场，害人不浅，可同仁堂 300 多年来坚守古训，始终不变，同仁堂是中药界的一面旗帜。老康常说，下棋要看三步远，我们好多上市公司让人看不到三年，可同仁堂就不一样了，老康能看到同仁堂 5 年、10 年。巴菲特也说过："不在意一家公司来年赚多少，反有意未来 5 年至 10 年能赚多少。"老康说，

10 年后如果我们持有同仁堂的股份带来的收益比我们的投资高出 100%，我也不会感到惊讶。

是啊，同仁堂的古训说得好："修合无人见，存心有天知。"做药是这个道理，做人难道不也是这个理吗？这就是老康和同仁堂的情结。

045　读巴菲特之投资者报摘记

老黄最近下了大功夫，专题研究了巴菲特致投资者的信，并写了一篇短文。

巴菲特每年致投资者一封信和在小镇奥马哈德一次股东集会，都被视为盛宴，而这样的盛宴持续了几十年。2010 年 2 月 27 日，股东大会如期举行。巴菲特领导的伯克希尔公司又交出了一份靓丽的年报，去年净赚 129.7 亿美元，增长 61%，手握现金 382 亿美元。

学习巴菲特致投资者报中的一些精彩内容对我们理解上市公司很有启迪，什么样的企业值得我们去投资，且长期持有，巴菲特给了我们很好的回答。

在最新的 2010 年巴菲特致投资者报中，巴菲特提出了收购标准、重视股票派息以及衡量公司的办法。

巴菲特提出了收购业务的标准：1、被收购的公司规模要大，税前盈利至少有 7500 万美元，除非该公司恰好身处我们的行业；2、表现出持续盈利能力，"我们对未来业绩预测不感兴趣，对扭亏为盈的情况也不感兴趣"；3、负债很少或基本没有负债，但企业仍能创造较好的净资产收益率（ROE）；4、稳定的管理层；5、业务简单，"如果涉及太多高科技，我们无法理解。"

重视股票派息率。巴菲特很少做出预言，但对他长期持有的可口可乐，他做出了一个惊人的预言：10 年之内派息可能会增加一倍。按照这个预言，可口可乐的派息额将从去年的每股 1.76 美元增至 3.52 美元，如果在此期间可口可乐股价没有变化，派息率将从如今的 2.5% 上升至 5% 以上。

衡量公司的简单办法。按巴菲特自己的计算，伯克希尔的股价并不贵。巴菲特认为，账面价值或是净资产价值是他所青睐的内在价值的简单替代指标，账面价值可以用作一种合理的追踪工具，从中来了解我们的表现究竟如何，如此说来，伯克希尔目前的股价 128000 美元就很吸引人了，其账面价值的市净率仅为 1.3 倍，其历史均值为 1.6

倍。如果账面价值与内在价值间的"溢价"每年变化没那么大，你或许可以得出结论，认为伯克希尔的股价是有点便宜了。

巴菲特之所以成功，用他的话说："我们在伯克希尔哈撒韦只有一种模式：精明投资。"而正是这种精明投资理念，带来了巴菲特年均 20% 的复合收益率。

伯克希尔成立以来的 45 年中，价值累计增长了 4904 倍，而同期大盘累计涨幅是 62.6 倍，前者是后者的 80 倍。如果考虑到伯克希尔用来与标普比较的基准每股净值是税后值，而大盘指数含税，那么差距会更加惊人。从年复合增长率来看，伯克希尔是 20%，标普 500 是 9.4%，45 年中，公司有 37 年跑赢，8 次跑输大盘。

在这封信的最后，巴菲特旗帜鲜明地告诫每一个投资人：别迷恋杠杆收益，他说："杠杆操作成功的时候，你的收益成倍放大，配偶觉得你很聪明，邻居也艳羡不已，但它会使人上瘾，一旦你从中获益，就很难回到谨慎行事的老路上去，而我们在三年级（有些人在 2008 年金融危机中）都学到，不管多大的数字一旦乘以 0 都会化为乌有，历史表明，无论操作着多么聪明，金融杠杆都可能带来'0'。"是的，少有人能看透，短期暴力是一杯甜美的毒酒，正是杠杆效应、短期暴力，有多少投资者心甘情愿地喝下了一杯杯的毒酒。

我们透过巴菲特 22 页的致股东信中的内容，如何从他那睿智的理念中学到一些他的投资内涵。

巴菲特买企业，对好企业的投资，他认为就像婚姻一样，应该关注的是如何幸福地结婚，而不是如何损失最小地离婚，目标是寻找不需要离婚的结婚对象。巴菲特最关注的是买得好，而不是卖得好，他想找的是可以持有一生不需要卖出的公司股票，他说："我最喜欢持有一只股票的时间是：永远。""我们希望与我们持有的股票白头偕老。"他说，"我们长期持有的行为表明了我们的观点：股票市场的作用是一个重新配置资源中心，资金通过这个中心从频繁交易的投资者流向耐心持有的长期投资者。"

当然，巴菲特并不是将所有买入的股票都要长期持有，而是只有少数即极少的股票长期持有。他一生只找到可口可乐、GEICO（保险公司）、华盛顿邮报三只愿意终生持有的股票。而一旦找到这样的超级明星公司，他愿意持有的期限是永远："投资股票很简单，你所需要做的，就是以低于其内在价值的价格买入一家大企业的股票，同时确信这样企业拥有最正直和最能干的管理层，然后你永远持有这些股票就可以了。"

巴菲特和他的伙伴查理在他们下属保险公司购买普通股的时候，他说："我们像在购买一家私营公司那样着手整个交易，我们考察企业的经营前景，负责运作公司的管理层，以及我们必须支付的价格。我们根本不考虑在什么时候或以什么价格出售，实际上，我们愿意无限期地持股，只要我们预期这家公司的内在价值以令人满意的速度增加。""我从来不期望通过股市赚钱，我们买入股票时假设股市第二天关闭，甚至5年内股市不会重新开始。"

从巴菲特致投资者的信中，我们看到了他所领导的伯克希尔辉煌的业绩，从他投资理念中我们窥视出他那睿智的投资理念和对投资对象精准的目光和准确的判断，那种一旦拥有则长期持有的决心，我们常人则无法与他相比，但我们从他身上能学到些什么，那就足够了。

我们应该从巴菲特身上学些智慧或许能找到些灵感，我们当务之急所要做的，就是寻找上市公司中的可口可乐，功夫不负有心人，功夫到了，自然就找到了。

046 关注十大流通股东的变化

应大家的要求，老周给大家讲了一课，关于十大流通股东的专题，老周说，每当年报或季报公布后，都要显示上市公司前十大流通持股数，以及流通股股东变化情况，掌握流通股股东增减变化对了解上市公司十分重要。

下面，我们将同仁堂（600085）和新华医疗（600587）前十大流通股东情况，做一对比分析，这样可以从一个侧面窥视上市公司经营前景作出预测和判断。

同仁堂2010年12月31日十大流通股东情况　　股东数：39350

股东名称	持股数（万）	占流通比例（%）	股东性质	增减情况（万股）
中国同仁堂（集团）有限责任公司	28772.34	55.24	公司	未变
长盛国庆可分离交易股票型证券基金	1000.00	1.92	基金	未变
易方达价值成长证券投资基金	925.19	1.78	基金	−65.38
新华人寿分红 018L-FH001 沪	813.49	1.56	保险理财	149.04
广发小盘成长股票证券投资基金	680.00	1.31	基金	未变

招商优质成长股票型投资基金	565.29	1.09	基金	未变
广发大盘成长混合型投资基金	500.00	0.96	基金	未变
中国人寿保险分红 005L—FH002 沪	436.13	0.84	保险理财	新进
全国社保基金 —10 组合	400.26	0.77	社保基金	未变
中国工商银行企业年金中金公司	399.68	0.77	企业年金	新进

根据以上十大流通股东情况，我们将 2010 年第三季度及 2011 年第一季度变化情况逐一进行分析：

第四季度，新进两家：中国人寿保险理财，工商银行企业年金。可以看出两个信息，一是企业年金已经进入股市；二是保险理财、企业年金看好同仁堂，其中四家属上述情况，还有 5 家基金。

第三季度同第四季度相比，第三季度基金 7 家，第四季度为 5 家，而第三季度就只有 2 家，四季度增加了 2 家为 4 家。

许多财经评论人士认为，保险公司理财比基金理财更具前瞻性，他们的视觉更敏锐，他们比基金胜算的概率更大。从同仁堂年报显示，保险理财和企业年金有 4 家入驻同仁堂，可见他们对同仁堂前景十分看好，这对持有同仁堂的一般散户来说，无疑是个好消息，使他们更加坚定继续持有同仁堂的决心和信心。

从 2011 年第一季度十大流通情况同上述再做一比较。

我们再从股东变化情况作一分析。

	第一季度	第二季度	第三季度	2010 年 12 月 31 日	2011 年 第一季度
股东总户数	54826	50099	33942	39350	53851
股价	23.25	22.65	33.66	34.28	35.79

出现了 2 个有趣的变化：一是股东人数逐渐减少，筹码趋于集中，第一、二季度股东人数均为 5 万以上，但到第三、四季度股东人数趋减，第三季度为 33942 户，第一季度为 54826 户，减少了 38.1%。伴随着股东人数的减少，股票价格逐步上升，第三季度末股价为 23.25 元，第四季度末为 34.28 元，股价上升了 32%。散户的大量筹

码多到了机构手中，股价逐步上涨是顺理成章的事了。

我们再看一个股票，和同仁堂作一比较。

新华医疗（600587）

	第一季度	第二季度	第三季度	2010 年 12 月 31 日	2011 年 第一季度
股东总数	12868	11626	8891	7811	8909
股价（元）	17.37	13.95	19.13	28.03	25.78

2010 年 12 月 8 日才成立的汇丰晋信费红利基金买入新华医疗 364 万股。

从新华医疗股东和股价变化情况，也同样能说明问题。股东人数相对集中，股东人数越少，其股价相对上升。股价是随着股东人数变化而变化，成正比例关系，可见筹码越集中，股价越能上升，说明机构控盘能力越强，道理很简单，坐轿的人少了，抬起轿来就轻松多了。

不难看出，了解上市公司流通股东变化及股东户变化对透视上市公司经营前景有着十分重要意义，决不能小看，应引起高度重视。是做坐轿人，还是抬轿夫，那就看你的本事了，但愿你稳稳当当坐在轿上，让保险机构、基金经理、私募大佬给你轮流抬轿，你悠然自得坐在轿上，那个爽啊！

047 我的股票跳崖了

"我给大家讲一个丢人现眼的事。"陈大姐上来就冒出这么一句话，让人丈二和尚摸不着头脑。陈大姐看了大家一眼，不紧不慢地讲了一件发生在自己身上的故事。

陈大姐说，那是在2010年11月24日，这个日子我永远也不会忘记，我姑爷心急火燎地赶到我家给我扔下2.5万元，说让我给他买1000股康美药业（600518），并特别叮嘱我，赔赚与我无关，也不要给别人说。你说这事赚了还好说，赔了对不起人家。当时我家的电脑不能买，他就用电话委托了，是21.88元买的，买完以后他就走。

原来这事我给忘了，姑爷也再没有提起过。直到春节，初二姑爷一家三口给我们拜年，这才提起他买的股票，姑爷在电脑上给我下载了所在营业部股票软件，说以后在家就可以看盘、买卖股票，当时我高兴极了。姑爷打开电脑，找到了康美药业。天哪！2月1日春节停牌时股价下跌到15.58元，再看K线图，我不由得喊了一句："康美药业跳崖了。"我这一喊，全家人都惊呆了。康美药业出现了跳崖式下跌，怎么回事？查看F10资料，才知道在2010年12月27日是因为配股除权，我不知道有配股这件事，也没听说过。这里里外外损失了6000多元。这都是由于我粗心、不懂造成的，我能说什么呢？姑爷见我满脸懊悔样，一个劲地安慰我，说康美药业是个好股，迟早会起来的，我买就是长线拿着，幸亏是春节，大家不会因为这件事扫了兴。

午饭时我破例地和姑爷干了一大杯葡萄酒，算是给姑爷赔不是。打那以后，对自己手中的股，无论有无变化，首先查看 F10 资料，看看有没有新的资讯。

姑爷还教了我如何查看个股信息，怎样上网，不懂得问题可以百度、搜狐，后来又跟刘大姐学了一阵子，对电脑熟悉多了。我觉得既然做了股民，进了股市，就应该当回事，通过这件事的教训，我总结出三条，给大家说说。

第一条就是对手中的股票的信息天天要看。看 F10 有没有新的信息，看股友对手中股的帖子有何评价。

第二条就是看财经信息。每天财经大事、国家大事、中央财经台都有报道，还有评价。过去两眼一抹黑，脑子里一头雾水，股票涨了，不知道为什么涨，跌了怨天骂地，现在能知道了涨跌缘由。你别说，现在脑子清醒多了，眼界也宽敞了。特别是对一些财经新闻也能说出个一二三来，真没想到炒股学问这么大，越学越觉得自己过去太无知了。总觉得炒股很简单，不就是低买高卖，可到头了哪次都是低卖高买，而且是心甘情愿的，就是找不到原因，现在清楚多了。

第三条就是知道了个股信息和股价走势密切相关。个股的重大信息直接影响股价走势，特别是重大信息对股价起着助推和助跌作用。我们大家都有同仁堂，在 2010 年 11 月 29 日股价上升到 41.50 元后，一路回落，直到 2011 年 1 月 25 日跌到 28.01 才止跌。但到 2 月 22 日突然放量拉升，两天二根大阳线，像鹤立鸡群，两条腿又高又长非常明显。而后回调了 10 个交易日，股价直冲到 40.98 元。那天是 2011 年 3 月 17 日。22 日同仁堂公布年报，出乎预料的是推出了高送转：每 10 股送 5 股派 3.5 元，同时以资本公积金每 10 股转增 10 股，同仁堂这样大手笔的送配方案自 1997 年上市以来从未有过，这说明同仁堂要有大动作了。

可是这样的大动作，我们散户是无法知道的，只有那些先知先觉的人们才能事先得知，着实做了把短线，每股净赚 10 元走人。同仁堂股价的变化，我们当然不知缘由，但我从 F10 资料中公布年报当天看到消息后，对其股价变化就找到了答案。这在过去，就是给你公布了信息，发了公告，也分析不出个所以然来。

过去，自己的股票连配股的消息都不知，愚昧到如此地步！现在知道了同仁堂股价异动的原因，这也算花钱买个明白。

大家对陈大姐一席话赞不绝口，听了非常感动。真没想到陈大姐进步这么大，对大家是个鼓励，大家表示一定刻苦下工夫提高自己知识水平和看盘能力。

人总是在不断进步的。

048 看年报从简单开始

按照安排，今天的课由谢大姐讲。大家知道，谢大姐只有初一水平，老周鼓励谢大姐，初一水平就不低了，先从简单开始，大家帮你，由你主讲，大家补充，我们每人必须过这个坎。那我就献献丑了。谢大姐咳嗽了一声，给大家讲了起来。她说，复杂的说不了，说简单的吧。刘大姐帮了我两个晚上。

来讲之前，我先向大家检讨一件事。那次亮家底时，其实我比你们谁的股都多瞒报了 3 只，后来偷偷卖了。大家听了哈哈大笑起来。刘大姐说，这就是进步，过去我也犯这个毛病。

开始几天，我看年报就头痛，认为看年报就像看天书一样。其实，看年报大可不必想得那么复杂，不妨从简单开始。

找一个自己最熟悉的股，打开电脑从 F10 开始，实际上 F10 对个股记载得很清晰，看后能对该股有个大概了解。过去手里有许多支股，别人问手里股的情况，我答不上来，现在能说出个子丑寅卯来。

名　　称	代码	总股本（亿）	流通股（亿）	买入日期	买入价位
中石油	601857	1830	1615	2008 年 12 月 18 日	29.48
中石化	600028	867 H167	699	2008 年 2 月 1 日	16.18
工商银行	601398	3490	2622	2008 年 2 月 19 日	6.88
同仁堂	600085	5.21	5.21	2008 年 2 月 1 日	28.88
粤水电	002068	3.32	2.06	2008 年 4 月 24 日	8.68

从我所持的股和 F10 对照一下，其实很简单，一目了然，过去是视而不见，没有很好分析、对照、研究，老是认为低买高卖就行了，到头来总是高买低卖。

对自己所持股的分析：

股民所犯的错误，我都犯过。有些错明知故犯，屡犯屡错，屡犯不改。有时想改，改不了。现在有的改了。改了的方面有两点，一点是股票减少了，精力也比较集中了；第二点，找到一个有价值的股，找到了，而且不是在高位买的，价位比较合适，所以就赚了。但问题还很多，主要是大盘股拿得多，且价高量多，股多，所以就亏损的多。

买股种类单一，大盘股拿得多。原来总共有5支大盘股，现在还有3只。看来还得减。已经拿错了，不能死不认账，幻想解套，越套越深，越亏越多，这是亏损的致命原因。我建议我们手里的大盘股，最多留一只，或者干脆全不要。两桶油都不要，工商银行3500亿的盘子，有谁能撬动？真挠心。你看看十大流通股东都是什么人，再查查基金所持10大股票，有几个拿着工商银行？再说分红扩股，一辈子也别等它送你一股，派现少得可怜。股东数达到167万。

买股票买高不买低，我们的股票都是在高位上买的，你说那个傻，都说低买高卖，我是反着做，倒着买。

为什么会出现这种情况呢？钱在自己手里，话都听别人的，人家说什么就买什么，跟风不问缘由，买股别人做主，主动权掌握在别人手里，这是为什么？归根到底不学习、不研究，买什么、什么价位买、属于哪个类型、股本结构怎样、盘子大小、是否和政策相佐……这些都不问，也不懂。现在懂一点了，有点主见了，想买，没钱了。我的想法是重打锣鼓另开张，把手中股票捋一下，该出手就出手，大家意见呢？

一向善言词不善表达的老黄开了腔，谢大姐讲得真好，比我们搞文字工作的人讲得生动多了，认识也很深刻。听了你的一席话，真是受益匪浅，也切中了我的要害。我们犯的是同样的错误，一定得解决，长痛不如短痛。

大家都没想到谢大姐讲得这么好，说到大家心坎里了，大家都同意谢大姐，股票再不能这样做下去了。

049　财报分析的起点：资产负债表

刘大姐在单位是财务会计，但不是企业会计，主要负责职工工资、行政报销。那也算半个专业会计。今天她主讲，废话没有，开门见山。

资产负债表也就是财务状况表。就是将资产和负债及股东权益分成两大块。简单地说，制成一张表，通过这张表，一目了然就看出企业经营状况，通常我们说的亮家底。其实每家每户将自己的资产和负债都可以列成一张表，只不过比企业简单多了，道理一样。通常到了年底，把全家收入和支出详细一算，结余了，还是亏损了，加上上年度的资产及负债，就可以知道自己的家底有多厚实。

我把我们家底亮一下，就将 2010 年资产负债表列一下。

刘大姐 2010 年资产负债表

2010 年 12 月 31 日

收入项目	数 额	支出项目	数 额
丈夫退休金	33600	伙食费	14400
刘大姐退休金	26400	购置衣物用品	5400
银行存款利息	6000	水电、电话	2600
		上网	1700
		物业、暖气	2800
		医药、保健	3500
		旅游	8000
		帮女儿还房贷	10000
		其他费用支出	8000
小计收入	66000	小计支出	56400
		年度结余	9600

对上市公司财务状况分析，首先要从资产负债表上进行分析。因为资产负债表所显示的是企业的运营根本。它是将企业自何处筹集资金，又将其投资于何处全部体现出来。资产负债表是分析和研究企业财务运营的起点。那么上市公司的企业负债表和家庭资产负债表一样，只不过要复杂的多。在了解了家庭资产负债表基本内容基础上，我们就可以对上市公司资产负债情况作进一步了解。

上市公司资本负债表也分为两大块：资产和负债。资产主要包括两部分：固定资产和流通资产。固定资产包括土地、厂房、机器、设备等，是公司在较长时间内正常营业所使用的生产手段。流通资产是指公司日常生产经营所需要的资金，主要指货币资金、交易性金融资产、应收账款、存货等。这里需要特别注意的是现金、存款、有价证券等售出即可转为账面金额的资产，这些具有实际账面价值的资产，对企业而言非常重要。此外，账面价值不确定的资产，如应收账款、应收票据、库存等这些资产具有一定价值，有可能转换为现金，但也有可能转变成不良债券或不良库存。因此无法确定其账面价值的存在性。我们也要注意到，在固定资产中，需要分期摊提的资产，而除了现金、存款、有价证券、应收票据、应收账款外，其拥有的资产越多，将来支出的费用也越多。

在负债栏中，告诉我们公司资产从哪里来的，是通过负债而来。就是说，上市公司的资产是从银行借贷而来，是从股东募资而来。所以负债主要指两部分：一部分是流通负债，主要指短期内或一年之内需偿还的债务，如应付职工工资、应付未付账款、应付未付银行和其他贷款人的票据。另一部分负债是指固定负债，如银行贷款、长期借款、公司债等。此外负债中还有部分是股东权益。

了解和掌握资产负债表的意义和目的在于：

一是清楚企业的资产来源及其构成。通过资产、负债、股东权益之间相互的关系，透视出企业经营状况、资金周转、偿还债务能力、及股东权益是否得到保证。比如公司负债过大，比重过高，那么还债能力负担过重，如遇经营不善，股东权益就大打折扣。

二是清楚企业资产结构。从流动资产中可以看出企业流动运行和变现能力。流动结构合理通畅就能保障企业生产正常运转，企业血液流动畅通无阻。从固定资产中可以分析出企业资产潜质、资产变现能力，从而透视企业资产质量变化状况。

三是清楚企业资产负债率的变化，掌握企业盈利能力。一般而言，一个企业负债率比例合适，其偿债能力和经营能力则能正常进行。实践证明，负债率一般在60％以下比较合理，过高加重企业还债负担，过低使企业缺乏创新勇气，影响企业活力。

下面我们将同仁堂股份公司2007-2010资产负债表列出，从中我们可以看出下列几点：

从4年资产负债表中可以看出，没有长期负债，流动负债多为短期，说明偿债压力小，企业负担轻。

总资产54.8亿，说明该企业股本比较小，股本扩张比较谨慎。如果按照国家卫生部的要求，要建立大的医药企业的规划，就要进行股本扩张。

企业股本结构比较合理，持续经营能力强。

应收账款逐年下降，从2007年的3.4亿下降为2010年的2.8亿，下降了17％。

总之，仅从资产负债表中对同仁堂初步结论该股经营正常，值得长期持有。

同仁堂股份公司 2007-2010 资产负债表

财务指标	2010 年 12 月 31 日	2009 年 12 月 31 日	2008 年 12 月 31 日	2007 年 12 月 31 日
资产总额（万元）	548931	492226	455007	421959
负债总额（万元）	126803	100931	87208	82745
流动负债（万元）	121430	97468	84211	80546
长期负债（万元）				
货币资金（万元）	179018	159995	118036	89075
应收账款（万元）	28805	29838	33089	34403
其他应收账款（万元）	4779	1161	1318	1055
坏账装备（万元）	—	—	—	—
股东权益（万元）	325706	304988	285474	264513
资产负债率（%）	23.10	20.51	19.16	19.60
股东权益比率（%）	59.33	61.55	62.74	62.87
流通比率（%）	3.63	3.89	4.03	3.75
速动比率（%）	1.95	2.04	1.92	1.86

050　是骡子是马拉出来遛遛——股民看收益表

　　老周在企业收益表中琢磨了好长时间，他认为企业所筹集资金投资于产品或设备，这在企业负债表中已经说得很明白，那么企业在完成了上述流程后，生产经营究竟如何？是盈利了还是亏损了呢？就是说，企业经营结果如何？那么收益表就是要回答这个问题。如果说资产负债是表示某一定时期的静态报表，那么收益表则是表示某一定时期的动态报表。

　　收益表中主要反映四方面情况。

　　营业毛利润。营业毛利润是销售收入扣除销售成本，主要包括人工费用、房屋租金、宣传费用及杂项支出,剩下的就是毛利润。

营业纯利润。从销售毛利中,减去营业费用,就是营业纯利润。比如折旧费用、销售费用、管理费用等。

税前利润。营业纯利润加上营业外收入,减去营业外支出,得出税前利润。这里特别强调一点是企业的税前收入始终是主营收入,这是我们考察企业的重点。而营业外收入或支出具有暂时性、不确定性。比如企业将部分资金用于证券投入收入颇大,那么税前利润突然增大,就认定企业生产经营有了突破性进展那就错了。

税后利润。税前盈利交纳完所得税后,就是税后盈利。这就是企业最后的净收益。净利润反映了企业主营的最终成果。了解净利润对投资者来说非常重要。因为净利润是获得投资回报大小的基本因素。对企业而言,净利润是进行经营管理决策的基础,同时也是衡量和评价企业盈利能力、管理能力及偿债能力的重要指标。

下面我们看看新华医疗(600587)2007-2010年收益情况并作简单分析。

通过收益情况可以分析出以下几点:

净利润逐年增加。从2007年的2243万元到2010年的6035万元,四年间净利润增加了269%。突出反映了企业盈利能力大大增强。

主营业务突出。营业纯利润中,营业外收入为364万元,占营业利润7425万元中的4.9%。可以看出,企业主营收入占95%,企业的净利润主要为主营业务收入。

各项费用均在合理支出范围。从收益表透视出,企业管理能力和经营能力都是比较好的。

新华医疗 2007-2010 收益情况

财务指标	2010 年 12 月 31 日	2009 年 12 月 31 日	2008 年 12 月 31 日	2007 年 12 月 31 日
主营业务收入(万元)	134223	88583	65496	52890
主营业务利润(万元)	—	—	—	—
经营费用(万元)	14741	11423	8565	6288
管理费用(万元)	8981	5830	4080	3451
财务费用(万元)	-142	145	381	1059
三项费用增长率(%)	35.52	33.56	20.63	9.39

营业利润（万元）	7425	5032	2878	1622
投资收益（万元）	828	21	5	152
补贴收入（万元）	—	—	—	—
营业外收支净额（万元）	364	232	772	1151
利润总额（万元）	7789	5264	3651	2773
所得税（万元）	1326	861	611	460
净利润（万元）	6035	4128	2986	2243
销售毛利率（%）	24.19	26.28	25.05	24.36
主营业务利润率（%）	5.53	5.68	—	—
净资产收益率（%）	8.66	6.35	4.86	3.83

我们从新华医疗收益表上不难看出，这个企业有几个亮点，值得我们重视：

一是得益于国家对医疗改革和投入的加大。"十二五"期间，国家加大对卫生医疗投资，承诺在"十二五"期间，投资数千亿实现新医改、新农村的建设，以及县级医院的改造。大量医疗器械更新换代。而新华医疗主要医疗器械占国内市场份额达到70%，将会得到快速增长。

二是淄博矿业集团入驻后，对企业给予强大支持。作为医疗器械龙头老大地位更加巩固，特别是在资金支持上，无后顾之忧。

三是主要医疗器械持续增长，订单不断，预售款增加。特别是公司大输液生产线升级换代，新增加的医疗专业工程业务都将成为新的利润成长点。

以上就是我对企业收益表的理解。通过对收益表的分析，并以上市公司新华医疗四年间收益对比分析，加深了对企业的了解。我想，如果我们手中的股票都能了解的透彻，那么我们的失误就会大大减少。

大家很敬佩老周，也折服他的分析判断。渐渐地大家思考了这样一个问题：股民是企业的一部分，我们没有理由不了解上市公司。大家突然觉得企业不是一个抽象的概念，而是和我们离得很近，好像就在身边。

051 企业的血液畅通吗？——现金流量表

要弄懂关于企业现金流这个问题，就陈大姐本人确实有点困难。好在儿子是一家企业部门的头头，着实帮了妈妈大忙，所以今天给大家讲还真是胸有成竹。

陈大姐说，许多专家都认为现金流是企业的血液，这话一点不假，那么现金流量就表明企业血液运行的路线及运行是否畅通。

现金流量表示反映一家企业在一定时期现金流入和现金流出动态的报表。通过现金流量表，可以概括反映经营活动、投资活动和筹资活动对企业现金流入流出的影响。现金流量表为我们提供了一家企业经营是否健康的依据。如果一家企业的经营活动产生的现金流无法支付股利和保持股本的生产能力，从而它用借款方式满足这些需要，那么这个企业的内在发展确实出现了问题，这就需要投资者引起足够的重视。

我们有必要对现金流量及其结构进行分析。我们知道企业的现金流量由经营活动产生的现金流量、投资活动产生的现金流量和筹资活动产生的现金流量三部分构成。

经营活动产生的现金流量体现企业从主营业务中所赚的现金数量。如果一个企业是健全的且不断发展的公司，那么它所拥有的现金流量必然会随着利润的增长而增长。

投资活动产生的现金流量，当企业扩大规模或开发新的利润增长点时，需要大量的现金投入。由于这类投资往往将现金投入到设备等物品上，如果企业投资有效，那么产生出现金用于偿还债务，创造效益，企业就不会有偿债困难。就是说，分析投资活动现金流量，应结合企业投资项目进行。

筹资活动现金流。筹资活动产生的现金流量越大，企业面临的偿债压力也越大。如果是从银行或社会上筹资，当然还债压力就大，但如果是权益性筹资，则压力就小，且企业资金实力就越强。

我们分析现金流量表，要清楚一个道理，这就是企业在正常生产中，它在制造利润的同时，还应创造现金收益，通过对现金流入来源分析，就能对企业获取现金能力做出预测。现金流量表所揭示的现金流量信息，可以从现金角度对企业偿债能力和支付能力做出更可靠、更稳健的评价，进而获得企业是否真正成长，以便给投资者是否投资该企业提供有力证据。

我们先从个人进行投资说起。比如我们准备投资一个项目需要 100 万元，如果他的年收入高于 100 万元，那么他就有能力独立支付投资资金，就不存任何问题。但是如果他的年收入只有 50 万元，而就想完成这一投资，就必须从别人筹借 50 万元。这实际就是不理想的投资。

对于一个企业来说，如果营业现金流量不能满足投资现金流量，企业只能从银行贷款，或实行配股、定向增发、发企业债等手段筹集资金。这就告诉我们，企业的发展主要靠自身获利而再度创造利润，而不是主要靠筹措资金提高利润，就是说企业利用现金流量维持主营业务成长，支付投资现金流量，这是企业健康的体现。而只有这样，才能给股东带来正常的分红且能逐年增长。

我们通过青岛海尔现金流量表做一些简要的分析。

首先给我们的直观感觉就是销售商品收到的现金逐年增加。在 2010 年底，年销售产品收到的现金已达到 565 亿多元，同 2007 年相比增加了 412%，经营活动现金流量达到 55 亿多元，同比增长 436%。2009 年、2010 年两年中青岛海尔销售商品现金收入和主营活动现金流量成倍地增长。从另一个角度看，政府关于家电下乡补贴政策，青岛海尔无疑是受惠企业，从而促进企业长足地发展。

其次，从其筹资活动现金流量为 1.7 亿，这对于手里握有 18 个亿的现金来说，还款根本不是问题。

第三，我们从投资活动的现金流量中发现，投资现金流量为 35 个亿，较上年度增加了 12.2 倍。这么大的投资现金流量，引起了陈大姐的重视。陈大姐想，肯定是有什么大动作。在 F10 上没有查到相关信息，于是拨通了海尔的长途，证券业务代表小郑做出了回答，她说，在网站上能查到，实际是在 2010 年公司收购了在香港上市公司海尔电器（1169-HK）30% 的股权。使用投资现金近 17 亿，同时投资新建 300 万台节能冰箱用去 7 个亿，还有些其他项目。陈大姐的疑惑解决了。

总之，通过对青岛海尔现金流量表看，该公司经营正常，发展势头很好。营业现金收入和现金流量逐年增加。对投资者来说，青岛海尔是个值得信赖和放心的公司，也是值得长期投资的公司。

通过对企业现金流量表的初步考察，我感觉就是对企业的了解就像对人的身体的了解一样。空腹抽血，各种指标正常，那这个人就基本健康。当然必须要配合其他项目的检查。

现金流量表企业血液的诊断书，一表在手，即知企业血液流动是否畅通，但愿所有上市公司的血液都能畅通无阻。这就是我对企业现金流量表的解读。

青岛海尔 2007-2010 现金流量表

财务指标	2010 年 12 月 31 日	2009 年 12 月 31 日	2008 年 12 月 31 日	2007 年 12 月 31 日
销售商品收到的现金（万元）	5659041	4056153	1707139	1371863
经营活动现金流量（万元）	55.8362	556102	131738	127885
现金净流量（万元）	181797	464836	3875	66520
经营活动现金净流量增长（%）	0.41	322	3.03	—
销售商品收到现金与主营收入（%）	93.4	90.76	56.14	46.55
经营活动现金流量与净利润比（%）	274.43	401.97	171.52	198.69
现金流量与净利润比（%）	89.35	336	5.04	103.35
投资流量的现金净流入量（万元）	−353043	−28906	−105584	−30128
筹资活动的现金净流量（万元）	−17112	−62359	−22299	−31236

052 学会立体看问题：三表合一看企业

老黄说，毛主席曾指出，要学会全面地看问题。前面大家分别讲了财报中的负债表、收益表、现金流量表。这是从不同方位不同侧面观察企业。如果我们将三张报表综合起来加以比较分析，就能更加全面地认识企业。就是说，学会立体看问题，从三份报表中全面认识企业。

我们先从现金流量表与资产负债表进行分析。前面已经学过，资产负债表是反映企业资产和负债情况的报表，而运用现金流量表中的有关指标与资产负债表中的有关指标进行比较，更能深入地了解企业的偿债能力、盈利能力与支付能力。

在偿债能力中，我们把经营活动现金流量与流动负债作一比较，就可以直观反映出企业经营活动获得现金偿还短期债务能力。经营活动现金流量与全部债务之比，可以反映企业用经营活动中收获现金偿还全部债务的能力。二者比率越大，企业偿债能力越强。

在盈利能力与支付能力中，我们把每股经营活动现金流量与总股本相比，从中反映每股资本获取现金流量的能力。当然，比率越高，说明企业支付股利能力越强。经营活动现金流量与净资产相比用来反映我们投资者投入资本创造现金的能力，比率越高创现能力越强。

其次把现金流量表与收益表作一比较。我们已经了解了收益表是企业一定期间经营成果的反映。它能揭示的是企业利润的计算过程和利润的形成过程。

经营活动现金净流量与利润比较，能在一定程度上反映企业利润的质量。企业在实现账面利润中，应有实际现金支持，现金比例越大，利润的质量越高。

企业销售产品、提供劳务收到的现金与主营业务收入比较，能在某种程度上说明企业销售回收现金的情况及企业销售的质量。销售现金比例越大，就越能说明销售收入实现后所增加的资产转换现金速度快，且质量好。

同时也可以看出，股东分到的股利或利润所得到的现金与投资收益比较，也能从一个侧面反映企业投资收益的质量。如果一个企业多年来未给股东以股利或利润回报，那么它的投资收益不外乎是捉襟见肘，那也可能企业老总是个铁公鸡。

我们对三大报表有个大概的了解，这样就能更好地对企业资产运行过程的情况有了比较全面、合理、正确的解读。考察一个企业的财报，还要和企业整体发展状况及国内外形势、环境结合起来进行考察。财报说到底是账面的、静态的东西，而企业资产运行整个过程才是动态的、活生生的现实的东西。所以看一个企业是否经营正常，有条件的最好亲自去考察一番。如果真的看好了某企业，且进行重点地投资，那么亲自考察是绝对必要的。

呈现在我们面前的是一张上海汽车（600104）三表合一表的图画。简单看，是一张干净的图画，先做一些简单的比较吧。

资产总额比上年度增长了 1.66 倍

主营业务收入比上年度增长了 2.25 倍

销售商品收到的现金比上年度增长了 2.28 倍

从这一组数字看，上海汽车在 2010 年度出现了超预期增长。

负债总额较上年度增长了 1.6 倍

营业利润较上年度增长了 3.2 倍

现金净流量较上年度增长了 4.95 倍

从这组简单比较看，营业利润较负债总额增长了 2 倍；现金净流量较负债总额增长了 3.09 倍。说明营业利润和现金净流量都比负债总额成倍增长。可以看出，上海汽车发展迅速。

资产负债率为 64.27%，较上年度减少了 1.88%

现金流量与净利润比为 185.58%，较去年增长了 107.61%

净利润比上年度增长了 2.08 倍。

中国汽车龙头老大，全产业汽车巨头大大提升了综合竞争能力。从其增长率来看，自主品牌已经进入了收获期。

老黄最后说，三大报表的比较，我们只能进行简单的分析和初步的认识，更深层次的挖掘我们的水平还达不到，这有待于我们今后下工夫学习，不断提高自己分析问题的能力。

上海汽车 2010 年度三大综合报表

资产负债表		收益表		现金流量表	
资产总额（万元）	22884235.9	主营业务收入	31248548.6	销售商品收到的现金	38040705.7
负债总额（万元）	14709383.7	经营费用	2107641.6	经营活动现金净流量	2497413.15
流动负债（万元）	13226509.9	管理费用	1144244.21	现金净流量	2547697.28
货币资金（万元）	6126157.8	财务费用	33677.35	经营活动现金净流量增长率（%）	15.77
应收账款（万元）	348226.88	营业利润	2700565.1	销售商品收到现金与净利润比（%）	121.74
其他应收账款（万元）	52827.56	投资收益	872184.18	经营活动现金流量与净利润比（%）	181.91
股东权益（万元）	6619967.27	营业外收支净额	−3216.02	现金净流量与净利润比（%）	185.58
资产负债率（%）	64.27	利润总额	2668439.08	投资活动的现金净流量	−693044.00
股东权益比率（%）	28.91	所得税	385161.7	筹资活动的现金净流量	747516.77

流动比率 (%)	1.1003	净利润	1372852.35		
速动比率 (%)	0.963	销售毛利 率 (%)	19.38		
		主营业务 利润率 (%)	8.64		
		净资产收 益率 (%)	20.75		

053 三岁看大, 七岁看老

有一句老话, 叫三岁看大, 七岁看老。意思是说, 看一个人小时候的行为表现, 性格品德, 就可以大概预测这个人的将来。看一个人是这样, 看一个上市公司也是这样。这是谢大姐发言的开场白。

谢大姐在查阅和分析上市公司财务报表时, 对上市公司资本扩张产生了兴趣, 进行了深入探讨和研究。以康美药业 (600518) 和河北宣工 (000923) 为案例给大家讲了一课。

谢大姐说, 研究财报时, 碰到了资本扩张和送转股, 不怕大家笑话, 开始我连送股、转股、配股是咋回事都弄不懂, 也翻不清。这次我下决心一定要把这个拦路虎搬掉。其实弄懂也不难, 原来, 转股就是用资本公积金转赠股本, 资本公积金是哪来的呢? 作为上市公司来讲, 大部分是由股票发行溢价为主要来源, 也有的资本公积金是接受的赠与、资产增值或因合并而接受其他公司资产净额。上市公司资本公积金很大程度上反映了上市公司的股本扩张能力, 资本公积金主要为全体股东转赠股本。送股是上市公司将来分配利润以送股的形式转入股东账户。送股的来源是从上市公司的利润中来, 这是同转赠股本的主要区别。转赠股本和送股都是上市公司分别从资本公积金和利润中拿出钱分给大家, 是以股的形式自动打入股东账户上。配股实际是购进原始股, 上市公司根据发展需要, 向原股东发行新股, 筹集资金的行为, 配股是由原股东按每股确定的配股价购买。

谢大姐说，我发现，有的上市公司在上市后，资本扩张很快，企业通过上市募集了大量资金，为企业发展增添了活力。企业的生产经营蒸蒸日上，利润逐年增多，同时，给股东的回报也很丰富，这正是双赢共富，康美药业就是这样的一个公司。

康美药业是2001年3月19日上市的。我在研究这个公司时，正好是上市10个年头。我统计了一下，10年间转赠股本5次23股，送股5次12股，分红10次6.57元。作为一个私企能做到这样，我认为实属难能可贵。如果一个投资者在康美上市时就持有股票，10年后收益就相当可观。康美的资本扩张，使企业得到了长足的发展。中医药一体化战略快速推进，尤以中药饮片小包装向全国蔓延。康美北京、饮片三期和阆中饮片加工基地产能的逐步实现，为未来几年业绩增长增添新的动力。中药材贸易增长强劲。据报道，全国10大中药材基地，康美已经收购了3个，如安国中药材市场、亳州中药材市场、新开河大地参、阆中医药产业基地尽属自己的地盘。康美中医院一期400张床位今年10月开业。2010年初配股获得35亿元资金，公司将用3亿元建北京药饮片生产基地，4亿元建设东北中药村生产平台，15亿建设亳州华佗中药城，9亿元建设中药饮片三期扩建工程。可以预见，一个红红火火的康美将展现在投资者面前。

康美药业分红扩股统计表

时　间	分红方案	每股收益
2010	10配3股，配股价6.88元，派0.5元	0.4220
2009	10派0.35	0.3090
2008	10送5转5，派0.60元	0.3850
2007	10送1转4，派0.12元	0.2610
2006	10送3转7，派0.35元	0.5430
2005	10送2转3，派0.25元	0.6840
2004	10派1.5元	0.6710
2003	10送1转4，派0.25元	0.7230
2002	10派2.5元	0.6190
2001	10派2.00元	0.4120
合计10年送股12，转赠23股，共派现7.07元		

谢大姐说，我也研究了河北宣工的基本资料和财务报告。河北宣工是 1999 年 7 月 14 日上市的，至今已上市近 12 年。在 2003 年之前派现过 3 次共 3 元，此后 7 年从未分过红，12 年间未送转股，也没资格配股。河北宣工上市 12 年中没有很好发展，一直处于亏损边缘，没能给投资者应有的回报，实在让人心痛。

河北宣工分红扩股统计表

分红年度	分红方案	每股收益
2010	不分配	0.1002
2009	不分配	0.0662
2008	不分配	0.0200
2007	不分配	0.0669
2006	不分配	0.0047
2005	不分配	−0.2644
2004	不分配	0.0138
2003	10 派 0.25 元	0.0300
2002	不分配	0.0400
2001	不分配	0.0900
2000	10 派 1.5 元	0.15
1999	10 派 1.25 元	0.17
合计 12 年共派现 3.00 元		

我打开了 F10 中的"业内点评"，机构评论少得可怜。2010 年只有 6 条，也就一句话，可以说是一只被忘弃的股票。当然，在"十二五"开局之年，宣工有了好的开头，出现了一些新的亮点：被河北钢铁接管后，受到了重视，据说投资几亿元开发新区，为做大做强开始打基础。受益于"十二五"，国家支持七大新型产业，大力发展装备制造业，为河北宣工腾飞营造了良好的外部环境。2010 年河北宣工实现了每股 0.10 元收益，2011 年第一季度公告称预增 497.85 元至 697.13 元，这对投资者来说，无疑是个好消息。

三岁看大，七岁看老。康美是这样，宣工呢？愿康美更美丽，祝宣工后来居上。

054 企业老总不是要账先生

借钱还钱，杀人偿命，天经地义。这是大家都知道的道理。"要钱没有，要命一条"，不讲道理的主，这是在日常生活中经常碰到的事情。在正常生产经营中也是屡见不鲜。金融危机来了，不可能发生的事都发生了。2008年，美国是经济危机的发源地。房地美、房利美就发生了应收房贷收不回来，濒于倒闭。美国政府不得不出巨资解危。正是这次金融危机，我国许多中小企业由于订单减少、贷款难，应收货款难以回收。据报道，破产的中小企业有上万家。

最近我就经常反思这个问题。前段时间在研究企业负债表时，在负债细分表中，有一个问题引起了我的重视，就是关于应收账款。企业的应收账款多少，比例高低，时间长短，直接关系到企业的利益，甚至关系到企业的生存。所以有必要把应收账款弄清楚，刘大姐非常严肃地给大家讲了她对应收账款的理解。

刘大姐说，企业的应收账款或多或少都存在。任何企业生产的产品都要进行销售，有的现货现收，有的要赊销，这就产生了应收账款，这是不可避免客观存在的。重要的是应收账款到时能否实现"应收"，应该能收回来自然没有问题，但应该收回来，却收不回来，这就成问题了。如果应收账款数额大、拖欠的时间长，直接影响了企业的正常生产经营，严重的能把企业拖垮。据统计，目前我国企业应收账款总量大约5.5万亿人民币，占企业总资产的30%左右，而大多数中小企业资产的60%以上是应收账款。

为什么会有这么大比例的应收账款呢？主要原因是激烈的商业竞争，迫使企业用各种手段扩大销售。赊销是扩大销售的主要手段，这就出现了商业信用问题，信用好的客户，收回应收账款当然没问题，信用差的为企业带来的是坏账、呆账，最后的结果也只能是"计提"。

刘大姐说，应收账款到期收不回来的问题，我也学习了有关方面的知识。应对难以收回的账款，企业为减少损失，现在大多企业采用了社会通行的几种补救办法：一是应收账款证券化，就是由银行出面，担任受托机构，发行短期受益证券，这样即使企业减少损失，又能得到融资。二是应收账款抵借。就是将企业应收账款向银行抵押，以获得银行贷款。三是委托专业机构追讨或仲裁、法律诉讼形式。四是在赊销合同中约定所有权保留条款，这在法律上有规定，只有客户在付清全部货款时，才能取得货物的所有权，否则，该货物的所有权仍然属于企业。

刘大姐说，这是我们所说的企业对应收账款的应对办法。还有一个问题应引起我们的注意，就是企业本身在企业应收账款中做文章，比如，为实现某种目的，企业可以人为地将应收账款以减少坏账和虚增利润。如企业当年效益好，领导为给明年的任务打下伏笔，便人为地虚增年末应收账款余额，多提取坏账准备金，多计管理费用，压低本年度利润。相反，搞浮夸、虚减年末应收账款余额，少提取坏账准备金，少计管理费用，提高本年度利润。

同仁堂应收账款同总资产、净利润比较表

项　　目	2010 年 12 月 31 日	2009 年 12 月 31 日	2008 年 12 月 31 日	2007 年 12 月 31 日
应收账款（万元）	28805.17	29839.52	33089.17	34403.4
应收账款逐年递减（%）	3.5	10.1	4.4	
资产总额（万元）	548931.82	492226.59	455007.25	421959.19
资产总额逐年递增（%）	10.4	7.26	7.23	
净利润（万元）	34323.36	28797.77	25894.65	23474.86
净利润逐年递增（%）	16.1	10.01	9.04	

上述表中是同仁堂近四年应收账款与总资产、净利润比较。从中可以看出，应收账款在逐年减少。2010 年与 2007 年相比，应收账款共减少了 16.3%，说明该企业应收账款处于良性循环中。应收账款负担逐年减少，不言而喻，企业的坏账、呆账也在逐年减少。

企业的总资产在逐年增加，四年中资产总额增加了 23.2%。也就是说，企业的家底越来越厚实了，家大业大，企业在稳步发展，无后顾之忧。

企业的净利润也在逐年增长，四年中净利润增长了 31.6%。企业净利润增长，意味着给投资者带来的回报也就多了。2010 年同仁堂给投资者着实送了一个厚厚的大礼包：10 送 5 派 3，资本公积金 10 转增 10。

刘大姐最后总结了她的体会。她说，应收账款这个问题很复杂，有些问题我也弄不懂，我当了财务会计这么多年，未曾想到企业应收账款名堂很多，我们也没必要深钻。但是有一点要注意，今后在购买股票时，一定要选择优质的企业，选择前端产品、热销的产品，这样的企业一般来讲，应收账款不会出现太大的问题。我们买股票，就是买企业，要使手中的股票拿得放心、稳妥，这是最重要的。

当企业老总成为要账先生时，那就要小心了。

055　重视特殊指标的分析

根据大家的提议，老黄经过充分准备，查阅了有关资料，给大家讲了一课关于几个特殊指标的有关知识。

老黄说，我们在学习和分析上市公司财务报表基础上，有几个特殊的指标不能忽视，应单独作为一个问题加以研究。常挂在嘴边的有这几个重要指标：每股收益、每股公积金、每股净资产、市盈率、市净率。理解和掌握这些特殊指标，对上市公司盈利能力分析具有十分重要意义，因此我们要逐一进行分析。

每股收益

每当购买股票时，就会说每股收益多少，这是首先想到的一个指标。实际上，每股收益就是反映上市公司获利能力的重要指标，是衡量一个企业能否成功地达到其利润目的的计量标志，也可以认为它是一家企业管理效率、盈利能力和股利分配来源的显示器。

每股收益是扣除一切费用，以净利润为基础，以总股本为基数相比较而来，即净利润除以总股本所得即为每股收益。在我看来，每股收益一般来讲是挤干了水的指标。能较准确反映一个企业经营成果。每股收益越高，盈利能力越好，派现能力就越充足，资产增值能力就越强。可以说，每股收益是一个最耀眼也最直接的一个指标，它是企业财务报表的指引，是企业收益的缩影。所以，每个投资者对所持股票的每股收益应了如指掌。

每股净资产

每股净资产说白了就是公司的家底值多少钱。当然要把欠债扣除以后，和所有股东权益相比较，就是说，如果把企业家底全部给所有投资者，每股折合多少钱，这就是每股的净资产。每股净资产也是企业的一个重要指标，它反映每一份股份在企业的账面上值多少钱。它是投资者进行投资决策的重要参考依据。一般来说，每股净资产越高，说明这个企业的家底越厚实、越值钱、越值得投资者信赖。大家知道，一个企业初始发行股份时，票面价值为1元人民币，那么它的每股净资产为1元，若干年后，企业发展了，利润增加了，它的家底也厚实了，每股净资产相应地就增加了。由原来的1元就会变成2元、3元或更多。那么，这些公司就值得我们去投资。相反，有的企业由于经营不善，甚至出现亏损，其净资产有可能跌破面值，即在1元以下，这样的企业就要警惕。所以在投资决策时，一定要看企业的每股净资产。

市盈率

市盈率是衡量企业盈利能力的有一个重要指标。市盈率的高低直接反映了一个企业盈利能力的强弱，体现了企业经营成果的好坏。市盈率是股价与每股收益的比较，即股价除以每股收益即为市盈率。如果一个上市公司股价低而每股收益高，那么它的市盈率就低。市盈率越小，它的投资价值就越大。在进行投资决策时，一定要看其市盈率的高低。市盈率越高，投资价值越低，风险越大。

市盈率指标，不同行业之间不能进行类比。一般讲，大盘股市盈率比较低，就是说盘子越大市盈率越低。而新型产业，高科技产业市盈率就高。我们在分析市盈率时，需要注意的是，这里所说市盈率越低，投资价值越高，是在一般意义上说，并不是在绝对意义上说。如果这样，那就犯了机械主义的错误了，所以市盈率指标的使用要结合其他指标一起运用，同时要看行业，如果拿一个超级银行股和一个中小企业比较市盈率的高低那就大错特错了。

同时，我们也要注意不能用中国的市盈率同外国的市盈率作比较。经常听到有些专家用美的市盈率同中国的市盈率作比较，得出中国上市公司股票股价高的结论。我觉得这也不能类比，或者说不能简单地去比较。中国是一个新兴发展国家，近几十年来发展速度远远快于西方国家，相对应的股票市盈率要高，这是正常的。

市净率

我们已经知道了每股净资产，也知道一定时间段股价，就是说，用股价和净资产相比较，市净率就出来了，用股价除以净资产所得就是每股市净率。市净率是衡量企业又一个重要指标。我们知道，股票的净值是股市投资最可靠的指标。这是因为，净资产的多少是由股份公司经营状况决定的，股份公司的经营业绩越好，其资产增值越快，股票净值是决定股票市场价格走向的主要依据。如果一个上市公司其股价不高，而净资产高，其市盈率就低，这样的公司投资价值就越高。

我们把市净率和市盈率作一比较。

市净率＝净资产／股票市价

市盈率＝净利润／股票市价

二者的共同点都是和一定时期股票市价作比较，但不同的是市净率是股票市价同每股净资产的比较，净资产是企业在经营过程中逐年积累形成的，它能真正代表企业的整体实力。它的累积效应更为明显，经营好的单位，净资产每年都在逐步增加，这就更显公司的家底厚实程度，所以要更加重视一个企业的市净率。市盈率是股票市价同净利润的比较，而市盈率是一定时间段，一般是一个年度经营业绩的体现。从时间上讲，净资产是一个长时间段的积累效应，而净利润常为一个年度利润，同时净资产比较真实可靠，很难留下人为痕迹，而净利润可以人为地放大缩小。

总之，马克思基本原理告诉我们，要学会全面地看问题。我们考察一个上市公司，要把各项指标综合起来看。只看一个指标，即便是这个指标很重要，也不能作出投资决定，而要把主要指标综合比较，同时也要和其他因素联系起来综合分析，这样才能做出比较正确的投资决策。

056　研报——绞刑架下的报告

相信身在股市的朋友或多或少都读过看过上市公司的调研报告。每当你看到一篇高质量的研报，就像一股清泉，沁人心脾，顿感清爽无比。或许手里捧着一份分析你所持有的该公司股票的研报，你会顿感亲切无比，犹如及时雨，使你增添了几分持股的信心。

说到这里，刘大姐从电脑桌的抽屉里取出一叠纸来，对大家说，这是我最近从网上下载的一些调研报告，有些研报还是有分量的，对我们了解和掌握上市公司很有帮助。毕竟是出自券商研究员之手，有的研究员为了写出一份有质量的报告，他们在上市公司作了大量调查。我看过几份报告，有的除了跟高管了解、座谈，还到下面找员工了解情况，所以这些报告真实可靠，参考作用大。

当然，也有的研报是报道公司负面情况的。比如上市公司发生重大事故的报告、揭露上市公司黑幕的，这些报告写得也很及时，揭露的也很深刻，为防止投资者误入陷阱，起到了提醒警示的作用。

当然也有些研报，一些研究员为完成任务，互相转载、抄袭研报，所以有些研报质量不高，缺乏真实内容，洋八股味十足，缺乏可读性，不知大家是否也有同感。

老周说，说到调研报告，不由得使我想起过去那个年代学习过一篇经典调研报告，就是毛泽东在 1927 年 3 月发表的《湖南农民运动考察报告》。前几天，我反复学习了这篇文章。当时，我们党内外出现了责难农民运动的错误言论，以陈独秀为首的右倾机会主义者被国民党的反动潮流所吓倒，不敢支持农民斗争。为了迁就国民党，他们宁愿抛弃农民这个最可靠的同盟军，使工人阶级和共产党处于孤立无援的地位。在 1927 年春夏，国民党之所以敢于叛变、发动"清党运动"和反人民战争，主要就是乘了共产党这个弱点。

1927 年 3 月 5 日，毛泽东发表《湖南农民运动考察报告》，随着北伐战争的胜利进军，由广东开始的农民运动迅速发展到全国。在共产党领导下，广东、湖南等 12 省农民运动相继展开。全国 200 多个县成立了农民协会，会员达 915 万多人。1927 年 1 月 4 日至 2 月 5 日，毛泽东考察了湖南 5 个县的农民运动，写成了《湖南农民运动考察报告》，提出了解决中国民主革命的中心问题——农民问题的理论和政策。

在这篇调查报告中，毛泽东充分估计了农民在中国民主革命中的伟大作用，明确指出了在农村建立革命政权和农民武装的必要性，科学分析了农民的各个阶层，着重宣传了放手发动群众、组织群众、依靠群众的革命思想。毛泽东热情歌颂农民运动好得很，提出了"打倒土豪劣绅，一切权力归农会"的著名论断。这篇文章对指导我党农民运动起到了巨大的作用。

今天我们谈起这篇报告，使人感到那么亲切。毛泽东处处想着农民，心里装着农民，一生为农民操劳。很可惜，近年来，我们很少再看到这样好的调查报告。我们多么渴求能有一些好的调查报告展现在广大人民面前。我们身在股市，每天能看到许多调研报告，别说这些调研报告的质量了，由谁能告诉我们那篇报告写得好，值得一读？事实上展现在我们眼前的调研报告假的太多，有些研报的作用比"瘦肉精"的毒害更深。

老黄手里拿着刘大姐下载的研报，情有所动地说，刘大姐是个有心人，这些报告对我们掌握上市公司信息很有帮助，我先拿回去看了。不过最近我在网上也看到一些虚假研报，有些我看不是研报，是"谎报"、"假报"、"骗报"，这不能不引起我们的重视。比如，前面我们所提到的双汇和"瘦肉精"的研报、庞大集团上市分析的研报。昨天我在网上读了一篇股评人士皮海洲的文章，专门分析了虚假研报的根源，很值得一读。作者指出了中国宝安"石墨矿"事件、宁波联合"锑矿"事件、双汇发展"瘦肉精"事件，称这几起事件中，券商研究报告严重背离事实，成为中国股市里的"公开谎言"。作者指出，双汇发展瘦肉精事件发生后，包括银河证券、中银万国、招商证券、华泰证券、中投证券等券商们坚持唱多双汇发展，就在事件曝光当天，银河证券发出《"健美猪"事件不改公司长期投资价值》的研究报告，双汇复牌的第一天，中投证券发表题为《瘦肉精时间创造绝佳的中长期买入机会》的研究报告，表示"70元以下我们强烈建议买入"。

老黄，不好意思，我插一句。谢大姐打断了老黄的发言。昨天，我带一个老姐妹的女儿到营业部开户，见到一位股友马小姐。她就是听信了研报关于"70元以下我们强烈建议买入"的谎言，就在双汇发展第二个跌停板上买了1000股，一口价，63.14元。马小姐相信已远离70元一个板了，可这些天，马小姐越来越坐卧不安了，她对我说，真后悔听信了谎言。

请老黄接着讲。老黄说，这就是听信谎言的结果，你看多害人。

就利益关系而言，不论是券商，还是券商旗下的分析师，都必须维护投资基金的利益，看基金经理的脸色行事。分析师的业绩由投资基金打分，排名靠前的分析师其业内待遇就会有一个大幅提升。正是基于这种利益关系，就不难理解双汇"瘦肉精"事件发生后为什么券商还要唱多双汇发展了。如3月16日给出双汇发展"推荐"评级的兴业证券是兴业全球基金的大股东。2010年分得兴业基金1783万元的佣金；同一天给出"买入"评级的华泰联合，从兴业基金拿走333万元佣金；而在双汇发展复牌第一天给出"强烈推荐"评级的招商证券同样分得659万元。此外给出"增持"评级的国泰君安，其前身国泰证券曾经是双汇发展的主承销商。

老黄最后说，这一篇篇研报，就像一根根绞绳，研报的作者就是刽子手，是他们亲手把绞绳套在了无辜股民的脖子上，并对即将行刑的股民喃喃自语："痛苦很快过去，主和你们在一起"。而编造谎言的主谋，就是他们的上司——那些券商的大佬们。

陈大姐最后语出惊人：研报——绞刑架下的报告。

057　自己的研报最靠谱

石家庄三鹿奶粉事件的阴影还未抹去，双汇发展和瘦肉精事件又发生了。前前后后，什么毒豆芽、染色馒头等等食品安全又成了大问题。最近在证券市场中又出现了一个怪现象，这就是假研报。而这些假研报又和上市公司出现的问题有密不可分的联系。双汇发展因瘦肉精而停牌，而就在停牌复牌前后，不少券商的研报为其鸣冤叫屈，向广大投资者推荐。中国宝安石墨稀事件弄得沸沸扬扬，正是被雪片似的研报吹起来，使不少投资者被高套在山上。海普瑞大跌超百元，却有 7 成研报唱多，多少投资者有冤无处诉。更有甚者，碧水源在 2010 年 4 月 21 日上市以来多达 68 份详细研报，有 63 份给出增持推荐评级，定位目标价 160 元，又有多少投资者血泪斑斑。这究竟是为什么？证券市场竟让如此谎报充斥市场而无人监管？

这是老周在集体讨论中放的一炮。老周接着说，所以，我们应对的措施就是要像对付 "瘦肉精" 那样对付假研报：一是可读不可信，提高鉴别力，不被假研报所迷惑；二是自己出研报，自己的研报最可靠。这个意见我在今年 3 月初就提出来了，所以今天我建议大家把自己的研报拿出来，大家共同学习，共同研究。研报的重点就我们自己的投资组合中的个股。

刘大姐说，老周讲得很好，自己动手搞研报，一回生二回熟，搞几次，好的研报就出来了。记得老周上次提出研报的三个重点：一是真实可靠；二是前后对比，找出今年主业投资亮点；三是提出投资建议。

我先就同仁堂发表自己的意见。到今年，同仁堂已有 342 年的历史，这里的故事一定很多很多，可近几年同仁堂的故事不多。但我有预感，今年是同仁堂故事年，有许多故事可讲，而且已经开始了。

今年的第一个故事是发生在 3 月 22 日公布年报，最亮丽的一句话是每股收益 0.659 元，每 10 股送 5 股，派 3.5 元，同时以资本公积金每 10 股转增 10 股。而此前每年都有分红，但较少。最近三年 2009 年 10 派 2.3 元，2008 年 10 派 2 元，2007 年 10 转 2 派 1 元。2010 年的派送方案着实让人大吃一惊，第一次看派送方案不敢相信，这意味着什么呢？故事既然开始，那么我们接着往下听。第二个故事我们知道，同仁堂婆婆多，只管不放。眼睛盯得多，实事做得少，今年不同了，婆婆要办实事了。北京市政府及国资委把扶持同仁堂列入议程，并将集团列入 G20 工程，在政策税收、资金给予倾斜。第三个故事是公司以现金为主的激励政策即将推出。可以说更多更精彩的故事还在后面，比如优质资产注入等。

同仁堂在过去的一年确实有了明显的进步。2009 年的净利润较 2008 年增长了 8 个百分点，达到 19.18%，2011 年第一季度净利润增率达到 18.56%，每股收益达到 0.22 元。可以说同仁堂的好日子才刚刚开始。我对同仁堂的评价是：继续坚定持有，我和同仁堂董秘通了电话，估计股东大会在 6 月份召开，建议大家到时能去参加。

陈大姐接着发言。她说，我把同方股份的研究情况说一下。同方股份，作为科技股的龙头企业，2010 年有了长足的发展。同方股份主要特点：一是涉及五大新兴产业。其产品科技含量高，目前公司已进入发展新阶段，其主打产品如微电子、数字城市、多媒体、安防系统、物联网已进入加速发展期。2011 年第一季度营业收入同比增长 31.2% 就是最好的说明。二是孵化器发展模式逐渐完善。背靠清华，同方股份注定要走这条路。清华的科研能力与效果同方正、浙大网新、东软集团更为丰富，这为分拆上市、境外上市、借壳上市、股权转让等资本运作方式实现公司的发展模式提供了可能。三是经过前几年调整、整合，从 2010 年起公司已进入快车道。2008 年到 2010 年每股收益为 0.25 元、0.28 元、0.48 元，可以看出每股收益在逐年提高。净利润也有较大幅度增加，2010 年净利润增长幅度非常明显。总之，2011 年是"十二五"开局之年，七大新兴产业快速发展之年。作为身居多种新型产业于一身的同方股份，一定会踏上快车道，快速行驶。

现在需要注意的是同方股份在前期冲高至 31.57 元后，有过一次下探，跌幅超 10%，相信经过充分调整后，随着大盘逐渐趋暖，同方股份会有好的表现。

我对该股建议：继续持股。

谢大姐的研报题目是《新华医疗笑得真甜》，她的研报还打印出来，发每人一份，时间是 2011 年 5 月 10 日。

谢大姐说，每人发了一份，我就不多说了。新华医疗昨日收盘价 35.03 元，最低下探到 32.20 元，已连续多日创新高，最高摸至 35.60 元，换手 2.56%，主动性买盘 22124 手，主动性卖盘 12251 手。

其最大亮点用三句话来概括：今年一季度销售收入同比增长 234.4%，每股收入 0.17 元；医疗器械持续增长，医疗专业工程成为新的利润增长点；医疗公司在医院和器械企业并购将带动业绩增长。

当前需要密切关注的是该股换手率虽不高，但股价涨幅较大，出现加速上涨，震荡也随之加大。如上涨加速过快，我建议先出 30%，锁定收益，待回调后，再进去更为稳妥。

谢大姐随即在刘大姐的电脑上打出了新华医疗走势图。大家同意谢大姐的看法，明天上午大家集中在刘大姐家，集体看盘。

最后，老黄发言。他说，刘大姐和老周分配我的任务是一支备选股的研报，我准备了两支股的研报，但还不十分成熟，还要观察一段时间，这样才能拿出更成熟的意见来。大家知道老黄一向行事稳健谨慎，都同意老黄的意见。

老周最后说了句：份份都是好研报，看来只有自己的研报最靠谱。

058 双汇和瘦肉精

在大家学习上市公司基本面专题时，双汇发展"瘦肉精"事件被曝光。老周以职业的敏感度，料定此事件可视为三鹿第二，所以他从事件一开始给予高度关注。2011年4月22日，他给大家讲了一课：双汇和瘦肉精。老周讲课，开门见山。他说：据报道，人类对自然界的已知认识只有 2%，绝大多数属于未知认识领域，有待于我们去探索。在社会生活中，也有许多事情寻常百姓既不认识也不清楚，上当受骗在所难免。有些事情，在新闻媒体"发现"后，在老百姓眼里都是"鲜活"。

你看，往早几年说，冠生园的月饼、SARS、H1N1、禽流感、果子狸，新鲜吧？过去认识吗？不认识，都是新名词，文绉绉的。还有石家庄三鹿和三聚氰胺，结果呢，3 名主犯被毙了，三鹿被三元吞了。2011 年新事物新名词着实让老百姓又上了一课。染色馒头、毒豆芽、牛肉膏、磨汁、石蜡炮制红薯粉等。更有甚者，"315"晚会特别节目，爆出了冷门：双汇和"瘦肉精"。这一爆，非同小可，轰动全国。

双汇发展（000895）被曝光后，3 月 16 日，公司公告停牌。据报道，自央视曝光后，双汇发展每天损失一个亿。此事件，使公司损失 121 亿元，是前 20 年利润的总和。4 月 19 日公司宣告复牌，两个跌停板后，第三天只跌了一点点，第四天公司又宣布停牌。起因是该公司被媒体质疑没有按照相关规定披露关键承诺。尽管双汇发展公告中称，销售回款率超过 70%，但是记者调查发现，公司公告与记者实地亲身体验的观感相去甚远。有关专家认为，作为一个行业龙头，企业面对"瘦肉精"这一与老百姓息息相关的重大食品安全事件，双汇发展应该诚心道歉，真心悔改，而不应以"做秀"

的方式进行"危机攻关"。

其实，从事件的一开始，双汇发展就太小看这次事件对老百姓的危害了。据说央视准备315报道时，他们就千方百计地劝说不要公开报道。曝光后又百般粉饰，说回款率达70%，销售量也很高等等。在第二次停牌后，央视财经频道经济半小时专题报道了双汇发展和"瘦肉精"真相，紧接着，央视又在对话节目中以"双汇该消灭吗？"为题进行了激烈的辩论。

老周说，其实双汇发展在2010年11月25日起就开始出现不正常，打开该股K线图，稍懂一点技术的股民，一眼就能看出其走势的不正常，首先是股价走势的不正常，早在2008年9月24日，双汇发展股价下跌到最低点为23.20元，收盘为25.10元，随后在2010年3月19日，近1年半的时间里，到2010年3月19日，股价上升到50.48元。2010年11月25日双汇发展刊登停牌公告，公告称：2010年3月8日，深圳证券交易所对该公司下发《关于对河南双汇发展股份公司的关注函》，要求公司尽快就少数股东转让股权过程中存在的问题拟定整改方案。据此公司于2010年3月22日起停牌，开始与公司控股股东和实际控制人沟通商讨解决方案。

请大家注意，我们从双汇发展K线图上看到，2010年3月19日，收盘价为50.48元，11月29日复牌，连拉7个涨停板，12月8日股价最高升至96.44元，收盘价为94.49元，涨幅为87%。从2010年12月8日起到2011年3月15日经过3个多月的盘整，第二个不正常出现了。

大家看，老周将双汇发展的K线图又放大了一下，指着K线图说，轻轻松松，一字七个板，可奇怪的是"瘦肉精"事件出现后，仅仅两个跌停板，就算交差了，谁信呢？成交量像一根擎天柱一样，4月21日，成交量557563.2手，成交价33.97亿元，有资料可查，5大机构狠心抛售13.3亿元。机构也有走眼的时候，180多家基金驻守双汇发展，少则几百万，最高达5000万股在手。股价上升到96元无一抛售，他们想的更远更高，可这次傻眼了，而狂抛就不足为怪了。

老周这时候有些激动了，非常气愤地说，一边是狂抛，一边还在"强烈推荐"，于是第三个不正常出现了。就在双汇发展复牌连跌两个板后，有机构说，两个板就够了。早在公司停牌时，部分券商发报告"强烈推荐"该股，4月21日，深圳一营业部就吃进了亿元的火腿肠。更有甚者，中投证券曾两度发表"强烈推荐"报告。4月18日该券商的研究员表示，双汇发展复牌后，将创造绝佳的中长期买入机会。就在该股两个跌停板时，该券商仍在维持"强烈推荐"评级。这家券商在报告中提出，目前股价已逼近实际控制人的要约收购价格，同时2011年每股3元的业绩有保障，因此"强烈推荐"。

说到这里，老周更加义愤填膺。双汇发展已经这样了，你们还在"强烈推荐"，你拿什么理由说2011年3元的业绩有保障？不是在打赌吗？我和你赌，你敢吗？这说明什么呢？他们在欺骗善良的散户，好把他们的筹码交出去。更是说明他们急红眼了，他们急于想逃走而故作镇静，散户朋友千万别上当。君子不立危墙之下，2000多只股票任你选，为什么偏偏选它呢？为什么甘心当枪使呢？一个股民在股吧说，前一天听公司和基金忽悠，在62.50元买了1万股，能告吗？可怜的这位股友，你为什么往枪眼上撞呢？

央视办了件大好事，我们要为"经济半小时"和"对话"栏目叫好，你们敢于"横眉冷对千夫指"。我们也为央视315特别节目叫好，是你们提醒了人们"慎用双汇食品，小心瘦肉精"，这已成了老百姓的口头禅了。这里我特别提醒广大投资者，远离问题股票，让基金拿着吧，我们不要接手，哪怕是将来涨到100元、200元，我们也不眼馋，当画看看可以，千万别当真。

握紧你的钱袋子，千万别染上"瘦肉精"。

059 庞大集团真的庞大吗？

俗话说得好："人怕出名猪怕壮"，庞大集团上市本来是一件很正常的事，但突然一夜之间在股市走红，缘由是创造了几个之最：申购中签最高、当日开盘价最低、收盘价最低、换手率最低。

刘大姐给庞大集团总结了一高三低。她说，这次发行价为45元，市盈率为39.04倍，低于2011年主板的平均60.19倍发行市盈率，发行数为11200万股，中签率为21.57%，成为有史以来最容易中签的新股。4月28日上市以36元开盘，当时收盘34.59元，跌幅为23.16%，当日换手仅为16.62%，29日换手也只有5.81%，这就是庞大集团成为股市热议的原因。今天我们也讨论一下，对庞大集团究竟如何看，这对我们如何把握上市公司提供了一个很好的案例。

陈大姐说，有些机构对庞大集团上市破发创纪录起了推波助澜作用。国金证券发布的研究报告对庞大集团的上市定价在49.8-53.4元之间，并指出市场空间广阔，规模效益突出，网点扩张提振业绩等等。国泰君安、光大证券也发布过类似的研报，最乐观的平安证券甚至看多到54.9元。当然，许多基金也积极参与了打新，华商基金旗下三只基金一日净亏3500万元，2010年最牛基金华商盛世基金亏损超过3000万元。

我就想不明白，他们都是精英，为什么老是失算？害人也害了自己，真可谓搬起石头砸了自己的脚。当然这也不能全怪他们，大盘不给力，破发成常事，只是可怜了那些中了签的散户。一个签赔10042元，真惨啊。庞大集团出师不利，可谓是壮士未酬身先死。

老黄接过了话茬，我认为，跌破发行价亦不可怕，关键是企业本身发展状况如何。我看了庞大的财报，让人最担心的是庞大集团的负债率，一般企业负债率应在60%左右，而它的负债率达到90%。我们看了庞大最近几年一组数字：

	2007	2008	2009	2010
负债总额	75.81亿元	105.37亿元	168.90亿元	281.42亿元
资产负债率	91.7%	89.2%	88.2%	88.7%
财务费用	0.71亿元	2.3亿元	1.43亿元	3亿元
存货不断增加	17.19亿元	39.68亿元	36.37亿元	63.84亿元

这些数字不得不让我们担心，当然作为汽车销售商，负债率高这也是正常的。但过高，就应引起重视。在汽车销售竞争激烈的时代，风险无处不在。比如北京限购对其冲击就有新体现。北京地区占公司销售量的8%，同时斯巴鲁品牌销售是公司汽车销售的主打产品，而斯巴鲁合资公司在中国的成立，对进口斯巴鲁汽车的冲击可想而知。

老周接着发言。他说，大家说的都有道理，对一个企业基本面的了解，都应掌握，这样才能全面、客观、正确地作出评价。我想说的是庞大集团的主流是什么，我也看了一些资料，主要有三点。

一是庞大集团是一家起步最早、规模最大、经销网络最广、覆盖品牌最全、毛利率最高、抗风险能力最强的企业。公司主营业务有乘用车、商用车、卡车、微型面包，以及汽车维修养护服务等五大业务板块。2008年至2010年营业收入复合增长率近50%；2010年，公司净利润12.36亿元，每股收益1.36元；2008年至2010年净利润复合率达到43.32%。

二是庞大集团 2008 年至 2010 年汽车销售分别为 22.2 万辆、35.8 万辆和 47 万辆。分别约占全国汽车销售总量的 2.4％、2.6％、2.6％。2010 年新经销的 20 个品牌销售量列全国同行业第一名，营业收入从 2008 年的 240 亿元增长到 2010 年的 537 亿元，利润增长也较为可观，达到 6 亿元、10 亿元和 12.4 亿元。

三是庞大集团已拿下价值昂贵的跑车品牌——阿斯顿·马丁的国内代理权。从 2011 年起，庞大集团将成为其在国内最大经销商和最重要的战略伙伴。之前，庞大集团已经代理了奥迪、奔驰等高端品牌，这次引入阿斯顿·马丁，更强化了公司轿车板块的高端化战略。据报道，上海车展期间，阿斯顿·马丁 4000 万全球限量跑车——ONE-77 在中国的份额全部售罄。这成为庞大集团 2011 年一道亮丽的风景线。

谢大姐最后发言，对庞大集团走势谈了自己的看法。今天是上市第 6 个交易日，换手率分别是 16.62％、5.81％、5.19％、6.80％、2.18％、2.11％，6 天换手率只有 38.71％。这说明什么？说明中签者不心甘割肉出局，等待解套时机，只能苦苦熬守。另外，投资者不愿光顾此股，也是换手率不高的主要原因。

庞大集团创纪录的破发给中签者的教训是极其深刻的，一签赔一万，沪深开市以来绝无仅有。我认为起码有两条教训要汲取：第一条是在大势低迷时不要打新，"打新必赢"已成过去，而破发已成常态。人常说，识时务者为俊杰，只有认清大势，顺势而为，这是生存之道，立身之本。盲目投资、盲目打新、逆势而为，那只能是自食其果，这对我们来说，也应吸取教训，避免犯类似错误。股市处处是陷阱，一步一趋须小心。第二条就是无论投资什么，都要对投资对象进行分析研究，然后作出投资决策，才能付诸行动。千万不要不动脑子，一分钟解决问题，以致酿成大错。打新者对新股也要作一番研究分析，就庞大集团而言，创新股首日跌幅纪录，除当时大势不好这是外因，大势不好也有新股首日红盘报收，且涨幅不菲。所以要从主观上分析。庞大集团虽上市发行市盈率不算高，但要充分考虑到这个企业不属于新兴产业行业，只是汽车销售行业，再者总股本并不小，所以，这些情况都要考虑到，只要我们把问题想周全了，错误就会犯的少一些，即便是犯了错，也能充分估计到，能及时采取补救措施。人不犯错误是不可能的，特别是在股市充满风险的地方，错误难免，我们所要做的是尽量少犯错误，避免不必要的经济损失。

060 原来，乐观和成功在这里

对上市公司的研究分析，越深入就越觉得学问越大。似乎觉得深不可测，也越觉得很有必要去探索。了解它，就是要运用它、掌握它，用它来为自己服务。上市公司就是一座金矿，需要我们去发现、去挖掘。说实在的，我们用这么长时间去研究上市公司，只是研究了优质的上市公司，对于有问题的上市公司，还未涉及，我们唯恐把自己引向错误的思路上去，所以说，研究上市公司，这仅仅才是开始，只能说是迈出了可喜的一步。刘大姐寥寥数语，道出了她对上市公司研究的体会。

可以看出来，刘大姐对研究上市公司产生了兴趣，体会颇深。刘大姐说，经过这么长时间对上市公司的研究学习，我想大家都有深刻的体会。我翻阅一下我们的学习发言记录，近2年的时间，我们5个人共讲了大大小小46个问题，应该说，学的都不错，不敢说学的深，但起码对上市公司有所了解，今天我们也来个总结，大家都谈谈。

谢大姐也不客气，抢先发了言。她说，要说体会，确实挺深的，不学不知道，学了还真管用。我的体会三点：一是买股就买优质股，说实话，我们年龄大，知识也不多，对问题股不要去碰。尽管有些股机会很大，有的涨幅惊人，但这不是我们能驾驭了的，我们吃不了那碗饭。所谓优质股，就是名气大、品牌大、净利润连续多年超过10%的，越发展越有奔头。二是好股也要在低位，坚决不追高。选好了股，价位高怎么办？等着，等一年，等三年又如何。三是持股3只最适宜，一只太单，防止突发事变，发生地震。双汇是好股，这次"瘦肉精"事件真的要瘦身了。上限5只，多了照顾不过来。

"算经典，谢大姐总结起来一套一套的，看来学习不仅对上市公司有了了解，而且思想认识、理念更新也大有提高。"老黄接过了谢大姐的话茬。老黄说，一个上市公司就是一个大家庭，一个小社会，它的发展壮大，关系到全体股东利益。我们买了它的股票，就是名正言顺的股东，就是它的一个成员，就要关心它爱护它，同呼吸共命运。不能做甩手掌柜。我的体会是：选好股，长相守，共富裕。要做到这9个字，就要下大力气研究上市公司，要寻找十年不败，百年不倒的公司。刘大姐说得对，我们虽然研究了很长一段上市公司，但是仅仅才开始，要寻找我们理想中的上市公司，深入研究是我们下阶段的任务。我建议我们5个人每人重点寻找和研究一个优质上市公司，也要搞一个调研报告，哪怕是心理面的调研报告也行，一是学习增长知识，二是为调换我们投资组合做准备。

陈大姐发言了。她说，我们5人中，就数我水平低，文化低，但我也不能拖累大家，笨鸟先飞，这些日子里，我研究和分析了88家2010-2007年间上市公司资料。都作了笔记，并进行了分类，陈大姐拿出一张表给大家看了看。

单位数量	净利润收益率	分工	扩股	每股收益			
				1元以上	0.5-0.99元	0.1-0.99元	0.1元以下
22	10%以上	22	14	8	11	3	
44	5%-9.9%	38	32	3	29	6	
12	1%-4.9%	8	6		4	3	5
6	0%-1%	3	2				
4	0%以下	0	1				2

陈大姐接着说，通过对这些上市公司的分析研究，结果有三点：首先，第一类为优质公司，这些公司的共同特点一是管理先进，科学规范；二是产品科技含量高、属前端行业；三是产品、销售前景看好，如青岛海尔、上海汽车就是这样的公司。优质公司每年净利润增幅都在10%以上，对投资者的回报也高。其次是第二类比较好的公司，这些公司有两种情况，一种是过去发展状况好，近几年由于市场竞争激烈，而企业本身拳头产品不太过硬，发展前景比较吃力，但企业生产能维持下去，还有发展潜力，需要下工夫挖掘潜力。第二种是有些企业前景比较好，但由于起步比较晚，股本结构比较小，资金困难，需要更多支持。只要客观条件能跟上，有一个好的环境，前景还是比较看好。最后，就是有些公司发展前景不明，使投资者看不到后三年究竟如何，这些公司虽能勉强维持下去，如果拿不出新的举措，产品又和七大新兴产业离得远，很有被淘汰的可能。我觉得通过分析，使我们有了清晰的思路，能明确投资的目的和方向。

大家对陈大姐的发言感到惊讶，陈大姐的确语出惊人，有理有据，在分析研究上市公司上下了很大功夫，值得大家学习。大家说，陈大姐是个有心人，平时学习很刻苦，虽然学历不高，是个普通工人，但她在以前几次专题发言都很精彩，思想性很强，逻辑也很严谨。大家说，如果陈大姐再多念几年书，那肯定是个难得的人才。

我们最后请高人老周作总结。陈大姐把话语权交给了老周。老周习惯性地向上扶了扶眼镜，非常谦和地说，说心里话，我当了30年的编辑，整天和文字打交道，都是些文绉绉的死板板的东西，今天听了大家的发言，联想到这么长的时间接触中，听了你们那么多专题发言，我真是开了眼界，见了真佛。你们是我编辑的最好的文章，是我最好的素材，是我心目中最好的老师，跟大家在一起，是我的荣幸，我很满足我们在一起的日子，老周说的有些动情。

老周沉思了一下，接着说，大家也对下一步怎么学、怎么活动提了很好的建议和想法，我都赞同。我有三点想法，和大家商量：第一，对上市公司基本面的研究，我觉得比预期要好得多，这从大家的发言就可以看出来。接下来我想是不是要把当前的政策走向、股市的大势及技术结合起来研究。在此基础上，加强对上市公司细化研究，定量考察，正像大家所说的要寻找十年不败的公司，通过这么长时间的接触，我相信，我们一定能找到这样的好公司。

第二，每周我们在刘大姐家聚会，给刘大姐添了不少麻烦，这些日子，我们都在室内活动，就像一部室内连续剧。接下来我们该拍一部室外剧，就是说，带着问题去郊游，这样既善待了身体，又研究了问题，如果能成行并坚持下去，我想这又是一部精彩的室外连续剧。

老周的话还未说完，大家异口同声地说"赞成"，同时双手高高举起。老周非常高兴，激动地说，谢谢大家同意我的建议。我想说最后一点就是，怎么说呢，其实，我们年纪都不小了，我们图个什么呢？不就是身体好、家庭好、心态好嘛。如果想在股市挣大钱那就错了，头几年我们都想挣钱，结果都赔了。这两年，我们认真学习，特别是投资理念改变了，我们不指望靠股市发财，我们只希望晚年在股市有所寄托，不至于无所事事。现在我们目的达到了，大家在一起，有说有笑，这多好。如果做到不赔还能赚个菜钱、粮油钱那就心满意足了。我们老年人要活得安然、活得舒服，不也是我们所图、儿女所求吗？我们还图什么呢？

其实，重要的不是炒股，重要的是心态。要想成为一个乐观的人，就要具备一种乐观的心态；要想成为一个成功的人，就要具备一个成功者的心态，有什么样的心态，就会成为什么样的人。刘大姐和老周他们，不正是通过股市寻觅到了乐观和成功。

061　当一把作战参谋

　　请大家看图，这是一张辽沈战役作战图。我们知道，辽沈战役是三大战役的第一战，开战时间是 1948 年 9 月 12 日，我军兵力 70 万人还有 30 万民兵，在东北野战军司令员林彪、政委罗荣桓指挥下，经过 52 天激战，全歼了国民党军 47 万人，战役分三个阶段：第一阶段夺取锦州，封闭东北国民党军，第二阶段会战辽西，歼灭廖耀湘兵团，第三阶段攻占沈阳，解放全东北。经过辽沈战役，国民党总兵力剩下 290 万，我军兵力增至 300 万人，毛泽东指出："现在看来，只需从现在起，再有一年左右时间，就可能将国民党反动政府从根本上打倒了。"

　　这是陆参谋给大家讲课的开场白。这里要交代一下：陆参谋原为部队作战参谋官至正营，转业到北京法院，2006 年退休，尔后进入了股市；战友老孔小陆参谋 3 岁，原为部队测绘员官至股长，转业到北京统战部门工作，2008 年退休；郝阿姨是北京电厂调度员，2008 年内退，大崔和郝阿姨一个单位，因车祸留下后遗症，办了病退，老

白是一家国企8级钳工，和郝阿姨是邻居。因为同在一个营业部，陆参谋和郝阿姨在
2008年认识了。陆参谋在部队绘制作战图是一流，在股市他对技术分析情有独钟，他
常常研究到深夜不眠，时间长了，他对K线图有了自己独到见解，而郝阿姨也对K线
图感兴趣，老孔搞过测绘，也是个细心人，5个人就这样熟悉了。陆参谋是由老孔叫
顺了嘴，所以大家都把65岁的老陆叫陆参谋，经常一起进行技术交流。经2年多的
学习研究，这个技术小组逐渐成熟。他们还经常给周围股友分析大盘和个股走势，渐
渐地在营业部有了些知名度。

　　最近应许多股友要求，他们办了一起技术普及班，已经开课，第一课由陆参谋主讲。
　　言归正传，陆参谋接着给大家讲，他说，其实K线图就是作战图，每一天的K线图
就是一场小的战斗，那一根根连起来的K线图不就是一场场激烈的战斗吗？沪深股市，
每天上午9：30分，吹号开战，下午3点，鸣锣收兵，一天战斗宣告结束。K线所显示

的开盘价、最低价、最高价、收盘价跃然图上，如果要熟悉当天的战斗，那你就要先画图，当你了解了它的意义，就不感到枯燥无味，相反，一天的战斗，哪个时间段偃旗息鼓，又有哪里战斗激烈，就会感到回味无穷。把手中的股当天的K线图画出来，结合电脑一天成交量的不断变化，买卖盘的大小，大小单的不断出现作出分析判断。

我们接着往下分析，每天的K线图都是不一样的，大致有以下几种图形和种类：

长阳长阴实体：即上下都没有影线的长阳线或长阴线，这是买卖双方最大力量的表现。

带上影线的红黑实体：带上影线的红实体是说明买方在上升途中受到抵抗，买方受压，股价上涨受压，根据阻力大小决定上影线长短。同时也预示，明天卖方将欲反攻，必须认真对待。而带上影线的黑实体是说明先涨后跌，卖方力量充分发挥，当然也要看上影线长短，如果上影线短，则说明卖方力量占绝对优势，而上影线长，说明卖方虽长驱直入，但买方反攻增强，卖方优势大减，第二天激烈的战斗还将继续，谁胜谁负有待揭晓。

带下影线的红黑实体：带下影线的红实体，很明显是先跌后涨，买方力量强大，收回失地，当然也要看下影线长短而区分强弱。带下影线的黑实体，是下跌抵抗型，显示卖方力量占绝对优势，也分下影长短。

上下影线红黑实体。上下影线的红实体说明双方在以开盘价为基点，双方拉锯，各有表现，但在战斗结束时，股价仍在开盘价之上，图形显示出一根带有上下影线的红实体，而上下影线长短、实体大小，都能显示双方力量强弱。带上下影线的黑实体，也是双方力量的展示，表明卖方力量占上风，买方也有所表现，以致收盘价不在最低点，买方不致丢尽脸面。

十字图形。开盘价与收盘价相同，则出现十字形。昨日收盘为红，今日则为红十字，昨日收盘为黑，则用黑十字表示。

还有许多图形，比如没有上下影线的小红实体、小红黑体。⊥字形，一字形。我们只是把几种主要图形列举出来，作个大概了解。

学习K线图最基础的东西，要掌握三点：一要会画图；二要掌握每一根K线的意义，明白当天收出的K线告诉我们什么；三要根据当日K线图，明天可能的走势是什么。

我们知道，任何事物都是发展的联系的，绝对孤立的事物是不存在的。那么我们认识K线就是要把过去的K线、今天的K线和明天可能收出的K线联系起来分析，才能做出比较客观的实际的分析和判断。接下来我们继续作一简单的分析。我们对当天收盘后一根 K 线作出分析是比较简单。今日开盘价是多少，收盘价多少，整个交易过程中双方交战如何，主动性买盘和主动性卖盘大小都在盘中能体现出来，也能说出一二三来，那么根据今天的 K 线预测明天走势就有点难度了，三天后当我们看到三根K 线时，能否明白三根 K 线组合说明什么，如果我们能基本做到有个大概判断，这就可以了。掌握了日 K 线的基本知识，接下来就可以研究周 K 线，月 K 线的作用，特别是周 K 线对股价走势有非常重要的作用。

我们对 K 线的学习，是普及不是专业学习，在股市一点技术不懂说不过去，甚至有些股民入市几年来，连一些常用术语都说不清。我们不要求股友非要精通技术，我们做不到，也没那个必要，在我国证券市场，靠技术吃饭不可靠，政策面、基本面和技术面综合起来运用才可靠。

K 线是掌握技术的门槛，往前走一步，进入眼帘的是移动平均线，它能告诉我们什么呢？

062　主力成本的秘密

以下是郝阿姨讲的第二课，移动平均线的作用。

郝阿姨说，我发现，移动平均线和 K 线形影不离，K 线走到哪里，移动平均线就跟到哪里，相随相伴。K 线是每天都有战报，结果如何都反映在 K 线里，就像会计记账一样，每天都要日日清，收支多少清清楚楚。K 线也放假，节假日休息，至于个股因重大事项停牌一天或数天以致更长一点时间都要请假并公示，那移动平均线呢？

郝阿姨说，掌握移动平均线有 4 个要点：第一个要点是要了解什么是移动平均线。移动平均线就是将几个数加起来，再除以这几个数，如 1、2、3、4、5 相加得 15，除以 5，平均数为 3。平均线每天都在加新去旧，即减去第 1 天，加上第 6 天，还是 5 日均线，其他均线亦如此。现在沪深 K 线图上附属的移动平均线为 5 日、10 日、30 日、60 日、120 日、250 日 6 条均线，统称为周平均线、半月平均线、月平均线、季平均线、半年平均线、年平均线。

把不同时间段的移动平均线划出来，用以帮助我们了解股价变动的趋势和方向，使我们顺应趋势，把握趋势。比如移动平均线逐渐上升，说明买进成本不断增加，而这时买进的投资者要想获利，则需要更多的投资者买进，使移动平均线继续上升，这也说明人气聚积，买方意愿强烈，反之也一样。

第二个要点是移动平均线的作用。移动平均线使我们从简单的数字变动中去预测短期中期长期的变动方向，同时从移动平均线走势可分析成本变动情形，做到心中有数。移动平均线的上升或下降，它告诉我们一个最大的秘密是将投资者购买股票的平均成本公开化。

从弯弯曲曲的移动平均线中我们看到，短期平均线显得陡峭，长期平均线则比较平缓，在股价的不断变化中，移动平均线经过长途跋涉走到了谷底，看到了河流，飞流直下三千尺，原来尽在眼前，穿过小溪，淌过河流，继续前进，依山而上，当你筋疲力尽再也无力向上爬时，猛抬头，无限风光在险峰。我们的目的就是在弯弯曲曲的移动平均线中，极力寻找谷底和山峰，移动平均线它会告诉我们哪里是谷底，哪里是山峰，谷底是下跌转为上升的最低点，顶峰是上升转为下跌的最高点。我们所要做的是要准确把握拐点的出现，及时抓住时机，以便在转折时机出现后，能采取果断决策，掌握买进与卖出时机。

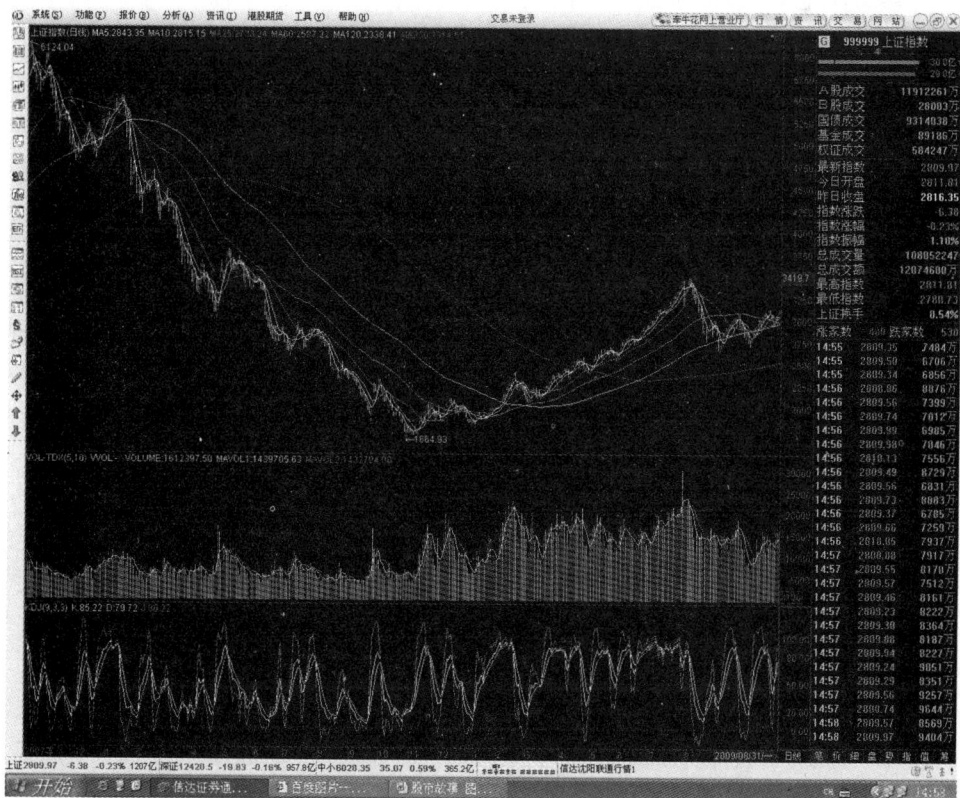

第三个要点是 8 条法则的主要内容。在学习和掌握移动平均线的时候，很有必要了解一下美国著名股票分析家葛南维，他根据移动平均线提出了买卖股票的 8 条法则，主要内容可概括为：

平均线从下降中逐渐转为水平或平衡，就是说不再继续下降，确切地说，移动平均线止跌转平，而且平均线有抬头迹象，股价突破平均线而向上延伸，即为买进时机。

如果趋势走在平均线之上，而股价跌至平均线之下，但数日后股价又回到平均线之上，这种下跌只是假摔，这也是买进时机。

在股价跌到平均线之下，突然出现暴跌，而且离平均线很近，由于股价大大低于平均线，极有可能反弹至平均线附近，这也是买进时机。

我们再看看什么情况下应该卖出：

股价在上升中，离平均线越来越远，获利者越来越多，这时要小心了，应卖出，将获利落袋为安。

平均线上升转为平移或下降状态，则股价跌破平均线之下，这时趋势发生了变化，最好卖出。

如果股价走势仍在平均线之下，反弹时未超过平均线，这说明股价已显疲态，这时应卖出。

第 4 个要点是因为移动平均线分为短期（5 日、10 日、30 日）、中期（60 日）和长期（150 日、250 日）。短期平均线反应灵敏，中长期平均线反应迟钝，特别是长期平均线，更能说明股价运动的基本趋势。比如当股价跌到谷底转为上升时，此时反应最快的是短期平均线，尤以 5 日均线最为明显，首先穿越中长期均线而上，紧跟其后的是中期均线穿越长期均线而上，这时黄金交叉点出现，标志着大盘进入上涨时期。

反之亦然，当行情持续一段时间后，短期均线从高点出现调头向下时，并向下依次穿越中期、长期均线后，这时中期线也向下调头穿越长期均线，最后长期均限已无力回天，只好步短、中期均线而折返时，这时，我们说大势所趋，向下已成必然，它明确告诉我们此时不走，更待何时。

最后，我再提醒两点：一是任何技术指标都要和其他技术指标结合起来应用效果才更好。最好 2、3 个指标一起分析，起个映衬作用。二是任何技术指标都有滞后的特性。所以使用技术指标时要结合当时情况，如仅仅靠一个技术指标就决定买入或卖出则显得太草率，这点应予以注意。

移动平均线，每天都在运动，我们最为关注的是当你走到谷底而不识底，当登上泰山不识峰时，怕就怕"不识庐山真面目，只缘身在此山中"。即使你知道主力的持仓平均成本又有何意义！

063　炒股炒的就是人气

大崔因车祸一条腿留下终身残疾，治疗期间，他查阅了大量古代正骨疗法，因而迷上了中国古代医学，看了不少书籍，今天他给大家讲的就是元气、人气和成交量。他说，古人曰："天地成于元气，万物成于天地"，"万物之生，皆禀元气"，"天地者，元气之所生，万物之祖也"。

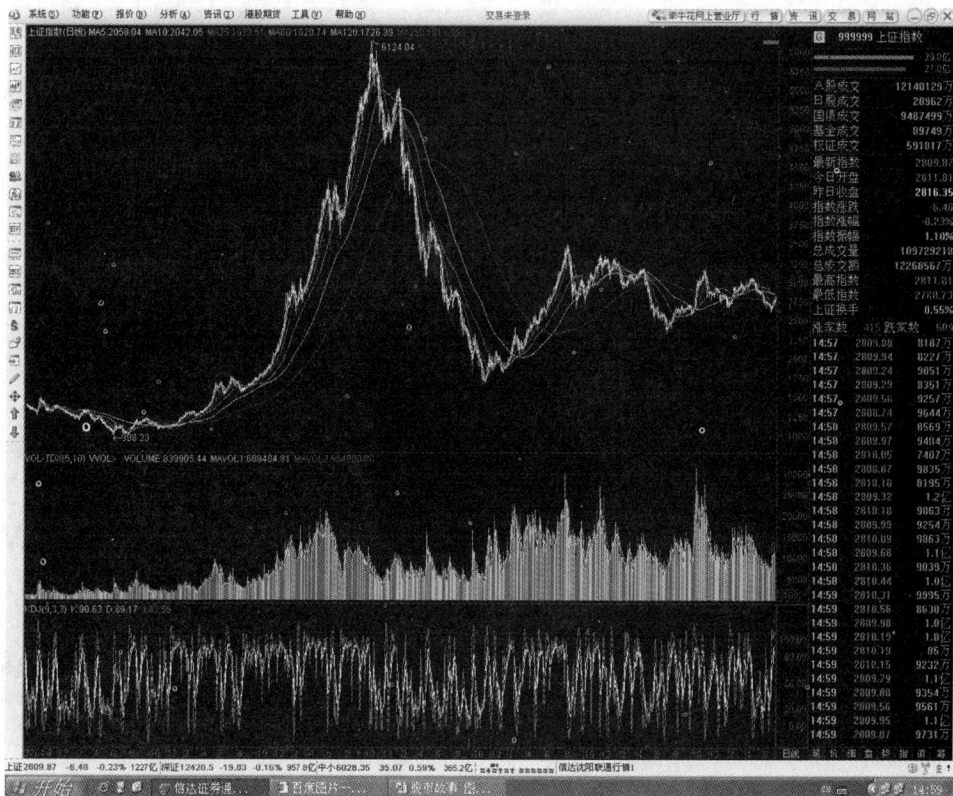

从科学和医学上讲，元气是禀于先天，藏于肾中，又赖后天精气以充养，维持人体生命活动的基本物质与原动力，主要功能是推动人体的生长和发育，温煦和激发脏

腑、经络等组织、器官的生理功能。

古人认为元气是构成万物的原始物质，我们不去评判古人对元气认识是否正确，但可以看出，古人对元气阐述的精深，起码至汉代就已对元气有了充分的认识。

元气和股市关系十分紧密，我们做为一个重要问题提出来，专门讨论和研究很有必要。

身在股市的人都知道，我们每天常说今天成交量多少，大家都关注成交量，其实，成交量就是股市的元气，如果成交放大量，那说明人声鼎沸，而成交量极度萎缩，那也就可能是元气大伤。所以美国投资专家葛南维说："成交量是股市元气，股价只不过是它的表征而已"。可以说，推动股价上升的原动力就是成交量，这就是股市的元气。

既然成交量这么重要，那么就很有必要对成交量进行详细分析。

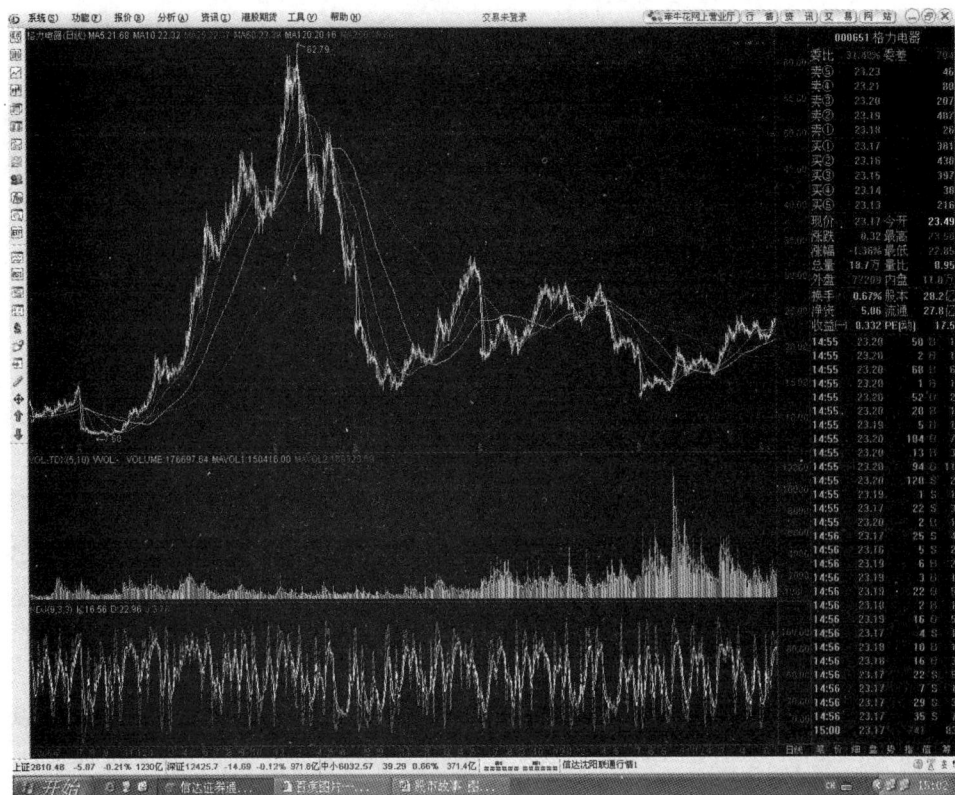

许多专家都认为，成交总量是测量股市行情变化的温度计。我们从上图中可以看出，2005 年 6 月 6 日上综指创出 998.23 以来新低，成交量只有 1598.5 万手，成交额 53.67 亿。2007 年 10 月 16 日上综指创 6124.04，创上海证券成立以来新高，成交量达

10117.1 万手，成交额 1668.63 亿。

我们看到，从 998 点到 6124 点，从 6124 点再到 1664 点，从 1664 点到 3478 点，这段时间的成交量都是比较大的，这从 K 线图下方的 VOL 中的柱状就可以看出，市场人气是多么活跃，这就是股市的人气，人气是元气的反映，没有了人气就没有了元气，股市就没有了原动力。我们身在股市，必须时刻关注成交量的不断变化。

我们从个股图上作一些简单分析，比如格力电器（000651），将该股 K 线缩小图打出来，就可以清晰地看出来，该股启动时间和大盘同一时间，只不过途中曾挖过一次坑，最低于 2006 年 11 月开始启动，由 7.6 元附近缓慢向上爬升，最高摸到 62.79 元，时间是 2008 年 2 月 20 日，这时期人气聚积，买气上升，成交量逐步放大，股价翻了近 10 倍。那时间，几乎所有的股都是这样。当股价下跌时，人气开始涣散，成交量逐渐下降，VOL 柱状逐渐缩小。

这里有一个有趣的现象值得注意，这就是在以后的日子里，格力电器走势同大盘基本一致，但成交量始终保持高位运行，这同大盘一样能说明问题，现在的股市活跌度远比过去高，人气始终在聚积。

大家知道，在 K 线图最下端是人气指标 OBV 线。OBV 线就是将人气指标的成交量与股价关系数字化，以线路图的形式表现出来。上证指数从 2005 年 6 月 6 日 998 点开始，人气指标即 OBV 线逐渐抬高向上，运行到现在，整整 6 年时间，人气指标始终在高位运行，无论股市涨跌，中国股市的人气和股民的参与度，开户数，已经向成熟迈进，尽管还有反复，还有许多弯路，但只要人气在，政策给力，股市向上的趋势是不会改变的。

2011 年 6 月，北京热的比较晚，今年的高考，北京的考生大概不会在烈日炎炎中进行。股市的温度也不高，目前上综指还在 2700 点左右徘徊，我想，大盘不会这样沉闷下去，炎热的天气很快就会到来，这是自然规律决定的。股市的热度也会到来，目前只是未到火候，也许哪天突如其来的消息、事件，也许是政策，使股市来个惊天大逆转，有了导火索，不怕燃不起来。看来，万事俱备只欠东风。

我们有充分理由相信，中国的股市有人气，有元气，信心有了，哪还怕什么呢？

064　和趋势交朋友

老白在工厂是个 8 级钳工，爱动脑，念书时就喜欢琢磨些小玩意儿，可惜初中只念了两年半就顶父进了工厂,在工厂老白的潜质发挥到了极致,30 多年来,搞了 10 多项发明,获 3 项专利。在股市,他也是一个爱琢磨的人。

老白说,让我讲趋势,太抽象了,真是赶着鸭子上架,不过,我觉得挺有琢磨头,那我就说吧,错了大家指正。趋势,事物发展的动向,股市是按趋势运行,且有规律的,我们的操作思路要跟上趋势运行的方向,顺势而为,这是我们在学习和掌握趋势和下一步划分趋势线前首先要理解的一个基本观点。

既然市场是按自行规律运行,是按趋势发展运行,那么股市的涨跌也是有规律可循,股市的起落也是很自然,再正常不过的了。这就要概括市场的运行趋势,寻找股市运行线路,用以指导和适时掌握买卖时机。趋势线是技术分析的一个重要内容,学会趋势线的运用和划线方法,使我们获知上涨与下跌的支撑和阻力,这是我们必须掌握的重要内容。

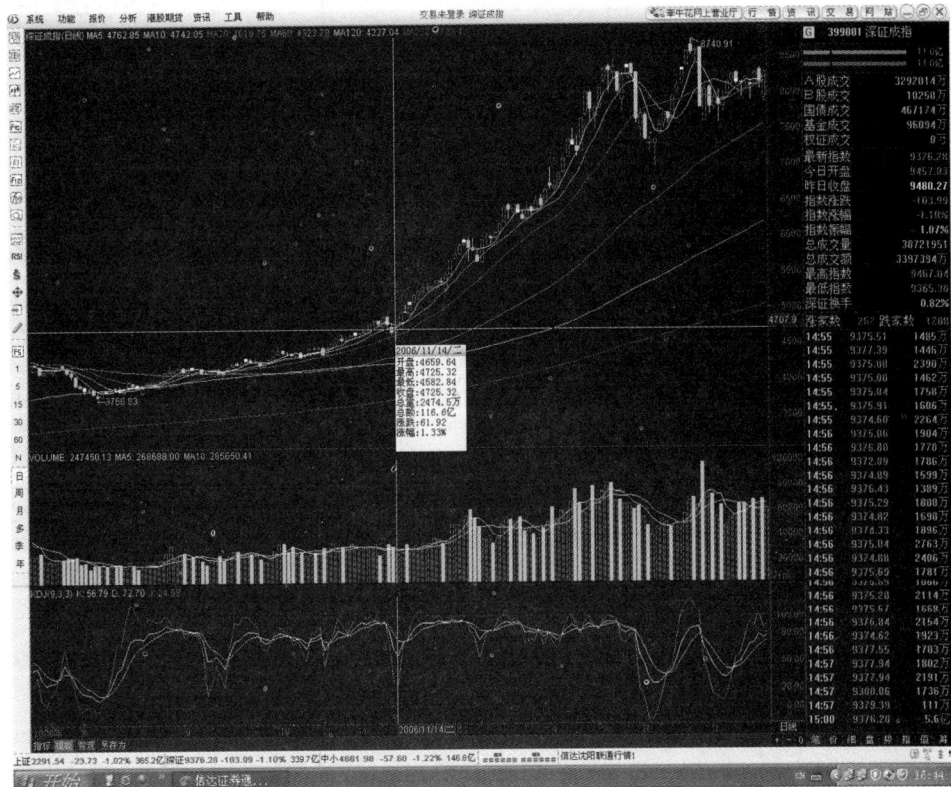

首先要了解什么是趋势线和怎样划趋势线。趋势线最基本的形式是,在一个上升趋势中,连接明显的支撑区域的直线就是趋势线。这里需要注意的是决定上升趋势时需要两个反转的底点，也就是下跌至某一个底点，开始回升，随后下跌，没有跌破前一底点，再度迅速上升，上升至某一顶点，连接此两点的直线，就是上升趋势线。

深成指和上综指一样，都是在 2006 年 6 月启动的，当时深成指在 3800 点左右，我们依据上升轨迹在其 2006 年 11 月 14 日的 4725 点至 2007 年 2 月 6 日的 7341 点作连线。

这里有必要指出，趋势线表明当股价向其固定方向移动时，它非常有可能沿着这条线继续移动。但是，当上升趋势线跌破时，市场就给出了一个卖出的信号。当然在没有跌破之前，每次回落的低点，实际就是趋势线的支撑。但当股价穿越下跌趋势线的上界线，表明改变下跌轨道或反转上升；当股价随上升趋势线之上界限向上变动，其后穿越上升趋势线的上界线，轨道更向上倾斜，股价加速上涨，预示着大行情将来临。深成指 2006 年的大行情就是最好说明。我们说一种股票随着固定的趋势线移动时间越久，而这种趋势就越可靠。在长期上升趋势中，都有成交量的配合，但出现非常高的成交量时，就要引起足够的重视，有可能是行情进入尾声的信号，预示着反转随时来临。

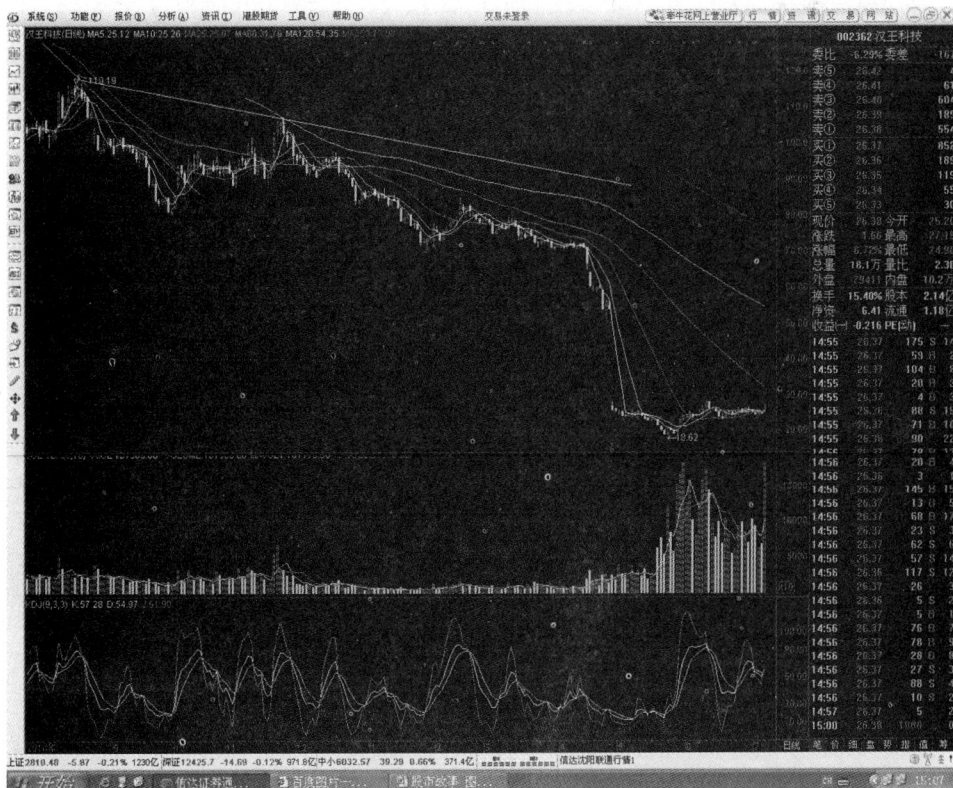

在下跌趋势中，决定下跌趋势也需要找出两个反转的顶点，当股价上升至某一顶点，开始下跌，尔后回升，但未能突破前一底点，再度迅速下跌，那么将此两顶点连接成直线，即为下跌趋势线。

我们把汉王科技（002362）下跌趋势线画出来。第一个反弹顶点是在 2010 年 8 月 17 日反弹到最高价 119.19 元，尔后在 2010 年 1 月 25 日最高反弹至 107.00 元，又接着继续下跌，将此两点连接划一条直线，即为下跌趋势线。

在认定趋势的有效性上，必须注意突破的程度，股价在穿越趋势线时，当日收盘价高于或低于趋势线价位，或至少在两、三天内完成；在上升开始突破时，需带量上升，在下跌趋势过程中也必然会出现带量下跌。

我们知道，任何技术指标及分析，只是在技术层面上对大盘和个股走势在技术上的支持和研判。当决策时，切忌单纯靠技术作出判断，必须和其他方面结合起来，才能作出科学正确的抉择。我们提出"三势融合，结伴而行"的理念。即技术趋势线的确立，当时大势即环境的状况及个股的走势如何，只有将三者结合起来才是最可靠的。比如汉王科技，在上市后不久创出 175 元的最高价，当时是 2010 年 5 月 24 日，随后一路下跌，到 2011 年 4 月 27 日跌到最低点 53.68 元，不到一年时间跌去了 70%。我们不能不去寻找下跌的原因。当然大势不好，中小板、创业板市盈率高，回归理性是外因，就其汉王科技本身原因，由于市场竞争激烈，未能在市场中争得先机，2011 年第一季度出现亏损，这是该股基本面上出了问题，所以大幅下跌已属必然。而技术走势就是基本面的反映，了解了上述情况，投资者就应顺势而为，应及时采取果断措施，避免遭受更大损失。

不要和趋势过不去，顺着趋势走，和趋势交朋友，那么你就是胜利者。

065　缺口，不可缺少的技术形态

三句话不离本行，老孔给大家讲缺口的基本知识时，又用上了军事术语。

"缺口对准星，瞄准！"教官的声音对着新兵不停地吼着。

"打开一个缺口，冲出去"指挥员的声音。

缺口，在军队是常用军事术语，可用在股市，又有一番用意了。

老孔告诉大家，缺口，一般意义上讲是指在 K 线形态上没有显示出连贯的 K 线形态, 就是说股价在快速大幅变动中, 有一段价格没有任何交易, 显示在股价趋势图上是一个真空区域, 缺口是没有交易的范围。这里需要注意的是无论是向上的跳空缺口, 还是向下的跳空缺口, 虽然实体部分有缺口, 但上下影线相连, 就不能称为缺口。

在 K 线种类上讲, 缺口分为普通缺口和突破缺口。普通性缺口的特点是经常出现在一个交易频繁的整理区域, 比如缺口出现在发展中的矩形或对称三角形中, 这就是整理形态, 而此时, 缺口通常会在短期内被填补。由于普通缺口很容易修补, 并不代表多空任何一方取得主动, 所以其技术意义不大。这里我们重点探讨突破缺口。

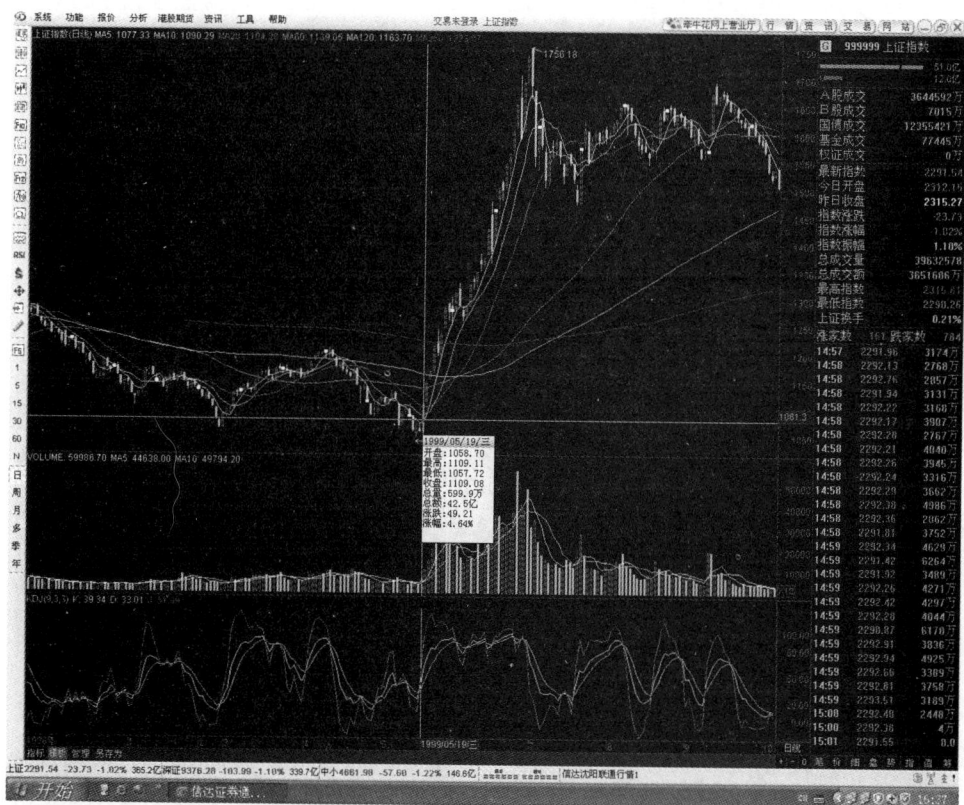

突破缺口就是在一个密集的反转或整理形态完成后突破盘局时产生的缺口, 当股价以一根很大的跳空远离形态时, 这表示真正的突破形成了。就是说, 股价向形态上端突破, 整理区域便成为支撑区域, 将有一段上升行情出现, 股价向形态下端突破, 整理区域就成为阻力区, 将有一段下跌行情出现。突破性缺口出现后, 成交量会逐渐增加即带量突破, 且此时突破缺口不会在短期内回补, 但下跌突破缺口并不一定出现大成交量。

许多专业人士都把 1999 年 5 月 19 日行情中，上综指上涨行情中出现的突破性缺口当作经典案例，的确是一次完美的突破情形。当时，5 月 18 日上证指数收报 1059.87 点，5 月 19 日以 1058.70 点开盘，1109.08 点收盘，以当日最高点收盘，上涨 49.21 点，涨幅为 4.64%，成交量放大到 42.45 亿。5 月 20 日，1114.65 点开盘，1147.70 点收盘，为当日最高收盘，上涨 38.62 点，涨幅为 3.48%，这一天出现了跳空缺口。缺口幅度为 55.95 点，且成交量同步放大，此后的上涨行情，成交量逐步放大，跳空缺口并未在短期内回补，这是典型的突破长期盘局形态下的突破性上涨行情。

可以看出，导致突破缺口的 K 线是强有力的长阳线，显示多方力量占主导地位，长驱直入已成定局，也显示突破的有效性，突破缺口愈大，表示未来上涨行情越大，伴随着成交量的扩大，说明这个突破性缺口具有重要意义，缺口在短期内不会被回补。

当股价突破形态上升或下跌后远离形态而至下一个整理或反转形态的中途出现，此缺口称继续缺口，也有的叫上升缺口或中途缺口。继续缺口可大约地预测股价未来可能移动的距离，所以又叫测量缺口或量度缺口。

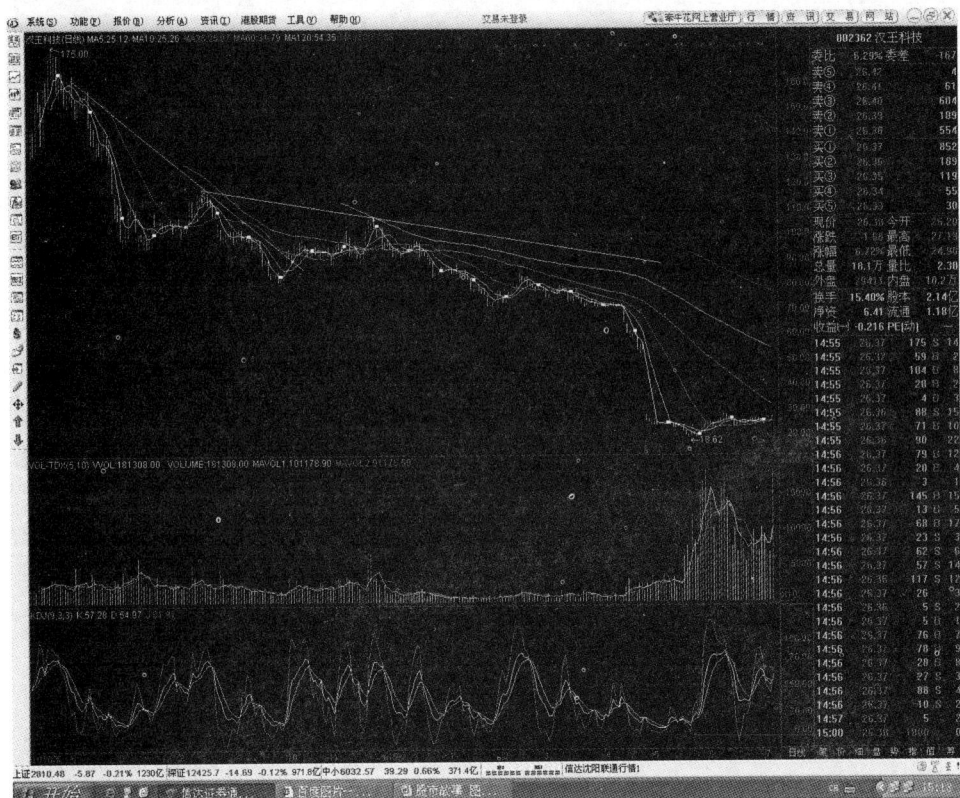

在上图中，上证指数在出现突破缺口后，5月26日，沪指收于1236.04点，当日上涨33.16点，涨幅为2.76%。第二天，5月27日，以1247.32点开盘，收盘1283.02点，上涨46.98点，涨幅为3.8%，当日高开11.28点，即出现一个11.28点的缺口，此缺口可视为量度缺口。

竭尽缺口的出现，表示长期上升行情即将结束的信号，于是行情进入尾声，谢幕的时候到了。沪指在6月23日以1606.50点收盘。24日跳空高开9.13点，以1615.63点开盘，当日最低1611.98点，收报1654.11点，上涨47.61点，涨幅为2.96%，当日留下5.48的缺口，这实际是一竭尽缺口。在此后第4个交易日中，沪指最高达到1756.18点，当日收一实体大阴线，下跌49.78点，跌幅为-2.86%，至此，一轮上涨行情就此结束，此轮行情中，沪指由1047.83点上涨到1756.18点，涨幅近60%。

在认识和判断竭尽缺口时，通常伴随着巨幅的成交量，和股价的剧烈变动。就在出现竭尽缺口的第二天，6月25日，沪指出现443.2亿的成交量，创上涨以来的成交天量。

同理，在下跌中也会出现突破性缺口，中继缺口和竭尽缺口，只不过下跌突破性缺口，则不需要成交量增加以印证。

我们来看汉王科技（002362），在2010年5月26日该股在最高达到175.00元后，出现了形态上的大逆转，一路下跌，在2010年6月29日出现第一个向下跳空低开缺口。

当日以127.63元开盘，报收117元，以跌停报收，第二天即6月30日，113.35元开盘，跳空低开3.65元，最高摸至114.97元，收报111.10元，留下2.03元的跳空缺口，我们认为此缺口为突破缺口。此后出现过小幅反弹，7月12日一根中阴线吃掉3根阳线，7月13日以96.50元开盘，最高摸至99.96元，收报98.90元，当日留下1.62元的向下跳空缺口，此后8月24日留下4.08元、2011年4月19日留下向下缺口6.95元，留下2个跳空低开缺口。目前汉王科技下跌行情还未走完，4月27日股价跌至53.98元，跌幅为70%。5月28日该股实施10转增10除权后出现了反弹行情，究竟该股如何演绎下去，我们将拭目以待。

缺口作为K线一种技术形态，在K线组合中经常遇到，不论是股市新兵还是沙场老将，都应掌握，是研判技术的一项基本功。

可谓多一份本领，就多了一份胜算。孔老最后以军人特有的口吻对大家说，军队有一句话叫"冬练三九，夏练三伏"，过硬的本领就是这样练出来的。

066 有头有脸与有头有肩

看得出来，陆参谋讲课，废话不多。

我们常说某人可是个有头有脸的人物，是形容此人是个头面人物。在K线形态中，有个叫头肩顶的形态，是说此种形态有头有肩，头下两肩，有左肩右肩，这在K线组合中，是个很重要的技术形态。

头肩顶，顾名思义，就是有头有肩，头部是人体的最高点，头肩顶是将每日K线连接起来后形成的图形。头肩顶的形成大致分以下几部分。

左肩的出现与形成。股票价格在上升趋势中，成交量开始放大，股价上升。这时前期购买的股票都已获利，开始有获利回吐出现，因而股价出现一段下跌，此时成交量减少，于是左肩出现了。

接着，股价从左肩的低点开始反弹，成交量随之放大，股价的高点比左肩的顶点还要高，就是说创出又一高点。此时，又有恐高者相继抛盘，股价开始回落，当回落到前期下跌的低点附近时，我们看到头部出现了。

随后，股票的价格从头部的低点开始反弹，当股价上升至左肩高度附近时，成交量已达不到左肩和头部形成时的成交量，因而无法达到头部高点便开始回落，这时看到右肩出现了。

最后，股价从右肩的高点一直下跌，此时，由左肩、头部、右肩三个低点的连线即颈线被击穿，如果有回升的话，那也只能回升到颈线附近，这给投资者最后一次逃命的机会，但股价已是"秋后的蚂蚱蹦跶不了几天了"，此后，下跌已成定局，我们只好宣告，头肩顶形态正式形成。

我们看恒宝股份（002104）K线图，该股在2011年1月25日出现止跌反弹，当日最低创出下跌以来新低12.69元，收盘价13.94元，收出第一根实体阳线。此后出现了一波凌厉的上涨行情，3月1日，达到16.08元，成交量同步放大，随后出现一波调整，3月15日最低到达14.85元，收盘15.05元，就是左肩，3月16日开始带量上攻，3月23日，最高达到17.86元，收盘17.35元，成交达到13.98亿元，换手7.87%，此前4个交易日，共成交18.9亿元，换手38.28%，此后连续出现5根阴线，最低跌到15.75元，这时头部形成。此后出现反弹，4月8日，股价最高反弹至16.99元，随后出现下跌，4月13日，股价最低下探至15.51元便出现反弹，至4月21日最高达到 16.75 元，于是右肩确立。随后，出现了一次短暂的反抽，4 月 21 日，股价达到 16.75 元，这给投资者一次最后逃命的机会。紧接着，该股出现了一波快速下跌，再没有给投资者留一点面子，2011 年 6 月 10 日股价最低下跌到 11.25 元，收报 11.50 元。此时，成交量并未同步放大。这里有两点情况需要说明：第一，就恒宝股份 K 线走势形态来看，出了一个像模像样的头肩顶形态，此时大盘持续下跌，给恒宝股份营造了一个下跌的外部环境；第二，就该股本身而言，第一季度业绩仅有 0.043 元，且 5 月 26 日公司二股东减持 11099700 股，减持时间为 1 月 15 日至 5 月 26 日，这也为该股出现头肩顶形态起了助推作用。

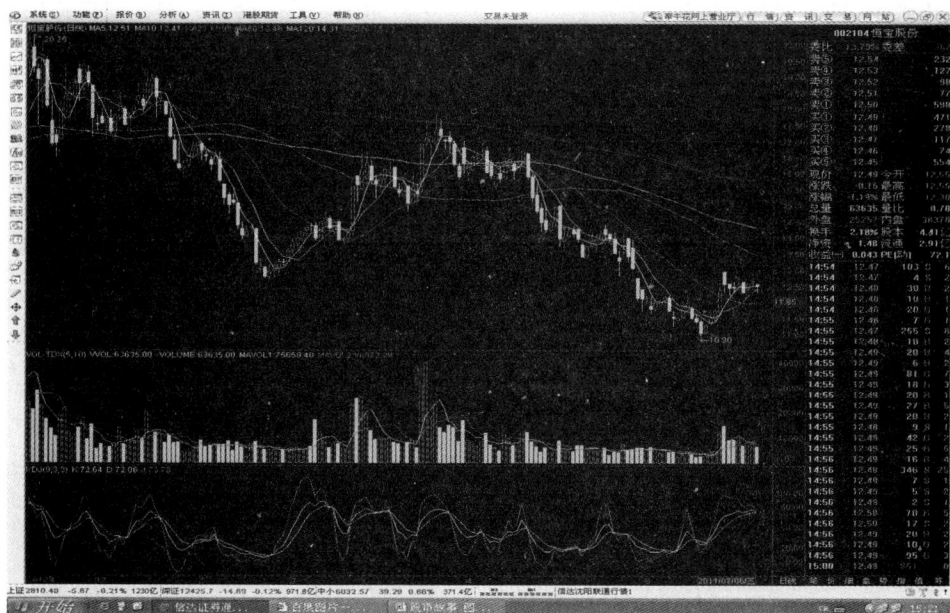

头肩顶形态给我们的启示：一是头肩顶形态一旦确立，杀伤力是十分巨大的，就按量度来说，投资者损失也很惨重，所以在该形态出现左肩时，就应密切关注，因为此前已有了一波像样的上升行情，此时就应考虑手中的筹码何时出局的问题了，当头部最终出现后，股价又上了一个台阶，投资者应该适可而止，该获利了结了，给予贪心者最后的机会是在右肩反抽时的 4 月 21 日 16 元附近，不然会死的很难看。

二是头肩顶形态确立后，向下跌破颈线时，成交量不一定放大，但日后下跌时，成交量会放大。

三是头肩顶形态确立后，其最低跌幅为头部至颈线的垂直距离，其量度是由跌破颈线时开始量度。这里需要特别注意：最小跌幅量度并不是实际跌幅，可见头肩顶杀伤力之大，一定要引起足够重视。同时要注意是从跌破颈线时开始量度。

但愿投资者在头肩顶形成后，见到头部后，就像见到你的顶头上司一样，敢于低头，见好就收，人常说，识时务者为俊杰，就是这个道理。

067　试试看，练一练"倒立"

"不瞒大家说，现在我每天都在练倒立，效果非常好，三个月下来，已减肥了8斤。"郝阿姨一开始就对大家说。她接着说，现在越来越多的人在练倒立，倒立有助于人的智力和反应能力的提高，使人的形体更加健美，能够有效地减少面部皱纹的产生，延缓衰老，倒立尤以减去腰腹部的赘肉效果更佳，这是练倒立原因之一。

头肩底形态，就是一个人的倒立形态。和头肩顶相比，实际是将整个过程倒转，就是将每日K线连接起来的有头有肩，而以头部为底的K线图。

在头肩底形成过程中，其路线图是这样完成的：

首先，股价经过长期下跌，成交量相对减少，接着出现反弹，股价也随之上升，于是左肩出现了。

接着，股价出现由左肩顶部开始下跌，当股价跌到比左肩最低点还要低的地方，此时成交量与之前相比，并未减少，但在低位盘旋时，成效量则在减少，随后股价出现上升，上升幅度超了左肩低价价位，成交量也随之迅速增加，这时头部形成，这个头部，就是头肩底的最低点。

右肩的形成是在股价上升后出现的第三次下跌，而此时下跌成交量明显减少，且小于左肩和头部的成交量，股价跌幅也不太大，不会跌到底部价格水准，这时右肩形成。

头肩底形态是一种重要的常见的形态，许多股票都出现过此种图形。我们看美尔雅（600107）股价从2010年11月15日最高的14.81元，跌到12月28日最低的10.57元，开始回升，股价反弹到11.55元时，左肩出现了，随后开始继续下跌，最低探到2011年1月18日的9.71元，这时底部形成，我们看到，当股价在低位盘整时，成交量在缩小，随后股价出现回升，2011年2月21日当股价升到11.89元时，出现了回调，这时右肩形成了。接下来是一波很不错的上涨行情，到2011年5月25日，股价上升到14.95元，超过了前期高度，从头肩底的底部最低点9.71元直到14.95元，涨幅为65%，而这阶段，成交量也随之逐渐放大。练倒立对减肥来说，确实是一项既省钱效果又好的运动方式；如果我们能识别出一支股票出现"倒立"形态时，果断进入，那获利一定不少。

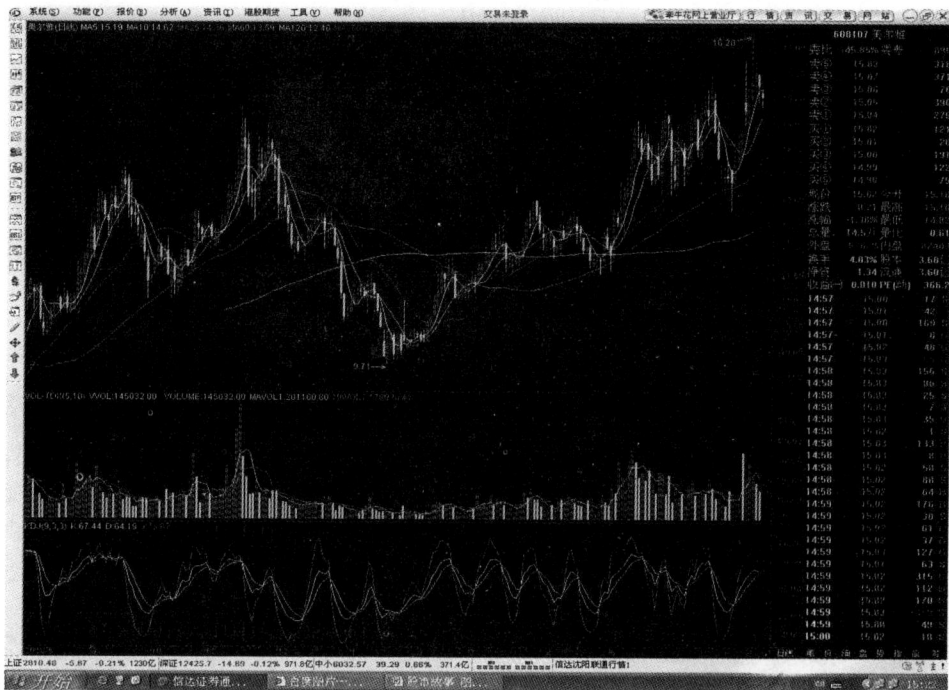

通过头肩底形态，给我们的启示主要有三点：

一是股价通过长期下跌后，出现了最低点，此时给我们的信号或提示是，股价已创新低，而之前出现过一次反弹，实际是左肩的出现，就当不识是左肩，未看出或还未判断为头肩底形态，但股价跌幅巨大，应密切关注底部的来临。但当右肩出现后，第三次下跌，确认右肩的成立，这时形态已形成，就应该果断出击，迎接一段主升价，我们不可能买在最低点，但在右肩回调处买入，这是头肩底图形的精髓所在，当然通过综合研判，作出投资判断，那就看每个人的功底了。

二是从技术上讲，当股价突破颈线位，一定伴随成交量的放大，如果没有成交量的放大，则头肩底的形态就值得怀疑，只能蓄势后再待成交量配合下向上突破。

三是不能奢求理想中的头肩底形态。事实上标准的头肩底形态只是从技术或理论中描述，而实际走势并不十分标准，比如左右肩不会等同，就是我们每个人的左右肩也不是十分对称，当走起路来，仔细观察，大多数人的双肩从视线上看一高一低，事实上，任何完美的图形是没有的。

多拿出些时间，多研究些图形，书中自有黄金屋，功夫到了，学问见长了，钱包慢慢地就会鼓起来。

068 吃它个锅底朝天

大崔说，亲朋挚友请客，主人真诚款待，饭菜香甜可口，客人也不作怯，大块吃肉，大口喝酒，有时吃个锅底朝天，好不快活，虽这种吃个锅底朝天的现象不多见，但也时有出现。

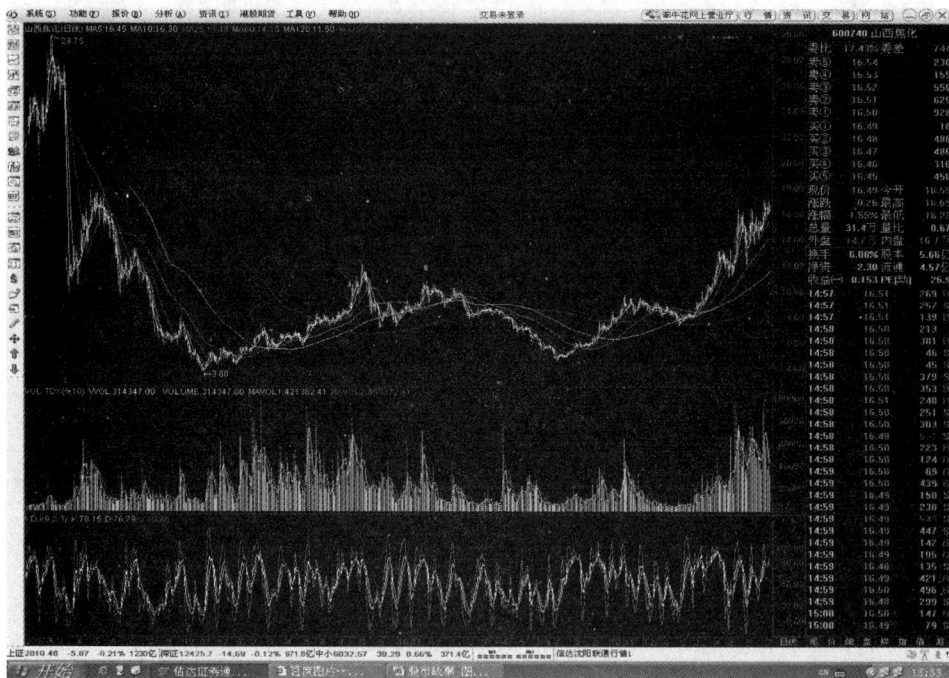

而在技术形态中，也有一种形态像个锅底朝天，这就是圆弧顶像个倒扣着的锅。我们不要忘记任何一种技术形态都来源于生活，是生活实际的技术化，抽象化。圆弧顶形态就是这样，在技术形态中并不多见，且常出现在绩优股中，这和生活中多么相似，其实这就是生活的写照。

言归正传，圆弧顶形成是个比较缓慢的过程，往往是在市场处于上涨趋势中，其涨势慢慢变缓，K线实体越来越小。就是说，市场在经过一段买方力量强于卖方力量的升势以后，随着股价不断向上，风险也在加大，这时跟进盘开始逐步减少，买方力量逐渐趋弱，涨势已变缓，进而卖方力量则不断加强，买卖双方达到力量均衡状态，股价处于涨跌不明显阶段。等到卖方力量超过买方力量后，股价即开始向下滑落，初始是慢慢下滑，但当卖方完全控制局势后，跌势开始加速，这时圆弧顶形态就出现了。

从成交量上看，在圆弧顶形成过程中，成交量总是两头量大，在圆弧顶部位置逐渐形成时量就变得小了，这在成交量柱状上也看得很明显。这就明显告诉我们，股价走势所形成的圆弧，与成交量密切相关，所以要关注成交量的变化，尤其是在圆弧顶形成后，空方占据主动，成交量会逐渐释放出来，股价下跌由此展开。

我们把山西焦化（600740）2008 年走势图放大，该股在 3 月 14 日除权后出现了小幅填权行情，最低下探至 9.80 元，这实际就是左锅沿，随后出现反弹，最高摸至 4 月 25 日的 17.75 元，形成锅顶，此后缓慢走平，下探至 6 月 18 日 9.50 元，这就是右锅沿，和左锅沿何等对称，一个标准的圆弧顶形成了，此后出现过一波反弹，便步入慢慢下跌途中，11 月 7 日，下跌到 3.68 元，跌幅达 80%。

在研究圆弧顶技术形态中，我们应该注意几点：

第一，圆弧顶形态在沪深两市大盘 K 线走势中并不多见，但在个股中经常可以看到。因为形成圆弧顶时间长，且比较缓慢，因而不易看到和识别，但其一旦形成圆弧顶形态，其杀伤力是十分巨大的，这是我们将此图形列出来加以研究的主要原因。许多专家指出，从圆弧顶的颈线位置至顶部的垂直距离为跌幅量度，这只是理论上的判断，实际上圆弧顶形成后下跌幅度远不至此，所以要引起足够重视，以避免造成巨大损失。

第二，判断圆弧顶形成与否，是否采取相应措施，一定要和相关技术指标结合起来，如 OBV 能量潮、KDJ 指标，如果在圆弧顶形成之时，KDJ 指标会有反映，KDJ 数值或已进入 0 轴以下，发出卖出信号，恰给圆弧顶以佐证。同时我们看均线指示是否向下散发，这也是一个重要信号。这样将几个重要技术指标和圆弧顶形态一起加以研究，使投资者能及时采取措施，顺利逃顶。

如果说我们在朋友家吃了个锅底朝天，那就该走人了，还不走，那你就买单吧；在股市中，手中的个股出现了"锅底朝天"的圆弧顶，那也该逃之夭夭了，不然可不是买单的问题了，恐怕要连大裤衩都输掉了。

069 漫长而磨人的圆弧底

老孔说，有个老电影叫《冲破黎明前的黑暗》，我前后看了8遍，说的是1942年5月，日寇集中兵力，对我冀中抗日根据地进行疯狂扫荡。八路军的一个排奉命留下坚持斗争，在掩护主力部队转移后，遭到敌人夹击，排长阎志刚受重伤，抗日军属李大娘和儿媳冒着生命危险掩护阎志刚，最后配合主力拔掉敌人据点，终于冲破黑暗取得了胜利。

故事告诉我们只要坚持，黑暗终会过去，胜利就在前面，在K线形态，圆弧底的形成十分磨人，也很漫长，就像黎明前的黑暗一样。

圆弧底形态形成之前由于股价经过长期下跌之后，卖方力量已消耗殆尽，而此时买方难以汇集买气，价格无法上涨，因此期间股价人气大伤，只好在底部区域进行长时间的休整，为恢复元气留出时间。就是说，当初高位套牢盘未能再下跌时出局，而经过深度跌幅，股价跌到底部后，套牢者也不愿割肉出局，多头也不愿介入，股价陷入胶着状态。在战场上这种胶着状态的场面也时有发生，这时双方都在等待，这是比耐力，比韧劲的阶段，反映在成交量上，少得可怜。而那些先知先觉者，圆弧底形态形成时，也是主力耐心吸筹之时。

这时，买卖双方力量正在悄然发生着变化，多方在积聚能量，股价和成交量在逐渐上升。当股价向上爬升之初，跟风盘也随之出现，主力会打压股价，清除跟风势力，驱逐短线客，在K线图形上往往还会出现旗形或楔形调整上升幅度，精明的散户会在此时潜伏下来，等待黑暗过去，迎接胜利曙光。

股市有一句话叫横有多长，竖有多高，圆弧底形成的时间越长，向上突破的力量越高。当买方实力完全控制局势后，总攻的号角吹响，多方反击全面开始，因为当时底部耗时过长，换手较为充分，所以在向上突破后，空方无力抵抗，这时股价向上突破，往往无需回档，短期股价升幅惊人。

我们看华联综超（600361），在2010年4月22日最高上升到10.67元后，开始下跌，当下探至5月21日的7.43元时，出现底部止跌信号，此时跌幅达到31%，尔后出现底部盘整形态，当然在盘整时，是以W形态完成底部整理，股价始终在底部区域，到7月2日，股价最低打到7.02元，连续三天收出实体阴线，主力最后一次将意志薄弱者清除出前进队伍中，其后以五连阳的走势向上攻击，可谓一口气直冲到11.57元，此时是 2010 年 8 月 9 日，股价最高达到 11.57 元，上升幅度达到 63%，一个漂亮的圆弧底形态完成。

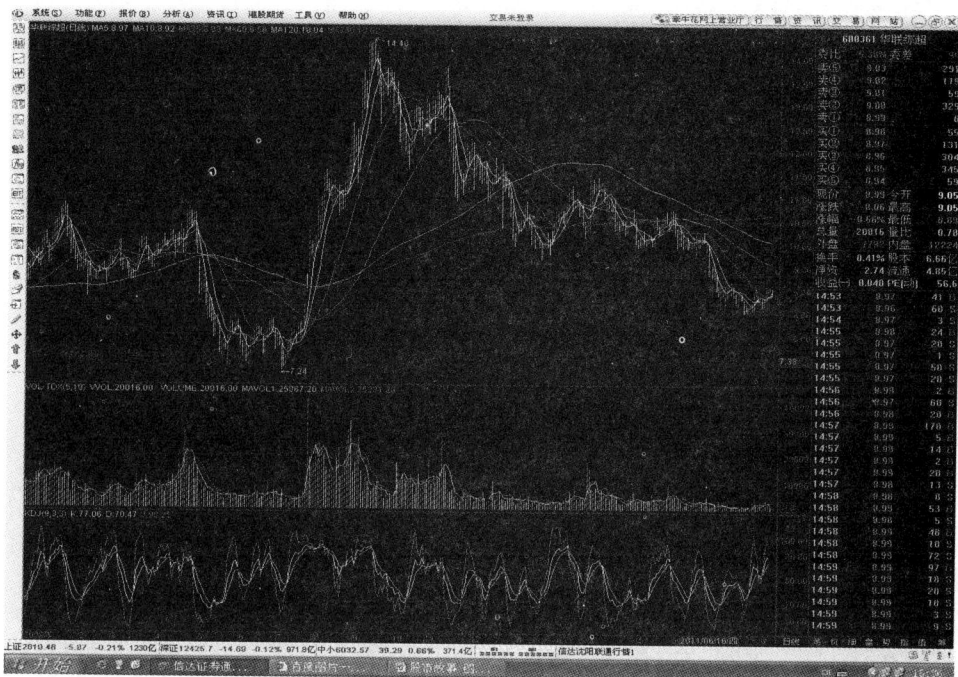

我们看到，4 月 23 日，当股开始下跌时，成交量是逐渐放大的，在接近底部区域时，成交量逐渐缩小，在底部 56 个交易日中，成交量始终保持在低位，7 月 19 日，向上突破时，成交量随股价上升而放大，这说明，股价在初始下跌时和在盘整结束后向上突破时都是带量的，而在整理时是缩量的，K 线走势上是一个圆弧底，而成交量上也是一个圆弧底形态。

投资者需要注意的是，从上述可以看出，当股价开始下跌时，应及时出局，股价下跌到底部时，未出局者，只能耐心等待，如果手中个股能走出一个漂亮而标准的圆弧底形态来，那就是遇到了贵人，是你的福气，哪怕黎明前的黑暗再长些，也能忍受。当发现圆弧底形成时，特别是突破盘局、带量上攻，这时就应该果断跟进，迎接胜利的果实。

谁不想遇到一个圆弧底形态的股票？要紧的是到时能看出来，并且果断出手，那就看个人"捡漏"的眼力了。

070 最熟悉最常用的图形：三角形

老白开始给大家讲小学数学课了，他说，从婴幼儿起，三角形就出现在人们的眼前，可以说伴随我们一生，形影不离。比如闻名于世的古埃及金字塔，从哪一面看都呈三角形状，从古老文明到21世纪的今天，金字塔给予人类留下了太多的神秘色彩。相传埃及金字塔是古埃及王国法老的陵墓，但是考古学家从未在金字塔中找到过法老的木乃伊，而且用尽了一切科学手段，这是世界上多少考古学家睡觉都想揭开的谜底。

在K线图中，三角形形态是一个很重要的组成形态，主要有对称三角形、上升三角形、下降三角形，我们分别作一介绍。

对称三角形

对称三角形又称收敛性三角形，是K线走势上属于一种整理形态，该形态既可以在上升趋势中出现，又可以在下降趋势中出现，其主要特征为每一次短期回升的高点都较上次为低，而新的短期回落，其低点都比上次为高，如果把对称三角性的高点和低点分别以直线连接起来，就可以画出一个上下相称的三角形状，而这两条直线最终会相交于一点。

对称三角形成交量因愈来愈小幅度的价格变动而递减，反映出多空双方对后市的观望态度。对称三角形在一般情况下，是属于整理形态，期间股价走势呈现上升或下跌状态中，给人以不明朗感觉，这时采取的策略是静待观察，而只有在趋势明朗后才能采取行动。如果在三角形末端即离顶部还有一段距离时，就会寻找突破方向。如向上突破的话，必须有成交量的配合，这是短期进场的机会，若向下突破，则不需要成交量的配合，此时则为离场信号。

我们注意到，对称三角形一个明显特征是必须要有两个短期高点和短期低点出现。

上升三角形

上升三角形也属于一种整理形态，即一条水平线与另一条斜线相交所形成的三角形。当股价在上升趋势中途，股价每次上升到某一价位空方卖压呈强，使股价形成冲高回落之势，但看好该股后市，逢低买盘更强，致使股价回落至前期次低点便告回升，下探低点逐渐抬高。这样，我们可将这些短期波段高点就可以画出一条水平压力线，连接依次抬高的低点，又可以画出另一条向上倾斜的支撑线，这就形成了上升三角形。

这里需要指出的是上升三角形一般见于整理形态，其走势的最终方向容易判断，因为此形态构造成功后，意味着新的上升趋势已经开始，成功率占70%以上；同时，在上升三角形内，成交量呈逐渐萎缩，而当股价突破上边线时，成交量呈明显放大之势，如果股价上升而成交量未能放大则要警惕假突破，只有股价向上突破且成交量放大，则为上升突破成功，就可大胆做多。

下降三角形

股价在下行途中，会出现反弹，但在反弹中，其高点会低于前面的高点，当股价跌到前面的低点时，又会出现反弹，但再次反弹的高点，也不会超过前一高点，就是说，每次反弹的高点总比上次反弹高点低，股价波动的低点一次比一次低，是一条上行的压力线，这样就形成下降的斜边。而其底边线为水平线，这时因为股价下降的低点均在同一价位上，这是下降的一条支撑线。需要注意的是，在股价跌破下降三角形的底边线时，应及时离场。

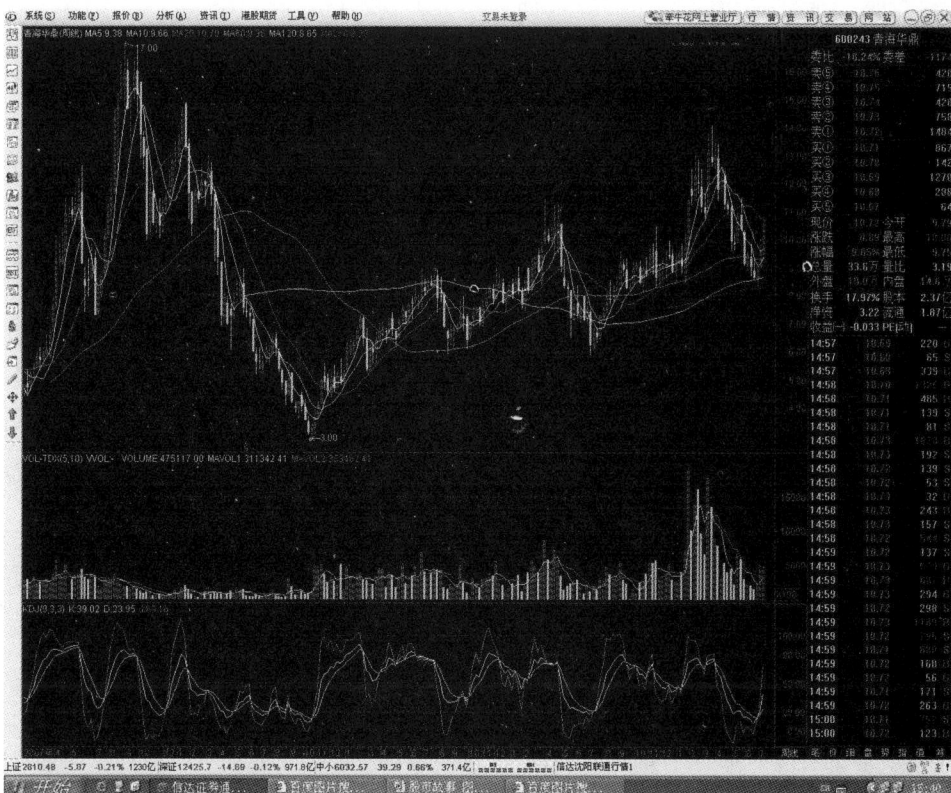

我们看青海华鼎（600243）周线图，在一波凌厉的上升后，于2007年8月31日最高升至17.00元后，随即出现快速下跌，最低探至9.95元，经过6个交易日的模盘整理后出现反弹，上升至2008年1月18日的14.87元，连续3天无量长阴，小有反弹后，继续下跌，直到2008年10月24日达到3.00元时才止跌。跌幅为82.6%。

我们看到，当股价上升到最高点17.00元时，第一次下跌到9.95元，反弹后，第二次下跌到10.10元，又反弹，两次最低点几乎相等，而反弹的低点一次比一次低，这就是典型的下降三角形。

下降三角形形态形成后，在其下跌过程中，成交量并不一定放大，无量也可向下突破。

下降三角形其形态在技术图形中出现比较多，是一种常见的形态，具有图形清晰，易于辨认，操作简单的特点，我们只要找准其高点和低点，其高点的连线和低点的连线，两条线一画，一个下降三角形图形就展现在了眼前，它直截了当地告诉我们："逃跑吧，不然你会输得很惨。"

071　从阵地战看矩形

陆参谋又给大家讲战法。他说，在战斗中，有多种战斗形式，如游击战、阵地战、地道战等等。在股市，多空双方就是敌对双方，根据力量对比，形势环境适合什么样的布局，或双方处于什么状态。如果敌我双方在经过激烈的战斗后，无法在短期内解决战斗，处于对峙状态，那么双方开始构筑工事，巩固阵地，为阵地战做好准备，这就是K线形态中的矩形。

矩形是一种重要技术形态，主要表现为，其股价在上下两条水平线之间起伏所构成的技术形态。也就是说，股价变动的上限与下限呈水平状态，成交量的变动是随着形态的发展会越来越小。

矩形表示敌我双方势均力敌、实力相当的一种拉锯争斗。当一支股票处于矩形形成时，看好者在其股价回落时积极买进，成为股价保持不再下跌的支撑力量；而对该股不抱希望者在其股价上升时出掉手中的筹码，这样形成一个上下两难，而下有支撑上有难度的拉锯格局，战争气氛处于观望之中。

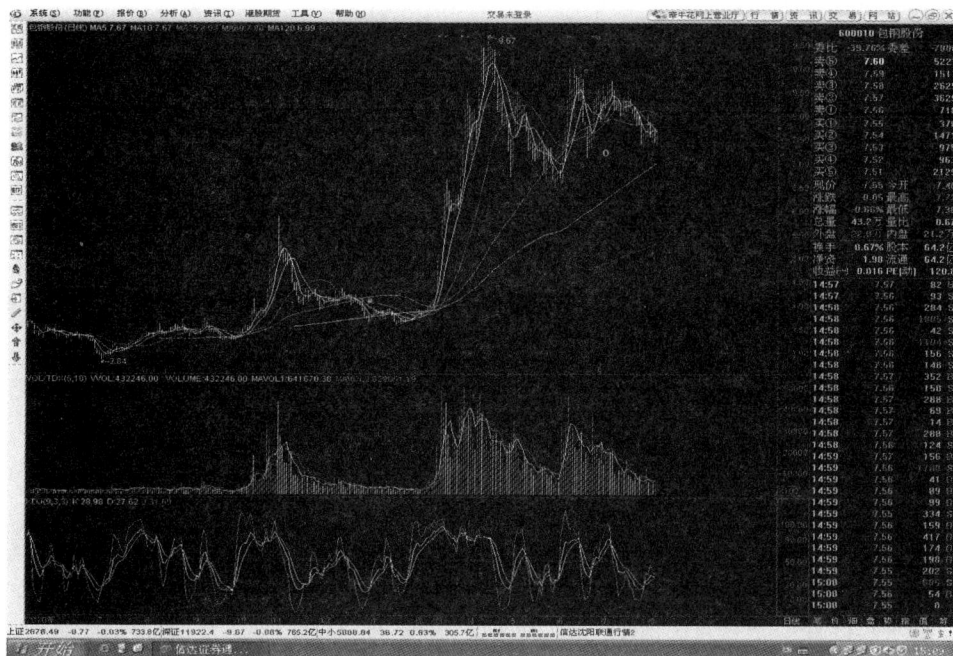

　　我们看包钢股份（600010）2010 年 7 月 2 日，股价跌至最低点 2.84 元，7 月 29 日股价上升到了 3.49 元，10 月 15 日，股价最低 3.42 元最高 3.55 元，收盘 3.55 元，这期间，经过近 50 个交易日，股价最高 3.71 元，最低 3.21 元之间盘整，是典型的矩形图形，最高和最低几乎是两条平行线。10 月 18 日，一根巨阳横空出世，打破了双方平衡状态，多反击成功，股价直冲到 11 月 4 日 5.88 元，涨幅为 59%。此后出现一拨下探，又经过 50 多个交易日，几乎又是以矩形的盘整形态，2011 年 2 月 16 日多方发动了第二次凌厉的攻势，在大盘和稀土概念消息的刺激下，包钢股份以多次跳空、涨停的突击，多方将胜利的旗帜插到了 9.67 元的最高点，仅用了 24 个交易日，涨幅达到 234%。

　　我们看到，包钢股份，在两次长时间的矩形整理状态中，成交量很小，越是在平行末端，成交量越是萎缩，但在突破向上攻击时，成交量迅速放大，第二次突破的成交量远远超越了第一次成交量，因而向上攻击的幅度更大。矩形属于整理形态，其形态和对称三角形基本相同，所不同的是矩形上下波动水平呈平行状态，三角形则是低点逐步上移。矩形形态一旦形成，则是短线高手显山露水的表演机会，高卖低买，左右做人。

　　这里特别要提醒的是，矩形在向上突破时必须有大成交量的配合，但向下突破时，不需要成交量的出现。矩形在突破后，往往会出现反抽，向上反抽大致回落在顶线之上，向下反抽一般在底线之下受阻。

矩形形态形成后，其股价上下的涨跌幅度，是矩形自身的宽度。

归纳起来，矩形的主要特征为：盘整的时间比较长；上升的压力线平行于支撑线；向上突破阻力线时必须伴随着大的成交量；盘整时间越长，突破时上升幅度越大。

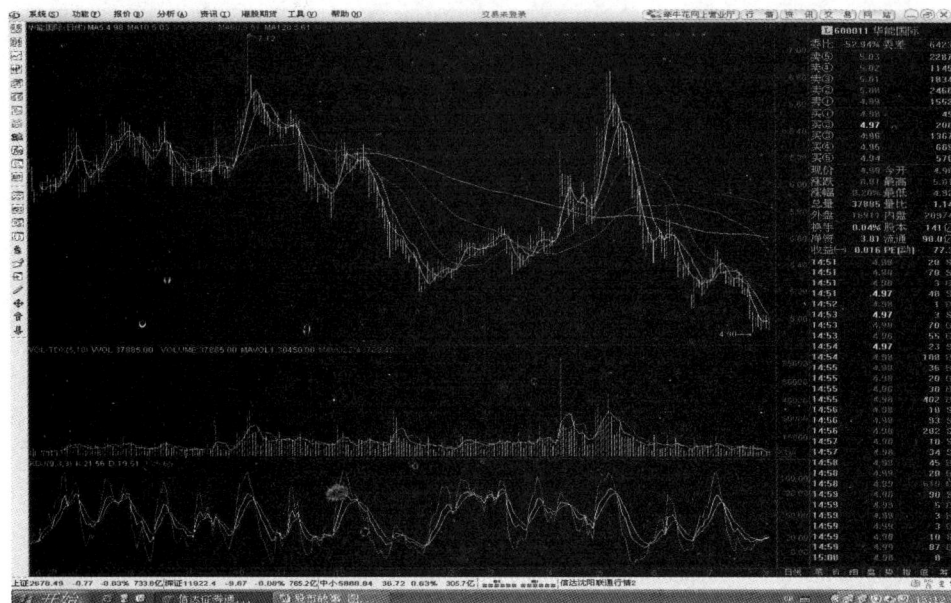

我们看华能国际（600011）K线图，一次成功的假突破。该股在2007年8月3日创出新高9.70元后逐级下探，到2010年5月2日，该股下探至6元附近时出现止跌，此时多空双方进入拉锯战，股价最高在6.50元，最低在6.00元，经过近100个交易日的对峙，多方开始向上攻击，最高摸至7.12元后就出现了逐级下探，到2011年1月14日，最低下探至5.20元，后反弹至最高5.85元，又创出最低点5.08元，可以看出，在矩形整理后出现假突破后下跌幅度也是很大的。

和战争一样，敌我双方对峙时间越长，积压的仇恨越大，战争一旦爆发，其力度可想而知，想想二战盟军攻入柏林的情景吧。

072 高高飘扬的旗帜有讲究

郝阿姨说，每当看到一根根竹竿插着一面面彩旗迎风飘扬，那一定是工地竣工、门店开业等喜庆日子，许多场面少不了五颜六色的彩旗。在 K 线形态中，旗形是一种不可缺少的技术形态。

旗形形态表现在 K 线图中，就如一面挂在旗杆上的旗帜，任何一种股票，都不会一个劲地上涨或下跌。走累了总是要停下来休息一下，车子跑长了也要加加油。而旗形图形就是急涨急跌后的休息，休息片刻，加满了油继续朝原有的方向前进。

旗形多发生在股价走势的整理阶段。我们主要介绍两种旗形：上升旗形和下降旗形。

上升旗形大多出现在上升走势的整理阶段，它的图形像一面旗帜，其走势是高点一个比一个低，看似股价在下跌，而低点也一波比一波低，但当指数突破下降趋势线压力时，在成交量的配合下急速上升。突破后，往往会在突破的高点处作短暂停留，进行休整，若不跌破原下降趋势线时，此时旗形的形态更可靠。

当上升旗形突破确立时，这时可买进，其涨幅大致为旗形的垂直距离。

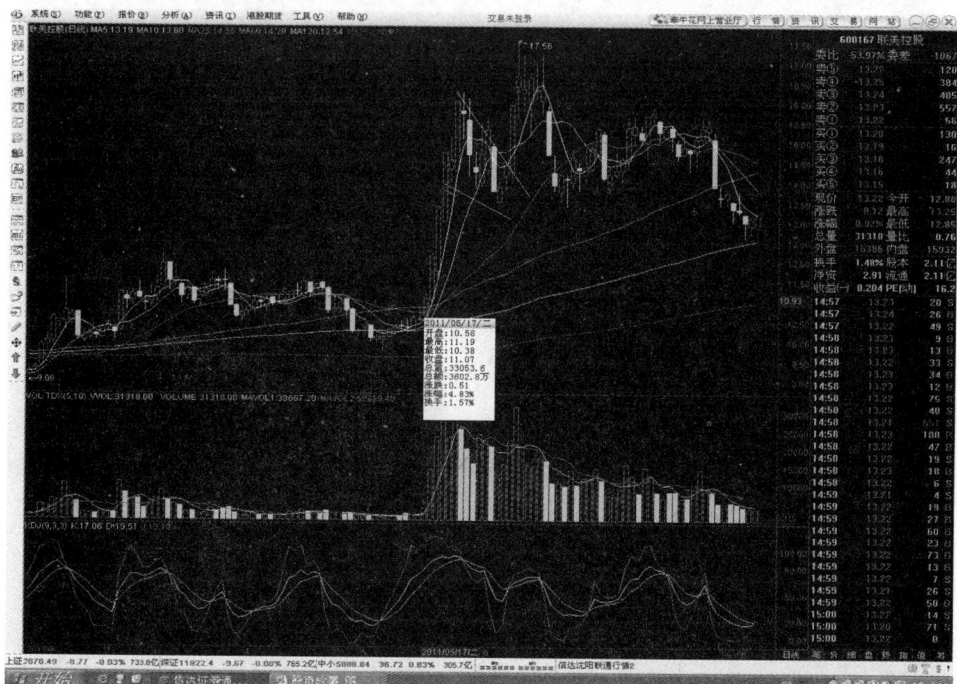

我们看联美控股（600167）K线图，2011年5月17日从最低11.07元启动，一直涨到16.03元，一根直立的旗杆价值4.96元，尔后出现调整，在7个交易日调整中，股价最低下探到13.45元，调整的高点一点比一点低，把上边线与下边线连接起来正好是一个平行四边形。第8个交易日，该股开始发力，直奔到17.56元，涨幅达4.11元，以较快的速度完成旗形整理。

下降旗形多发生在下跌途中的整理阶段。在此时，虽然股价高点不断上移，其低点也不断上升，但成交量始终未能同步放大，而这时所出现的量价背离现象，很容易出现下降旗形。

下降旗形出现后，特别是当股价跌破支撑线后，所采取的策略应及时卖出手中筹码，因为一旦下跌趋势形成，其跌幅一般为下降旗形的垂直距离。

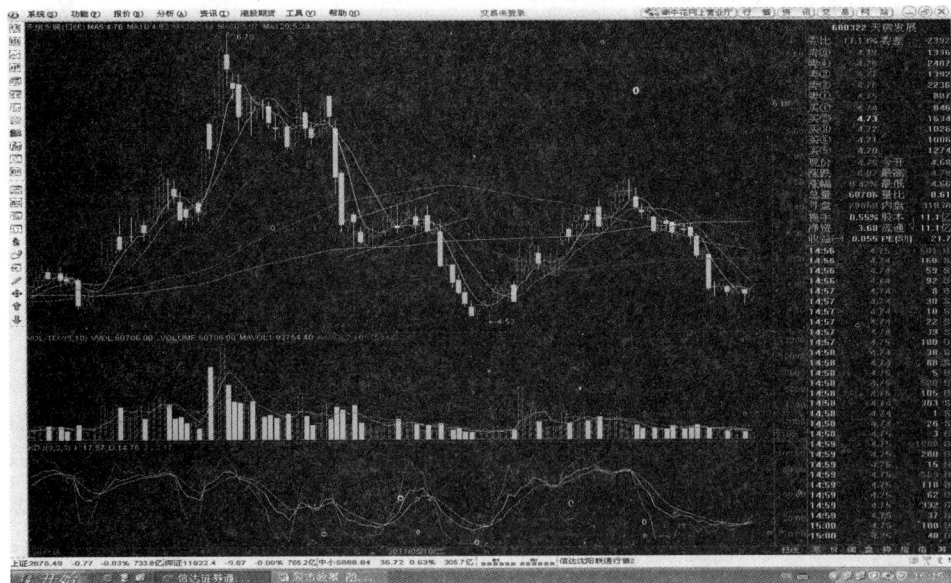

在天房发展（600322）K线图中，2011年4月25日该股开始急速下跌，4个交易日中股价从6.29元下跌到5.10元，随后进行了10个交易日的反弹。反弹中，高点逐渐抬高，如果把上边线与下边线连接起来，正好是一个上升平行四边形，一根旗杆倒挂。如果能及时认识到下降旗形的出现，那么在前期高点的2011年4月25日没有出逃，那么在急速下挫后出现的反弹中又给了投资者一次出逃的机会，此时将手中筹码卖出，又可避免一根下降旗形等同的损失。

在识别旗形图形时，有两点特别要注意。一是股价经过大幅上涨或下跌后，开始出现调整，在调整中，上涨的成交量是逐渐放大，而下跌的成交量是逐渐萎缩的。二是从时间上看，旗形整理一般时间都比较短，上升旗形在经过短暂调整，股价会很快突破前期高点，展开新一轮上升行情；从上涨或下跌幅度看，如果涨了很多或下跌很多，就很难判断为旗形，而旗形经过调整后的上涨下跌大致为旗杆的长度。

073 千万别被困在孤岛上

老孔给大家讲起了法国历史，他说，法兰西皇帝拿破仑·波拿巴曾征服了除英、俄几乎所有欧洲领土，在同盟军七次打击下兵败。

1814 年，拿破仑兵败，被流放到地中海一个小岛厄尔巴岛，后逃出小岛，百日王朝后，1815 年 10 月，拿破仑又被流放到大西洋的圣赫勒拿岛，该岛与非洲大陆隔海相望，这是一座孤岛，拿破仑完全不可能逃出去，这次他也不打算逃出去，开始潜心写回忆录，1821 年 5 月 5 日，拿破仑在岛上去世。

显赫一世的法国皇帝最终在孤岛上去世。那是历史，而在当今股市 K 线中，有一种图形，叫岛形反转，意思是，如果某只股票 K 线走势上出现在高山上向上跳空缺口和一个处于同一价格区域的向下跳空缺口，那么此图形的出现使其 K 线走势就像一个远离大陆、隔海相望的孤岛，左右两边的缺口使孤岛处于孤立无援的地位，这就是 K 线图形中的顶部岛形反转。

岛形反转形成的原理是在左侧为上升竭尽性缺口，而右侧为下跌突破性缺口，在成交量上左侧缺口为天量，表现投资者极端情绪化。左右两侧缺口形成后，左侧缺口的出现，说明股价在不断上升中，部分投资者再不愿忍受踏空的折磨，最终在高位杀入，于是形成一个向上的缺口，但这个缺口并没有使股价继续推高，而是抛压盘却大量涌现，这是因为低位买入者已经获利颇丰，竭尽缺口的出现很清楚股价难以继续上涨，因而抛盘涌出，于是向下的突破性缺口出现了，这样下跌缺口使高位进入者被困在孤岛上。

我们侧重指出了顶部岛形反转，同理底部岛形反转机理同顶部岛形反转一样，如果投资者在底部岛形反转形成时进入，那么就可以享受一段上涨行情。我们讲底部岛形反转，就是要提示投资者永远要把风险放在第一位，不亏才是硬道理。

莱钢股份（600102），该股在 2011 年 1 月 26 日启动，17 个交易日就从底部的

6.72 元涨到 14.75 元，上涨 219%，按理说，如果投资者是在低部介入的，这时就应该考虑卖出了，毕竟获利颇丰；如果认为该股还在上涨，不考虑卖出，那么在最高点 14.75 元处连续 4 个跌停板后出现的反弹中，就应在反弹的高点处 12.45 元附近坚决卖出，这是最后一次逃命机会，不然的话，你就会困在孤岛上，孤立无援。从莱钢股份 K 线图中，一个典型的标准的岛形反转图展现在眼前，从最高处的 14.75 元，直跌到 8.50 元才止住脚步，跌幅达 57%。

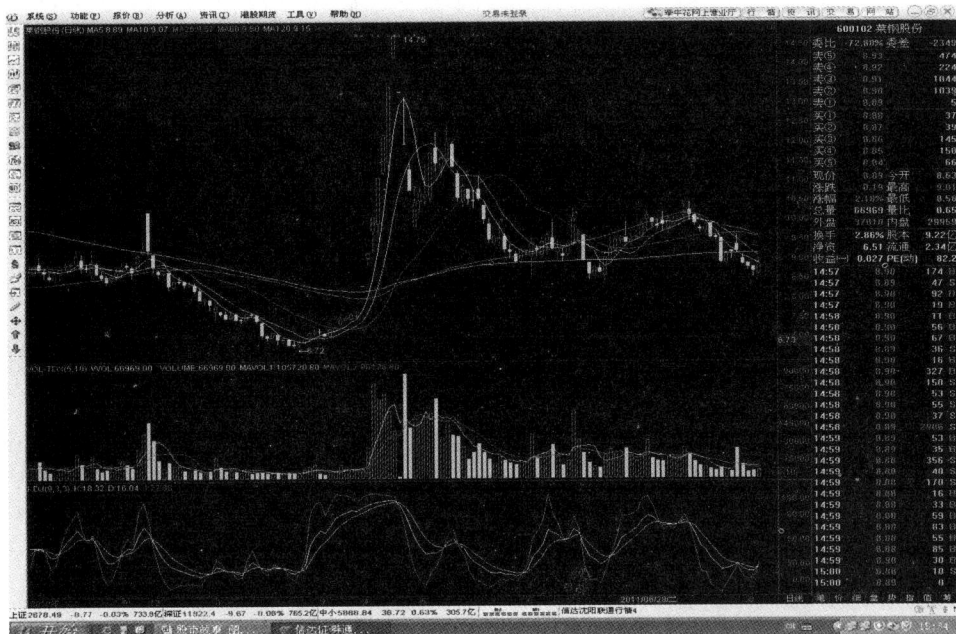

读读历史吧，想象当年的拿破仑，被囚在圣赫勒拿岛，在岛上度过了 5 年 7 个月的囚禁生活，最终被困死在独岛上。

074 难道你有两个脑袋

老白的讲课很有新意，他说，古代神话中有"三头六臂擎天地，愤怒那吒扑帝钟"之说，相传那吒有三头六臂，神通广大。现有"你有两个脑袋？"是指某人本领出众。

现世界上确有两个头连体人，可在 K 线图中就有两个脑袋的图形，俗称双头，或叫双重顶、M 头。如果见到双头的图形，那是十分可怕的。

双头的形成是这样的，当股价经过一段升势后，达到顶峰，这时大量获利盘不断涌出，促使行情出现下跌，那么在高点的进场者均被套牢，这就出现了第一个头。当股价下落到一定低点时，又有不甘心寂寞的投资者逢低进场，使股价上升，当股价达到第一个顶点附近时，并未出现大量买盘跟进，因而使股价未超越第一个高点，同时，原先在第一波顶部进场者见到股价升到自己的进价成本时，心有余悸，于是纷纷卖出，以免受二度被套之苦，这就出现了第二个顶，这样双头图形形成了。

浙江东方（600120），该股在 2010 年 7 月 2 日，股价从 7.27 元启动，最高上升到 11.00 元，这是出现的第一个头。随后下跌到最低 8.58 元，到 2010 年 11 月 16 日，最高涨到 10.98 元，和第一个头只差 2 分钱，几乎等同，这是标准的、典型的双头图形。到 2011 年 1 月 25 日，该股最低跌到 7.40 元，和该股启动时的 7.27 元相差也只有 1 角 3 分钱，几乎跌到启动点。

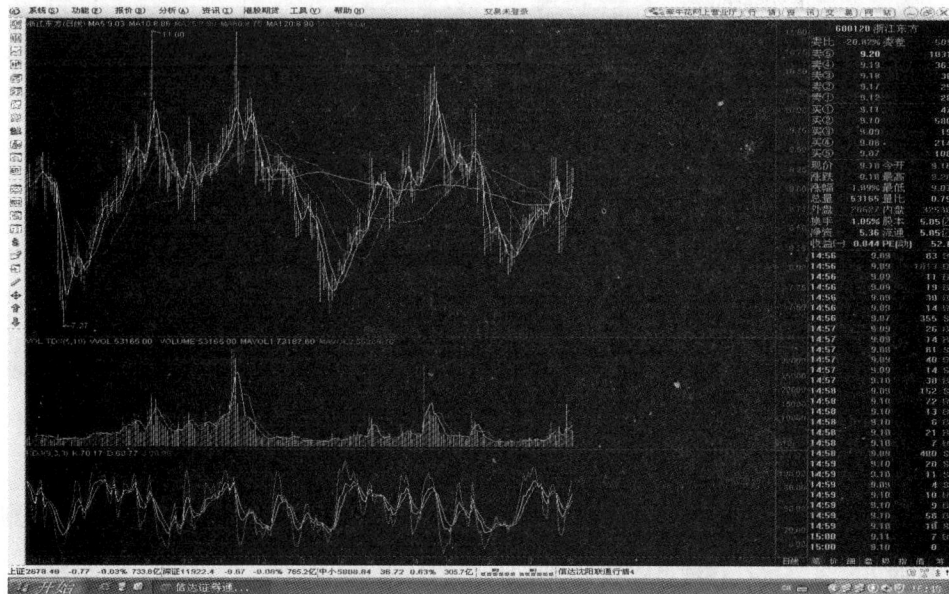

所以，投资者在看到第二个头时，就应着手出货准备，或干脆出货，毕竟涨幅已大，当跌破颈线的支撑后，信号十分明确，就应果断走人，不然买单的就是自己。

有些图形的走势还会出现多头图形，但万变不离其宗，在顶部出现的三重顶、多重顶都是下跌的信号，我们再看一个图形。

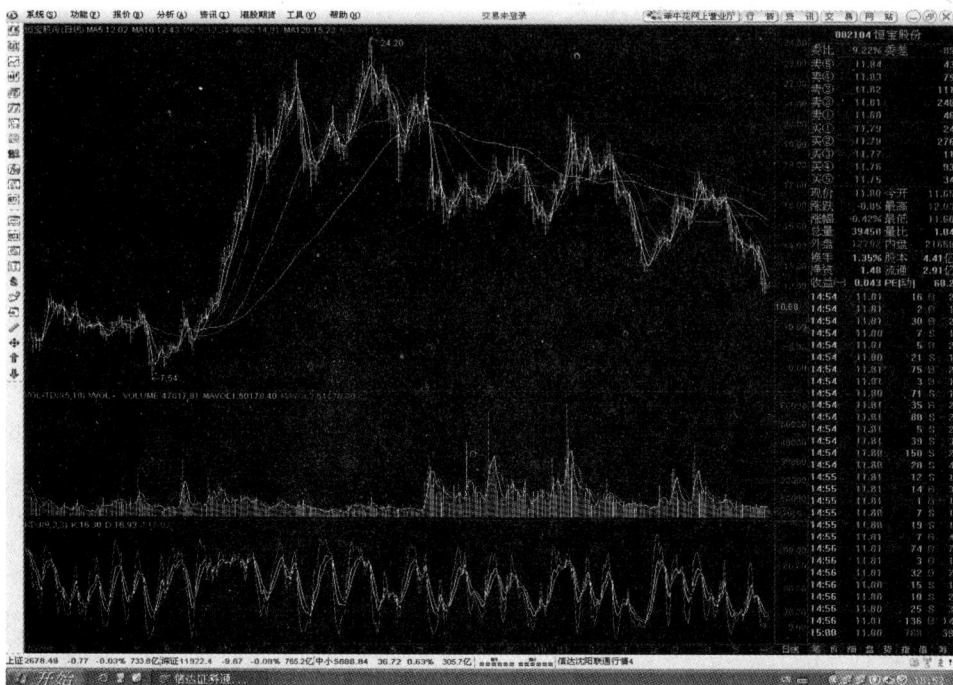

大家看恒宝股份（002104），由双头图形，演变为典型的三头六臂图形。在2009年8月9日，该股在底部7.54元开始以大于45角的走势直上到2010年1月19日最高23.13元，随后出现一波调整，其实聪明的投资者此时该见好就收了。因为该股从底部已获利超过3倍，当第二个头部出现时，虽然股价创出新高，但成交量并未放大，随后出现下跌是很自然的了，这又给投资者一次卖出机会。第二个顶形成后，在底又出现了一次反弹，这是主力利用含权10送5机会将股价拉到几乎第二个顶，这时，三重顶图形出现了。

我们看到该股三个顶部的出现，都没有带量，在除权后股价逐波下跌，最低探到10.90元，复权后，跌幅也达到33%。

在判断双头图形的形成时，需要注意的几个问题：一是当双头形成后，在没有跌破双头的颈线位，就不能认为双头形成，因为当股价下跌时，受到颈线支撑，又促使股价继而上升，重拾升势，使股价冲破前两个头部位置，这时就不能认定双头成立。二是只有当股价跌破颈线位，使股价脱离颈线的支撑，也有的说当股价跌幅在颈线以下超过3%就能确定双头成立，就是说，只有当股价跌破颈线位后，便可宣告双头成立，这时投资者应及时将手中筹码卖出，以免受到更大损失。三是当股价跌破颈线位后，有时会出现"回光返照"，但很快气息奄奄，继续下跌，也有的反抽到颈线以上，千万不要认为这是向上突破，那只是一种假象，很快股价便拐头向下，而这种反抽正好给前期在两次顶部接货的投资者一次很好的出货机会，错过了这次机会迎来的是更大的痛苦。

相反，双底即 W 形，是一个上升的图形，当第二个底部形成时，使股价在双底的支撑作用下，即可吸货进场。

遇到股价出现双头走势确立，这实际是给出了强烈的卖出信号，应果断止损，这是智者的选择；当股价在底出现双底信号后，就是说看见一个极像英文字母的"W"时，那么你就可以大声朗读"W"，并将资金交给 W，那你将得到比 W 更多的收获。

075　高位长十字形——危险的信号

大崔讲课也是开门见山。他说，高处不胜寒，任何一种 K 线图形，当股价处在高位时，本身就是一种风险，首先要考虑的是手中的股票是否安全。当股价走到高位，有许多见顶信号在提示、或告诫投资者，有的信号非常明显，那就要小心为妙了。比如长十字形、T 字形、倒一字形、吊颈形都是见顶的危险信号，这里我们重点探讨高位长十字形。

高位长十字形是一种危险的见顶信号，这已被越来越多的投资者所认识，其实道理并不难理解，其原因主要是：

1）许多个股在涨幅可观后，高位出现了一根上下影线很长的十字形，就是说，收盘价和开盘价相同或相差无几，但上下影线很长，这说明多空双方经过了十分激烈的战斗，因为在低位买进者已有较大获利，在高位派发意愿较为强烈，这在开盘价上方出现一个大的卖压，使股价很难往上突破；也有许多投资者非常看好某只股票，买盘十分踊跃，使股价在低位也站不住脚，这样就使股价形成了一个长长的上下影线。

2）长十字形的出现，不仅仅是普通投资者的搏杀，更是主力资金厮杀的结果。那些先知先觉者早先已吸足筹码，现已将股价推向山顶，他们首要的任务不是再将股价推高，而更多考虑的是将获利盘如何派发出去。

3）这时因为基于一个基本的事实，那就是股价已处在高位，如果股价在低位，那么主力首要考虑的是如何吸足筹码，用什么方法洗盘，怎么样逐步将股价推高，而在股价已经走到山顶、已经完成了上述任务，那当然要考虑如何保护胜利果实了。

4）当一只股票推高后，主力的思维要考虑四周环境，是否大部分股票都已推高，或只有我做的股票鹤立鸡群,再者周围的形势如何,大盘是否坚挺,还是已经高高在上,当大势不配合,而我做的股票已翻几倍,那么,三十六计,走当然是上策了。

长十字形出现正是鉴于以上的原因形成的。事实上机敏的投资者首要看到的是股价是否已高,距地面已上涨多少,还有多少空间,假设我们不考虑其他因素,只注意一点,股价已在高位,那就是一个最为明显的危险信号,"高位不接手"更是投资者的大忌,长十字形的出现,那是向投资者发出了"危险禁入"的警示牌。

事实上,在高位出现长十字形后,接下来几个交易日的走势,用事实向投资者说明股价已到顶,明确告诉大家:"有则速卖,无者莫进"的苦口良言。

上海汽车(600104)在2010年6月30日,从11.82元开始启动,一口气涨到22.45元,接近翻番,在10月21日,最高涨到22.00元,最低到20.70元,当时留下了一根长度为1.30元的十字星,开盘价与收盘价同为20.92元,而且成交量较前8个交易量都低,见顶信号十分明确,如果此时还不相信为见顶信号,那么还可以观察几天。第二天收出一中阳线,千万不要以为还要上攻,创出新高,看看成交量还是不高,紧接着第3天、第4天连续两根十字形,这是给不相信见顶的投资者又一次逃跑的机会,可见主力已做到了仁至义尽,第5天当头一棒,如果没把你打昏,那么紧接着又是一棒,有你喘息的机会吗？到 2010 年 12 月 30 日，当您乘坐在上海汽车上迎接 2011 年，新年钟声即将敲响的时候，该股股价下到 14.24 元，跌幅达 63%，这就是市场，这就是股市，它不给任何人留任何情面，哪怕是一点点，是的，一点情面也不留。

无论从理论上还是实际案例，都明确告诉我们以下道理：

一是长十字形是股市在高位见顶的信号，十字形越长，斗争越激烈，见顶信号越强烈，这时投资者要引起高度重视，作为防范措施，准备撤离。

二是投资者在出现长十字形后如果犹豫不决，那么后几个交易日看到股价并未出现向上突破，而是向下运行，趋势已现，这时投资者应当机立断，沽出手中筹码。

三是在观察日线长十字形时，还应结合周线、月线进行观察，如果在周 K 线、月 K 线中出现长十字形，要引起足够重视，因为周 K 线月 K 线是较长期均线，而出现了长十字形，不仅是走势预示变化，且说明较长时间以内很难出现向好趋势。

四是我们所讨论的是在股价高位出现长十字形的分析，如果股价是在低位出现长十字形，那很可能是主力在洗盘，这时主力吸筹并未完成，他们是在边打压边吸筹。

大崔最后提醒大家，当高唱"我们在高高的山冈上"时，千万不要忘记高山上出现的长十字形，因为它向你发出了暴风雨即将来临的信息。

076 颈线的意义不可小视

陆参谋一改军事术语不离口的习惯，讲课一开始给大家说了一个小新闻。他说，最近网上有一个帖子，是说郭德刚和赵忠祥作为评委参加一个评审会，会中郭德刚说刘欢没脖子，赵忠祥对此大为不满，指出拿刘欢开涮不讲场合，太不应该，此消息在网上引起热议。

颈线，俗称脖子，从人体结构来说，颈是头的一部分，是头与身体的分水岭。颈线正确的划分应是由左肩贯穿左颈部、右颈部而与右肩相连的直线，这条直线就是颈线，它是头部与身体真正的分界线。

事实上，对颈线的理解与画法，大体上都是将每次反弹高点加以连接得出，每次反弹回落的低点加以连接而成。简单地说，颈线是代表一个形态的支撑与阻力。

当股价连续上涨后回落，当回落在某一价位时止跌，又继续上涨，当股价又回落在上一价位时止跌，之所以反复出现这一涨一跌情况，是因为股价反弹到一定高度时，有些投资者认为股价已高，于是卖出手中筹码，等待低位时再接回，而有些投资者认为当股价回落在低点时，并未获利多少，产生惜售心理；那些短线客又在股价回落低点时买进，来回做差价，这样促使股价涨落有序，在一定区域内上下波动。典型的图形如头肩底、头肩顶、复合头肩顶、复合头肩底等图形就属于上述情况。把这些图形反弹的顶点连成一条直线，就可以看出上升阻力线，把几处止跌点连接成一条直线就是下跌支撑线，这两条线就是颈线。

一般而言，颈线走向有三种情况，一种是从左至右向上倾斜，即左肩低右肩高，另一种是从左至右向下倾斜，即左肩高右肩低，还有一种是左肩与右肩等高。

我们认识颈线，就是要寻找颈线确立后，了解颈线的位置，就是说要明确大盘和个股运行中的阻力位和支撑位，以此来判股价波动的范围和方向，为投资提供技术指导。

颈线位一旦确立，不会被轻易突破，而一旦有效突破，就意味着行情已经发生反转。

当股价突破颈线位，向上突破时，必须是带量突破，没有量是打不破沉闷的格局，一般情况下，一只股票的向上突破是主力有备而来，决不是盲目的，而是有序的且当天均匀带量上攻，这对突破盘局有重要意义，量的大小最好在平时成交量的二倍以上，量越大越好，越说明突破的决心和信心，无量可能造成假突破。向下突破则不需要带量，这点也要引起投资者注意。

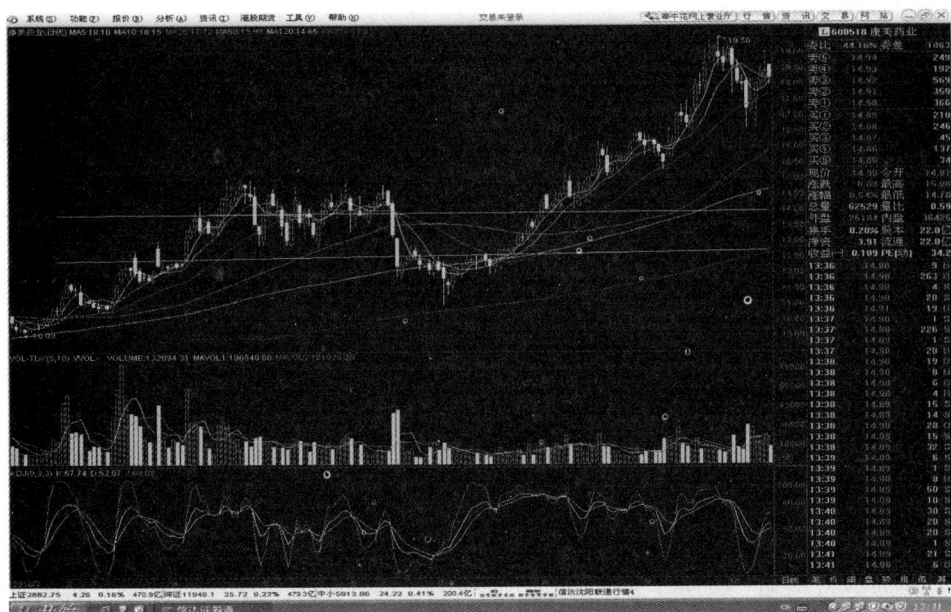

康美药业（600518），股价在 2009 年 8 月 18 日创出新低 7.74 元，随后走出了一波缓慢的上升行情，成交量同时逐渐放大，在 2010 年 4 月 21 日，将股价推高到 14.45 元，使股价近乎翻番，随后开展是矩形整理，而后挖坑下跌，清洗浮筹，使股价跌至最低 11.00 元，紧接着是股价向上突破底部颈线，当股价突破前期平台阻力颈线位后，这时浮筹已清洗干净，一波痛快凌厉的拉升行情就此展开，一口气冲到 23.67 元。在突破上涨阻力颈线位 14 元，几乎涨了 10 元才止步。如果投资者在主力挖坑时没有认清，那么在突破上涨颈线后连拉 6 阴时就应杀进。所以认识颈线是很有意义的。

突破后的当日收盘价要高于颈线的 3% 才能算有效突破，因为大多数投资者平均成本在颈线附近，来来回回坐电梯时他们产生了非要突破颈线后才考虑卖出的心理预期，而能使股价突破颈线上涨 3% 以上，表明了有大资金进场，作多力量聚集而成。使那些沉闷长久的投资者确实感到呼吸到了新鲜的空气，有一种摆脱牢狱之苦被解放的感觉。真正的大部队来了，只有这时，套在颈上的枷锁才能彻底砸碎。

人人都有脖子，但作为身在股市的投资者，真正认识和理解脖子就是颈线，深刻理解颈线的意义是多么重要。

常揉揉脖子，防止得颈椎病。

077 多拿点时间看看周线、月线图

老白说，为了讲这次课，着实费了不少时间，看书、查资料、分析大盘，和老陆讨论了几次，为了把问题讲清楚，有些问题还请教了专家。老白说，每天打开电脑，进入眼帘的是当天股价走势，一根根 K 线向延绵不断的长城，那最熟悉不过的日 K 线，一天不知要敲打键盘多少次。但无论如何要拿出点时间看看周 K 线和月 K 线，因为日线只反映当日走势，而中长期走势也要多看看。周线、月线对大盘和个股走势的分析至关重要，理应引起重视。

由于日线时间太短，往往会出现误导、误判，就日线作出买卖判断，未免太草率。那么翻开周线和月线 K 线走势图后，情况就大不一样了，大盘和个股在周线、月线 K 线中轮廓就比较清晰明朗。特别是在周线、月线上结合 MACD、RSI 等指标对股价走势判断比较准确，且容易识破骗线，使投资者避免因误入骗线而带来的投资损失。

我们先谈谈周线。在日线、周线、半年线、年线中，周线至关重要，它担负着承先启后的重任，我们知道，周线是由5根日线组成，月线是由4根或5根周线组成，往前看5根日线反映在周线上，可以看到前方走势的大概，往后看4、5根周线对较长期走势有了明确的判断，对下一段走势有明显的提示作用，因此对周线的作用研究的多一些，对今后股价发展趋势就有了比较准确的了解。

比如，如果看到一根周线出现巨阳，就是说，一根巨阳周线，它昭示着股价见顶信号非常明确，它告诉我们，股价已发出危险信号。这是因为，如果日线出现巨阳，最高涨幅是由跌停板到涨停板，只有20%，而周线巨阳其涨幅可以达到50%以上，我们可以想，无论从大盘或个股来说，一周涨幅超过50%意味着什么，明显说明涨幅巨大，一只股票一周涨了那么多，如果是题材股，那见顶的信号就更加明确，接下来的走势，那就是接二连三的跌势。从心理动态上讲，手中的股票一周翻了半翻以上，你还能坐稳吗？不觉得轿子走得太快了吗？是否想到该下轿了？是否想到见好就收了？事实上，周线出现巨阳，股价见顶是大概率事件，千万不能有侥幸心理，这时首要想到的是落袋为安，这也就是我们常说的先知先觉者。

在这里，我们只要掌握周线巨阳见顶概率非常大，至于是否有周线巨阳后股价还会上涨，那只是小概率事件，我们主要是先看到风险，锁定利润，这就是学习和研究周线的意义。

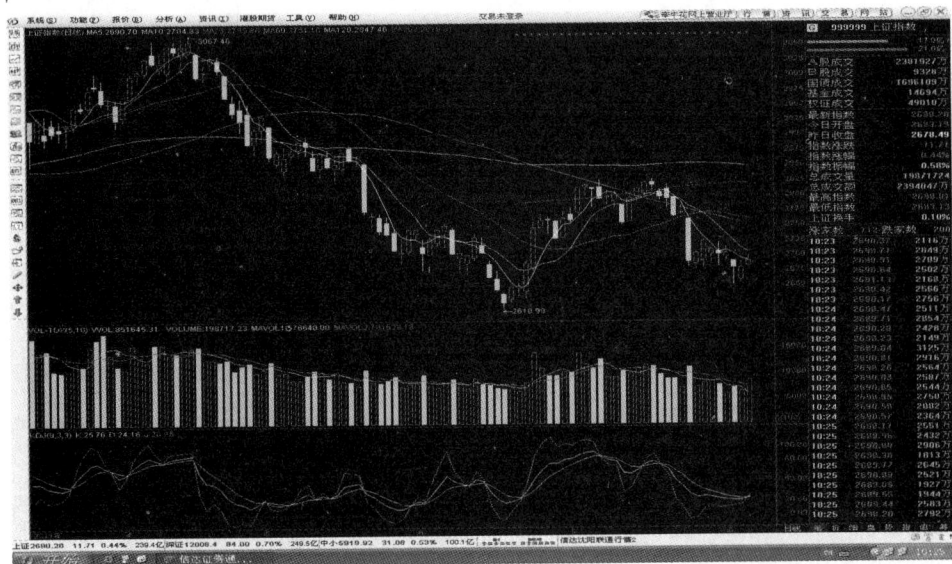

我们再从MACD和周线结合起来分析一下。有人说，周MACD研判顶部，主要看周线，此话很有道理。用MACD研判顶部，一是看MACD在高位是否出现死亡交叉，如果出现死叉，说明股价已经走弱；二是看 MACD 是否形成顶背离，如果出现顶背离走势，说明股价可能出现见顶回落走势。上述两点如果出现在日线上，可靠性就比较差。因为在日线上出现上述所说，就卖出股票，那就错了，说明只够交手续费了。而在周 K 线上出现死叉和背离走势，比日线要慢，但比月线要快，就其准确性来说，它比日线 MACD 要高，比月线 MACD 要及时。

所以，周线 MACD 走势上，只要不出现死亡交叉，就可以放心持有，稳坐轿中，而一旦发现周线 MACD 出现死亡交叉，最好下轿溜走，卖出股票，保卫胜利果实。

认识了周线的重要性后，我们简单地谈谈月线。上面谈到，周线 MACD 出现死亡交叉是表示跌势才刚刚开始，就是说，股价下跌的序幕已经拉开，而在月线 MACD 出现死亡交叉，则表明跌势已进入下半场了，这时才出手，下手已晚，当然这时走人，可以避免半损。

用月线分析大盘走势，说服性更强。我们就今日（2011 年 7 月 22 日，周五）月 K 线作一分析。今日上证指数收报 2770.79 点，小幅上涨 4.90，涨幅为 0.18%，成交 830.2 亿，成交比前几日明显缩小，又回到千亿以下。目前，大盘在 5 月、10 月、20 月、60 月均线以下运行，只在 120 月均线之上，就是说，大盘在 4 条中短期以下运行，说明从中长期走势来说，并未看到走强迹象，月 KDJ 向下散发，月 MACD 处在弱势运行之中，看不出方向性选择。如果希望大盘走好，从月线上分析，很需要一根月阳线的出现。我们所说的起码要有一根月中阳线的出现，可是前几个月的 K 线并不令人满意，可以说前 9 根月线都不好，表示大盘处在弱势之中，而从国外环境看不出更多利好因素出现，我们内部环境也没有重大利好予以期盼，当前形势很纠结，所以短期要走好很难。这就是从月线分析大盘得出的结论。

078　神奇的黄金分割

郝阿姨给大家讲起了奥数。她说，

在小学五年级奥数中，有这样一道题：

1、1、2、3、5、8、13、21、34、55、89、144、233……

要求找出其规律，并继续往下填出三个组合数字来。

从上述组合数字中，可以分析出两个规律来：一是任何一个数字都是前面两个数字的总和。2=1+1, 3=1+2, 5=3+2, 8=5+3……; 二是任何一个数与后面数相除时, 其商几乎都接近 0.618, 因此, 如 1、2、3、5、8、13 等这些数被称作神秘数字, 而 0.618 这个数就是黄金分割率。

据说, 黄金分割是一种古老的数学方法, 它的创始人是古希腊的毕达哥拉斯, 他提出, 一条线段的某一部分与另一部分之比, 如果正好等于另一部分同整个线段的比即 0.618, 那么这样比例会给人一种美感, 后这一神奇的比例关系被古希腊哲学家柏拉图誉为"黄金分割律"。

黄金分割是一种数学上的比例关系, 黄金分割具有严格的比例性、艺术性、和谐性, 蕴藏着丰富的美学价值, 应用时一般取 0.618, 人们惊奇地发现, 一些名画、雕塑、摄影作品的主题, 大多在画面的 0.618 处。一个人两眉之间的印堂穴至下巴的长度, 是整个脸部长度的 0.618; 金字塔的高底和底面的百分比为 0.618; 我们非常熟悉的门窗的比例为 0.618; 舞台报幕员所站的位置正是整个舞台的 0.618 处。可以说, 黄金分割是世界事物运动永恒的转折点, 也只有在这里转折, 事物的运动才会和谐, 才会持续, 它是作用在人们深层潜意识里的客观规律。

我们用这么大的篇幅说明黄金分割的内容, 除普及一些基本知识外, 主要说明黄金分割和股票之间的关系。

我们知道, 黄金分割是将 1 分割为 0.191、0.382、0.618、0.809, 而将这些数组成的平行线就是黄金分割线, 最常用的就是 0.382、0.618。黄金分割就是用黄金分割比率的原理对股市行情进行分析, 根据这些比率所对应的位置一般容易产生比较强的支撑和阻力。

当行情上涨初始, 或一轮行情上涨结束时, 确定股价上涨和下跌的峰位和底位, 这样将黄金分割中的 0.191、0.382、0.618、0.809 在初始上涨点和高位峰点上分别以划线的方法确定其位置, 就知道了上涨的阻力位和下跌的支撑位, 当股价上涨或下跌到黄金分割位时往往会发出神奇的作用。

如某只股票上涨初始时为 5 元, 根据黄金分割算出其上涨的价位:

5.00×(1+19.1%)=5.95 元

5.00×(1+38.2%)=6.91 元

5.00×(1+61.8%)=8.09 元

5.00×(1+80.9%)=9.05 元

5.00×(1+100%)=10.00 元

当某只股在高位达到 20 元时下跌支撑的价位：

20.00× （1-19.1%）=16.18 元

20.00× （1-38.2%）=12.36 元

20.00× （1-61.8%）=7.64 元

20.00× （1-80.5%）=3.82 元

例如，中国重工（601989）

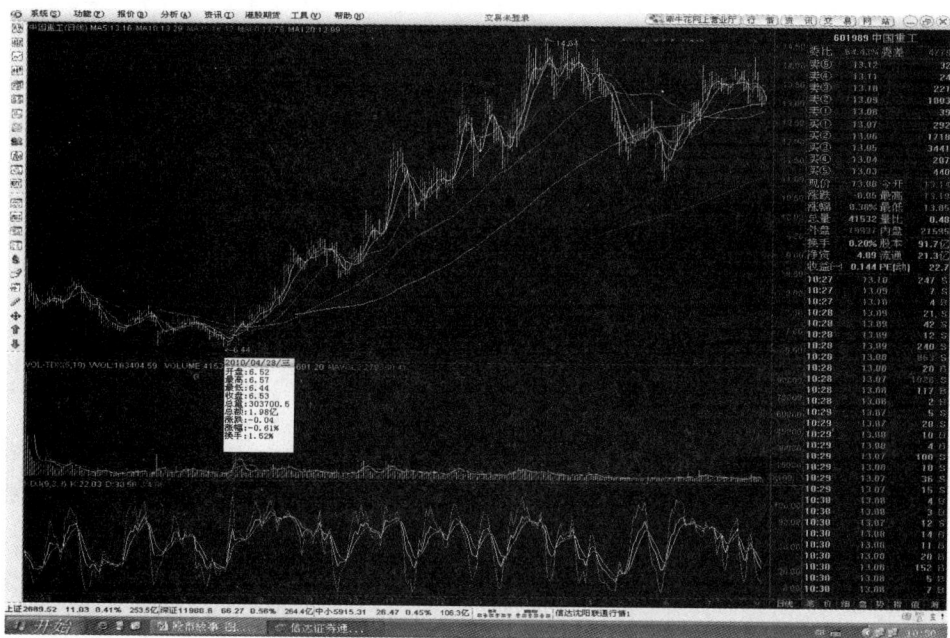

该股在 2010 年 4 月 28 日，股价最低跌至 6.44 元，为上市以来最低点，这在 K 线图上标得十分清楚。以 6.44 最低点作为起点，第一阶段上涨到 2010 年 9 月 11 日用了 39 个交易日，当日最高摸至 9.35 元，收报 8.91 元，用黄金分割计算公式：6.44 元× （1+38.2%）=8.90 元，和收盘价 8.91 元，只差 1 分，这就是黄金分割发生的奇妙作用。

第二个阶段在调整了 21 个交易日后，股价又开始放量上攻，一口气上涨到 13.44，最低为 12.39 元，收报 12.67 元，计算公式为 8.90× （1+38.2%）=12.29 元，正好在 0.382 处，黄金分割点又发生了作用。

第三阶段为 2011 年 2 月 17 日，最高摸至 14.64 元，这在 K 线图上也有标记，最低为 13.86 元，收报 14.59 元。计算公式 12.29 元 × （1+19.1%）=14.64 元。可以看出，中国重工自上市以来下探至最低点的 6.44 元，最高摸至 14.64 元，在第三阶段上涨中按黄金分割 0.191 公式计算，正好为 14.64 元，一分不差。又一次宣示了黄金分割的美妙之处。

从上述三个阶段看，到了第三阶段，股价已经上涨了 227%，涨幅已巨大，而在第三阶段只上涨了黄金分割的第一点位 0.191，已显疲态，且在最高点时已现一高位长十字形，见顶信号十分明显，发出的调整信号非常强烈，而往后的走势证实了调整的必要性。

于是在创了新高后，调整如期而至，在 2011 年 5 月 5 日达到调整的最低点 11.48 元，当日最高 11.78，收报 11.78 元，调整用了 37 个交易日，调整也比较充分，而调整的幅度也符合黄金分割位。计算公式 14.64 元 ×（1-19.1%）=11.84 元。调整位在黄金分割的 0.191 处，此后该股又进行了小幅调整，即返身而上，今天是 2011 年 7 月 27 日，晚新闻播出了中国已有航母的新闻报道，参与航母建造的中国重工明日是否会出现较好的表现。

黄金分割在股价上涨或下跌的作用不言而喻，这里需要注意的是，判断股价走势一定要同其他技术指标结合起来，要结合基本面进行分析，还要注意当时环境、周围形势，综合研判，才能做出正确、客观决策。

请记住：黄金分割不是万能的，我们借助它分析股票，只是一种工具，但千万别陷入它的神秘之中。

079 你的游泳水平能淌过五浪三波吗?

老孔说，去过山海关的人，都要去姜女庙看看，庙门前有一幅千古对联：

海水朝朝朝朝朝朝落

浮云长长长长长长长消

对此有多种解读，和我们有关联的一种读法是：

海水朝潮，朝朝潮，朝朝落，

浮云长涨，长长涨，长长消。

此种解读，围绕海水的消长，波起波落，浮云的现落，云起云落，揭示自然界变化有序、错落有致的规律。

大自然美妙无穷的变化规律，给人类提供了无限的想象空间。正是由于大海波浪滚滚，才使得美国人艾略特以道琼斯工业指数平均作为研究工具，发现不断变化的股价结构形态的呈现自然和谐。艾略特在 1964 年发表的第二本著作干脆起名为《大自然的规律》，其实在他之前就有了美国人查尔斯·道研究美国工业指标变动时发现，股价指数的升落与涨跌，犹如海洋的潮汐波动，是一种自然现象，但是有规律可循的。

艾略特的波浪理论，简单概括为五浪三波即"八浪循环"。

第一浪为波浪循环的起始浪。在走势中，多属修筑底部形态的一部分，由于第一浪产生于空头市场的末期，这期间许多投资者还未从下跌中清醒过来，所以通常第一浪的涨幅是五浪中最短的行情。在第一浪运行中，有一种情况，由于经过长期盘整，随后出现上升行情比较大。

第二浪为调整浪，在实际走势中，调整幅度大，也有较强的杀伤力。这是因为许多场内人士常常误认为熊市尚未结束，恐惧心态较浓。但当调整幅度接近第一浪起点时，投资者的惜售心理使得抛压力逐渐减弱，成交量缩小，这时第二浪的调整宣告结束，在 K 线图中的转向形态比较明显，如头肩低、双低等形态即为二浪结束的形态。

第三浪为主升浪。是运行时间最长的一浪，其上升空间和幅度都比较大，成交量不断放大，表现为入场意愿强烈，上升能量潜力不断释放，在 K 线形态上往往出现向上跳空缺口，给人发出突破向上的强烈信号。

第四浪为调整浪。常以三角形形态进行，一般情况下，第四浪的调整幅度不低于第一浪的浪顶。

第五浪，亦为上升浪，其上涨幅度大多要比第三浪、第五浪的人气高涨，乐观气氛浓厚，但第五浪常表现为失败浪。

A、B、C 三浪的出现，是伴随着第五浪的调整而产生的。

A 浪调整在第五浪中产生，大多数投资者还处在上涨浪中，而此时出现的调整，被多数人看作是短暂的。

B 浪的上升常被投资者误认为上升还未结束，许多投资者还沉浸在丰收的喜悦之中。B 浪的一个特点是成交量不大，而此时聪明的投资者已看出是逃命的机会，成交量稀少说明上涨动力明显不济，而此时最容易产生套牢者。

C 浪是步 B 浪后尘而来，此时许多投资者已觉醒，感到上升行情已结束，大盘开始全面撤退，而 C 浪的下跌往往是比较惨烈的。

从上述可以看出，股价指数的上升或下跌都是在交替中进行的。上升浪和调整浪是价格波动的两个最基本形态。时间的长短不会改变波浪的形态。指数或股价的涨跌在经过第一浪到第五浪的推动之后，又会受到 A、B、C 三浪的修正，在总共八个周期结束后，就进入了第二个周期的变动，如此不断重复。这就是波浪理论的基本内容。

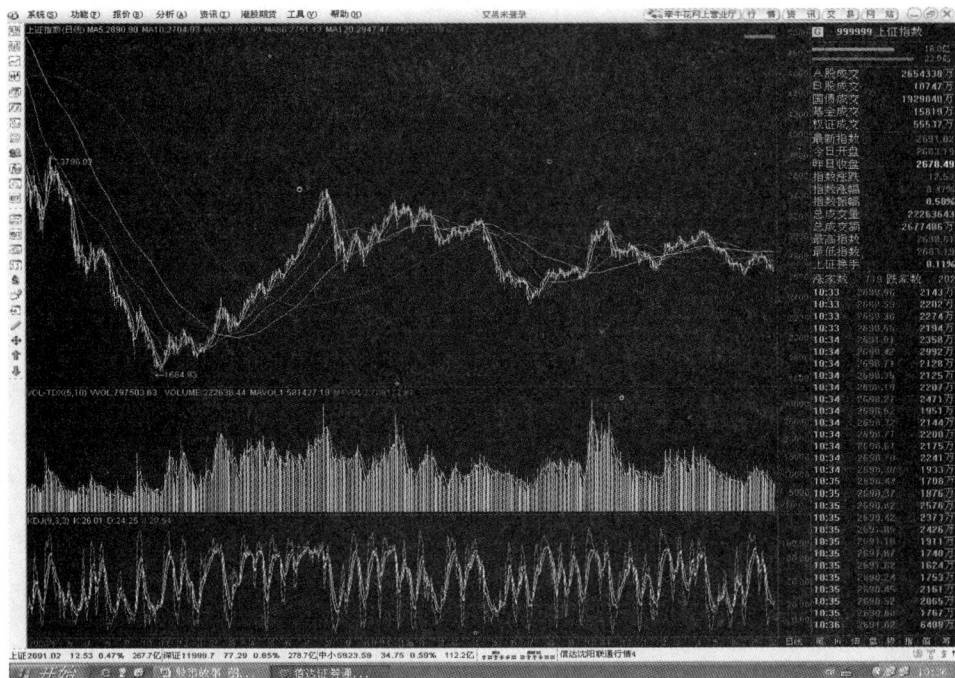

上证大盘在 2007 年 7 月 16 日创下 6124.04 点以后，经历了凌厉的下跌，在 2008年 10 月 28 日跌到最低点 1664.93 点。如果我们把 1664 点作为起点，就是说，作为一个新的周期的初始点，那么反弹到 3478 点作为第一浪可以成立的话，到 2009 年 8 月4 日走完了第一浪。以此作为调整浪，到 2010 年 7 月 2 日作为第二浪调整浪，第二浪的调整以较为复杂的结构进行的，历时 11 个月的时间。第三浪为上升浪，2010 年 7月 2 日从 2319 点一直涨到 3186 点，时间是 2010 年 11 月 11 日，涨幅比较可观，其间只做过一次平台整理，而后继续上攻，量能同步放大。在第四浪调整中，上证指数只调整到 2677 点，时间是 2011 年 1 月 24 日，随后展开了第五浪的上升行情，一直涨到3067 点，在 2011 年 4 月 18 日，完成了五浪运行。从 2677 点到 2610 点的调整，可作为第五浪中产生的 A 浪的调整，调整的结束时间是 2011 年 6 月 20 日，往后的行情可看作为 B 浪的上升，目前还在进行中。

我们认为，划浪、数浪向来比较复杂，且划分各有道理，我们初步划分，可否正确，可以商量，这里只做研究探讨。

波浪理论专业性比较强，且浪中有浪，细分复杂，我们在这里仅仅介绍一下波浪理论的基本原理，了解一下其主要内容，从中感悟股市涨跌像波浪一样，时起时伏，要从心理上明白一个道理，涨多了就要跌，跌多了就要涨，任何事物都是在曲折中前进，螺旋式上升，一味追求只涨不跌的股市是没有的。

波浪理论的细分又涉及到 1、2、3、5、8、13、21、34 等神奇的数字，每波之间幅度和比例关系又和黄金分割 0.382、0.618 有着密切关系，我们认为，进一步深入探讨和研究是专业人士和股市高手研究的范围，作为一般投资者，只要了解一些基本知识就行了，能起到一些帮助、引导作用就达到目的了。

老孔最后说，我们一再强调，学习股市技术是多方面的，在实际运用中一定要和其他技术指标结合起来运用才能起到互相印证、参照、比对作用。

如果学会了五浪三波，那么在大海游泳中多了一份安全，但那也要小心，一旦遇到了大波大浪，也有被淹没的危险。

080　技术分析是通向成功的阶梯

我先给大家讲讲我们老连长的故事。陆参谋一脸严肃，他说，我们连长在中越自卫战中任排长，自卫战打响后，他带领的尖刀排冲在最前面。狡猾的敌人躲在猫耳洞里打冷枪，尖刀排的战士小冯、小袁不幸中弹牺牲。尖刀排硬是凭着过硬的技术，破解了敌人猫耳洞的秘密，冲过了敌人的第一道防线，为部队顺利前进铺平了道路。

部队有句老话，叫夏练三伏、冬练三九，过硬的技术是靠苦练而来。在股市也一样，不懂技术不掌握技术形态，要想在股市站住脚是不可能的。所以我们要认真学习技术，俗话说，技多不压身，对股市技术分析，学得越多、越精，分析得越透，胜算的把握就越大，所以我建议大家多下工夫掌握一些技术分析方法。

郝阿姨接着说，陆参谋说得对，我们一定要在技术分析上多下工夫。我们花这么长时间专题讲技术分析，各种技术形态，就是为了更好指导实际操作。尽管如此，由于时间短，我们只学习了一些技术分析方法，和一些主要技术形态，技术分析是一门很深很复杂的学问，只有下大功夫才能逐渐掌握。我们学习的这些，只是凤毛麟角，只起到一个抛砖引玉的作用，接下来我们打算再商量一下如何学得更深一些，更细一些，同时请一些专家给我们讲课，以提高我们技术操作和技术分析能力。这次讲座就暂告一段落，通过这么长时间学习，大家应很有感触，随便谈谈。

老白说，过去我们工厂经常搞技术大比武，每年都评比技术能手、技术标兵。钳工做出的活不但美观，更要符合技术要求，做到每件活不差分毫靠的就是过硬的技术。在股市也一样，技术同样重要，技术分析是对投资者基本要求，不懂技术分析就是睁眼瞎。过去我们失败多、成功少，虽然原因很多，但不懂技术分析，是其中一个重要原因。通过这次技术讲座，对我们每个人也是个培训。我同意郝大姐意见，适当时候我们要更深入地学习。

老孔说，大家说得很对，我完全同意。我想说的是，技术分析固然重要，主要技术形态也要弄懂。但要把掌握技术形态和政策面、上市公司的基本面结合起来，那就更全面了。

我认为一个好的技术分析人员，必然要求对政策的理解和对上市公司基本面的掌握缺一不可，无论分析大盘还是解读个股，必须从上述三个方面综合进行分析，这样才能得出比较实际的结论。偏废哪一方面，都会出现偏差，甚至造成投资失误。所以我们力争使自己成为一个全面的投资者，在这方面我们更要下大的功夫，只有这样，才能在股市站住脚。

大崔最后也发了言。他说，通过这阶段的学习，我对技术分析有了进一步认识。学了很多技术分析的基本知识和要领。如果不学习，不掌握技术，就不是一个完整健全的人，就像我只能是一个残废。当然，就如大家说的，懂得了政策，了解了公司，掌握了技术，那就是一个合格的投资者。但愿我们每个人都能融合在股市，和股市共同成长，越活越年轻。

是啊，既然进入了股市，又是那么执著，股市才20岁，那我们就从21岁开始记数吧。

081 我是卖报的小行家

沃伦·巴菲特的名字全世界都不陌生，大家都说他是当今最伟大的投资家，华尔街的股神，给他冠以什么美名都当之无愧。其实了解他越多，和他的距离越近，那时，你就会发现，巴菲特是个很简单的人，他的投资思想、理念、方法简单，他的生活简单。他为人直率、善良、睿智、豁达，他总是把最美的语言真诚地送给他的合伙人；他是世界上最富有的人，但他把富有全部送给了最需要帮助的人。

中国有句老话，叫学做事，先做人，我们学习巴菲特的投资思想，那么先学学他的做人吧。

巴菲特这样描述他的出生：我非常喜欢 1929 年，因为那是我生命开始的时候。我的父亲当时是一位股票经纪人。1929 年秋天股票市场崩溃之后，他不敢给所有那些遭受损失的人打电话。所以，每天下午他不得不待在家里，当时家里还没有电视机……情况非常不妙。我是在 1929 年 11 月 30 日左右受孕的（9 个月后出生，也就是 1930

年 8 月 30 日），内心深处对 1929 年的股票市场崩溃始终有一种亲切感。

巴菲特的第一个小玩具，就是绑在手腕上的金属货币兑换器。巴菲特对数字特别敏感，遗传了母亲的数学天分，白天他与小伙伴在繁忙的路口记录来往车辆车牌号码，夜晚他们在屋里，翻开《世界先驱报》，计算每个字在上面出现的次数。数字对他有种神奇的吸引力，他曾研究过每个英文字母在《圣经》和报纸上出现的频率。

他小时候非常喜欢做各种各样的数学计算题，尤其对用极快的速度计算复利利息方面的题目，始终有着浓厚的兴趣。

巴菲特的母亲回忆说，当儿子还仅仅是一个六岁的孩子时，他就对自由企业产生了兴趣。他的冒险行为包括做一个卖可口可乐的小商贩。

在 1989 年伯克希尔公司的年度报告中，巴菲特这样描述自己卖可口可乐时的情景："我相信我是在 1935 年或 1936 年开始卖可口可乐的，确切地说，应该是 1936 年。我们每箱 25 美分的价钱在爷爷的杂货店购买可乐，然后以每瓶 5 美分的价钱在附近兜售。这种高利润的零售方式使我及时注意到非同寻常的消费者的吸引力和这种产品的商机。"

巴菲特从小就非常聪明，而且一直很勤奋，努力学习。在罗丝黑尔读小学时，他就因为学习成绩优异跳了一级。他有一目十行、过目成诵的非凡记忆力，在小学五年级时，他就完整背诵 1939 年版《世界年鉴》，能清楚无误地说出每个城市的人口数。

1942 年春天，年仅 12 岁的巴菲特就与他的姐姐 Doris 合资购买股票，二人以每支股票 38.5 美元的价格，买进 3 股城市服务优先股，后来该股一路狂跌，跌到每支 27 美元，Doris 失去了耐心，经常在巴菲特身边提醒。他感到自己面临的压力很大，当这支股票涨到 40 美元时，就草率卖出，后来该股一直涨到 202 美元。

巴菲特一家搬到春谷后，12 岁的他，在外面找了一份送报的活，从那时候起，他就和报纸结下了不解之缘。每天早晚外出送两次报纸，工作两个小时，一个月下来可以赚 175 美元，只是每天的工作量很大，要走 5 条路线送 500 份报纸。

13 岁时他争取到了只有大人才能送报的威彻斯特社区，那里住着国会参议员、陆军上将和最高法院法官。他用数学头脑，摸索出一条高效送报路线，他把报纸一半放在最高的 8 楼，另一半放在中间的 4 楼，然后从 8 楼开始一层一层往下送，这十分类似于现代制造企业使用的循环取货模式。

在接替了大人才能送报的那份工作后，他每天清晨 4 点起床，早饭都顾不上吃，一溜小跑出门，搭乘首班 N2 路工车，前往教学大街 3900 号的威彻斯特。他的公共通票号码经常是 001 号，就是每周第一个买通票的人。如果他晚了一点点，司机都会习惯性地找找他。威彻斯特包括了 5 幢建筑，面积达 27.5 英亩，5 幢建筑中有 4 幢相邻，有一幢独立成户。送报区域还要穿过教堂大街，还有马林大街和沃里克大街，同时，他还要把报纸送到威斯康星大街那边的独家住宅。

巴菲特总是能从无聊重复的送报中找到乐趣。他把一份份报纸，对折后向上一卷，在大腿上拍扁，手往后一勾，朝着用户门一扔，报纸像飞镖一样，从远到近，准确地落在门前，还不能碰到门前的牛奶瓶。

一次巴菲特要回老家奥马哈，找来他的好朋友沃尔特替他。巴菲特先带他试试，沃尔特一看几百份报纸堆得像小山一样，吓坏了，巴菲特说，别慌，看我的，然后带着他开始沿着自己独创的高效路线送报，结果只用了一个小时一刻钟就将报纸全部送完。

巴菲特送报三年，已攒下 2000 多美元。当时黄金每盎司 35 美元，2000 美元相当于 2009 年的 6 万多美元，40 万人民币。

正应了中国一首儿歌《卖报歌》中一句唱词："我是买报的小行家"。

15 岁，他成为了高中生，他用卖报攒的钱买下了一家农场，占地 40 英亩，售价 1200 美元，几年前他父亲买下的，他是从父亲手中买下了它。高中开学第一天，老师让每个同学自我介绍，巴菲特这样介绍自己："我是来自布拉斯加州的巴菲特，在奥马哈附近拥有一家农场。"全班一片哗然，这就是与众不同的巴菲特。

1956 年，25 岁的巴菲特，已是有两个孩子的父亲了。他个人的资金已从 1950 年的 9.8 万美元上升到 1956 年的 14 万美元。他毕业后的第一年，投资的资本净值上升了 144%，当他用一万美元开始做生意时，他的起步非常快。

巧的是，在同一个时代，我国也出现了一个卖报的小行家。

啦啦啦！啦啦啦！

我是卖报的小行家，

不等天明去等派报，

一面走一面叫，

今天的新闻真正好，

七个铜板就买两份报。

这首脍炙人口的儿童歌曲是由一名 10 岁的卖报小童唱出来的。当时这名叫小毛头的卖报小童被人撞倒在地，被路过的聂耳看见，聂耳看着瘦小的小毛头，伤心地哭着，地上散落着报纸。激情之下，由聂耳谱曲，田汉夫人安娥填词，《卖报歌》就这样诞生了。那是1933年。此后小毛头在街上边唱歌边卖报，生意好多了。后来聂耳让小毛头登台演唱，在歌剧《扬子江暴风雨》中小毛头担任卖报小孩，歌唱《卖报歌》一举成名，后在电影《人生》中饰演小时候的阮玲玉，由此进入演艺圈。

如今，已89岁的小毛头在上海安度晚年。

有意思的是，如今巴菲特已82岁，如果说时隔40年后巴菲特收购了《华盛顿邮报》，为他带来了巨额财富，正是缘于他当报童时结下的缘源。而小毛头的卖报生涯也使她成名于世。两人卖报时间相差近十来年时间，小毛头大巴菲特9岁。

是时代、是命运成全了他们，还是奔波奋斗使他们成名于世？也许二者都有吧。

082　巴菲特，一个节俭的老头儿

古人曰："节俭朴素，人之美德；奢侈华丽，人之大恶。"巴菲特可谓一生追求节俭，艰苦创业，成为世界上最富有的人后仍保持节俭度日，我们从他的衣食住行就可以看出他的美德，他崇尚节俭朴素，厌恶奢侈华丽，也正是我们世人仿效的楷模。

用巴菲特自己的话说，他虽然富甲一方，却仍住在奥马哈小镇的一栋三房小屋内，那是他50年前结婚后所买的房子。他说家里有他生活所需要的一切。他的房子甚至连围墙活篱笆都没有。这让我们想起了一句古话："斯是陋室，惟吾德馨。"巴菲特就是这样一个人，他一生住着简单的房子，正体现了他的品德高尚。

他为人低调，不喜欢张扬，更不爱在大庭广众抛头露面。巴菲特说，过你自己想过的简单生活吧。

在1999年的一次慈善捐款活动中，为了号召人们向奥马哈孤儿院进行捐款，巴菲特决定将自己使用了20年的破旧钱包公开拍卖。有人问他为何不换一个新钱包时，巴菲特回答说："这个钱包很普通。我的西服、钱包、汽车都是旧的。并且，自从大学毕业回到家乡以后，我始终在这栋旧房子里居住。"让人感到有趣的是，这时有个人便问他在这个看起来破旧的钱包里有多少钱。出乎人们意料的是，巴菲特爽快地把钱包打开，从里面掏出了大约8张100美元的钞票，并说道："在我的钱包里，一般只放1000美元左右的现金。"

巴菲特从小就养成了俭朴过日子的习惯，他的一件西装能穿十几年，他不在乎这些西装已经过时，只要穿起来不失礼于人就好，没必要过于讲究。

巴菲特拥有一辆不起眼的 2001 款林肯城市小轿车，车牌上还标有"节俭"字样。他出门时习惯于自己开车，不请司机或保镖。

在饮食方面，巴菲特更是简单得不能再简单了。他说，汉堡、薯条和可乐我认为是世界上最好吃的东西。

一次巴菲特去一子公司，午餐时，他照例要了汉堡和可乐，而公司主管们每天中午都是由五星级酒店去送饭，当他们看到自己的顶头上司如此简单的午餐，感到很惭愧，从此改掉了五星级酒店送饭的习惯，换上了简单的午餐。

工作中，巴菲特也表现出了非常节约简朴的习惯。二十多年来，他的年薪一直比较稳定，维持在 10 万美元左右，（没有股票期权和奖金分红）。在《财富》500 强所有的首席执行官中，他的薪水最低，但他是表现最佳的 CEO，他管理的伯克希尔已有近 30 年时间，他是美国大公司任职时间最长的一位首席执行官。

巴菲特在写给股东们的信中这样说道："巴菲特是你们的合伙人，他在为你们勤奋工作。他没有利用股东们的共同财产为自己建造任何纪念物，没有巴菲特高塔，没有巴菲特大厦，没有巴菲特机场，没有巴菲特大街，也没有巴菲特动物园。"

如今年已 82 高龄的巴菲特仍然是一名普通人，衣着朴素整洁、做事简单明确、经常沉默寡言，喜欢吃汉堡包，喝着樱桃口味的可乐，看上去像一位乡下阿叔。

巴菲特母亲这样评价巴菲特："我为他的人品而骄傲，他是个非常棒的人。"在巴菲特母亲眼中，他的品格而非财富才是令他母亲最骄傲的。

我们称赞巴菲特，不是他的财富，而是他的人品，他的节俭。王安石曾说过这样一句话："衣不求华，食不厌蔬。"巴菲特正是这样，一个生活低调，可乐、汉堡却深得他的宠爱，旧房、旧车，他却住的舒服，用的坦然。

巴菲特，这老头儿。

083 把最美的语言送给合伙人

读过巴菲特年报的人，都对他对合伙人的赞赏所折服，那幽默风趣的语言，那发自内心的真诚，在年报中表现得淋漓尽致，令人赞不绝口。

我们看巴菲特是如何评价 B 夫人的，在 1987 年致股东的信中巴菲特这样写道：

克里斯蒂小姐嫁给了一位考古学家，她曾说："配偶最理想的职业就是考古学家，因为你越老，她就越有兴趣。"事实上，我们需要对B夫人多多研究——这位内布拉斯加家具店94岁高龄的负责人，其实是商学院而并非考古系的学生。

巴菲特说，B夫人曾经在50年前，用500美元作为创业资本，发展到如今，内布拉斯加家具店已是全美闻名遐迩的家具量贩店。虽然已经有这样的成就，B夫人仍然每天从早到晚地忙，一个星期工作七天，主要掌管采购、销售与管理。我可以确定的是，目前B夫人正蓄势待发，准备在五到十年内，再创事业的新高峰。

巴菲特就是这样赞美他的合伙人。他在年度报告中接着陈述了B夫人的成就，他说，去年（1987年）B夫人掌管的家具店的销售净额是14000多万美元，较前一年度增长了8%，这是全美独一无二的店，也是全美独一无二的家族。B夫人跟她的三个儿子拥有天生的生意头脑、品格与冲劲，并且分工合作，团结一致。B夫人家族的突出表现，不但使我们这些作股东的得到好处，也让客户们受惠，而且获得更大的利益。只要你选择B夫人家具店的产品，估计仅1987年就可以省下至少3000万美元。换句话说，若客户到别处去买，可能要贵上这么多钱。

B夫人，原名罗斯·克里克·布鲁姆金，1893年生于俄国的一个小山村。她不但是巴菲特事业上的合作伙伴，也是巴菲特最敬佩的一位商业女强人。巴菲特善于投资，但不善于管理，而他之所以成功在于他善于利用有才能的人为他工作，B夫人就是一位商业的奇才，在她的帮助下，巴菲特的财富日益剧增。1980年巴菲特以5500万美元收购了B夫人80%家具店的股份，巴菲特当时的年薪是10万美元，可他却付给B夫人30万美元的年薪。

2007年致股东信中，巴菲特是这样评价可口可乐负责人唐·奥基，他说，另外一位在去年退休的人是可口可乐的唐·奥基，虽然如同他本人所说，他的退休只维持了14个小时，唐是我认识的负责人中最优秀的人之一，他拥有很高的商业天分，同时更重要的是唐·奥基能使得每个与他共事的人发挥其潜能。可口可乐希望其产品能够伴随每个人渡过一生中最快乐的时光，而唐这个人却给周围的人带来无限的欢乐，每当想起唐时，没有不让人会心一笑的。

1998年的股东信中，巴菲特用大篇的语言赞赏了波仙珠宝的艾克，他说，在波仙珠宝加入伯克希尔的第一年，它达到了我们所有的预期目标，较4年前刚搬来到现址要好上一倍，事实上在搬来的6年前，它的业绩已成长了一倍，艾克是波仙珠宝的管理天才，对他来说只是一种速度，那就是全速前进。它的营业费用开销只有同类型珠宝店的 1/3，它的珠宝比其他珠宝店便宜许多，忙季的单日潮流量能高达 4000 人。

艾克不但是个优秀的商人、表演者，更是品格高尚的人。买下这家店时，我们没有查账，事后所有的惊奇完全都是正面的。有句话说，不懂珠宝没有关系，但你一定要有认识的珠宝商，这句话真的好有道理，不管你要买一颗小小的钻石，或是要买下一整家店都一样。

1987 年巴菲特致股东信中是这样评价政府雇员保险公司的。由伯克希尔持有 41% 股权的政府雇员保险公司，在 1986 年表现相当突出。保费收入已超过 5 亿美元，大约较 3 年前增加了一倍。政府雇员保险公司的财务是全世界保险公司中最好的，甚至比伯克希尔本身都还要好。

若说政府雇员保险公司是一座价值连城且众望所归的商业城堡，那么其与同业间的成本与费用差异就是它的护城河。没有人比比尔——也就是政府雇员保险公司的主席，更懂得如何去保护这座城堡。在过去的两年间，公司创造了 23.5% 超低成本率。展望未来，这项比率仍将持续下降，若能够同时再兼顾产品品质与客户服务的话，这家公司的前途无可限量。另外，政府雇员保险公司犹如一飞冲天的火箭，同时由负责投资部门的副主席辛普森点燃第二节燃料舱。比起辛普森于 1979 年接掌该公司投资部门后的绩效，身为母公司伯克希尔投资主管的我，实在觉得汗颜。

在 1987 年致股东信中巴菲特说，有这些优秀的专业经理人，在事业的日常营运上，查理·芒格跟我实在是没有什么费心思的地方。事实上，平心而论我们管得越多，可能只会把事情搞砸。在伯克希尔，我们没有企业会议，也没有年度预算，更没有绩效考核，但总的来说，我们实在没有什么可以告诉巴金斯如何去卖家具，或是指导和蒙斯家族如何去经营制服事业。

1998 年巴菲特在佛罗里达大学商学院演讲时是这样评价他的合伙人：

有一大群杰出的经理人一直在为伯克希尔公司不断打拼着，他们中的绝大部分已经可以不必再为这份薪水工作，但他们依然坚守岗位，38 年来还没有任何一位经理人离开伯克希尔跳槽到他处上班。包括理查在内，目前我们共有 6 位经理人的年龄都超过了 75 岁，预期 4 年后还会增加 2 名。（那就是鲍勃·肖和我本人）我们的观念是"教新狗老把戏的确是件很难的事。"伯克希尔的所有经理人都是各行各业的佼佼者，并把公司当作是自己的事业一样在经营。至于我们的任务很简单，那就是站在旁边默默地鼓励，尽量不要碍着他们，并好好地运用他们所赚来的大量资金。

巴菲特用最美语言真诚赞美他的合伙人，是发自内心的，这也可能是他用人的诀窍。与其说他收购优秀公司,倒不如说他在收购优秀人才,在 2005 年股东大会上他是这样说的:与其他购并方不同,伯克希尔根本没有"退出策略",我们买入只是为了长期持有。不过我们的确有一个进入策略,在美国或国际上寻找能够符合我们的 6 个标准且价格合理、能够提供合理回报的目标企业,如果你有合适的企业,请给我来电。就像一个充满爱情憧憬的小女生,会在电话旁等候梦中男孩的电话。

084   友谊的真谛在于真诚

说起巴菲特与查理·芒格的友谊,真让世人羡慕不已。与其说伯克希尔能有今天的辉煌,倒不如说巴菲特和芒格友谊合作的结果更为恰当。

巴菲特说过,芒格是他"长期的挚友与合作伙伴"。让人难以置信的是巴菲特与芒格有许多不同之处,却能长期在一起亲密无间,友谊合作。

芒格没有本科学位,但被哈佛商学院录取,而巴菲特却被哈佛大学拒之门外,巴菲特说:"哈佛那些家伙太自命不凡了,我只有 19 岁,太年轻了,不能被录取,并建议我再等一两年。"这就是被拒的原因,而哥伦比亚商学院则录取了巴菲特,并在那里毕业;政治信仰上,芒格是共和党人,而巴菲特是民主党人;从师道路上,巴菲特把格雷厄姆捧为自己的恩师,巴菲特曾说过,格雷厄姆的《证券分析》要读上 10 遍才能学懂,而芒格不是格雷厄姆投资哲学的信徒,他推崇的是成长股价值投资策略之父菲利普·费舍。费舍的投资信念是:向那些收入潜力高于平均值的公司投资,投资那些管理能力极强的公司。费舍坚持,宁可持有几家杰出公司股票,也不愿意持有一大堆成绩平平的公司的股票。

虽有不同的经历,却没能阻挡巴菲特与芒格的友谊与合作。他们有共同的理念、志向。虽然师不同门,但理念趋同。巴菲特投资理念是精心选股,集中投资,他认为我们购买的是公司而不是股票。一旦选好股票,就要长期持有,费舍的投资思想是投资的成功依赖于找到某些公司,这些公司至少在六、七年的时间里,在销售和利润方面都能保持高于平均的增长水平,他指出,投资一家杰出企业的股票并长期持有它,能帮你赚大钱。芒格认同费舍的投资理念。所以,芒格和巴菲特的投资理念是共同的,芒格采用的是集中投资的策略,一直将自己的注意力集中在为数不多的能带来较高收益率的股票上面。

巴菲特和芒格都是奥马哈长大，但芒格在当时移居南卡罗莱那，芒格的父亲去世后，他才回到奥马哈，这时两人才开始相识，当时是 1959 年。他们给彼此带来了希望和生活的转机，那年，巴菲特 29 岁，芒格 34 岁。正是从那一年开始了巴菲特和芒格的友谊之旅。芒格加入伯克希尔后，使巴菲特如虎添翼，巴菲特的投资理念和芒格的投资思想实现了完美的结合，这是真正的优势互补。

在芒格的影响下，使巴菲特从格雷厄姆买便宜货的投资策略局限中走出来，吸收费舍优秀公司成长股的投资策略，这使巴菲特投资理念产生了积极变化，并逐渐形成自己的投资理念。伯克希尔早期的成功归功于收购蓝筹印花，时思果糖等企业，这些大都是芒格先于巴菲特发掘的。

巴菲特这样评价芒格："查理把我推向另一个方向，而不是像格雷厄姆那样只建议购买便宜货，这是他思想的力量，他拓展了我的视野，我以非同寻常的速度从猩猩进化到人类，否则我会比现在贫穷的多。"

芒格也很认同格雷厄姆最基本的思想，这些基本思想都是巴菲特和芒格成功的重要内容。芒格说："对私人股东和股票投资人而言，根据内在价值而非价格因素买卖股票的价值基本概念，永不过时。"

但是，芒格并不像巴菲特那样对格雷厄姆十分崇敬，他曾这样说道："我认为他（格雷厄姆）的很多想法简直是疯狂，不顾实际做决定，特别是其中的一些盲点，对于有些实际上值得以溢价买进的企业的评价过低。"明确表示了对格雷厄姆部分观点的不认同。

芒格和巴菲特相互了解与友谊合作，使伯克希尔的价值与日俱增，这也促使巴菲特虽仍然推崇格雷厄姆，但芒格的投资思想和理念更容易接受，这使芒格成为巴菲特的知己兼顾问。《财富》杂志知名编辑曾这样说道："芒格帮助巴菲特开拓了投资思维，使他又向前迈进了一大步。"

有一件事就很有说服力，在收购赛氏糖果公司时，芒格说服了巴菲特，使他下决心付出了 3 倍于其账面价值的价格，事后证明，这确实是一件好的交易，巴菲特说，正是芒格把他推向了一个新的方向，这也正是巴菲特思想板块结构转移的起点。巴菲特和芒格都认为，如果你找到了一家高质量的公司，而这家公司碰巧又能以低于账面价值购得，那么你就是掘到了金子。

集中投资的策略是芒格一直坚持的理念，这一点和巴菲特一样，芒格始终将自己的注意力集中在为数不多的得能够带来较高收益率的股票上面，芒格也赞同格雷厄姆的选股策略，就是企业的内在价值，芒格认为，只有当市场价格远远低于内在价值时，才是最佳买入时机。

巴菲特和芒格存在着相同与差异，但他们都能求同存异，重要的是他们都具有经营高质量公司所必须具备的管理品质。

巴菲特说过，他受到过芒格极大的影响。他说："芒格拥有世界上反映最灵敏的头脑，他能做到一目十行。他甚至能在你讲完整句话之前，理解你想要表达的意思。""他的头脑是一部超级推理机器，而且由于他表达能力很强，你能清楚地了解他的大脑是如何工作的。"

投资界经常把芒格称为"幕后智囊"和"最后的秘密武器"，但是他生活很低调，在外界的知名度一直不高，没有被人们广泛认可，他的超凡智慧和卓越贡献也一直没有被人们认识到。如果没有芒格，巴菲特创造的财富将会大大降低。

芒格对巴菲特的人品赞赏有加。芒格说："巴菲特受人尊重的原因之一就是他总是表里如一。"巴菲特的为人给芒格留下了极深的影响，芒格说："即使一次我带他去明尼苏达州去钓鱼，不小心把船弄翻了，我们不得不游回岸边，但他并没有责备我。"

事实证明，巴菲特与芒格这对黄金搭档创造了有史以来最优秀的投资记录，在过去的几十年中，伯克希尔股票以平均每年24%的增速飞速前进，市值已达1300亿美元，拥有企业超过65家。

巴菲特和芒格相处50年，像一对恩爱夫妻，度过了金婚，相互尊重，推心置腹，真诚相待，这对老兄老弟，为世人所尊重，堪称世界团结和谐的典范。

085 两个慷慨富豪，一对济世菩萨

天作美，人作合。也许是上帝的安排，佛祖的指点，把巴菲特和比尔·盖茨这两个世界巨富紧紧地结合在一起，而这两个靠天才和勤奋创造出的巨额财富，无偿地捐献给世界上最需要的人群中，堪称济世菩萨。

说来也巧，本来这两位世界级人物，并没有太多来往，但在上个世纪90年代以来，在具有世界影响的《财富》杂志推出的"美国25位最有影响力的商人"排行榜中，他们二人始终占据前两位。

1991 年，巴菲特和盖茨才初次见面，自那时起，两人变成了好朋友。其实，在二人未见面之前，他们还心有偏见，巴菲特认为盖茨不过是运气好，靠时髦的东西赚了钱，盖茨则认为巴菲特固执、小气，靠投资发财，不懂时代先进技术。就在 1991 年西雅图商业活动会上，改变了他们对彼此的认识，尽管他们相差近 20 岁，但那也阻挡不住他们之间的信用，最终使他俩成为忘年之交。那次见面，原来只安排 40 分钟时间，但两人整整谈了 5 个小时。巴菲特多次在公开场合上说，这个世界上他最了解的人就是盖茨，而盖茨一直把巴菲特当作自己的人生导师。

巴菲特曾在《福布斯》杂志上这样对记者说："比尔·盖茨是一个很好的朋友，我认为，他是我所见过的人当中最精明的一个。但是，我搞不懂这些小东西（电脑）是干什么的。"

当时，巴菲特和盖茨有意坐在一起，巴菲特征求盖茨 IBM 所面临变化和挑战的看法。盖茨后来说，我当时正渴望有人来问我这样的问题。巴菲特问盖茨信息产业公司更迭如此之快的原因，盖茨一一做了回答。盖茨向巴菲特提出了有关报业经济问题，巴菲特直言不讳地表示报业经济正一步一步走向毁灭的深渊，这和其他媒体的发展有着直接的关系。那天他们谈了很多，涉及政治、工业、社会、运动等许许多多的问题。巴菲特要盖茨给他推荐两只科技类股票，几天以后，巴菲特买了 100 股微软和英特尔股票，至今他还保留着这些股票。正是这一次相会，成了两位亿万富翁之间友谊的重要起步。

此后，巴菲特和盖茨在长期交往中，他们的才智互相吸引，事业上敢于冒险，他们不怕任何困难，生活上不贪图享受，他们从对方身上吸取自己所需要的东西。

他们还有业余的共同爱好，那就是打桥牌。盖茨从小就喜欢打桥牌，而巴菲特是一个桥牌的痴迷者。因此，他俩经常在因特网上打牌，有时一玩就是一整天，盖茨对巴菲特这位年长者，内心充满了尊重和敬佩之情。

更让世人敬佩的是两人对慈善事业的奉献。他俩都非常热衷公益事业。在他们认识之前，都已在各自的慈善事业上开辟了自己的天地，做了大量工作，得到了社会公认。但自从他们成为朋友以来，慈善事业又把这两位朋友紧紧地拴在了一起。资助慈善事业，建立基金成了他们共同的目标。

早在 2001 年，盖茨就成立了比尔和梅琳达·盖茨基金会，全球最大的慈善基金会。该基金会以美国华盛顿州西雅图市为基地，通过盖茨学习基金和威廉·盖茨基金会的合并而创立。现该基金会现有资金约 270 亿美元，每年必须捐赠全部财产的 5%，每年捐赠超过 10 亿美元。

在 2004 年 7 月 20 日，微软公司将 750 亿美元投入股市，盖茨获得 30 亿美元红利，盖茨将此笔红利全部捐给基金会。

2000 年 1 月，盖茨和夫人捐出所拥有的 1000 多亿美元的财产，只留给他们孩子每人 1000 万美元，并正式成立基金会。

盖茨像管理微软一样，运行着这个覆盖 100 多个国家项目的基金会。

基金会有着严密的组织机构，共分为"盖茨基金会信托"和"盖茨基金会"。前者负责资产的增值保值，每年划拨善款给"盖茨基金会"，用于项目支出。基金会启用了职业经理人。盖茨基金会下设全球卫生项目组、全球发展项目组、美国项目组和运作领导组。为确保基金会运作透明而高效，基金会制定了一系列规章制度。

巴菲特和盖茨成为好朋友，并没有对微软股票进行大批购买，而是对盖茨基金产生了极大兴趣。巴菲特认为，盖茨基金管理完善，规章制度严格，自己没必要另起锅灶再设基金，于是在 2005 年决定加入盖茨基金会。

巴菲特在 2006 年致盖茨夫妇的信中，阐述了参与盖茨基金会的意见，他说："我非常敬佩比尔和梅琳达·盖茨基金会所取得的成就，同时也希望能够实质性增强其势力。通过这封信，我承诺，在我有生之年，将以比尔和梅琳达·盖茨基金会为受益人，每年捐赠伯克希尔 B 股，这个承诺是不可撤销的，第一年的捐赠将使和梅琳达·盖茨基金会的年度赠金额增加 15 亿美元。我预计，以后我每年的捐赠数虽不固定，但最终都会实质性地增加。"

"我是这样安排的：我将指定 1000 万股 B 股专门用于和梅琳达·盖茨基金会的慈善捐赠（目前我只有 A 股，但不久就会把部分 A 股转换为 B 股）。每年 7 月或你们选定的时间，这些已指定股票中的 5% 将直接捐给 BMG，或者是捐给一个以 BMG 为受益人而持有这些股票的慈善代理机构。具体来说，我将在 2006 年捐出 500，000 股，2007 年捐出 475，000 股（2006 年捐赠后剩下的 9，500，000 股的 5%），其后每年捐出余下股份的 5%。"

"为了改善千百万个不像我们三个人这样幸运的人们的生活，你们两人在基金会的工作中付出了非凡的智慧、精力和热情，你们已经不分种族、肤色、性别、宗教和地域做到了这一点。我很高兴能为你们从事的慈善事业贡献资源。"

我们原文引用了巴菲特致盖茨夫妇的信的部分内容，就是能够全面地了解巴菲特对盖茨夫妇的信赖和对慈善事业的热爱，也更深层次了解巴菲特对世界贫穷人口的关爱。

巴菲特在 2006 年致股东信中说，去年，我已将大部分持有的伯克希尔股权，移转给 5 个慈善基金会。此一安排是我生前规划一部分，最终我会将名下所有持股全数投入于公益。

据我遗嘱中的主张，我在去世时仍持有的伯克希尔股份将以为期 10 年的时间加以变卖，以投入公益使用。由于处理上并不复杂，因此最多再花三年就能完成所有程序。将这 13 年的时间，加上我预期自己还能再活 12 年（当然，我的目标不只如此），就意味着我所有伯克希尔持股的卖出所得，将在未来 25 年间，完全转移作社会公益用途。

巴菲特上述表达，告诉世人他对公益事业的奉献的决心，安排得具体周到，一个可尊敬的老人，对全世界慈善事业的热衷让我们敬佩不已。

在接受福克斯电视新闻采访时说，我会给他们（指巴菲特子女）足够的钱使他们还能做其他事情，但不是太多的钱让他们不会做任何事。我认为这（将巨额财富全部留给子女）对社会不好，对孩子们也不好。

可以看出，巴菲特对慈善事业的尽心尽职，一颗真诚善良之心，是世人学习的楷模。

巴菲特和盖茨这一对年龄相差近 20 岁的好朋友，不但在事业上共同前进，而且在慈善行动上步调是多么一致。这一对老兄老弟给世人树立了光辉榜样，必将为后人传颂。

086　巴菲特和他的孩子们

人们常说，家和万事兴，三字经里也说，夫妻顺，父子亲。事业的兴旺发达，离不开一个和睦幸福的家庭，巴菲特蒸蒸日上的事业，也有一个充满活力的家庭。

巴菲特夫妇有三个孩子，三个孩子都考上了大学，但没有一个能够坚持把大学读完。作为父亲的巴菲特，虽然非常希望孩子们能坚持读完大学课程，但对他们并未过多责备，他很尊重孩子们的选择。

大女儿苏珊•巴菲特 1953 年出生，被人称赞为"小巴菲特小姐"的苏珊，她先是在《新公众》杂志社工作了一段时间，后又在华盛顿哥伦比亚特区担任《美国新闻与世界报道》节目编辑的行政助理，后来她在加利福尼亚一家 21 世纪公司担任执行总裁的助理，再后来她回到了奥马哈，并致力于巴罗丝•布拉姆金中心发展为表演艺术基金会的工作。在生活中，无论遇到什么问题，苏珊总是自己想办法解决，而不会轻易向父亲求助，她一生并不富有，但她有理由相信，靠自己的劳动赚来的钱养活自己是一件很幸福的事情。

在很多人眼里看来，因为是巴菲特女儿，苏珊一定很有钱，实际情况并非如此。有一次苏珊接受记者采访时说，"他们不理解，当我父亲开出一张20美元的支票，他给我兑换成现金的心情。如果现在我有2000美元的话，我会马上还清我所有的信用卡账单。"

大儿子霍华德·巴菲特是一名共和党人，而他的父亲是一名民主党人。霍华德曾担任过一届道格拉斯县委员会主席，任职期间，积极倡导帮助穷人、并积极参加活动。霍华德对农业、环保、公共事业竭尽全力，尤其酷爱农业，他上了一年大学就退学了。买了台推土机投身农业，后来他从父亲手里以30万美元的价格购买了一个农场，成为了一个农场主。霍华德当了农场主，但并不轻松，他必须按期缴纳租金，否则立即收回。这对于退学不久的他来说，艰难可想而知，但艰难的处境往往更能锻炼人，巴菲特一家的朋友迈克尔·延瑞评价霍华德说："他非常聪明，在政治上具有高度的敏锐感，但尤为重要的事，他继承了父亲身上那种诚实、正直的美好品质。"闲暇时，他周游世界，拍摄各地的野生动植物，拍摄的照片发表在《野生生物资源保护协会》、《世界图书发行》等杂志上，还出版了一本名为《生物与形象》的书。

小儿子皮特·巴菲特1958年出生，是一个音乐天才，姐姐苏珊说："无论学习什么乐器，皮特都能轻松学会。他7岁那年，连乐谱都没见过，但当他坐在钢琴前开始弹奏时，比我这个已经上了8年钢琴课的姐姐弹得还要好。"现在皮特是一位著名的音乐家兼生意人。他经常带着他的15人乐队为群众演出，巴菲特亲自到场观看，他对儿子的演出大加赞赏，并对儿子说："我们干的都一样。"

尽管巴菲特很爱他的孩子，但在物质上并不会给予过多的帮助和支持，巴菲特从来不会在孩子们身上大量使用金钱，更不会让他们大肆挥霍。在孩子的成长过程中巴菲特已经教会了他们要依靠自己，独立地生活。当孩子参加工作后，巴菲特完全断绝了对他们经济上的资助。

父亲对慈善事业的关爱也深深地感染了他的孩子们。巴菲特曾向他们表达过，他的全部财产将捐献给慈善机构，巴菲特给孩子们的公开信中说："我想我很幸运，我的三个孩子能用他们的时间和精力为身边的人作出些贡献。"虽然没有明显，但巴菲特却表达了自己的期望：希望孩子们亲自管理自己的财产，并引导他们做慈善事业。

巴菲特将自己的财产300亿美元捐赠给了慈善事业，他给每个子女10亿美元。

大儿子霍华德说，在获得父亲 10 亿美元基金的同时，他就决定把这项基金投入到拯救印度豹的行动中。他还利用这笔钱在南非购买了一块地，建立了一个印度豹保护基地。

另外，霍华德在对抗全球饥饿问题上做出了自己的贡献。有一次去非洲旅行，他亲眼目睹了非洲人民由于饥饿生活在死亡线上，真正感受到了那里生活条件的艰辛，在旅行中，他看到一些贫穷的农民放火清理土地。这使他深切地感悟到，只有先解决非洲人民的粮食问题，才能更好地保护非洲的环境。也是从那个时候起，霍华德决定终身投资农业，人类历史上最有效益、最能造福于人类的行业。他说："在莫桑比克，和一名农民聊天时，我的双手一直放在泥土里。全世界的农民都是一样的，我们只关注土地。"

紧接着，霍华德找到比尔·盖茨，并与盖茨商议建立基金会合作，开始将大量资金投入到抗旱玉米的研究上，着力培养非洲农民学习土地管理的技术，并投资改善当地农作物种植和收割技术。

霍华德很像父亲，他倾心自己的一切，在农业、环保和公共卫生事业上做出了突出的贡献，而他，无疑是对世界最友好的一个。

小儿子皮特则用父亲给的 10 亿美元建立了 NoVo 基金会，它主要是帮助女孩对早婚早孕、婚前性行为和不安全的性行为说"No"，并在西非成立保护女孩计划，防止当地的女孩受到暴力侵害。

巴菲特的长女苏珊，用父亲给她的 10 亿美元在奥马哈创建了舍伍德基金会，重点是对奥马哈的学校和教育系统进行援助。

巴菲特这样对待他的孩子们，因为巴菲特的血液里流淌着母亲节俭勤奋的血液。

巴菲特的父亲大学毕业后，在银行当股票经纪人。1929 年美国出现经济危机，股市崩盘，银行倒闭，便失业在家。后来自己创办了一个股票经纪公司，一开始生意冷清，前四个月甚至一单生意也没做成。巴菲特的母亲是个勤俭持家的人，她为了省下坐公交车的钱，步行几十里去商店买东西。

后来父亲生意好了，买了大房子，好车子，生活条件好了，巴菲特的母亲还是保持着勤俭的生活方式。给孩子们买东西，都只是买大减价后又减价不能退不能换的特价商品，而且只买生活必需品。母亲的生活方式对巴菲特有很大影响，巴菲特对母亲的孝顺有口皆碑，巴菲特一生节俭，但在母亲 80 岁生日时，巴菲特买了一辆凯迪拉克作为生日礼物送给母亲，在给自己买一台健身脚踏车时，也不忘给母亲送去一台。

巴菲特的母亲说："巴菲特送给我一辆凯迪拉克作为我 80 岁的生日礼物，我只开了 8000 英里，但我在健身脚踏车上骑了 19100 英里。"

巴菲特妻子苏珊病重住院期间，他一直照顾妻子，过去巴菲特忙于工作，总是妻子照顾自己，巴菲特学习了妻子好多优点，学会了照顾别人，巴菲特对妻子的爱也感动了好朋友盖茨，盖茨妻子梅琳达给巴菲特的贺卡这样说："谢谢您让盖茨明白了他不是为自己活着，而是为所有爱他的人而活，盖茨能有你这个朋友真的很幸运。"这也使巴菲特明白了一个人的成功标准并不在于你有多少钱，而在于有多少人在真正地关心你。

这就是巴菲特的一家，一个伟大的父亲和他的孩子们，一个崇尚节俭勤奋、自强自立、致力慈善的家庭。

087　巴菲特和他的恩师

走近和认识巴菲特，不能不了解巴菲特的导师本杰明·格雷厄姆。

格雷厄姆，1894 年 5 月 9 日生于伦敦，婴儿时，父母移居纽约。20 岁时毕业于哥伦比亚大学，格雷厄姆熟练希腊文和拉丁文，对数学和哲学很感兴趣。

大学毕业后，格雷厄姆在纽约经纪公司当了一名信息员，周薪只有 12 美元；后来由于工作出色，升职为研究报告撰写人，不久升为合伙人；到 1919 年 25 岁时，年薪已高达 60 万美元。

1926 年，格雷厄姆合伙开了一家公司，他也未曾躲过 1929 年的股市大崩盘，公司遭到破产。此后，他认真反省，在用 4 年时间伙同戴维·多哥写下了古典投资学上的经典《证券分析》。1934 年该书首版，《纽约时代》杂志发文这样评价这本书："这是一部基础雄厚，成熟而又谨慎的著作，是理论探索与实践经验的完美结合。如果说这部书带来了什么影响的话，那是由于它使投资者们的思想立足于证券而不是立足于市场所引起的。"

格雷厄姆在书中提出了解决如何购买普通股票才符合投资意义的方法论。提出了买卖股票的时机及"安全边际"概念，他认为，以不超过净资产价值 2/3 的价格购买股票或购买市盈率低的股票的方法可以经常使用。他解释说，这是一种简单易行的投资方法。

这部书，对巴菲特来说，视如圣经，早期的巴菲特完全模仿和实践格雷厄姆的价值投资策略。

格雷厄姆和他的学生巴菲特都是极为成功的投资大师，而且都是在哥伦比亚大学商学院，而一个是老师，一个是学生。

两个人都连续四十年在投资上取得巨大的成功。格雷厄姆经历了美国历史上最大的 1929 年熊市行情，巴菲特却经历了 1970 ～ 1980 年的滞胀年代。

巴菲特在 20 世纪 50 年代成为格雷厄姆 - 纽曼公司的一名初级职员时，他对 1926 年～ 1956 年间，即公司整个历史的套利交易所进行详细研究。他发现来自套利交易的年平均收益率为 20%。巴菲特吸收了格雷厄姆 - 纽曼公司所使用的这种套利交易的窍门。从那以后，他在使用这种方法的过程中不断地对这种方法加以完善。

1954 年，位于华尔街的格雷厄姆 - 纽曼公司，这个让巴菲特梦寐以求的公司，终于接纳了他，圆了他和他的老师在一起工作的梦。

巴菲特只在格雷厄姆 - 纽曼公司干了两年。作为公司总裁，格雷厄姆从来没有给过巴菲特投资的机会。后来巴菲特回忆说："大概他从来没有意识到，但这恰恰是我和他待在一起，感到沮丧的原因，他对金钱没有强烈的要求。"

格雷厄姆倡导，从公司经营的角度来看，投资股票是最明智的选择。巴菲特非常认同自己老师的这一观点，巴菲特说："你购买的是公司，而不仅仅是公司的股票。"

既然买的是公司，那么就要研究公司。所以，当有人问巴菲特每天工作时间干什么时，巴菲特说："我的工作是阅读，阅读很多上市公司的资料，尤其是这家公司的年度财务报告。"在巴菲特的办公室保存了几乎所有上市公司的年报。有人认为，那么多上市公司，哪能看得过来，巴菲特说："很简单，按照字母顺序，从第一家公司的年报开始看起。"

格雷厄姆关于"市场先生"的理论，最受巴菲特推崇。格雷厄姆说："市场短期是一台投票机，但市场长期是一台称重机。"意思是说，"市场先生"把票投给谁，完全取决于他的情绪，股市就是一台称重机，因为股价经过长时间的波动，最终会回到其内在价值上来。所以，只有认清了市场波动的规律，就可以利用市场规律而战胜"市场先生"，才不会被"市场先生"的情绪左右。巴菲特说："关键是利用市场，而不是被市场利用。"巴菲特认为，战胜市场的前提是，你比"市场先生"更了解一家公司，能够比"市场先生"更加准确评估出公司的真正价位。否则的话，你就不要和"市场先生"玩股票投资游戏了。巴菲特告诉我们："'市场先生'是你的仆人，而不是你的向导。"

格雷厄姆教导巴菲特，不要做投机，而要做投资。并且给巴菲特解释二者的区别："投资是一种通过认真分析研究，有指望保本并能获得满意收益的行为。不满足这些条件的行为就被称为投机。"

不要关心股价涨跌的价差，而要专注于评价公司股票的内在价值，寻找那些价值明显高于价格的股票，低价买入，长期持有，直到价格回归于价值。

088 我的工作是阅读

在 1999 年股东大会上，查理·芒格说："我认为我和巴菲特从一些非常优秀的财经书籍和杂志中学习到的东西比其他渠道要多得多。我认为，没有大量的广泛阅读，你根本不可能成为一个真正的投资者。"

巴菲特将他的日常工作形象地概括为："我的工作是阅读。"巴菲特之所以能够做出正确的投资判断，是因为他每天都大量阅读上市公司业务与财务相关的书籍与资料。他平时阅读最多的是各类企业的财务报告。他说："我阅读我所关注的公司年报，同时我也阅读它的竞争对手的年报，这些是我最主要的阅读材料。""我看待上市公司信息披露(大部分是不公开的)的态度,与我看待冰山一样(大部分隐藏在水面以下)。"

巴菲特常常喜欢把阅读和调研结合起来加以研究、分析、比较。他说："你可以选择一些尽管你对其财务状况并非十分了解但你对其产品非常熟悉的公司。然后找到这家公司的大量年报，以及最近 5 到 10 年间所有关于这家公司的文章，深入钻研，让你自己沉浸于其中。当你读完这些材料之后，问问自己：我还有什么地方不知道却必须知道的东西？很多年前，我经常四处奔走，对这家公司的竞争对手、雇员等相关方面进行访谈。……我一直不停地询问有关情况。这是一个调查的过程，就像一个新闻记者采访那样。最后你写出一个故事，一些公司故事容易写出来，但一些公司的故事很难写出来，我们在投资中寻找的是那些故事容易写出来的公司。"

可见，巴菲特的投资成功秘诀是大量阅读和调查研究。"学习投资很简单，只要愿意读书就行了。""如果我只学习格雷厄姆一个人的思想，就不会像今天这么富有。"

其实，巴菲特从小就养成了阅读的好习惯，在 8 岁的时候就开始阅读一些股票投资类的书籍，从小就大量阅读商业投资类书籍，丰富了巴菲特的理论知识。对于投资回报信息的收集并阅读，是巴菲特投资决策的依据，如果没有扎实的阅读功底，是很难想像巴菲特如何能从这些海量信息中获取投资机遇的信息。

巴菲特自称在 10 岁那年，就把奥哈马市图书馆关于投资的书全部读完了。他最爱看的是《华尔街日报》，另外他还非常喜欢阅读一些自己欣赏的市场观察人士对于股市的评论。读大量的行业报刊，包括《美国银行家》、《主编与发行》、《广播》、《饮料文摘》、《今日家具》、《贝斯特之财险》、《寿险评论》、《哥伦比亚新闻业评论》、《纽约观察家》和《纽约客》。

21 岁时，巴菲特仔细翻看《穆迪手册》，他不放过手册上的每一个企业，哪怕很小的一个企业。我们知道，穆迪是美国三大评级公司之一，它的创始人是约翰·穆迪，1909 年首创对铁路债券进行信用评级，1975 年，美国证券交易委员会 SEC 认可穆迪公司。巴菲特将穆迪公司一万页工业、运输、银行与金融手册看了两遍。这也奠定了巴菲特成功的关键所在。巴菲特说："比其他拥有更多信息——然后正确地分析，合理地运用。"

谁也不知道巴菲特一生究竟读了多少书，阅读了多少上市公司年报，但是有许多人知道巴菲特有惊人的记忆力。

彼得森是巴菲特在大学读书时的同学，他曾见证过巴菲特在宾夕法尼亚大学读书时所表现出的非凡才能。彼得森说，从头到尾，一页一页阅读得非常仔细。几年后在奥巴哈，彼得森和他原来的大学同学共进午餐。他问巴菲特，宾夕法尼亚大学的一个教授就合同法的某一条款是怎么说的。巴菲特说："喔，在 221 页，第三段。"接着他开始背诵那本书，彼得森核对了一下教科书，发现巴菲特所记的是一字不差。

089　巴菲特让投资变得简单

老子在《道德经》中说："万物之始，大道至简，衍化至繁。"意思是说，大道理是极其简单，简单到一两句话就可以说明白，把复杂冗繁的表象层层剥离之后就是事物的本质。

巴菲特在生活上非常简洁、俭朴、简单，在工作中一直崇尚简单，他的的确确是一位大道至简的实践者。

在 2005 年致股东的信中，巴菲特说，2005 年 11 月 12 日，《华尔街日报》上刊登了一篇讨论伯克希尔与众不同的购并和管理运作的文章，文章中皮特说："向巴菲特出售我的公司比更新我的驾照还容易。"

纽约的凯西·巴伦·塔姆拉兹读了这篇文章之后，触动了心弦，11 月 21 日，她给我写来一封信，开头这样写道："作为美国商业资讯公司的总裁，我想向你介绍我的公司，因为我认为我的公司符合最近一篇刊登在《华尔街日报》上的文章中详细说明的伯克希尔下属子公司的特征。"

巴菲特说，当我将凯西的来信看完之后，第一感觉就是美国商业资讯与伯克希尔是一双佳偶，我最欣赏她来信中的倒数第二段："我们严格控制成本，并且限制一切不必要的支出。我们公司没有秘书，也没有管理分层。但我们却会大量投资以取得技术领先和推动业务发展。"

我马上给凯西打了一个电话，伯克希尔与美国商业资讯的控股股东洛里·洛克很快达成了收购协议。洛里·洛克于 1961 年创建了这家公司，刚刚聘请凯西为 CEO。我非常欣赏像洛里·洛克这样的商业成功传奇故事，今年 78 岁高龄的他已经把公司打造成一家把信息传送到 150 个国家的 25000 个客户的优秀企业，他的商业成功传奇是一个好的创意，一个商业天才，一种勤奋刻苦工作的态度完美结合的成功典范。

我们有时候往往把简单的事情人为地复杂化，其实弄得很深奥是因为没有看穿实质，没有抓住关键，反而陶醉在自我制造的纷繁复杂中不能自拔。

巴菲特说，不要把简单的事情复杂化，真正的投资策略就像生活常识一样非常简单，简单得不能再简单。商学院重视复杂的程式而忽视简单的过程，但是，简单的过程却更有效。要想成功的投资，你不需要懂得什么有效市场、现代投资组合理论、期权定价或是新兴市场。事实上，大家最好对这些东西一无所知。

巴菲特始终坚持如何让投资变得简单。

1998 年巴菲特在佛罗里达大学商学院的演讲中说，作投资的好处是你不用学习日新月异的知识和技能。当然你愿意那么去做，就另当别论了。40 年前你了解的口香糖的生意，现如今依旧适用，没有什么变化。

1999 年巴菲特致股东信中说，有一则故事忍不住想补充，故事发生在 1985 年，有一家非常大的投资银行受委托负责出售史考特·飞兹公司，然而在经过多方的推销后却仍无功而返。在得知这样的情况后，我立即写信给史考特·飞兹当时的总裁拉尔夫·斯切表达买下该公司的意愿。在这之前我从来没有与投资银行所签订的意向书中明确规定，一旦公司顺利找到买主便须支付 250 万美元给银行，即便最后的买主与该银行无关也要照付。事后我猜想，或许是该银行认为既然拿了钱，多少都应该办点事，所以他们好心地将先前准备好的财务资料提供一份给我们。收到这样的礼物时，理查冷冷地响应说："我宁愿再多付 250 万美元也不要看这些垃圾。"

如果我们觉得某件事情很复杂，做起来感觉很棘手，那只能说明我们没有找对方法或是没有付出努力。

巴菲特反对把事情搞得复杂化，是巴菲特工作作风的一个特点，他能从纷繁复杂的现象中寻找出最简的方法，由繁至简，这就是巴菲特对待工作的态度。

其实认识巴菲特很简单，这就是巴菲特工作的艺术，这也正是为世人所吸引的魅力所在。

2004 年巴菲特致股东信中说，去年美中能源打消掉一项锌金属回收的重大投资案，该计划在 1998 年开始，并于 2002 年正式运营。由于地热发电产生的卤水含有大量的锌，而我们相信回收这种金属应该有利可图，近几个月来，回收运用在商业上似乎可行，但冶矿这行，就像是石油勘探一样，往往希望一再戏弄开发商，每当一个问题解决了，另一个问题马上又浮现，就这样一只拖到 9 月，我们终于举白旗投降。

有一件事情在这里不得不说，"大道至简"是中国的老子所说，但我们中国的企业往往把事情搞得很复杂，比如首钢股份（000959）在 2010 年 10 月 29 日因筹划重组停牌已有近一年，至今没有复牌重组。还在进行中，在 2011 年 6 月 28 日股东大会上，该公司领导也有一肚子苦水，18 个部委都得跑遍，哪炷香烧不到都不行，特别是涉及到地域重组更为复杂。自 2005 年国务院决定首钢迁出北京以来，首钢重组可谓路漫漫，任重道远，26 万股民叫苦不迭。

学学巴菲特吧，让事情变得简单些，不要把事情弄得人为地复杂化。学学老子吧，老人家教导我们："大道至简。"社会已进入电子信息时代了，我们办事情解决问题难道非要"大道至繁"吗？

090 巴菲特成功的秘诀：价值投资

巴菲特一生坚守价值投资不动摇，这是他立于市场不败的秘诀。

什么是价值投资？巴菲特为什么热衷价值投资？这是首先要回答的问题。巴菲特认为，所谓价值投资，就是投资者利用短期内价格与价值的偏离，以低价买入目标股票，形成理想的安全边际，利用长期内价格向价值的回归，以更高的价格卖出自己以前低价买入的股票，从而获得巨大的投资利润。

巴菲特说，价值投资给所有的投资者提供了唯一走向成功的机会。这是因为，价值投资是众多投资理论的集合。

巴菲特价值投资理念，来源于他的导师格雷厄姆，格雷厄姆被人们称为价值投资之父，格雷厄姆认为，对股票市场价格产生影响的两大要素，其一是内在价值，其二是投机因素。

巴菲特继承和发展了格雷厄姆的价值投资理念，虽然市场在不断变化，时代在不断进步，在信息电子时代，唯有价值投资是唯一能够持续战胜市场的投资策略。

价值投资是以高收益和低风险持续战胜市场。价值投资的实践说明，基于安全边际的价值投资能够取得超出市场平均水平的投资业绩，而且这种超额收益并非来自于高风险，相反，价值投资策略的相对风险更小。

价值投资不仅是一个正确的投资理念，更是一种正确的投资方法和技巧。价值投资注重挖掘出被市场严重低估价值的股票或资产，以适时地进行有效投资的过程。也就是说，寻求股票价值回归，根据上市公司的发展前景、盈利能力和历史表现推估投资股票的价格，进行低买高卖的获利操作，或长期持有，分享资产增值利益。

毫无疑问，巴菲特是一位成功的价值投资理论的实践者，他更注重公司的长远发展和长久利益，并乐意为此付出合理的价格。巴菲特对格雷厄姆的价值理论作了生动的概括："用0.5美元的价格买入，用1美元的价格将产品卖出。"到了今天，我们可以这样说，格雷厄姆准确地发现并抓住了价值投资的核心所在，而巴菲特，则用大胆的实践告诉我们应该如何进行价值投资。

价值投资理论有以下三个基本特征：一是上市公司股票价格受到某些外界因素所制约，导致股票市场价格出现波动，比如国内一些重大政策的调整变化，以及国外的突发性事件的发生等。二是上市公司本身的内在价值具有相对的稳定性，不同于证券市场价格的起伏不定，在短时间内，股票的市场价格可能会有所变化，偏离内在价值；但从长期来看，市场价格会逐渐向内在价值回归。三是要想获得稳定的回报，就要抓住机会，在股票市场价格低于其内在价值时果断购买，在市场价格高于其内在价值时高价抛出，而我们把内在价值与市场价格之间的差距叫作"安全边际"。

价值投资的三个基本特征包含了两个重要的投资概念：上市公司的内在价值和安全边际。这里所说的内在价值就是上市公司的价值，对内在价值的评估是价值投资理论的核心。主要有五大因素构成：①分红派息比例，优质资产的派息率应持续、稳定，且高于银行同期存款利率，这是优质股票的重要标志；②反映上市公司整体经营状况和每股获利能力；③资产净值，也就是我们通常所说的每股净资产，这是资产的核心价值；④普通股每股市价同每股盈利的比例；⑤股票价格低于资产内在价值之差的安全边际。

当我们想要购买股票时，内在价值就成了一个非常重要的概念。内在价值没有数学公式来计算，要想知道某支股票的内在价值，你必须了解你要买股票背后的企业。给企业估价既是一门艺术，也是一门科学。你没有必要等到最低价才去买，只要低于你所认定的价值就可以了。如果能以低于价值的价格买进，而且管理层是诚实可靠有能力的，你肯定会赚钱。

巴菲特说，在价值投资法中，如果你以 60 美分买进 1 美元的纸币，其风险大于以 40 美分买进 1 美元的纸币，但后者报酬的期望值却比前者高，以价值为导向的投资组合，其报酬的潜力越高，风险越低。

巴菲特十分自信地告诉投资者，你若能以低于内在价值的钱买进它的股份，并对它的管理充满信心，那你赚钱的时间便指日可待了。

091　买股票看重的是公司的内在价值

巴菲特说："当股价走到了相对于其盈利增长以及股本收益率具有吸引力的水平时，才应当购买。"这是取得成功的一个要诀。

巴菲特认为，对于股票持有者来说，应该把注意力集中在具有高水平股本收益率的公司上，因为股票业绩指标直接关系你的钱包。

你应该主要关心投资收益，或者从股票中获得的现金流。投资收益是衡量公司表现的一个更加重要的尺度。股票投资者的收益包括股息支付加上投资者在股票持有期内所经历的股票价格的上升部分。市场只关注股票持有者的年收益。

巴菲特说，当一家公司取得了高水平的股本收益率是，表明它在运用股东们提供的资产时富有效率。因此，公司就会以很快的速度提高股本价值，由此也使股价获得了一个同样快速的增长。

那么，股东收益有没有一个标准来衡量呢？答案是肯定的。巴菲特指出，标准普尔 500 指数代表的公司的股票收益，在 20 世纪的大部分时间里，平均水平在 10％ -

15%之间，到了90年代急剧增长。到90年代末，公司的股东收益超过了20%，有些技术公司的股本收益率达到30%，如可口可乐、菲利普·莫里斯、华纳·兰伯特、默克公司等。

利用"总体盈余"方法进行估算也是巴菲特评估一个公司价值的标准。巴菲特说："投资人的目标是建立可以在未来几十年还能产生总体盈余最高投资组合。"

我们知道，在股市中，一般投资者在投资过程中往往比较看重股票的价格，并以此来判断是否值得投资。巴菲特认为，单靠股票价格是不能分析出其真实价值的。为了了解企业股票的投资价值，用"总体盈余"对企业估算不失为一个好办法。这是因为总体盈余为价值投资者检验投资组合提供了一个指标。尤其是当股票价格常常无法完全同步反映企业基本面的时候，这一指标就显得至关重要。

如果不对价值进行准确评估，连巴菲特这样的股神，也没有办法确定在什么时候以什么价格买入股票才划算。在巴菲特看来，现金流量是进行价值评估的最好办法。他认为，要想做到价值评估的正确，首先要选择正确的估值模型——现金流量贴现模型。

现金流量贴现模型是在对构成公司价值的业务的各个组成部分创造的价值进行评

估的基础上计算公司的权益价值。这样可以使投资者明确和全面了解公司价值的来源、每项业务的情况及价值创造的能力。公司自有现金流量的多少反映了竞争优势水平的高低，产生自由现金流量的期限与竞争优势持续期一致，资本成本的高低也反映了竞争中投资风险的高低。

巴菲特坚持实质价值才是可靠的获利。对于投资者来说，投资赚钱可以靠两个途径来实现：一是企业实质价值的增长，二是"市场先生"的非理性价格。前者是肯定的，后者也是不可缺少的一部分。在1991年巴菲特致股东的信中说："理查和我一起对盈利作了设定，以15%作为每年公司实质价值增长的目标，这也就是说，如果在未来十年内，公司要达到这个目标，则其账面价值至少要增加22亿美元。我们真的很需要祝福。请大家祝我们好运吧。"巴菲特一向强调企业的实际价值而绝不是表面上看到的资产，他注重资产的盈利能力。

092 巴菲特投资的最大收益：时间复利

投资的耐心，大家都知道，"一口吃不成胖子"都懂，但真正能做到却寥寥无几。巴菲特一生坚持时间复利，取得非凡收益，世人赞叹，却无人模仿成功。

巴菲特说："复利有点像从山上滚雪球，开始时雪珠很小，但是当往下滚的时间足够长，而且雪球粘得适当紧，最后雪球会变得很大很大。"

巴菲特认为，复利累进理论是至高无上的。投资最大的收益是"时间复利"。1989年，巴菲特认为可口可乐公司的股票价格被低估，因此他将伯克希尔公司25%的资金投到了可口可乐的股票中，从那时起一直持续至今，当时投资10亿美元如今已达到80亿美元。从1965年—2006年的42年间，巴菲特旗下的伯克希尔公司年均增长率为21.4%，累计增长361156%，同期标准普尔500指数成分股公司的年均增长率仅有10.4%，累计增幅为6479%。

了解时间复利，其实很简单。如果投资者以20%的收益率进行投资，初始资金10万元，其收益情况为：

年份	资金额（万元）	累计收益率（％）
1	12	0.2
2	14.4	0.44
3	17.28	0.728
4	20.73	1.07
5	24.88	1.488
6	29.8	1.98
7	35.83	2.58
8	42.99	3.29
9	51.59	4.15
10	61.9	5.19

上表我们计算了 10 年投资 10 万元收益情况，投资 10 万元，10 年后就能达到 61.9 万元，非常可观。这里有必要支出，复利的关键是时间，投资时间越长，复利的基数就越大。

复利的神奇作用在巴菲特投资生涯中表现得淋漓尽致，1965 年，巴菲特开始管理伯克希尔公司，到 2010 年，45 年间，伯克希尔公司复利净资产收益率为 22.5%。伯克希尔副董事长芒格说："如果既能理解复利的威力，又能理解复利的艰难，就等于抓住了理解许多事情的精髓。"

2007 年，巴菲特在致股东信中说："如果投资者希望在 21 世纪的股市中获得 10% 的年收益率，其中 2% 来自分红，8% 来自股价的上涨，那么你就必须期待道指在 2100 年的时候能后达到 24000000 点（目前的道指是 13000 点）。如果你的财务顾问能够向你保证每年两位数字的收益率的话，那么你就应该当心那些油嘴滑舌的所谓专家的论断了。一旦你被他们的美好愿望欺骗，那便是他们填满自己腰包的时候了。"

而巴菲特投资所需求的是最大的年复利税后回报率，他认为借助复利的累进才是真正获得财富的秘诀。

复利的魅力来自两个方面：时间的长短和回报率的高低。时间的长短将对最终的价值数量产生巨大的影响，时间越长，复利产生的价值增值越多。同时，在此基础上，巴菲特用足够的时间寻找那些可能在最长的时间获得年复利回报率最高的公司。就是说，投资具有长期持续竞争的卓越企业，投资者所需要做的只是长期持有，耐心等待股价随着公司的成长而上涨。具有持续竞争的企业具有超额的价值创造力，其内在价值将持续稳定地增加，其股价理所当然地不断上升，那么复利的力量最终为投资者带来巨大的财富。

巴菲特认为，持有时间决定着收入的概率。他说，"如果你在一笔交易中挣了125 美元，然后支付了 50 美元的佣金，你的净收入只有 75 美元。然而如果你损失了125 美元，那么你的净损失就达到175 美元。"巴菲特的例子说得很清楚，比如，10万元资金，在一年内交易了 100 次，按 50% 概率计算，其中有一半每笔获利 500 元，而另一半每次亏损 500 元，那么年收益率为零。而每笔交易佣金费用按 50 元计算，一年下来，最终亏损 1 万元。如果要想年收益率达到 10% 的收益，概率计算需要有70% 的交易都保证盈利。

所以，许多投资者认为，短期交易都是给营业部打工的。巴菲特非常讨厌短期交易，他认为，这种短期浪费资金的行为，只会使投资者获得较小的利益。巴菲特说："考虑到我们庞大的资金规模，我和理查还没有聪明到通过频繁买进卖出来取得非凡投资业绩的程度。我们也并不认为其他人能够像蜜蜂一样从一朵花飞到另一朵花来取得长期的投资成功。我认为，把这种频繁交易的机构成为投资者，就如同把经常体验一夜情的人称为浪漫主义者一样荒谬。"

巴菲特一直认为，短期投资行为和频繁的换手给投资者带来的是为股票周转率支付更多的佣金，因为股票的换手并不能给投资者创造任何经济价值，他的贡献就是给股票的代理行业带来巨额收益。如果投资者持有的股票能够坚持持有数年甚至更长时间，那么公司的股益必将远远超过股票交易佣金的数量。如果周转率过高，其结果是为了支付 1 元的收入必须支付的交易成本将远远超过 1 元。

巴菲特说："一个成功的传教士，不在乎他的教堂中每周有多少人来听讲，却非常在乎听他传教的人的持久性。我们的目标是使我们的股东合伙人从公司业绩中获利。要记住，人们常常忽视的致命危险，即是从总体上看投资者不可能产生超过公司收益的回报。"

高换手率并不能给投资者带来高的收益，而只能带来交付更多的交易佣金，久而久之，投资者的钱包会逐渐干瘪了。巴菲特说："我们的目标是使我们的合伙人从公司的业绩中获利。"

有人说：复利是人类最伟大的发明。巴菲特一生坚信复利投资，并在实际操作中坚信时间的价值，创造了惊人的复利，也为世人留下了宝贵的精神财富和效仿的榜样。如果从现在起，效仿巴菲特，坚信长期投资获利的根源在于复利，那么多年后你的财富就会源源而来。

093　对优秀公司理应长期持有

对于投资者而言，是把主要精力用在盯盘上，追涨杀跌，还是把功夫下在选择优秀公司上，是衡量投资者成败的分水岭。道理都明白，但在实际操作中，大多数人只热衷于前者，而崇尚后者寥寥无几。

小聪明只看重眼前蝇头小利，大智慧注重的是长远利益。

巴菲特四十多年的投资生涯中，主要投资于十几只股票，这就使他赚取了大量财富。他说："我认为投资者应尽可能少地进行股票交易。一旦选中优秀的公司大笔买入之后，就要长期持有。"

巴菲特有大笔资金，他投资的次数却很少。他不受市场短期波动起伏影响，具有极好心理素质。他给投资者建议，提出"卡片打洞"，他忠告投资者，每人准备一张卡片，上面只允许给自己打12个小洞，每次买入一只股票后，就必须打一个洞，打完12个洞，就不能再买股票了，只能持股，这个建议就是忠告投资者要逐步转变成真正优秀的公司的长远投资人，可谓用心良苦，可又有多少人能操守他老人家的忠告呢？

巴菲特认为，如果投资者在投资时，不打算10年持有某只股票，而只是频繁地买进卖出，增大股票投资的摩擦成本，最终只会变相降低投资回报率。当然，值得持有10年的公司，必须是优秀的公司，并且只有这些优秀的公司一直保持优秀之前我们看重的状况，我们才能继续持有它们。

坚持长期投资，可以避免频繁买进卖出，不受短期涨跌影响。有些投资者认为，长期投资有些股票股价越走越低，实际上，股价走低并不是长期投资的错。我们说长期投资有两个最基本的条件，必须是优秀的公司，坚持挑选内在价值的股票。必须是在低位买进而不是在高位接盘。同时，巴菲特告诫投资者，长期投资必须耐得住寂寞。在1992年致股东信中，巴菲特给投资者讲了一个好故事，他说："我们很喜欢买股票，不过对于卖股票则要另当别论了。仅从这点看，我们的步伐就像是一个旅行家发现自己身处仅有一个小旅馆的小镇上，房间里没有电视，面对漫漫无聊的长夜，突然他发现桌上有一本名为《在本小镇可以做的事》的书。这令他很兴奋，于是他翻开了这本书，但是书里却只有短短的一句话：'那就是你现在做的这件事。'"巴菲特讲的小故事，寓意很深，长期投资必须耐得住寂寞，就像住到一个什么娱乐也没有的小旅馆里，只能躺着睡觉一样。他告诉我们一旦买入了某只股票，一定要多看少动，坚持价值投资不动摇。

坚持长期投资，也就是战胜主力的法宝。客观地说，主力运作股票比一般投资者优越得多。他们是强者，我们是弱者，但强者的弱点是拖不起，而一般投资者由于买的是优秀公司的股票，坚持的是长期投资，跟主力比耐力，那是长期投资者的长项。如果我们不停地做短线，其结果不是给营业部做短工，就是主力的牺牲品。

巴菲特一生倡导长期投资，反对短线出击，对那些耐不住寂寞，拿不住手中的股票，老想换来换去的投资者，总是劝他们坚守信念，不为蝇头小利所迷惑。巴菲特十分耐心地告诉投资者，坚持长期投资，就要挖掘值得长线投资的不动股。在选择投资目标时，巴菲特从来不把自己当作市场分析师，而是把自己视为企业经营者。他在选股票前，会预先做许多充分的功课，了解这家股票公司的产品、财务状况，未来的成长性，乃至潜在的竞争对手。巴菲特和常人不同就在于他总是通过了解企业状况来挖掘值得投资的不动股。而大多数投资者则通过大盘，看股价的高低来决定买入或卖出。

巴菲特判断某一支股票是持有还是卖出的主要标准是公司是否具有持续获利的能力，而不是其价格上的上涨或者下跌。巴菲特认为，公司持续获利能力，也就是公司的实际盈利能否持续保持。他说，投资就像打棒球一样，要想得分，大家必须将注意力集中球场上，而不是紧盯着计分板。如果企业的获利能力短期内发生暂时性变化，但并不影响长期的获利能力，投资者应该继续长期持有。但如果公司的长期获利能力发生根本性变化，那就要立即卖出，其他因素都无关紧要。

同时，巴菲特非常注重购买股票的安全性。实际上，有持续获利的股票和具有安全性股票是一个问题的两个方面。股票的安全性历来是巴菲特信守的规则。巴菲特十分推崇格雷厄姆提出的"安全边际"，所以没有安全系数作保障的股票，巴菲特坚决不碰。

巴菲特告诫投资者，在选择长期投资目标的时候，要注重企业只使用相对于其利息支付能力很小的财务杠杆，因为真正的好企业不需要借款。巴菲特让投资者注意观察，绝大部分优秀的企业其业务都非常普通，它们大都出售的还是 10 年前基本上完全相同的并非特别引人注目的产品。

094　购买公司而不是股票

表面看起来，我们的交易行为只是对股票的买卖行为，但实际上看，我们买的是公司而不是股票。如果能认识到买的是公司而不是股票，那么，离盈利就差一步之遥了。当我们选择了优秀的公司的股票，并将其紧紧攥住，那就进入了盈利的行列了。

巴菲特在购买股票的时候，他都以购买整个企业的标准来衡量这个企业是否值得购买，无论是购买1%的股份还是10%。他认为，购买股票并不是单纯的看这支股票的价格和最近一段时间的涨跌，而是要以购买整个公司的心态去购买股票。

在实际购买股票的时候，巴菲特一贯就是这样做的。1988年，可口可乐股票价格暴跌，巴菲特详细分析过可口可乐的基本情况，他认为可口可乐前景很好，当时股价暴跌，他坚信其内在价值远高于当时的股价，毅然逆势而动，第一次就买入5.93亿美元，1989年又增至10.23亿美元，1994年又增加到12.99亿美元，到2009年巴菲特持有的可口可乐股票市值100亿美元，为第一大重仓股，占总投资的20%。此时巴菲特持有可口可乐的均价为6.50元，每年投资收益率为38.3%。

事实上，伯克希尔股票大概是全美国流动性最低的，每年大概只有1%左右的人会抛掉股票。如果长期持有可口可乐股票，可以肯定地说，是大赚了。从1987年底到2009年8月31日，可口可乐从3.21美元上涨到了48.77美元。

巴菲特认为，分析一个企业是否值得投资，主要从三个方面考虑：

这个企业应该是自己熟悉的，简单并易于了解的。巴菲特认为，投资者的投资行为是否获得成功，很大程度上取决于对投资对象的了解程度，巴菲特只选择他了解的范围内选择企业，他从不选择不了解的行业。他不涉足高科技行业就是鉴于上述考虑。

巴菲特投资《华盛顿邮报》，就是因为他对报业有很深刻的了解。他的祖父曾经拥有《克明郡民主党报》，祖母在报社做排字工作，他的父亲在内布拉斯加州大学读书时曾编辑《内布拉斯加人民报》，而巴菲特也曾是《林肯日报》的营业主任。后来他还买下了《奥马哈太阳报》，那时他就对办报产生了兴趣并学到了办报的经验。他13岁开始做送报生，他对《华盛顿邮报》结下了不解之缘，现在看来，他投巨资收购该报，就不难理解了。

企业经营稳定而不复杂。我们知道，巴菲特一向坚持大道从简，他厌恶那些繁琐复杂的企业，他说，对于那些把企业经营方针变来变去，产品换来换去的企业敬而远之。他认为只有那些长期以来都提供同样商品和服务的企业，才能够拥有较高的回报率。巴菲特钟情可口可乐，就是欣赏该产品经营方针一直稳定，产品专注简单，从不涉足其他领域。

企业的发展前景是巴菲特关注的重点。巴菲特认为，他喜欢的企业，那一定是他所了解的，并能坚持长远的发展规划和盈利能力。巴菲特收购美国广播公司的股票，他所看重的就是该公司良好的发展前景。巴菲特认为，广播公司产值高于工业平均值，投资所需资金不多，也没有存货投资。且无线电视网的节目在市场占据着非常大的份额，不需担心技术和广告的经费问题。所以巴菲特认定美国广播公司具有非常美好的发展前景，事实证明美国广播公司多年来为伯克希尔带来丰厚的汇报。

巴菲特在投资企业时，十分看重企业高层的品德。他认为只有选准了优秀的企业领导人，才能选准优秀的企业。他说，选择企业高层，要是用人不当的话，就等于买了一张准备倒闭关门的门票。他曾说过，凡是伯克希尔收购的公司，都必须有值得他赞赏和信赖的管理人员。他选择管理人员的标准是：

管理层是否理智。巴菲特把管理层是否认识分配公司的资本是最重要的经营行为，他认为，资本的分配最终决定股东股权的价值，如何决定处理公司的盈余，转投或者是分股利给股东是牵涉理性与逻辑思考的课题。对于不断增加的过剩资金，而管理者却无法创造平均水准以上的转投资回报率，那么唯一合理且负责任的做法就是将盈余返还给股东。

我们说，巴菲特的思想境界不仅对投资者提出选择优秀企业进行投资的思想，挖掘具有内在价值的企业进行长期投资，而更可贵的是他把企业盈利如何分配作为衡量企业管理者的一个重要标准，巴菲特处处想的是给股东回报。联想到他将自己的财富无偿捐给全社会，这就是一位 80 岁高龄老人的境界，想象我们有些上市公司自上市以来没有一次给投资者回报，难道上市就是为了圈钱，而是让投资者给他们回报！笔者给投资者介绍巴菲特，初衷就是想让大家不仅学习这位老人的投资理念，更要学习他可贵的品德和他的人格。

巴菲特要求管理层必须对投资者坦诚，作为考核管理层一个重要标准。巴菲特极为看重那些完整且真实报告公司运营状况的管理人员，他赞赏和尊敬那些不会凭借一般公认的会计原则，隐瞒公司营运状况的管理者。他们把成功分享给他人，同时也勇于承认错误、并且永远向股东保持坦诚的态度。

拒绝跟风仿效行为，是巴菲特选择经理人的一项基本要求。巴菲特曾收集了37家投资失败的银行机构的名册，在对圣母大学的演讲时，他向听众展示了这份名册，巴菲特是想让学生明白，尽管纽约股票市场的交易量增长了15倍，但这些机构还是失败了，原因是因为同业之间不经大脑的仿效行为。

巴菲特对一家企业经营好坏的判断，主要取决对股东权益的回报率，而非每股盈余的成长与否。在1979年致股东的信中说："我们不认为应该对每股盈余给以关注，因为虽然1979年我们可运用的资金又增加了不少，但运用的业绩反而不如前一年。"巴菲特用来评估企业经营效益的财务手段，是看其四、五年的平均业绩，而不是每年的经营业绩，他认为必须站在一个企业家的角度来分析企业，他觉得企业创造效益的同时，通常不太可能与地球绕太阳一圈的时间正好吻合。巴菲特所遵循的原则是："重视股东权益回报率，而不是每股收益，重视股东权益而非现金流量，重视运营成本，而讨厌不断增加支出的管理者。"

095 巴菲特眼中的企业

在巴菲特的眼中，他认为具有以下特征的企业应是选择的对象：在生产中有良好竞争优势的企业，高盈利的企业，价格合理的企业，有经济特许权的企业，由优秀经理人管理的企业，有超级资本配置能力的企业，具有消费垄断的企业，这就是巴菲特眼中的企业，也是他选择企业的标准。

巴菲特对企业的竞争优势甚为关注。他认为，衡量一个企业是否具有竞争优势，主要考虑：企业的业务是否长期稳定；过去是否一直具有竞争优势；企业的业务是否具有经济特许权，现在是否具有强大的竞争优势；企业现在的强大竞争优势是否能够长期继续保持。巴菲特认为，公司应该保持业绩的稳定性，在原有的业务上做大做强，才是使竞争优势长期持续的根本所在。

持续盈利高的企业是巴菲特选择企业的基本标准。他说："我想买入企业的标准之一是具有持续稳定的盈利能力。"巴菲特更看重的是经营利润对股东的比例来评价一家公司的经营业绩。巴菲特注重考察公司的经营利润，他想知道，企业的管理者利用现有资本通过经营能产生多少利润，巴菲特认为，这是评判公司获利能力的最好指标。同时，他还十分关注股东权利收益率。他认为，高水平的权益投资收益率必然会导致公司股东权益率的高速增长，相应也会导致公司内在价值及股价稳定增长，长期投资于具有高水平权益投资收益率的优秀公司，正是巴菲特获得超额收益的秘诀。

投资时，选择价格合理的企业，这对于投资者来说非常重要，就是说，要在具有吸引力时才去购买，要在企业的价值被市场低估的时候买入，因为这是"安全边际"最基本的要求。巴菲特说："投资人只应该买进股价低于净值 2/3 的股票。"利用股市中价格和价值的背离，以合理的价格买入，然后在股价上涨后卖出，从而获取超额利润。

巴菲特认为，一个出色的企业应该具有其他竞争者所不具有的某种特质，这就是经济特许权。而具有经济特许权的企业，实际上给企业加装了一道安全防护网，是一条环绕企业城堡的护城河。就像可口可乐公司，它拥有全世界所有公司中价值最高的经济特许权，巴菲特十分自信地说："如果你给我 1000 亿美元用以交换可口可乐这种饮料在世界上的特许权，我会把钱还给你，并对你说：'这不可能'"。这就是巴菲特看重经济特许权的原因。我们知道，具有经济特许权的企业，往往容易形成盈利优势，表现之一是自由涨价从而获得较高的盈利率，并能同通货膨胀保持同步，当成本上升时，它们能够提价，即便这样，人们也仍然会购买这些商品，像中国的茅台酒就是典型的具有经济特许权的企业。

当购买企业股票时，要了解企业经理人的状况，是否是明星经理人管理企业，这是巴菲特非常强调的一个标准。因为优秀的经理人更注重公司长期保持专业化的经营，只有专业化的经营才能使公司盈利能力更高。

巴菲特在 1989 年投资可口可乐，持有该公司 6.3% 的股份，这是他在深思熟虑且长期跟踪研究后才作出的决策。这是因为早在 1962 年，可口可乐实行的是多元化经营，巴菲特认为是在浪费资金。1981 年新的总裁罗伯特·郭思达上任后，出现了巨大变化，到 1987 年，可口可乐海外市场销售增加了 34%，利润的 3/4 来自美国本土以外。正是由于可口可乐出现的巨大变化，吸引了巴菲特的主意。巴菲特赞誉罗伯特具有非常难得的天赋，将市场销售与公司财务两方面的高超技巧整合在一起，不但使公司产品销售增长最大化，而且也是这种增长给股东最大化的回报。罗伯特在可口可乐工作期间直到逝世，已显示出卓越且清晰的战略远见，他总是将公司目标定位于促进可口可乐股东价值不断增长上，他对实现上述目标有着强烈的渴望。这正是巴菲特所期望的明星经理人。

具有超级配置能力的企业，这是巴菲特选择优秀企业的又一个标准。他认为，优秀的企业不仅能在公司股价过低时大量进行股份的收购，并且更加注重公司的业务发展。巴菲特说："企业经理的最重要的工作是资本配置。一旦管理者作出资本配置的决策，那么最为重要的就是，其行为的基本准则就是促进每股的内在价值的增长，从而避免每股的内在价值的降低。"巴菲特重视企业的资本配置，是因为资本配置的能力主要体现在管理层能否正确地把大量的资本投资于未来长期推动股东价值增长的最大化项目上，他认为，资本配置的远见在某种程度上决定了公司未来发展的远景。

巴菲特十分看好消费垄断企业，并把此作为优先选择对象。巴菲特把市场上众多的公司分为两大类：第一类是投资者应该选购的"消费垄断"的公司；第二类是投资者应该尽量避免的"产品公司"。巴菲特一直都认为可口可乐是世界上最佳的"消费垄断"公司。可口可乐是全球最大的饮料公司；吉列剃须刀占有全球60%便利剃须刀市场；迪士尼在购并大都会／美国广播公司之后，成为全球第一大传播娱乐公司；麦当劳为全球第一大快餐业。此外像华盛顿邮报，美国运通银行的运通卡、富国银行、联邦住宅贷款抵押公司等都是赫赫有名的"消费垄断"型企业。

同时，巴菲特不建议投资者购买"产品公司"这是因为在巴菲特看来，"产品公司"注重从产品价格和产品形象方面竞争，在市场景气时，收益并不算多，但在市场不景气时，就会出现亏钱的困境，比如钢材、铜、电脑配件、民航服务、银行服务等产品公司。

096 寻找最值得投资的行业

最值得投资的行业是易于了解的行业，寻找长期稳定的产业，挖掘具有竞争优势的产业，要投资顺风行业，规避逆风产业，要投资行业的领头羊，这是巴菲特对投资者的忠告。

投资不了解的行业，无疑是瞎子摸象，投资自己熟悉的行业，易于了解的行业，能摸得着，看得清，心里有底。在巴菲特的投资中，我们可以看出，他对网络科技股总是避而远之。相反，他青睐那些传统意义上的、为他所了解的盈利前景较为明朗的企业。

做自己没有能力做的事，买自己没有把握的公司股票，最后的结果只能是自吞苦果。巴菲特说："我们没有涉足高科技企业，是因为我们缺乏涉足这个领域的能力。我们宁愿与那些我们了解的公司打交道。"芒格非常认同巴菲特的观点，这正由于此，巴菲特避过了网络科技股的破灭。而事实上，巴菲特对科技股并不总是抱着排拒的态度。1999 年，巴菲特决定投资美国第一数据公司，这个公司，巴菲特之所以决定投资，是基于对这家公司的了解。因为它符合巴菲特投资的标准，这就是第一数据公司已具备了能长期维持竞争优势和盈利能力。这家公司位于美国亚特兰大，是美国一家知名的高科技公司它提供信用卡支付处理及电子商务线上交易系统服务。并和雅虎、戴尔等著名公司有密切的业务往来，和其他正在亏损的网络公司的区别是，第一数据公司已经有了很大的销售额与利润，这正是巴菲特看重它的原因。

巴菲特所看重的，正是企业及其产品、服务和管理上的特点能否满足自己的要求。

寻找长期稳定的行业，是巴菲特投资的目标。巴菲特在寻找新的投资目标之前，总是会首先考虑增加原有股票投资的头寸，只有在新的企业非常具有吸引力时才愿意买入。

巴菲特看重的企业中，他特别考虑产业的吸引力和产业的稳定性。产业的吸引力是巴菲特选股的首要标准。他以零售业和电视传媒业作比较，他说零售业在激烈的竞争中很难保持超乎寻常的报酬，除非是在同行中更加聪明，否则难免逃脱破产的厄运。而电视传媒业即使由管理很差的人管理，仍然好好地经营几十年，如果交由懂得管理的人来管理，其报酬率会非常高，其根本原因在于不同产业因特性不同具有不同的吸引力。同时，巴菲特认为，主业长期稳定的企业往往盈利能力最强，而企业的主业之所以长期稳定，根本原因在于其产业具有长期稳定性。而那些经常发生重大变化的产业，巴菲特从未涉足。

在最值得投资的行业中，巴菲特特别关注顺风行业，他用投资保险业和纺织业相比较来说明问题，他说："保险这个行业从总体上来看，表现还是不错，但事实上其情况也并不全然是这样的。在过去的十年中，我们也犯过一些错误，不管是在产品还是在人员上面。虽然小错不断，但是大体上还是可以获得令人满意的成绩。从某一程度上来看，这个行业与纺织业正好相反，管理层已经相当的优秀了，但却只能获得相当微薄的利润。各位管理层需要一再学到的是，选择一个顺风的行业而不是逆风行业的重要性。"在我国证券投资中，一再强调要选择朝阳行业，不要涉足夕阳行业，这和巴菲特所说的要选择顺风行业，规避逆风行业同一道理。

巴菲特以在其投资经历加以说明。早在 1977 年时，巴菲特已经认识到美国纺织业大势已去，而巴菲特投资的纺织业着实令巴菲特头痛。直到 1980 年才结束了在纺织业上的投资。相反，他在投资保险业中取得了不菲的业绩。早在 1967 年时，巴菲特用 860 万美元的价格购并了国家的产险和国家海火险公司后，当年收入已达到 2200 万美元，10 年后，积累的年保费的总收入已经达到 1.51 亿美元。可见选对一个行业所获得的利润是非常之大，同时也告诉我们投资最重要的是选择顺风的行业，而不是逆风的行业。

还有一个事例值得一提，这就是巴菲特选择投资富国银行。富国银行是一家非常优秀的上市公司，拥有最好的管理模式。巴菲特研究了富国银行在 1984 年至 2004 年的 20 年间的基本资料，20 年中该银行显示出了强大的竞争优势，稳定的收益和顺风顺水的主业收入，以及为客户打造的理财产品，都值得称赞。20 年来每股盈利从 1984 年的 0.84 美元增长到 2004 年的 18.6 美元，增长了 10.4 倍。他在分析这家银行时，认为该银行是全能型的以客户为导向的银行，它的交叉销售模式能够为利润创造出巨大的价值。更值得一提的是富国银行很注重对风险的控制，在风险的分散方面做得为人称道，它拥有 80 个业务的单元，对客户一生中可能产生的各种金融要求提供合适的产品，显然，客户投资风险大大降低且比较分散。

巴菲特总能投资最值得投资的行业，缘于他对行业的潜心研究和对形势的准确把握，他的投资并不难理解，其实很简单，最值得投资的行业，就是自己最了解的行业。

俗话说，生瓜不熟不吃，生意不熟不做。巴菲特无疑为我们提供了一条正确的投资方法和投资思路。

但愿我们从中能领悟些什么。

097 把你最喜欢的股票放进口袋

巴菲特在判断股票买入时机时，总能胜人一筹，他审时度势，把握时机，找准切入点，当时机成熟时，不失时机，及时果断地出手。

一般来讲，通货膨胀对投资者而言，不是好消息，但现在全世界都在闹通货膨胀，经济危机带来货币流动性泛滥，通货膨胀是不可避免的。在巴菲特眼里，大势好未必对你好，大势不好未必对你不好。1998 年巴菲特在佛罗里达大学商学院的演讲时说："我不关心宏观经济形势。在投资领域里，你最要做的是应该弄清楚哪些重要，并且认清可以搞懂的东西。对于那些既不重要也很难懂的东西，把他们忘记就对了，如果你认为你所讲的是重要的，但是很难彻底弄明白。我们从来没有靠对宏观经济的感觉来买或不买任何一家公司。"对于巴菲特来讲，通货膨胀肯定不是个好的合作伙伴，但他能避开那些会被通货膨胀伤害的公司。1972 年，为应对通货膨胀，美国政府实施了价格管制。

巴菲特逆势而动，认为当时的时思糖果公司价值值得投资，虽然在价格管制下时思股价出现下跌，巴菲特毫不手软，不断买进时思糖果股票，总共投入 2500 万美元，最终实现利润 6000 万美元。这就告诉我们，如果你不能从通货膨胀中获利，那么就应该寻找其他办法以避开那些会被通货膨胀伤害的公司。

巴菲特投资时，总能以低于企业价值的价格买入公司股票，那么，他购买股票的依据又是什么呢？其实很简单，巴菲特所遵循的是他的导师格雷厄姆"安全边际"法则，就是寻找价格与价值之间的差价，差价越大时买入，这就是巴菲特永不亏损的投资秘诀，也是成功投资的基石。也就是说，要通过公司内在价值的估算，比较其内在价值与公司股票价格之间的差价，当两者之间的差价达到安全边际时，就可进行投资。比如，沪市已连跌 4 年，目前已跌破 2400 点，风险大为释放，许多优秀的公司的股票价格已下降了一大截，有些二线蓝筹股，质优价低，应密切关注。

巴菲特购买股票，有很强的辨别力和自制力，他能够抵制住在当时看来非常有诱惑力的股票。而当股价到了合理的价位，并且有非常投资的潜力，他才会去购买。但是如股票的价格没有降到他所希望的价格，那么他就会把注意力转向适合价位的公司。也就是说，巴菲特认为只有当股价跌到非常有吸引力时，才是买入的时机，而只有在这时，购入的股价才具有"安全边际"。

为了更便于投资者理解，如何掌握买股时机，巴菲特指出只需掌握两条简单法则：一是只买自己了解并且非常熟悉的上市公司业务的股票，对于业务关系复杂并且不断变化的公司的股票，最好不要买；二是在此基础上，股价必须具有非常吸引力的安全边际，就是相对于公司内在价值来说，这个价格非常之低。

和我们大多数投资者不同的是，巴菲特认为，好公司出问题时是购买的好时机。巴菲特认为，最好投资机会来自于一家优秀的公司遇到暂时的困难，当他们进行手术治疗时，果断进入，这是投资者进行长期投资的最好时机。19 世纪 60 年代末，美国运通银行发生"色拉油丑闻"事件后，巴菲特果断出手购买该银行的股份；到了 20 世纪 70 年代，他买下了 GEICO 公司；20 世纪 90 年代，买下了威尔斯法哥银行。

巴菲特之所以有此勇气，背常人投资之道，他认为，市场上大多充斥着抱短线进出的投资者，这些人为的眼前利益。如果这些公司正处于经营困难，那么在市场的表现上，公司的股价就会下跌，这是投资者进场做长期投资的好时机。巴菲特将这个特殊的分辨力运用于股市，专门购买不受欢迎的好公司股票。巴菲特喜欢一个好公司因受到疑云、恐惧干扰，使股价大幅下跌后果断进场。巴菲特认为对伯克希尔公司来说，市场下跌反而是重大利好消息。大多数人是对别人都感兴趣的股票才感兴趣。但没有人对股票感兴趣时，才正是你应该对股票感兴趣的时候。越热门的股票越难赚到钱。只有股市极度低迷，整个经济界普遍悲观时，超级投资回报的投资良机才会出现。

只购买优质公司的股票，而且股价必须是具有非常吸引力的安全边际，这是巴菲特告诉投资者购买股票时的忠告，他还说，即使是好公司，遇到困难使其股价大跌也是买入的好时机。如果我们认同的话，那就等上述机会出现后出动吧，把你最喜欢的股票放进你的口袋，等到的才是越来越鼓的钱包。

098　止损是最高原则

巴菲特说："入市要有50％的亏损准备。"这是多么残酷的警告。然而，事实正是如此，对投资者来说，止损不是目的，但止损理念的彻悟和止损原则的恪守却是投资者通向成功之路的基本保障。

请不要忘记，沪市从6124点跌到1664点，跌幅达到73％，仅仅只用了一年多一点时间，巴菲特指出的"入市要有50％的亏损准备"过头吗？残酷吗？事实是，大多数投资者进入股市是来赚钱的，如果说跑步入市、排队入市是为股市拱手送钱，岂不是进入股市者都是大傻瓜，其结果十人炒股八人赔，能有几人盆满钵满地从股市走出来？

投资者买入股票，最终还是要卖的。只有买，才能卖，买是为卖而买，只有卖出才能实现赚钱的最终目的。那么什么时候卖出才是最好时机？巴菲特认为，在股市疯涨时就应该卖出，他在1999年《财富》发文中指出："美国投资人不要为股市疯涨冲昏了头，因为股市整体水平偏离其内在价值太远了。我们预测美国股市不久将大幅下跌，重新向价值回归。"我们知道，巴菲特在早期成立了一个合伙公司，但是在1969年，巴菲特解散了该公司，因为当时美国股市狂涨过了头，巴菲特看到了危险，所以及时解散了公司，躲过了一劫。就在1987年，美国股市进入全盛时期，道琼斯指数已上涨到 2258 点，进入危险地带，巴菲特卖掉了大部分股票。

这是因为，当股市牛气冲天的时候，几乎所有的股票价格都在大涨，因而使股票价格与价值偏离越来越远，股市的危险性越来越大。投资者几近疯狂，偏执心理表现得非常充分，这时，大多数投资者已辨不清股票的真正价值，那么股市重新回归价值也在情理之中，而冷静的投资者卖出手中涨幅过大的股票，这才是真正的智者。巴菲特正是在这个时候提醒投资者，要及时卖出股票，保住利润、把止损作为第一要务。

巴菲特始终坚持买的是公司而不是股票，正因为如此，他也坚持集中持股，长期持有，有的股票在巴菲特手里已经握了几十年，如华盛顿邮报、可口可乐等，但并非所有的股票永远不动，当只有符合他所制定的标准才会持有，已不符合标准的，他就会毫不犹豫地卖出。巴菲特在卖出股票时主要把握四条基本原则：1）当投资对象不再符合标准；2）当他预料有事件发生时，在做收购套利交易时，收购完成或失败时即是他退出的时候；3）他的目标得以实现时；4）巴菲特认识到犯了某个错误时。

巴菲特坚持，当找到更有吸引力的目标时就将原有的股票卖掉。这里巴菲特强调了卖出的重要性，他认为，不论你持有多么一支优秀的股票，一旦发现这只股票不像开始时那么具有吸引力时，就应坚决卖出。我们大家都熟悉的一个例子：2003 年 4 月，中国股市处于低迷时期，巴菲特认为机会来了。他以每股 1.6 至 1.7 港元的价格买入中国石油 H 股 23.4 亿股，这是巴菲特购买的第一支中国股票，但巴菲特并未长期持有，就在中国石油上涨到 15 元左右时几乎全部卖完。巴菲特卖出的理由是依据石油价格。

巴菲特在回答记者提问时说："你知道的，有许多这样很好的企业，其实我希望我买了更多，而且本应该持有更久。根据石油的价格，中石油的收入在很大程度上依赖于未来 10 年石油的价格，我对此并不消极，不过 30 美元一桶的时候我非常肯定，到了 75 美元一桶的时候我就持比较中性的态度，现在石油的价格已经超过了 75 美元一桶。"

巴菲特曾仔细研究过中石油的年报，他认为，购买中石油时，中石油的市值只有350 亿美元，巴菲特给出中石油的估值是 1000 亿美元，但到了 2007 年，油价突破了70 美元一桶，中石油的市值已远远超出 1000 亿美元，事实上到了 2009 年 5 月，中石油市值已达到 2091 亿美元，已超过世界第一大型石油企业美国埃克森美孚公司。当时巴菲特提出要卖掉中石油股票时，伯克希尔—哈撒韦公司否决了出手中石油股票动议，巴菲特极力反对。巴菲特最终卖掉了中石油，其实他对中石油是很有感情，他说："我们大概投入了 5 亿美元的资金，我们卖掉了我们赚到的 40 亿美元，我给中石油写了一封信，感谢他们对股东作的贡献，中石油的记录比世界上任何石油企业要好，我很感谢，所以我给他们写了一封信。"巴菲特卖出中石油，并不是其基本面发生了变化，而是石油价格的高企所致，他认为当油价较低时，石油价格将会上升，石油公司自然会从中受益，这是他买入的理由；当石油价格上涨到超出他的预期时，他认为在继续上涨的可能性比较小时，石油公司的利润再要大幅增长就会变得很困难，所以他选择了卖出。

通过买卖中石油这一事例，我们对巴菲特长期持有的理念又有了新的认识，巴菲特所说的长期持有，并不是永远持有，在长期持有的过程中，要不断观察和了解企业的发展状况，并决定持有的期限，有些暂时持有的股票可能会变成长期持有的股票，而原来长期持有的股票也可能会被卖出。中石油是巴菲特认为价格被市场严重高估，石油价格的暴涨是推动中石油股价上涨的根源。我们知道，当时巴菲特购买中石油时，也是很谨慎的，他在1.6港元买入后，在2元附近曾多次卖出大部分股票。后确定其投资价值后，又以4元左右大量买进，这是巴菲特再次确认"安全边际"的正确做法。他在15元左右全部卖出中石油，是他认为中石油"安全边际"已经脆弱，投资风险加大，这正体现了他的投资理念，实践证明，巴菲特的做法是正确的，我们不得不为巴菲特的睿智所折服。

巴菲特说："止损的绝妙之处就在于它能够使投资者以尽可能小的代价来获取尽可能大的利益。"上面的例子也告诉我们，如果认为巴菲特一旦买入股票就永远持有，那就错了，其实，巴菲特对止损有着严格的纪律，他说："入市要有50%的亏损准备。"猛一听骇人听闻，相信大多数人接受不了，但事实正是这样。巴菲特之所以重视止损，是鉴于股市的风险。那么，巴菲特对止损做何判断，他认为止损是在投资公司失去成长性时，基本面恶化时，只有这时才会止损。而投机的止损是在价格上的止损。

凡入市者，都要明确买入价、止盈价和止损价。上面我们重点介绍了巴菲特止盈的一些做法。对于止损又如何理解，巴菲特认为，能否合理地设置止损位，是止损理念的关键所在。止损计划一旦制定，就要雷打不动地去执行，巴菲特强调，在执行止损时不能心存侥幸心理，许多投资者，特别是在获利后经多次坐电梯，将盈利回吐后反而出现亏损，初始亏损不多时，心里还能接受，还能自我安慰："股市本来就有风险"，但当亏损超过预期时，心里痛苦难忍，最后直至麻木，对自己的股票放任不管。，所以设立止损，严格执行止损纪律就变得非常重要。要坚持一个原则，每只股票最大亏损度限制在 30% 以内，而初始投资金额 70% -80% 之内。有的提出短线投资者设止损点在 5% -8%，中线投资者止损位定在 15% -20%。投资大师威廉·欧耐尔用 8% 作为自己的止损标准。巴菲特没有做出原则性的止损界定，他用 "入市要有 50% 的亏损准备" 这句话，告诫投资者股市的风险，提醒大家一定要设立止损位。他强调一旦所持公司股票基本面发生变化时，应立即止损。1987 年 10 月股灾之前，巴菲特除了长期持有的股票外，其余的股票全部卖掉。当整个股票市场到了疯狂之时，人人争着去买股票，而巴菲特觉得应该到了卖股票的时候了。

这就是巴菲特和常人不同之处，几乎人人都知道这个道理，但事实上，人人却做不到，然而，巴菲特做到了。

099　买贵也是一种买错

许多投资者在购买股票时，喜欢追涨杀跌，到头来买在高峰处，卖在山谷底。这是亏损的主要原因，也是多数投资者致命的弱点。即便是一家非常优秀的公司，支付过高的股价，也是一种错误的投资行为。

巴菲特对美国通用电气公司非常赞赏，为世人所皆知。巴菲特说："通用电气公司是美国面向世界的标志性企业。数十年来，他一直是通用电气公司及其领导人的朋友和赞赏者。"赞赏归赞赏，操作归操作，巴菲特在赞赏之余，始终未出手，原因是通用电器公司的股价一直在高位。在 2000 年科技网络泡沫中，通用电气公司股价一度见到 60.5 美元。次贷危机发生了，通用电气公司股价已拦腰折断，下跌到 20 美元附近，达到 10 年来最低点，这时巴菲特也并不是简单买进普通股，而是认购了通用电气 30 亿美元的优先股。我们知道，所谓优先股，是相对普通股而言，主要指在利润分红及剩余财产分配的权利方面，优先于普通股。在分配利润时，拥有优先股的股东比持有普通股的股东分配在先，而且享受固定数额的股息，即优先股的股息率都是固定的，普通股的红利却不固定，视公司盈利情况而定，利多分多，利少分少，无利不分，上不封顶，下不保底。比如 2008 年，巴菲特用 50 亿美元买入高盛优先股，高盛给巴菲特的红利收益（即利息）10%，且巴菲特选择的是永久性优先股，而只要巴菲特不退出，就可以永远拿 10% 的股息，当然，如果高盛破产，他的投资也无法兑现，但如果不破产清算，优先股将有权获得清算赔偿。由此可见，巴菲特投资不但在股价极低位买进，且获得优先股，巴菲特的投资精明可见一斑。

从巴菲特的投资生涯中，不难看出，他等待好公司出现好价格的例子，有好多好多，如果没有出现上述情况，巴菲特并不着急，他认为只要耐心等待就可以了，凡正手握现金，机会总会来临。巴菲特投资美国富国银行也很能说明问题。富国银行，历史悠久，1852年成立，在20世纪90年代时，其股价一度高达86美元，在经济危机中，投资者担心作为所有加州银行中房地产贷款最多的银行，富国银行能否承受起巨大的房地产贷款坏账损失。结果，投资者预期蔓延，富国银行股票暴跌，4个月时间股价跌至41.3美元，跌幅达48%。而此时，巴菲特早已盯上了富国银行，他终于以57.89美元的均价买入了大量富国银行的股票，以后还进行了不断追加。用巴菲特的话来说："以大大低于内在价值的价格，集中投资优秀企业的股票并长期持有。"

巴菲特之所以能在优秀公司股价低位时买进，是他以独立思考、敏锐洞察的眼光，及时发现市场错误，并利用市场错误，在市场恐慌性抛售时，发现巨大的安全边际。巴菲特说："关键是利用市场，而不在于被市场利用。"巴菲特总是能在别人恐惧的时候贪婪，在别人贪婪时恐惧。股市中群体效应、跟风操作盛行，许多投资者不善于独立思考，盲目跟风，这种盲从于市场的错误理念，为亏损埋下了种子，这是因为投资者在操作时只顾盲目追高，却不去分析是否购买了一支股价过高的股票，而股价过高，那就意味着失去了安全边际的保护，到头来亏损的只能是自己，所以要逐渐养成独立思考、不盲从跟风的好习惯，把功夫下在多研究公司基本面上，极力寻找优秀公司的股票，这样才能避免亏损。

为了避免大规模的亏损，投资者就要学会每一次操作都要审慎思考，精耕细作，时机不成熟不要急于操作，这是避免操作失误、造成亏损的基本保证。我们知道，投资是一场马拉松比赛，不是百米冲刺。资金的积累，是个渐进的过程，绝不是一夜暴富。一次操作失误，不但资金受损，而且心态也搞乱了。所以巴菲特特别告诫投资者一定要耐心等待投资机会的到来，切不可盲目操作，急于求成。

巴菲特说："许多投资人的成绩不好，是因为他们像打棒球一样，常常在位置不好的时候挥棒。"巴菲特用著名击球手威廉姆斯的例子给投资者讲如何掌握投资时机。《击球的科学》一书就出自威廉姆斯之手。有人曾说，威廉姆斯等球时间比别人多，是因为他要等一个完美的击球机会。这个近乎苛刻的原则可以解释，为什么威廉姆斯取得了在过去70年里无人能取得的佳绩。巴菲特十分赞赏威廉姆斯，是因为威廉姆斯的击球技巧吸引了巴菲特，威廉姆斯将棒球场的击球区划分为 77 块小格子，每块格子只有棒球那么大。当球落在最佳方格时击球，效果最佳；当球落在最差方格时，此时击球，只能击出最差成绩。巴菲特把巴威廉姆斯的击球原则运用到投资上，极力寻找最佳投资时间，他甚至建议投资者使用一张只有 20 个格的"终身投资决策卡"；规定一生只能作 20 次投资抉择，每投资一次就剪掉一格，以提醒投资者准确把握投资机会，这和巴菲特建议投资者使用"卡片打洞"道理一样。

巴菲特总是循循善诱地告诫投资者，为了避免亏损，在投资决策时，一定要三思而后行，决策的正确与否，直接关系到投资的成败。因此他提倡学习威廉姆斯的击球方法，等待最完美的击球机会，这是一个苛刻的原则，巴菲特善意的提醒，苦口良言，很值得我们效仿。

巴菲特总结自己投资经验，总是把风险放在首位，他说："成功的秘诀有三条：第一，尽量避免风险，保住本金；第二，尽量避免风险，保住本金；第三，坚决牢记第一、第二条。"多么简单的忠告，可谓金口玉言，苦口婆心。

100　巴菲特的投资组合

巴菲特领导的伯克希尔·哈撒韦公司下属 56 家分公司，而在他的投资组合中，长期持有的只是少数几家公司，有的已持有几十年，这些公司值得巴菲特长期持有，被视为掌上明珠，正是这些公司，为伯克希尔创造了超额的财富，下面让我们分享一下这些优秀的公司的基本情况。

美国运通公司

美国运通公司 1851 年创立，最初是一家快递公司，目前已发展为四部分：旅游及相关服务，为公司核心服务，占公司净收益总额的 70% 以上；财务顾问服务，主要为个人客户提供财务计划和投资咨询服务，有 3600 名财务咨询专家，管理资产规模1060 亿美元，占收入总额的 22%；运通公司，在全世界 37 个国家和地区设有 87 家办事处，占总收入的 5%；ISC 为客户提供处理数据服务。

目前运通公司股票的内在价值为 434 亿美元，每股约为 87 美元。运通公司在创建发展中，几经挫折，尤以 1963 年色拉油事件，信用受到质疑，财产损失达 1.5 亿美元。

1992年，哈维·格鲁伯接任总裁后重振运通，使得重组成本与坏账率大幅降低，盈利能力大幅回升。到1994年生产成本降低了16亿美元，年营业额高达156亿美元，利润增长了18%，公司的股票由每股25美元上升到44美元。

公司的高端客户为富国银行带来了高额利润。目前全球500强的企业中70%以上使用运通卡，运通卡的使用亦以年12.67%的增长速度不断壮大。

美国运通公司高度的事业化经营为公司创造了高利润，优秀的经理人为公司带来了超额利润。正是运通公司不断壮大发展吸引了巴菲特的投资热情。1991年巴菲特第一次买入该公司3亿美元的可转换优先股，1994年投资4.24亿美元买入1.38亿普通股，1995年以6.69亿美元买入2.17亿股普通股，1998年增持108万股；2000年巴菲特持股总数为15161.07万股，至2004年底，总市值为85.46亿美元，买入成本14.70亿美元，巴菲特投资11年总盈利70.76亿美元，投资收益为4.81倍，年增长率为43%。

可口可乐公司

可口可乐公司是世界上最大的软饮料生产和经销商，1886年公司的软饮料问世，已畅销120多年，世界190多个国家和地区都在喝可口可乐。

据报道，全世界每秒钟有10450人正在享用可口可乐。可口可乐的最大优势在于业务简单易懂，极强的竞争优势，世界著名品牌，持续的利润创造力，优秀的管理者。

独一无二的饮料配方。自1886年创制出可口可乐配方以来，其配方从未改变过，且配方保密做得好，至今秘而不宣，曾有人说，世界上有三大秘密为世人所不知，这就是巴西球星罗纳尔多的体重，英国女王的财富和可口可乐的秘方，虽然这只是打趣，但也说明可口可乐配方的保密工作如此严密，不能不让人折服。曾有多少人在破译生产配方，但都徒劳无功，据说，其核心配方"TX"只有2人知道。

正因为如此，巴菲特岂能放过对可口可乐的钟情。在1988-1989年间，巴菲特开始分批买入可口可乐公司股票2335万股，投资10.23亿元。1994年继续增持，其投资12.99亿元，到2003年底其股票市值已达到101.50亿美元，15年间增长了681%。可口可乐是巴菲特投资规模最大，也是利润最多、最成功的投资。

在1991年年报中，巴菲特兴奋地告诉他的股东们说："三年前，当我们大笔买入可口可乐股票的时候，伯克希尔公司的净值大约是34亿美元，但是，现在光是我们持有可口可乐公司的股票市值就超过了这个数字。"巴菲特在可口可乐公司中获得了超额利润，是他不仅看到了可口可乐这个世界上独一无二的品牌，同时也看上了可口可乐新的掌门人，20 世纪 80 年代罗伯特·郭思达掌管可口可乐，使公司发生了巨大变化，巴菲特购买了可口可乐股票，正是在郭思达执掌可口可乐之后。投资 13 亿美元，获利 70 亿美元，直到现在，可口可乐仍是巴菲特掌上明珠，他声称，对于可口可乐，他要永远持有下去。

政府雇员保险公司

政府雇员保险公司创建于 1936 年，主要为政府雇员、军人等客户提供汽车、住房、财产、意外伤害保险服务，从创建初期，后几经更换董事长。最初，创建人设想把保单直接邮寄给保险人，而不是通过代理商，这样省掉了 10%-25% 的保险费。此后，创造了连续 35 年盈利的纪录。直到 1975 年，由于公司过度扩张，保险业务开始出现亏损，亏损多到 1.26 亿美元，濒临破产，股价跌至每股 2 美元。

巴菲特对政府雇员保险公司的关注，可以追溯到 1951 年，那一年巴菲特曾拜访过该公司。直到 1976 年，政府雇员保险公司的市场部负责人杰克·伯恩出任新总裁，杰克宣布发行 7600 万优先股，

机会总是留给那些有准备的人。此时，巴菲特认为机会已到，当公司股东大部分认为公司面临死亡，完全失去信心，这正是在别人恐惧时，巴菲特看到了希望，他认为该公司并未死亡，只是受伤了，它提供的低成本、无代理商的保险经济特许权仍旧完好无损，于是不动声色地购进 1294308 股，共投资 410 万美元，均价 3.18 美元。到 1996 年全部收购了该公司。巴菲特曾说过："GEICO 是我投资生涯的初恋。"

巴菲特对政府雇员保险公司的青睐，缘与他所崇拜的导师曾是 GEICO 的董事长，事实上，从 1950 年起，就开始阅读有关该公司的资料，这就是巴菲特与该公司接下的情结。

吉列公司

吉列公司创始人是坎普·吉列，吉列原为一名推销员，1895 年开始琢磨剃须刀片，1903 年做广告，但一年只卖出 51 副刀片，一战期间，吉列生产的刀片成为"军需品"，到 1917 年，吉列刀片创造出年 1.2 亿片销售量。现在吉列剃须刀已统治世界 100 年，公司业务包括生产销售刀片、剃须刀、卫生用品类和化妆品、小型家电用品和口腔保健品。公司在 28 个国家和地区设立营运基地，产品销往 200 多个国家和地区。

吉列的优势不仅在于创造了许多行业第一，从 1946 年发明的剃须刀架，1971 年

双刃剃须刀，1977年推出了可旋转剃须刀，1989年感应剃须刀，1999年更为科学地"锋速3"面世，2004年生产出女用剃刀。事实上，每隔一段时间，吉列就推一款更为先进的产品，吉列公司使用世界上最先进的成像、冶金和设计技术来开发最平常无奇的不锈钢剃须刀片，把平凡的东西做到不平凡，小玩意创造出大世界，吉列不倒的秘密正在于此。

一个成功的经久不衰的企业，一定有卓越优秀的管理者来领导。1976年，商业天才科尔曼·莫克勒领导吉列后进行了大胆改革创新，提出了"以剃须刀为中心的经营时代已走到终点，本公司的业务不应再以刀片为唯一事业。"经过市场调查，发现大部分顾客原本就认为吉列是剃须刀兼营化妆品的厂商，而莫克勒提出的实行多角经营来维持生存，求得发展和力保王座。他选中的目标，就是兼营"化妆品"事业，以构成企业的经营多角化，进而推出喷射式罐装的剃须刀面霜，并扩大宣传和推销。吉列在经营模式上实施的市场目标差异化，组织结构细分化，经营决策集中化，赢得了市场生机。吉列实行的集中战略目标、价格结构、全球广告、使得吉列产品始终在全球占主导地位。难怪有人说：吉列公司确实完全掌握了全世界男人的胡子。

巴菲特购买吉列公司的股票，就想老虎等待猎物一样，看中了并不急于动手，而是静等时机下手，也就像他所说的击球一样，要等到最佳时机。这一刻，在1989年7月终于出现了。那时，在1981-1999年整个20世纪80年代，吉列公司股价处于呆滞时期，但其市盈率一直保持在15倍左右，且盈利能力比较稳定，债务又不多，因此成为并购的理想目标。当时吉列身陷华尔街的恶意收购漩涡中而面临财务危机时，巴菲特向吉列伸出了橄榄枝，提议由伯克希尔公司向吉列提供急需权益资本，于是在1989年7月，吉列公司给伯克希尔了价值6亿美元的可转换优先股，用此资金偿还了债务，从而抵住了恶意收购。巴菲特买入的优先股红利收益率为8.75%，巴菲特可以按每股50美元的价格转换为吉列公司普通股。巴菲特在伯克希尔1997年的年报中向股东说明了投资吉列股票8年增长了8倍，他说："1997年吉列与第一帝国的普通股股价由于公司业绩优异而大幅上涨，截至年底，当初我们在1989年投入吉列的6亿美元已经增值到48亿美元。"

华盛顿邮报公司

1931年《华盛顿邮报》创刊，是美国五家主要日报之一，第一期《华盛顿邮报》只有4版，每一版7个栏目。当时《华盛顿邮报》日发行量只有5万份，年亏损100

万美元。1933 年因无力支付新闻纸的费用而被迫拍卖，金融家百万富翁尤金·梅耶在拍卖会上以 82.5 万美元的价格购买了这家报社。在其后的 20 年中，尤金用自己全部时间、精力和资金投入到《华盛顿邮报》，在经历了 9 年多的亏损之后才扭亏为盈，在 1942-1945 年累计盈利 24.75 万美元。1946 年杜鲁门总统邀请尤金担任世界银行的第一任总裁。1948 年尤金将具有投票权的 5000 股公司股份转交给女婿和女儿。女婿菲利普·格雷厄姆是一个精明强干的领导人。1954 年菲利普·格雷厄姆收购了《时代先驱报》，使《华盛顿邮报》发行量增加了两倍，1961 年，又收购了《新闻周刊》，还购买了两家电视台和伯沃特·莫塞纸业公司。1963 年菲利普·格雷厄姆因患抑郁症自杀，其妻凯瑟琳·格雷厄姆担当了经营的重担，其后，她把《华盛顿邮报》经营成为全国最出色的报纸，以调查性报告、文体风格独特和经营成功而著称的报纸。20 世纪 70 年代通过揭露水门事件，迫使理查德·尼克松总统退职，《华盛顿邮报》获得国际声誉。1998 年初，《华盛顿邮报》第一个报道美国总统克林顿与白宫实习生莱温斯基的性丑闻事件。2004 年《华盛顿邮报》获得 18 项普利策奖。到 2001 年，《华盛顿邮报》发行量为 110 万份，每份零售价已由 1981 年的 25 美分增加到 2001 年的 35 美分。公司属下的《新闻周刊》也是全球最有影响的杂志之一，2003 年，《新闻周刊》在全球发行量达到 400 万份。

可以说，巴菲特对报业情有独钟。他的曾祖父曾经拥有一家小型报社并自任编辑，他父母曾担任过《内布拉斯加日报》编辑。有意思的是，巴菲特 13 岁时就是《华盛顿邮报》小报童，从那时起，巴菲特就和报纸结下了不解之缘。其实，早在 1969 年，巴菲特就购买了《奥马哈太阳报》，同时还有一系列周报，在他第一次买《华盛顿邮报》公司股份之前，已经具有了 4 年报纸运作的亲身经验。他在经营管理《奥马哈太阳报》时，使他认识到了报纸的经济特许权，这是巴菲特投资一系列传媒产业公司股票大获成功的根本。

1971 年《华盛顿邮报》上市。1972 年底，《华盛顿邮报》的股价从 1 月份的每股 24.75 美元上升到 12 月份的 38 美元。1973 年 6 月份，由于美国联邦储备委员会再次提高贴现率，道指跌破 900 点，《华盛顿邮报》股价跌到每股 23 美元。正是这一年，巴菲特看准时机，投资 1062.8 万美元买入 461750 股 B 种股票，均价为 22.69 美元。巴菲特在 1985 年股东大会上说："在伯克希尔公司，我通过投资华盛顿邮报，将 1000 万美元变成 5 亿美元。"事实上，到 2004 年底，市值增加到 16.98 亿美元，30 年投资收益率高达 160 倍。华盛顿邮报公司是巴菲特寻找到的第一只超级明星股，也是回报率最高的一支超级明星股。

美国富国银行

美国富国银行成立于 1852 年，是美国五大银行之一。公司的标志是一辆四轮马车，象征可靠与成功，主要从事速递服务与银行业务。1905 年，与速递分离，主要从事银行服务。1998 年与西北公司合并，业务包括社区银行、投资保险、抵押贷款、房地产贷款等。富国银行存款的份额在美国 17 个州中列为在前，是美国第一的抵押贷款发放者，拥有全美第一的网上银行服务体系。目前富国银行有 1.1 万名员工，资产超 2500 亿美元，分支机构达到 5900 家，服务客户超过 1900 万。

富国银行的企业文化令人称赞，所遵循的"先人后事"的原则为人称道，为优秀员工设计业务，有为留住一名优秀员工在员工所在地开设办事处的事例，个性化的用人原则是赢得众望所归的一个重要原因。由此，富国银行享有良好信誉，是美国盈利最多、效率最高的银行之一，有记录表明，在上一世纪中，所有年份一直保持盈利，即便是在大萧条时期也未出现过亏损。

同时富国银行全能型地以客户为导向地满足客户在财务上的全部需求；他们实行的交叉销售模式大大提高了对客户资源的利用能力，实现了效益的最大化；对风险的控制，将风险分散化，使不良贷款率大大降低，这是富国银行最成功的经验；同时，他们的柜台、电话、网络以及 ATM 的建设非常完备，这些都以随时为客户服务提供了快捷便利的服务。近 20 年来，富国银行每股盈利由 0.84 美元增长到 1.86 美元，取得了 23％的复合增长率。富国银行市唯一一家获得 AAA 评级的银行。

此外，富国银行的管理团队让人敬佩不已。巴菲特认为富国银行拥有他们在银行业中能够寻找到的最优秀的管理人卡尔·赖卡德和保罗·黑曾。事实确实如此，他们二人珠联璧合、齐心协力清除了 100 多年来管理不严、成本过高的旧传统，使得富国银行旧貌换新颜，这是巴菲特进入富国银行主要原因之一。

1990 年，巴菲特终于等到了出手机会。当时，富国银行股票一度达到 86 美元，后由于投资者担心西海岸经济衰退会导致房地产贷款损失开始抛售加州银行股票，而富国银行是在加利福尼亚所有银行中放贷最高的银行，因此受波及最大，股票价格一路下跌。而此时，巴菲特买入 500 万股，均价每股 57.89 美元。1992-1993 年又以 1.343 亿美元买入 1791218 股普通股，1996 年以 7410 万美元再次买入 50.02 万股，2004 年又少量增持，巴菲特共持有富国银行股票 56448380 股普通股，投资成本 4.63 亿美元，总市值 35.08 亿美元。在 1990 年至 2004 年，投资 15 年投资收益 30.45 亿美元，收益率为 657.67%。

101　不完美才是人生

　　事情就是这样, 世上本来就没有完美, 却偏偏要去追求完美, 结果呢？ 有一个故事, 许多人都知道, 今天拿出来大家听听。

　　有一个年轻小伙子叫奥里森, 希望寻找一个完美的人生。一天, 他遇到一位女士, 她告诉奥里森, 她能帮他实现愿望, 并把他带到一所房子前让他选择命运。于是奥里森向房里走去。里面的房间有两个门, 第一个门上写着"终生的伴侣", 另一个门上写的是"至死不变心"。奥里森忌讳那"死"字, 于是就进了第一个门。接着又看见两门, 左边写着"美丽、年轻的姑娘", 右面写着"富有经验、成熟的妇女和寡妇们"。

　　当然, 奥里森毫不犹豫选择了左边, 于是进去, 又有两门, 分别写着"苗条、标准的身材"和"略微肥胖、体型稍有缺陷者"。奥里森理所当然地选择了前者。

　　接下来分拣器不断地被筛选着, 下面是他未来的伴侣操持家务的能力, 分别写着"爱织毛衣会做衣服, 擅长烹饪", "爱打扑克, 喜欢旅游, 需要保姆", 不用说,他喜欢的是前者。继续推门，接下来是把各位候选人的内在品质也分了类，分别写着："忠诚、多情、缺乏经验"和"有天才、具有高度的智力"。

奥里森深信，自己的才能能够应付全家的生活，于是选择了前者。他高兴地进了房间，里面房间两扇门又是分别写着话，左门上写着："疼爱自己的丈夫"，右侧门上写着："需要丈夫随时陪伴她"。很显然，奥里森需要疼爱他的妻子。下面的两个门对奥里森来说是一个极为重要的抉择：上面分别写着"有遗产，生活富裕，有一幢漂亮的住宅"和"靠工资吃饭"。

奥里森不用人教，选择了前者。于是满怀喜悦的心情推开了那扇门，天哪，已经上马路了！一位身穿蓝色制服的门卫向奥里森走来，双手递给奥里森一个玫瑰色的信封。他急忙打开，上面写着："您已经挑花了眼。人不总是十全十美的。在提自己的要求之前，应该客观地认识自己"。

这只是一个小故事，或是一则笑话，但告诉我们一个哲理，世界本没有完美的人生，而不完美才让人有盼头，有希望。本来嘛，人生不如意者十之八九，聪明的人常想一二。回想我们所走过的路，所经历的、所做过的事常常不尽如人意，有时想起一件事，常感叹，当初为什么没做好，其实越是追求完美，离完美越远，怀着一颗平常的心，尽力去做、去努力，追求完美，但不要苛求完美，就知足了。

就比如身在股市，常常捶胸跺脚，自己搧自己的嘴巴，自己手里的股票，已经赚钱了，但还不满足，股评也说，还要涨，先拿着，能卖个好价钱。结果呢？下来了，坐电梯了，那个后悔啊。还有的股民，买股偏找最低点买，买低不买高，无可厚非，这个世上，还没出现过买在最低、卖在最高，想想看，有多少卖在 6124 点，又有几个买在 1664 点，一次可能有，但每次都卖在最高买在最低，中国股市 20 年，还没有这样的高人，如果有，那个人就是个骗子。

不要追求完美，你看，在体操比赛中，一个完美的动作，获得了满分，一瞬间的完美，是多少时间的不完美换来的。姚明因伤而退役，世人多么希望他再回到火箭队效力，可是事实我们再也看不到他在火箭队的身影。在有些人看来，不完美。仔细一想，姚明是完美的，他代表了中国，代表了一代篮球运动员的梦想，在美国打球，赢得了美国人民的尊重，这是多么的完美。在不完美中追求完美，完美不是绝对的，只是相对的，人生是曲折的，不完美的，不完美的人生才是最精彩的。

我认识一个股友老邓，他在股市已经 16 年了，有一天他和我聊起他在股市的感慨，他说，过去买股总想买在最低，可等来等去，股价上去了，急得心急火燎，结果还是买在了高位，总想卖在最高，可买在高位，哪里还有再高？结果卖在最低，最近这几年，慢慢悟出个道了，人不能追求最低和最高，最高和最低有是有，山峰珠穆朗玛峰最高，8842 米，全世界都承认。股市 6124 点最高，最高峰大多人上不去，卖在 6124 点我们做不到。越追求完美，完美离我们越远。

老邓说，最近几年，我逐渐放弃了原来的操作思路，慢慢地悟出了两条经验，一是将优秀的公司股票坚持长线持有，只要基本面不发生变化，就一路持有；二是做短线的股票，有点利润就走，年岁大了，高峰上不去了，让别人上去吧。你别说，这几年下来，账面亏损越来越少，我这才觉得股市很有意思，你得顺着它，摸准它的脾气，和它交朋友。

老邓说得对，越追求完美，完美离我们越远，不完美才是最精彩的，顺其自然，顺应趋势，一步一步朝前走，这才是最精彩的。人生本无完美，何必苛求呢？

102　放弃也是一种收获

有时候，放弃也是一种美德。在人生中，得不到的决不强求，该放弃的时候，就要毫不犹豫地放弃。今天的放弃就是为了明天所得，学会放弃也是一种乐趣，一种收获。

有一个故事，说的就是教人们如何学会放弃，不妨听听。

老师带着他的学生打开了一个神秘的仓库。仓库里面装满了奇光异彩的宝贝，每个宝贝上都刻着清晰可辨的文字，分别是骄傲、正直、快乐、爱情……。这些宝贝都是那么漂亮，那么迷人，学生见一件爱一件，抓起来就往口袋里装。

可是在回家的路上才发现，装满宝贝的口袋是那么的沉。没走多远，学生便气喘吁吁，两腿发软，脚步再也无法挪动。老师说："孩子，我看还是丢掉一些宝贝吧，后面的路还长着呢！"学生恋恋不舍地在口袋里翻来翻去，不得不咬咬牙丢掉两件宝贝。但是，宝贝还是太多，口袋还是太沉。学生不得不一次又一次停下来，一次又一次地咬着牙丢掉一两件宝贝。"痛苦"丢掉了，"骄傲"丢掉了，"烦恼"丢掉了……，口袋的重量虽然减轻了不少，但年轻人还是感到它很沉很沉，双腿依然像灌了铅一样的重。"孩子，"老师又一次劝道，"你再翻一翻口袋，看还可以丢掉些什么。"学生终于把沉重的"名"和"利"也翻出来丢掉了，口袋里只剩下"谦虚"、"正直"、"快乐"、"爱情"……一下子，他感到说不出的轻松和快乐。

但是，他们走到离家只有 100 米的地方时，年轻人又一次感到了疲惫，前所未有的疲惫，他真的再也走不动。"孩子，你看还有什么可以丢掉的，现在离家只有 100 米了。回到家，等恢复体力还可以回来取。"学生想了想，拿出"爱情"看了又看，恋恋不舍地放在了路边。

他终于走回了家。可是他并没有想象中的那样高兴，他在想着那个让他恋恋不舍的"爱情"。老师对他说："爱情虽然可以给你带来幸福和快乐，但是，它有时也会成为你的负担。等你恢复体力还可以把它取回，对吗？"

第二天，他恢复了体力，按着来时路拿回了"爱情"。他高兴极了，他感到无比的幸福和快乐。这时老师走过来触摸着他的头，舒了一口气："啊，我的孩子，你终于学会了放弃。"

老师教给他的学生学会放弃，学生在经历中懂得了放弃。孙子曾说过："将欲取之，必先予之。"他告诉我们学会放弃，才能得到，什么时候学会放弃，什么时候便学会了成熟。

身在股市，学会放弃，仍是一个重要的课题，许多股民亏损累累，原因固然很多，但不愿放弃，不懂放弃是个重要原因。就拿手中的股票来说，本来资金就不多，可偏偏买了许多股票，觉得手里的股都好，舍不得放弃，日久天长，越积越多，包袱越背越重，亏损越来越多，到头来，只好割肉卖出，越想得到，越得不到。

2011 年国庆节前夕，有个营业部搞了一次"持股数量调查"，散户中，调查人数102 人，平均持股 8 只，人均资金 12 万元，每只股占用资金 1.5 万元；中户 38 人，人均持股 5 只，人均资金 63 万元，平均每只股票占用资金 12.6 万元；大户 14 人，平均持股 3 只，人均资金 187 万元，平均每只股票占用资金 62.3 万元。

其中，散户徐大妈 11 万元资金，共有 22 只股票；苏小姐 16 万元资金，持股 37 只；中户持股最多的卢先生有 8 只股票；大户中最多的 4 只股票，其中蒋先生多年来只有1 只股票，每年最多做 1-2 次波段。

在调查走访中，苏小姐对自己所持股的认识，反映了一部分散户的想法，她说，我也没想到拿了那么多股票，总想瘦身，但就是瘦不下来，看好的就买了，别人说好的也买了，一来二去，越积越多，涨了的还想涨得再高些，跌了的，只想等涨上来再出手，日久天长，出不去了，我还有恋股情结，到了手的股票舍不得卖，觉得哪只股票都好，舍不得放弃，实际上害了自己，这几年先后投入 25 万元，现在只剩 16 万元，亏损了 36%。

大户室的蒋先生说，我入市十几年了，原来最高持有 12 只股票，亏损面达 46%，最近几年逐渐减少，近 3 年来，只有 1 只股票，去年和今年各做了一次波段，去年底，亏损资金全部收回，今年大势不好，整体亏损 4.5%，形势转好后，翻红没问题。我觉得，身在股市，要戒一个"贪"字，倡导一个"少"字，心不要贪财，手不要贪高，越想赚钱越赚不到，反而赔得越多，手里的股票越多，亏损的越多，股票多，照顾不过来。这几年就一只股票，这个公司情况我都清楚，发生了什么事情别想从我眼皮下溜掉，对它的基本情况了如指掌。我认为股市是人生的一部分，身在股市，也是在演绎人生，2000 多只股票，你不可能都认识，你只需要熟悉十几只就够了，手里最好不超过 3 只股票，俗话说得好，贪多嚼不烂，少而精，精而细，把功夫下在研究公司的基本面上，放弃大部分本不属于自己的股票，留下属于自己的那一点点。放弃并不意味着失去，因为只有放弃才会有另一种获得。

蒋先生说得多好，其实，放弃是一种境界，是自然界发展的一种必由之路，对整天摸爬滚打在股市的人们，更要学会放弃，在红红绿绿的大盘上，不要被眼花缭乱的色彩遮住双眼，要学会采摘属于自己的那一小朵红花，就足够了，甚至不需要绿叶陪衬。

103　循序渐进与急于求成

俗话说得好："一口吃不成胖子"，凡事都是循序渐进，日积月累。我们常说："心急吃不了热豆腐"，欲速则不达，说的就是这个理。无论是做人还是做事，都应遵循一步一个脚印，脚踏实地，扎扎实实，切忌急于求成，否则，万事不成，白白浪费了光阴。

有这样一个故事，楚国一个叫养由基的人，他精通射箭，有百步穿杨的本领，传说就连动物都知道他的本领。有一次，他跟随楚王到野外打猎，楚王看到树上有一只老猴，便命养由基射杀。养由基张弓搭箭就要射，树上的老猴看后，惊慌失措，悲泣如雨。原来这只猴子身手敏捷，能接一般飞箭，可如今面对这位风闻天下的神射手，也吓得哭起来。

有一个年轻小伙子，很仰慕养由基的射术，便前去拜养由基为师，养由基开始不肯收徒，经不住年轻人软磨硬泡，最终收其为徒。初始，养由基交给他一根很细的针，让他放在离眼睛几尺远的地方，整天盯着针眼看。过了几天，这个徒弟心有困惑，便问养由基说："我是来学射箭的，师傅让我做这件事情有什么用意？什么时候才能教我射箭呀？"养由基说："这就是教你学箭术，你接着看吧。"

几天以后，这个徒弟有些烦了。他心说，我是来学箭术的，看针眼能看出箭术来吗？大概师傅是在敷衍我吧？后来，养由基又让他整天在掌上平端一块石头，伸直手臂，锻炼他的臂力。看针眼费眼神，练臂力腰酸臂痛，于是又想不通了，心想，我是来学他箭术的，他让我端石头有什么用？于是很不服气，不愿再学了。养由基看他没有长性，难以成器，就任由他走了。后来，这个人又找别的师傅学箭术，白白走了很多地方，终未学成。

这个徒弟哪里知道，师傅教他的都是最基本的东西，只要脚踏实地，从一点一滴学起，日积月累，久而久之，刻苦学习，一定能学到精湛的箭术。但是，很可惜，由于这个徒弟心气高，急功近利，好高骛远，性格浮躁，到头来一事无成。

营业部的小卢就是这样一个小伙子。整天忙着追涨杀跌，看到那只股涨停了，就杀进去，第二天跌了，又急忙跑出来，时间一长，账户上的资金日渐减少，他不从根本上去找原因，只怨自己运气不好，他说，2010年，在世道不好情况下，他进出130多次，他把交割单拿给股友看，大家安慰他说，全当交学费了，原本12万资金，到2010年底只剩下7.8万元了。12万元资金，130次买卖，给营业部手续费多达6500多元，不算不知道，一算吓一跳，这下小卢傻眼了，恍惚中小卢不由得说了句："原来我是营业部的打工仔。"

岂不知，各行各业中，只有在股市的营业部中贴着"股市有风险，入市需谨慎"的警示牌，有谁见过在百货商店、超市、饭店贴过这样的牌子？本来嘛，股市有风险，这谁都知道，那就要步步为营，处处小心，就要握紧钱袋，看好资金。

正因为如此，身在股市，更要懂得，做股票是个渐进的过程，是个历练的过程、学习的过程。岂不知，股市有时候表现的杠杆效应十分明显，很能迷惑人，如果有天出现暴富之时，也不知哪天出现暴穷之日。揭开杠杆效应背后，仔细研究，股市同任何行业一样，有个渐进过程。饭要一口一口地吃，钱要一分一分地赚，都想下午3点一收盘，资金翻3番，那是一厢情愿的事。就像那个学箭术的小伙子，如果懂得勤学苦练，和那样高明的师傅学习，一定会箭誉天下的，很可惜，是急功近利的思想害了他，结果终将一事无成。

在股市辛勤操作的股民，切忌浮躁，要养成沉着稳重的操作思想和理念，急于求成是股民的敌人，循序渐进是股民的朋友。如果手里拿着好股票，心不要急，不要怕它不涨，不要看着别的股涨，就心急火燎，按捺不住，骏马总有奔驰的战场，好股哪能有不涨的道理，好姑娘不愁嫁不出去。

营业部有个蔡大妈，过去是个纺织女工，已经退休很长时间了，进入股市也有 13 年了，许多人都认识这位老人，大家都夸她是个细人，在车间里，她细得出奇。工作时，两眼总是盯着一台台织布机，她织出的布，断头最少，质量最好，在她的手里培养出了几十名纺织能手，纺织女工都知道，机下接头是织布挡车工的操作基础，为尽快提高操作技能，她常常放弃休息，把纱线带回家一遍又一遍地练习，手上磨出了硬茧，终于练出了每分钟接头 35 个的最高记录。她多次被评为市劳动模范，也许是职业的习惯，进入股市后，在营业部大厅里，很少说话，几年下来，从最初的 5 万元，到 2010 年底，资金已到了 12 万元，十多年来，只买卖过 8 只股票，现手里只有两只股票，一只是青岛海尔，另一只是同仁堂。蔡大妈能将两只股票的基本数据、经营状况、几年中盈利多少，如数家珍地说上大半天。功夫不负有心人，过去一个纺织女工，磨炼成一位过硬纺织能手，如今在股市仍不减当年威风。

蔡大妈说，世上任何事物都有一个从小到大，从弱到强，从无到有的积累过程，只要功夫到，做什么事都能成功，想找捷径，一步登天，试图不付出艰辛，甚至投机取巧，那将一事无成。纺织和做股票看似不搭界，但事出同理，都要历练，都需要付出艰辛。苦读十年寒窗书，换来人间甜上甜。

其实，万事万物，同生同长，功夫到了，水到渠成。真可谓："合抱之木，生于毫末；九层之台，起于垒土；千里之行，始于足下。"唐僧取经，历经九九八十一难，才取得真经，要想在股市站得住脚，只有两个字，那就是：历练。

104　希望是坚韧的拐杖

今天是 2011 年 10 月 17 日（星期一），深沪两市刚刚燃起了一点点希望，沪市在 10 月 12 日跌破前期 2319 点后，创下了 2318.63 点新低，在汇金增持五大行利好消息刺激下，收复了 2400 点，但此时沪深两市的股民们，心已死，希望已泯灭，他们等待的是慢慢的死亡。就在前几天一则消息说，在股市上了十几年班的一位老股民将手中股票全部清仓，在赔了 120 万后愤然辞去股民工作，发誓永不再踏入股市。

沪市在 2007 年 10 月，创下 6124.03 点以来整整下跌了四年，中间只有一次像样的反弹。难道就真的没有希望了吗？股市有一句话，行情在绝望中产生，其实，大多数股民"心已死"的状态中，希望的脚步也就悄然而至。有一个故事不得不讲给您听听。

在一个偏僻的山村里，住着一位孤苦伶仃的老奶奶。在她26岁的时候，丈夫外出做生意，却一去不返。是死在了乱枪之下，还是病死在外，也或许像有人传说的那样被人在外面招了养老女婿，都不得而知。当时，她唯一的儿子只有5岁。

在丈夫不见踪影几年以后，村里人都劝她改嫁。然而，她没有同意。她说，丈夫生死不明，也许在很远的地方做了大生意，没准哪一天就回来了。她被这个念头支撑着，带着儿子顽强地生活着。她甚至把家里整理得更加井井有条。她想，假如丈夫发了大财回来，不能让他觉得家里这么窝囊寒碜。

就这样过去了十几年，在她儿子17岁的那一年，一支部队从村里经过，她的儿子跟部队走了。儿子说，他到外面去寻找父亲。不料儿子走后又是音信全无。有人告诉她说，儿子在一次战役中死了，她不信，一个大活人怎么能说死就死了呢？她甚至想，儿子不仅没有死，还做了军官了，等打完仗，天下太平了，就会衣锦还乡。她还想，也许儿子已经娶了媳妇，给她生了孙子，回来后一家人就团圆了。

尽管儿子依然杳无音信，但这个想象给了她无穷的希望。她是个小脚女人，不能下地种地，她就做起刺绣的小生意，勤奋地奔走四乡，积累钱财。她告诉人们，她要挣些钱把房子翻新了，等丈夫和儿子回来的时候住。

有一年她得了大病，医生已经判了她死刑，但她最后竟奇迹般地活了过来。她说，她不能死，她死了，儿子回来到哪里找家呢？这位老人一直在这个村里健康地生活着，已经满100岁了。直到现在，她还是做着她的刺绣生意，她天天算着，她的儿子生了孙子，她的孙子也该生孩子了。这样想着的时候，她那布满皱褶的沧桑的脸，即刻变成像绣花一样绚烂多彩的花朵。

这位可敬可佩的老人，丈夫离去多年未归，儿子当兵寻找父亲，又杳无音信，多少岁月的折磨，并没有把这位坚强的老人击垮，她的力量源自坚强，她的信心源自希望，在几乎绝望的情况下，还憧憬着未来，是等待和希望支撑着她，我们难道不能从老人身上悟出些什么，学习些什么，感悟些什么吗？是的，只要希望存在，前景就一片光明。

目前，股市低迷，股民损失惨重，股民信心低落到极点，但从另一个角度看，用那位老人对生活的态度去看，中国的股市大有希望，我们每个股民希望之火一定会重新燃起。

那么，就等待吧，等待是股市的一种常态，急涨急跌是短暂的，缓慢地上涨或阴跌都是渐进式的，整理形态伴随我们的时间最长，这就是一种等待。等待是漫长的、枯燥的，等待是无奈的，但等待也是一种期盼。等待是消极的，也是积极的，就看你如何等待。选择积极的等待，趁此机会，抓紧做功课，把自己手中的股票清理一下，分分类，哪些是优秀的，长期需要持有的，哪些是较差的，没有发展前途的，需要处理的，机会来了后，哪怕是割肉，就是赔了也认了，集中资金，购买那些优质的股票，计划好了，心里有谱了，机会来了，就能毫不犹豫地实施操作，这种等待是值得的，积极的，也是必需的。等待也是一种幸福，决不要放弃等待的勇气，那么，就记住哲人斯巴德的话吧，他说："字典里最重要的三个词，就是意志、工作、等待。我要在这三个词基础上建立我成功的金字塔。"

等待也是希望，大仲马就说过，人类一切智慧是包含在四个字里面的："等待和希望"。其实，等待和希望相伴相随，等待是寄予希望，有希望才去等待。等待不一定成功，但没有等待一定不会成功。大凡看到股市有希望的人，一定是成功的人，因为希望是信心，当年沪指上涨到 6124 点之前，多少投资者苦苦等待了四年，今天又等了整整四年，那些还身在股市的人，他们是强者，他们是股市的中坚，他们也是中国股市的希望。

不以成败论英雄，不把盈亏作尺度，成功者志在天长日久，计算盈亏，最短的时间是年，十年论长短，二十年看输赢，时间越长，希望越大。有希望，就是盼头，希望是星星之火，希望是前进的明灯。西方人爱说，上帝和我同在，东方人也会说，股市与我同在，这是对中国股票市场的最好诠释。

罗素告诉我们："希望是坚韧的拐杖，忍耐是旅行袋，携带它们，人可以登上永恒之旅。"照他的话去做吧，生活充满了希望，寻找希望就是奔向成功。

105　自信和真理只需要一根支柱

股市里，从众理念甚为浓厚，也就是跟风效应。有时候，不问青红皂白，群起而追，结果深套不能自拔。股票投资是很讲究学问的，独立思考，精心研究，刻苦钻研，这些都是立足股市的基本要求，成功的人总是有自己独到的见解，操作与众不同，能以不同视角解读市场。有时一些成功操作的精英往往不被众人理解，更不被人认同，也无人仿效，甚至被人嘲笑。

有一个故事，很能说明问题。

有个英国年轻的建筑设计师，很幸运地被邀请参加了温泽市政府大厅的设计。他运用工程力学的知识，根据自己的经验，很巧妙地设计了只用一根柱子支撑大厅天顶的方案。一年后，市政府请权威人士进行验收后，对他设计的一根支柱提出了异议。他们认为，用一根柱子支撑天花板太危险了，要求他再多加几根柱子。年轻设计师十分自信，他说："只要用一根柱子便足以保证大厅的稳固。"他详细地通过计算和列举相关实例加以说明，拒绝了工程验收专家的建议。

他的固执惹恼了市政官员，年轻的设计师险些因此被送上法庭。在万不得已的情况下，他只好在大厅四周增加了四根柱子。不过，这四根柱子全部都没有接触天花板，其间相隔了无法察觉的两毫米。

300年过去了，在300年的时间里，市政官员换了一批又一批，市政府大厅坚固如初。直到20世纪后期，市政府准备修缮大厅的天顶时，才发现了这个秘密。消息传出后，世界各国的建筑师和游客慕名而来，观赏这几根神奇的柱子，并把这个市政大厅称作"嘲笑无知的建筑"。最为人们称奇的是这位建筑师当年刻在中间圆柱顶端的一行字：自信和真理只需要一根支柱。

这位年轻的设计师就是克里斯托·莱伊恩，一个很陌生的名字。今天能找到的有关他的资料实在微乎其微了。但在仅有的一点资料中，记录了他当时说过的一句话："我很自信，至少100年后，当你面对这根柱子时，只能哑口无言，甚至瞠目结舌。我要说明的是，你们看到的不是什么奇迹，而是我对自信的一点坚持。"是奇迹，一根柱子支撑市政大厅300年不倒，坚固如初。想当初，这位年轻的设计师受到质疑，自信心被政府官亵渎，他黯然承受，但他把自信心埋在心底，刻在柱子上，让世人有朝一日展示他坚守的真理：自信。

这位年轻的设计师告诉我们，他的自信来自他对工程力学知识功底的扎实，自己实践的经验，巧妙的设计。他的设计是极其成功的杰作，虽受到质疑，但他自信心始终如一。美国作家爱默生说："自信是成功的第一秘诀。"

没有自信，万事无从做起，自信是成功的起点，由此，我们联想到投资大师巴菲特，在网络泡沫年代，凡涉足网络科技的股票疯长，但巴菲特不为所动。那是在1999年时，巴菲特面临一次前所未有的挑战，伯克希尔经营业绩下降了45%，指责主要来自于巴菲特对网络科技股的漠视，巴菲特没有投资网络科技股，成了众矢之的。到2000年3月10日，纳斯达克指数到达5132.52点，到达顶峰，比一年前的指数翻了一番，而此时，唯有巴菲特坐怀不乱，而面对伯克希尔，公司几十万的投资人，他为自己辩解，极力捍卫自己矢志不移的投资理念。当时的形势对巴菲特产生了威胁，因为投资人大多是势利和短视的，即便是伯克希尔的长期投资人和巴菲特投资理念的坚定认同者，也抵制不住科技股强大的诱惑。

但是，泡沫终归要破灭的，正是那一天，纳斯达克开始下跌，10年后的今天，纳斯达克不过才1600点，而最低不足千点，当年10大互联网公司中，有两家已经完全消失，在留下来的公司中，总市值平均缩水88%，那些当时响当当的互联网公司中绝大多数已经销声匿迹。

当年巴菲特认为，创新也许能使世界摆脱贫困，但历史显示，投资创新事物的投资人，后期都没有以高兴收场，亦即事后并不开心。当年，巴菲特对网络科技股说："我们不能评估其未来的公司"，在今天看来是正确的选择，事实正是如此，时间检验了一切，今天再反观互联网泡沫中巴菲特的投资决策，人们都对他称赞不已。

巴菲特的自信，来自于他对资本市场深刻的理解和把握，巴菲特坚持的是价值投资，他时刻把握投资的"安全边际"，信守不做不熟悉的股票，他能坚持数十年理智投资，他所依赖和坚守的就是价值投资理念，价值投资是他投资的精神支柱，也是他投资取向的标准，这根支柱几十年屹立而不倒，几百年后也将屹立在资本投资市场中。

106　朝秦暮楚终将一事无成

有一个典故，叫朝秦暮楚，出自宋朝晁补之《鸡肋集·北渚亭赋》中"托生理于四方，固朝秦而暮楚。"战国时期，七国称雄，齐、楚、燕、韩、赵、魏、秦之间斗争十分激烈。这七国中，秦、楚势力最大，而魏、韩、赵、燕、齐等国为了自身利益，游离于这两国之间，由于当时战斗非常激烈，争夺十分频繁，秦、楚势力相当，难分胜负，一些小国，早上还是被秦国占领，而到了晚上又被楚国夺回来。从当时的地域来看，以韩、赵、魏为主，从燕到楚，南北合成一条纵线，东抗齐或西抗秦是为"合纵"；东连齐或西连秦，东西合成一条横线，进攻其他弱国是为"连横"。秦国在战国后期通过变法逐渐强盛，形成了一股强大势力，而东方六国为抗击秦的攻势，曾一度"合纵攻秦"，使秦国受挫，放弃了一些占领地。但"合纵"又不能善始善终，最终被秦的连横政策各个击破。"合纵"、"连横"斗争持续了很长时间，各国时而追随秦，时而又追随楚，反复无常。这就是朝秦暮楚典故的来历。

典故寓意是说，夹在秦、楚两国之间的其他小国，为了自身的安全利益，时而倾向秦，时而倾向楚，犹豫不定，反复无常。

现在湖北郧西县上津镇古城还留存于世，上津古城位于湖北郧西县城西北70公里的上津镇，为明代城址，地处鄂西北边陲，与陕西省漫川镇接壤，南临江汉流域，北枕秦岭山脉。古城坐落于汉江支流金钱和下游东岸，素有"朝秦暮楚"之称，为历代交通、政治、文化、商贸、军事之要地。相传宋太祖赵匡胤、吕洞宾、黄巢、李自成、张献忠都在这里留下过足迹，这座古城为后人重温历史、游览观光增添了一个好去处。

我们之所以把朝秦暮楚这个典故较为详细地告诉大家，是想说，这个典故和股市有着密切的关系。在股市，朝秦暮楚的人可以说为数不少大有人在。本来股市涨跌即为常态，但有些投资者常常看到自己手里的股票不涨，很是不舒服，那么多涨停板里就没有自己的，就认为自己的股票不好，于是便对手中股票心存怀疑，产生了换股的想法。如果再听听股评荐股，手机短信推荐，左邻右舍的影响，于是坚定了换股的信心。可当把热门股换到手里后，手中的热门股退潮了，新的热门股登台了，又没赶上趟，这就是股市中的朝秦暮楚。看看大盘，每天都有涨停板，也有跌停板，希望自己买的股票每天都涨停，那只是一厢情愿、天方夜谭，不现实。股票的轮动效应十分明显，你方唱罢我登场，没有只涨不跌的股票，也没有只跌不涨的股票，只要自己的股票质地好，就没有不涨的道理。

这里有一个做股票要专注的问题，买卖股票之前，首先要选好股，这就是要打好基础，接下来就要静下心来，专心致志，一心一意把精力用在不断深入研究自己股票的内在价值上，而不是整天盯大盘，看涨跌。如何保持思想专注、精力集中，这是每个投资者必须面对的问题，朝三暮四，三心二意，见异思迁，这些都是要不得的。

专注就是集中精力，全神贯注，专心致志，如果从更深的意义上讲，专注是一种精神，一种境界，把每一件事情做得最好，咬定青山不放松，不达目的不罢休，这就是对专注的最好解释。一个专注的人，往往能把自己的时间、精力、智慧凝聚在研究股票的内在价值上，从而最大限度地发挥主观能动性、积极性和创造性，努力实现自己的目标，特别是遇到诱惑、遭受挫折的时候，能不为所动，坚守信念，直到最后成功。相反，一个人如果心浮气躁，结果干什么事情都只能是虎头蛇尾，半途而废。缺乏专注精神，即使立下凌云壮志，也不会有所收获，因为"欲多则心散，心散则志衰，志衰财思不达也"。

其实,做股票是一门很专注、很有耐心的课程,这是对投资者最基本的要求,也是一个投资者必须历练的一个基本要素,股市不像佛堂那么安静,股市高涨时,营业部拥挤不堪,自信心不强者不知所措,最容易产生从众心理,朝秦暮楚也就不足为怪了。但当股市下跌途中,营业部门庭冷落,甚至无人问津,即使有个三三两两,也无非是打牌聊天。其实,有心有志者,他们正在专心研究,准备应战,当市场高涨时,他们考虑的是如何把股价高于内在价值的股票沽出去,而在市场极度低迷时,不是失去信心,无所作为,更不是割肉走人,而是准备好了子弹,将那些早已研究好的好公司、好股票在低于内在价值的股票收入囊中。

朝秦暮楚终将一事无成,专心致志成功在望,静下心来,做好功课,股市是有志者拼杀的好战场。

107 坏习惯做股票也会套死人

有一个老掉牙的故事,关于狗腿子的来历:县官腿痛,医生说,一条腿保不住了,要换上一条腿,那换谁的呢?有一衙役平时仗势欺人,横行霸道,这个医生早有所闻。于是进言,将那个衙役腿换上,县官换上衙役的一条腿后,果然那条腿好了,衙役苦苦哀求医生,医生说,腿可以给补上,但你要好好善待百姓,今后不许欺压百姓,衙役满口答应。于是医生找来一条大公狗,把狗的后腿卸下来给衙役安上,这就是狗腿子的来历。医生给狗安一条泥腿,所以狗撒尿都翘起一条后腿。

狗撒尿都要翘起一条腿,这可能是狗的生理决定的,但仔细观察,狗拉屎在平地即可,可撒尿不但要翘起一条腿,而且还在树干或电杆旁,也或在犄角旮旯有依托之处,是生理,还是习惯不得而知。

正是由于狗撒尿的坏习惯,导致丢了一条命:有一条狗很有志气,向众狗说,要去横穿大沙漠,出发那天,所有的狗都来表示祝贺,在欢呼声中,带足了食物、水,满怀信心地上路了。3 天后,突然传来小狗不幸牺牲的消息。是什么原因使这条狗死了呢?检查食物,还有很多,水壶的水还是满的。后来,经过研究,人们终于发现了小狗死去的秘密,原来是被尿憋死的。这是因为狗有个习惯,非要在树干或电杆旁撒尿,可大沙漠中没有树,也没有电杆,就这样,可怜的小狗一直憋了 3 天,终于被尿憋死了。

关于狗的故事引出了一个问题,这就是习惯。如果是生理问题,那就另当别论,但就说习惯，就有好习惯、坏习惯之分，好习惯，就是良好的习惯。良好的习惯就是做有益于自己，有益于他人，有益于社会的事，并能长期坚持，直到养成习惯性行为。从某种意义上讲，好习惯能决定人的一生。

坏习惯，不仅和性格有关，更多的是后天形成。有人说，一个行为或动作每天都做，坚持21天，那么它就变成一个习惯，如果坚持90天，那它就成为了一个不容易改变的习惯。有个例子，很能说明问题。一个年轻人在很多应试中脱颖而出，告知已被录取，明天到公司上班，可小伙子在兴奋之中，无意间打了一个响指，面试经理对小伙子说，明天不用来了。当问原因时，面试官直截了当地说，你太轻浮。一个小的坏习惯，到手的工作泡汤了。

我们不得不在这里强调，身在股市的投资者，尤其注意不要把坏习惯带到股市，也不要在股市养成坏习惯。在股市，有些习惯性的东西，对投资者进行正确投资容易产生错误导向，往往出现误导，使资金，由于坏习惯而蒙受损失。有些坏习惯带有普遍性，极容易产生共鸣，所以，必须加以重视，下决心根除。

去掉跟风坏习惯，养成独立判断好习惯。跟风操作是股市中较为普遍存在的不良习惯，主要表现在股评人士推荐什么买什么；周围人说某某股好，不问青红皂白就跟了进去，手机荐什么股也不分析就认为是好股，一些新股民，或年龄大一些的股民最容易出现上述情况。其结果，十有八九是买套，为主力出货买单。所以，独立判断，仔细分析是立足股市的基本功。养成独立判断的好习惯，就要在分析上市公司基本面上下工夫。当听到推荐股票时，尤其自己心动时，就要冷静下来，在该股票基本面上查找资料，分析经营状况，近几年来盈利是否逐年保持递增等等，然后才能做出是否买进。其实，买卖只需十几秒钟时间，但买错了则要很长时间遭受煎熬。

去掉追高坏习惯，养成好股票买在低位的好习惯。当一轮行情上涨时，投资者往往按捺不住，就想跟进，许多投资者手里有钱，手心发痒，不出手不快，甘心追高。这种状况下，往往买在高位。股市有一句话叫：买高不买低，普遍认为股票涨了，那是人气旺盛的表现，成交量放大，那是大家看好的象征，这正中乐于奔波人的下怀，及时跟进是顺理成章的事，这不能不说有些道理，但仔细分析，你买在什么价位，该股从什么价位启动的，已上涨了多少，追高也要追得值得，也要满足两个基本条件，一是是否是优质公司，二是其内在价值和现股股价比较，股价是否已高出其内在价值，只有冷静分析，才不至于高位买进。如不符合上述两条基本要求，即便还有较大上涨空间，也不能轻易跟进，以防不测。

杜绝拿不住的坏习惯，养成好股票坚持长期持有的好习惯。有些投资者，当买进后，稍微涨了点，心里就发痒了，就想出手了，反正是赚了，这也没什么可指责的，总比赔了强。但仔细一想，不能只从赚了就卖出考虑，在正常情况下，如果手里的股票是优质公司，股价还处在底部区域，或上涨幅度不大，那么就没有理由卖出。好股票能拿得住就是一种好习惯。巴菲特是以年为单位计算盈利，好股票计算盈利，时间越长，盈利越多，因为其中也享受了复利带来的收益。所以决不能只考虑蝇头小利，而丢掉了大利。当然，有些投资者只喜欢做短线，赚上2、3点就走，那也无可指责，一年下来，并不是每次保证稳赚不赔，但不要忘记，每次短线不论赔赚，手续费照交不误，不知注意到没有，营业部人员正偷着乐呢。

以上只列举了在股市中如何养成良好的投资习惯，去掉坏习惯，以保证投资不受坏习惯影响，保证投资正常进行。其实，在股市中还有许多不良习惯应予以正视，比如上涨时狂追，下跌时割肉；迷信技术，不研究公司基本面；迷恋寻找投资秘诀，不在基本功上下工夫等等，这些不好习惯最终将会导致投资失误，造成资金出现重大亏损。

坏习惯不是与生俱来的，要想在股市长期搏杀，就要养成良好的投资习惯。如果说狗在沙漠中由于没有撒尿依托被尿憋死送命，而投资者在股市中因种种坏习惯导致投资失误，那也会被股票套死的。

108 知足，股市生存知道

人们常把股市比作战场，在战场上前面倒下一排，紧接着又上来一批。在股市三个月不到营业部，又添了许多生面孔，半年后，营业部大半不认识，一年后，面目全非，都是陌生人了，为什么股市的"兵源"源源不断？我们来探讨一下。

有一句俗语：知足者常乐。那反过来，无非是不知足者常不乐。在股市里，你可以做个调查，有几个常乐的？如果有，那也是短暂的，尤其是众股民，常常被套，而且往往套得很深，很死，三、五年，甚至更长时间被套着，能快乐吗？

大凡被套者，原因很多，也很复杂，但有一点是共同的，那就是不知足。不知足，就是不满足、不满意，总要寻取满足满意，从根源上说，是一种贪欲所致。大多数投资者都知道，股市是地狱，但都愿意去闯一闯，过去了，那就是天堂，中国股市成立

20 年来，能到达天堂的人很少。

因为有贪婪，有暴利，所以都愿意去，进入股市者，都是自愿的，没人强迫，利益驱使，本无可指责，股票市场在西方，已有百年历史，且经久不衰，究其原因，是利用了人的贪婪欲望的天性，人如果没有了贪婪，能知足常乐，那股市一天也开不下去。

股民小贾，挺帅的小伙子，靠上门推销产品赚了 12 万元。小贾清楚地记得，2007 年 4 月 18 日那天正是他 22 岁生日。进入股市后，在朋友的推荐下买了一只股票，正是那波大行情时，3600 多点进去的，到 5800 多点时，12 万元已到了 21 万元。小贾靠推销辛辛苦苦 4 年才赚了 12 万元，可在股市才半年时间就使资金增值 75%。那天是 2007 年 10 月 11 日，他破例地喝了一次酒。他开始想入非非了，他憧憬着美好的未来，下决心在北京发展下去。他也想过，赚了这么多，是否该出来了，他拿不定主意，那时间，他天天听股评，营业部人山人海，到处都是莺歌燕舞，一片涨声，你说小贾能不信吗？大盘果然不负众望，2007 年 10 月 16 日大盘又一次创了历史新高，达到 6124.04 点，可小贾没有想到，大盘在 5800 点涨到 6100 点时上涨了 300 多点，小贾的股票市值只增加 950 元，已显疲态。他不懂，该收手了，不知足占了上风，大家都在拼命地往上冲，我哪有半途而废的道理？有一件事情让他暂时离开了股市的喧闹声，他的父亲中风住院了，他卖了 2 万元的股票，回到家乡，把父亲送到县医院住院治疗。20 天后，他重返股市，11 月 6 日，他回到营业部，那天，大盘收在 5536.57 点，比他喝酒庆祝时少了 300 点，他的账面资金已剩下 16 万元，加上他已取出的 2 万元，实际已减少了 3 万元。其后的结果谁也料不到，小贾和大多数股民一样一直没有出手。上涨的快感和下跌的痛苦，小贾体验了全过程，只不过在天堂只是一瞬间，而在地狱的时间不知要到多久。那时间，小贾的账面资金只剩下 4.8 万元。事后，小贾说了这么一句话："股市是个培养不知足的速成学校。"这句话倒很耐人寻味。后来听说小贾退出了股市，又干他的老本行去了。

小贾的故事确实耐人寻味，其实大多数股民都是这种状态。股市是最具诱惑力的，也是滋生不知足的温床。不知足，如果理解成工作标准的不满足，学习知识的不满足，那是一种向上的境界，值得提倡。而在股市，不知足却是另一番景象了。

中国的大教育家、哲学家老子曾说过："罪莫大于可欲，祸莫大于不知足；咎莫大于欲得。故知足之足，常足矣。"意思是说，罪恶没有大过放纵欲望的了，祸患没有大过不知满足的了；过失没有大过贪得无厌的了。所以知道满足的人，永远是觉得满足的快乐的。老子说得好，他把不知足说成是一种祸，告诫我们不知足的危害，身在股市的股民，尤以引以为戒，往深里理解一下这位先哲的至理名言，作为我们投身股市的座右铭，牢记在心。

与不知足对应的是知足，知足是幸福的源泉，是立足之道，取胜之本。知足是一种满足，是一种境界，是对人生的感悟。台湾歌人五月天阿信自编了一首知足歌，歌词有这么几句：

怎样去拥有一道彩虹，

怎么去拥抱一夏天的风，

天上的星星笑地上的人，

总是不能懂，不能知道足够。

阿信说得对，地上的人往往不懂什么是知足，他诠释了知足是生活的真谛，知足并不是一件难事，其实，知足很简单，知足是一种快乐，一种满足，我们不曾忘记，60 年自然灾害时期，哪怕是一年只求能吃上一顿白面馒头，那就知足了，决不敢奢望再来一道炒菜，哪怕是一盘炒土豆丝。

现在股市里有不少老年人，大多抱着一种想法，退休了，没什么事了，到股市找点事干，钱不多，找个乐子，交些朋友，说说话，聊聊天，至于能赚点买菜钱也就知足了，赚不了赔点就赔点吧，反正钱也不多，也知道股市有风险。

即使这样，那也要给知足设一道防护墙，自律自制，最好的防护墙，还要设两道铁门：一道铁门就是心理防线，常思知足，第二道铁门就是制定一个硬指标，这就是止赢止损，止赢是知足的具体体现，止损是知足的最后防线。

老年股民经过世面，见多识广，自制力强，知道知足的深浅，对知足把握得住，如果能把股市理解成散散心，找个事干那最好不过了，千万别当真，也万万不可把家底搬到股市，不然也可能就无家可归了。

我们说，知足者身贫而心富，贪得者身富而心贫。凡追求财富不知足者，大多结果都不好。知足，是一种满足，也许意味着你不能得到更多，但却会让你变得更理智。身在股市，知足是福，不知足是祸，知足与不知足，一字之差，一步之别，守住知足，就守住了底线，就守住了自己的财富，不知足会使自己的财富付之东流，这是因为，不知足是泥潭会越陷越深。

年轻人在工作学习上追求不知足是向上的境界，但在生活享受上对不知足要避而远之。年轻人对知足感悟浅，涉猎不深，特别是投身股市的年轻人要补上知足课，要把知足印在脑子里，刻在心坎上，力争在股市这块田野上，取得好收成。

因为懂得知足，所以才常常痛苦，知足的最大秘密是常常回忆那一、二分的满足。

109　放弃也是一种勇气

在股市，常常需要放弃，放弃是一种勇气，是一种选择，放弃也是一道坎，初入股市者，首先要学会放弃，就是有理智的放弃，常年奔波的老股民对放弃感悟得更深刻些。他们曾经历过多少坚持，但更多地选择过放弃，也曾品尝过坚持的喜悦，但更多地经历了放弃的痛苦。所以许多时候尽管放弃需要勇气，经历苦难，经历的放弃越多，离收获的目标越近，所以，放弃也是一种收获。

2007年，大盘站上3800多点时，大多数人选择了坚持，有些人选择了放弃，选择放弃的人被人称作"懦夫"，哲人说过：精明者敢于放弃，聪明者乐于放弃，高明者善于放弃。

营业部的丁师傅，年龄七旬，已在营业部坚持了八年，风雨无阻，这是一种坚持、坚守，难能可贵，但更可贵之处在于懂得放弃，大盘在跌到1664点时，他心里没底，没有贸然而动，到达2100多点时，他进去了，在2800点时，他选择了放弃，果断地出来了，6万元本金增加到7.6万元后，他收手了，收获了26%。事后，大家问丁师傅为什么选择了放弃，丁师傅说，我过去常犯坚守和放弃的错误，该坚守的不坚守，该放弃的不放弃，常常举棋不定，犹豫不决，结果一次次操作失误。后来认真反思，我认为懂得放弃也是一种坚持，放弃是需要勇气的，不会放弃，其结果，只能使自己的资金越来越少，那以后在股市还能坚持多久，所以学会放弃，也是一种坚持。

我们很欣赏丁师傅的这种放弃，他对放弃理解得透，感悟得深，能守得住自己的资金，实属不易。

其实，学会坚守和放弃，并不矛盾，有规律可循。因为任何事物都是有规律的，社会有社会的规律，原始社会、封建社会、资本主义社会、社会主义社会，新社会代替旧社会，这是历史的必然。自然界有自然界的规律，春夏秋冬，一年四季，这就是规律，股市的规律就是有涨有跌，它的运行，总是在螺旋式上升，曲折中前进。身在股市，就要遵循它的规律，所谓坚持，就是在大环境、大方向中坚信中国股市总是向好的方向发展，这是不容置疑的，因此，我们要用战略眼光去认识中国股市的现状，用发展的眼光看待中国明天的股市，那么，我们就会坚守。但在具体操作中，认识它的波浪运行规律，学会驾驭它，该坚守什么，该放弃什么。

　　所以，今天的放弃，意味着明天的坚守。可以说，股市什么时候都不缺机会，学会在放弃中捕捉机会，在放弃中等待机会。如果一味坚持，实际上意味着被动地放弃，被动放弃很可能就是不负责任的丢弃。比如世道不好，大盘处在下降趋势中，就要将自己已经获利的股票适当放弃一些，将业绩优良走势坚挺的好股票拿住不放弃，这无疑是明智的选择，这是对坚持和放弃的合理搭配，是智人之举。

　　但是，在大势不好时，硬着头皮坚持，不懂得战略撤退，对自己手中的股票不分优劣，抱着"打死也不卖"的做法实际是和趋势作对，与规律背道而驰，到头来只能自食其果。

　　是的，放弃是需要勇气的。有这样一个故事，说有一个背着大包裹的忧愁者，千里迢迢来拜访一位德高望重的哲人，他向哲人诉说自己的苦衷："先生，我是那样的孤独、痛苦、和寂寞，长期的跋涉使我疲倦到极点，我的鞋子破了，荆棘割破双脚，手也受伤了，流血不止，嗓子因为长久的呼喊而喑哑，为什么我还不能找到阳光？"

　　哲人问："你的大包裹里装的是什么？"忧愁者说："它对我可重要了。里面是我每一次跌倒时的痛苦，每一次受伤后的哭泣，每一次孤独时的烦恼……靠了它，我才能走到您这儿来。"于是，哲人带忧愁者来到河边，他们坐船过了河。上岸后，哲人说："你扛了船赶路吧！"忧愁者惊讶地说："它那么沉，我扛得动吗？""是的，孩子，你扛不动它。"哲人说："过河时，船是有用的，但过了河，我们就要放下船赶路。否则它会变成我们的包袱。痛苦、孤独、寂寞、灾难、眼泪，这些对人生都是有用的，它能使生命得到升华，但须臾不忘，就成了人生的包袱。放下它吧，孩子，生命不能太负重。"

　　忧愁者放下包袱，继续赶路，他发觉自己的步子轻松而愉悦，比以前快得多。原来，生命是可以不必如此沉重的。

　　在股市，不乏忧愁者，想当初，他们刚刚踏进营业部，踌躇满志，大展身手，可结果，一个个成了套牢者，忧愁者，他们初始是轻装上阵，可日久天长，包袱越背越多，越背越重，以致深陷泥潭，不能自拔，股市不相信眼泪，也不同情弱者，更没有解放军。这些人原本很执著，很坚守，但最终还是失败了。

　　原因很简单，如果当初精装上阵，不背包袱，或即使背上些包袱，能懂得放下包袱，放弃包袱，哪怕是跌倒了，或许摔得很重，也要爬起来，下决心把包袱丢掉，放弃幻想，不要诉说苦衷，也不要向亲朋好友倒委屈，在哪里跌倒，就在哪里站起来，如果放弃了包袱，当你再继续前进时就感到轻松了许多，前进的脚步自然就快了许多，那时就感到呼吸到的空气是新鲜的，前进的脚步是稳健的。

放弃吧，把那些沉重的包袱放弃吧。

110　怨天怨地不如怨自己

常年在股市辛勤操作，盼的是有个好收成，这是人之常理，但往往在年底一结账，入不敷出，甚至许多股民亏损累累。于是怨天怨地，怨天尤人，怨声载道，不绝于耳。都有哪些怨声呢？归结起来，主要有三怨：一怨世道不好，大环境不给力；二怨好股票少得可怜，坏股票遍地都是；三怨没有内部消息，只有亏损的份。琢磨起来，似乎有几分道理，但这些怨声好像少了些什么，仔细分析，就是少了对自己的怨声。

怨世道不好，大环境不给力。如果从大背景上说，确实最近几年，全世界闹金融危机，一方面到处举债，破产、倒闭企业数不胜数，另一方面，只有印钞厂生意红火，昼夜加班加点，你看美元像洪水一样到处蔓延，于是乎，通货膨胀又像大河决堤四处狂奔，不可阻挡。在这种情况下，我国不能独善其外，而股票市场缺粮断顿，捉襟见肘，那也是正常现象了。最近四年来，投身在股市的股民们备受煎熬，他们发发牢骚，出出怨气，无可指责。本来嘛，进入股市，是为赚钱而来，可到头来，颗粒无收，又亏了本钱，岂能没有怨气？

可话又说回来，股市是风险之地，在大环境不好时，应尽量回避。严寒季节，尽量少出门，多在热炕头上坐坐，等待春暖花开，山花烂漫，那时节春光无限，到处走走，岂不更好。可非要反季节操作，哪有不失败之理。大环境不给力时，就要紧紧握住自己的钱袋子，这时千千万万不可松手，不要被诱惑，不要被诈骗，不要听信谣言，不要被误导。对意志薄弱者，最好蒙住双眼，堵住双耳，不看、不听、不信，挨过严冬，春天就不远了。

所以，在埋怨大环境不好的同时，也想想自己的不慎之处，既然知道大环境不好，还要四处走动，置自己安全于不顾，有的股民，手痒痒得不行，往往控制不住自己，被环境污染，遭受了不必要损失，很令人惋惜。

怨好股票少，坏股票多。这属于正常认识范围，现在沪、深2000多家上市公司中，好股票确实不多，差的股票一抓一大把，从股票价格上讲，有的上百元，有的只有2、3元，确实良莠不齐，有许多股票包装上市，钱一圈走，面目显露，可你又能如何，有的上市不久，高管纷纷减持，造成股价大跌，有的企业上市不到三月，业绩大幅下滑。也有的上市公司，多少年来从不分红，他们的高管却从不脸红，置投资者利益于不顾。还有的上市公司，地雷不断，可怜的股民不知何时突然踩雷身亡。

可仔细想想，能认清或感到上市公司中有这样那样的问题，那就要擦亮眼睛，要细细挑选一番，决不能眉毛胡子一把抓。这就要考验投资者的眼力，要购买那些上乘的股票，选择那些质地优良的股票，怨股票不好，不如怨自己挑不出好股票。2000 多只股票，确实不乏好股票，许多股票，上市以来，保持高增长，有的复权价已超过千元，这样的股票也有很多。就目前而言，只要认真挑选，好股票终会被发现，所以，平时就要练就一双火眼金睛，要在发现好公司、好股票上下工夫。

有些股民怨没有内部消息，抓不到大黑马，所以亏损的都是股民。确实有的股票不明不白突然放量大涨，三天后，发布公告，重大利好消息公布于众，可见先知先觉者早已提前入场，有的股票突然发布坏消息，导致股价下跌，散户慌不择路，可几天后，又一纸公告，或曰重组，或曰收购，等你明白过来，股价突又窜了上去。常有的公司说业绩大幅下滑，不出三月，又一纸公文，说业绩大增。这些云里雾里的消息真真假假，股民哪里知道其中奥妙，上述情况只有幕后操纵者才能明白个中缘由。

但回过头来，想一想，我们做股票，难道就靠内部消息吗？那不是我们所奢望的，那是少数人的专利。还是那句话，我们没那个命，祖坟上没长那根草，我们决不能怨爹怨娘。唯一的办法是下工夫寻找那些质地优良的好股票，跟他们叫板，也叫不起，但我们有功夫，有时间在研究公司上多动脑，千方百计寻找哪些股票具有贵人相，哪些公司能上 500 强，你喜欢哪类公司，你欣赏什么企业，就依据你的偏好，那就深入下去，钻进去，最终，品相好的公司定会被你发现。其实，不要把问题想得复杂、神秘，当你一旦发现好的股票后，你就会眼前一亮，原来寻找好公司那么简单，简单就在于你深入下去，捕捉到了，这时你会觉得什么靠内部消息，幕后操纵，统统见鬼去吧。

孔子说过一句话，叫："不怨天，不尤人，下学而上达，知我者其天乎。"其实，孔子一生讲学，到处游说，但四处碰壁，统治者哪里听进孔子的进言，但孔子并不怨天尤人，也不怨天怨地，但认为自己的良言，老天知之。所以，我们要学会坦然，遇事受到挫折，投资失败，不要怨天又怨地，埋怨起来没完没了，出了问题，责怪别人，这都不是大丈夫的胸怀。

我们的一切言行都要向自己负责。尤以出了问题，应在自身上找原因，一味怪罪别人是不负责任的表现，投资失败，买卖股票亏损，首先自己找自身原因。本来嘛，资金在自己手里，每次操作都是由自己独自完成，即便是错了，应总结经验教训，知道错在哪里，以免第二次重犯，这是正确的态度。其实，任何事物发展变化都是内因起决定作用，外因是次要原因。明白了这个道理，就不会怨天怨地。

所以，怨天怨地，不如怨自己。自己是投资的主人，要避免投资失败，做到正确投资，那也只能靠自己。靠人不如靠己，怨人不如怨己。因而必须提高自己投资水平和投资能力，在内功上下力气，从失败中总结教训，从成功中提炼经验，使错误和失败一次次减少。股票投资不比其他投资，风险极大，一买一卖，看似简单，但操作起来，有很大难度，稍有不慎，就会造成很大损失。所以不下工夫不行，下小工夫也不行，股民之所以亏损比例大，说到底，是由于自身功夫不到家。因而，提高自己投资本领就是一门必修课，要想在股市生存下去，苦练股市生存本领必不可少。

有一句歌词说，我怨天怨地，怨我自己。叫我说，多怨怨自己，多承受些痛苦的洗礼，这样心里会好受些，正确的投资就会越来越接近自己。

111　股民不应成为股市的贡品

贡品，贡即下之所纳于上，贡品，古常指把物品进献给天子。今天的股市是不是国家专门接收股民进献真金白银的场所，如果是，那么今天的股民纯粹成了股市的贡品。

我们之所以说今天的股民成了股市的贡品，是想说，股民贡献给股市的真金白银，他们本想得到些赏赐，但到头来颗粒无收。过去向皇帝进献的贡品，希望得到皇帝的赏赐，或封官、或赐婚、或免罚，是有所求、有所图，而今多少股民纯粹成了贡品，他们却没有得到应有的回报，不能不使人感到寒心。

现在的股市，纯粹成了提款机，肆无忌惮地掠夺股民的资金。

说到扩张无休止，资本市场的资金来源，很大一部分来自社会，来自股民，证券市场成立20多年来，每前进一步都离不开股民的奉献，千千万万的股民投身于新兴证券市场，前仆后继，将自己的血汗钱拿到证券市场，支撑着证券事业的发展。中国资本市场的发展、壮大，能有今天的辉煌，是千万普通投资者付出艰辛的结果。

本来，取之于民，用之于民，现在的证券市场被扭曲了。只求索取而不给回报。

上市扩容，是证券市场长期不景气的罪魁祸首。我们知道，任何事情都是双面的，没有资本市场的发展，中国的经济不会像今天这样。但要想资本市场正常发展、扩容，融资也要顾及市场的需要和供求关系，不顾市场冷暖，扩容不断，置市场缺粮断顿于不顾，置广大投资者生死于不管，扩容步伐永不停止。

笔者写本文时，正值 2011 年 11 月 3 日，据统计，2011 年 1-10 月份，共上市 251 支新股，其中有 104 只破发，破发率高达 42%，创 20 年来破发之最。股民蒋先生 2011 年 3 月初退休后，于 4 月 10 日带着 6 万元满怀信心地进入股市，一个老同志，凭经验，他深知股市的风险，所以一开始他并没有急忙买进股票，而是进行了申购，他清楚地记得，那是 2011 年 4 月 18 日，正值庞大集团（601258）申购日，运气不错，中得 1 签 1000 股，扣掉现金 45000 元。新股民，急切地盼望上市那一天。凡是股民，都理解，蒋先生的心情，希望来个开门红。不盼不知道，一盼吓一跳。4 月 28 日上市那天，开盘价 36 元，最高 38.60 元，收盘价 34.58 元。一天之间损失了 10420 元。一整天，老蒋盯着大盘，动也不动，收盘后，有人看到老蒋两眼发呆，脸色发青，老蒋真的傻了，1 万多元没了，整整四个月的退休金，就这样没了。"我没敢买股票，只参加了申购，这真是躲过了初一，没躲过十五。"老蒋自言自语地说，老蒋第一次尝到了股市的厉害。4 点钟，保安清场，老蒋这才出了营业厅的大门，心里想如何向老伴交代。

接下来的故事更精彩。10 月 12 日，庞大集团实施 10 送 15，除权后当天收盘 11.15 元，最低探到 10 月 28 日的 9.51 元，复权价为 23775 元，45000 元的申购价，整整半年，老蒋损失了 21225 元。有人和老蒋开玩笑，因为姓蒋，一个更老一点的股友把 50 年代流行的一首全民熟悉的歌唱给蒋先生："蒋介石在台湾，两眼望青天，呱、呱、呱，没有办法。"还好，女儿给了他 5 万元，老伴不但没埋怨他，还给了他 6 万元，目前老蒋持有现金 131225 元。老蒋说，我要好好研究研究，学费交够了，贡品也献上了，我的目标是收回本金。

我们对老蒋深表同情，我们也要说一句庞大集团，你那么庞大，上市时想想股民的利益，你吃肉，连汤也不给股民喝，你本金 1 元，你非要 45 元发行，比地主老财还狠毒。

我们还要说说保荐人，你只想你的保荐利益，获取更多的保荐费，抱庞大的粗腿，坑害股民，于心何忍？

我们也要说说发审委，股市这么低迷，发行价又那么高，你怎么能通过？既然是市场经济，你也得帮股民说说，起码也得砍价，不然不通过，可你们的胳膊肘往外拐。

就在 10 月 31 日，八凌科技（002592）二次过会通过，发行价 17.11 元，发行市盈率为 18.4 倍，和四个月前发行价 43 元比较真是天壤之别。我们要问，时隔仅四个月，发行价相差如此悬殊，保荐人两副嘴脸，那么四个月前为什么把价定得那么高？而今又出价这么低？究竟是为了实现无障碍上市，还是为了尽快圈上钱？有投资者问，八凌科技究竟值多少钱？现又传八凌科技董事长因隐瞒重大事项，涉嫌犯罪已被当地公安机关立案，投资者不知真假。

扩容猛如虎，股民资金打水漂，这就是当前我国股市现状。我们不仅要问，管理层知不知道股市现状，了解不了解深陷水深火热之中的股民，难道天子脚下的官员们只顾敛财，都忙着接收贡品，顾不上众股民的死活？

股市本是融资场所，也是为上市公司造血的机器，为资本市场输血，本无可厚非，但要和市场接收程度相匹配、相融合，既考虑到融资，也要顾及到股民利益，要让广大投资者有利可得，农民春种，为的是秋收，股民进场，也为了获得利益，农民一年到手颗粒无收，只能喝西北风，股民投资进去，赔得血本无归，那股市怎能撑得下去？

官以民为本，管理层应多想想股民利益，现在中央提倡下基层，不妨下来走走，看看股民有什么苦衷，有什么诉求，你们能为股民做些什么。

股民不应成为股市的贡品，管理层在收贡品的同时，也应给股民带来些什么，哪怕是希望也好。

112　千万不要 365 天都泡在股市

记得 2007 年 6124 那会儿，股市红得发紫，许多股民要求增加开市时间，建议上、下午各增加 1 小时，有的提出晚上增加两小时，还有的提出取消周六休息，现在回想起来，我们可爱的股民，那个执著，那个辛劳，又是那么的可笑。

当然，大家高涨的热情，用不着嘲笑，但当市场冷却下来，细细一想，该加班的加班，该放假的放假，什么事情也得服从规律，股市有紧张之时，也有松弛之日，一轮行情结束了，那就给自己放放假，不要整天泡在股市，那样容易得疲劳症。

生活在北方的人，对季节很敏感。北方的农民冬三月是农闲季节。虽是寒冬，但在农民眼里，正是老婆孩子热炕头，最是一年中温暖的日子，你看他们坐在热炕头上，计算着一年的收获，盘算着明年的打算，那淳朴的脸上，流露着满足的笑容，憧憬着美好的未来，你看他们喝着烫热的小酒，中国农民那种固有的满足感，难于言表。我们赞美农民兄弟，我们羡慕农民朋友们对生活充满希望和信心。

身在股市的朋友，应该学学农民，在股市休闲季节，也要给自己放放假，也要遵循股市规律，大行情结束后，到下轮行情，还有一段时日，少者一年半载，多者三年五年，这时，虽没有了行情，但正是给了我们休息的机会，何不趁此休闲一番？

其实，股市是社会规律和自然规律最完美的结合。就社会规律而言，国内社会安定和谐，经济稳步增长，国际形势坏不到哪里去，反映到股市里，这就给股市平稳上涨提供了良好的社会环境，如果上市公司业绩平稳增长，那么股市当然也会平稳上涨，这多么符合社会规律。

就自然规律而言，一年四季，季季分明，潮涨潮落，错落有致，后浪推前浪，一浪更比一浪强，股市行情不就是一浪推着一浪向前。波浪理论的出现，之所以受到全世界投资者的认可，正是由于自然规律运用到社会经济现实中的具体反映，因而它具有强大的生命力。

既然是这样，我们就要顺应社会规律和自然规律。把握这两个规律的节奏，踏准节拍。当行情来了时，就要全身心地投入到股市，力求精准地出击，获取更大收益。当行情结束后，那就要顺势而为，主动退出，以逸待劳休息整顿，也就是说，顺规律者昌，逆规律者亡，千万不要和规律唱对台戏，更不要逆规律而动，不要和趋势叫板。

利用行情休整期，好好做做功课，研究研究学问，对有心的投资者而言，当一轮行情结束后，正是他们做功课的黄金时期，千万不要认为行情来了是做股票的黄金段，而休整是总结经验，备战待发的最好时期，俗话说，磨刀不误砍柴工。对成熟的投资者，休整期间要认真回顾一下哪些操作是自己的得意之作，哪几笔操作又是自己的败笔。股票买卖只是瞬息之间完成，但真正的功夫在操作之外。

大凡成功的投资大师，他们之所以立投资市场于不败，不是他们资金雄厚，也不靠内幕消息，更不靠他们的运气，而主要靠他们的实力，个人的功底，深厚的内力，来自于他们平时的刻苦，他们成功投资一次，是他们千百次的研究、学习、判断的结果。他们不是神，和我们一样都是普通的人，但他们是成功者。如果说比我们成功，那只能说比我们多下了上百倍的工夫而已。

所以，我们要利用股市的冬眠期，多学学大师们的投资理念、投资方法。说实话，我们大多数投资者之所以亏损，功夫不深、功底不厚、不主动学习、不善于总结经验教训，这是投资失败的根本原因。决不能怨世道不好，同样是 6124 点，许多投资者并没有赚到钱，道理很简单，功夫不到家，外围环境再好，也不一定能取胜。

休息期间，放松一下，外出活动活动，呼吸一下新鲜空气，换换脑筋，散散心，这也是很快活的事情。凡是 365 天都泡在股市的人，收成大多不会太好，不会休息哪会操作？换一个活法，换一下思路，路就会越走越宽广。其实股市既是一个博弈的场所，却又是一个陶冶性情的好地方，什么样的人都能在股市找到自己的位置，能在股市生存下去的人，且长时间生存下去的人，那一定是强人，有定力的人。所以利用休整期间，好好地打磨一下自己，功夫深了，当你重返战场时，你一定会感到轻松了许多，当轻装上阵时，头脑清醒多了，技艺更精了，当然，操作起来，也就更顺手了，失误肯定少了许多。

休息之余，处理一下个人事情，看望一下父母，安慰一下家人，和孩子们玩玩，手头有什么事情处理处理，归整归整，这些事情处理了，理顺了，定会减轻投资压力，工作忙时，不会因此而分散精力。也许有些投资者会说，身在股市，这些事平时都处理了，其实不然，股市的行情揪着你的心，你的情绪、脉搏同行情一起跳动，即使收市后、开市前有时间，而你的心都已投身到行情中了，你不可能顾及家里那些事。尤以行情不好时，你哪有心情去处理家务事。

如果 365 天都泡在股市，股市决不会因你坚守岗位奖赏你，反而会嘲笑你不会炒股，更不会生活，这样不仅搞坏了心态，也熬垮了身体。特别是在下跌行情中，正是空头大肆发泄之时，就要主动撤离股市，退避三舍，把自己隐藏起来。

翻看一下我们党的历史，或许能给自己一些有益启示。1934 年反五次围剿失败，我们党在国民党气焰高涨时，实行了战略大转移，开始了二万五千里长征，正是这一次主动撤退，保存了革命力量。一年后，到达陕北，又经过一年的休整，积极主动参加了抗日。解放战争时，国民党对延安大举进攻，我军主动撤出延安，给国民党留下一座空城，这一伟大战略决策，为发动三大战役赢得了时间，为顺利实施战略进攻作了充分准备。

千万不要天天泡在股市，学会休息，学会撤退，主动退出，为了明天的进入，进行必要的休整，甚至是大踏步的后退，是明智之举，也正是为明天大踏步前进做了必要的准备。

113　最大的勇敢是自我反省

哲人曾说过，深刻的反省能发现德之缺憾，智之不足，而自觉地自我反省的人，一定能成为一个不断走向完美与高尚的人。身在股市的投资者，常常失误大于胜算，错误多于成功，因而，不断反省自己的得失，显得尤为重要。

曾子说："吾日三省吾身，为人谋而不忠乎？与朋友交而不信乎？传不习乎？"那么在股市，是否也应该吾日三省吾身，对大势判断是否准确？对买入的个股研究是否透彻？对当日操作有无失误？

荀子在劝学篇里也指出："不登高山，不知天之高也，不临深溪，不知地之厚也。"可以说，不入股市，不知凶险，股市常有十之八九亏损之说，最近有一则消息，2011年1-10月，亏损股民达100%，多么可怕的现实。可见，股市决不是稳赚不赔的圣地。既然是非常危险的场所，那就要时刻警惕自己资金的缩水，因而，常反省自己的得失，常检查自己的错误，应成为每日之必须。我们力争犯错误少一点，轻一点，常检点自己的人，行为就会谨慎，漏洞就会减少。

正确的投资是和自我反省相辅相成的。每当进行投资时，先反省一下，我的决策是否正确，胜算多大，俗话说，不打无把握之仗，要给自己的决策作出准确的判断，在这点上不能犹豫，也不能含糊，决策不准，情况不明，决不动手，否则，一失足成千古恨，50元之上买入四川长虹者现在还大有人在，40元以上买入中国石油者不在少数。因而常常自我反省，是实行正确决策的第一步，我们有些股民，每当实际操作时，不是先问三个为什么，而是脑袋一热，大家都买，我为什么不买？要错大家都错，我怕什么？这种从众思维，对自己资金极不负责任的行为在股市已成为一种普遍现象。所以只要你发现自己是站在多数人一边，那就到了停下来反省一下的时候了。错就错在"大家都买"，而不去思考一下大家买的理由是对还是错。

善于反省的人，总是能认识到，成本最低的财富是把别人的经验当成自己的经验，把别人的教训当成自己的教训，成功的经验大多相似，失败的原因却千差万别，成功者总是认为从失败中学到的东西往往比成功经验中学到的更多，而且更为深刻。

有一个从刺绣女到炒股迷的故事。我们知道，湖南湘绣是我国四大刺绣之一，湘绣又以长沙为最，就在长沙湘绣，有一个名不见经传的女工叫石小妹，她几十年来练就一手刺绣绝活，多次重大题材的创作和绘制、刺绣她都参与其中。大家熟悉的大型湘绣双面座屏《百鸟朝凤·洞庭春色》，以针为笔，以纤素为纸，以丝绒为颜色，这样一幅杰作，石小妹有幸被借调某研究所参加集体刺绣，作为礼品，送与香港回归纪念。许多人问石小妹刺绣经验，她说："我家五个姐妹，数我最笨，都喊我'笨丫'，可我偏偏当了个干细活的刺绣女，但我从不服输，自打参加工作起就给自己订了一条规矩，今天扎错多少针，明天力争少错一针，日子长了，错针越来越少，精品越出越多。"

退休后，石小妹来到北京照看孙子，2007年，孙子上幼儿园后，她只负责接送，空闲时间多了，女婿建议岳母玩玩股票，女婿炒股已有几年了，慢慢地石小妹对股票产生了兴趣。她让家里寄来了3万元，女婿给了2万元，加上自身的2万元，共计7万元，进入了股市。

石小妹逐渐摸出了一些门道，她认为天下万事一个理，炒股和绣花有个共同特点，那就是心要细，错就少，常反省，少后悔。3年多下来，70000元增加到了86000元，令人惊叹的是，她的账户上，只有一只股票，她的交易记录，只做了12次。可在女婿的账户上，密密麻麻的股票像个杂货店，女婿至今已累计亏损25.6%。

石小妹认为，炒股和绣花职业不同，但同理，有两条最基本的东西是相同的，一是常回头、多反省、少操作；二是心细、眼明、手准。她说，常回头，就是从思想上要经常检查自己的行动是否正确，操作是否得当。多反省就是对自己的错误理念适时纠偏，错误的操作及时改正，股市不比绣花，其危险性大，稍有不慎，就会造成很大损失，减少操作次数是少犯错误的基础，频繁操作是造成资金亏损的根源。只有不断反省，使自己的错误犯的少些，尤其不要犯重复错误。她说，炒股就像绣花一样，心一定要细，粗心大意绣不了花，同样也炒不好股；眼睛要盯着下针地方，手要准确。手不准，扎错了地方，第二针就无从下手。做股票，眼不明，看不准，下手就会出错，买错了股票，就会懊悔不已。

也许是职业习惯，绣花女几十年养成的严谨作风在炒股上继承了职业的基本思想和操作手法，同样取得了成功。她最基本的经验就是不断反省自己，极力避免出现错误。记得德国诗人海涅说过："反省是一面镜子，它能将我们的错误每天反省几分钟，清清楚楚地照出来，使我们有改进的机会。"股市不比其他，意想不到的情况随时都会发生，错综复杂的形势捉摸不定，内外环境复杂多变，这都给股市增添了不少变数，所以稍有不慎，就会掉入错误陷阱，正因为如此，天天反省自己，就显得十分重要。

养成良好的操作理念，反省就是一面镜子，能够看清自己的错误得失，映照出自己的投资缺陷，失败根源，认真地梳理一下思路。有些投资者投资失败，往往把原因归罪于他人，或外围环境，不愿意主动检讨自己，不从主观上找原因，其实，我们每次投资失败，都是主观原因造成的。常照镜子，就是先从自身检查开始，每次买卖，只是右手在键盘上轻轻一敲，就足以完成。可实际上手指一按，却重若千斤，多少血汗钱押上去了，买的对还是错，心里一定要有数，决不能脑袋一热，铸成大错。

记得西班牙有一句名言，自己的鞋子，自己知道紧在哪里。说的很在理，每个人都知道自己的毛病，贵在自知之明，贵在常反省自己，错了就错了，没有什么，爬起来，拍拍身上的脏东西，继续前进，那样，路走得会更坚实些。

114　坐得住与拿得牢

做股票坐不住，这是普通投资者的一种常态。大盘涨多了，心里亢奋，坐立不安，手里的钱拿不住，只想着买入，一刻也等不得，结果高位买套；跌多了，心里恐慌，不知所措，手里的股票拿不住，心甘情愿地卖在地板价上，这就是大多数股民投资失败的原因。

前几天去营业部打交割单，在我前面有一中年男子正在打交割单，交割机"吱、吱、吱"不停地响着，交割单不停地往外吐着，中年男子一边看着交割单，一边不停地卷着，卷了一圈又一圈，这时，机器停了，柜台服务员熟练地换上了一卷交割纸，机器又响了起来，又过了好一会儿，终于打完了，中年男子手里拿着厚厚一卷交割单，脸上露出难以言状的表情。我俩有一段对话：

"这是一个月的交割单？"我问。

"20天的。"他说。

"交易还挺多的。"

"可不是嘛。"

"那一定收益不少？"

"亏大了。"

"那就减少些操作次数，也许会好些。"

"坐不住，一天不操作，手痒痒，心里难受。"

"好股票可以多拿一些时间。"

"拿不住，不涨就得卖。"

本来，做短线无可指责，对于短线高手来说，喜欢做，当然可以，但对大多数股民，频繁做短线，只能是给营业部打工，此外别无所获，还会造成亏损。这也是坐不住的一种反映。做股票，坐得住是对投资者最基本的要求，也是一项基本功，是考验投资者的耐力、定力，股票市场不是一日之功，需要的是慢功。急功近利反而亏损更大。追求快速致富，反而事倍功半，我们平时听到最多的话是快进快出，低买高卖，可事实上能有几个人做到？追涨杀跌只能自找亏吃。

古人曰："静而后能安，安而后能虑，虑而后能得。"做股票，就必须要坐得住，坐得住才能静下来，心安事则成，平心静气，冷静思考，考虑周全。我们有些投资者买卖股票，不问缘由，找不出理由，道不出所以然，盲目进入，其结果只能是资金受损。所以，只有认真研究、仔细分析，得失心中有数，买卖理由充分，这样即使失误了，也知道亏在哪里，原因找得到，教训心里明，这样错误就会越犯越少，经验越集越多。正所谓虑而后能得，俗话说得好，不怕犯错误，就怕没记性。

坐得住是一种克制和坚守。抑制欲望冲动，克制蠢蠢欲动，大凡能克制贪婪和恐惧者，那就是高人，虽然常人很难做到，但要努力争取去做。而克制就是坐得住的前提。有些投资者，看到大盘涨了，就认为行情来了，就有此时不进更待何时的一种冲动，生怕进得晚了就赶不上趟了，大有先下手为强的勇敢，这样往往受伤的是自己。拿得住不仅是一种克制，也是一种坚守，坚守既是信心，也是理念，坚守是坐得住的守护神，坚守也是理智，股市往往是最不理智者的舞台，每个人都想去表演，但大多是不成功之作。努力坚守，管住自己的手，克制住初始的冲动，多想想动之后的后果，努力克制与坚守，成功就在前面。

诸葛亮曾说过："非淡泊无以明志，非宁静无以致远。"这是他在54岁时写给他8岁儿子诸葛瞻的《诫子书》中的一句话。这句话告诉我们，不追求名利，生活简单朴素，才能显示出自己的志向，不追求热闹，心境安宁清静，才能得到远大目标。这句话，应该成为投资者的座右铭，跳出股市的圈子想一想，我们进入股市，不可否认是为追逐利益而来，可事实是，本为利益驱使，结果被利益所困，追其原因，无非是掉进了利益的陷阱。

如果我们想得深一些，看得远一点，在追逐利益之外，还有更高更多的东西，那就是静以修身，俭以养德。其实，我们把股市当作磨炼自己意志的一个场所，练习内功的一个课堂，提炼人生境界的一次考验，修身养性的好去处，那么我们何以坐不住、心不静、事不成？事情往往就是这样，越想得到，越得不到。而若以淡泊，所求利益自然而来。这是因为，明白了这些道理，自然就能坐得住，就不会贸然所动，懂得是非得失，掌握进出节奏，就能坚守，不为利益所动，于是对手中好的股票能守得住，拿得稳，心里自然有一种自我安慰：不着急、慢慢长，只要是好苗，迟早能长成参天大树。就有一种决心：我和你共成长。对于不好的股票，就不为所动，能抑制住刹那间的冲动，不为周围环境传染，做到心不动手不痒，面不改色，心不跳，这样，无疑就避免了一次又一次的亏损，守住了自己的资金，进而获得应有的收益。

坐得住是一种心境，心里坐得住，屁股就能坐得住，坐得住，贵在耐得住寂寞。不仅如此，有人说，股市像地狱，深套其中的人，多年解不了套，那不仅是难受，也不仅是度日如年，更可怕的是一种折磨，一种受罪，准确地说是为自己赎罪，只因为一时冲动而带来多年痛苦。所以，进入股市，先练坐得住这门功，练好了，再去选股票，将好股票拿住了，要不为一时涨跌所动，只有这样，亏损才会减少，收获才会增多。

要做到屁股坐得住，好股票拿得牢，还是学学诸葛亮吧，他把"非淡泊无以明志，非宁静无以致远"贴在门联上，写在《诫子书》中，我们何不记在心里，时时告诫自己，处处把握住自己，如果做到了，那我们就是股市里的胜利者。

115　做股票也是一种责任

当投资者第一天进入股市大门，是带着资金进去的，同时也是带着责任进入股市的，所以做股票也是一种责任。

带着资金和责任进入股市，人常说，责任重于泰山，要我说，股市不同于任何职业，责任更大。重于泰山，这句话用在股市不为过。谁都知道一个基本道理，经济是基础，就每个家庭而言，经济基础是否厚实，主要看资金多少，所谓家底是否厚实，就是看家里有多少钱。凡进入股市的投资者，基本都是自家的钱。所以，在股市赢亏多少，直接关系家庭经济状况的变化，也就是说，一人进入股市，牵挂着全家的重托，亲人的希望。因而，从这个意义上说，我们是肩负着亲人的责任而来到股市，责任大于天。

有了责任，也就有了压力，这就要求我们如何尽到责任，许多进入股市多年的投资者有一个共同的体会，他们说，进入股市不要急急忙忙操作，应先当实习生，模拟买卖，要先学习，后实际操作。急于实战，十有九亏。我们的责任是使资金运作起来发挥效益，股市的风险教育我们决不能打无准备之仗，因为我们的资金有限，只能成功，不能失败，而事实是有多少投资者满怀必胜信心进入股市，以失败离开股市，说到底没有尽到自己的责任，他们是带着懊悔离开股市的。

正因为如此，把责任当作压力，尤其显得重要，把压力变为动力，而这种压力迫使我们仔细钻研，用心磨炼，不断提高自己适应市场的能力。有些投资者，往往把股市看作非常简单，不就是买卖吗？他们哪里知道，就是这简单的一买一卖，背后却有多少双眼睛看着你，那是期盼的目光，你肩负着多少人的责任，如果我们有清醒的认识，有一种无形的压力，能感到肩上的责任，那么，我们就能把这种无形的压力变成动力，变成努力提高自己的一种发自内心的责任感，就会从"不就是买卖吗"转变成"用好每一笔钱"，如此，在实际操作中，就多了几分胜算的把握。

有了责任，也就有了安全。责任心和安全感是相辅相成的。肩负责任，就应把安全放在首位。都知道股市有风险，当只有自己的资金遭受巨大亏损后才知道股市的厉害，尤其是在世道不好时，我们的责任就是保卫资金安全，不亏就是赢，不亏就是福。就在今早6时（2011年11月17日）中央广播电台消息，纳斯达克有一只股票一个交易日跌幅达68%，多么惨烈，这就是股市。所以，我们的责任就是在买入之前，一定要清楚，所要买入的股票安全系数有多大，胜算把握有多少。在股市，往往有着一种习惯，投资者考虑赢利多少，但很少想能承受多少亏损，美好愿望想得多，这种愿望固然好，但股市不是救世主，也不是摇钱树，许多人都是在美好愿望破灭后才明白原来股市是陷阱，是地狱，是收银台，是绞肉机。

承担责任，是一种荣耀。成大事者，往往把责任看作是使命。巴菲特之所以受到世人推崇，他不仅重任在肩，而且是个敢于负责任的大丈夫。他的这种责任心，在伯克希尔每年的年度报告中体现得淋漓尽致，他的责任感是建立在艰苦卓绝的努力之中。就在前两天，看到一则报告，巴菲特投巨资107亿美元买入科技巨头IBM股票，从今年3月份买入，先后共买入6400万股，占总股本的5.5%，均价为167.19美元，成为IBM的第一大股东。这项投资一改巴菲特不投资科技股的做法，不投资则罢，一投资就超百亿，是伯克希尔投资组合的第二位，仅次于可口可乐。看到这则报道，许多投资者不解，我们看看巴菲特是怎么说的。

他说："我可能看过50多年来IBM所有的年度报告。在今年，我用不同的视角来阅读IBM的年报。在与诸多科技产业高管进行陆续的谈话后，我决心建仓IBM股票。"他认为，IBM成功实践长远策略，未来路向清晰，对股东诚实。从2008年到2010年，IBM以股息和股票回购形式向股东回报了890亿美元。我们惊喜地感触到，巴菲特不知用多长时间研究了IBM股票，看了近50多年的财务报表，功夫之大，责任心之强，无人可比。通过查阅资料，我们知道，IBM是美国一家著名的计算机科技公司，创建于1911年，是一家拥有40万中层干部520亿美元资产的大型企业，其年销售额达到500亿美元，是世界上经营最好、管理最成功的公司之一，在计算机行业里，其销售量居世界之首，多年来，在《幸福》杂志评选出的美国前500家公司中，一直名列榜首。IBM是美国也是世界上最大的计算机制造商，在世界132个国家和地区设有子公司和营业网点，拥有39个生产厂，3个基础研究部，22个产品研究所的13个科学中心，平均年增长34.7%，被誉为典型的超优企业。就是这样一家高科技公司，使巴菲特一改初衷，欣然以巨资站上第一大股东的位置。

我们没有巴菲特那样的实力和智慧，但我们要学习巴菲特那种潜心研究、果敢出击的勇气，尤其要学习他那种向广大投资者极端负责任的精神。一个81岁的老人，为了投资者的利益，107亿美元的投入，50多年的财务报告，这么惊人的毅力，正是我们投资者学习的楷模。

作为一个普通投资者，虽然进入股市资金有限，但责任同样重大，我们的资金都是自己的血汗钱，一分钱一份责任，所以要练好基本功，多在研究上下工夫，少在猜测上做文章，力争把所要买入的股票研究的深一些，透一些，准备的周详一些，这样进入后，心里就踏实些。

美国第16任总统林肯说："人所能负的责任，我必能负，人所不能负的责任，我亦能负。如此，才能磨炼自己。"人在股市，首先想到的是责任，那么，在投资中就会处处谨慎，在学习中不断积累经验，在实践中不断磨炼自己，这样，我们就会在股市路上走得更长一些、更远一点。

116　股市人生三道坎

现在，越来越多的人参与到股市中来，股市成为人生的一部分，也许是最辉煌的一部分，也许是最惨痛的一部分。但是参加到这个大舞台上来，股市有三道坎不能逾越，只能一步一步地走过。过去了，前程似锦，过不去落得个体无完肤。

恐惧和贪婪是第一道坎。恐惧和贪婪，是人性使然，也是人生的两大弱点。人的一生，始终都是和这两大弱点斗争着，只不过在股市，恐惧和贪婪表现得更强烈、更直白、更赤裸裸的，不加任何掩饰。身在股市，几乎每天都和恐惧和贪婪抗争着。

上涨中的股市，人性中的贪婪表现得更为炙热，赚钱的效应，追涨的冲动，难以抑制的欲望，大脑中追涨占了上风，只有更高，没有最高，拼命追杀是第一任务，6124点那时，成交量高达9600多亿，那时两地股票还不足2000只，可见人的本性，贪婪的弱点表演得多么精彩。可当大盘下跌到1664点时，恐惧笼罩着整个股市，人们的头脑中除了"割肉"就是"逃跑"，整个头脑一片空白，天茫茫，地皇皇，天要塌了，世界末日已来临，这道坎对每一个投资者来说，是一道似乎不能逾越的，但必须要过去的坎。

战胜恐惧和贪婪，并非没有良药。有两副良方可治，一是战胜自我，恐惧和贪婪来自人性，战胜人性的最有力武器，就是首先战胜自己，只有战胜了自己才能战胜股市。记得圣经上有一句话叫："制服己心的，强如取城。"战胜对手一千次，不如战胜自己一次。古人曰："千千为敌，一夫胜之，未若自胜，为战中上"，就是说，若以一个人的力量去战胜成千上万的敌人，当然是最勇猛的战将了，但是，还不如战胜自己的烦恼心来的有价值，它告诉我们，最大的敌人是自己。二是自我约束，给自己定纪律，设止赢定止损，给自己戴上紧箍咒，严格执行纪律是战胜恐惧和贪婪的制胜法宝。为什么散户不容易做到止赢止损，就是没有铁的纪律，自由散漫，我行我素，这是散户投资者致命的软肋。在股市中，凡是执行纪律好的投资者，大都亏损的比较少，能克制自己，管住自己自觉接受纪律的约束才能在股市得以生存。

安全与危险是第二道坎。正因为人性的恐惧和贪婪，所以，确保资金安全，防范股市危险显得尤为重要，有的投资者认为，资金在自己手里，又偷不走，也抢不去，当然，没人敢偷，没人敢抢，但管不住自己主动送钱，那可没人拦也没人挡，自愿送上门，这就是股市的魔力，大多亏损的股民，都是自愿把资金送到股市，确实没人逼良为娼。因此，树立自主的防范意识，要提到议事日程。成功的投资大师，都是把安全放在第一位，股市的危险性不同其他，股市的危险看不见，摸不着，投资者进入到股市，危险就伴随左右，形影不离。有些危险是看得见，可预见性，比如盖高楼大厦，要设防护网，煤矿塌方、透水，瓦斯爆炸，对此，防范措施非常严密，尽管这样，每年矿难屡有发生，据统计全国各类事故死亡人数超过一个正规军的人数。股市损失是以人民币计算，数以万计的股民，每年有多少人民币填了无底洞，哪一分钱不都是股民亲手送进去的？

所以，进入股市的投资者，自觉地树立安全第一的意识，比什么都重要。我们所说的安全，除了上面提到的止赢止损，还有一个问题需要提及，这就是选择优质股，且在低位买进，这是安全的最好屏障，获利的根本保证。如果不加选择地买股，眉毛胡子一把抓，这就为日后留下了不安全的隐患，为亏损埋下了祸根。

勤奋与懒惰是股市的第三道坎。股市是懒惰者的坟墓，懒惰者永远不可能在股市取得成功。当然，也不是勤奋者的天堂，勤奋不一定成功，但成功总是伴随着勤奋。世上许多投资大师，他们的成功，令世人钦佩，可谁曾想到，他们比常人付出了多少艰辛，也有许多名不见经传的普通投资者，他们为了在股市取得成功，付出了极大的努力。2011 年 10 月 23 日，有一则报道，一个 36 岁叫张博的盲人用电话盲炒，已坚持了 13 年，从最初的 1 万元，到 2011 年 10 月，已获利数十万元。一个盲人看不见红红绿绿的大盘，他是用心去炒股，他付出了多少，常人哪能体会得到。

大家都说，股市是没有学历的学校，是勤奋者的课堂。股市决不是大盘反映着的涨涨跌跌，每一笔资金的进出，都透射出种种玄机，有时神秘莫测，有时暗藏杀机，也不是我们平常所说，高卖低买，快进快出，波段操作那么简单，这些术语只是数学中的符号，是股评家的口头禅。股市需要勤奋。过去有一句话叫十年寒窗苦，在股市，勤奋十年，并不见得成功，可见，股市不仅需要勤奋，需要拼搏，更要和懒惰决裂。

过了三道坎，就踏上了坦途。但愿所有的投资者，经过历练，哪怕是磨难，或者脱一层皮，在股市的道路上，越走越远，为自己的人生留下一段美好的记忆。

117　盲从不应该成为股民的软肋

在股市，盲从者甚多，大凡炒股亏损者中，不少是由盲从造成的。所谓盲从，就是自己没有原则，没有见地，没有自己的思想，依附于他人，盲从，已经成为越来越多股民的软肋。

产生盲从的原因很多，有人性的弱点，也有中国人的恶习，但更多的是自身的原因。股市中，盲从根源有三：一是初入股市者，盲从思想甚浓，二是懒惰思想作祟，三是从众心理。

初入股市者，对股市一窍不通，股市的基本状况、政策面、上市公司的基本面以及技术分析在脑海中都是盲点，无知、盲从占据主导。由于急切欲望，急于进场，到处求教，急于找个带头大哥，指点迷津，于是盲听盲信，把别人的一知半解捧为圣经，把别人推荐的股视为金股，不问青红皂白，于是，在别人的推荐下，第一次有了自己的股票。许多新股民买入股票后，激动、兴奋充满了大脑，至于股票是什么，所买股票质地、规模、所属行业一概不知，也不过问。

初入股市者的盲从，是无知的盲从。大概新股民都有这么个阶段，有个从盲从到独立的转变过程，学习过程。如果是这样，无可指责，总得交点学费。聪明的新股民，这阶段如饥似渴地学习、补课、拜师，逐渐有了自己的思想、自己的判断，最终走上独立自主的道路，这非常可贵。但也有一些新股民，随着时间的推移，他们也对股市有了一知半解，但始终扔不掉拐棍，总认为别人家的饭香，依附他人思想甚浓，盲从思想始终摆脱不掉，总觉得周围的股民指点的股票好，股评家推荐的股票错不了，于是照葫芦画瓢。其结果，时间越长，负面效果越明显，亏损越大。如果能认识盲从的后果还好，就怕认识不到，到头来还是一盲到底，这是最可悲的。往往这些人，不从主观上找原因，而一味唠叨大势不好，运气不佳。如果能认识到盲从的危害，脱掉国王的新衣，扔掉依附的拐棍，从此自己当家做主，那么，前方就是一片光明。

如果说新股民的盲从可以理解，那么，在一部分老股民中，盲从思想甚浓，究其原因，是懒惰。懒惰和盲从是一对双胞胎，有许多相似之处，懒惰是盲从的温床。我们有些老股民在证券市场上征战多年，屡战屡败，有些投资者，不善于分析，懒得动脑，习惯于伸手拿筷子，乐于就近搭伴，他所买的股票，都是抄袭朋友的，是地地道道的盗版，省时、省力、省脑，亏损了，不埋不怨，惯于自我安慰："人家也没害我，大家都亏损。"这是常挂在嘴边的一句话。

懒惰是盲从的最好注释，因为有了懒惰，才有了盲从。营业部有个姓常的老先生，在工厂看了30年的仓库，退休后，在股市8年，8年中，先后买了近60多只股票，账上时常保持着7、8只股票，先后投入资金14万元，现账面资金8万多元。8年中所进出的股票都是别人推荐的，他说，我管仓库那会儿，每天进进出出很正常，用不着动那么多脑筋，这也是职业的习惯。有人问常老爷子亏损那么多不心疼，他说，大家不都亏了吗？许多基金不都是五毛六毛的，老爷子倒想得开。

如果从深层次分析，盲从也是人性的一大弱点。远一点看，在我们党的历史上，经验主义、教条主义，由于盲从盲动，照搬照抄，崇洋媚外，给中国革命造成了不可估量的损失。毛泽东关于自力更生、独立自主的思想使中国独立于世界民族之林。小平同志建设有中国特色社会主义理论，正是适合中国实际情况，独立自主的产物，正是这一正确理论，才有了今天中国的大发展、大繁荣。

所以，投身于股市的股民，克服盲从，立足自己才是在股市上的生存之道。解决盲从思想，不外乎两条：一是善于学习，二是独立判断。

善于学习，不是大话空话，老生常谈。许多投资者认为，我也在学习，买了很多书，画了很多K线图，但还是离不开亏损。不学习，不总结经验，亏损在所难免；学习了，甚至很刻苦，但仍然摆脱不了亏损。诚然，许多股民学习很用功，做了不少笔记，这是很可贵的，这里有个学习要掌握重点、学习得法的问题。

许多投资者总结了两条，很值得提倡。一条是抓住主线，今后一个时期的主线就是十二五，不妨把十二五规划原原本本地读上10遍，中央的政策就能领会得深刻，心中的疑惑就会豁然开朗。2011年底，十二五规划细分行业规划陆续公布，再下工夫研究研究，就会明白，十二五规划的第二年，新兴产业，大消费就会跃然在眼前。第二条主线就是在上述两大重点中，把上市公司梳理一下，对一般投资者而言，剔除ST的、高风险的股票，如创业板、超级大盘股，在此基础上，要把功夫下在优质公司上，目前正是冬播的最好季节，时间点合适，具备了两个基本条件，一是十二五细分规划出台，二是大盘点位在2500点以下。天时、地理具备，剩下的就看自己的了，把那些内在价值低估的、股价在低位的选出一些，细细观察，条件成熟，天时、地利、人和三者合一，只有这时，成功才离我们越来越近了，盲从自然就会远离我们而去。

勤于思考、独立判断，自主选股是克服盲从的必经之路，如果说，在股市人生道路上，有过盲从，不足为奇，也情有可原，但如果一直坚持盲从，附属别人，自己的资金做不了主，那才是最可怕的，也是可悲的。勤于思考，就是善于动脑，对于投身股市的投资者并不难，多动脑子思考，有利于开动脑筋，活跃大脑，也有利于身体健康，何乐而不为；独立判断，走自己的路，自己的资金自己拿主意，何必去求别人，即便自己判断有误，那也为今后正确判断提供了可借鉴的经验；自主选股正是基于勤于思考、独立判断基础上，有了前者，才能比较准确地选出好的股票，只有这时，手里的股票才是最可信赖的。

孟子说："尽信书，不如无书"。就是要人们不要盲从，不盲从才有智慧，不盲从才有判断。去掉盲从，提倡独立判断的思维，只有那时，由自己选出的股票，才会值得拥有。

118　机会偏爱那些有准备的人

哲人说，机会只给准备好的人，也偏爱那些有准备的头脑。我认识的朋友杜报国，就是一个有准备、有头脑的人。

杜先生今年56岁，大学哲学系毕业，在北京一所中学教初三政治，一干就是28年。由于胃病，曾作过两次手术，2008年6月提前病退，说来也巧，家门口新开了一家证券营业部，就这样，阴错阳差地进入了股市。

一次偶然的机会，我认识了杜先生，很快我俩交上了朋友。交谈中，我深为他刻苦钻研精神、谨慎防范意识和对形势分析的独到见解所折服。

杜先生入市那天，正好是奥运会开幕日，他满以为大盘怎么也来个大阳线，可股市不认爹和娘，也不给任何人情面。他清楚记得，当日上证指数以2724.43点开盘，收报2605.72点，当日暴跌121.86点，跌幅4.47%。入市第一天，着实给他上了第一堂安全教育课，使他深感股市风险远远大于收益，于是他将入市的11万元购买了银行短期理财产品。

也许是职业的习惯，凭着他政治的嗅觉和教学的严谨，他并没有忙于买股，而在营业部熟悉环境、学习基本知识、交朋友、拜师学艺，回到家中，整理笔记，分析大盘，查看个股资料。也许没有人相信，三年中，杜先生没有买一只股票，可他确实没有实际操作，他专心致志做了两件事。

他开始研究，政治、政策和股市的关系。他把每次股市涨跌和重大政策作了记录，从2011年开始绘制了股市政策指数图，他把指数起始点定位100点，到2011年11月底，政策指数点为86点，点位上升或下降的主要依据是：重大政策的出台，比如今年第一季度十二五规划的公布，年底前细分行业十二五规划公布；GDP、CPI指数的升降；利息、存款准备的调整；新股的发行频率特别是大盘股的发行对指数的影响；税制的改革等因素，最大利好、利空，影响指数大幅上涨或大幅下跌都由点位代表，最高升降为3个点，最低1个点。

杜先生还把欧美经济划分为三级：A（稳定），B（中性），C（危险），他认为欧盟区目前经济不稳定因素太多，经济危机正在蔓延，处于火山口上。美国经济要好于欧盟，正由危机向中性过渡，整个欧美评定为C（危险），要走出危险区尚需时日。世界经济形势还要考虑其他因素，比如日本核电事故，中东形势等等。

　　杜先生作的第二件事，就是研究上市公司，他认为投资者买卖股票，最终还要落实在上市公司上，所以，要把大部分精力放在对上市公司的研究上。三年的时间里，他重点研究了 200 多家上市公司，从中挑选出 10 家备选公司。他选股的标准有三个：一是新兴产业，大消费，1+1（即文化产业加软件）；二是连续 5 年净利润超过10%；三是每年都有分红。

　　年初，在十二五规划公布后，他模拟买了三只股票，各买了1000股,均价为15.48元,到 2011 年 11 月 30 日，账面盈亏 -8.6%。这使他认识到，在行情下跌阶段，急于操作是不明智的，就是神仙也没有胜算的把握。现在主要精力是做功课，养精蓄锐，多学些知识，把基本功做扎实，把准备工作做好，这就是创造机会。他深知，只有基本功扎实了，就能成为股市的强者，他懂得，弱者坐失良机，强者创造良机，没有时机，这是弱者，强者在机会来临时敢于出手，而弱者在机会出现时最好的表现是恐惧和胆怯。他认为，人生成功的秘诀是当机会来临时，立刻抓住它，保持时则动，不时则静的良好状态。

　　杜先生认为，现在隐隐约约感到机会在向我们走来，黑暗即将过去，黎明很快到来。有时机会是量的叠加，现在实质性的利好因素已逐渐显露，比如趋紧的货币政策开始出现松动，他查阅了资料，自 2010 年到 2011 年 6 月，央行先后调整存款准备金 12 次，增加了 600 个基点，回拢货币 4.2 万亿人民币，就是说当时投放市场的 4 万亿货币，已全部收回。现在市场资金紧缺已非常明显，央行存款准备金已停调达半年，向下调整的概率大大增加。CPI 连续向下走势已明示，通货膨胀已被扼住，拐头向下已成趋势。所以不知哪一天，新闻联播突然宣布向下调整存款准备金 0.5 个百分点，到那时，沪深指数一根大阳线将必然出现。

　　他对周围的股友说，现在最重要的是做好两个准备，资金的准备，手里有了资金，决不能轻易出手，不能抢头功，心要静、手莫急、沉住气，四年都过来了，还怕再等些时间？杜先生认为2011年12月份也许是最难熬的日子,最快在春节前应该有所动作，乐观地估计，春节前营业部应该向每位股东发个大红包，能收到压岁钱，那是最好不过了，那也要谨防股民给营业部送压岁钱，如果这样，2012 年春节，又是广大股民的鬼门关。

　　同时，杜先生认为，要做好调仓换股的准备，把手里的股票梳理一下，对不符合十二五规划的股票要毫不心疼地剔出去，如果心慈手软，行情启动了，也可能没它们的份。要把有限的资金用在刀刃上，要把自己选出的有前途的股票推到前台，下一轮行情，应该是它们表现的机会了。

看得出来，杜先生已作了充分准备，蓄势待发，他还没有实盘操作，也没有盈利记录，但他不打无准备之仗，无疑给我们上了一堂战前动员课。正应了哲人的那句话："愚蠢的行动使人陷于贫困，投合时机的行动，却能令人致富。"

119 扩容，你慢点儿走

扩容猛于虎，扩容狮子大开口，扩容是压倒骆驼的最后一根稻草，股民像绵羊，任人宰割。

虎。狮子。骆驼。绵羊。

这就是现阶段中国股市的真实写照。

世界万事万物，都应保持在一个和谐、平衡状态下，正常的秩序才能维持下去。

股市也需要和谐、平衡。公司要发行上市，目的是融资，给上市公司输送血液，公司得以正常运转。而公司生成的利润，给输血者以回报，这就是和谐和平衡。

如果，需抽血者太多、太滥，有些上市公司，吸血后，又不能恢复生机，创造不出利润，不能给供血者以回报，致使献血者跟不上，这就打破了平衡，破坏了和谐。

2011年关将至，各路大军正在盘点即将过去的一年，展望新的来年。亏损、惨淡应该是对过去一年的最好概括。熊市已经四年，股民呢，四年中献了那么多血，养活了多少上市公司，到头来血已被抽干，手中的股票已套死。真可谓股套死，心亦死。

如果说，前两年大家还在为是牛市、熊市争论不休，那么后两年，谁也无力争论，太阳已落山，争论余晖又有何用。现在大家又在找四年股市不涨的原因。

有的说，大势不好，外国环境恶劣，拖累了中国股市。这话不假，欧美经济每况愈下，特别是欧元区各国，问题频出，悲剧不断。前几年，是美国的次贷危机，这两年美国稍微缓口气，欧盟的希腊悲剧上演，后意大利抱病不起，西班牙也出了状况，确实西方世界出了大问题。这是事实，西方打喷嚏，中国患感冒，这也正常，也是影响中国股市正常运行的一个原因。

可不正常的是，2010年，中国经济继续保持平稳增长势头，比患病的西方经济好得多，真可谓经济繁荣、国泰民安，形势大好，可为什么我国去年的股市名列全球倒数第二，这是为什么？无论是官方还是民间，谁也没有给出满意的答案。

有的说，涨高必跌，也属正常。这也有理，有涨有跌，能上能下，波浪循环，理属正常。可话又说回来，四年了，6124 点，已经跌到 1624 点，回吐了 73%。四年了，现在才 2400 点，上到 2500 点都难。不要忘记，中国的股市没有做空机制，只有涨才能赚钱。任何事物的发展，都是在曲折中前进，而中国股市并没有遵循这一发展规律，而是涨少跌多，牛短熊长。在这种状况下，各路诸侯很难赚钱，去年券商、机构、基金亏损面很大，今年赔本已成定局。那么普通老百姓想在股市赚钱，比登天还难，今年不亏损的股民那就是最大的赢家，可有几个不亏损呢，这样的股市难道正常么？

也有的说，我国的股市靠资金推动，这话很有道理，资金不充裕，是制约股市上涨的重要原因。那年，我国拿出 4 万亿救经济成就了中国股市大涨，确实使股市火了一把，但随后 12 次上调存款准备金，更有甚者，2010 年上半年，几乎每月上调一次，连调 6 个月致使存款准备金达到 21.5%，创历史最高，股市失血，大盘难好。

以上所说，都是理由，任何事物的出现、发展都是诸多原因综合作用的结果，但其中必定有一个主要的决定性的原因。那么，决定股市上涨或下跌的根本性原因是股市本身，那就是扩容。扩容是制约股市发展的主因，其他原因固然重要，都是制约股市正常发展的因素，但扩容才是压倒中国股市的最后一根稻草。

我们知道，中国股市的出现，是中国经济发展到一定阶段的必然产物。股市的健康发展无疑给中国新兴的资本市场带来活力，是中国经济迅速发展的助推器，是中国资本市场重要组成部分。20 年来，中国证券市场为中国经济发展发挥了重大作用，大量的民间资本输送到股市，使一批又一批社会企业走到股市中来，而大批上市公司得到充足资金，为中国经济发展带来了新的活力，也为广大投资者带来可喜的回报。

如果能把在社会吸收资金和推动更多优质公司上市正常的、平衡的、有张有弛相结合，那股市一定会健康正常地发展。但问题是现在扩容远远超出了市场的需求。超常扩容已压得股市喘不过气来。4 年中扩容不断，不掌握节奏，决不放缓，无论怎样建议，不管舆论多大，决不手软。对于扩容，这是管理层的既定政策，决不放弃，那么，投资者只能用脚投票。目前，股市的低迷，有目共睹，机构的无奈，股民的无助，广大投资者始终不明白，为什么管理层只唯上，不向下，致使目前股市不死不活，失去了应有的活力。

无疑，过度的扩容才是股市的罪魁祸首。十二五规划把社会发展规划和关注民生、改善百姓生活紧密联系起来，这是十二五规划不同以前规划的最大区别，也是十二五规划的最大亮点。最近，中央倡导的"走基层、改文风、转作风"很得民心，中国共产党最大的利益就是人民的利益，十二五规划体现了我们党和人民群众息息相依的血肉关系。

因此，中国证券市场理应落实十二五规划，把关注广大投资者的利益放在重要位置，切实保护广大投资利益落到实处，而不只是一句口号。中国股市，已有一亿股民，这么庞大的群体，是中国股市发展的生力军。

120 管理层的屁股应往股民那儿挪一挪

九成以上股民长期亏损，就连精英们操作的基金也连亏两年，这不能不说是中国股市的悲哀。

按理说，一批一批公司上市，一批一批股民为之献血。上市公司被输入新鲜血液后，获得新生，他们又将焕发新的活力，创造更多利润，用以回报社会，回报为之献血的股民。这样，证券市场得以正常运转，不断壮大。

作为中间纽带的管理部门，左对亿万股民，右对千百家上市公司，起着监督管理职责。但是现在股市发展极不正常。股民血被抽干，基金也失血严重，目前证券市场和我国经济形势发展极不适应，广大投资者投资热情受到极大伤害，不能不说管理层在监督管理上出现了偏差。

疯狂扩容，寅吃卯粮，这是管理监督上最大的失误。近5年，上市公司市值从不到9000亿扩大到17.5万亿，上市公司突破2000家，融资规模创世界第一。到2011年11月底，基金缩至3万多亿，中国股市连续2年跌幅居世界前两位。人们不禁要问，我国经济增长居世界前列，为什么股市走势如此之差？

三高不禁，监而不管。高发行价、高市盈率、高融资，这是近年来新股发行的一道亮丽风景线，中国的证券市场，每周都能孵化出多少个亿万富翁，仅创业板就已培养出近1000多名亿万富翁。有资料统计，新的上市公司董事长平均每人身价11亿，总经理5亿，而保荐人也得了个盆满钵满。上市公司富得流油，另一边广大投资者贫困潦倒。难怪有的股民说：真是朱门酒肉臭，路有冻死骨。这是谁之过？据报载，美国股民每年收益率均超过股市平均收益率，而中国的股民每年亏损率都高达90%以上，绝大多数股民亏损，难道这就是中国股市的规律？

圈钱无止境。曾记得，中石油IPO，吓坏了大盘，上市当日，上证指数下跌143.36点，跌幅达 2.48%；农行 A+H，募资 221 亿美元，共募资 1503 亿人民币，创全球募资第一。可悲的是，农行 2.68 元的发行价近在咫尺，就是越不过。四大银行争着融资，给股市带来灾难，谁都不会忘记，中国人寿传出融资 2000 亿，仅是传闻，就给沪深大盘来了一次不大不小的地震。近两年的上市公司，破发率高达 42%，破发率又创造了世界第几？

可以查一查带中字头的，这几年从股市中抽走了多少血，他们为沪深股市带来了什么？他们的上市给股市带来的是深幅下跌；他们为投资者带来什么？他们给投资者带来的是长期的痛。有多少带中字头的股票在发行价下挣扎，这正是对无休止的扩容最大的讽刺。

为什么会出现上述情况？究其原因，无非是管理层只对上负责，不对下负责。他们的指导思想很明确，就像有些地方高官，上任伊始，大搞政绩工程，大兴土木，为政绩树碑立传，为本地区 GDP 名列前茅卖地圈钱，涂脂抹粉。目前房地产挤泡沫和高官们的指导思想不无关系。

在证券领域，只顾疯狂发行，四处圈钱，和地方卖地圈钱如出一辙，在指导思想上追求贪大、追求绩效，不讲实际。他们把对投资者负责只是写在文件上，说在口头上，而不是落实在行动上。市场已不堪重负，把广大投资者压得喘不过气来，他们不闻不问，只是圈钱没商量。他们把对上负责和对下负责，把党的利益和人民的利益割裂开来，对立起来，没有认识到国家的利益就是人民的利益，对国家利益负责就是对广大投资者负责。

我们不否认证券市场 20 年来取得了巨大成就，但也应看到，有些政策的激进无疑挫伤了广大投资者的积极性，亿万股民巨额亏损和深度套牢决不是中国股市独有的现象，更不是规律，多年来的事实证明，对投资者的保护措施跟不上，对投资者的负责只停留在口头上，重扩容，轻股民利益，已成常规。在有些人看来，投资者盈亏属市场现象，跟管理层无关，这从表面上看似乎有道理，但仔细分析，不近情理。应该说，扩容和股民利益是一致的，股民奉献，理应得到合理回报，这也合乎常理。如果只看重扩容，不重视投资者利益，从长久看，股市不会健康持久发展。

管理层如果一屁股坐在扩容的板凳上，而不顾广大投资者利益，不愿意把屁股往投资者哪怕是挪一点，那么他决不会是一个好的管理者。实践证明，凡是好的管理者，他们处处向人民负责，为人民利益着想。记得北京市政府每年为市民办几十件大事，且广集民意，年底向市民报告完成多少，许多事情和百姓息息相关，深得百姓拥护。

我们的管理层也应眼睛向下，广征股民意见，在管理层中也应提倡走基层改文风，深度了解广大投资者疾苦，出良策，救广大股民逃出苦海。

我们党的优良传统，历来是和人民群众心连心。应该说股民之苦，即是管理层之痛。如果认为管理层不对股民盈亏负责，只认为是市场行为，无论从道理上、情感上都说不过去，其实细想一想，中国的股民是可爱的，也是可怜的。管理层是广大股民的父母官，他们有难，不能不救。

就在 11 月 21 日，停牌了 1 年多的首钢股份复牌，停牌时股价为 4.42 元，就这个价位大部分持有者已亏损不少。可复牌后，连续暴跌，一直跌破 3 元，机构大单争相逃命。广大股民九死一伤，谁给逃命机会。前几天，数十股民对话首钢股份，有的领导说："股价下跌是市场行为，你们对重组不满意，可以用手投票，也可以用脚投票。"冰冷冷的话刺伤了投资者。目前投资者和首钢股份的矛盾不断加深。

俗话说，给老虎一座山，也要给猴子一棵树。广大投资者养活了大批上市公司，可他们却得不到应有的回报，其结果，广大投资者输的是钱财，而管理层丢的是民心。这就不难看出，保护投资者的利益不能只是一句空话，应拿出实实在在的政策和措施，把屁股坐在投资者一边，多为广大投资者想想他们的切身利益，好好管管发审委，多多教育保荐人。什么时候新股发行走上健康之路，投资者能得到合理回报，真正做到广大投资者不亏损，少亏损，只有那时，我们的管理层才是亿万股民真正的父母官，全国的投资者衷心地为你们歌功颂德，全国的投资机构为他们树碑立传。

121　积极的心态是立足股市的良药

凡是成功的人士，总是以积极的心态去面对现实，他们最善于积极的思考，拥有最乐观的精神，用最富有创造的思想去迎接挑战，只有这样的人，才能成就一番事业。

股市是充满凶险的场所，是勇敢者挑战的战场，是怯懦者死亡的坟墓，是乐观者施展才华的舞台，是悲观者走向地狱的大厅。以积极的心态走进股市，一定是股市的胜利者，以消极的心态踏入股市，必将步步走向深渊。

有这样一位股民，她入市之初，并未抱着赚钱的思想，而是退休后，为找一个落脚的地方，有一个去处，有那么一个场所，活动活动。也许有人说，去公园多好，公园虽好，可以解决运动，但总得找个事干，进入股市，有个牵挂，有个念想，也能避风挡雨，结交朋友。

她叫郑莹莹，2008 年退休后，和三个同事一起走进股市，五十出头的郑莹莹被她的同伴叫郑妹。郑妹心直口快，为人直爽，心胸开阔，乐观豁达。正是由于她的性格特点，才使她在股市里站住了脚。郑妹的想法是，我就拿出5万元，赔了不再填补，赚了就取出盈利部分，不把输赢放在心上，决不能让股市涨跌坏了我的心情。

正由于此，其他姐妹有的急着买股，有的到处找人荐股，可郑妹对此既不感兴趣又不着急，好像全然不知身在股市，她只管和人聊天，找乐，一副俨然自得的样子，她说，只要每天过得痛快，不管股市涨跌。进入股市半年了，她没买一只股。

说真的，郑妹并没想在股市得到些什么，她知道，就我们这些平平常常的退休女人，还想在股市赚大钱，那全中国的人还不把股市挤塌了，如果抱着在股市捡钱的想法，还不如去捡破烂，一天也能卖几十块钱。

郑妹说，我的目的是保证一天过得快活比什么都强，当然进入股市，也不是进入超市，毕竟还是要买股票的。半年没碰股票，不等于就不买了，2009年5月22日，郑妹终于选择了三只股票：一只医药股，一只银行股，一只酒股，最终选了酒股：沱牌舍得（600702）。她清楚记得，就在下午临收盘前一分钟，她以9.85元的价格买了5000股，买完了股，她也没什么感觉，既没有表现出初次买股的紧张、兴奋，也没有显露出哪怕是一丝的害怕或不安，她只是感觉到我买股了，终于没白白占着营业部的一个座位。

姐妹知道郑妹终于买了股，打趣说，我们的郑妹终于开始喝酒了。问她为什么买了名不见经传的沱牌酒。郑妹说出了三个理由，她说，其一白酒属消费行业，在我国，白酒是中国男人的专利，现在越来越多的女士也开始喝白酒，这几年白酒消费日渐增长，买了白酒我看赔不了大钱，就是赔了，就等于喝酒了；其二，我观察酒类走势很坚挺，象茅台、洋河，但都很贵，咱们喝不起，沱牌酒也有点名气，价格还不到10元，就是跌了，还能跌到哪里去？其三，我家那位常提起沱牌酒，所以就买了，买对了给他赚个酒钱，买错了就叫老头戒了酒。

真可谓有心栽花花不开，无心插柳柳成荫，头一回可真让郑妹逮着了。郑妹做梦也没想到，沱牌酒劲真大，到8月6日，股价直窜到18.82元，就在8月20日，下午临收盘前2分钟，郑妹以15.79元的价格卖出1500股，第二天，她从股市取出2万元存入银行。

她的姐妹开始佩服郑妹了。有的说，别看郑妹整天嘻嘻哈哈，心不在股市，实际上她是哑巴吃饺子心里有数；还有的说，郑妹吃准了股市，摸清了股市的脾气，能和股市合得来；当然也有一个姐妹说，郑妹是瞎猫碰上了死老鼠，让她逮着了。

郑妹对她的姐妹说，大家说得都有理。其实做股票和上班一个样，和平日里过家、生活一个理，平平常常的，别闹得像上战场似的，紧张得不行，我们退休了，受不了刺激，也来不得紧张，更不能着急，别闹得皇帝不急太监急，大盘不涨谁也没办法，你买的股不涨也不能骂娘。

千万别忘记，我们是退休人员，重在一个"休"字，要休得自在、乐意、高兴、痛快，辛苦了快一辈子了，再不能为工作所累，也不能为烦恼所困，要自得其乐，如果到股市找累找烦，那还不如退出股市，另找个快乐的事干。

千万别太把股市当回事，股市本不是我们这样的人赚钱的地方，在股市，我们赚不到钱，我们没那个水平，你看多少专业人士赔得很惨，基金只有几毛钱，我们平常人如果能赚了钱除非太阳从西边出来。

千万别把股市当成生活的全部，赔了就赔了，别赔得太多。唯一的办法是把股市当成生活的一部分。所以，只能拿出家当中的一小部分，就是全赔进去也只是一小部分。股市是无底洞，全国股民把家当都放进去，也填不满。

千万别当真，如果你抱着非要在股市搏一把，决个高低，那你一定会输得很惨。咱们来股市，是找个聚会的场所，说话的地方，如果真要把股市当真了，认为这次可找着赚大钱的地方了，那就离赔钱不远了。

郑妹最后很深情地说，我很希望大家能在股市找到快乐，我比大家幸运的一点是第一次买股就赚了，可以后呢？也能赚吗？我不知道。说实在的，赚了，我也没高兴起来，如果以后赔了，我也不会烦恼。我们走进股市，大家都是说好的，要高高兴兴地来，都是积极地要求来，那么就要面带微笑，收起苦恼，那么温暖的阳光永远朝着你微笑。

郑妹说的是对的，也许做起来很难，或许不会相信，但我们毕竟走进了股市，那就要积极面对。凡进入股市的人都知道，既然双脚已踏入股市，那说明已选择了困难，以消极心态看待困难，那它就是前进的绊脚石，而以积极心态挑战困难，那它就是通向成功的敲门砖。

122 股市讲究不要怕，不后悔

既然进入了股市，那么面对所做的一切都不要怕，也不要后悔，股市最缺的是钱，最不缺的是机会，只要勇敢往前走，机会就在前面，收获也不会太远，在勇敢者面前，永不言后悔。

有一个故事。30 年前，一个年轻人要离开家长，外出闯荡自己的人生。他动身前，去拜访了本族的族长，请求老族长给他一些指点。老族长正在练字，他听说本族有位后辈开始踏上人生的旅途，就写了三个字：不要怕，然后抬起头来，对年轻人说："孩子，人生的秘诀只有六个字，今天先告诉你三个，供你半生受用，还有一半，等你回来的时候就知道了。"

30 年后，这个从前的年轻人已是人到中年，有了一些成就，也添了很多伤心事。回到了家乡，他又去拜访那位族长。他到了族长家里，才知道老族长几年前已经去世。家人取出一个密封的信封对他说："这是族长生前留给你的，他说有一天你会再来。"这个从前的年轻人这才想起来，30 年前他在这里听到人生的一半秘诀，拆开信，里面赫然又是三个大字：不后悔。

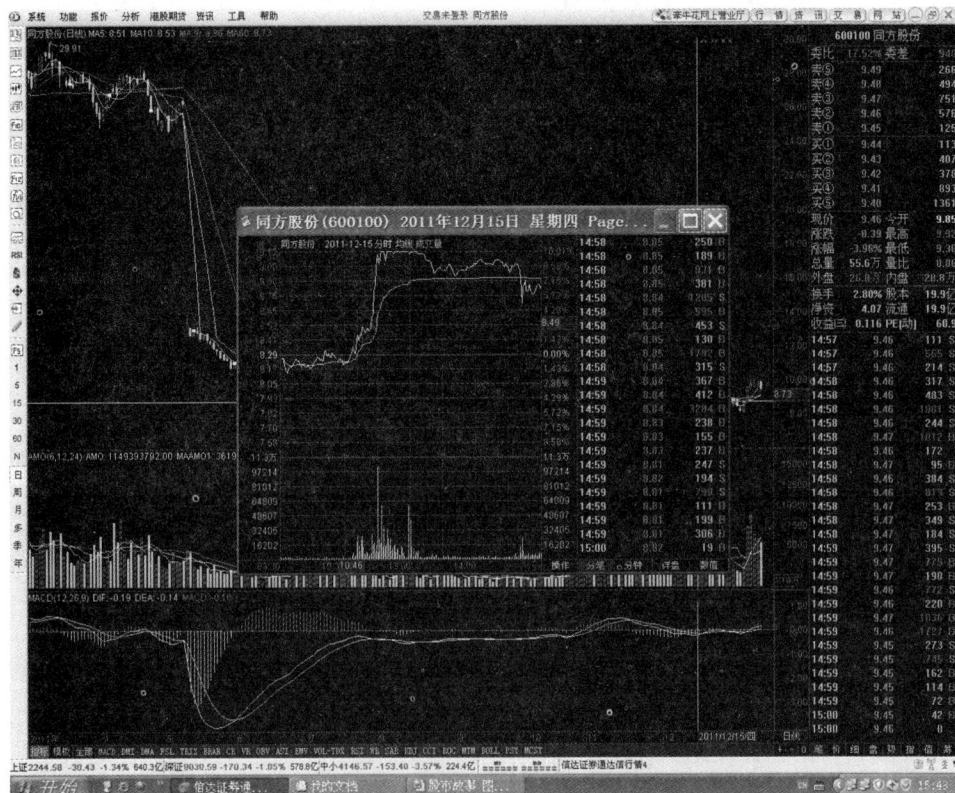

人生经历过的岁月，那是自己留下的足迹，如果是在不要怕的征途中所经历过的，那人生一定很精彩，很值得回忆。也许有过磨难，但磨难又算得了什么？身在股市，错误常犯，能知错即改，那确实是人生的亮点。不要怕，往前走，磨难越多，经历越深，越能驾驭人生，股市垂青那些历练的人，它愿意奖赏跌倒后爬起来的人。在股市，不要怕，是鼓励的号角，是信心的赞美，也是心灵的嘱托。

不后悔，是人生的升华，是承担责任的保证。人生所走过的路，坑洼居多，人生所做过的事，错误、漏洞、傻事亦不少，如果后悔，一步也迈不动，就会让后悔绊住双脚。我们不能左右天气，正像不能预测股市涨跌一样，但我们可以改变心情，以平静之心应对股市的涨跌；我们不能改变容貌，但可以展现笑容；我们不能驾驭股市，但我们可以顺应趋势。在股市，永远不卖后悔药，也决不怜悯后悔之人。不后悔是每个投资者的座右铭，不后悔是所有投资者的必修课。不后悔需要功力，需要反省，我们看看下面一个真实的故事。

在同方股份（600100）股吧里有一条帖子，时间是 2011 年 12 月 15 日 12 时 55 分，说早上 8.25 元清仓 4 万股，自己扇了自己 30 个耳光。可见这位投资者卖出同方十分后悔，也很令人同情。其实这位投资者在决定卖出前应仔细分析一下同方股份的基本情况和技术走势，从技术走势上看，该股在 2011 年 10 月 24 日创下新低 6.97 元时，股价已从 31.57 元下跌了 58%。10 月 24 日，在连续下跌 6 天后，当日收出一根止跌阳线，第二天带量涨停，第三天又封在涨停板上，后经过 4 个交易日的整理后，第五个交易日又一个涨停板。其后大盘在接连创新低后，该股进行了 31 个交易日的整理，股价下探到最低 8.16 元，12 月 15 日，带量上攻，一度封于涨停，收盘上涨 6.39%，换手 6.50%，成交 11.5 亿元。就在当日，上证指数创下了三年来新低，最低下探到 2170.75 点，同方股份同大盘走势背道而驰，意味深长，同方股份当日走势成为上证大盘一道亮丽风景线。

从该股基本面上看，有一条被许多人忽视了的消息，2011 年 12 月 7 日，同方股份公布了一条消息，董事会通过《关于以参股方式联合清华控股等投资人通过参与司法执行的方式收购国信控股部分股权的议案》。国信控股为投资公司，利润来源为投资收益，金融类主要是国际信托有限公司、重庆三峡银行等金融行业；高速公路、桥梁管理、物业管理等。据分析，此项收购完成后，每年可向同方股份贡献利润 1 亿元人民币，为每股增值 0.20 元。这是同方股份产业在资本战略下，向金融资本和产业基本融合的发展途径，进一步拓展公司的发展空间。可见，这条消息对同方股份构成重大利好。

那么，同方股份在 10 月 24 日创下 3 年来新低后，突然来了三个涨停板，是主力故意打压，尔后拉高，还是先知先觉，先期介入不得而知。我们将同方股份近两个月走势作一粗线分析，无非是想说明这位投资者在作出卖出同方股份的理由和根据，心里要清楚，哪怕是卖错了，也要弄清楚错在哪里，错的明白，当然我们不清楚这位投资者在什么价位进的货，以8.25元卖出后是赔是赚并不了解，主要是想说明不论是买还是卖，要心中有数，理由充足，能给自己一个合理解释，后悔是解决不了问题，弄清缘由，避免重犯，杜绝二次后悔是当务之急。

我们想要告诉投资者的是，既然选择了股市，那也就选择了承担风险，在股市前进的道路上，布满荆棘，每前进一步，都可能是陷阱，是回避原路返回，还是想办法避开陷阱、闯过陷阱？勇敢者从不畏惧，总是脚踏实地，披荆斩棘勇往直前，而怯懦者总是畏缩不前，前怕狼后怕虎，在困难面前缩手缩脚。股市并不可怕，投资也并不复杂，只要你不要怕，其实也没有什么可怕，已经置身其中，就应无所畏惧，看准机会，果断出击。目前，上证指数在击穿前期低点2307点后，大有乌云压城城欲摧之势，很快击破2300点整数关口，没几天，空军势如破竹，连攻数城，2200点告破，许多人想起了2008年10月28日上证指数创下的1664.9点的可怕记录。也让人想起1939年9月1日，德国闪电进攻波兰，一个早晨占领了波兰。1940年5月10日，德国完成了对丹麦、挪威、荷兰、比利时、卢森堡、波兰、法国等西欧国家的侵略，大有称霸全球之势。二战的结果，虽然时间整整八年，但全世界人民最终还是战胜了法西斯。

所以，什么事情都不要怕，努力做好自己的事情，如果要想在股市长期坚持下去，莫回头，总结成败，忘掉失败的痛苦，多想自己成功的战例，也许有些成功的记录足够激励很长很长时间，使你有勇气战胜自己，同时也战胜股市。

不要怕，也不要后悔，我们身在股市，常常抱怨股市没有公平。可这个世界上最公平的一点就在于，从来就没有什么后悔药，这对任何人来说，都是公平的。后悔，人之常情，做错了，买错了，卖错了，常有发生，难免后悔，卖了涨了，买进了跌了，常扇自己的嘴巴，这也时有发生。虽属过激心态反应，也情有可原。不论你在什么时候开始，重要的是开始之后就不要停止；不论你在什么时候结束，重要的是在结束之后就不要后悔。不要怕，一直往前走，因为前面就是希望；忘了今天的后悔，明天将迎来喜悦，因为成功在向你招手。

123 小武的急性子与大盘的慢脾气

要说什么行业最磨性子，那应当首推股市。大盘的脾气令亿万投资者折服，不涨就是不涨，叫你干着急，急也没用，大盘是皇帝，股民是太监，皇帝不急太监急。这不，股民小武的急性子真和大盘较上劲了，结果呢？

小武叫武极，河南人，当过3年侦察兵。小武是个急性子，脾气也暴。在部队，他的脾气性格也算适应，最快三分钟吃完3个馒头两盘菜、一碗汤。平常每顿饭不超过7分钟，几次紧急集合，从紧急集合哨吹响，起床、穿衣、打背包，全副武装到集合地点，最快一次2分58秒，全连第一，获连嘉奖一次。但急性子有时也惹火，新兵训练结束下连前一天，俩新兵洗澡时因穿错衣服动了手，小武看不过眼，顺手给了一个新兵一拳，为此受了警告处分一次。

复员后，在北京一个很有名气的小区当了一名保安，两年后的2006年，因工作突出，并协助警察抓获一名惯盗，当上了保安队长，手下队员有36人，要是在部队，那相当于一名排长。物业薛经理很看重小武，因为薛经理业余时间做股票，耳濡目染，小武和经理接触多，慢慢地利用休息时间做起股票。那我们要看看小武这个急性子是如何做股票的。

再看看大盘，自2007年10月16日创下新高6124.04点后，谁也没想到自此步入了漫漫熊途，整整四年了，大盘的脾气让中国的股民领教了，让急性子、暴脾气的股民折服了，也让慢性子、慢脾气的股民佩服得五体投地，俯首称臣。千万别不服，如果你再急，我给你回到10年前，信不信由你。

2009年8月6日，小武进入股市，平时小武工作很忙，当然没时间去股市，就用手机查看行情，委托买卖。晚上还能在薛经理那看看大盘走势，小武对大盘股不感兴趣，中小板很对他的脾气，不涨则罢，一旦涨起来那叫个痛快，他谨记薛经理的教诲，钱不要投的多，股不要买的多，操作也不要多，只要选好股就不要管了，千万别耽误工作。

2009年8月10日，小武周末加了两天班，周一请了假，第一次去了股市。为慎重起见，他的第一次操作是在营业部的电脑上完成的。他只买了一只中小板股票，他没有拿出全部积蓄，他的媳妇在小区做清洁工作，他深知挣点钱不容易，他俩结婚才一年多，没有孩子，好不容易积攒了7万多元，小武和媳妇商量拿出3万元进入股市，原想多少赚点，谁成想，2009年8月10日成了小武的受难日。

小武哪里知道，他买股前的8月4日，大盘创下3478.01点高点后，已下跌了3天，小武对大势、对大盘技术走势当然并不知晓，确切地说，还不懂那么多，心里只是激动地买了股票。

还好，到2010年8月10日，上证指数由一年前的3249.76点已下跌到2595.27点，下跌了654.49点，跌幅为20%。小武的股票只下跌了10.5%。经历了一年的实际操作，小武对股市有了较深的理解，就算交学费了吧。薛经理操作的股票累计亏损26%，应该说，小武算是幸运的。

小武是个爱动脑的人，他开始审视自己，哪些地方做错了。许多问题他想不明白。美国、欧洲经济状况不好，股市也没跌多少，中国经济这么好，股市老往下跌，他想不明白。他所管理的小区治安，2000多户，一年未发生一起盗窃案，经常受到表扬，他想，我们比外国强多了，而股市越走越坏，他真是想不明白。

他还想，我操作错了？没有啊！一年只买了一次，股票质地、业绩、行业各方面都不错，怎么不涨？股价向下滑梯似的只往下滑。

他甚至想，我脾气不好，急性子，可我从未和股市发过火，工作上我常发火，也多次批评过弟兄们，那应该批评，执勤睡觉该批评，执勤吸烟该批评。但是他从未和股市发过火。在股市面前，他乖巧多了，简直是个顺毛驴。

他甚至想卖掉股票，不做了，薛经理做股票已经5年多了，人家经验比我丰富多了，他怎么也亏损？而且比我亏损还多？他弄不明白。他和媳妇商量，想退出来，媳妇劝他，也亏得不多，以后还能涨起来，现在是低潮，有高潮的时候。你的性子急，现在退出很可惜。

小武想，媳妇说得在理，等等再说，不过说实在的，我性子急，和谁急，也没敢和大盘急，可大盘的脾气也太那个了，你急它不急，他心里想，那好吧，你不急，我也不急，你慢性子，我向你学，我下决心改掉急性子的毛病，那咱们就比一比。

小武又错了。你哪能和大盘比性子？在中国的股市，没有哪一个人能和大盘比高低，小武也太不自量了，简直是鸡蛋碰石头，自找倒霉。接下来大盘走势让小武不是看不懂，而是犯晕了。

又一年过去了，上证指数跌了一波一波，无数次希望破灭了，一批一批新进股民倒下了，几乎所有股民都无法摆脱被套的命运，小武的股票已被打倒了地下室。说实在的，自从2年前小武进入股市，没有享受过几天飘红的滋味。到2011年国庆节休市前，大盘由去年8月4日2595.27点又跌到2359.22点，整整下跌了200点，跌幅达8%，小武的股票又跌了 9.5%，资金已损失了近 20%。小武这次可沉不住气了，开始发脾气了，常常对着保安弟兄发火，回到家他晚上开始喝酒了，媳妇怕他出事影响工作，就劝他，亏了就亏了，就算让小偷偷走了，不行咱就退出来吧。胳膊拧不过大腿，咱认了，薛经理比你还亏的多，人家也没吭过声。

最后，小武和媳妇商量，做出了决定，到 2011 年 12 月底，如果股票还没有起色，他就退出股市，并永不参与，干好保安，保好一方平安，这是他的职责，他想，我本来就不适合做股票，就是穷疯了，想多挣些钱。好在媳妇有喜了，这或许多少给小武一些安慰，又多了一些忧愁，接下来不是多了一张嘴，而是两张嘴，几个月后，媳妇那点微薄的工资也没有了。小武又陷入了愁思之中。

两年的股市体验，小武最大的收获是急性子改了不少，脾气好了许多，对下属不像以前那么凶了，像个大哥哥的样子，大家都劝他千万别退出股市，他只是惨惨一笑，半天蹦出一句话："那我继续拜大盘为师，继续改我的急性子。人家是花钱交学费，我这是花钱改脾气，也算是收获。"

124　大盘在哭泣

大家都叫我上海大盘，其实我本名叫上综指数。现在，大家都在怨我，说 4 年了老往下走，可我也一肚子苦水，向谁诉说呢？

谁都知道，人往高处走，水往低处流，马克思在 100 年前就告诉过人们，任何事物都是曲折中前进，螺旋式上升，我何尝不愿意往上走、出人头地？可我有什么办法？我心中的苦处向谁诉说？我一肚子苦水又向谁倾吐？

我今年才 21 岁，正是年轻力壮，但这几年看上去全无青春活力，倒显得老态龙钟，不堪一击，大家都说我 10 年来都没长个子，营养严重不良，这样下去，非把身子搞垮不行。得赶紧检查检查。按理说，我生在上海，大都市，各方面条件都不错，各行各业发展的都很正常，为什么唯独我就这么不争气？我怎么成了扶不起的阿斗了？可我的好兄弟深综指，就是深大盘，也和我一样，同病相怜，身子骨也是弱不禁风。

前段时间我去上海最大的医院做了全面检查，不查不知道，一查吓一跳。血色素还不到 4g，严重贫血，血压 180/110Hg，医生说我年纪轻轻的怎么患上高血压了？我无言以对。医生看我走路弯腰做了放射透视和 CT，结果出人预料，腰 3、4、5、6、7

严重弯曲。医生很关照我，又作了核磁共振，结果令人吃惊，颈脊、腰脊突出，明显已压迫神经。医生问我做过理疗吗，我说前两年做过三种理疗，效果不明显。医生说，当前最主要的是先解决疼痛问题，我们开展了一项小针刀，先试试。我前后做了5次小针刀，也未见多少好转。医生给我推荐了一种叫"KKT脊柱动力平衡"治疗新方法，据说是从加拿大引进的，一台机器价值500万元，无痛苦，无副作用，就是效果来得慢些，但它的原理就是通过用像小锤敲打的方式，利用物理原理，首先从颈脊第一节治疗开始，自上而下，将整个脊重新认真地校正，使之恢复如初。说得挺好，听得兴奋，据说上海只有2家医院开展此项治疗。于是我决定一试，一个疗程3个月，现在我已经开始进行治疗。主治大夫亲自告诉我，治疗归治疗，主要看你今后如何把握自己，千万要注意，这么年轻，腰脊病不是你这个年纪得的病，你得找找原因，预防才是最重要的。

医生让我找找原因，我也不止一次想过，想来想去，最后终于找出了原因，压垮我脊梁的罪魁祸首就是超额融资，说出来你们听听，我说得对不对。

我现在正进行的是平衡治疗，医生说平衡，实际上任何事物都讲平衡，社会平衡就是和谐，生活平衡就是和睦，财政平衡就是收支适当，那落实到我的平衡就是融资平衡，就是抽血和供应平衡。就这最近几年，从股市上融资高达近2万亿，连续三年创世界第一，难怪有人说，股市是抽水机，股市是抽血机，抽走那么多血，可供给我们什么呢？我使劲想，也想不起什么，抽走那么多血，抽走谁的血？是一亿多股民的血，基金也严重失血，说到底，基金各类机构，他们的血，也是股民的血，只不过叫基民。

我怎么也想不通，管理层也知道，融资不解决，股市就上不去，他们心里跟明镜似的，但为什么熟视无睹？新的管理层的掌舵人说，鼓励四万亿社保资金、企业年金入市。同时又提出明年上半年在股市融资3000亿，大家想想，听起来很鼓舞人心，但仔细琢磨，看不明白。四万亿够唬人的，那只是建议，进不进，不是你证监会说了算的，即便社保头是你的老首长，那也不是你证监会的钱，那只是一厢情愿，但有一项是实实在在的，那就是从股市中融资3000亿，这是证监会的职权，那是硬指标。

我怎么也不明白，股市已经病快快的身子，还在加码融资，新股照发不误。许多财经著名人士呼吁：停止新股发行是拯救股市最有效的办法，但新股发行从未停止过。那么除此之外奢谈多好，还有什么意义？

我说是犯糊涂了。问题都摆出来了，症结也清楚了，为什么就不解决？想来想去，我似乎想明白了，融资是股市的根本，不融资要股市干什么？不融资股市就失去了存在的意义。只有融资才是股市存在的真谛。那么，不融资让我管理层者干什么，融资是硬指标，这是政绩、形象工程，离开了融资，让我们喝西北风？

也是，各省、各市、各地区、各部门都有要完成的指标，比如 GDP，这么多年来，全国的 GDP 不就是各省市综合的反映吗？而各地区 GDP 指标的高低，一半以上靠卖地而来，这样一来，地王应运而生，房价不断推高，GDP 的奥秘就在于此。股市的高融资对 GDP 的贡献只不过是从另一角度对 GDP 的解释。

话又说回来，股市的超预期融资，都是全国股民的血。全国老百姓存款余额有 3.2 万亿，最近三年，仅股民亏损就达 7000-8000 亿。一批股民倒下去，另一批股民又上来。如果说源源不断的血液输送到股市中，他们都得不到应有的回报，他们是最可爱的人，也是全国老百姓中最可怜的人。

记得年初学习十二五规划精神，多次提到关注民生，改善百姓生活，提高收入，并许诺不低于GDP增长幅度。年底了，只听楼梯响，不见人下来。如果要盘点股民的收入，绝大部分都是负增长。今年最大的特点是全国股民输得最惨，亏得最多，尤以第四季度，股民亏损 30% 那是幸运的，亏损 40%-50% 比例惊人。

我是大盘，我看得最清楚，股民的双眼紧紧盯着我，希望看到我红扑扑的脸蛋，可不争气的我，拖着病快快的身子，哪有红脸给你们看？每当我脸上呈现出绿阴阴的面孔，你看看股民的脸，和我一样，说实在的，我这张脸实在愧对亿万股民，请你们原谅，我实在没有办法，只要有一点力，我也要打起十二万分精神给你们一点好脸色，我真无能，真没用。

我很痛心，每当收盘后，大厅关了灯，锁了门，空荡的大厅，黑暗的大厅，我多么寂寞，多么孤独。拖着疲倦的身子，带着满身伤痛，伤心的眼泪止不住地流下来。每当我回忆起股民那一双双失望的眼睛，我不敢正眼看股民。我愧对他们，特别是我看到那些满头白发的老股民脸上流露出的无奈、失望，甚至是痛苦、绝望的表情，我就情不自禁地痛哭起来，我真的捶胸顿足，我就那么无用呢？我恨自己，我骂自己，我曾经抽过自己好多耳光。

不过，请亿万股民相信，我还很年轻，我一定好好配合治疗，听医生的话，把身体治疗好，我一定会直起腰来，挺起胸来，抬起头来，我一定会以饱满的精神、健壮的身体，一张红扑扑的、满面笑容的脸蛋呈现在你们眼前，给你们千万个爱，亿万个回报。

我的股民朋友，千好万好莫过于身体好。留得青山在，不怕没柴烧，你们要有耐心，等着我，哀莫过于心死，我都有信心，你们更要有信心，总有一天会砸碎套在脖子上的枷锁。

到了那一天，我们拥抱，我们欢呼，我们不醉不归，请相信我，但愿人长久，千里共婵娟。

125　四个退休军人的炒股梦

叶军、闫梦、余清、潘石四人1980年同在安徽入伍，2010年同年退休，从军30年，入伍时间为18岁，退休时，不满50周岁。四人中叶军官为处长，闫梦为副处长，余清为高工，潘石为正团助理员，同在一个大单位。除余清搞技术外，其余3人均为后勤部门。

退休一个月来，四个人还没从部队生活中解脱出来。正巧凑够一桌子，于是他们约定，每天上午爬山，下午玩牌，输家管饭。就这样过了一个月，越玩越没意思。闫梦爱人在一家金融部门工作，业余时间玩玩股票。那天，4人在闫梦家酒足饭饱后，闫夫人建议他们做股票。可也是，刚刚退下来，还不习惯呆在家里，年龄也不大，得找些事干。4人一拍即合，于是在2011年春节前进了股市。他们都是用夫人名字开的户，一来是避邪，二来有什么问题，也好有说词。

头两个月，每天到股市营业部，学习、调研、选股，后来，每天上午到营业部，下午在各自家里看盘，周六休息，周日下午交流情况。很快他们统一了思想，约法三章：一，每人投资 5 万元；二，共同买一只股票；三，亏损 30% 出局。

就在 2010 年 8 月 18 日（周三）这一天，4 人在收盘前的五分钟同时出手，以 5.46 元的价格每人各买入 9000 股中国一重（601106）。

他们买入中国一重的理由有三：一是部队附近有一电厂，该电厂为火力发电，污染严重，三个高大烟囱，虽经多次防烟除尘改造，但东南风一刮，仍有污染，每当雨天，雨点落在衣服上带有灰尘的污雨。而中国一重是核电建设，他们更易接受。二是符合十二五规划，核电建设为新能源，是国家大力提倡项目，而中国一重担负着中国核电建设的重任；三是股本结构合理，股价偏低。这就是他们购买中国一重的理由。

应该说，他们买入中国一重是慎重的，理由也充足，无可指责，他们请教了老股民闫梦爱人，她认为可行，并嘱咐，既然认为买的理由充足，就不要轻易换股。

真是有福之人不用愁，中国一重可真给长脸，就在他们买入的半年后，2011 年 2 月 11 日，中国一重创下上市以来新高 7.67 元，距他们买入价已上涨 30%，但其后出现深幅下跌，就在 2 月 18 日，他们决定卖出一部分，临收盘前，以 7.20 元的价格各自卖出 4000 股。

古语说得好，天有不测风云，人有旦夕祸福。就在他们卖出不到一个月，大祸降临了，3 月 11 日，日本发生 8.9 级特大地震，地震引起的海啸导致多台核电站反应堆出现故障，福岛第一核电站 1 号反应堆发生核电泄露，在全世界引起巨大震动，特别是有核电站的国家牵连最大，有些国家群众上街游行，要求政府放弃核电发电。我国也未能独善其身，国务院紧急部署，要求各地检查核电设备，查安全隐患，并下令停止审批新的核电项目。一时间，有关核电上市公司遭到五雷轰顶，股价直泻而下。

这 4 位退休军人虽然在部队经历过许多突发事件，但在股市遭此突发事件，还是头一遭。虽然他们很老成，但在股市是新兵，未免有些慌乱。一方面他们庆幸卖出一部分，后悔没有全部卖出；另一方面在此情况下，正确的策略应该是遇到突发事件果断卖出，但毕竟他们没经验，何况他们也未能预料接下来会出现什么情况，只能被动等待，坐观其变。

接下来的走势使他们越来越看不懂了，中国一重遭遇了上市以来最严重的考验，6 月 23 日，在创出新低 4.17 元后曾出现过强劲反弹，使股价回升至最高达到 5.25 元，这给了他们一次逃命的机会。但他们并没有出逃，而是采取了坚守阵地，大有决一死战，与中国一重共存亡的英雄气概。

真可谓屋漏偏遭连阴雨，船漏又遭顶头风。中国一重终于拖着疲倦不堪的身子，在大盘的搀扶下，一步一瘸地往下走,就在2011年12月22日,创下其上市以来新低3.13元，这一天，值得记住。据日本大地震的286天后，看看中国有关核电上市公司，都已成了日本核电事故的陪葬品。

中国一重从2011年2月11日最高的7.67元到2011年12月22日的3.13元，跌幅高达60%。中国一重上市发行价是5.70元，上市不到一年，股价距发行价跌幅也达45%，多么惨烈。

就在12月22日，他们4人决定：补仓。于是在3.20元的价格将卖出的资金28800元各买入9000股，这样账面各有14000股，市值44800元，资金亏损11%。

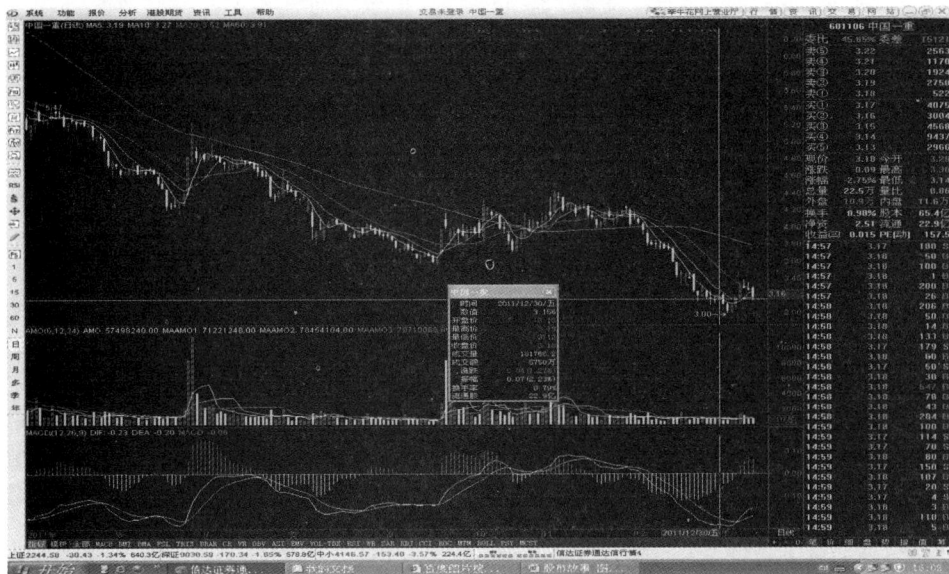

2011年12月30日中午，叶军他们4人在营业部坚持到最后一个交易日，中午在闫梦家聚餐，闫梦爱人将两瓶珍藏多年的家乡酒，古井贡拿出来，她要陪4位老乡喝个痛快。

酒过三巡，几人慷慨激昂，谈"股"论金。

叶军说，股市很有琢磨头，过去只听说过，可今天真正进入股市，才感觉不好驾驭，股市不像部队，一声令下，立即出动，股市不听那一套，股市有股市的规律，我们觉得不顺手，左右不是，那是我们没掌握住它的规律，看来我们来年还得好好研究一番。

闫梦说，我们算是幸运的，幸亏投资不多，亏损也能接受，虽然踩了地雷，但可贵的是提前走了一部分，如不作这次差价，5 万元就只剩下 2.8 万元了。

闫梦爱人接了话茬说，你们新手做得真不错，一次高抛低吸救了你们，这几年我都不好意思说，现在你们是战友加股友，我不怕你们笑话，30 万元投入，现在只剩下 18 万了，还不算闫梦亏损的。好在咱们住的集资房，不然连买房钱都输光了。

余清心有余悸，他说，明年还得好好研究一番，我建议春节后，或年报出来后到中国一重拜访一下，看看该公司实际情况，做到心中有数。关于操作策略，我认为明年可能比今年要好，如果该股有起色，我倒建议再补一点仓位，每人再补 6000 股，算是 2012 年的投资，如能上涨 20%，就可以出来 10000 股或一半，不知可否。

大家都赞同余清的意见，人家是高工，想的就是细。

潘石说，我看大家心态都很好，没有骂天，也没怨地。其实，我们交些学费，到社会上学一学，到股市看一看，很有好处。对我们了解我国经济发展和世界形势很有裨益。我们常年在部队，思想单纯，见识颇少，现在有个事，认识复杂了些，有了些念想，多了些牵挂，省得无事生非，心里空虚，我觉得是好事。重要的是把身体搞好了，把心态搞好了，乐乐哈哈的比什么都强，千万别把股市看得太重，就咱们的水平，还在新兵训练阶段，离毕业还远哩，千万别陷得太深，玩玩就行。

大家觉得潘石说得很在理，希望来年身体更结实，股票有起色，心情更愉悦。

126　别了，中国平安

中国平安（601318），这个响当当的名字，在所有中国股民中再熟悉不过了，全中国人民也决不是陌生的名字，在全世界名气也大得很。

中国平安，名字很好听，听得让人心里舒服。平安、和谐、吉祥、安全。在 2000 多只上市公司中，中国平安名字最好听，叫得顺嘴，听得顺耳。

不知从什么时候起，中国平安让歪嘴和尚把经念歪了，好端端一个名字，让越来越多的股民听起来生气，叫起来讨厌，多少中国平安股票的持有者弃之而去。

中国平安，这么漂亮的名字，在股民心中变的越来越远，让我们先回忆一下。

股民不会忘记，2008 年，大盘站上 6124 点后，突然急速而下，短短一年多时间，一泻千里，直到 1664 点才止步，跌幅达 73%，虽然我们寻找下跌的原因很多，但首当其冲，中国平安当属第一功。事后人们才开始注意到中国平安。正是从这时候起，每当人们谈起股市，中国平安必将进入人们的视线，可谓言必称平安。

在这之前，中国平安在人们的心中是美好的、平安的，许多投资者能为手里持有中国平安而骄傲。记得更早之前，当初许多人持有老八股，谈起来眉飞色舞；后来，股民们一见面，就问有发展和长虹吗，正儿八经的股民，都应持有长虹和发展，好像是约定俗成；再后来，股民一开户，最先购买的股票是马钢、石化。2007 年 3 月 1 日中国平安上市后，给中国股市带来新鲜血液，多少股民手里有了中国平安，甚至认为，手里有了中国平安，生活就有了平安，就会给全家带来吉祥、幸福。

正是在这种心理预期下，众股民美好的心灵、善良的动机把中国平安奉为心中的神灵，身上的护身符。理所当然，中国平安身价倍增，头上的光环越来越多。在千千万万股民的拥簇下，中国平安的股价扶摇直上，在 2007 年 10 月 24 日，股价最高达 149.28 元。

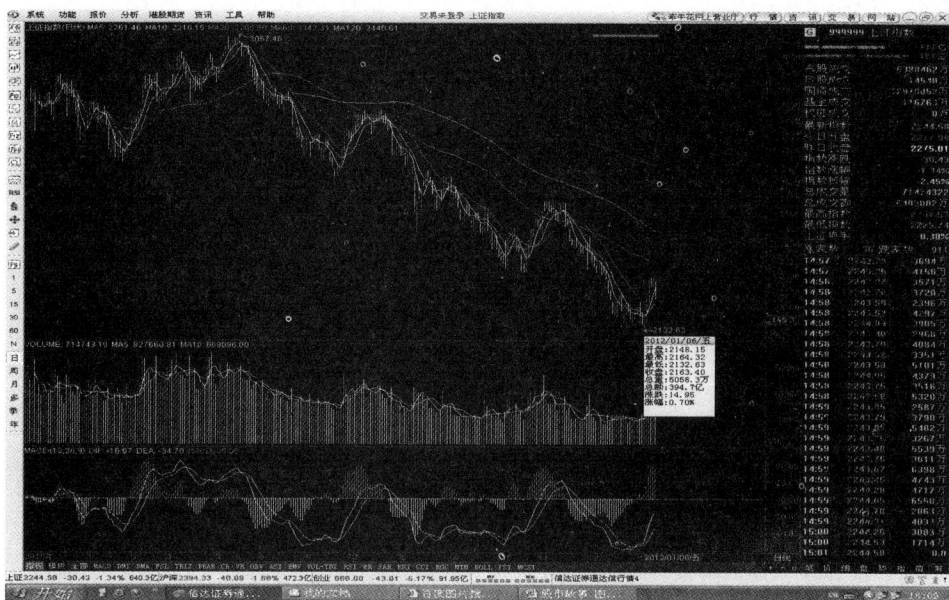

好啊，既然大家都把捧为掌上明珠，把我供起来，那就进香吧，上贡吧，不拿白不拿，拿了也白拿，那我就不客气了。

于是，1600 亿融资计划出台了。千百万股民高涨的心被湮没了，股市急转而下，多少股民怨声载道，叫苦不迭。中国平安提出巨额融资计划，应该说，中国平安不失时机地看准了时机，利用了广大投资者的热情。我们从心理折服，主要鉴于两点：一是全国股民狂热情绪演绎到极点，正是下手的好机会，此时不出手，更待何时；二是众星捧月，大家爱戴我，那么顺手牵羊，何乐而不为。当然，那时中国平安提出融资计划真正出自何种原因我们不得而知。不管真正出于哪种目的，中国平安的如意算盘还是打错了，在全国股民的一致声讨下，中国平安的融资计划彻底破产，有道是偷鸡不成倒蚀把米。现在回想起来，如果当时中国平安提出融资 500 亿左右，也可能有望实现。可当时，中国平安的胃口也太大了，毫无顾忌，不加掩饰，狮子大开口，一张嘴就是 1600 亿，多么可怕的数字。中国平安错估了形势，本来，股市疯涨了那么多，泡沫已成，迟早要破灭，只是由谁来捅破，而中国平安此时却大打出手，充当了股市下跌的替罪羊，可怜、可悲、可恨！

让人没想到的是，事隔三年，中国平安又提出了 260 亿元的融资计划，当天股市大跌，这两天股市稍有起色，大家都期盼年末岁尾来个翘尾行情，给股民一点安慰，哪怕是一点点，而就是希望这一点，却让中国平安给搅黄了。2012 年 1 月 6 日股市创新低，收报 2132.63 点，对这个点位，中国平安又立下了汗马功劳。

那我们也分析一下中国平安的心理，你们都把三年前股市大跌加罪于我，既然都这么认为，是冤也好，怨也罢，我认了，我也恨自己，下手太重，想当初，来个五、六百亿或许美梦成真，真可惜失算了。这次我小心一些，来个 260 亿，方式呢，可转债吧，我付息，这公平吧，我只是小狮子开小口，够仁义了吧？

可万万没想到，这下又激起了民愤，多少股民，大有新仇旧恨一起算的怒气。听听股民是如何看待中国平安这次融资的。

2011 年 12 月 29 日，有股民将 2008 年 2 月 5 日著名财经人士叶檀当时对中国平安融资的评论：平安事件展示了上市公司无限圈钱的巨大道德风险，使股改前后的资本市场风险暗相沟通，更因为该事件显示了权贵公司费尽心机钻规则漏洞的不堪行为。平安圈钱的行为，违反资本市场的公共利益，损害投资者的财产收益。平安公告融资以来，平安的股价蒸发千亿元，还是沪深总市值蒸发 6 万多亿的诱导因素，连 A 股大部分投资者都受累于此，投资者开始用脚投票，中国股市熊味初现端倪。否定平安圈钱方案，那么无疑是法治与理性的双重胜利。

点评：别说用脚投票，就是用屁股投票，又能奈何于我？钱我是圈定了，你叶檀只能用笔写，用嘴说，我用的是行动，你信不信？

2011 年 12 月 30 日，一小小股民在网上说，五年持有中国平安，给我带来什么？2007 年 3 月 30 日买入中国平安 100 股，用去 4700 元，截至 2011 年 12 月底，累计分红 227 元，现市值 3444 元，累计收益率 -21.89%。

点评：连小巫都算不上，恭喜你，你是幸运的，建议到网上看看大巫是怎么说的。

2011 年 12 月 30 日一则 "A 股大甩卖" 的短信：

"过圣诞了，元旦快了，春节来了。中国 A 股大甩卖！2 折回馈广大股民朋友，免运费。中石油原价 48 现价 9.83 元；中国平安原价 149 现价 34 元；中信证券原价 117，现价 9.79 元；还有大批 A 股 2-6 折，机不可失，时不再来！欢迎转发本条信息，说出最想要的奖品，即有机会赢取中国石油、重庆啤酒。"

点评：一元、二元的股票要不要，一元一筐，两元一口袋，随便装，不封口，可以往上。

老百姓有句俗话，不知中国平安听过没有。说：人活脸，树活皮，山雀活两道眉，青蛙活白肚皮。脸是人的门面，人的形象，人的尊严，所以说，打人别打脸，骂人别揭短。可中国平安连自己的形象都不顾。就在半年前，在香港市场已融资百亿，可时隔半年，又提出融资 260 亿，是比 1600 亿少多了，但你也不想想，现在是什么世道，大盘已跌了三年多了，年末岁尾，各路资金十分紧缺，可中国平安全然不顾，只想着伸手要钱，睁开眼看看大盘 K 线图，那一根 K 线不是股民的血泪，那阴森森的气氛，那绿阴阴的大棒，从年初跌倒岁尾，难道你视而不见？中国平安，不知你心里怎么想，你只想着圈钱，你只是 1 元的低价，可发行价 33.80 元，上市首日开盘价高达 50 元，2011 年 12 月 31 日，收盘价才 33.44 元，咱不说在高位买进，就是在开盘价买进的现在还套着你的枷锁，不知何时才能摘掉。可你给持有者回报是多少？大家不会忘记，自从你 2007 年 3 月上市，你的回报是 2007 年 10 配 5 元；2008 年，不分配；2009 年，10 派 3 元；2010 年 10 派 4 元；2011 年 6 月 30 日，10 派 1.5 元。由于你比较臃肿的身材，至今未给持有者送转 1 股。你不觉得太可怜了吗？

有道是，滴水之恩，当涌泉相报。你一元低价，33.80 元发行，是股民把你捧起来，养肥了你，你不讲奉献，只求索取，真让股民为你害臊，收手吧，一个堂堂正正的君子，要照顾好自己的形象，不要为了要钱，置自己脸面于不顾，要大气些。

我们知道你缺钱，但我们都套死了，再没钱来供着你。不管怎么着，你比我们股民富有多了，你是多少保民供起来的。你上市又是多少股民给你抬轿抬起来的。

说实在的，中国平安，我们爱你，毕竟你代表了全国亿万参保人员，你是我们的依靠。中国平安，我们恨你，因为你的手伸得太长，因为你的贪婪，我们养活不起你，我们活得太累了，请给我们一些休养生息的时间吧，不然我们只能说：别了，中国平安。

127 2011，中国股市悲剧年

再有两个小时，将跨入 2012 年，写下这个题目，笔者陷入沉思。各路人马都在盘点 2011，那么作为股市，一年里给亿万投资者带来什么，网站、微博、报刊各说各道，我们把其中有些热议的词提出来，2011 中国的股市：黑暗、悲剧、套死，大概用这三组词来描述或评价更为恰当些。

黑暗，是说中国股市走到这个份上，黑暗还有多长，黎明还有多远，人都说，严冬过去，春天已不远，可股市的春天在哪里？冲破黎明前的黑暗还要付出多少代价？我们所说的黑暗，主要指出两方面，一方面，股市打黑路漫漫，2011 年，可以说吹响了打黑的号角，处理了最具典型的有：欺诈上市终成阶下囚的绿大地董事长何学葵；非法获利被判死缓的银河证券原总裁肖时庆；内幕交易案中山市长李启红；从掘金到掘墓的原北京首放法定代表人汪建中；卷商老鼠仓第一人的西南证券副总裁季敏波；从天堂到地狱的上海重阳投资管理公司李旭利；又一老鼠仓被判的原兴大保德信托基金经理许茂春；IPO 多次造价被撤销保代资格的胜景山河保荐人林辉和周凌云；顶风作案被市场禁入的科达股份及董事长刘双珉；上市两天自杀祸起股份纠纷的万昌科技前董事长高庆昌。

其实这只是证券市场黑暗的冰山一角，随着监管的严厉，更多黑幕会浮出水面，可以说，接下来证券市场的幕后故事更加惊心动魄，相信 2012 年投资者会听到更多精彩的故事，那些靠无偿吸着股民血液的蛆虫终将会受到严惩，到头来，股民赔的是金钱，他们却用余生的牢狱，甚至生命的代价来补偿。

我们说黑暗还有一层意思，那就是股市的熊途何时了。广大投资者不明白的是，过去的一年，美国经济不景气，欧洲债务缠身，政府纷纷更迭，股市却能挺住，而中国经济稳定，作为基础的农业连续 8 年丰收，就连央企还创利 9000 多亿，GDP 还能保持 9%，那么股市，为什么阴跌不止，连摘三年世界熊冠，直到今天，没看到任何官方合理解释，人们不禁要问：中国股市怎么了？

2011 年，是中国股市的悲剧年，一点也不过分。当然即将过去的一年，对广大股民来说是悲剧年，但对上市公司来说，是丰收年。10 年前，上市公司 1073 家，10 年后，多达 2300 家，增长了 114%。特别是近年来，创业板、中小板的快速上市，是国家为解决中小企业融资，这体现了国家对他们的扶植，全国股民对他们的奉献，但有为数不少的上市公司，不思回报，拿到钱，六亲不认，很快变脸，业绩下滑，问题频出，更为可恨的是，高官套现，他们拿走的是全国股民的血汗钱，是赤裸裸的刽子手，是光天化日之下的强盗。仅 2011 年全国股民用自己的鲜血供养了 1300 多名亿万富翁，有 1264 名高管名正言顺地拿着股民的钱堂而皇之地离去，人们不禁要问，这种赤裸裸的剥削行为在资本主义西方世界的股市有这样卑鄙的行为吗？

可笑的是，当人们在盘点 2011 年时，说 2011 年给中国股民带来深重的灾难，这是有目共睹，却有两个问题引起了不大不小的争论。一是中国股市又回到了 10 年前，就是说 10 年零涨幅，10 年前沪指 2250 点，10 年后又是这个点，可有人不同意，并在《人民日报》发文说，10 年中股市实际上涨了 29%。其实，现在争论有什么意义？大家认可的是，这 10 年中国股市没多大长进，特别是最近几年更为明显，这是不争的事实。二是大多数人在分析股市下跌原因时，认为过渡扩容是压垮股市的元凶，但又有人发文，说融资不是主因，可事实是，一个健康的股市如果抽血过多，还能健康成长吗？当然，制度的缺失、监管的不力都是股市不振的原因，但无论怎样说，无休止的融资无疑是股市的罪魁祸首，亿万股民可以作证。

2011 年是中国股民的套死年。无论是老股民，哪怕你是股市的元老，还是新股民，只要你踏入股市，就没有你的好日子过。笔者在前已说过一个通俗的定义，什么是股民？10 元买的股票，5 元卖掉，这就是股民。股民入市，本意是为赚钱而来，可在中国股市，却有另一番解释：股民入市，是为了买套，股民最终目的就是为了解套。难怪有人说，人死了股票还未解套。

2011 年是股民的套死年，千真万确，绵绵阴跌，使新老股民品尝着慢性毒药。有机构统计，套牢股民高达 90% 以上。过去亏损 30% 为高度套牢，现在，尤以 2011 年，亏损 50% 的，超过 30% 以上，许多机构认为：亏损 10% 不叫套，20% 为浅套，30% 为标准套，40% 为套牢，50% 为死套。

有人这样描述 2011 中国股民，年初股民住在一楼，不久就搬到了地下室，第三季度被赶到了地下 18 层，多少股民认为下到了最底层，且慢，由于融资到手，18 层以下改建，又扩建到 36 层，于是又有更多股民被带到了地下 36 层，这哪有见天日之盼呢？

但事实确是这样。年初时，许多机构预测机会在下半年，可实事是，陷阱在下半年，人们万万没想到，2011 年的下半年，在跌破了前期 2307 点后，出现了快速下跌，让人始料不及，基金、机构、股评家都连呼看不懂。多少机构年初推荐的十大金股，无一幸免，机构的眼浅还是嘴欠，有意思的是，2011 年十大熊股中机构独占 8 个席位。王亚伟，基金一哥，谁人不晓，2011 年却成了王亚伟的受难日。1 元 2 元的股票出现了，3 元 4 元的股票遍地都是，3 毛、4 毛的基金露脸了，5 毛、6 毛的基金算是光彩的，买股票套死了，买基金死定了，多么悲惨的 2011 年。

2012 年，12 年，六六大顺，二月二龙抬头，吉祥的数字，龙年交好运。2012 年，股民、基民不图发财，只求把套在脖子上的绳子松一点，不求见到阳光，只求住在地下室也行，可怜的中国股民。

拿什么拯救你，中国股民。

128 老钟头的快乐炒股生活

据说，看人面相讲究"观人八相法：威、厚、清、古、孤、薄、恶、俗"，细细品味，颇有道理。大家熟知的包公，包青天，包黑子，满脸大黑，神色严肃，而人所自畏也，威严刚正，为世人传颂；钟馗，威严中带几分"杀气"，"如豪鹰捕搏兔，而百鸟自惊；如怒虎出林，而百兽自战"。老百姓常把钟馗像贴于大门两边，驱鬼辟邪。

而我所认识的老钟头面相属八相中的厚相，"体貌敦重谓之厚，其量如沧海，其器如万斛之舟，引之不来而摇之不动也"。见貌知之性，认识老钟头的人，见面就有几分喜欢他，长相敦厚、善良，而且带着阳光、快乐。正因为此，老钟头的股友最多。老钟头常挂嘴边的一句话是：生命在于快乐。

老钟头今年 66 岁，已在股市征战了近 6 年，入市时 6 万元，到 2011 年收尾时，账面市值 9.6 万元，股友称他是不倒的老钟头。老钟头大概就是 10 人炒股 1 人赚的那一位。

大家都问老钟头赚钱秘籍，老钟头也不谦虚，说出了三句话：寻找快乐、寻找好股、寻找好友。

老钟头说：寻找快乐，许多人说股市是地狱，也有人说股市是陷阱，我不这么认为。对于我们这些老年人来说，退休是颐养天年的大好时光，尽量寻找快乐，欢度晚年，既然认为股市是地狱、是陷阱，这不是找死？哪来快乐？其实，股市就是股市，一个很普通的场所，只不过每个人理解不同罢了。认为股市是地狱的，千万别进来，认为是陷阱的断不可踏入，只有认为股市能给你快乐，每当你走进营业厅就有一种向往、兴奋、企盼、快乐和幸福之感，那你就迈着轻松的步子走近股市吧。

也千万别把股市当成负担。如果那样，何必强人所难，自找罪受？如果当成了负担，整天背着包袱，哪有不亏之理？与其这样，长痛不如短痛，赶紧割肉走人，免得吃二茬罪，受二遍苦。哪里没有负担就奔向哪里，岂不快活？人啊，往往自找罪受，自讨苦吃，何必呢？明知山有虎，偏向虎山行，足不可取，在股市，决不可顿生如此念想，不然，定会葬身虎口。

寻找快乐。我们的快乐牵扯到全家的快乐，所以，尽量找那些能给家庭、亲友带来快乐的事去干，人的性格各不相同，年轻时，我们为了养家活口，不能干随心所欲的事情，退休后，人自由了，过去是工作选择了你，现在，任由你选择，尽力而为，只要快乐就行，如今讲究的是幸福指数，尽量选择指数高的事去做，只要你愿意，快乐的、幸福的事有的是。就在昨天，一台湾人自愿献血已达200次，他认为这是快乐的，为别人献血，能为救活一个生命而献血最幸福。北京乃至许多大城市里有成千上万老年自愿者，他们生活的很充实、很幸福。寻找快乐，其实快乐就在身边，就看你怎么把握。

寻找好股。怀着一种快乐的心情，拿着一把小铁铲，你把股市当作一座矿山，迎着9.30分的朝阳，寻找宝藏，温暖的阳光照在身上，微风轻轻拂过，那个温暖，那个凉爽，好不自在、快活。宝藏是伴随你的心情而来，正当你自由自在寻找宝藏时，一不留神，宝藏就出现在了你的眼前。其实，好股就是这样被发现的。

老钟头说，曾到过和田，一好友引领我寻找过和田玉，整整两天，虽未找到，但也捡到一小块值得纪念的籽料，更为惊喜的是，从一老乡家中以一万元的价值购得一块好料，这真是意外惊喜。说到底，宝藏靠自己挖掘，由自己寻找。好股如同一块好料，当你发现他，通过查找资料、细心研究，不断把玩，原来你已经寻找到了宝藏，当你得到它，你也决不会轻易放弃它，一定会好好珍藏，就像一瓶老酒，珍藏时间越长，越宝贵，价值就越高。

寻找好友。老钟说，在工作期间，结识了不少好同志、好同事、好朋友，我很珍惜，许多朋友至今联系不断。，近年来虽然见面机会少了，但逢年过节，互相问候，有事帮忙断不可少。

来到股市，又结交了好多股友，大家在一起，说话聊天，谈股论金，纵说天下海阔天空，无所不谈，口无遮拦，尽情说笑，真是令人快活。至于今天大盘涨了、跌了，全然不顾，任它而去。

也许有人会说，老钟头就这么超脱，完全不把炒股当回事。老钟头认为，股票涨跌谁也控制不了，与其让它牵着鼻子走，倒不如任它涨跌，看它能走到哪里去。每年大家都去东海观潮，小潮小落，大潮大落、狂潮狂落，自然规律，非人为所控，这倒给爱观潮的人带来无限欢乐。股市何不如此？跌多少，涨多少，从长远看，涨比跌更多，哪怕它连跌几年，但迟早要涨上去，这大概也是规律吧。世界上任何一个国家的股市莫不如此，既然这样，我们有什么担心？又何必忧愁，替股市担忧，实在没有必要。

我倒乐意以股交友，以股会友，更有乐趣。许多人想不通，整天跟股市过不去，七情六欲都被股市揪着，那又何必呢？既然我认为在股市能给我带来快乐，那我要尽情享受这份快乐。虽然家离股市不远，但常常中午和几个股友在小酒馆一聚，边喝边聊，品尝着快乐。

子女们都说我是乐天派。过去我们生活不那么宽裕，不顺心的事就多些。但我从未被忧愁击跨过我的快乐，在我的记忆中，有几次大的磨难，并没有击倒我，反而使我越活越壮实。人常说，不如意者八九，我说如意者九八。不如意解决得好，理解得对，为以后的生活、工作的如意打下了基础，铺平了道路，那么往后的工作不就更加顺利，今后生活不就更加美满。每次的不顺心，其实就是一次契机，努力地解决它，快乐地迎着困难，忧愁就变得少些，困难就变得小些。

人们说，老钟头的面相好，让我说，那不是主要的。据说，秦桧的面相也不次，但死后不是整天跪在岳飞墓前赎罪？老钟头难能可贵的是他身在股市，心在其外，他的寻找快乐、寻找宝藏、寻找朋友无疑是炒股三宝，独门绝技，值得我们称赞。

人生难得几回乐。老年朋友，老年股友，如果你认为股市是地狱，是陷阱，劝你离开股市，去寻找自己的快乐。如果你认为股市能给你带来快乐，那你就置身于此，像老钟头那样，快乐地炒股，尽情品尝。那么，你的生命就会延长。正如老钟头所说：生命在于快乐。

129　股市更应提倡北京精神

现代医学证明，人和动物的寿命是生长期的 6-7 倍，动物大多能活到生长期的 6 倍多，比如马的生长期 6 年，马能到 42 岁。而人的生长期是 20 年，那么人本应活到 120-140 岁，可人大都活不到这么个年龄，有三大原因制约着人的寿命。

一是动物是爬行动物，而人是直立行走。直立行走，血液往大脑输送时常跟不上，大脑缺血。动物爬行，则血液输送畅通，不需要直立输送；在性生活方面，动物只有在发情期才需要交配，而人类却纵欲过度，使寿命大大缩短；三是七情六欲对动物来说很少，往往是本能无意识的，而人的情绪非常丰富，受各种因素影响甚大。第一条人类都无法做到，第二条对老年人来说，已渐行渐远，要命的是第三条，一般人难以做到，因此，人很难活到百岁以上。

对于老年人来说，退休后，延年益寿，度过晚年宝贵时光尤为重要。但许多进入股市的老年人，由于心理准备不足，再遇上股市剧烈波动，尤其是我国证券市场极不规范，并不适合老年人进入，因而，大多数老年股民在股市并不快乐，这就大大地影响了老年人的寿命，有道是赔钱又折寿，不能不引起重视。

股民老石2011年12月28日年满60周岁。早在5年前的2005年，带着5万元进入股市，自打进入股市后，没有一天心不是揪着的，买什么套什么，用他自己的话说，我这不是买股，是来买套，先后软磨硬泡从老伴那磨出3万元，又悄悄从女儿那借了一万元，共投入9万元，到2011年春节前，老石的股票已全部套死，老石这才彻底死了心，干脆也不到股市了，大盘不敢看，资金不敢查，情绪一天比一天坏。后来老伴将此情况告诉了儿子和女儿。

老石的60大寿是在儿子家过的，中午家宴已摆好，老石见儿子的电脑还开着，让儿子关掉电脑，老开着浪费电。儿子让父亲坐在电脑椅上，让父亲查查股票账户，老石说啥也不肯，大家都知道，父亲是丑媳妇怕见公婆，干脆儿子麻利地打开了父亲的账户。儿子说，这就是您的股票。老石哪里相信，账上只有一只股票，还是赢利的，仔细又看了看，确实是自己的名字。股票名称：水井坊600779，数量2000股，成本价20.28元，现价20.61元。

原来，他们背着老石，查看了账户，父亲先后购买了12只股票，到2011年6月10日，账面市值4.8万元。商量后，全部割肉卖掉，由儿子拿出2.5万，女儿出2万元，母亲1万元共计10.3万元，于2011年6月22日以20.28元的价格买入5000股水井坊。2011年7月11日以23.88元卖出1000股，8月30日以24.18元卖出1000股，9月2日以24.08元卖出1000股，现账面还有2000股，现金7.3万多元，股票市值4.1万元，共盈利11000元。

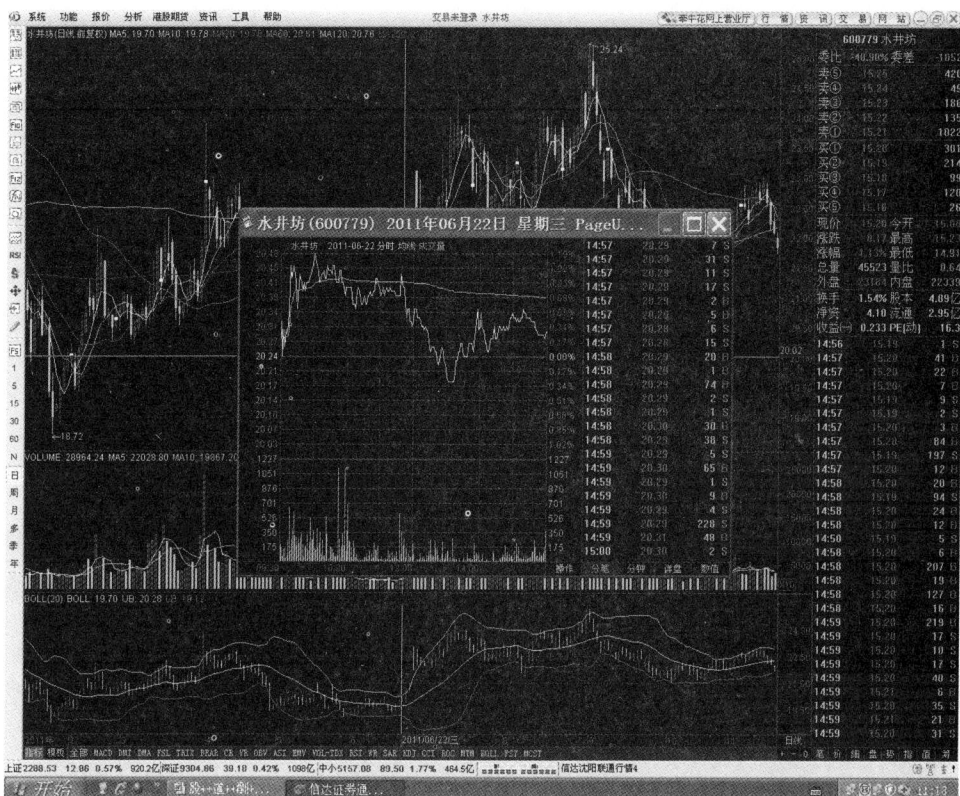

关掉电脑，大家入席，共祝父亲 60 大寿。席间女儿对父亲说："爸爸，您该感谢我嫂子，人家是做金融工作的，是嫂子提议卖掉股票，大家出资给您换了股票，不然，我们哪敢做主，非让您骂死不可。"老石破例端起酒杯单独敬了儿媳一杯，儿媳说，其实都是大家出的主意，想让您高兴高兴，所以暂时未告诉您，以后赔了算我的，赚了归您，只要您高兴，过得幸福快乐比什么都好，以后您就大胆做吧，别考虑输赢，有个好心态我们就满足了。

孙子孙女共祝爷爷 60 大寿，齐声说道："祝爷爷活到 100 岁，祝爷爷的股票涨到 100 元。"孩子们的话，逗得大家满堂大笑。

女婿说：只要二老身体好，我们就高兴，全家就幸福，以后您只要看中了哪只股票，我们给您出资。

儿子说：过去都是我们不好，对老爸老妈关心不够，了解不多，只顾工作，只管自己的小家，忘了爸妈，都是做儿子的不孝。我自罚三杯，说着，一口气连喝三杯。

最后，老伴开了口，其实，孩子们做的都很好，倒是我们老了，给你们找麻烦，我平时对你爸关心不多，唠叨多，以后我也不唠叨了，孩子们给了你钱，你也争口气，选几只好股，给他们看看。

多么和谐的一个家庭，多么孝顺的儿女，大概这就是北京精神，包容的诠释不正是和谐吗？厚德的内涵不正是孝顺吗？

回到家中的老石，心情久久不能平静，孩子们多懂事啊，他们偷偷合计，卖掉了我那些不可收拾的股票，我也曾经几次下决心全部卖掉，可又下不了手，总想着大盘起来，我的股票也会涨上去，可大盘不争气，我的股票也不争气。还是我的子女争气。年轻人，做起事来麻利，快刀斩乱麻，孩子们说得好，长痛不如短痛，我也曾想过，赔就赔了，谁叫你走进股市，可又想，人老了，没事干了，在股市，虽然赔了，也有个去处，有个念想，有个寄托。

老石甚至想，我们国家经济一年比一年好，国力一年比一年强，股市跌了，也不能老跌，总有起来的时候。老石曾幻想不知哪一天股市真的涨起来，让你们个个目瞪口呆，满盘皆红，那才是祖国山河一片红。

其实，老石并非幻想，没有只涨不跌的股市，也没有只跌不涨的股市，涨多了就要跌，跌多了就要涨，俗话说得好，横有多长竖有多高。已经跌了四年，现在的点位和十年前一样，还能跌到哪里去？老石啊，养好精神，鼓起勇气，既然不想退出股市，那就勇敢面对，股市只缺资金，不缺机会。

只要心情好，手里有资金，不着急，选好股，抬起头，往前看，机会正向您招手呢。

130 股市三大忌

现在进入股市比过去宽松多了，也方便多了，拿上身份证在证券营业部即可开户，不要保证金，也不交工本费。但并非开了户就认为领到了股市的长期户口，也并非所有人都适合在股市上班，股市有三大忌：身体不健壮不易进入股市；心理承受力不强不易进入股市；家财不宜全部搬到股市。

过去我们常说，身体是革命的本钱，有了好身体才能更好为革命工作。好身体是从事一切活动的保证。这是对任何人来说再简单不过的道理，也可能认为是多余的废话，其实不然，许多人进入了股市，并未坚持下去，身体搞垮了，资金亏大了，心态搞坏了，这才不得不退出股市。特别是老年股民，本来退休后应该好好休息，养好身体，延年益寿，有些老年人看到别人进入股市，我也进入，那要看自己的条件，身体能否承受得了，尤其是患有高血压、心脑血管有前科的切忌进入股市，弄不好，走着进去，抬着出来，而命丧股市的也常有发生。就连腰腿痛的，颈椎病、腰间盘有病的也不适合进入股市，无论在大厅里，或电脑旁，一坐就是两小时，一动不动，劳神伤身，久而久之，身体没有不垮的。

老年人进入股市，决不是颐养天年的首选，身体不好，就应远离股市，非要进入，那只能是劳命伤财。股民老姚63岁进入股市，在股市三年，原本有高血压，控制还算好，可三年下来，高血压加重，心脏病出现了，住院二次，子女劝，老伴怨，这才被迫退出股市，又三年过去了，老姚先后在6个公园交替穿梭，心脏病未犯，高血压得以控制。老姚深有感触地说："幸亏离开了股市，不然只能整天躺在床上，或已告别了人世。现在我好像比前几年精神多了。"

对青壮年股民而言，身在股市不关注身体不行，尤其是50岁上下的股民，许多病症在潜伏期，不易发现，如果在股市长时间得不到休息，很可能引发多种疾病的出现，高血压就是潜在的危险。许多股民进入股市前没病没灾，可多年下来，多了高血压，少了资金，只叹误入歧途，不能自拔。

心理承受能力是衡量一个合格股民的重要标志。股市需要极强的承受力，股市是忍耐力的检测场，据说，能承受亏损30%的人为及格，能承受亏损40%的人为良好，能承受亏损50%的人为优秀，能承受亏损50%以上的人适合在股市长期生存。其实亏损50%以上的人无法证明心理承受能力有多大。在大面积亏损人群中，我们承认有一部分属于心态正常，心理负荷和承载能力强，但不可否认也有一部分人可能认为已亏损这么大了，急有什么用？等着吧；还有一些人已经麻木了，无所谓了。当然毕竟失去理智的人是少数。

所以，投身股市，首先要测压自己的心理，做好心理准备，只简单地说："我的心态好着哩"，那就过于简单了。股市的风险非常人所能想象，股市的剧烈波动非常人所能承受，股市给投资者带来的亏损非常人所能接受。最近几年，股市阴跌，多少股民受不了漫漫熊途，急躁、埋怨、后悔、谩骂、发泄接踵而来，心灵受到了伤害，心理极其脆弱，只恨世上没有后悔药。

进入2011年最后一季度，股市完全猜透了股民的心理，你们不喜欢阴跌，那么就等着吧，这个冬天虽寒冷，但不会给你漫天大雪，那样太便宜你了，给你一场暴风雨如何？于是断崖式下跌开始了，这几年跌了多少，你说回到十年前也好，世界熊冠也罢，仅最后 100 天，就跌了 20% 多，这下股民傻了，懵了，最后的希望破灭了，人还在心已死，悲惨的一年就这样过去了。

测测你的血压，考考你的心理，我们相信，大多数人还是选择了坚守，一个简单的道理，股市总有一天会涨的，再等 4 年何妨？不会不涨，再不涨，天理不容。

当然，股市也磨炼了人们的意志。许多人原本脆弱，但经过几年磨炼，性格变得坚强了，心理承受力增强了。许多股民说，怕就怕中途下马半途而废。中国的股市就是这样，股市消灭了一批又一批股民，却也成就了一批又一批股民，坚强者永远矗立，软弱者不久即会倒下，这也可能应了那句话：物竞天择，适者生存。

走进股市，追求赢利，是人之所求，但股市有一大忌，万万不可将全部财产都投身股市。许多投资者认为，投入家财的三成足够，极限为 5 成。实际上投入越高危险越大。股市的实践证明，一夜暴富寥寥无几，输光家产的却比比皆是，股市的残酷正在于此。

老年股民进入股市，作为退休后的一个去处，找点事干，也未尝不可，但千万别当真，玩玩可以，当真不行。因为股市是 10 人中 7 人赔，实际上每次赔的都是你、我、他，那到底谁赢了？只有天知道。反正有人在收印花税，也有人在收手续费，只不过你看不见罢了。

所以，老年人切记一句老话：事不过三，它从另一角度告诉我们，最多拿出 3 万元投进股市，平心而论，大多数老年股民，能玩转 3 万元就不简单了。三年下来了，如果能剩二万五，没人说你是二百五，人人都敬仰你，那你就是半个股神，不信你试试。

如果有些老年股民不服气，非要拿出更多家产，或全部家当，那会输得很惨，这万万不可。就我们现在的能力、水平，还远远做不到抵御股市的风险。所以，只能投入一小部分，能坚守此道那是健康的心理、合格的心态，如果能拿个好股，长期下来，会有所收获，即便是赔了，本金不多，也能承受。因为，一个心理健康的股民，永远抱着乐观的心态，那么，他的操作失误率就大大降低，盲目冲动能得以控制。如果投资过大，心理负担就大，赌一把的心态容易把人推向绝路，这是多少股民失败的教训。

对于年轻股民而言，股市三大忌不可不信，也不可不遵。这是多少投资者用血和泪换来的教训，是用多少金钱买来的真谛。遵循了它，就能立足于股市不倒。

在股市时间长了，每个股民都能总结出许多宝贵的经验和教训，关键是能否遵从、坚守。股市三大忌，该忌当忌，如果要长期坚守股市的话。

131 既然选择了股市

股市，这个充满诱惑力的市场，令多少人神往，令多少人伤心。短短 20 年时间，大跃进式发展，1.5 亿浩浩大军，势如破竹，试想再过 20 年，那中国的股市，不知要争得多少世界第一。

既然选择了股市，就像早年选择下海一样，不下海，哪知海水深浅？不入股市，哪知股市凶险？在股市拼搏过的人，并且继续坚守的投资者，是中国股市的脊梁，是股市大厦的柱石，是中国股市的英雄。

既然选择了股市，也就选择了快乐，也就选择了痛苦；既然选择了股市，也就选择了收获，也就选择了付出；既然选择了股市，也就选择了坚守，也就选择了退出。大概股市的魅力也就在于此，最终的结果就看你选择了什么。

股市是快乐的，当满盘皆红，你看看营业部的人群，满脸洋溢着胜利者的微笑，"你看，我的股牛了"，"拿对了，涨停了"，"连涨两板了，真过瘾"。4 年前的 6124 点那会儿，不都是这种声音吗？

哪里能快速致富？股市，非股市莫属。于是股市的队伍，迅速膨胀，营业部大厅人满为患。那时的股市，给无数股民带来快乐、兴奋、快感、满足，哪怕是短暂的。

股市是快乐的，对于退休人群来说，股市无疑是个好去处。不同职业，不同年龄，不同水平，但都有相同目的，对年轻人来讲，更多的是赚钱，快速致富。对于老年人来说，更重要的是有个休闲场所，栖息之地。每当来到股市，他们是快乐的，几个股友聚在一起，谈股论金，好不快活，遇到知音的，无话不谈，东扯葫芦西扯瓢，中午品尝着自带的饭菜，像品尝大盘一样，吃得津津有味。他们完全不在乎饭盒里究竟是什么粗茶淡饭，或山珍海味。那种满足感，那种快乐，身在股市之外的人们是无法想象的。好像股市就是这些老年人后半生最好的归宿。

相信，中国老年股民，不会退出股市，相反，他们还会一批又一批地进入股市，如果我们的管理层能从更深层次地读懂中国国情，采取有效措施，股市的惠民政策更加优惠，制度更加完善，那么，中国股市无疑会成为又一个欢乐谷。

股市又是痛苦的，如果你选择了股市，那也就选择了痛苦，这也可能是由股市的性质决定的，熊长牛短是中国股运行的一般规律，漫漫熊途给所有股民带来的是阵阵痛苦，他们更多的时候是在煎熬中度过，痛苦中挣扎，更多表现在无助、无奈，不知何罪,不知刑期,这种苦日子还要等到多久。

他们也在苦苦思索,为什么不在高点卖出去享受胜利者的快乐,却心甘情愿地在底部割肉卖出,眼看着积攒多少年的家产被股市吞噬,他们找不出答案,是人性的使然,还是中国股市的必然?

既然选择了股市,那也就选择了收获。股市里,不乏聪明之人,他们一开始,就坚持独立思考、自主选股,他们精耕细作、精挑细选,手里都是香饽饽,所以他们丰收的喜悦总是挂在脸上。他们苦读钻研,许多股民真像小升初那种钻劲,高考那种拼劲,他们深知,股市水深莫测,没有伏龙降虎之本领,在股市一天也呆不下去。所以,他们每当在秋收之际,收获满满。

选择了股市,也就选择了付出。走进股市,所有人都知道,要交学费,学费多少,因人而异,并无固定标准,那要看学艺如何,但就中国股市现状而言,大多数人学费是高昂的,如果遇到好年景,政策又宽松,自己也长脸,那么,往往独立自主、苦苦寻求的人率先走出困境,付出终究能得到回报,也能领略到采摘丰收果实的快乐。

只有当我们战胜了人性之弱点,也就战胜了自己,只有当感悟了股市的真谛,也就战胜了股市,只有到了那时,收获就离自己不远了,才能真正理解,过去的付出是值得的。

既然选择了股市,也就选择了坚守。中国人向来就有一种百折不挠的大无畏精神,中国股民最可贵之处就是有一种永不言败的志气。股市的风险路人皆知,意志薄弱者莫入,这是善意的忠告。股市是坚守者的哨所,是战场的前沿,是没有硝烟的战场,是坚守者的选择,是意志的磨炼,20年的股市,历练了一大批坚强者、守卫者,股市元老不在少数,十多年股龄者千千万万,他们是股市的中坚,成功者的楷模,千万不要以为都是失败者,也不能说认为进入股市就是进入虎口,如果有虎口拔牙的勇气,股市权当是虎口,那又怎样?在改革开放的年代,任何行业都有风险,有道是成功者坚守岗位,失败者临阵脱逃,比如江浙地区有无数中小企业,每天都有破产的,但更多的企业如雨后春笋般地破土而出,成功者不计其数,他们决不是幸运的宠儿,而是勇敢的坚守,智慧的展示,困境中的突围。

我们既然选择了坚守,就不要退缩。要学会历练,懂得磨难,珍惜机会。坚守就是等待机会,就目前股市而言,等待就是最好的选择,等待的时间越长,机会来临的概率越大,有时候成功来自于等待,十年磨一剑,就是这个道理。如果你是强者,那就坚守吧,上帝总有一天会眷顾到你,那又在乎什么时间长短?

　　当然，我们并不强迫每个人都选择坚守。有时候退出也不失为上策。身体不适者、小本生意者、意志薄弱者、性格急躁者，都可能不适合坚守，从这个意义上说，退出也是一种最好的选择。虽然有时候并不情愿、并不甘心，也或许是无奈之举、没办法的办法，如若继续坚持下去，带来的是更大的亏损、更多的痛苦、更长久的磨难，与其这样，那么，选择退出就是最好的选择。

　　既然选择了股市，就应无怨无悔，义无反顾。风险无处不在，并不是股市的专利。风险无处不在，机会到处都有。关键点不在股市，而在自己。能把握住自己，就能把握住股市，大凡在股市的失败者，大都不是股市给你带来的痛苦，而是自己带给自己的磨难。我们不能抱怨股市，这对股市不公平。我们应该检讨自己，入市之前就应审查自己是否适合进入股市。进入股市后，经过一段实际操作，复查一下自己，是否适合继续留在股市，不要以为大势不好就注定赔钱，大涨之年亏本者不计其数，俗话说得好，就看你是不是炒股的料。

　　坚守吧，股市充满了活力，会给你带来无限快乐，既然你选择了股市。

　　坚守吧，因为你是强者，勇敢者永不言败，败就败在不思悔改，如果错不过三，那你一定是胜利者，因为你选择了股市。

　　退出吧，没人嘲笑你，你也不是失败者，只不过不适合股市生存，选择适合自己、喜爱的行业是明智之举。你是勇敢者，因为你选择了退出。退出，也是一种勇敢，因为你选择了另一种行业，因为那是你的强项。从这个意义上讲，选择退出，是一种进取，是进攻，而不是退却。

132　心态是怎样炼成的

　　五六十年代的老同志大都读过《钢铁是怎样炼成的》，这部前苏联小说，可以说影响了一代人。六七十年代提倡机关干部到工厂参观，笔者就曾参观过首钢，了解炼钢程序，体验了炼钢师傅的辛劳。

　　股市的出现，已经是 90 年代新事物。许多人走进了股市，可收获的不是喜悦，而是亏损，或许和没读过《钢铁是怎样炼成的》有关。许多人认为股市很简单，不就是低买高卖吗？没那么复杂。既然这么简单，为什么多数人赚不到钱。追根溯源，和投资理念、投资心态有关。成熟的投资理念、心态是指导投资成功的思想基础。投资前，需要思想准备，决不仅仅是准备了资金就万事大吉。资金仅仅是炼"钢"前的备料而已，岗位培训、工艺流程、供量检测、产品验收，工艺不下百种，程序繁琐复杂。

　　成熟的投资心态主要在投资中历练，实践中体验，大凡成功者都能严守股市纪律，遵守操作规程，善于总结经验，不断吸取教训；而失败的投资者大都准备不足，匆忙入市，盲目选股，割肉卖出，投资理念不成熟，投资心态扭曲。

　　有一个真实的故事，看看她的投资心态是怎样炼成的。

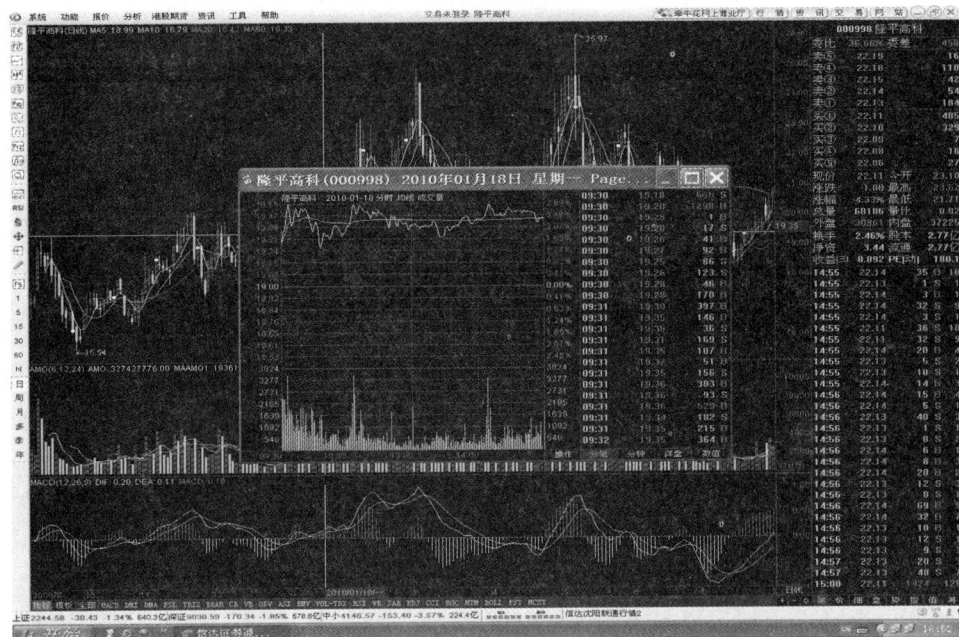

　　谭巧巧，一个江苏农村姑娘，高考差8分未能录取，于是和同村几个姐妹到深圳打工。结婚后，随丈夫来到北京打工。丈夫小廖是一家汽车配件销售人员，月工资能拿到3000元，实属打工中的佼佼者。巧巧在酒店当服务员，工资1500多元。小两口生活还算不错。巧巧怀孕6个月后，便辞职在家，小女儿出生3个月后，巧巧开始筹划下一步打算。一天，无意中在电视上看到了股评，渐渐地股票进入了她的视线，孩子出生10个月后，在得到丈夫同意后正式进入股市。和大多数股民一样，巧巧是怀着激动、不安的心情进入股市，好在她经过一段战前练兵，初始，她并未被眼花缭乱的大盘搞晕，一周后，她买入了开户前就已选好的股票，隆平高科（000998）。巧巧是吃大米长大的，她选择了一只高科技农业股理所当然。2010年1月18日，她把投入股市的6万元，一次性地买入3000股隆平高科，价格是19.18元，这一天正是女儿一周岁生日。

巧巧做事从未后悔过，当年，父母曾劝她复读一年继续高考，她深知家境贫困，弟弟已上高中，母亲疾病缠身，父亲力不从心，她毅然外出打工。打工期间，认识了小廖，父母也曾为她担心，她定下决心，认为小廖是个好小伙，她从未后悔，她说事在人为，只要自己认定了的就要坚定地去做。

她在决定买隆平高科时，就已经反复研究过，曾选出三只股票，最后下决心只买一只，她认为买股要少而精，就像计划生育一样，一个正好，她真切体会到，如果北京允许生育二胎，她相信大多数选择只生一个，养不起、带不起，可能是北京年轻人的共识。买股票同生孩子一样，只买一只好养、好带、好照看。

股友问巧巧做股票的体会，她说，放长线，钓大鱼，一个孩子一只股。多么精辟的概括，多么通俗的语言，多么豁达的心态。

果不负心，隆平高科让巧巧钓着了。2010 年 11 月 16 日，隆平高科最高涨到 33.38 元，就在上午 10 点 58 分，巧巧果断卖出 2000 股，卖出价格是 33.06 元。她不知道后来股价曾窜到最高 36.98 元，没有卖到最高，她并未后悔，在最高点，她并未卖出最后 1000 股。巧巧才入市两年，没有亏损，那也算一个幸运者。

让巧巧没想到的是，2011 年，股市一蹶不振，她没敢再下手，账上的 1000 股没舍得卖，股价又回到买入时的起点。就在 2011 年 1 月 6 日，巧巧认为该出手了，于是在下午 2 点 45 分，以 20.88 元的价格买入隆平高科 3000 股，这样共有隆平高科 4000 股，账面市值 83520 元，获利 23500 元。

2011 年，在大多数股民严重亏损下，巧巧竟然赢利，这不能不说是一个奇迹。许多机构人士在总结 2011 年收益情况时，感叹道，不是看谁获利有多少，而是看谁亏损的少。

巧巧的获利不是偶然的，源于她的用心、感悟、刻苦。她师出无名，但她懂得买股票少而精的简单道理，她深知自己资金来之不易，所以格外珍惜，一年间只买了一只股，只操作了一次。当她第二次买入 3000 股后的第三天，已和丈夫踏上了南下探望双亲的列车。

她心里也有些不安，她开始考虑，股市跌到底了吗？隆平高科还能往下跌吗？她心里没数，这是她的第一个不安。她也注意到，隆平高科虽是好股，但业绩一般，年度报告能有好的收益吗？她心里还是忐忑不安。

同时，她也想到，股市会好起来的，2012 年会比前一年强，她认为，中国的经济会继续向上，不会大起大落；股市已下跌了很多，即使再往下跌，但她坚信，上涨的机会一定比下跌机会要大。

但毕竟他们的钱放在股市，心里的惦记是人之常情，但愿 2012 年中国的股市有个好的表现。

毕竟谭巧巧是幸运的，她的最大收获是她说的"一个孩子一只股，好养好带"，这是她的切身体会。她常常带着孩子到营业部，巧巧说过，孩子不可能上幼儿园，上不起，也不可能让家人来北京看孩子，只能自己照看，孩子大了，也好带了，自己多下些功夫，带好孩子，管好股票，孩子和股票都不能有闪失，不能给丈夫增加负担，所以巧巧格外小心。孩子在自己手里，看得见摸得着，形影不离。可股票看不见，摸不着，真让人惦记。

是的，巧巧说得对，带好孩子，管好股票，这是巧巧的愿望，也是她的期盼。巧巧只是迈出了当妈妈的第一步，生活才刚刚开始。巧巧做股票仅仅才开始，尽管起步不错，这是她努力的结果，也或许是好运眷顾她的结果。

巧巧是块好钢，她用心，悟性也高，她一定是个好妈妈，也一定是一个好股民。

133 龙年，中国股民的希望

无论是残酷，还是悲伤，2011 年总算熬过去了。新的一年已经来到，龙年很快和全国股民相见，可以预见，那将是全国股民的希望。

2012 年是龙年，龙年行大运，风调雨顺，又会迎来第九个丰收年，天时，地利，人和，三者俱备，这是天意，这就是希望。只有看到希望的人才有期盼。2011 年笼罩在股民头上的阴霾已不复存在，好日子已经来临，这就是信心。

2012 年是闰年，俗话说，三年等个闰月年，这都四年了，大盘还不涨，天理难容。有道是玉兔伴月月生辉，金龙接年年呈祥，2012 年应该是个好年景。

龙年，无论从哪个角度讲，都是吉祥年，这对于股民来说，是难得一个好年份，大盘不涨都不行。

龙头隐隐已现，瑞气缓缓而来。证监会迎来新的掌门人，人说新官上任三把火，新帅已燃五堆火，从源头抓起，从监管入手，不冤枉一个好人（股民），不放过一个坏人（蛆虫）。大病痊愈，一个健康充满活力的股市定将展现在全国股民的面前，这就是中国股民的希望所在。

就在昨日，沪指一举越过 5 日、10 日、20 日均线，2200 点顺利收复，成交额达到 621 亿元，较上周五放大近六成，日 K 线形成光头长阳线的多头排列，沪指大涨62.49 点，涨幅 2.89%，深综指也同样壮观。2012 年 1 月 9 日，难得一见的好日子。大灾大难的股民，终于盼来龙降雨。

可以看出，股市在国民经济中的地位得到国家决策层的认可，市场制度改革步伐提速，推进新股发行制度市场化，解决新高市盈率发行；完善公司债融资制度；建立融资与分红挂钩制度；解决市场过度融资问题；红利税收政策进一步优化；完善创业板退市制度和上市公司治理；随着股市深层次矛盾逐渐解决，市场生态环境将逐步改善。这都是从金融会议和管理层发出的声音。

央行也积极配合股市，决定春节前将暂停央票发行。就连老拿国际版说事的无事生非者，郭树清冷冷一句"我没听说过"算是不冷不热的回应，不失风趣又字值千金，就这一句话，过去都很难听到，这不禁让人想起，过去好多谣言，搅得市场不得安宁，却无人表态，难道他们是皇帝？金口难开？

好消息接二连三，长线资金队伍逐渐壮大，产业资本、高管增持，社保基金再度追加百亿资金入市，保险资金加仓，地方社保基金入市程序启动，养老金和公积金入市提上议事日程，这些都将有助于合理解决市场资金供需矛盾，让价值投资观念牢固扎根市场，促进市场长期稳定发展。

紧接着，戴相龙明确表示，地方养老金入市是大趋势，也是国际上的通行做法，并强调，养老金入市，不是政府托市或救市，事实上全国社保的投资就是自主决策。他表示，国务院和主管部门将按十二五规划的有关内容积极研究，力争使养老金以最佳途径入市运营。戴相龙的话，印证了郭树清上台伊始时多次提出鼓励社保资金入市的愿望。

大家再听听总理在全国金融工作会议上是怎么说的："要深化新股发行制度市场化改革，抓紧完善发行、退市和分红制度，加强股市监管，促进一级市场和二级市场协调健康发展，提振股市信心。"

"提振股市信心"，多么亲切而又鼓劲的话。就在全国股民对股市失去信心之时，总理的话如雨露春风，沐浴股市，似一剂强心针，注入病入膏肓的肌体，这是出自共和国总理之口啊！

可以看出，最近一段时间以来，股市利好消息不断，足以说明总理的话决不是停留在口头上,我们可以回想一下,总理每次讲话后面都会有实质性利好出现,可以预见,接下来更大的利好会随着时间的推移显现出来。

股民邹先生说,总理的话我理解有两层意思,一是股市跌了几年,股民严重亏损,总理心里清楚,总理惦记着股民,不会不管;二是要让全国股民明白,要有信心,只要有了信心,什么都有了,我们看到,最近一连串的利好消息,而且我理解这些利好不是突然公布一个重大利好,而是治本的,能起长期作用的利好,这些都说明总理提出的"提振股市信心"的深刻内涵,我有信心陪伴股市走下去。

大户室的邱先生说,解铃还须系铃人,股市的重挫还要从股市自身找原因,企图政府公布一个重大利好就能解决多年顽疾是不现实的。大家都盼存款准备金下调,给股市来个惊喜,准备金真的下调了,那又怎样?还不过是一日游,要从根本上找原因。最近一些措施我看就很好,都体现了总理讲话的精神,我想随着时间推移,股市会走出一波像样行情,中国股市有盼头,中国股民有希望。

熊先生是个有16年股龄的老股民,他深有感触地说,我经历了股市几次大起大落,总体来说亏损不大。但2011年的行情着实让人看不懂,已经跌了那么深了,临到年底了,来了个加速下跌,令所有投资者料想不及,可以说,股市跌幅之深,股民损失之大、套牢之苦是中国股市成立以来前所未有,就连机构、基金也几乎全军覆灭,损失惨重。中国的股市和中国经济的走势严重背离。就连经济学家都纷纷发文表示看不懂,广大股民一头雾水。好在总理发了话,利好齐发,使股民心中又燃起一丝希望,似乎看到了曙光,大家都期盼这不仅仅是一点点雨露,而是春拂大地,普照股市,还股民一个信心。

当然大家也深知,股市灾难深重,要想彻底走好还需要时间。2011年,从股市手中圈走8000亿,而股民人均亏损4.2万元,2012年,所有投资者希望看到,龙抬头,股民笑,这里我们为全国股民许个愿吧:

金龙送福,信心倍增,大盘跃上两千五

祥龙贺岁,瑞气降临,股民人增两万五。

134 请不要糟蹋股民的血汗钱

创业板(399006)是2010年6月1日推出的,上市当日设计为1000点。2011年

12 月 31 日，创业板收盘点位是 729.50 点，跌去了 270.50 点。今天是 2012 年元月 13 日（周五），创业板指数为 666.08 点，累计已下跌了 33%。想当初，创业板发行时，发行价高得出奇，少则几十元，多则上百元，使上市公司获得了利润的最大化，保荐机构为了分得更多的钱，用尽了浑身解数。时至今日，机构或股评人士一致看法是：创业板正在走价值回归之路，至于什么时候回归到合理价位，没有人给出明确答案。

创业板自上市以来，跌去了那么多，损失的是谁？谁在高歌欢呼？谁在伤心落泪？我们作一简单的分析。

先看创业板公司，打开电脑 612，可以看出创业板已上市 285 只。就是说，有 285 只创业板公司成功上市，上千名上市公司高管成为市场的最大受益者，财富的迅速积累使他们成为亿万富翁，这是受益者之一。

其次，再看保荐人，通过保荐，保荐人获得可观的保荐费用，在一级市场获取了最大化的溢价收入，这些保荐公司可谓是旱涝保收，无一损失。

第三，管理层。无论从政治上或工作绩效上管理层都获得了最大满足，起码是精神满足。他们可以弹冠相庆：我在位期间，成功推出了创业板，数量达近 300 家，募资数千亿元，大大缓解了政府财政负担，使近 300 家公司走出困境，解了燃眉之急，焕发了生机，为国家上缴了多少多少税收，吸收多少多少失业工人，这些上市公司可谓功不可没。

当然还有许多受益者，哪怕是间接受益者，比如基金，他们募集了股民的资金，或多或少购买了创业板，至于赔赚，另当别论，他们也是旱涝保收，他们从募集到的资金，工资有了着落，奖金有了来路，即使基金在净值之下，哪怕在 3 毛、4 毛、5 毛又如何？损失的不是我，我毫发未损。基金贬值，贬了谁的钱？天晓得。

于是，大家想，这么多单位都受了益，发了财，腰包鼓起来了，那他们的钱难道是从天上掉下来的？

记得过去学政治经济学的时候，许多老同志读过马克思的资本论，其中有一个简单的名词，叫剩余价值。什么叫剩余价值？就是说，剩余价值是由雇佣工人创造的，被资本家无偿占有的，超过劳动力价值的那部分价值。马克思研究劳动和劳动力两者之间的区别，只一个"力"之差，竟研究了十几年，终于得出了结论，表面看，资本家雇佣工人，付出工资，是平等关系，实际只一"力"之差，揭示了资本家剥削工人的本质——剩余价值。

回过头来看，上述各阶层获取的正是普通投资者（包括股民，基民）所付出的，表面看，你买股票（包括创业板），第一，你是自愿的，你之所以要买，是为了赚钱，没人强迫，盈亏当然自负；第二，从本质上看，他们所获取的，正是投资者所付出的，换句话说，如果从理论上分析，投资者都不去认购新股，而是紧紧握住自己的钱包，其结果可想而知，一只新股都发不出去。但是，事实却恰恰相反，只要审发机构通过的新股，基本都能发出去，你不申购，我申购，总有申购的。

他们所获取的广大投资者的钱财，比资本家赚取雇佣工人的剩余价值更为直接、明显、赤裸裸的，不加任何掩饰，是打着名正言顺的幌子，他们认为是政府对他们的扶持，是股民对他们的厚爱。

当然，我们还可以从深层次分析，投资者自愿送钱给上市公司是基于两点：一是人的劣根性，人性使然，这就是股市不灭的道理，股市在社会上能站稳百年而不倒，正是建立在人性上，这是思想理论基础，这也正是股市的魅力所在。二是股市的诱惑力或吸引力，它给人们提供快速致富的诀窍或门道，当然也同时给人们一夜暴毙的警示。

说到底，受伤的总是广大投资者，这是为什么？

第一，他们是善良的同时也是无知的。善良是中华民族的优秀品德，他们总是从美好的愿望出发，许多上市公司，包装得很好，装扮得像一朵花，像一个纯洁的少女，每当他们骗到钱后，就露出了本相。你看上市不久，或是业绩大变脸；或是立足不到半年，遭证监会立案调查；或是高管卷着投资者的血汗钱逃之夭夭，尤以创业板最为精彩。有些公司也是编故事老手，对投资者质问，总能编出一大堆故事，有些故事一编几年，经久不衰，奇怪的是，总有一堆人去听，也有为数不少的人竟然深信不疑。

同时，许多投资者是无知的，这正是他们利用了投资者的无知。客观地说，大多投资者同管理层、机构、上市公司等等，也或是股评人士、首席什么的，相比较，无论从知识层面、实际经验、智慧谋略、经济实力都显得十分悬殊，不可相比。

第二，广大投资者只是一个群体，单打独斗，永远形不成合力，而上市公司是一个整体，机构、基金等是一个团队，管理层又是政府的职能部门。所以，广大投资者同上述比较起来，是弱小的，甚至是微不足道的，他们需要的是保护，可谁来保护他们？有时候，广大投资者是无奈的，甚至有些时候是叫天天不应，喊地地不灵。

笔者很赞同证监会掌门人说的一句话。他说，低收入者不宜进入股市。他的话，起码有两层意思：一是股市有风险，而股市的风险往往超越人们的想象，普通投资者难以承受；二是低收入者都是血汗钱，养命钱，用这些钱投资于股市，不是明智之举。

他告诫低收入群体，应远离股市。所以许多评论人士说，郭主席的这句话是大实话，是从关心广大投资者发出的肺腑之言，我们倒是殷切希望低收入者应遵从领导的教诲，离开股市。

同时，我们也寄语于上市公司，不要轻易收取投资者的钱，如果为了公司利益，且在收钱后，使公司获得长足进步，又回馈给投资者，这样的上市公司，会受到投资者的尊重和拥戴。

对于那些为获取额外收入而昧着良心和背着职业道德于不顾，获取投资者利益的保荐机构，他们可称为造假上市公司的帮凶，或曰："二鬼子"。

对于管理层而言，审检不认真，不负责，只为自己完成发行任务，为自己建造业绩工程，广大投资者只能说，和草菅人命没有区别，如果有区别的话，只能说是草菅人财。

手拍胸膛想一想，要珍惜广大投资者的感情，千万不要糟蹋股民的血汗钱。

135　永不放弃的万大姐

我和万大姐的认识，缘于一次偶然的机会。2011 年 6 月中旬的一个周末，营业部组织老年股民座谈会，邀请我给老年股民讲一讲投资理念，那天，万大姐也参加了。

课后，大家渐渐散去，我也走出营业部。"老师。"我回头一看，一个老年女士叫住了我，只见她七十上下模样，头发虽未全白，却已占了上风，一脸慈祥，面带谦和的微笑。

"请教您一个问题，"她问。

"别客气，您说。"我答。

"课上好多人提了问，我没好意思说，您说，我来股市三年多了，我的钱已损失了 30 万，我女儿的钱也已赔进去 30 万，接下来不知该怎么办。"

在谈话中，我得知，她姓万，已七十一岁了，有一子一女，女儿已在国外安家，账上的钱一多半来自女儿。

营业部的大户室，有她一个位置，三年来，已经亏损了 60 万，先后共买了 12 只股票，有 3 只亏损超过 40%，4 只亏损 30%，3 只亏损 20%，2 只微利。

看得出来，万大姐虽年过古稀，但头脑清晰，反应迅速，对政策和公司状况了解也比较清楚，是个明白人，对问题的敏感度，许多方面不亚于年轻人。她还有一个最大的特点，就是心态极好。她说，钱赔就赔了，儿子、女儿从未埋怨过，只希望我有个好身体，每天下午从营业部出来，都要去公园转一个小时才回家。万大姐真是腰不驼、眼不花，身子很硬朗，要是一般的老股民，赔进去那么多，很难承受得了，可万大姐挺过来了。

我们交换了两点意见，并得到了共识：一是目前大盘处在下跌途中，许多股评家说行情在下半年，希望下半年有个好的起色。可事实上，大盘在下半年表现得更糟，令所有投资者感到失望，是大家不愿看到的，也是料想不到的。我和万大姐一样，都希望下半年有一波像样的行情，我也相信。但大盘的表现往往出乎于大多数人的愿望，这好像故意捉弄人们的。无奈和等待成了众多股民的不二选择。当时，万大姐同我的想法一致。

第二点共识是，我希望万大姐将手中的股票认真梳理一下，建议适当减少股票数量，最理想的是如果遇上一波好行情，适时卖出劣质股票，保留优质股票，减少损失。

国庆节的第二天，我接到万大姐打来的电话。我们又一次交换了彼此对大盘的看法，都认为想不到的是大盘并没像大多数人预料的那样，市场的走势并没有给大家一点点希望，反而我行我素，全然不顾众股民感情，就好像股民肚子里有多少蛔虫，大盘都清楚。我让你永远猜不透我的心里，那股民只能耐心等待。万大姐说，我等得起，也有耐心，大盘要和我磨，我老婆子有的是时间，别看你只有21岁，小我50岁，敢与天公试比高，看谁能耗过谁，散户的最大优势是有时间，耗得起。

我真佩服万大姐的心态，71岁的老人不服输，敢和21岁的大盘叫板，她从不言败，永不低头。万大姐还说，我们承认，散户亏损属常态，心贪、没经验、认死理、不会顺坡下驴、好叫死劲。我们和机构、基金比太渺小了，比也比不过，但只要我们能知错就改，不断总结经验，总能进步，我们要尽量发挥自己的优势，扬长避短。其实，基金比我们的日子好过不了多少，他们也是人，不是神，我们亏损，他们净值缩水，这是大势造成的。她说，亏了钱可以，千万别亏了身体，别毁了心态。

最后，万大姐还很客气地请教了几个问题，我也一一作答，我想中国股市有这样的好股民，哪有不上涨之理？哪有不兴旺之理？

我和万大姐第二次见面，是在2012年元旦第二天。那天上午，我们在家乐福超市相遇，算是老朋友相见，彼此很投机，股市的朋友，总有说不完的话题，有时一个问题可以谈上很长很长时间，也不感到乏味。

万大姐看上去还是那么精神，在她的身上，有一种什么东西也击不垮的力量。她告诉我，大盘从年初跌到年底，大有一跌到底，跨年度下跌的气势，我的股票却出现了止跌趋势，到年底比上半年至多跌了 8%。我女儿春节前要回国探亲，也给我准备好了补仓的资金。

她还说，已处理掉了 2 只股票，她深有感触地说，当初买股票时，没考虑那么多，随手就买上了，但没想到卖股票是那么难，难割难舍，真比姑娘出嫁还难受，真应了一句话，买股容易卖股难。

她和我说了 2012 年的想法，她准备在新的一年，最多保留 4 只股票，坚决去掉 4 只，并在大盘出现转机时，择机补一部分仓位，摊低成本。她的目标是，新的一年力争挽回 20% 损失，那就谢天谢地了。

她认为 2012 年股市应该有个像样的表现，她风趣地说，下雨不打伞，也该轮（淋）着了，不然对不起可怜巴巴的股民。她坚信，中国股市不会永远表现那么差，今年应该是转折年。她也相信龙年有好运。她说，龙年出现在 2012 年，的确是瑞气生辉、吉祥来临、风调雨顺、股市大涨，变盘应该在二月初二那阵儿。我的心也在祈祷，但愿菩萨显灵，万物生辉，上天保佑，给中国股民一个好收成。

不知不觉，我们站在超市里，面对来来往往的顾客，全然不知，越谈越远，好像明天大盘就会来个开门红。

我越来越敬佩万大姐，她最吸引人的是她那精气神，她的气质，尽管白发又似乎多了些，但仍显示出她那种永远年轻，永不放弃的精神。从万大姐身上，我仿佛看到了中国股市的希望，似乎嗅到了中国股市必芬芳四溢，超越世界。

136　信念是生命的脊梁，是股市的灵魂

不知是哪位哲人说过：信念是生命的脊梁，我要说，信念也是股市的灵魂。一个人如果没有了信念，那生命的存在也失去了意义。即使活着，充其量只能是行尸走肉。在股市，拼搏的就是那份炙热，追求的是那血与火的洗礼，这就是股市的信念。在股市如果失去了信念，我们通常所说的信心如果不存在，那就等于失去了灵魂，也只能是一具植物人而已。

信念是精神的支柱，是向往美好愿望的明灯，凡事业有成者，无论在什么岗位，

都是信念的守护者，成大事者，哪怕是无职无业靠拣废品为生的人，都是靠信念的力量来支撑。

越是困难，或困难超乎想像出现时，信念越能体现出它的威力。在股市，每当大幅下挫，人们失去信心时，时常有人用英国浪漫主义诗人雪莱的一句话来激励人们："冬天来了，春天还会远吗？"他告诉我们，即使处在寒冷的冬天，只要你心中充满信念，你就能感受到春天的气息；即使你身陷逆境，只要你心中充满信念，就一定会走出困境，走向成功；即使你被挫折和失败一次次打翻，只要你心中充满信念，就肯定会有昂首挺立的那一天；即使你在股市输得很惨，只要你心中充满信念，你一定会有摆脱亏损的那一天。就是说，只要有坚韧的毅力，我们就会赢得未来。

勇敢者之所以坚强不倒，是因为心中的信念。有一个故事，是说一支探险队在艰难地跋涉，太阳烤得口干舌燥，他们的水已经喝完，水是他们赖以生存的信念，信念破灭了，队员们一个个像丢了魂，不知所措，他们的目光投向队长。队长从腰间取出一个水壶，两手举起来，用力晃了晃，惊喜地喊道："我这里还有一壶水，但穿越沙漠前，谁也不能喝。"沉甸甸的水壶在队员们的手中依次传递，原来那种濒临绝望的脸上又显露出坚定的神色，一定要走出沙漠的信念支撑着他们一步一步向前挪动。看着那水壶，他们抿了干裂的嘴唇，增添了走出去的勇气和力量。

当他们终于走出沙漠时，都不约而同地望着那个给了他们信念的水壶。队长慢慢地拧开水壶，缓缓地流出的却是一缕缕沙子。他诚挚地说："只要心有坚定的信念，干枯的沙子有时也可以变成清冽的泉水。"

我们都看过电影《上甘岭》，一个苹果在战士们手中传来传去，谁也没舍得吃一口，他们已经几天几夜没东西吃，没水喝。他们同样坚守到胜利。正如著名的黑人领袖马丁·路德金说的一句话："这个世界上，没有人能使你倒下。如果你自己的信念还站立的话。"

大家都记得 2011 年最后一季度，股市不但没有停止下跌的步伐，给我们以一点喘息的机会，反而，变本加厉地加速赶底，这是证券市场有史以来最难熬、最寒冷的一个冬天。投资者的信心受到了打击，坚守在股市的信念产生了动摇。有些人失去了信心，选择了放弃，报纸上、网站上开始报道有的投资者认赔百万割肉退出，并发誓永不再踏入股市。就在元旦过后的第一个交易日，由赵笑云领导的笑看风云一号、笑看风云二号宣布清盘，亏损都超过 30%。就在赵笑云清盘的第二、第三天，连续两根长阳出现，命运就是这么捉弄人。这个昔日叱咤风云的股林高手，在市场低迷时，对信念也产生了动摇，对股市产生了恐惧。同时也表明，股市的极度低迷，对投资者的信心打击是巨大的，能坚持下来的幸存者，他们才是信念的坚定守护神，在他们心中对生活永远充满希望，他们是股市的强者。

有一个富人，只想把金币送给那些对生活毫无希望的人。一次，他拿出 100 个金币送给一个乞丐，当乞丐问明原因后，乞丐把金币掷给他，气愤地说："只有已经死了的人才对生活没有希望和信念。"这就是对信念的理解，是对信念最完美的诠释。人只要活着，就应该有信念，事实上，对信念的追求就是对生活的向往。

我们很赞美那些老年股民，他们在退休后，把晚年寄托于股市，那是对生活的寄托，是向往工作的延续，不甘寂寞的坚守，我们理应支持，给他们一些希望，给他们一些支撑，但市场并未眷顾这些年长者，反而无情地吞噬着他们少得可怜的金钱。

我们很赞赏总理那句话"提振股市信心"。给股市以信心不仅是对广大投资者的呼唤，也是对管理层的呐喊。当股市掌门人说出要有信心时，也有人质疑，管理层对提振股市信心有什么实质性举措时，2012 年融资 3000 亿的消息不胫而走，人们理所当然地认为管理层有信心完成 3000 亿的融资计划，现在一听到融资就像听到"鬼子进村了"那样发怵，真可谓谈融资色变。

一个人一辈子能够做自己想做的事是最幸福的，当然决定未来是否幸福，关键是对未来对幸福是否坚守信念，充满信心。当亿万股民选择了股市，不管是专职的，还是业余的，那时他们对中国股市的执著，对股市有着坚不可摧的信念，尽管一批批投资者倒下去，又一批批顶上来。我们赞美中国千千万万的股民，他们是远见卓识的人，他们是中国经济成长发展的鼎力者。

股市需要资金源源不断地进入，然而更需要冉冉升起的信念的支撑。信念不是空洞无物的，信念是有血有肉的，有时哪怕是很微不足道的一点点东西，它仍然能给人以希望，比如一只水壶、一个苹果。信念又是无形的，它是希望，它有时只是夜空中的一颗星星，但它仍然是希望所在。

人不可能没有信念，股市不可能没有灵魂，支撑股市不倒的精神支柱，就来自于千千万万投资者的坚强信念和永不退出股市的精神。

137 久违了，气贯长虹的大阳线

2012 年 1 月 17 日，忽视出现了一根气贯长虹的大阳线，当日，上证指数以 2206.53 点开盘，收报 2298.38 点。一根实体 92 点的长阳线展现在全国投资者面前，涨幅达 4.18%。深成指亦上涨 436 点，涨幅为 4.95%。这是 27 个月以来单日最大涨幅。

这根大阳线一扫往日大盘阴霾，像一轮红日蓬勃而起，似一根大柱顶天立地，意义非常巨大，随着时间的推移，它的作用日益显现。全国股民为这根大阳线喝彩，人们的脸上露出了难得的笑容，有一股民这样写道：

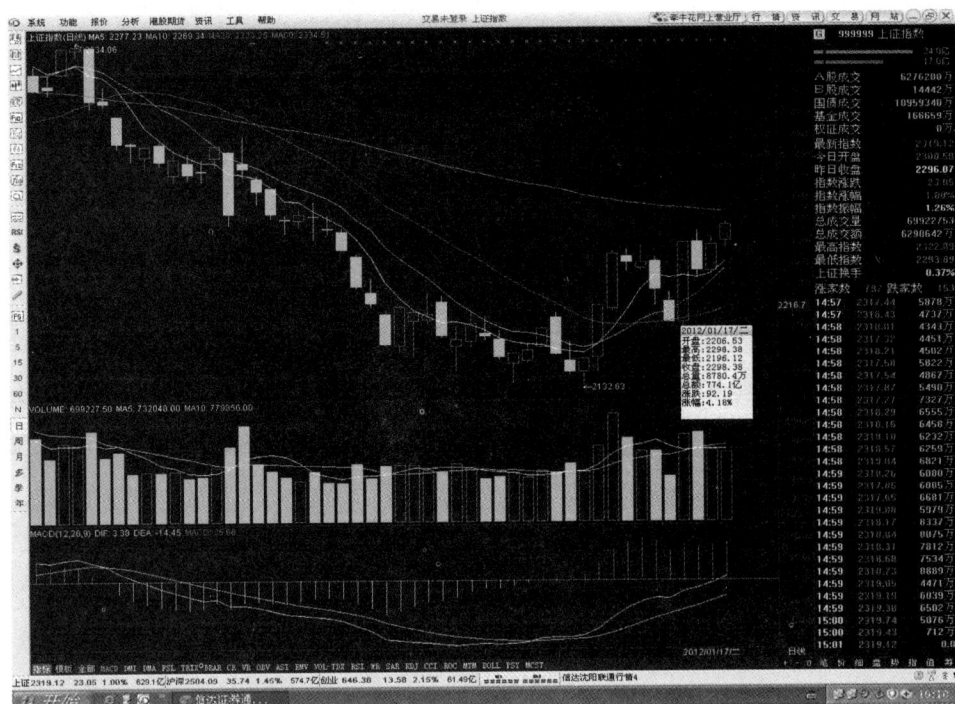

啊！长阳线，久违了！

你是南天一柱，

你是初升的太阳，

你是我们的希望。

虽然你姗姗来迟，

等了你，好久好久，

但我们从未怪过你，

总盼你常回家看看。

我们深知你的难处，

有些老外拖你后腿，

国内同仁给你脸色，

你心有余而力不足。

我们赞美你的勇敢，

心中装着股民亿万，

一旦冲破重重障碍，

你乐意走进我们中间。

事实上，大盘指数早在 1 月 6 日创出新低后，1 月 7 日和 8 日连续出现两根实体 60 多点的大阳线，在调整三天后，一根巨阳出现，调整一天后，又出现连续 2 天的上涨走势，成交量也随着放大。大盘的走势，给全国股民吃了一个定心丸。

苦苦等待了四年，大盘终于迎来了一线希望，天道酬勤，灾难深重的亿万股民，连遭四年颗粒无收，有多少股民穷困潦倒，苦不堪言，这样的苦日子上天也会可怜，菩萨也会眷顾。2011 年的股市，可以说，超过了中国证券市场有史以来最残酷的一年，所有参与证券市场的人或机构几乎无一幸免。基金一哥王亚伟在岁末年初，接连遭遇跌停，惨不忍睹。2010 年基金冠军孙建波，2011 年却摘得熊冠。他所领导的 3 个基金分别下跌了 29.1%，33.4%，39.58%。2011 年，出现了十大最悲催的基金经理，其中 2010 年最牛，2011 年最熊基金经理孙建波；重庆啤酒投资失败，大成基金旗下 9 支基金触雷的大成基金投资总监孙明。

不以成败论英雄。王亚伟、孙建波仍然是基金经理的佼佼者，他们是基金经理优秀的带头人，过去的一年，不是他们无能，是环境太恶劣，不给人以生存余地。可以看出，2011 年称为证券市场灭顶之灾年，连顶尖的公认的优秀操盘手连连失手，普通的股民更是处在痛苦煎熬之中。

一根长阳刺破长空，给亿万股民送来甘雨，总理发号召，证监会换新人，利多措施不断出台，重量级组合拳显威力。存款准备金下调，中金公司增持银行股，社保基金入市，这一切都说明政策雨露降临股市。

紧接着就在春节收市前两天，国家统计局公布了 2011 年 GDP 为 9.2%，第四季度为 8.9%，许多经济学家预计为 8.5-8.7%，这超出人们普遍预期。养老保险入市取得了突破性进展，南方某省将 1000 亿社保资金委托全国社保基金理事会管理运营，预期第一季度投入市场。

就连投资者最为令人生厌的国际版在郭树清前不久发出"没听说过"的回应后，上海市市长韩正公开表态"没有时间表"，这和"没听说过"遥相呼应，无疑给人吃了一颗定心丸。

股市有一句话，这个市场从来就不缺资金，缺的就是信心。这话很有道理，中国的证券市场就是不缺资金，老拿资金缺乏说事，是不懂中国国情。四年前，那次 6124 点的大行情，打破脑袋排队开户，资金哪里来的？2011 年 11 月份，银行增加储蓄过万亿，资金哪里来的？想想中国老百姓的存款，如果拿出一成二成进入股市，那就非常壮观了。实际上，老百姓愿意拿出更多的钱来进入股市，关键是要给老百姓有钱可赚，政策的呵护，上市公司的回报，这是更多资金流入股市的基本条件。试想，资金进入股市，打了水漂，申购新股中了签，那就是中了彩，可中签如中套，天下哪有这个道理？试问，世界证券市场上，中签赔钱，哪个国家有此先例？恐怕是中国的独创吧。现在是国家在疯狂扩容，企业是挖空心思圈钱，广大投资者是只有被骗的份，他们哪管股民死活。这样一来，谁还敢从银行取出钱来白白地送入虎口？上市公司吃肉，股民连汤都喝不上，这哪是公平的市场？难怪名家名嘴高呼，连赌场都不如。

中国的老百姓是善良的，中国的股民是知足的，给广大投资者提供一个良好的投资环境是管理层应尽的义务，是职责所在，有些事情管理层左右不了，但有些事属于职权范围，为什么就不能从投资者角度去考虑？2012 年融资规划是否出笼，有报道说，上市 300 家，融资 3000 亿，是否确切姑且不论，但 2012 年又是扩容年，这恐怕是铁定的事实。股市就像火车有两条铁轨，一边是融资，另一边是资金供给，如果只注重融资，不解决资金供给，那么火车还能跑起来吗？2011 年，就是一个教训年，不知管理层作何感想。

股民们幸喜地看到，一根长阳已出现，又有小阳、中阳相伴左右，龙年的吉祥悄然来临，股市的瑞气扑面而来。小心伴随着惊喜，大概是 2012 年的心愿吧。但愿如此。

138   千万富翁梦的破灭

秦先生是 2010 年 10 月份入市的，他踌躇满志地把 500 万元带进了股市。他曾梦想，

2011 年是实现千万元梦想的一年，他憧憬着未来，他奋斗了近 20 年的梦想就要实现了。

秦先生过去是做中苏边境贸易的，高考失败后就来到边界城市二连浩特做起了小本服装生意。那年，他清楚记得是 1996 年，他带着 5000 元，当年就赚了 2000 元，他高兴极了。以后越做越大，到 2006 年，百万元梦想实现了，2004 年，他在北京买了一套房，他的进货渠道将二连、北京、深圳紧紧连在一起。到 2010 年，他的资金已达到 700 多万元。

由于俄罗斯整顿贸易市场，秦先生感到边境贸易越来越难做，于是决定收缩战线，和妻子商量，由妻和妻弟、舅舅的儿子三人继续做边境贸易，资金 200 万元。原则是不亏损，不被骗，积累经验。

秦先生准备用 500 万元做其他打算。事有巧合，同做贸易的江先生建议他做股票，两人一拍即合，于是，在 2010 年 10 月份一起走进营业部的大户室。营业部给他俩制定了一份投资组合，他俩欣然接受。秦先生一次投入 300 万元，江先生把总资金 300 万元中的一半投入到股票组合中，那一天是 2010 年 12 月 10 日（周五），当日，上证指数开在 2798.70 点，较前交易日低开 12.21 点，当日收报 2841.04 点，上涨 30.09 点，第二天又是一根大阳线。这给初入股市的秦先生和江先生一个惊喜，他俩开始规划人生，畅想未来。他们认为股市比边境贸易好做多了，决心在股市大干一场。

当然，他们也深知，股市风险很大，凭着在边境贸易 20 多年的经验，他们懂得赚钱的不易，他们始终留了一份小心，账上的剩余资金一直保留，并未贸然行动。他们深知，饭要一口一口地吃，钱要一分一分地挣，决不能急功近利。

他们如饥似渴地学习股市，力争和股市贴得更近一点。他们觉得，在大户室比做边境贸易享福多了，不用围绕"三点一线"打转，坐在大户室，中午有免费供餐。他们认为，越是这样，越要保持一份清醒。

做边境贸易的人都懂得国际形势对他们的重要，他们时刻关注形势对股市的影响。当时，他们清楚，股市已经跌了近 3 年，也应该起来了，年底前，各路机构都判断 2011 年应该有一次好的行情，并且大都给出了大盘能跃上 3000 点，而且行情在下半年的判断占了多数。

可事实总是出乎大多数人的预料，中国的股市有中国的特性，所有人都不知道怎么走，所以中国股市 20 年了，没有出现过一个公认的股神、投资大师，也没有出现过一个公认的股评家，而大多数股评家不是忽悠股民，就是睁眼说瞎话，或者干脆成了上市公司的代言人。

接下来的行情越来越让二位先生看不懂了。当初那种美好的愿望被浇灭了，资金市值在不断蒸发。但毕竟他们在风浪中已拼搏了好长时间，这点挫折算不了什么。他俩在贸易战线上都被骗过，秦先生在2002年一次竟被别人骗走40万元，可以说是经过大风大浪的人，股市的持续下跌，并没有压倒他们，乐观的心态始终占据着主导。

接下来的操作，又给了他们致命一击。2011年10月21日，大盘已跌到2317.27点，10月24日周一开盘后，大盘出现了逆转，当日，上证指数在利好消息刺激下，上涨了53.06点，涨幅为2.29%。大盘的大幅上涨刺激了二位先生的神经，两人一致决定全仓出击，于是将全部资金补仓，此后，一连10个交易日，大盘都在上涨，一直涨到2536.78点，这给他俩带来少许安慰。

接下来要命行情出现了，大盘并没有给股民以喘息机会，而是像倾盆大雨，直泻而下。在以后的43个交易日中，大盘连创新低，多方毫无反攻之力，空方力量尽情宣泄，攻城拔寨，所向无敌，中国证券史上最惨烈的情景出现了，人们所期望的跨年度行情，成了跨年度下跌，就在2012年元月6日，上证指数创下了2132.63点的新低。

秦先生和江先生甚至不敢查看他们的股票市值，元旦那天，他俩在秦先生家中喝了一瓶56的红星二锅头，壮着酒劲，打开电脑。秦先生的市值370万元，江先生市值219万，每人亏损了27%。

应该说，他俩算是幸运的，在大跌之年，他们的损失属中等水平，这一年资金损失40%-50%的股民达到50%，他们的幸运是没有买创业板股票，这样就避免了更大损失。春节收盘前，损失已减少了7个百分点。这给他们少许安慰。

他俩可算久经商场的老将，信心并未完全丢掉，损失显而易见，他们认为最大的教训是不要将全部资金都投入股市，最后不要补仓，等行情判明后再补仓也不迟。这一年对股市认识了不少，离股市越来越近了，他们说，资金减少了，信心并没有减少，他们并未产生退出的打算，他们将利用春节假期走访几家上市公司，以更多了解手中股票的家底，好在其中两只股票是北京上市公司。

也有惊喜等着他们，秦先生的爱人打理的服装贸易竟然赚了40万元，江先生的爱人也给他赚了15万元，两个女强人真的顶起了半边天，这给了他俩大大的安慰。

秦先生的千万富翁梦破灭了，但他的希望和信心并没有破灭，反而扎根股市的愿望更强烈了。他俩决心要在股市打拼一番，他俩都认为2011年中国股市是被扭曲的一年，相信2012年应该是纠偏的一年，恢复的一年。他们相信，只要人在、信心在，股市同样是快乐的、刺激的、富有挑战。他们最喜欢干这些具有搏击的事情，他们认为进入股市的路并未走错, 好日子就在前面。

千万富翁的梦虽然破灭了, 但希望在心中冉冉升起, 他们相信, 只要有梦想, 就不在乎破灭。梦想是指路的航灯, 有了它才有了抵达彼岸的成功; 梦想是心灵的滋润, 有了它才有了充实丰盈的人生。一个人有了梦想就会不懈地去追求, 用不停歇的脚步实现人生的价值。2012 年是拥抱梦想、构筑梦想的一年。

终有一天, 秦先生和江先生一定会收获梦想。

139　没有任何借口是股市的行为准则

美国西点军校 200 多年来奉行的最重要的行为准则就是 "没有任何借口"。正是由于实行的 "没有任何借口" 的理念, 强化军校学员想尽一切办法去完成任务, 而不是为没有完成任务去寻找借口。

美国在 1861 年内战开始时, 时任美国总统林肯为找到一名联邦军队总指挥官发愁, 他先后任用了四名总指挥官, 而他们没有一个人能 100% 地执行总统命令: 向敌人进攻, 打败他们。最后, 这项任务被格兰特完成了。格兰特赢得了战争的胜利, 开辟了美国历史新的一页。很多人寻找格兰特制胜的原因。后来格兰特做了美国总统, 有一次, 他到西点军校视察, 一名学生问格兰特:

"总统先生, 请问西点的什么精神使您勇往直前? "

"没有任何借口。" 格兰特回答。

"如果您在战争中打了败仗, 您必须为自己的失败找一个借口, 您怎么做? "

"我唯一的借口就是: 没有任何借口。"

格兰特是西点军校培养出来的学生, 从一名军校生到一名总指挥官, 直至总统, 他留给西点军校 "没有任何借口" 的理念, 培养了一批又一批适应压力强, 不达目的不罢休的优秀学员。

作为一名股市的投资者, 也应该把 "没有任何借口" 当作一个重要的投资理念。虽然股市不是硝烟弥漫的战场, 见不到刀光剑影, 但在股市也常常能看到腥风血雨。股市的危险程度和残酷激烈的场面, 往往被人们比作是另一个战场。正因为如此, 每个投资者都要为自己的投资行为负责, 失败是没有任何借口的, 每当投资失败时总能找到各种借口, 常常有 4 种借口当作失败的托词:

国际环境不好，美国次贷危机，欧盟主权危机，拖累了中国股市；

国内流动资金匮乏，扩容不断加码，物价上涨；

好股票不多，投资价值不高；地雷股不少，一不留神，踩雷身亡；

散户水平低，资金少，又缺少内部消息。

客观地讲，以上这些也许是投资者失败的借口，但仔细想，又不尽然，投资是自己的行为，每个人都要为自己的投资负责，为失败寻找借口，是不负责任的借口。现在，大家都在思考这样一个问题，中国的股票投资者，为什么亏损率高达90％？绝大多数人投资失败，这是个十分严重的问题，当然这里有管理层的责任，也有国家政策缺失，但更多的是要找投资者自身的原因，树立正确投资理念，提高自身投资水平，审慎投资行为，这应该成为每一个投资者必须遵守的基本原则。

严格地讲，不应为自己的投资行为寻找任何借口，借口只是一块遮羞布，借口是掩盖投资错误的挡箭牌，借口不过是你推卸责任的最好说辞。事实上，一个成熟的投资者是没有任何借口的，一个成功的投资者是从不为自己的失误寻找借口的，他们常常在检讨自己的过失，尽量减少由错误决策带来的损失。智者常检点自己，力争使自己的投资行为更完善，更正确。他们心中没有借口，只有责任。愚者常把借口挂在嘴边，找各种借口是他们的长项，也是他们的特长，借口更是他们的专利。

我认识的一位普通投资者，史先生，他曾在北京档案馆工作32年，一个普通的档案工作人员，曾被评为市劳动模范，组织给了这位工作人员一丝不苟，32年无差错的普通工作者最高奖赏。史先生退休后进入股市，他并没有在国内外形势研究上下工夫。也可能是身在半封闭式的职业原因，而更多的时间在研究个股上，他把一个个上市公司当作一份份档案仔细研究分析、整理归档，6年股市中，已整理出了280多份上市公司详细资料，为投资决策提供了较为详尽准确的依据。他熟记了800多个股票代码、每股收益、流通盘大小、所属行业等主要数据。史先生在档案馆工作期间，他常跟我们谈起，在学习北京一团火精神的优秀售货员张秉贵精神，他就是按张秉贵"一把准"的工作标准要求自己，他严格练就"一找准"，每当有人借阅档案时，他能准确无误地找出所借档案的位置，从未有失误。

正因为如此，他在购买股票时，由于对上市公司了解得透彻，股票选得准，大大降低了投资失误率。6年中，他先后投资了8只股票，长期持有3只股票，史先生投资的9万元，到2011年底，账面市值和现金共有16万元，虽没有惊人收益，但能在我们这个证券市场上，保持不亏损，实属难能可贵。许多股友问史先生投资经验，他总是谦虚地告诉大家，主要在整理个股档案上下了些功夫，投资股票比管理档案难度大很多，尽量减少失误，但从没有为自己的投资失误找借口。有几次投资失误，是因为对所买股票的基本情况在深度上下工夫不够，没有从公告和信息上看出问题，看来要想在投资上取得成功，就要在所选股票深度上挖掘，多角度、多层次了解上市公司。

人人都把股市看作是非常凶险的场所，那只是看到了危险的一面，但当我们把股市看成是朋友时，它又有可爱的一面，深入下去，功夫下到了，就能挖到宝藏。我们之所以做不到每次投资都能成功，是因为功夫不到家。虽然外部因素很多，找出很多很多理由，但那只是外部因素，投资成功与否，根本原因在自己，每个人的投资行动从根本上说，是在书写人生，要为自己的行为负责，为每一次投资成功喝彩，也要为每次失误检讨。

在股市，不应为投资失误寻找借口，回顾我们人生所走过的路，大多崎岖曲折，坎坷不平，有磨难，才有精彩的人生。关键是在挫折和困难面前勇敢面对，寻找解决困难和问题的办法，把精力下在解决问题上，而不是到处寻找借口，推卸责任。

股市永远都会给勤奋钻研的人开辟道路，"没有任何借口"是成功者的座右铭。投资失败者在寻找千百种借口时，他们实际上在寻找前进道路上的死胡同，只是他们不承认或没看到而已。

140　不妨学点逆向思维

当我们漫步在街面时，常常看到店铺门上贴着招聘广告，你若应聘，服务员就会对你说"No"，原来是想表明店铺生意红火。

还有在店铺玻璃门一边贴着"此门已坏"，千万别以为此门真的坏了，反向思维想一下，为何总在冬天贴此提示语？原来门并未坏，而是怕两扇门都打开，冷风吹进店里，降低温度。

在换届选举时，规定差额选举，比如在 21 名候选名单中，只选 19 人，正常程序是每张选票只许选出 19 人，如果从反向思维考虑，只需勾出 2 名落选者名单，只用十分之一时间选举就结束了，这也是逆向思维的实例。

在历史上有个家喻户晓的故事：司马光砸缸，正常思维是把掉在缸里的孩子救出，可都是小孩，并不能救出掉在缸里的落水者，司马光砸缸放水救出落水者，这是逆向思维的经典事例。

日本发明的"反复印机"，就是逆向思维的杰作，一张已经复印过的纸张通过它可以重复使用许多次，不仅创造了财富、节约了资源，这种创新思维使人们树立起新的价值观。

逆向思维在股市的运用非常广泛，也越来越引起了人们的重视。我们常看到买一买二挂单上有大单挂买，别以为买气旺盛，反向理解，也常有借机出货之嫌，当跟风盘出现后，大买单瞬间消失；卖一卖二大卖单出现后，很可能主力压单吸筹。用反向思维分析，就能看出更深的缘由。

每当看到某家公司利好出现，尤以密集利好出现时，常常吸引了许多跟风盘涌入，但这时往往是主力出货时间，尤以研报密集发出，一致看好，"强烈推荐"，那就要小心了，大脑清醒者就会用另一眼光看问题，就不会轻易上当。

巴菲特有一句经典名言：别人疯狂时我贪婪，别人贪婪时我疯狂。这是对逆向思维最好的应用和解释。

我们曾记得，当大盘跌到998点时，经历了四年的下跌，那时人们万念俱灰，对股市失去了信心，在此时，大盘却突然拔地而起。市场有一条赚钱法则就是，在市场低迷时买入股票，在市场处在高涨时卖出股票，俗话说，机会是跌出来的，风险是涨出来的，就是这个道理。从998点到6124点，上证指数气冲霄汉直上九天，全国的股民惊呆了。这时大多数人不是想着怎么退出，从众心理、羊群效应占据了上风，排队开户人山人海，警察维持秩序，储蓄搬家，砸锅卖钱买股票，成了股市一道亮丽风景线。"钱多，人傻，速来。"名噪一时的短信，路人皆知。

极左思想倾向在中国人的头脑中根深蒂固，也害苦了善良的中国人，历史上的第五次反围剿的失败，使中国工农红军被迫实行战略大转移。1958年的大跃进，长达20多年的文化大革命都是极左的产物，近30年来，极左虽未登台表演，但或多或少也有表现。比如一窝蜂地建开发区，一个小县城还来两、三个开发区，有些大城市的开发区喊了十来年，至今也未建成。无限制的扩容，既是极左的产物，又是右倾的表现。其结果坑害了广大投资者，也歪曲了党的民生政策。

学学逆向思维，或许对我们头脑中的极左思想有个反思。当大多数人疯狂跟进时，大盘悄然发生了逆转，当人们从梦中惊醒时，1664点的现实摆在了大家面前，相信大多数人吓傻了，恐惧了，不知所措了，血汗钱赔光了，伤财劳神是大多数投资者的真实写照。

如果能用逆向思维考虑一下，1664 点，已下跌了 73%，还能跌到哪里去？在这个区间，哪怕上涨到了 2000 点时能补了仓，实行自救，那也会大大减少损失，可在众多投资者中，没有多少人能做到，大多数人想的是指数还能跌倒 1300 点，甚至 1000 点，许多股评家都是这么说的，大多数投资者也认同这个说法，恐惧又一次战胜了理智。

在此后的 4 年里，只出现过一次机会，大盘反弹了一倍，这是给投资者一次自救的机会，可又有多少人能抓住机会？脖子上的绞绳套得太紧了，已不能自救。时至 2011 年底，大盘击穿了前期 2307 点后，看空情绪又一次蔓延，2012 年没有行情，已成为各路机构的共识，2012 年不具备反转的条件，客观地说，管理层也有同感。中国股市的特点就是，指数在底部时大部分人看空后市，行情在中部时大部分人半信半疑，行情在顶部时，大部分人奋不顾身杀进，其结果死无葬身之地。这就是中国股民大多数亏损的根本原因。

被誉为"全球投资之父"的史上最成功的基金经理之一的约翰·邓普顿说："虽然股市有回落，但不要对股市失去信心，从长远而言，股市始终是会回升的，只有乐观的投资者才能在股市中胜出。"如果行情在顶部时，就算是看不清顶部，但能看清指数已经长了很多，这时思想上能多一分理智，方法上来点逆向思维，就是说，行情在顶端，需要思想理智＋逆向思维，就是一种回避风险的良药。如果行情处在底部时，或者已下跌了很多很多，这时需要思想大胆＋逆向思维，那么我们就能在行情的底部抓住机会。

时至今日，大盘已又下跌了四年，历史真的会重复吗？时间上又是那么对称吗？我们不得而知，但有一点是肯定的，那就是用逆向思维思考一下，其实，下跌是利好，暴跌是最大的利好，今天，指数已下跌到目前这个点位，如果大胆买进部分优质的、符合国家政策的新兴产业加大消费的股票储存起来，试想，大盘还能跌倒哪里？今后是下跌机会多，还是上涨空间大？无论怎么去理解，现在建仓一部分，没人会说你是在顶部杀进去的，而是在底部建的仓。这是战略性建仓，符合实战需要，是正确的投资策略和投资思想，也是逆向思维在股市的实战应用。

学点逆向思维吧，掌握了它，会受益匪浅，它会使我们耳目一新，拓展视野，从另一个角度看问题，视野开阔了，思维就能创新，多了一种方法看问题，就多了一种思路，多了一份思考，就多了一份胜算。

逆向思维并没有违反客观规律，它是对客观规律认识的延伸和拓展，使人们对客观规律认识得更全面、更深刻，使我们在股市的博弈中更能保持清醒头脑，少犯错误，尤以能从跟风中解脱出来。

多来点逆向思维，少去羊群中厮混，运用好自己那点有限的资金，在市场拼搏中，趟出一条自己的路来，只有在那时，我们在股市才是自由的，快乐的。

141 股民的潜力大得很

中国有句古话，叫做"置之死而后生"，一个人只有置于死地，才能将自己的全部力量用来获得"新生"。

《史记》中有这样一个故事，公元前 207 年，秦军攻打赵国，赵军被围在巨鹿，楚怀王封宋义为上将军，项羽为副将率军救援赵国。宋义引兵至安阳后，46 天按兵不动，项羽杀死宋义，率军渡黄河，以解巨鹿之围，在全军渡河之后，即下令把所有的船只凿沉，砸破烧饭用的锅，烧掉自己的营房，只带三天干粮，借此向士兵表示决一死战，不让一人有退缩之心。在和秦军九次交战中，楚军战士以一当十，杀声惊天动地，楚军最终大破秦军。

无独有偶，公元前 55 年，恺撒大帝在当将军时，奉命率领舰队前去征服英伦诸岛，他在检阅舰队出发前，发现远征军队人数少得可怜，武器装备残破不堪，这样的军力和装备战胜骁勇善战的盎格鲁萨克逊人，无异于以卵击石，但他还是下令启航。舰队到达目的地之后，恺撒等候所有兵士全部下船，立即命令将战舰烧毁。他告诉全体战士，已无退路，要么被敌人赶入海中喂鱼，要么攻下该岛。面对绝境，士兵们抱着必胜信心，终于攻克强敌，取得胜利。

历史有惊人相似之处，这两个故事都是发生在公元前，相差150多年，都是背水一战，置于死地而后生。它告诉我们一个道理，人的潜能是巨大的，人的聪明才智是无限的，据说，人的大脑的发掘还不到2%，当人们遇到突发重大事件，或生命遇到极大挑战时，人本能的潜力就会爆发出来，从未有过的勇敢、智慧、能量统统涌现，潜能、潜意识被激发出来，这个时候，人们的意识、思维决定着自己的行动，如果在心里认为自己注定会是个失败者，那么你的行动就会变得越来消极，厄运也就会接踵而至。如果你认为自己将会成为这个世界的救世主，那么就没有什么难题可以困得住你，因为你的信心可以让你将所有的挫折踩在脚下。

没有退路，只有前进，战胜了敌人，就能生存；后退，只有死路一条。项羽和恺撒有一个共同点，就是在前进中多次告诫自己的战士，使他们牢记只有战胜敌人才有出路，战士们接受了这个事实。潜意识在他们的脑中已经产生了一个共识，那就是，必须战胜敌人。不管你如何认为，事实就是这样，只要潜意识接受了一种观念，它就立刻开始将其转变为事实，所以哲人说过，假如你有信仰，并坚决制定决不退缩的计划，你相信他一定会实现，然后和潜意识心有灵犀，牵着她的手，将任务交到她的手上，神奇的变化就将开始了。

回到正题上来。在股市几乎所有人都认定了一个事实，那就是股市里10人中7赔2赚1平，2011年亏损超过上述事实，那么能否倒过来呢？就是说这个事实能否改变成7人赚、2人亏、1人平呢？完全可能的。如果将每位投资者的潜能充分发挥出来，是完全可能做到的。也许有些人会说，大多数人赚，那赚谁的钱呢？也或许有些会同意这个说法，我们认为这是错误的，完全不是赚谁的钱，而在于，我们多数投资者自己的潜能没有发挥出来，主观能动性没有调动起来，多数股民的懒惰思想、缺乏勤奋进取的精神，思想上认定自己是弱者，一定会亏，战胜不了主力，更战胜不了市场。这就是潜意识在脑子里接受了注定要亏的事实，其结果，必然带来的是失败和痛苦。

有道是，男儿有泪不轻弹，只是未到伤心处。其实，在股市的失败，资金的亏损，给自己带来的仅仅是眼泪和损失，并没有触到自己的病根，还没有带来致命的损失，就是说，还没有把自己逼到绝路上去，潜意识里还能生存下去的理念占据着上风。换句话说，潜力还未充分得到挖掘，积极性还未调动起来。

如果在投资者的潜意识里，能产生或树立一种理念，这就是，我已经亏损了这么多，再不能亏下去了，我已无路可走，后退是没有出路的，只有前进，才能得以生存。那么，有了这个求生欲望，必胜信念，就会以积极的心态，主动求战心理，抱定我是胜利者，那么在实际行动中，就会潜心研究，刻苦钻研，积极进取，那亏损名单中决不会看到自己的名字。

老股民孟先生，在 2004 年听了某名股评家的忽悠，先后三次购买 18000 股比特科技（000621），均价 23.50 元。当时有许多股民上当购买。正是在众多股民纷纷进入后，该股涨了 2 元多，随后一路下跌，可惜该股 K 线图看不到了。当时看到，阴跌的水平相当高，从 K 线图上看，倾斜 30 度一路向下，直破 10 元，孟先生还参加了股东大会，股东会时，股价还在 10 元以上，会上有一项议案，10 配 3 股，配股价 10 元。不知是孟先生突然警醒，还是听出了什么名堂，反正在会上孟先生什么都明白了。第二天开盘后，孟先生咬了牙，以 10.88 元的价格全部卖出，并同时买入清华同方（600100）。当时，有 12 名股友听了老孟的忠告，都将该股换成清华同方，避免了一次灭顶之灾，现在该股还在三板服刑，恐怕这辈子都无出头之日了，因为该股在临服刑前，股价已在 1 元多，且多名高管失踪，证监会曾追查高管去向。

而孟先生和几位股友，在换了清华同方后，参加了该股的股改，此后，又收获了 10 送 3，每年还收到 10 派 1 元的分红，在 2010 年 11 月 4 日，老孟他们几人在 28.60 附近卖出一半，他们已将在比特科技的亏损补了回来，并且从失败的心态中走出来，这是最难能可贵的。

老孟说，过去是一场噩梦，如果操作不慎，拿了地雷股，那真是死无葬身之地，当时我也绝望了，每股赔了十几元，20 多万元打了水漂，那么多钱被忽悠掉了，真是脑袋掉了还不知怎么掉的，就是在参加比特科技股东会前夜，几乎没合眼，不知怎么地，好像遇到了贵人，灵感一下子冒了出来，"卖掉它，换股，"脑子里不停地翻滚着，黎明前，主意已定，所以在第二天的股东大会上，坚信了我的判断，股东大会后，果断出手，对我们散户来说，这就是一个伟大的战略决策。

股民的潜力大得很，我们不比基金经理智商低，他们都是高材生，高智商，集团作战，纪律又严明，那么他们所掌管的基金亏损那么多，许多净值在 0.50 元以下。其实在许多光环背后，他们并没有多少优势，年轻，经验不足，拿着高薪高奖金，他们没有负担，他们拿着基民的钱，真是不当回事，有一句俗语叫："没生过孩子，不知道肚疼，花别人的钱不知道心疼"，话难听，道理在。

只要我们不断挖掘潜力，发挥股民自身优势，增强股市抗风险能力，潜意识就能不断被发现，被挖掘，意想不到的收获就会不断显现，散户取胜主力并非妄想，股民战胜机构不是神话。

142 谋略是股市取胜的法宝

谋略，通俗点说，动脑筋、出主意、想办法。遇事不惊，谋事有法，我们看看汉代大将李广是如何用谋略战胜敌人的。

西汉时期，北方匈奴势力逐渐强大，不断兴兵进犯中原。飞将军李广任上郡太守，抵挡匈奴南进。一天，皇帝派到上郡的宦官带人外出打猎，遭到三个匈奴兵的袭击，宦官受伤逃离。李广大怒，亲自率领一百名骑兵前去追击。一直追了几十里地，终于追上，杀了两名，活捉一名，正准备回营时，忽然发现有数千名匈奴骑兵过来。匈奴队伍也发现了李广，但看见李广只有百余骑兵，以为他们是大部队诱敌的前锋，不敢贸然攻击，急忙上山摆开阵势，观察动静。

李广的兵非常恐慌，李广沉着地稳住队伍，说"我们只有百余骑，而且离大营几十里远，如果我们逃跑，匈奴肯定会追杀我们。如果我们按兵不动，敌人肯定会疑心我们有大部队行动，他们决不敢轻易进攻的。现在我们继续前进。"到了离敌阵近两里地的地方，李广下令："全体下马休息。"李广的士兵卸下马鞍，悠闲地躺在草地上休息，看着战马在一旁津津有味地吃草。

匈奴部将感到十分奇怪，派一名军官出阵观察形势。李广即命令上马，冲杀过去，一箭射死这个军官。然后又回到原地，继续休息。匈奴部将见此情形，更加恐慌，料定李广胸有成竹，附近定有伏兵。天黑以后，李广的人马仍无动静。匈奴部将怕遭到大部队的突袭，慌慌张张引兵逃跑了，李广百余骑兵安全返回大营。

李广谋略过人，百余骑兵智胜数千敌人，可谓有胆有识，这让人想起诸葛亮的空城计，大开城门，只有5名老少残兵，一曲琴声，吓退司马懿30万大军，这也是靠智慧、谋略、胆识、勇气战胜了敌人。

有谋略的人，不论在战场、商场，都能胜任一筹，他们是成大事者。

其实，自有文明以来，谋略就成为永恒的话题，五千年前我们的祖先黄帝，就运用谋略大败了炎帝和蚩尤，统一了黄河两岸流域。有了文明就有了谋略，它无处不在，无事不用，千变万化。我们没必要长篇大论去探究谋略的深奥，我们只想懂得一些谋略的基本知识和道理，以便在股市操作中胜出，身在股市，不懂得谋略不行，过于潜心谋略恐怕也会误入歧途，李广在凶险中，以大胆沉着的心智，以谋略的手段，以心战取胜敌人。一个简单的故事告诉我们一个深刻道理，谋略是战胜敌人的法宝。

我们不妨把股市看的简单些。有些人在研究市场时，把股市看得太玄奥、太复杂，什么八卦、太极，甚至阴阳、风水也和股市扯上了关系，可能有些道理，但对于普通投资者而言，过于复杂，容易走入死胡同。

把股市看作是变化的，用任何固定的、死板的、静止的观点看股市，就会走向极端，用任何公式去套用股市都是主观的、教条的。

我们不妨把谋略简单化一些，那就是动脑筋、出主意、想办法，能够解决股市中出现的问题和遇到的困难，能够妥善及时地处理突发事件。过去我们看过样板戏《沙家浜》，阿庆嫂智斗刁德一，表现了阿庆嫂有智有谋。在股市，我们也应该学会一些基本的谋略技巧和心智，以立股市于不败之地。有以下几点值得注意。

看世界、观大势。一个胸怀大志的投资者，必将世界形势装在心中，当今世界联系越来越紧密，世界形势关乎中国股市走势，所以不研究世界形势不行。比如美国的房贷危机触发了世界经济危机，欧盟债务危机又引起了社会动荡不安。再比如，如果认为日本核电事故关我屁事，那就大错特错了，回过头来看看中国股市中有关核电股票走势，就知道外围形势和我们的关系有多么紧密。观大势，就要把中国的政治经济形势了如指掌。如果"两耳不闻天下事，一心只读圣贤书"，就不是一个胸怀天下的大志者。一个有谋略的人，一个大智大勇的人，必然胸中装着天下事，所谓知天下者，治天下，大概就是这个道理。

不上当，不跟风。所谓你有千条妙计，我有一定之规。以不变应万变。当我们看到消息满天飞的时候，首先要想到的是又要出什么幺蛾子了，我们常常看到某上市公司利好或利空消息接二连三发出，各类研报紧锣密鼓推出，千万保持谨慎，不听、不信、不跟风，特别是一些新入市者，或仓位轻者，极容易偏听偏信，尤以一些利好消息，如果信了，跟进了，往往上当受骗的就是你，那就开始等着享受套牢之苦吧。一个有谋略的人，必定是个精细之人，他要考虑或过滤消息的真伪，用意何在，并很快作出评价，和自己关系紧密的，应及时做出决策。

看好股、守好家。俗话说，经营好自家的一亩三分地，就是要把自家的股票管理好。把主要精力用在对自有股票基本面的深度研究上，紧盯不放松，不能放过蛛丝马迹,在自家股上下工夫,这就是有劲使在刀刃上。随着时间的推移,和情况的不断变化,自己所持有的股票也会出现新情况,新变化,应随时掌握信息,以不变应万变。

遇情况,能应对。不断提高应对突发事件的能力。股市中突发事件随时都会发生,许多突发事件几乎预想不到,我们不可能做到对事件的出现有预见性,而要在事件出现后,有谋有略,有应付的能力和处理解决的办法,而不是遇到事件发生后手足无措,不能应对,提不出解决问题的办法。比如日本核电事故发生后,随着事态不断恶化,对世界的影响不断加大,我们就应该着手考虑自己手中是否拿着核电股,如果有,且股价出现异常就应立即考虑退出,不能迟疑也不能手软,现在回过头来看看核电股跌幅惊人,大都拦腰折断。

我们没有诸葛亮那么有谋略、有智慧,但我们也不能处处事后诸葛亮,身在股市这个凶险的场所,不懂得一些谋略不行,用谋略的手段,智慧的眼光,睿智的心机,适应千变万化的股市,应该学会和应对处理问题的能力和解决困难的办法,这样才能在布满陷阱的市场中胜出。

谋略是取胜的法宝,但愿每个投资者都是谋略高手,做一名真正的谋士,那我们在股市就会有立身之地。

143 成功的秘诀就是抓住机遇

当机遇的女神降临的时候,不知有多少人想要抓住她。但她还是从人们的身边溜过,只有钟情于机遇的人才能不失时机地和她牵手。机遇是给有智慧的人准备的,机遇对有能力的人也常常眷顾,机遇对果断出击的人从不拒绝。人生最成功的秘诀是当机遇来临时,立刻抓住她,而且要珍惜她。

机遇是给有智慧的人准备的。曹操东征刘备之时,曹操内部最大的担心是在出师之后,唯恐袁绍从后方来袭,但曹操智慧过人,他分析了袁绍的性格特点,他认为袁绍习性迟钝而多疑,断不会很快来袭。也分析了刘备,认为刘备虽是才新起的,人心也未完全依顺,现在正是攻打的好时机,不然,以后可能失去有利时机。这次是生死存亡时刻,万不能丧失千载难逢之机,于是力排众议,果断出兵。

这时袁绍内部也争论不休,袁绍手下的谋士劝他抓住时机进攻曹营。曹操伐刘,其后方许昌必定空虚,此时进攻,必能取胜。如果刘备从后追击,曹军必败。但袁绍却以婴儿有病为由，未采纳谋士意见。不多久，袁绍便败在了曹操手下。

以实力而言，曹操远没有袁绍强大，袁绍完全有能力消灭曹操。但袁绍没那个智慧，远比不上曹操的谋略和睿智，所以强大只是暂时的，上天给了袁绍取胜的机会，千载难逢的机遇错失交臂。有道是，机不可失，时不再来，作为一方的领军人物的袁绍没有抓住机遇，犯了致命错误，为以后的失败埋下了祸根。

曹操之所以由弱变强，是因为他每次都能抓住转瞬即逝的机会，能不失时机地利用一切可能抓住的时机。因而就有了取胜的把握，从这点上来说，曹操的成功是必然的，袁绍的失败也在情理之中。

机会是给有能力的人准备的。著名歌唱家彭丽媛，家住山东郓城，14 岁时独自去济宁市参加山东省艺术学校声乐考试，当她赶到考场时，初试早已结束，当人们听说她是郓城来的，都说她是个爱做梦的小女孩，她只看到了机遇离去的背影。彭丽媛并不甘心，情急之下，她面对着墙壁，大声地唱起来，一曲太阳最红，毛主席最亲……，响亮、清澈的歌声吸引了正要准备离开考场的老师们，考官们像发现了新大陆似的紧紧盯着这位面壁而站、身穿旧罩衣的"丑小鸭"，老师让她转过来唱。老师们惊奇地看到，苹果般白里透红的脸蛋，一双又黑又亮的大眼睛，棱角分明的嘴唇，洁白的牙齿，都有几分喜欢，接连唱了好几曲，又跳起舞，老师们露出了满意的微笑："准备参加三试吧。"

彭丽媛也笑了，她看到机遇女神转过了身。在机遇第一次出现时，就紧紧地抓住了它，她是幸运的，而这种幸运是给有能力的人，彭丽媛有这个实力，也有这个能力，她的父亲是县文化馆长，母亲是豫剧演员，家庭的教育和艺术熏陶成就了这位歌唱家。可见，机遇是给有能力的人准备的，也是钟情于能够驾驭机遇的人。机遇的降临，对每个人都是公平的，但对于有坚实的功底和有底气的实力的人来说，是机会，也是挑战，是拼搏也是勇气。从这个意义来说，机遇赋予他们是正当其时，合情合理。

机遇是给有胆识的人准备的。机遇的到来，机会的出现往往是短暂的，机遇是勇敢者和有胆识的人的朋友，犹豫不决，前怕狼后怕虎，机遇是不会光顾的。善于捕捉机会的人，必定是有一双发现猎物的眼睛，有着坚定、沉着、果断的信心。

机遇经常光顾股市，机遇在股市的出现，对每个投资者来说都是公平的，不同的是看我们有没有一双发现机遇的眼睛。有胆识的人嗅觉总是灵敏的，他们总能捕捉机遇的来临。而怯弱者就是在机会走到你跟前也觉察不到，即使对你伸出双手，你也视而不见。

从 998 点到 6124 点，当时的股民大都经历了那次波澜壮阔的行情，谷底的恐惧和高山上的贪婪使多少投资者梦断股市，能抓住此波行情的人虽然为数不多，但却有人不失时机地抓住了，得了个盆满钵满，我们钦佩这些投资者，他们在机遇降临时，发现了它，抓住它，他们在底部区域敢于出手，大胆跟紧。只有有胆有识的人才能有资格品尝到大盘上涨的果实。

目前，一个新的年度刚刚开始，对每一个投资者来说，又处在了一个新的起跑线上，大家都有一个新的期盼，2011 年，难熬也罢，悲惨也好，总算过去了，人们在想，新的一年机遇在哪里？大盘什么时候是个底？可以说，大盘的底，像 998、1664 这些点位，只有走过了，才知道，没有哪一个人能精确算出来，想当初，红军长征二万五千里，谁也不知道要走那么长，经历一年多，一个赤水河竟反复渡了 4 次，但最终红军胜利了。红军的有胆有识，长征的千难万险，他们总能抓住时机，使国民党的如意算盘一次又一次落空。

新的一年，大盘终于有了新的起色，人们总是在问，究竟底在哪里？路在何方？其实，机遇女神，正向我们走来，千万不要猜测底部在哪里，那只能是白费心机，愚蠢的人总是等待最低点位的出现，聪明者则是在机会来临前做好各种准备，有胆有识、有谋有略的人此刻正在和机遇屈膝相谈，目光短浅、胆小怯弱者哪怕是做梦也想看看那个最低点。现在传得最多利好是社保入市，就在昨日（2012 年元月 31 日）传出社保入市计划很快公布，其实，等到社保基金入市公布日，他们早已建仓完毕，坐在轿子上，等待的只是谁来给他们抬轿子。

机遇，是每个人的良师益友，问题的关键是你是否愿意和它交朋友，有实力的人、有准备的人、有胆略的人总是能发现和遇见它，并很快和它交上朋友，反应迟钝、嗅觉不灵、毫无准备的人，就是机会走到眼前，也发现不了，因此，大好机会一次又一次错过。

许多有识之士从不隐晦自己成功的秘诀，那就是和机遇女神交朋友。

144 投资股票牢记走为上

在三十六计中，最后一计叫"走为上"，我们应该好好学学，进入股市，先想的不应该是能赚多少钱，而是要制定出撤退计划，把资金安全放在第一位，永远是正确的，大凡在股市能长期立足于不败之地的人，都能认识到资金安全是立足之本。所以"走为上"，在今天股市环境里显得尤为重要。"走为上"原文是：全师避敌，左次无咎，未失常也。只有十二个字，含意深刻，意思是说，全军退却，甩开敌人，以退为进，待机破敌，这是不违背正常法则的。

"走为上"在敌我力量悬殊的不利形势下，采取有计划的撤退，避开强敌，寻找战机，以退为进，这在谋略中也应该是上策。在敌强我弱形势下，敌方占绝对优势，为避免与敌人决战，通常只有三条出路：投降、讲和、撤退。投降是彻底失败，讲和是一半失败，而撤退不能算败，撤退的目的是避免与敌主力决战。

在我国历史上，"走为上"的经典事例有许多。春秋初期，楚强晋弱，晋文公决定避楚锋芒，退避三舍；城濮大战，楚将师叔七次佯装败退，制造了有利战机，进而一举破敌；中国工农红军第五次反围剿在王明左倾冒险主义错误领导下，遭到失败，被迫实行战略大转移。这些都是"走为上"的经典事例，值得我们回顾和学习，对指导正确投资，把握"走为上"策略提供了很好的教材。

我国证券市场，从严格意义上来讲，还是一个不成熟的市场，如果再加上政策的缺失，那么，保护投资者的利益往往只能是纸上谈兵，空喊口号而已。所以，投资者的利益只能由自己来承担，盈亏自负，这本无话可说，所以守护好自己的资金，永远要放在首位，安全第一要铭记在心。

从这个意义上讲，"走为上"是我们在证券市场立足必须牢记的一个重要原则和策略，在什么情况下要坚持走为上，鉴于以下三种情况的出现或发生，"走为上"就变得尤为重要。

大盘下跌趋势形成，"走为上"应成为首选。我们曾记得，从 998 点，一口气上涨到 6124 点，涨了 5126 点，虽已过四年，慢慢回想起来，在 6000 点如果出来，赚了多少啊，可有几个人能做到？胡立阳在在 3000 多点出来，当时有多少人在指责他是懦夫，但事后大家都称他教父。当人们看到指数 6124 点时，十倍的疯狂，百倍的贪婪，人性的扭曲，那时有谁会想到"走为上"？如果想到了，人人都会说你是傻子，君不见，许多著名股评家拿着大喇叭在喊，大盘要直上 8000 点，10000 点是当年的目标位，大家想想，这在当时，难道他们说错了？都认为这是高瞻远瞩，心里佩服得五体投地，不停地叨叨：人家就是站得高，看得远。这就是大部分投资者亏损的根本原因。当年拿着大喇叭的股评家现在不是还活跃在舞台上？就像 58 年的大跃进，文革破四旧，全国都疯狂，这就是人性，股市的最大魅力大概就在于此。

所以，在大盘涨幅很大之时，要想到"走为上"，当下跌开始后，特别是在下跌趋势形成后，"走为上"应该是上策，任何幻想，或恋股情节都是不切合实际的。果断沽出，是智者的选择，谋略的体现。

个股涨幅过大，"走为上"是上上策。自己手中的个股在本轮行情中，已涨幅过大，或者说超乎想像，市盈率已高，如果股价已远远超过其内在价值，那就要果断出手，毫不手软。巴菲特在中石油市值大大超乎预期后，全部沽出，这是一个股票投资家最伟大的战略决策，尽管遭到董事会的一致反对。

我们可以想想，自己在低位拿到一只好股，是你精选出来的，股价走高了，甚至涨幅超过了自己的预期，对你精心培育、长期坚守的回报，果实熟了，就应采摘，千万不要让其烂在树上。如果不能及时沽出，那就是说，理智不能战胜贪欲，到头来，后悔的只能是自己，内心的谴责，痛苦的等待是漫长的，最折磨人的，相信许多投资者都经历过这个阶段。

一个成熟的投资者，同时也是一个有理智的投资者。在股市经过长期的磨炼，刻骨铭心的教训，投资理念、投资策略逐渐成熟，把握股市，就是把握自己，在股市立足的基石就是理智。

也许有些投资者不解，我的投资理念是价值投资，长期持有，所持股票涨高了卖出不符合价值投资理念。其实，这和价值投资、长期持有并不矛盾。高位卖出正是这一投资理念的完美体现和正确决策。市场和个股永远遵循一个基本规律，这就是涨多了就要跌，跌多了就要涨，话好说，但决心难下，这是因为我们不知道涨到哪里是顶，跌到哪里是底，这确实很难把握，但我们可以看出，自己所持股涨了多少，这是非常具体的，市盈率到了多少倍，这是可以看得见的，也是好把握的，在这个问题上，没有任何理由，也没有任何借口，只有一条，就看每个人"见好就收"能感悟多深，把握多好。

可以理解，自己拿了好长时间的股票，撒手卖出，实难决策，但永远要牢记，我们是为赚钱而来，目的达到，就应卖出。如果你认定是好股，卖出后，并不是一刀两断，永不相见，手中没股，心中有股，把它放在心上，常常惦记，两情相悦，不在朝夕相依，等到股价回落后，达到理想价位后，再接回来，又何乐而不为呢？做个波段，是理智的选择，等个两三年，是忍耐的考验，是合格投资的基本标志。

问题股出现"走为上"变得尤为迫切。现在股市中问题股的出现，已成为常态，遇此情况发生，我们所采取的策略是不参与，退避三舍，当问题股发生后，一般情况下，少则二、三个跌停，多者十来个。近期重庆啤酒 12 个跌停板后才打开，打开后资金进出高达 25 亿元，令人咋舌。一般情况下，当连续跌停打开后，稍作停留，还有 20%-30% 的跌幅，尔后才开始长期整理，可以查看过去三年连续跌停股的走势，很能说明问题，普通投资者一定要远离问题股，可以看画，但决不能参与。

对自己手里钟情的股票，出现问题后，首先考虑的是"走为上"。一般情况下，公司将以重大事项未公布的理由停牌，当复牌后，视问题性质严重程度，市场给出几个跌停板，无论情况怎么变化，"走为上"应为首选。对于优质公司，利空出尽后，股价有个重新回归过程，当然这个过程可能是较为缓慢的，待股价企稳并出现上涨势头后，可以重新介入。但对于手中非优质股票，出手后，就不应再次介入，无论损失多少，应在所不惜，决不手软，只能吸取教训，下不为例。

投资股票，牢记"走为上"，是投资原则，也是投资策略，退却是为了更好的进攻。只有退的路走好了，大踏步前进的路就更加坚实了。

145 和 2132 点永别

写下这个题目，我们并不是断定 2132 点就是本轮行情调整的最低点，至于行情是否还要继续下探，下探到什么位置，有些股评家放言，"大盘还要击穿 2000 点"；"大盘继续下跌是大概率事件，最低可探至 1800 点"；"2012 年没有行情"等等。我们不去判断这些是否正确，百家之言，各有观点。

我们只是想说，大盘已经跌了四年多，进入 2012 年还在下跌，龙年开盘第一天，也收出了一根 34 点的阴线，过去人们都说，主力也好，庄家也罢，都不会在春节最后一个交易日和在春节开盘第一天就砸盘，大家都讲究图个吉利，讨个喜庆。但商场如战场，股市更像斗牛场，不是你死，就是我活，什么吉利不吉利，赚钱才是硬道理，说得也有理。

2011 年 12 月 30 日。2012 年，第一个交易日，股市新年第一天，并没有给投资者一个好脸面，反而变本加厉，当日下跌 30.03 点，跌幅为 1.37%，第二个交易日继续下探，第三个交易日，最低下探至 2132.63 点，创下跌以来新低。

正当大家在绝望中，行情却出现了转机，2012 年 1 月 9 日一根长阳拔地而起，当日大涨 62.49 点，涨幅 2.89，紧接着 2 月 10 日又是一个长阳，2 月 17 日，在调整三天后，一根 92.19 点的巨阳横空出世，大盘春节前的走势着实让人惊喜万分。春节后的第一个交易日出现了一根 32 点的跌幅，确实让人不痛快，但这也不难看出，现代人不讲什么迷信，如果非要讲，那实际上是一根驱鬼棒，新春第一天，将妖魔鬼怪驱赶出去，大盘继续向上是大概率事件，许多有识之士给出了这样的评判。

2011 年最后一段日子，确实是痛苦的、难熬的，许多投资者告别了股市，但更多的投资者作出了坚守的决定。

对于永远告别了股市的股友，我们和他们说声再见，也要道声感谢。他们无论在股市时间长短，亏损多大，但他们亲身参与了我国证券事业的建设，他们贡献了自己的精力和金钱，他们是实实在在的参与者、贡献者，证券市场 20 多年来，每一次剧烈的波动，都会有一批投资者离开股市，一方面说明股市的残酷，另一方面也说明这些离开股市的投资者，急流勇退，所谓识时务者为俊杰，他们的退出，也许是无奈的选择，才作出这样痛苦的抉择，但他们的决定是明智的、正确的，这对于他们来说，长痛不如短痛。资金损失了，但决不能把身体再搞垮，决不能赔了夫人又折兵。他们的退出，也验证了郭主席的一句话，低收入者不宜进入股市。从这个意义上说，他们的退出是理智的。在这个残酷的市场，许多私募资金也采取了清盘退出，2011 年基金亏损高达 5000 亿，有的基金净值只剩下 2 毛多钱，成了名副其实的瘟三基金。而退出的股民，大多损失了几万元，那么，他们选择退出，不值得赞美、不值得支持吗？相信，随着时间的推移，会有更多的亏损的股民退出股市。退出是一种主动的有智慧的选择，我们应给他们以欢送的掌声，祝愿他们在以后的日子里能选择更适合自己的投资渠道，并取得好的收益，并祝愿他们事事如意，身体安康。

同样，我们也赞美那些仍然坚守股市的投资者。这里有两种情况，一种是无奈的坚守，这部分人，他们认为既然已亏损这么多，死猪不怕开水烫，等着吧，熬着吧，心诚则灵，但愿有个解套的机会，哪怕减少一半损失，也算没白等，这种想法代表了好大一部分股民的心态。虽然这是一种被动的等待，但这也是一种良好的心态，从某种意义上说，等待是最好的选择，如果把眼光放得远一点，时间放得长一些，把被动的等待变成主动的等待，心情就变得更好一点。市场的现实就更能接受和理解，那也许就会认为，在残酷的股市里锻炼一下，动动筋骨又何妨。

另一种情况，就是不论何种环境下，坚守股市不动摇，说他是股市的死硬派也对，说他们是股市里轿夫也不错，说他们是股市的中坚，是股市的精英或许更为恰当。正是有了他们，股市才得以兴旺，没有千千万万个股市的忠实信徒，股市一天也维持不下去，他们是中国股市的希望，是中国股市的柱石。他们贡献了自己的资金，同时也贡献了自己的才智。不论是公募、私募基金，他们不乏精英，他们是智慧型人才的聚集场，但千万不要忘记，许多大智慧的人往往出在民间，正所谓山沟沟里出凤凰。诸葛亮不正是从茅草房里出来的吗？毛泽东同志不正是山沟里出来的伟大人物吗？

在中国股市的大战场中，不乏有谋略之人，在民间总结出了许许多多适合中国证券的经验和投资策略。许多人挑灯夜读、精心研究、不断探索，为中国证券市场呕心沥血，贡献自己的才智，中国证券市场的兴旺正在于此。

春节期间，许多投资者在展望 2012 年行情时，抱有乐观态度。他们认为，中国行情走势和美国、欧洲不同，这是一种不正常的状态，终究会得以纠正。证券市场的走势和国民经济的发展状况是保持一致的，目前这种偏离也一定会得到纠正。合理运行、和谐发展这是必然趋势。从长远看，股市上涨是必然的，这是不以人们的意志为转移，如果倒过来看问题，把股市看成是只跌不涨，那么若干年后，股指就会出现负数，这是多么可怕而又荒谬的逻辑，世界股市存在了上百年，有哪一个国家的股指现在是负数？哪一个国家股市不是向上走的？不管怎么走，都离不开"曲折中前进，螺旋形上升"，这是永恒不变的真理，是铁的定律，任何人都不可以改变的。

大智大勇的投资者，能从长远看问题，他们在胜利面前总能保持一份清醒，在挫折面前总能看到希望，他们心中的那盏灯永远亮着。

股市是智慧的摇篮，谋略的培训基地，在股市拼搏，就应在大脑里收集和储存更多的智慧，在这个培训基地里，练就一双睿智的眼光，谋略的心机，在困难面前有办法，不畏难，不怕险，永不言败是每个投资者追求的目标。

和 2132 点永别，是我们的希冀，我们痛恨你，2132 点，你太伤人心了，我们祈祷你，2132 点永远不要再回来，2132 点，安息吧。

146 犹豫不决，错失良机

在前进的道路上，最大的失败莫过于犹豫不决。小则失去良机，大则葬送性命。古今历史上，犹豫不决铸成大错不乏其人，项羽就是其中一个。

犹豫不决，引来杀身之祸，历史上恐怕非项羽莫属。鸿门宴上，范曾多次示意项羽，要他杀掉刘邦，可项羽总是下不了决心，而默默不应，使得刘邦躲过了第一难；后来范曾让刺客项庄，设计在项庄舞剑之机刺死刘邦，由于项伯暗中保护刘邦，使项庄不得手，项羽对项伯姑息纵容，刘邦躲过了第二难。项庄舞剑失败后，事情并未完结。当时，刘邦欲走不能，欲留不敢，此时，刘邦部将樊哙闯入，大骂项羽，项羽非但不怒，反而称赞樊哙，并赐酒赐肉，使得刘邦在樊哙保护下逃之天天，项羽屡次犹豫不决，最终失去了除掉刘邦的机会，酿成终身大错。楚汉双方在广武对峙时，项羽捉住刘邦父亲当人质，威胁刘邦投降，并扬言刘邦不投降，就要将其父放在锅里煮了。刘邦说，"煮就煮吧，只是到时别忘了给我留一勺汤喝。"可以看出，项羽的犹豫和刘邦的果断形成鲜明的对照。项羽的犹豫，最终落得个乌江自刎的悲惨结局，而刘邦的果断，终能以弱胜强建立了汉朝。

犹豫不决，优柔寡断，缺乏果断大概和性格、脾气有关，当然更重要的是和智谋、能力不无关系，可惜项羽，戎马一生，身经百战，由于性格的软弱，处事不果断，最后落得个兵败如山倒，好不凄惨。

说到股市，犹豫不决，下不了决心，同样是致命伤。行情来了，不敢入市，怕这怕那，行情进行到高点了，才最后下了决心，结果晚了，买了个高位。

自己没主见，犹豫不定，实际上是缺少智谋，大脑不好使、脑子转不过弯来，有时自己选好的股，也下不了手，还要去征求周围人的意见，你想想，每个人所想各不相同，听也不是，不听也不是，有的意见很肯定，你听还是不听？听了弄不好，落个埋怨，不听，又唯恐错过机会。

其结果，可想而知。做股票如果没有主见，自己选出的股拿不定主意，做不到当机立断，恐怕在股市难以生存下去。独立操作能力是对投资者最基本的要求，就像战场上的士兵，每个人都要练就一身过硬的杀敌本领和独立作战的能力，只有这样，才能在战斗中有效杀伤敌人，并能更好地保护自己。所以，在股市操作中，独立作战必不可少，优柔寡断决不可取，有智有勇，有独立作战能力，同样是股市立足的首要条件，自己选出的股最可靠，是由于自己经过了千挑万选，反复比较，首先是自己信得过。一般情况下，自己不认可的股票，就不会轻易去买。反过来看，让别人替自己做主，他们帮你选的股就可靠吗？可以参考，但不能做主。许多实践证明，别人为你选出的股，大多不靠谱，自己选出的股，亲自操作，既享受了实战操作的乐趣，又为自己资金运作负起责任。独立操作是成熟投资者的主要标志。犹豫不决往往将大好机会白白失去，久而久之，养成了拿不定主意，听信别人的坏习惯。

独立研判大势。对国内国际形势和A股走势，要有自己独到的见解，这就需要时时关注形势，特别是经济形势，因为国际国内形势必然要反映到股市里来，对股市的走势趋向，除了股市自身规律外，还要受到外围经济形势的影响，这是决定股市走势的重要依据。经常关注形势的人，一方面有利于大脑的开发，活跃思维，拓展思路，开阔眼界；另一方面，对股市的走势，作出清晰的判断，总结出对股市判断分析的理由。只有这样，才能在股市中处于清醒的位置，准确的判断，最终作出正确的投资决策。

独立调研，精准选股。在准备分析和判断大势前提下，应把主要精力放在调研个股上，形势把握只是对上市公司调研提供了思想基础和政策取向，把握个股是最终目的，只有头脑永远保持清醒的基础上，对个股有了明确的调研目标，这样，才能不至于走错路、选错股。大量的精力和时间要用到对个股的深度调研和仔细甄别上。挖掘优秀的上市公司，就像挖掘一座金矿，选择金矿，首先要确定矿脉、成色、储藏量、含金量，甚至成本、盈利、运输、交易等等都要计算精确，不然到头来，不但不能盈利，或许还会亏本。过去个人开采小金矿，如同现在选择个股一样，经验、时间、本金等环节，都能做到量力而行。我很佩服个人包洞开采金矿的小老板，他们那种独立作战的能力，吃苦耐劳的精神，尤以敏捷快速、连夜奋战的智慧和精神更值得人们钦佩。事实上无论干什么行业，都需要智慧、谋略，试想，凡是犹豫不决，靠别人支招，主意不会出，决策定不了，这样的投资者不会在事业上获得成功。在股市这个环境里，尤其这样，优柔寡断的人最终会被股市踢出局。

独立操作。其实，准确对形势的判断、精准选择个股，那已经是叩过了九头，操作只是作一揖，完成一个操作形式而已。

明确目标，坚定决心，拿出自己的主意，果断行动，那将能够达到所追求的一切。抛弃犹豫不决，因为那是埋葬前程的坟墓。在股市，犹豫不决会掏空账上的全部资金，和犹豫不决诀别，就是和失败告别。

147 精心准备，精准出击

爱动脑筋的人在股市是施展才华的好地方，也是智慧四射的好舞台。侯先生在股市总算找到了适合自己活动的场所。

侯先生在 2012 年春节的初三刚好年满 55 岁，已经有 4 年股龄了。开始入市时，他只知道股市有风险，但并未看到股市还有那么多学问。在股市待的时间越长，觉得里边的学问越大，他终于找到一个答案，为什么大多数股民亏损，除了外部原因和人性因素外，投资者个人素质是根本原因。对于他这个爱琢磨的人来说无疑是个好的兆头。

侯先生是在 2008 年元旦过后开的户，在开户前，他已经关注了股市有一年多时间，他把 10 万元打入股市后，已经定好了选股的标准：股本 5 亿以下，前沿行业，科技股，只买一只股。很快中小板股恒宝股份（002104）进入了他的视线。2008 年 4 月 15 日，恒宝股份刊登了一份公告，第一季度业绩同比增长 90％－110％，紧接着，在 4 月 15 日又出一公告：控股子公司同韩国一公司签订双方合作协议，这两则消息无疑对恒宝股份构成利好。

侯先生又对该公司 5 年来经营情况进行了分析，这才下决心买入，就在 2008 年 4 月 21 日上午 11 点 14 分以 12.96 元的价格买入 7500 股恒宝股份。

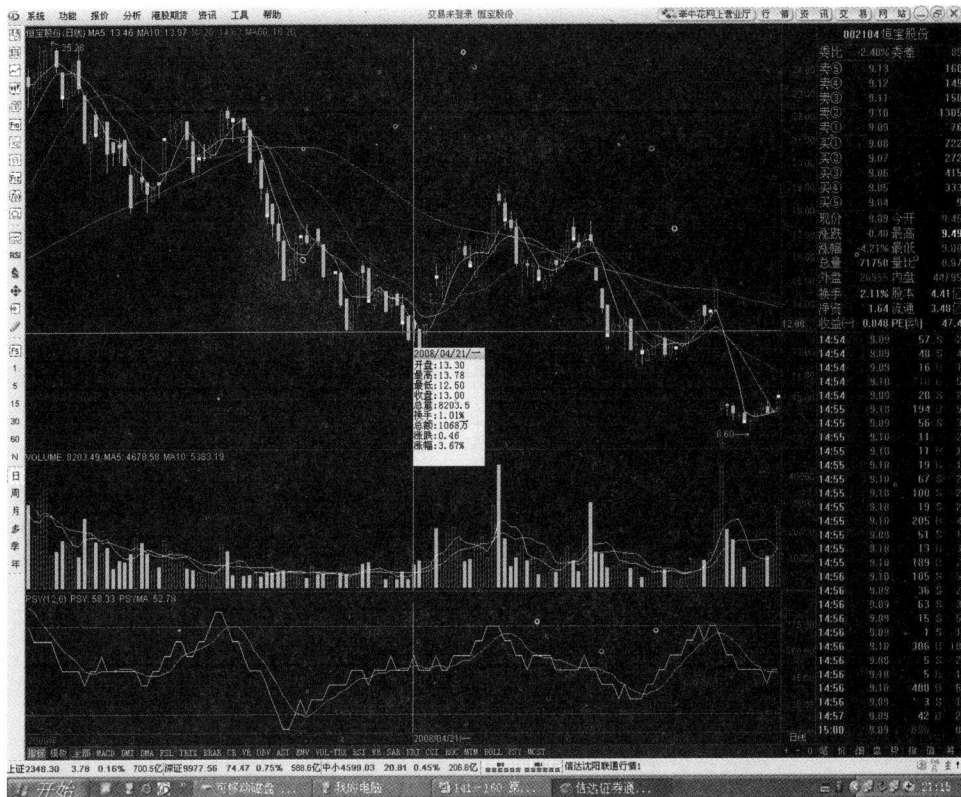

　　侯先生虽然比较聪明，也是爱琢磨的人，但由于入市时间比较短，对股市还了解不够，此时，大盘在6124点下跌以来，已经跌幅很深，在2008年4月21日，大盘收报3116.98点，下跌了22.31点，跌幅为0.72%。使他没想到的是，此后大盘出现了连续一周的大幅上涨，恒宝股份仅用了16个交易日，最高达到19.12元。

　　2008年5月9日，恒宝股份刊登关于公司股东减持股份的公告，公告说，公司第二大股东钱平先生在5月7日卖出公司股票160万股，成交价格每股15.68元，成交金额2508.80万元。

　　就是这一公告，引起了侯先生的注意，他分析认为，主要股东减持，无非几个原因：股价已高，获利颇丰；下跌趋势是否形成；个人急需用钱。他认为，这些原因可能都有。起码股东的减持给自己发出了信号，于是他开始紧盯盘面，在下午2点03分时，终于下了决心，以16.98元的价格卖出5500股。让他没想到的是，在其后的三个交易日中，股价上蹿到19.12元，虽感到有些后悔，但落袋为安，还是主导了他。使他更没想到的是其后股价的大幅下跌，他领略了股市的残酷，正是由于当时一点后悔，使他手中剩下的 2000 股始终没出手。随后,在 7 月 10 日,恒宝股份实施了 10 转 5 派 2 元的方案,侯先生原来的 2000 股成为 3000 股。

2008 年 11 月 4 日,恒宝股份股价最低下探至 3.22 元,同时,上证指数收报 1747.71 点,上涨 29.99 点。已经出现见底回升迹象,其后大盘开始了翻倍行情,当然,这是事后才看到的。当时,在恒宝股份创出新低后,也随同大盘一起开始出现反转行情。直到 2009 年 1 月 5 日,侯先生这才下了决心,在下午 14.56 分以 5.18 元的价格买入 12000 股,至此,侯先生共持有恒宝股份 15000 股。

2009 年 2 月 11 日,恒宝股份刊登公告,公司二股东钱平在 2008 年 2 月至 2009 年 2 月共出售 4.99% 的公司股票;2 月 10 日三股东江浩然在 2008 年 6 月至 2009 年 2 月期间共出售 50% 的公司股票。这使侯先生清醒地认识到,公司主要股东开始减持公司股票,如果说,第一次看到股东减持所持公司股票,还能找出许多理由,那么这次看到股东减持,只是一个理由,公司股票已高。在 2 月 11 日,股价已达到 7.62 元,从最低价 3.22 元,已经实现了翻倍,但他同时认为,自己接盘在比较高的位置,此时走是否合适,他又认真分析了大盘,大盘在 2008 年 12 月 31 日 1814.75 点启动以来,到 2009 年 2 月 11 日已达到 2260.82 点。但侯先生认为,大盘的成交量并没有创天量,而是温和均匀地放量,由此,他认为大盘的行情还未结束,估计要有一次比较有力度的调整。据此,侯先生一方面使自己保持高度警惕状态,另一方面不断紧盯恒宝股份走势。其后,大盘在做短暂的调整之后出现了凌厉的上攻走势,恒宝股份也不甘示弱,其后的走势,几乎以 90° 的直线上升,在 2009 年 12 月 7 日,股价已达到 20.08 元,紧接着出现了回调,侯先生在此期间,没有看到恒宝股份股东的减持公告,但年初的公告他始终不忘,该是走人的时候了,大概人在最兴奋和最恐惧时,也是潜能发挥的最佳时候,理智告诉他此刻必须作出决策。于是在 2009 年 12 月 15 日下午 14.50 分以 18.67 元的价格卖出 8000 股。此后,股价最高上涨到 24.20 元,但侯先生没有后悔,哪怕是一点点后悔也没有。他认为像他这样的股市新手,能做到这样,也感到很满足,他说他是胜利者,也是幸运者。人应该有理智,理智是人的本能,智慧是理智的翅膀,有了理智,人就能插上双翅,高高飞翔。

此后在大半年的时间里,侯先生在没有找到合适操作的机会,直到 2010 年 8 月 19 日和 10 月 26 日恒宝股份刊登了第二、三股东减持股份的公告。侯先生在 11 月 3 日下午 14 点 56 分以 17.10 元的价格卖出恒宝股份 2000 股。至此,侯先生账上还有 5000 股恒宝股份。

2012 年 1 月 9 日，侯先生在认真分析了形势后，得出基本结论，认为形势正向好的方向转化。就个股而言，恒宝股份从最高的 24 元下跌到 8 元，已下跌了 60%，其基本面并未发生实质性变化，其后上涨是大概率事件，于是决定买入，就在下午 2 点 55 分，以 8.69 元的价格买入 15000 股。至此，侯先生持有恒宝股份 20000 股，现金 173000 元，总市值 259000 元。

4 年来，侯先生的操作无疑是成功的，他总结了三点收获，他认为，集中资金，单一持股，对于资金较小的股民而言，是可取的，同时能更好地集中精力，全身心地投入对个股的深入研究上，选择多股，精力分散，容易出现顾此失彼，丢了东，忘了西。看准了时机，敢于下手，这是侯先生的第二个收获。他认为，选好股，在什么时候买，什么时候卖，买好下手，但卖，比大姑娘上轿还难。表面上看，一买一卖，简单得很，买进后的那种简单、轻快、兴奋，卖出时那么艰难、沉重、不安。为什么会出现这种感觉？几年的实践，使他感悟到，果断下手，毫不犹豫，该出手时就出手，是投资者智慧的体现。深入研究，掌握更多的信息是侯先生的第三个收获。可以看出，对于恒宝股份的成功操作，是侯先生深入研究，比较准确适时掌握该股的基础上进行的成功操作。当他捕捉到股东减持信息后，能紧紧抓住和利用这个信息，并能结合大盘走势，做出比较准确的判断，因而能适时把握进出时机，成功操作。

侯先生是幸运的，成功的。幸运的是他不失时机地利用了时机，成功的是他把精力集中在一个股上，并能较准确地实施买卖操作。他的成功再一次验证了股道酬勤，侯先生 4 年中辛勤在股市耕耘，终于获得丰收，市场永远青睐和回报那些有理智有智慧的人，民间有高人，股市有高手，侯先生只能说是一个成功者，他正在向股市高手迈进。

148　静心使人的智慧更富有穿透力

2011 年元月 20 日，是春节前的最后一个交易日，大户室的老汤、尹先生、大乔、卓卓 4 人约定，正月初六在营业部附近 4 人常去的那家小饭店聚餐，老汤提出聚餐时每人谈谈如何静心这个话题，大家都说这个话题选得好。

元月 28 日初六中午 12 时，4 人如约来到饭店，老汤提了一瓶山西老白汾，是 1987 年生产的，说是亲家从太原带来的，在家里没舍得喝，尹先生提了一瓶女儿从澳大利亚带回来的红葡萄酒，卓卓带来的是高碑店正宗的豆腐丝、卤豆干，大乔今天做东。席间，老板赠送了一道菜：霸王别姬，乌龟炖小鸡是这家的招牌菜，都是多年的老顾客，早已熟得很了。

酒过三巡，大家的话慢慢多了起来，很快就回到了正题。

大家边喝边聊，大乔首先发言，他说，我认为做股票最高的境界是心静。面对吵吵嚷嚷的营业部、红红绿绿的大盘，做到身静、心静实在不容易，就拿去年来说，跌得那么惨，谁能静得下心来？可股市就是这么个场所，总是让你不得安宁，让你心跳，股市也最能磨人，要想在股市长久立足，环境逼迫你要逐渐养成心静的习惯，这是适应股市的必然要求，适者生存，这是生存下去的思想基础。心静是一种境界，是一种磨炼。做股票赔了，就要反思自己，静下心来，错在哪，寻找根源。心静者，能从自身上找根源，浮躁者往往怨天尤人。我们无法左右股市，但我们可以调整自己的心态。我们无法左右别人的思维，但我们可以把握自己的思想，要使自己在喧闹的股市中做到心静就要做好心清，不为整个涨跌左右自己，心清就是心静，不要挂记涨跌，将红红绿绿置于脑后，心烦心躁，难以心静，心不静则思维乱，思维乱就难以正确操作。什么时候做到心静了，那就真正理解了股市的内涵，操作起来就得心应手了。

尹先生原是给健康类报刊写专稿的，他对健康养生方面颇有心得，但从未在大家面前长篇大论，壮着酒劲，这回可长篇大论了一番。他说，大乔说得很到位，对心静感悟也很深。道理就是这样，每当我们静下心来的时候，脑子里总有一种清新舒畅的感觉，身体也突然感觉轻松了许多，大家回去以后可以体验体验，当独自休息，或小坐时，不妨静下心来，毫无杂念地闭目养神，一会儿，那种静、那种无忧无虑的感觉油然而生。

其实，大家比较熟悉的像道家的练心练气，是静；儒家修身养性，也是静；佛家的六根清净还是静；股市的戒贪戒赌更是静。身在股市，贪欲无度，最终必然被贪所害；抱着赌一把的心态做股票，到头来只能是一败涂地。把股市当作历练的场所，心如平镜，不在乎涨跌，如果你认为所持有的股票是优秀的，经得起市场检验的，那就守好它，长高了出去一点，跌低了收回一点，那倒可以。有了这种心境，这种心态，大盘的涨跌，那又如何？那不正像高山流水，日出日落一样正常吗？有谁见过太阳升起还心跳，月亮落山心慌，把股市看作和其他行业一样没什么大惊小怪，北京有一句话叫"该干嘛，干嘛去"。所以做股票要有一颗平常的心，这样心就能静下来，凡事做到心静如水、清淡雅致，股票操作一定得心应手，驾驭左右。

当然要想做到心静，确实不是一件容易的事情，我们可以说得好，也可能某些时候做的也好，但能长期坚持下来确实不容易，为什么寺院里的和尚整天拜佛诵经，如果都做到了，那还拜什么佛，念什么经啊。心静是久练而得，股市的经难念，都有体会，正因为如此，就要坚持长期练功，俗话说得好，心静自然凉，静就是理智，时间久了心诚了，心也就静了。回过头来看看身体，又年轻了许多，正所谓养心及养身，心静也是人生的最高境界。

卓卓说，说起静心，真让人惭愧，我入市6年，前4年主要做短线，整天杀进杀出，忙得昏头昏脑，参加过短期速成班，也参加过实战比赛，在100名选手中，获得过第九名。但实际操作中，4年下来，不但没有收获，反而赔了不少。短线操作，在行情上涨时，个股都有表现，像去年的下跌，说实话，活神仙也奈何不了，说是短线高手，说穿了，就是营业部的高级打工仔，只不过比正常股民每年多交了不少手续费而已。最近两年，我退出短线操作，去年只保持40%仓位，基本没有做短线，反而亏损大大减少。同时用更多时间静下心来反思自己，我感悟了这么个道理，心不静，则心不安，心静乾坤大，心安理数明。心不静，必然会陷入迷茫。所以说，心静是一种境界，一种智慧，一种思考，我很同意一句话，说身静乃是末，心静才是本。近两年，我的心静了许多，并且感觉到了心静之后，身心是多么愉悦，心情是多么舒畅。

已是下午两点半了，酒也喝得差不多了。老汤最后也发了言。他说，真没想到大家对心静感悟得这么深。我虽然年纪最大，但对这个话题没有大家理解得好。我在股市也已12年了，过去总觉得工作经历长、见识广，退休后，在股市找到了乐趣，但实际上，思想、身心越来越跟不上，主要表现是操作起来费劲，资金越来越少，脾气越来越大，最近几年，不断反思，逐渐想通了一些道理，如果眼睛总是盯盘不放，脑子里总想着输赢，到头了，钱没赚着，身体搞垮了，心态变坏了，这就违背了进入股市的初衷。现在和前几年大不相同了，总觉得心里不那么沉重了，眼也明朗多了，最主要的是把赔赚放在身外，置大盘涨跌于不顾，置身事外桃源，心里放得下。看来心静需要具备一种豁达自信的素质，需要一种恬然和难得的悟性。有人说，没有真正的静心，是不可能有伟大的思想诞生，能在股票上操作得心应手者，那是静心修炼而成，静心是灵感之源，静心使人的智慧更富有穿透力。

这一次聚餐，似乎大家都或多或少找到了灵感，也得到许多感悟。是啊，心静自然凉，只要静下心来，许多疑惑茅塞顿开，许多难事迎刃而解，做股票其实很简单，如果能真正静下心来感悟一下，做股票就那么难吗？其实并不难，而真正难的是自己没有静心思过，感悟真谛，心有多静，感悟就有多深。

世界万物皆有心，人心静，心如碧潭，静如清泉。股市本是喧炒之地，谁若能静心修炼，那就离高人只差一步之遥了。

149　创业版里有小金矿

上个世纪 90 年代初，我们几个朋友到山西五台山旅游，在当地朋友的带领下，顺便参观了开山掘金的盛况。

到了五台县的矿山，真可谓盛况空前，大大小小的矿洞到处可见，山上山下，人来人往，络绎不绝。据说，想开矿掘金，简单得很，和村里说一声，即可上山打个洞，等开出矿带后，报告村长或支书，派人上山看矿带，说 8000 或 10000，概不还价，双方都会意，就是说，根据矿带宽窄，含金量高低估计，就定出每月上交掘金费，直到矿带挖完，或再不值得继续挖下去。

一般情况下，都是个人承包，小则数月，多则一两年矿带开完，即行撤离。那时，每克金几十元，矿石按编织袋卖，一袋多少钱，由开矿人和买矿石的人双方协商定价，每袋几十元到百元不等，山上金矿石装袋运到山下村子里租的农家小院，堆放在院内，放上一只大锅，将矿石碎渣倒在锅里，锅里放上水，买矿人开始用碗或瓢淘来淘去，估算矿石的含金量，最后决定成交价格，成交后，装车运走，尔后用人工或半机械化将矿石碾碎淘金。

创业板就像五台县的小金矿，好公司就像掘到了一个好的金矿带，带来不菲收益，差的公司，好似一个劣质矿带，越开采矿带越窄，且金矿成色也差，含金量低，肯定卖不上好价钱。有一个小伙子就在创业版上找到了一座小的金矿。

小伙子姓龙，小龙是北京一家药店的采购员，对医药略知一二，因高考落榜，就拜叔叔为师，叔叔是个老中医，学了二年，同时又上了一所医药函授大学，小龙是个很用功的小伙子，要不是家境不济，复读一年，上大学没问题。不过勤奋的人干什么都能有出息。

2006 年，小龙在北京开始打拼，2010 年，已经攒下了 10 万元。他将这笔钱开了户，放入了股市，当初设想只打新不买股，他听说创业板中签收益高，就决定申购创业板，在营业部办了创业板手续，2009 年 9 月 25 日第一批创业板申购，他发现了一只医药股，莱美药业（300006），于是将 10 万元参加了申购。人要是运气好，出门就能捡个金蛋蛋。莱美药业申购价 16.50 元，10 万元只能配 12 个号，一个号竟能中签，12 个号中个签没什么奇怪的，也算小龙捡着了，竟然中了签，500 股，扣款 8250 元。

2009 年 10 月 30 日，莱美药业上市，开盘价 27.45 元，最高摸到 49.40 元，收盘价为 35.80 元。小龙当日并没有卖出，他明知赚了不少，但他认为，只有 500 股，等等再说，他开始研究莱美药业的基本情况和经营分析。就像当年背诵中药方子那么着迷，几个月下来，他对莱美药业有了较深了解，他认为这是一个好公司，有发展前途，他放弃了最初只打新股的设想，认定莱美药业是个小金矿，他要在这座小金矿里掘金。

2009 年 12 月 10 日，该股经过回调后，股价出现回升，最高上探在 41.50 元。小龙并未所动，到 2010 年 2 月 3 日，股价最低下探至 22.59 元。小龙又惊又喜，惊的是股价跌幅如此之大，所料不及，后悔当初没有卖掉，如果出手，现在再买回来该多好。当然，他也明白，如果是这样，那么股市的钱都叫他一个人赚了；喜的是他只有 500 股，也没赔，这一下跌，给他补仓带来天赐良机，就在 2 月 10 日，他认为不能再等了，于是在下午 1 点 16 分以 25.18 元的价格买入 3500 股。

小龙虽未在最低点买入，他也知道，不可能在最低处买入，没有那个水平，也没有那个胆量。但他凭着对该股的钻研和了解，确信买的对，他认为，不管股价涨跌，只要买对了，就能赚，如果在这种情况下还赔钱，那就是天意了，就是赔了也认了。

2010 年 12 月 15 日，该股在上涨到 39.97 元后，出现了回调。小龙这时开始考虑，是该出一部分了，于是在 12 月 27 日下午 1 点 56 分时以 37 元的价格果断卖出 3000 股。此后，小龙并没有等到补仓的时机，但给了他一次高位出货的机会，此时小龙并没有卖出。随后参加了 10 送 10 的高送转。

2011 年 10 月 24 日，莱美药业创下了送配后调整以来新低，最低探至 17.95 元，小龙并没有动心，他清楚复权价高达 35.90 元，现在不是进货时机，宁可错过，也不能买错，更不能在高位接盘。至 2011 年底，小龙握有 2000 股没动，市值 34600 元，现金 11 万元。

直到 2012 年 1 月 19 日，该股最低下探至 12.90 元，这是小龙怎么也想不到股价能跌的这么惨。他知道，大盘外围环境不好，临近年底出现了加速下跌，莱美药业也未能幸免，更为悲惨的是该股重大资产重组失败，在双重打击下，股价大幅下挫也在情理之中。他已经在莱美药业这个小金矿中挖出了金子，矿带还没挖完，说不定越往深挖，矿带会变得越宽。于是，在 2012 年 1 月 31 日下午 2 时 08 分，以 14.20 元的价格买入 4000 股。如果再往下跌，在前期低点处还可以补仓。

小龙虽然在莱美药业这个小金矿中挖到了金子，获得了收益，但他丝毫没有懈怠，时刻关注该股经营状况。小龙认为，投资股票，尽可能投资和自己专业相关的行业，自己熟悉的行业应该成为投资重点，或者是自己喜爱、偏爱的行业，如果能买入这样的股票，可以说，顺风顺水，便于了解、掌握，研究时比较顺手，也能深入了解下去。如果买了生疏行业的股票研究起来很费脑筋，俗话说，隔行如隔山。同时，不熟悉的行业，就是有问题，也不易觉察。自己熟悉的行业，更能发挥自己的主观积极性，潜能得以发挥，也有施展才能的机会，可以说，买上和自己同专业的股票，相得益彰，互为促进，更能增强持股的决心和信心，这对于投资者来说，是至关重要的。

同时，在研究所持股票的过程中，不断增强持股的兴趣，有助于深入研究下去，事实上，对自己所持股票越有兴趣，研究就越深入，就越能挖掘出新的题材信息，对公司所发布的公告信息解读的就越深。也就是说，能从深层次上掌握公司公告信息的内涵，这样，对股票就能精准地做出判断。人常说，下棋要看三步远，只有对公司挖掘的越深，才能看得越远，持股的信心就越坚定。

小龙对莱美药业的研究可以说是下了功夫的，功夫从来不负有心人，他在该股上的收益，正是对他所下工夫的回报。因而，他不论是买进还是卖出，都很自信、坦然，虽然他入市时间不长，但他对股市的理解和对个股的研究有了深刻的把握，当然操作起来就轻松多了。

150　二月二龙抬头

农历二月初二是龙抬头，民间流传这样一首打油诗："二月二，龙抬头，天子耕地臣赶牛，正宫娘娘来送饭，当朝大臣把种丢，春耕夏耘率天下，五谷丰登太平秋。"皇帝率众臣参加春耕生产，可见春耕不误农时之重要。二月二，在一年之中是多么重要，二月二，时令已经入仲春季节，此时阳气上升，大地复苏，草木萌动。二月二，正处于"雨水"、"惊蛰"、"春分"之间，蛰伏一冬的各种动物又恢复了活力，该有所活动了。龙抬头，意味着龙也行动起来了。

说到股市，事不过三，可现在已蛰伏四年了。无论从哪种角度来说，也该抬头了，该伸展伸展了。农历二月初一，上证指数上涨了 22.16 点，涨幅为 0.93%，首次站上

2400 点，收盘为 2403.59 点，成交量也是首次突破千亿大关，达到 1090.9 亿元；二月二，龙抬头这天，上证指数收了根小阳线，稳稳站上 2400 点，成交量并未萎缩，也达到了 1054.7 亿元；二月初三，大盘继续上攻，当日收报 2439.63 点，上涨 30.08 点，涨幅为 1.25%，成交量继续放大，全天达到 1216 亿。至此，大盘已连续三天站上 2400 点，并继续扩大战果，成交量保持温和放大，都在千亿之上。从技术上看，大盘继续上涨成了大概率事件。

看来，龙已苏醒，已抬头准备跃出，当 10 天后，惊蛰那天，万物惊醒，大地复苏，相信上证指数又会站上新台阶，任何事物都是遵循自己特有规律向前发展的，当自然规律、社会规律、历史规律出现共振时，也就是说，当天时、地利、人和都具备时，只有在这个时候，我们所希望的，就展现在了眼前。当股市处于下跌阶段，并形成趋势，谁也挡不住；反之，当上涨趋势形成时，也是不以人的意志为转移，该涨就要让它上涨，现在这个时间点就是上涨趋势已形成。当然，中间还会有大的反复，但总体格局向上越来越明显。

我们先看天时。天时，就是大环境，国际大环境正在向好的方向转化，希腊这个最棘手的问题已初步解决，美国经济也出现向上的好趋势，欧美股市连连上涨，这给我国股市创造了一个良好的外围环境。从我国情况看，人们常说，一年之际在于春。今年的春天与往年不一样，虽然出现了春寒十八天，但春天的气息挡也挡不住，春寒虽冷，春意渐浓。大盘自 2012 年 1 月 6 日，创下 2132.63 点新低后，并没有像有些股评家期望的那样继续探底，而是随着春天的脚步渐渐地、缓缓地抬头，到了二月二前后三天，成交量三天过千亿元，2400 点整数关口连守 3 天，股市的春天似乎要比节气的春天还要来得早些、快些，真可以说是"俏也不争春，只把春来报"。政策的暖意、人心的思春、盼春，已经催发了股市春天的信息，今年春来早，已成为广大投资者和众多机构的共识。自然规律和社会规律是多么的融合、和谐。

再说，地利。改革开放 30 年，中国的经济发展，连续 30 多年，在世界东方稳定增长而不衰，令全世界，特别是西方国家刮目相看，在这个神奇的东方土地上，中国创造了无数个奇迹，中国在世界的地位举足轻重。中国股市 20 多年来为国家的经济发展创造了巨大的财富。但是令人不解的是在股市出现了和经济发展不和谐的背离，股市跌跌不休，股民损失惨重。相反，美国、欧洲经济不振，可股市却连创新高。但人们已经欣喜地看到，在元旦、春节之后，形势逐渐发生逆转，越来越多的人已经感到，并正在验证，中国这个历来让世人感到神奇的地方，紫气东来、金龙送福，中国的大地，中国的股市已龙抬头，牛哞叫，国外资金流出局面已改观，并出现回流现象。

要说有信心，首先要对中国的经济有信心。当我们信心缺乏时，首先要想到中国是个福地，中国股市刚刚起步，30年改革开放，孕育出的中国股市，只要消除掉了它的弊端，解决了它的缺陷，那么腾飞只是时间问题了。现在端倪已现，尚缺的是信心。古人曰，天时不如地利。地利是我们的长项，上上下下应该珍惜和利用。可以说，我们有些时候是身在福中不知福。

最后，我们重点谈谈人和。自股市成立以来，从来没有像今天这样，那就是人和：亿万股民、各路机构、管理层三者达成了共识，股民思涨，管理层助涨，机构捧场。元旦、春节以来股市的上涨，说明上述三者已达成共识，产生共振，齐心推动股市走出困境，是大家的共同心愿。

广大投资者，四年来备受煎熬，损失惨重，人心思涨，久盼甘露，已急不可待，现在终于看见了一丝曙光，最近三天的成交量就说明了这个问题。惊蛰过后，随着万物苏醒，我们将会看到，股市的开户数会创出新高，僵尸户会随着地气上升而出现复活。

更加让人感到欣慰的是我们的管理层，多次地公开评论股市，对股市的涨跌特别关心，从总理的提振信心到郭主席关于蓝筹股的罕见行情等等。可以说20多年来没有哪一届证监会敢于公开评论股市，而且新成立的投资者保护局第一次公开承认管理有缺陷。让我们想一想，股民处在水深火热之中，管理层连个认错都不承认，多少年来，他们不敢承认管理有错。过去所谓管理层只管融资不管股市涨跌，这种错误逻辑，右倾思想，左倾表现，这种错误思想的后果，既损害了党在人民群众和股民心中的形象，同时，又给广大投资者造成巨大损失。

正因为如此，同样惨遭损失的机构、基金也站在积极的一面，现在有一个好的现象，股评也好，各路专家也好，奇谈怪论少了，假研报少了，能说会道的嘴、说三道四的嘴也少了。看来，这些也达成了共识：推动股市上涨是大家的共同心愿。

真所谓"人心齐、泰山移"。管理层越来越亲民，想方设法除弊端，兴务实，惩贪官，伸民冤，出新政，推上涨。股民终于看到了希望。我国的股民，真是天下最可爱的股民，他们多年来所遭受了巨大损失，但他们却仍然和证监会保持一致。发扬了逆来顺受、容忍无度的宽广胸怀。这种长期以来培养出的热爱祖国、热爱政府的情怀是中国人的高贵品质，这在西方国家是无法理解的。

二月二，龙已抬头，股市已现上涨局面，抓紧时机春播春种，力争今年有个好收成。

151　股民何时才能去掉脖子上的枷锁

十人炒股七人赔，这是不争的事实，就是说，大部分股民赔钱，这已经成了铁律。这几年股民的精神受到极大摧残，资金大大缩水，许多股民甚至不敢查看账上资金还剩多少。现在股民脖子上有两道枷锁，一道是套在心上的枷锁，是看不见摸不着的，那是心灵的枷锁，是带着血的枷锁；另一个是套在脖子上的枷锁，这是看得见摸得着的枷锁。

套在脖子上的枷锁，是股民亏损掉的血汗钱，全国股民究竟亏损了多少钱，没有准确统计，倒有文章说，仅 2011 年全国股民每人亏损 4.2 万元。基金去年就亏损 5 千亿，多么庞大的数字，那是全国基民的钱，股民的亏损就是脖子上的枷锁，恐怕有的股民至死也丢不掉了。也许会带着枷锁被送往火葬场。

心灵的枷锁恐怕也很难去掉。亏损不解决，心灵的痛怎么能抹去。大面积的亏损，恐怕只有中国股市才有，有多少股民自打入市以后，心灵上就开始受到创伤。而这种创伤，不知何时才能治愈，我们暂且叫他"股市病"。这种病如果没有良药，其可怕程度并不亚于癌症，而且极具传染性，一人亏损，全家受过，一人病痛，全家难受。从来就没见过，也没听说过，我国的股民亏损面之广、亏损金额之多，给这么多股民和家庭造成的痛苦，直到目前为止，除了股民自认倒霉外，社会上竟没有人正面给以回应，没有任何组织、机构敢于站出来承担责任。范仲淹说过一句话："先天下之忧而忧，后天下之乐而乐"。我们的父母官，难道连古人都不如？他们敢为天下人担忧，我们的管理层为何不能替广大股民担忧，为他们承担责任？官以民为本，十二五规划不下十几处讲到关心民生，全心全意为人民服务是我们党的唯一宗旨，我们切不可忘记。当今，应把解除股民之痛当作重中之重，采取切实果断措施，扭转不利的被动的局面，使股市走向健康的正常的道路。

是谁给这么多股民套上了枷锁。是他们自己主动套上的，也是管理层给他们套上去的。当走进营业部时，明明提示"股市有风险，入市须谨慎"，但我们的股民偏偏把提示警语当成耳旁风，明明知道盈亏自负，管理层不管输赢，不负风险，这也有言在先，都心知肚明，不用啰嗦。大多数股民，从踏上营业部大门那时候起，就已经给自己套上了绳索，戴上了枷锁，这一戴就没了期限，这一套就是死结。这怨得了谁呀？作茧自缚，自作自受，哑巴吃黄连，有苦没法诉。多少年来，又有多少股民和枷锁同枕同眠，形影不离。入市有多长，痛苦就有多久，无人同情，无处诉说，只有把苦水往肚子里咽。

这话也得从另一方面说，股民的枷锁也是管理层给套上的，理由有三：一是过度的扩容，使他们超额完成了政府下达的融资指标，军功章挂在胸前，他们的军功章是用广大股民的血汗钱换来的，无节制的扩容的直接后果是股市的长期低迷，股民的资金被赤裸裸地掠夺，掠夺者却心安理得，振振有词，可以说，扩容是股市的罪魁祸首，是屠杀股民的第一杀手。二是三高发行，有关三高发行，到了2012年初，基本取得了共识，而且发行价大大降低，昨日中建的发行就是回应，可这几年有多少新股上市跌破发行价，至今还在生死线上挣扎。那么，因申购中签亏损的投资者，这个损失由谁来补，这种骗人的游戏规则，是谁设的局？又是谁得了便宜？我们要问，为什么受害者总是股民？难道他们天生就是贱坏子？三是监管黑洞。有关股市政策的制定，漏洞很多，指导思想大有问题这是造成股民大面积亏损的政策原因，这是管理层不可推卸的责任。

死要死得明白，活要活得痛快。清楚了套在脖子上枷锁的原因，那么如何解除枷锁，其实道理很简单，解铃还需系铃人，说起来很简单，但做起来又不是一件容易的事。

首要的任务就是广大股民必须清楚，防范股市的风险永远要放在第一位，这就要求我们必须提高自身素质，股市决不是捡钱的场所，许多投资者很自信，股市嘛，不就是低买高卖，谁都知道5元买的股票10元卖掉，多么简单的道理，可为什么大多数的人都是10元买的股票心甘情愿地在5元卖掉，越是简单的问题越难解决，1+1=2，全世界都没解决的数学难题，股市中的10元买5元卖，这是股市中的哥达巴赫猜想。这里首先解决的问题是股民要加强自身学习，刻苦钻研，不断提高独立自主能力，不受环境影响，不被他人左右。并不是所有投资者都亏损，有的投资者，适应能力强，一入股市，就能刻苦钻研，下苦功夫研究上市公司，力争掌握投资的主动权，在此基础上，在投资技术上下工夫，尽力把握市场运行规律，力争学会驾驭市场能力，他们是股市的佼佼者，用自己辛勤的汗水换来了可喜的收益，他们是股市的中坚，这是他们在股市得以生存的基础，广大股民如果都能以此来做，那么，亏损的比例就会大大降低。

作为管理层而言，在完成融资任务的同时，也要为投资者创造良好的正常的投资环境，只要心里装着股民，头脑中牢固树立"以民为本"的思想，股民亏损的难题是可以解决的，也决不是哥达巴赫猜想。唐朝的狄仁杰、宋朝的包公，他们心里想着天下受冤之人，以为民请命、替民伸冤、惩恶扬善为己任，因而千百年来受到百姓爱戴，现在，我们的父母官，难道眼睁睁看着亿万股民整天戴着沉重的枷锁无动于衷、视而不见吗？其实，只要心系股民，再难的问题都可以解决，办法总比困难多，只要牢记全心全意为人民服务的宗旨，有为民请命的精神，那么，智慧就如涌泉一样蓬勃而来，清澈而甘甜，广大股民就会享受到管理层的雨露和恩泽。

股民的自身努力和管理层的智慧共同作用下，套在股民脖子上的枷锁总有一天会被去掉，大部分股民就会告别亏损，走向赢利。

努力吧，中国的股民；盼着吧，中国股市的包青天、狄大人。

152　没有人给我们智慧，我们必须自己找到它

许多股民朋友抱怨在股市挣不到钱，是我们不聪明、没智慧。其实，智慧就在自己的思维和头脑里，智慧在自己的实践和经验中。关键是如何运用自己的智慧，挖掘自己的智慧。就是说，智慧是经验的结晶，是实践的积累。

常识告诉我们，智慧是对事物能迅速、灵活、正确地理解和处理的能力，是人们生活实际的基础。一方面遇事能迅速理解并能及时处理。股民都知道，在股票操作中，能否坚持自主选股、独立操作，是检验股民智慧的试金石。大凡在股市的成功者，都是能独立选股、深入调查，靠自己正确的思维、缜密逻辑、果断决策、迅速出击，这样，成功的概率就比较大。而有些投资者，买股不是独立自主，往往要有个拐棍，自己拿不定主意，他们不是靠自己辛勤耕耘而获得，没有自己的智慧，一旦出现问题，不知所措。有人曾说，最大的智慧存在于对事物价值的彻底了解之中，这话很有道理。经过自己调研、下苦功筛选出来的股票，可以说是经过自己的手、眼反复检验的，是下了辛苦的，只有这样，心里才有底气，心知肚明，拿得放心，知根知底，哲人曾说："一盎司自己的智慧抵得上一吨别人的智慧"。靠自己的智慧选出的股票其内在价值超过别人推荐的股票一千倍。而且更可贵的是培养了独立选股的信心，激发了自己的智慧，所以人们常说，智慧的标志是审时度势之后再择机行事。自己对股票的选择，经过筛选、考察、调研、抉择、出击，这一系列过程后，自己的大脑思维从抽象到实践再到抽象这样反复的过程，实际上就是自己头脑中智慧迸发的时候，创造性极大发挥的时候，所以说，哪里有实践，哪里就有智慧，哪里有智慧，哪里就有成效。智慧不是固有的，

不是先天的，是实践的产物，是经验的结晶。

坚持独立选股，亲自调研，实际操作，不但激发了智慧极大的体现，同时也给自己股市生活带来无限快乐。有些投资者抱怨在股市很累，也很痛，他们也很辛苦。手累、眼累、心累，但总是亏损。其实，他们并没有找到做股票的真理。我们说，在股市很痛苦，那是因为对股市有偏见，没摆正自己的位置。那些成功的投资者，他们认为股市处处充满了智慧，也处处洋溢着快乐。把股市当作痛苦的场所，那是没有激发出做股票的热情，总是被动地支撑着，没有快乐，哪来智慧，而把股市看作是快乐的场所，往往能掌握主动权，股市高涨时，能够保持一份警惕，同时也能享受所持股票上涨时的那种兴奋、激动和快乐；低潮时，总能留几分清醒，同时还能激发自己的智慧，理智地告诉自己，沉着、不慌，进场的时机已临近，那种临战前的冷静、稳定，绝没有痛苦之感。快乐的头脑，脑中荷尔蒙非常活跃，智慧涌现、思维清晰，总能告诉自己正确的投资理念，帮助自己顺利实施正确操作，这样胜算的概率就大大增加。

一个成功的投资者，应该对自己所持股票做到心中有数，并能制定出严密的持股计划、目标、盈利预测、持股时间，对可能出现的突发事件所采取的应急计划，都应有相应的预案，大脑的思维中，安全第一始终放在首位。特别是当所持股票出现亏损时，所能承受的限度，这是每个投资者几乎都能遇到并经历过的事情。在亏损的时间里，是最能折磨人的，也是最能考验人的。是主动地承受损失，还是被动地、无可奈何地等待，是最能考验一个成熟投资者的智慧。有智慧的投资者，这时就会考虑、思索，亏损是什么原因造成的。主观原因成分有多大，如何解决，以什么样的心态去面对，用什么办法和采取什么措施去解决。有了这种思想，就能主动面对，这样的结果，损失就会变得少些，甚至在下一轮行情启动时，就会从容冷静迎接新的行情，变被动为主动，使亏损减少到最低限度。

而有些投资者，在亏损面前，变得束手无策，甚至麻木，最后放弃不管，很久不去查看行情，这就是被动地应对，是缺乏智慧的表现，也就是说，出现上述问题，不去主动地解决，不去发挥主观能动性，激发自己的才智，发掘自己的智慧，倒显得毫无对策，这样，哪有不亏之理。

哲人说："遇事作最坏打算的人，是具有最高智慧的人。"俗话说得好，人无远虑，必有近忧。身在股市，向好处努力，做最坏打算，遇事能从容应对，许多投资者一入市，脑子里就一根筋，只想着赢，从未想过输。有一个小伙子，入市第一天，就赚了300元，高兴得不得了。我打工一个月收入才1200元，4天就赚回来了，何乐而不为呢？

心里总是盘算着，1 天 300，10 天 3000，一个月 9000，真是天上掉下来的馅饼。后来，这个小伙子由入市的 3 万元，不到一年只剩下 1.2 万元，只好清盘走人，再也不敢到股市来了，只留下一个空账号。

有道是，真正的智慧，不仅在于能明察眼前，而且还要能预见未来。从某种意义上说，不但能正确地做好当前操作，更重要的是为下一步做好谋划，作为股民既做好眼前的操作，又筹划好未来的设想，二者紧密结合，这就是对智慧的最大体现。

只要给智慧插上一对翅膀，它就会带着你飞到智慧树上，品尝智慧给你带来的快乐和采摘智慧果的喜悦。

153 预测股市是小孩般的幼稚而不是智慧

记得在 1993 年夏的一天，笔者在山西平遥火车站，准备赶往北京，离火车进站还有一个多小时，就在车站附近闲转，正巧见一算命先生在给一妇女算卦。有意思的是算卦男子还带一个四岁左右的小女孩，小女孩叫嚷："爸爸，我要吃冰棍。"不断地嚷嚷，厌烦的爸爸这才掏出 2 元钱给了女孩，并说："找回一元钱。"小女孩很乖巧，不一会，左手拿着一元钱，右手拿着一根冰棍回来了。中年男子给那位妇女算完命，收了 10 元钱。

中年男子抬起头："算命吗？"

我说："我不算命，倒想给你算一卦。"

他说："那好啊，就给我算算吧。"

我说："第一，你家遇到了难事，很缠人。"

他一下站了起来："你怎么知道？"

我接着说："如果我没说错话，你女人已不在家。"

我说："不过，事情有了眉目，总能解决。"

他急不可待："她叔，不瞒你说，你算得真准。"

不等我继续说下去，他一五一十地给我诉说起来。他说，两年前，我们村里来一木匠，给人家打家具，不知怎的和我女人好上了，后来，我女人跑了，已两年多了。我就带着孩子到处找，前一段时间找着了，她已经和那个木匠生了一个孩子。我知道他是急于想找人帮忙，替他出主意。我告诉他，要打官司，你能赢，但问题是，你要女人，还是要钱；再者，女人还想跟你过吗？他说，女人是要不回来了，人家有手艺，我想要点钱，好拉扯孩子。如此这般说出了我的建议。他连声道谢，还让小孩给我磕头。

给别人算命，却连自己的命运都掌握不了。我用这么大的篇幅讲了这个故事，是想说，我们整天呆在股市，常常听到许多股评家给股市算命，预测大盘走势，到头来，没有一个算准的。4年前，大盘上了6124点，他们说，不久能站上8000点，行情最高可到万点。当下跌到1664点后，又是这帮算命先生，说目前还未调整到位，继续下探是大概率事件，第一目标位1300点，击穿1000点可能性很大。可怜的是，在股市，确有一部分投资者不是靠长大的，而是靠吓大的。1664点忙着割肉，先知先觉者却在兴奋而紧张地暗吸筹码。正如巴菲特不无讽刺地说："股市预测的唯一价值，看来就是让风水先生从中获利了。"

2010年年底时，各路机构纷纷抛出两个绣球，砸向股民。一个是十大金股；二是预测股市点位。大盘在2011年可上3500-3800点，几乎是异口同声。到2010年底，大盘有目共睹连创新低。他们推荐的十大金股，十之八九成了熊股。去年评出的十大熊股，都被他们抱去了。可喜的是，2011年底，出现了两个新气象：没有机构荐金股了，对2012年走势的预测，也低调多了。但社会越进步，算命先生越活跃，他们算起卦来满口不是微软加八卦，就是苹果和易经，他们说得天花乱坠，在众多股民中，更有信者。愚蠢的骗子和无知的股民，永远是一对双胞胎。

真正的智者，从不预测股市。巴菲特认为，市场与预测是两码事，市场是在变化的，而预测是固定不变的。预测的固定不变只会给分析市场的人以错觉。他说："做出第一项预测有违我们的本性。一直以来，我们认为股市预言家唯一的价值就是让算命先生看起来像那么一回事，即便是现在查理跟我还是相信短期股市的预测是毒药，应该要把他们摆在最安全的地方，远离儿童以及那些在股市中的行为像小孩般幼稚的投资人。"

投资大师索罗斯也认为，几十年来，他本人包括所有华尔街的任何一个投资大师，没有谁可以预测股市的走势，就像1987年的股灾，也没有一个人可以准确地预见。所以，索罗斯表示如果有人夸耀自己能够预测出股票走势，那么他一定是个骗子。

我们的一些投资者，明明知道股评家的预言不可信，可他们总是怀着一颗善良的心，和他们对股评家的顶膜崇拜，宁可信其有，也不可信其无，盲目崇拜，致使在实际操作中，屡屡失误，使资金蒙受不必要的损失。这些投资者有一个共同的致命伤，那就是缺乏独立思考，自主操作的能力，思想的懒惰，又不愿下工夫，拿来主义甚浓，置自己的资金安全于不顾，长期依赖别人，不仅仅是被动，而是处处挨打。身子骨软，得靠别人扶着，缺少男子汉和女强人的气质。股市强调的是独当一面，思想的独立，理念的正确，必然能使投资得心应手，而靠算命先生，相信骗子的蛊惑，终将一败涂地。

没有主意的人，最容易接受别人的意见，当瘦肉精事件出来后，股评家说，双汇发展 2011 年保证每股 3 元没问题，对这样信口雌黄的胡言，竟有人相信，于是引来不少跟风高位接盘。重庆啤酒事件发生后，十个跌停板后，又有人发表高论，说重啤估值在 8 元到 12 元。这一奇谈怪论，吓得普通持有者慌不择路，不计损失抛出，不多时，股价站上 32 元，他们的一通言论，误导了多少重啤持有者遭受损失。

股市里的算命先生之所以多，是因为有市场。我国北方有一句俗语"狼寻狼，鬼寻鬼，沙蓬就寻八条腿"，这也是物以类聚，人以群分。懒惰者总是寻找骗子做挡箭牌，愚笨的投资者大多愿意听信算命先生的鬼话。

每当听到股评家在媒体上的高谈阔论，总给人一种生厌的感觉，不仅想起平遥火车站那个算命先生。可怜又可悲，给人算命又算不了自己的命。去年基金损失了 5000亿，这些高智商的基金经理们，拿着基民的血汗钱打了水漂，不知他们算到没有，他们的良心究竟值多少钱一斤。

千万不要相信股评家的言论，他们的言论，只是像小孩一样幼稚。他们的预测是天方夜谭，决不是智慧的展示。努力发挥自己的才智，展现本人的智慧，坚持独立自主操作，自主选股，不听谣言，不信预测。到那时，股市的男子汉和女强人必定是你。

154　在最低价格时买进，然后就耐心等待

比尔·盖茨是个巴菲特迷，他把巴菲特的一句话当作圣经牢牢记住，巴菲特的投资忠告："在最低价格时买进股票，然后就耐心等待。"有大智慧的人总是能感悟到投资大师的精髓。比尔·盖茨为什么如此信奉巴菲特这句至理名言，对于我们普通投资者来说，应该从中悟到什么，很值得探讨，或许能窥视其中的奥秘，改变我们投资的一生。

在最低价格时买进股票，就是我们常常挂在嘴边的"低买高卖"。低价买进，这是做股票的基本原则。这个道理无论谁都懂，这不是智慧，道理是显而易见的。问题是大多数人为什么做不到呢？如果都能就坚持在最低价格时买进，那么就没有人亏损

了。现在大部分人还在亏损，这个简单的道理大多数为什么就不明白呢？

问题的实质是，股票在最低价格时，正是行情在极端低迷时期，形势最恶劣时段，这时，人们普遍感到恐惧，信心丧失，投资情绪受到极大打击，割肉、逃跑成了主基调，大多数唯恐跑都来不及，谁还去想现在是最低价，应该考虑买进，这不是傻子吗？有研究表明人们的情绪在最低落时，潜意识被封闭，悲观情绪占据大脑，人的思维混乱，智慧受抑，得不到舒张和激发。对事物听之任之，视而不见，脑子一片空白，并且听不进忠告。

在此情况下，也有极少数投资者能保持冷静状态。他们能感受到投资机会即将来临，思想上做好了临战准备，时刻保持高度戒备。如果能在情绪极度悲观时候，保持清醒的头脑，这就是股市的先知先觉者，那么，在下一轮行情时，他们无疑就是获利者，这些具有智慧头脑的投资者，很可惜只是凤毛麟角。

而众多的投资者，只有在行情高涨时，他们的情绪被激发，狂热情绪达到高潮，追涨成了他们唯一的选择，高位买进，成了他们的首选，心甘情愿为他人抬轿，他们丝毫没有感觉到被人愚弄，激情战胜了理智，像中了邪地大把大把资金往里砸，今日有酒今日醉，成了时尚，全然没考虑高位套牢之苦。巴菲特的忠告成了耳旁风，经过若干年的炼狱般的苦役之后，也许有些觉醒者，高位买进时多么愚蠢，这就是大多数人亏损的奥秘。但还有为数不少的投资者仍然执迷不悟，当下轮行情启动时，他们还是很冷静，行情高涨时，他们又昏昏然了，冲锋陷阵的勇士非他们莫属，我们至今不明白，是他们的愚昧无知，还是无智无慧，也许是人性使然吧，不然中国股市怎能撑到今天。

有人分析，重庆啤酒在第一个跌停板时就有人跟进，我们不知道是否有连跟10跌停板的，除了有人做套故意引诱散户跟进的因素外，确有在前三个跌停板跟进去的。在第5个跌停板有开始补仓的。我们无权责怪这些投资者，但现在股市确实有一种怪现象，追涨成了一种时尚，股价在低位时却无人问津，不但如此，还有人倒问你，这是最低位吗？说的也是，人各有志，不能相勉，但无论如何，我们要提醒一句：高位买进，实属危险。

中国的股市，要有十年磨刀的功夫，要经得起行情的磨人，要等得起，要有旧社会寡妇守得住寂寞，经得起诱惑的耐力。当然，我们不是提倡只守不攻，只要行情来临，决不错过。大凡一轮下跌行情，特别是深幅下跌，往往是泥沙俱下，大盘的重挫是以各股惨跌为代价的。许多优质股票也未能幸免。这就需要慧眼识珍珠，寻找那些优质股票，一旦发现珍宝，只要时机成熟，就可果断出击，夺得头筹，到时收获的不仅仅是珍珠，更多的是丰收的喜悦。因为那是对你寂寞的回报，智慧的馈赠。

耐心等待，是在低价买入优质股票后的很长一段冬眠期。这也是比尔·盖茨最为被巴菲特折服的地方。耐心等待不仅是要经过漫长时间的考验，还要经过痛苦的等待。股价上蹿后的诱惑，急性者跃跃欲试，许多投资者，已骑上了白马，抓住了黑马，有的并不觉察，中途下马，有的并不识得自己骑的是上好的白龙马，却经不住一丁点到手的收获，最后折马而归。

如果我们的投资者能从中理解巴菲特所说的"在最低价格时买进股票，然后就耐心等待"这句话，把握它的精髓，理解它的内涵，我们就能在投资生涯中立足于股市不败。事实也正是如此，许多成功的投资者都有一个共同的体会，那就是坚持低价买入，决不高位追涨。

我们不能曲解大师的话。现在，低价股到处都是，1-2 元的股票也可见到，这不是低价股吗？大师所说的低价股，决不是指股价的高低，而是股价和公司内在价值相比，股票的价格大大低于其内在价值，这样将来行情启动后，许多优质股票的内在价值会得到充分体现，其股价就会大幅度上升。而股价只有 2-3 元的股票，虽然股价比较低，但其内在价值更低，那么这样的股票就谈不上股价高低，只能排在垃圾股之列，不值得投资。

在众多的股票中去发现优质股，用自己的智慧和思维去分析其内在价值，当发现确有投资价值时，那么就在其股价低位时拥有它，那时，你就会发现，不是怕它不涨，而你是想慢慢品尝它，同它一起成长。

155　战场与佛堂

有人说，股市如战场，整天打打杀杀、腥风血雨，十分残酷；也有人说，股市似佛堂，每天诵经念佛，自我反省，万分清静。应该说，他们说的都有道理，是从不同角度反映了股市真实的一面。

说股市如战场，一方面反映了股市的残酷，特别是在暴涨急跌状况下，多空双方战斗非常激烈，直到一方取得完全胜利，或至少掌握主动权。另一方面，作为普通股民，他们不但是直接参与者，同时，也是多空主力搏杀的对象，是战争双方的牺牲品。

广大投资者的真金白银付之东流，连个白条也没有。

但是，当战争结束后，四周一片寂静，更多的时候是打扫战场、休整、扩充兵源、征集粮草、整固战场、训练新兵，指挥官们在制定下一次作战方针和战略部署。股市也是这样，暴涨急跌所持续的时间极短，更多是时间是整理，前方无战事，股市更寂寞。这个时候的股市，异常安静，大户室的人打牌、喝茶、聊天，大厅里几乎空空如也。当然并不是无事可做，有头脑、爱动脑的投资者竟如佛堂里的和尚，在做他们应该做的事。

诵经念佛断不可少，自我反省成了必读课。许多投资者在一个来回下来，总有许多感慨，经验是什么，教训有多少。成功者总是在检讨自己，其实，说到底，更多的投资者在亏损，而此时，总结经验教训就显得尤为重要。许多投资者屡战屡败，竟不知失败原因在哪儿。股民段先生2007年入市，前后共投入15万元，五年下来，只剩下5万元，平均每年缩水2万元，他至今也说不出亏损的原因是什么，他也弄不清楚为什么总是10元买的股票5元卖掉，用段先生的话说："也许是鬼催的吧。"其实，许多投资者死都不知道是怎么死的，真可以说是死的不明不白，亏的不清不楚。

这种情况下，如果继续玩下去，会输得更惨，唯一的办法是安安静静在佛堂自我反省，究竟错在哪里，找出原因，挖出病根。人在心静情况下，毫无杂念地自我反省，最能开发大脑，智慧泉涌、思维敏捷，许多成功人士的创新性思维正是在惨重失败之后找到灵感的。这个阶段最能启动大脑深层次的智慧。但愿亏损的投资者能找到自己亏损的原因，大凡聪明的投资者，在经历了几次失败之后，能从失败中走出来，真可是浪子回头金不换，如果机会再次降临时，成功者就非自己莫属。我们敬佩那些从困境和亏损中走出来的投资者。不怕失败，不怕亏损，就怕不知失败之因，亏损之根。

找到失败原因之后，接下来顺理成章的事情应该是行调查研究之风，走亲自调研上市公司之路。深入了解上市公司是每个投资者必经之路，但大多数投资者不以为然。他们对上市公司一知半解，就下了买入的决定，而有头脑的投资者却能从大量的以公开的信息、资料中掌握上市公司基本情况，找出疑点，带着问题或电话采访、询问、或亲自到上市公司进行面对面的了解。在上市公司召开股东大会期间，更是调研的大好时机。那时主管们集体亮相，他们会以热情、面带微笑而又不厌其烦地回答投资者提出的每个问题，更有甚者，你可在会议休息之机，私下询问高管，或许你的问题会有意想不到的解答。总之，调研之风必须兴，调查之路必须走，只有这样，才能掌握第一手资料，那时，当行情来临时，就会信心百倍地、大胆放心地、毫无顾忌地买入你亲手调研的股票。然后，你或者回家睡觉，或者打牌、喝酒，到时你只要蹲在墙角捡钱就是了。

在佛堂念经期间，千万不要忘记清理门户。经过调研，对需要买入的股票胸有成竹，当然，对于手中股票就可以作一番调整了，经过调研，哪些股票得到认可，哪些不需要继续保留，对于不符合继续持有的股票，就应该坚决抛弃，不留情面，也不怜香惜玉。一般情况下，投资者只要亲自做过调研，对所持股票的去留就再没有犹豫之感，心里能做到泾渭分明。如果没走过调研这条路，对手中股票就不会有明确的态度，这个舍不得，那个放不下，举棋不定，思路一团乱麻，剪不断理还乱。接下来，继续亏损也在情理之中了。所以，投资者要想摆脱亏损必须走亲自调研之路，别无他路可走，非走不可，不走不行。唯有如此，才能走出一番新天地，摆脱长期亏损，走向赢利。

战场需要的是勇猛有战斗力的战士。每个投资者都是股市的战士，关键是能否把自己打造成勇敢坚强的勇士。一般情况下，经过几次大的战役，经过生死，幸存下来的战士更有战斗力。经过涨跌大起大落，投资者都经过了战斗洗礼，积累了经验，应该知道得失利害，也品尝了亏损之果，应该更加珍惜自己的资金，错误可以犯，但不允许多次犯同一个错误。有智慧和无头脑的投资者唯一的区别就在于是否老犯同一个错误。无头脑的投资者是属猪的，记吃不记打，而聪明的投资者善于总结经验教训，牢记失败教训。

在行情消停之时，多在佛堂念念经，一来向佛祖忏悔一下自己的过错，听听佛祖的指点，静静心情，安抚一下心灵，二来学学新鲜经验，看看哪些师兄师弟取得真经，能否给自己传授些，或许能对自己有所帮助。

战场和佛堂，一个充满了血腥，一个是十分的清净，身在股市，更多的是需要清净。佛本意是智慧、觉悟的意思，投资者如果能从长期亏损中总结出经验教训，拜拜佛、念念经，开发一下智慧，提高一下觉悟，又有什么不可呢？

156　勤学勤政为大智大慧

在三字经中最后部分，有几句或许能给我们一些启迪，拿出来一起鉴赏一下。

三字经中说："唐刘晏，方七岁。举神童，作正字。彼虽幼，身已仕。尔幼学，勉而致。有为者，亦若是。"我们知道，三字经中占用很大篇幅来谈教育和学习的，列举了不少勤学上进的典型，但占用 30 个字来赞扬刘晏，这在三字经中是不多见的，这里说了两个意思，很有意义。

刘晏不仅是神童，而且勤学，少年勤学典例很多，在刘晏官居高位后仍坚持勤学，实为难能可贵。八岁为官，古今罕见，后官至吏部尚书，是中国古代鼎鼎大名的理财家。就这一个人物，坚持勤学到死，在中国历史上并不多见。其实，刘晏这个人在我们心目中也并不熟悉。

刘晏七岁时，被大家举荐，八岁时，唐玄宗封泰山，他献上一篇《颂》，那时就有了官职，叫太子正字。十岁时，有一天唐玄宗登上勤政楼看杂技表演，身边有好多神童，唐玄宗就问刘晏："正字，你能正出几个字啊？"正字是管校对，找错字的。刘晏回答："天下字都是正的，只有朋字不正。"此语一语双关，从字表面看，"朋"字向左，有点歪，而含义是指当时朋党盛行，不顾正义、公平。可见，他的才华如此出众。

我们介绍这个人，无非是想让大家学习刘晏勤学，任何朝代，任何人都应以学习为本，不学无术，终究成不了大事。在当今，学习之风甚浓，无知识在任何行业中都无立足之地。

身在股市，需要学习的东西很多，如果对股市基本情况不了解，不清楚，就不能很好指导实际操作。在股市有许多勤学的股民，孜孜不倦地学习、收集资料、做读书笔记、学习 K 线技术，所以进步很快。我认识一位股友乔先生，已 68 岁了，从 60 岁入股市，坚持学习 8 年，书读了不少，笔记写了几大本，悟性很高，周围朋友劝他，这么大岁数了，用不着那么费劲，他却说，多学点防止脑子生锈。功夫从不负有心人，这位老先生就比别人知道得多，理解的深，周围人常常请教他。他操作的股票就比较顺手。八年来，累计赢利 80%，从最初的 6 万元，到 2011 年底，市值已近 11 万元，他并不看重赚了多少，而是从中找到了做股票的灵感，老年生活中得到了乐趣，他说，年轻时读的书少，工作后又没时间学，退休后正好有时间补上了课，我很敬重这位勤于学习的老同志。但是有许多投资者，并不看重学习，不研究个股，就出手买入，常常出现失误，造成亏损，勤学并不是避免亏损的唯一原因，但不学习要想战胜股市是很困难的。

我们从三字经中刘晏勤政的故事中也想到了另一个问题，那就是我们的管理层和上市公司的 CEO 们，他们也应该好好学习学习刘晏。刘晏为官后，非常勤奋，他把读书的勤奋一直延续到他的工作中，延续到他的为官当中，后人评价他："为人勤力，事无闲剧，必一日中失之。"凡事不过夜。

我们的管理层，应该好好学习刘晏为官之道，三字经把刘晏作为勤学勤政的楷模，效仿的榜样，千古传诵，这也该成为我们共产党人的学习榜样。勤学，现在有多少身在高位的权贵们在勤学？过去我党倡导的学习之风，现在丢了不少，他们整天忙于政务，除了在作报告时听到长篇大论，现在很少看到有价值有分量的文章。如果说到勤政，更得向刘晏学习，就拿证监会的管理层来说，有一个问题很值得研究解决，为什么中国股民七成以上亏损，如何变成七成以上赢利？除了股民自身原因外，难道管理层没有责任吗？这就是勤政所要解决的大问题，难道有了股市，就是为了让大部分投资者亏损吗？中国的股市，太缺乏像刘晏这样的好官、清官。

我们上市公司的高官们，你们是财富的创造者，是亿万股民的敬仰者，肩负重任，在股民众目睽睽之下。可喜的是，许多上市公司，多年来经营红火，创新不断，分红可喜，股民满意。但也有为数不少的上市公司，只要圈钱到手，大有树倒猕猴散之状，高管纷纷套现，业绩变脸；有的多年不分红，经营不死不活，置股东利益于不顾。

更有甚者，造假成风，欺骗股民。还有的上市公司和券商机构作局，欺上瞒下。我们不会忘记，多年前，银广夏的造假，有人在报刊上充当吹鼓手，说股价能上100元，至今记忆犹新；曾记得，德隆系坍塌前几天还发公告，经营正常，资金充裕，第二天一早，大厦倾倒，令众股民惊骇不已。如今又出了一个妖股，重庆啤酒，13年的神话，被搬上舞台，股价高达80多元，顷刻之间倒在20元上，到底股价值多少钱，现又快蹿上40元。多少年来，重啤的高管们听之任之，是认可，还是基金们在玩猫腻？13年了，至今没有一点声音，有人说，重啤的神话结束了，要我说，故事才刚刚开始，许多谜团已公布于众，由谁来解释，谁来演绎，至今只有一两个主角出来，当红主角是谁，还未亮相，所以，大幕才刚刚拉开，好戏还在后面。

所以，股民要以刘晏为榜样，勤于学习，提高悟性，学习是提高整体素质的有效手段，武装了自己，又能识别优质股还是绩差股，这样才能不至于造成资金不必要的亏损。同时，通过学习，提高识别真假的辨别力，不至于上当受骗。

管理层和上市公司的高管门要勤政，要心系股民。我们把刘晏推荐给你们，无非是你们责任重于泰山，上要对国家负责，下要对亿万股民负责，像刘晏那样，为官一任，造福四方。刘晏为了挽救唐朝的危机，倾心倾力，为了百姓生活，鞠躬尽瘁，几十年如一日孜孜不倦。他上朝时骑马，心里还在盘算各种账目，下朝后批改公文到深夜。他生活简朴，饮食非常简单，他不要侍者，这在当朝的高官中也很罕见。他被奸人所害，死时，他所有的财产是两车书，几斗麦子，此外，什么也没有。试想，在唐朝中晚期，一位理财大臣，掌管着唐朝经济命脉的大臣如此清廉，这不正是今天我们所要效仿的吗？

唯有勤学、勤政，才是大智大慧。勤学勤政应该成为股民、管理层、上市公司的座右铭牢记在心。唯有如此，股民才能告别亏损，走上赢利之路，管理层才能成为一名刘晏那样的好官，但愿上市公司的高管们做个刘晏那样的好管家。

157 忌烟与炒股

笔者从 20 岁开始吸烟，这一吸就是 35 年。吸过什么牌子的烟大多忘了，但有几种永远留在记忆里，比如天津的海河、恒大，上海的大前门，云南的红梅，北京的中南海等等。开始两天一包，后来一天一包，再后来 3 天两包。1999 年 7 月，女儿怀孕后，我就开始考虑如何少吸烟或不吸烟。于是给自己订了一条规矩，第一步，不在家里吸烟；孩子出生后，不再吸烟。前十个月，未在家里吸一支烟，做到了。2000 年 5 月 7 日，小外孙出世了，我就决心不再吸烟。为了孩子的生长和自己的健康，打那一天起，我再也没吸烟，如今 12 年过去了，只吸过三次烟，我说不吸，怎么又吸起来了，原来是在梦中又犯戒了。12 年来从未吸过一口烟，也没什么诀窍，除决心外，主要是记天数，一天一天记录下去，一天、十天、一个月、100 天、半年、一年，就这样过来了，如果有一天吸了，那以前的记录就归零了。我从未敢说戒了烟，但已保持到今天，我非常珍惜这个记录，并且一直记录下去。

不能再扯远了，忌烟和炒股不是强拉硬拽，而是有着密切的关系。如果说，有 35 年烟龄的老烟民，能丢掉这个坏习惯，解决了这个顽症，那么在做股票中，对那些坏习惯、坏毛病也该治一治，改一改。比如高位追涨、靠他人荐股、持股数量过多、买卖频繁等等。本人在这方面教训可以说数不胜数，有些坏习惯屡教不改，比如追高买股，事情就是这样，买的价位越高，摔得越重，亏损的越大。那一年，在 29 元多买的振华重工，29.08 元还配了股，4 年过去了，该股除一次 10 送 3 外股价至今只有 5 元多，已亏损过半。这只股现还在手，作为教训要坚持把这只股票较长一段时间留在账上，作为永远痛苦的回忆。有时候，看到股指在高位，股价也已窜得老高，就是再好的股票也要忍住，如果忍不住，就采取强制措施，把资金转到银行，买上短期理财产品，这样，在制度上杜绝了追高欲望，久而久之，理智逐渐战胜了狂热。其实获利是从不追高开始的。

在我们的脑海里，应该经常想，我为什么亏损，我能做到不亏损，赢利的名单里应该有我的名字。据说，人的潜能告诉我们，做什么事情都应该坚持自信。研究表明，人具有 7 种潜能：语言智能、音乐智能、数理逻辑智能、空间智能、身体运动智能、人际交往智能和自我认识智能。

要充分发挥自己的潜能，永远地不断反复地重复一句话：我能行。在股市，我一直坚持不听股评，不看研报，不信荐股。大量事实证明，听股评不如自己研判大势，你想想，大盘跌了，能找出 10 个理由，涨了也能找出 20 个理由，东拉西扯，每天出现的上涨、下跌、平盘，都能说出一大堆理由，听完股评后，你的头脑就一个字：懵！评价不出谁说得对，到底该听谁的，所以最好自己对当日走势作出判断，哪怕错了，日久天长，逐渐感觉自己长进了。拒绝看研报，是因为一半研报是假的，看了会误导投资者，容易上当受骗；另一半研报是互相抄袭，千篇一律，没有新意，都是纸上谈兵，既不是调查出来的研报，也不是研究成果的总结，只是一篇文字游戏而已。学着自己写研报，自己的研报最真实，最具参考意义，也最有价值。

所以说，在股市操作，要忌掉坏毛病、坏习惯是保证和避免亏损最有效的办法。要在操作中总结经验，在亏损中牢记教训。从根本上说，投资者的亏损，都是自己错误操作所致，其思想根源就是养成的那些坏习惯、坏毛病，病根不去，难以正确操作。

可以说，身上的毛病和坏习惯越多，操作失误就越多，是和亏损成正比。那些成功的投资者，一般讲，他们身上的毛病、恶习就比较少，正确的投资理念是在实践中战胜自己恶习的结果。正像有些烟民那样，说起戒烟很坚决，但屡戒不改，说到底是决心不大，是恶习顽固。炒股何不如此，大盘疯长，人们的狂热情绪达到高点，高位买进势不可挡，这时脑子里好像着了魔，灌了迷魂汤，只有追、追、追和买、买、买，别的什么也听不进，至于高位追涨危险，早已忘到爪哇国去了。

所以，戒烟和炒股，同理不同道。这里都有一个决心问题。有了决心，定了规矩，能坚守下去，一天、两天，天长日久，逐渐养成习惯，事在人为，坚持下来，就是成功者。之所以说不同道，吸烟是慢性自杀，是看不见的软刀子，是个极其缓慢的自杀过程，大多吸烟者，吸久成瘾，慢慢中毒。而炒股中，那些恶习所造成的是资金的直接损失，是看得见、摸得着的。而饱尝套牢之苦，套牢的难忍之痛，只有股民心里最清楚，道外之人是难以理解的。资金的巨大损失，不仅个人难以承受，而且家人也受牵连，同受煎熬。

其实，每个投资者都应该捋一捋自己在股市中的坏习惯，相信，凡亏损者，都同这些恶习有关。所以，要找出哪个坏习惯影响最大，找出罪魁祸首，下决心改，定一个心理计划，一步一步地改，一点一点地改。把大目标分解成小目标，步步为营逐步实现。要想一想亏损后的心痛，忆一忆套牢之苦，由于自己的不慎，又给家人带来的牵挂，想到这些，我们身上这些毛病，难道就不能丢掉吗？痛定思痛，当我们丢掉了这些恶习，摆脱了沉重的思想负担，能够轻装上阵，到那时，就会怀着解放了的喜悦，翻身了的幸福，胜利就会属于你，告别了亏损的就是你。

世上无难事，只怕有心人。吸烟坏习惯能改，炒股的恶习能除，只要有心人，什么困难也难不住。只要搬掉压在投资者身上的种种恶习，我们就是股市的主人，是翻身解放的股民，到那时相信大多数股民都能走上赢利，亏损的只有那些顽固不化、恶习不改的一小部分人。

158　股市操作四要诀

股市操作有四个字最要紧：学、调、低、少。

学：学习股市基本知识；

调：调查研究上市公司；

低：低价买入优质股票；

少：所持股票宜少勿多。

学习股市基本知识，这个道理都懂，也都在学习，可真正好学上进，弄懂的人并不多，许多投资者都是一知半解。2011 年 10 月份，某证券营业部搞了一次股民基本知识调查，有 5 道简单题：1）每股收益；2）每股净资产；3）净资产收盈率；4）市盈率；5）送、转股。

在 8 个 5 年以上的老股民中，没有一个全部答对，有 1 名答对 4 道，有 3 名答对了 3 道题，其余 4 人只答对 1-2 道题。

可见，学习对每个投资者都显得非常重要。不断学习，是立足股市之本，不学习就不了解股市，股市的真谛就是要了解股市、认识股市，寻找股市运行轨迹，掌握股市发展趋势和运行规律。唯有学习，才能揭示股市的秘密。学习才能提高悟性，找到感觉，激发灵感，创造智慧。

　　无论怎样说，要想在股市长期生存，必须重视学习，学得好不一定就能取胜；但不学习，要想取胜是不可能的。那些股市的取胜者，大多深钻细研，刻苦学习，不少投资者根据自己的经验，总结了许多投资方法。可以说，股票操作没有秘籍，我们有时在电视台看到有的投资者说自己已经找到了投资诀窍，也有些投资者极力寻找胜算法宝，那都是自欺欺人，如果说有诀窍，那就是刻苦学习，不断总结经验教训，学的越好，离股市就越近，取胜的把握就越大，这在许多投资者中取得了共识，很多亏损的股民感慨地说，股市是个大学校，不坚持学习，永远走不出亏损的大门，学习是在股市取胜的要诀之一。

　　调查研究上市公司。投身股市，就是买卖股票，但买什么股票，看起来简单，操作起来就十分艰难。买不准，买不对，一买就亏，说到底，就是对上市公司不了解。所以，只有了解了上市公司，买股票就变得十分简单了。可以说亏损的最大秘密就在于听别人买股。唯一的办法就是深入调查研究上市公司。调查研究上市公司是取胜的要诀之二。

　　低价买入优质股票，是保证获利的基本原则。但事实是，很多股民并不会在低价位时买入股票，这是因为当股指大幅下挫后，投资者恐惧情绪浓厚，特别是大盘出现暴跌后，各股遭受重挫。此时，投资者慌不择路，夺路而逃，甚至不计成本抛出股票。相反，每当股票疯狂上涨后，投资者的狂热情绪达到极点，追涨是投资者的普遍情绪。所以，投资者持股的成本价普遍比较高，获利空间大大降低。如果是盲目高价买入了绩差股，那就基本上封杀了上涨空间，其结果，往往是高位买套，无形中成了主力的牺牲品。

　　所以，坚持低价买入优质股，是买卖股票获利的基本保证。在恐惧中买入，在贪婪中卖出，虽然大部分都做不到，但也有些智慧型的投资者坚守高位不追的操作思路，这就有利于规避风险。同时，坚持低位买入优质股票，而当好股票处在相对低位时，往往大势处在极端低迷时，股指在低位时，大部分投资者并不能看到股票进入低价区域，而是处于恐惧和麻木状态，所以此时悄悄进入者，是思维敏捷且具有大智大慧的头脑。正因为如此，低价买入优质股票是股市取胜的要诀之三。

　　所持股票宜少勿多。股票数量多少，并不完全取决于资金数量，许多成功的投资者，只运作1-2只股票，或者干脆就操作一只股票，坚持少而精，能集中精力，谋少而弃多，质量上就有了保证，因而拿着放心，不忐忑，不心慌，在大盘下跌、甚至杀跌时，也不恐慌，因为心里有数，并不过分惦记，正所谓，任凭风浪起，稳坐钓鱼台。这些投资者，往往心理素质好，也能经得住事，不怕磨难，最多也就是赔点时间，就是下跌了，待大势好转后，率先上涨的正是这些好股票。所以，少是优的前提，是获利的保证。有些投资者，眉毛胡子一大把，断断续续买进许多股票，顾此失彼，结果事与愿违，哪只股票都操作不好，往往还造成亏损。所以坚持买入股票少而精，勿多勿滥是股市取胜要诀之四。

学、调、低、少四要诀，是多少投资者用钱换来的经验，也是许多投资者用血和泪获得的宝贵财富。道理虽然简单，一看便知，当然，也都认可，但做起来又是那么的艰难。这四要诀，对智者而言是良药，对有心人来讲是宝藏；但对愚者来说，恐怕是陈词滥调。那只能是仁者见仁，智者见智。

但愿投资者能从中感悟些什么，或许会有所帮助。

159 雷人之言，智慧之语

新上任的证监会主席郭树清，可谓风格迥异，与众不同。从他一上任，就把股市涨跌挂在嘴边。历来证监会高官不评论股市，更闭口不谈涨跌，好像股市涨跌与证监会无关。其实股市涨跌就是证监会分内之事，就像我们每天离不开的七件事：柴米油盐酱醋茶，你说，那位高官大人离得开？

如果问，2012年股市最雷人的一句话是什么？广大投资者就会异口同声地告诉你，郭主席的"蓝筹股出现罕见的投资价值"。郭主席语出惊人，我们来回顾一下这句话的出处，2月15日和22日，郭主席在两次会上讲话时说的，原话是这样说的：

"目前2000多家上市公司，毫无疑问是中国最优秀企业的代表，相对于发达国家和地区来说，这些公司总体上的成长潜力更大，而估值水平平均只有15倍左右的市盈率。其中沪深300蓝筹股的静态PE不足13倍，动态PE为11.2倍，显示出比较罕见的投资价值，这意味即时投资的年收益率平均可以达到8%以上。"

之所以语出惊人，震惊四座，是因为证监会最高领导人亲自推荐蓝筹股，且告诉人们获得的收益率，这在历届证监会领导回避都来不及的话题，在郭树清嘴里说出来了。其实，没有什么大惊小怪，我们倒认为，实属正常，先不去分析讲话内容，仅就其讲话本身来看，倒是亲民的直接表现。联系证监会最近一段时间采取的举措，不难看出，管理层力挺股市走强，严格三高发行，保护投资者利益落到实处，这些不仅表明态度，不再是空头口号，而是实实在在的行动。

可以这样说，中国股市新的一页翻开了，广大投资者将会看到股市焕发新的活力。新的领导，新的举措，必将使中国股市步入正常的轨道，那就让我们分析一下，它会给我们什么启示。

启示一：我们经常说一句话，买股票首先要看这个公司的董事长是否是优秀的。证监会主席就是中国股市的董事长，一个优秀的合格的最高管理者是全国亿万投资者的主心骨、父母官。他的一举一动、一言一行不仅代表了政府，更重要的是代表了广大投资者。如果说，买一个上市公司的股票，是奔着董事长而来，那么当人们走进股市，也是为证监会主席而来。他是广大投资者的靠山和希望。

在短短的几个月中，大家之所以说看到了希望，有了信心，这不仅使股市止跌回升，而是人们看到了新的管理理念。从郭树清几次讲话中，人们看到，过去管理层从不评论股市，现在听到了；过去从不管股市涨跌，现在态度鲜明地讲出来了；过去哪有高官推荐股票，现直言推荐蓝筹股，并明确告你收益率在8%，那么你是把钱存银行还是买蓝筹股，大主意你自己拿，我只是帮你出主意。这些话，多少年来没听说过，从未见过一个高官，话说得这么直白，这么中肯，这么掏心窝子说话，说出的话离广大股民这么近，这么亲，这就是股市的希望，一个地道老百姓味的高官。

启示二：股市有风险，入市须谨慎，这句话确实不是一个口号，也不是危言耸听。最近这几年，着实给广大投资者上了一堂实实在在的风险课。所以郭树清苦口婆心地提醒投资者：低收入者最好不要进入股市，承受能力差的最好退出股市。这就明明白白告诉我们，股市的风险不是所有投资者都能承受了的。郭树清在对话人民日报专访时深感痛心地说："每年都有数以百万计身心疲惫的人离开市场，作为市场监管者，我们不能对此熟视无睹，麻木不仁。"所以，他决心改革发行体制，要杜绝少数人获利，旗帜鲜明地提出要让大多数中小投资者获利。他指出："发行体制改革的要害是降低不正常的超高价格，得利的是极少数人的现象。"他坚定地告诉所有投资者："证监会必须要当好投资者合法权益的守护人。"这就是郭树清为人原则、做事风格。

所以，我们有理由相信，现在的证监会，敢说敢为，做事果断，雷厉风行，这给广大投资者吃了一颗定心丸。现在是投资者重振雄风，重塑信心的大好时机。我们不妨借着大好形势，跟证监会在思想上保持高度一致，选择自己中意和看好的蓝筹股，如喜欢大盘的，盘子大，价就低，一般不送股，但有稳定的分红；如果喜欢二线蓝筹股，价格虽比大盘的高，但盘子适中，送配好，按各人所好。总之，这些股票一般在底部区域，正是吸纳的好机会。

我们无法预料这波行情到底能涨到哪里，我们也没能力作出判断。但是，我们只要深刻领会郭主席的一系列讲话精神，特别是指出"蓝筹股已现罕见的投资价值"，我们有理由相信，如果联系起来看，这句话真可谓雷人之言，智慧之语。随着时间的推移，这句振奋人心的话越来越体现出它的威力。

160 满怀信心迎接股市的春天

人们总是习惯地把股票和季节联系起来，春天到了，该春播了，一年的忙碌又开始了，人们把春天的希望洒在田野里，等待着收获秋天的果实。可股市呢？春天来了，股民的希望在哪里？股民把金色的钱币洒在股市，秋天来临时，能收获金色的果实吗？

今年的春天与往年大不相同：善良的股民把痛苦留在了2011年，新的一年，他们是带着期盼而来，他们坚信，痛苦属于过去，希望就在明天。凡事都有规律，人间自有因果，送走痛苦迎来的就是快乐。元旦、春节前后，虽然天气乍寒乍冷，但股市的春天似乎来得早些。政策利好频吹，大盘不再跌跌不休，不知不觉，站上了2400点，去年底的急速下跌，和新的一年的稳步上升，形成了鲜明对照。

红彤彤的大盘照映在股民脸上，多少人那张毫无表情的脸泛起了红润，多少人在问，春天真的来了吗？

我们还得回忆一下过去的一年，人们把痛苦可以留在过去，但不能忘记痛苦。中国股市这几年，尤以2011年，实属不正常。归纳起来，这种不正常，是因为中国股市出现了三大怪现象，很值得深思。一是无限制地融资和股市的严重失血；二是大多数人亏损和只有少数人赚钱；三是国外股市连创新高，中国股市却熊霸全球。这三大怪现象反映了中国股市现状，这不是中国股市特有的规律，是极不正常的现象。上述三个问题不解决，就谈不上股市的春天，让我们来分析一下。

无限制的融资和股市严重失血。中国股市在短短的二十年间，有2000多家公司上市，这在全世界可谓首屈一指，尤以最近几年，股市持续下跌，新股发行从不间断。这里就提出了一个问题，股市的不正常走势，无疑是过渡融资所致，新的管理层已经承认是制度性缺陷。我们认为不仅如此，而根本原因在于指导思想上的错误，因而导致政策的失误。

我国改革开放 30 多年来所取得的成就是党正确的思想路线指引的结果。但在某些具体部门不能正确贯彻和理解党的政策，指导思想出现了偏差，政策制定走向极端，导致股市同经济增长相背离，这是极不正常的。可喜的是，新的证监会领导正在全力以赴订新规、堵漏洞，可以说，最近股市出现新气象，就是明显的回应。

现在想一想，三高发行，证监会任务完成了，上市公司喂肥了，保荐人获利了，股民被欺骗了，这难道不是事实吗？这能在投资者身上找原因吗？最近证监会的姿态让人看到了希望，现在看看股市，不和谐的声音少了，乐观的情绪多了；不正常的奇谈怪论少了，客观公正评价股市多了，这是积极的、向上的、阳光的情绪和态度，不正常的股市开始回归常态，人们重新找回失去的信心。

大多数人亏损，只有少数人赚钱，这是我国股市一大怪，是极不正常的现象。股市是赚钱的地方，现在却成了亏损的场所，许多人说，有钱往股市里送，还不如捐给慈善组织，好歹落个心善的名声。按常理，大多数人赚钱，只有少数人亏损，这才符合客观规律。都说中国经济几十年稳步、快速增长，股市也应和经济增长同步，但事实相反，股市不涨反跌，这种背离决不是正常现象。

当然，大多数投资者亏损，这和投资者个人投资理念有关。客观地说，大多数人亏损是由于投资环境不好和个人投资理念错误共同作用的结果，应该说责任对半，各打五十大板。如果管理层给广大投资者营造一个良好的投资环境，那么投资者的亏损程度就会大大减少。如果投资者本人在股市这个市场中，能够不断加强学习，提高自身素质，谨慎操作，那么亏损程度也会大大减少。

国外股市屡创新高，中国股市熊霸全球，这里不仅与股市政策的失误、制度的缺陷有关，还有一个认识问题。如果把股市看成是融资的唯一场所，股市能走好吗？有些管理者指导思想就是这样，所以他们认为股市涨跌同他们无关，这是市场行为，管理层不管股市涨跌。他们思想片面，认识僵化，只惟上，不惟下，只对上负责，不对下承担责任，把国家利益同人民群众利益对立起来，割裂开来，这不是一个好的管理者。应该把股市融资解决企业困难同股市健康发展，使广大投资者得到应有回报结合起来，同步向上，和谐并进，这才是正确之道。

应该说，评判股市正常发展，有三条标准：一是融资有规，抽血有度，资金供给正常，松紧有序，只有这样，股市才能正常发展；二是投资者为上市公司献血，上市公司应该给投资者合理回报，监管部门应保证上市公司履行分红承诺，并以严规监督实施，使大多数投资者获利。三是中国经济增长同股市发展相适应，股市应该同样享受经济发展所带来的成果，要彻底改变经济发展同股市背离的不正常现象。

只有达到了上述三条标准，中国股市的春天才会真正来到。现在股市看到了希望，但说股市春天已经来到，还为时尚早。有希望，就有期盼，中国的股民，经过20多年的磨炼，已经逐步走向成熟，他们正以各种机会努力学习，不断提高自己，广大投资者的素质有了很大提高，他们在承担巨额损失中，所表现出的克制、忍耐，他们把痛苦埋在心底，甘愿忍受煎熬，我们的管理层应该看到，中国亿万股民的这种精神、品德和风尚，多想想为他们做些什么。

我们说，中国股市的春天定会到来，不是因为股市涨了200点就看到了希望，而是看到政府、管理层正在努力改善股市，多项措施付诸实施，广大投资者积极配合。中国股市领导者、各路机构、上市公司和广大投资者，从来没有像今天这样认识趋同、步调统一、齐心协力、共振股市。

正是由于此，人们才看到了希望，广大投资者满怀信心期盼着股市春天的到来。

调查研究上市公司是每个投资者一个重要课题，只有了解和掌握了上市公司基本情况，才能决定是否买入该公司股票。将所了解的情况，写成调查报告、调研笔记、资料汇编，不拘形式，目的只有一个，深度了解上市公司。调查研究的形式主要有以下几种：查看个股资料、公司的基本面情况，在 F10 中都有较为翔实的反映；及时查看公司公告，随时掌握公司重大信息；对有些不明的问题，可通过电话联系随时求得解答；到上市公司走访；参加股东大会等。

我们整理出了部分公司的上市情况，仅供参考，希望能起到抛砖引玉的作用。在这里我是想告诉股友，决定买股前，务必要对所买个股进行调研，只有自己亲自调研，做出正确的评估，才是买卖股票最可信的依据。这是保证资金安全、避免亏损的必经之路，也是我们的初衷。

161　国药同仁堂

同仁堂的投资要点主要表现在以下几个方面：

百年老店，世界品牌。进入同仁堂的会议室，一个金字牌匾格外引人注目，上写"同仁堂"三个大字，看了牌匾，不禁让人肃然起敬，343年了，仍然金光闪闪，光芒四射。同仁堂是乐显扬创建于清康熙八年（1669年），其服务宗旨是"修合无人见，存心有天知"，始终如一坚守不变。其制药过程更是明确提出"炮制虽繁必不敢省人工，品味虽贵必不敢减物力"。1723年（清雍正元年）由皇帝钦定同仁堂供奉清宫御药房用药，独办官药，历经八代皇帝，188年。实际上从那时候起，同仁堂就是国营企业了。

1989年，国家认定"同仁堂为驰名商标"，"同仁堂"商标是中国第一个申请马德里国际注册的商标。1991年定为国家一级企业。

1997年，国务院确定120家大型企业集团为现代化企业制度试点企业，同仁堂作为唯一一家医药企业被列其中。

2011年，北京市八五规划加大了对同仁堂的支持力度，并明确了在政策支持、税收优惠和医院采购等方面给予有力支持。

2012年3月27日，同仁堂公布年报：公司实现营业收入61.08亿元，同比增长23.58%，净利润4.38亿元，同比增长28.68%，每股收益0.336元，分配方案为10送2.5元。

品牌资源突出，品种丰富。公司拥有品种近600个，旗下香港上市公司同仁堂科技拥有品种200多个，在一线品种的8个品牌：六味地黄丸、乌鸡白凤丸、大活络丸、安宫牛黄丸、牛黄清心丸、国公酒、感冒清热颗粒、牛黄解毒片都呈现连续稳定增长。这些产品销售均超过亿元。在二线产品中，3000万-5000万的产品有30多个，总收入过10亿元。公司的二线品种也呈现出良好的发展态势。

2011年公司在做大做强上下工夫，在每股实施10送转15后，公司的总股本，也只有百亿资产，资本扩张仍有潜力。

同时公司在唐山开设新厂生产阿胶产品，占领中药补血市场，预计2012年即可投产，2013年产能将达到2000万块。仅就此项，可对公司每股贡献0.1元收益。

管理制度上，通过了为期三年的奖励政策，并规定营业收入增长15%，其奖励政策即可兑现，这将大大提高管理层积极性，必将促进公司改革创新，加速公司发展。

老树发新芽，这是媒体对同仁堂的一致评价。2010年的股东大会，除了董事会成员外，总共参会人员只有十几人。但2011年股东大会，参会人员近80余人，传出了北京市全力支持公司发展举措，在股东大会那头，我们看到工作人员忙得乐不可支。所有人都对同仁堂的发展抱有很大希望。

2011 年，股市疯狂下跌，作为医药上市公司的龙头企业，其股价却表现出坚挺走势，在 2011 年 7 月 19 日，其股价最高上涨到 41.92 元，10 送转 15 除权后，股价上蹿到 19.95 元。

稳健的基金经理参与其中，默默守候，分享每年带来的固定收益。

作为百年老字号，走到今天，为中华民族强身健体作出了巨大贡献。

手里如果握有同仁堂股票，可以慢慢把玩，尽享坐地分红。她的走势如同中药一样，药性温和缓慢，但药效显著。如果没有，不妨留心关注，慢慢走近她，你认为是一座未开垦的金矿，那就参加掘进队伍吧。

162　康美之恋

一条路海角天涯，两颗心相依相伴。

风吹不走誓言，雨打不湿浪漫。

……

明日清风相思，丽日百草也多情。

康美情长相恋，你我写下爱的神话。

一曲优美动听的康美之恋，把人们带进康美药业（600518）。如果说，同仁堂以稳求胜，那么康美药业则是以创取胜。该公司 2001 年 3 月 19 日上市，仅仅 10 年间，康美药业成长与发展迈出了巨大步伐，取得了骄人成就，尤以最近三年，更是呈快速发展之势。康美药业的主要看点是：

小饮片，大市场。公司以小包装饮片，向全国布局，抓小见大，眼光长远。2011 年，中药饮片产能可达 1.5 万吨，营业收入能达到 12 亿元。中药饮片的迅速发展，为公司年收入大幅增加，其收入可望达到 100 亿元。

建立研究中心，产业创新后劲十足。公司发布公告，国家发改委正式同意将公司"中药饮片国家地方联合工程研究中心"项目列入国家高新技术发展项目计划，并命名为国家地方联合工程研究中心。前不久，在第十三届中国国际高新技术成果交易会上，国家发改委公布了 2011 年获批国家地方联合工程实验室（研究中心）名字并隆重授牌，该项目认定主要旨在加强区域产能创新的基础能力。康美药业是唯一一家获批的中药饮片企业。国家将在中药饮片标准制定、质量监察等专项课题等项目可能依托该研究中心开展，并有望获得研究经费等方面的支持，这必将提高公司地位和知名度。

拓展药材基地，加强中药材流通建设。康美药业正在构建中药材基地、中药材流通、中药饮片三位一体的产业框架，中药材饮片已初具规模。中药材基地也正在建设当中。

2011年中期，公司发布公告，决定出巨资投入三大项目：投资4亿元在甘肃定西建设中药饮片及药材提取生产基地，投资11亿元建设中药材现代仓储物流及交易中心，以完成中药产业链全国布局。

2010年，公司先后收购安徽亳州药材市场，广东普宁中药材市场及河北安国药材市场，使其在中药材市场上辐射东北、华东、华南及华中地区；从品类上覆盖大宗药材、专业药材、冷偏药材、名贵药材。

在中药材流通领域，从两个环节入手，一是重视贵稀和道地药材，侧重经营供给不能满足市场需求的药材，此类药品受需求影响，价格将保持稳步上涨；二是诸如东阿阿胶这类中成药，通过公司采购，获得稳定毛利率。

突破创新，敢打善拼。公司控股股东康美实业于2011年11月21日、22日在二级市场增持公司股份102万股，并提出在本次增持后的12个月内，继续从二级市场上增持公司股份，且承诺在后续增持计划实施期间不减持其持有的本公司股份。大股东的增持，表明对公司发展的信心，同时也说明该股股价较低，显示出其内在价值凸现。

2012年3月8日，公司发布公告，公司顺利通过高新技术企业复审，根据规定，复审通过后三年内，继续享受国家关于高新技术企业的相关优惠政策，即所得税按15%的税率征收。

在国内饮料市场激烈争夺中，康美药业推出菊皇茶，不惜重金请中外名人、名模推广，试图通过推广该公司产品，在饮料市场中占领一席之地。

国家加大了对私立医院的支持力度。据有关统计，仅2011年，公立医院就减少了308家，但民营医院增加了1128家。康美药业积极谋求较大的发展空间。在医院管理上取得新的进展。目前，康美医院1期建设完毕已进入装修阶段，设定的500张床位、各项准备工作进展顺利，预计康美医院的建立无疑为公司创造了新的利润增长点。

像《康美之恋》中的歌词那样："一条路千山万水，两颗心相依相伴"。假如你和康美有缘，那么你就会同她相依相伴，拥有它，值得期待。

163 十年保持苗条的新华医疗

新华医疗（600587）上市 10 年，始终保持着精干纤细的身材，正由于此，许多投资者钟情于她，不少机构对她也垂涎欲滴。

公司的主打产品为医疗器械和制药装备，这是公司主要利润增长点，仅就此两项业务，订单充足，使公司继续保持着增长态势。

在医疗器械方面，可以说，产品十分丰富。主要为医院感染控制设备。其中消毒灭菌设备和清洗消毒设备是公司的核心业务，每年以 30％的速度保持稳定地增长。公司推出的低温灭菌设备，有望实现高速增长。同时医院消毒供应室的工程业务，各级医院大量需求的感控设备系列产品，使公司的利润有了增长保障。

公司的放射治疗及影像产品，如医用电子直线加速器，放射治疗模拟机等放射治疗设备以及医院影像设备如高频 X 光机，每年均有 2 亿以上收入。

诸如清洁手术室工程设备，是公司新增的项目。公司多年的老产品如手术器械继续保持稳定增长。2011 年收购的上海美泰医疗器械有限公司，在骨科器械项目上为公司带来新的利润增长点。公司收购山东中德 45％的股权，成为相对控股股东，收购后，其口腔器械业务大大提升。

在公司收购的北京威泰科公司所生产的生物监测仪器及耗材业务，增长较快，年销售收入近亿元。上海天清生物材料有限公司的主要产品为可吸收缝合线，虽然贡献较小，但在收购后，将利用公司销售渠道，得到加速发展。

感控设备对于县级医院来说，不仅是升级换代的急需，也是医院消毒供应中急需解决的项目，每年需求量将保持 40％以上增长，国家投资的加大，使感控设备发展有了资金保障。消毒灭菌设备和大输液生产线，将在装备制药上下游领域形成集成化、一体化方向发展，逐渐形成国产向外资占主导地位的挤点和进攻，诸如制水设备、冻干机等方面争夺市场。公司在国内唯一能够生产的加速器将继续保持领先地位。公司的手术室工程一体化进展中将有更大的发展空间。随着制药工业对于清洁度的要求越来越高，目前国外制药装备行业的主流趋势的系统化，公司发展方向无疑符合当今主流发展趋势。

公司的股本结构比较小，使其增长速度保持 40％～50％的增长空间。根据国家十二五规划对医疗器械的要求，要培育超百亿市值的几个医疗器械上市公司，新华医疗作为医疗器械龙头企业做强做大，实现股本扩张势在必行。

公司在 2011 年提出的配股计划实施后有望突破资金瓶颈，募集的资金主要用于发展手术工程、口腔设备及耗材和低温灭菌设备，公司未来发展主线将会聚焦医院服务行业。公司实施的现金激励方案，将使经营机制发生很大变化。

从该股股价走势上分析，在 2009 年 7 月 2 日下探到最低点 13.13 元后，走出了一波凌厉的上攻行情。到 2011 年 8 月 15 日最高达到 37.85 元，实现了翻两番的行情。随后跟随大盘出现了调整，同时，2011 年 12 月 21 日公司配股消息公告后，在双重打击下，股价应声回落，于 2012 年 1 月 20 日，最低探至 24.27 元。此后，在消化利空因素后，股价逐步企稳走强。

作为一支医疗器械龙头股，受惠国家医改政策的关照，该股盘子又小，属于老牌袖珍医疗器械股。正是由于此，受到各路基金关注，目前筹码相对集中，股价走势人为痕迹比较明显。

从该股 2002 年 9 月 27 日上市以来的 10 年间，上市第一年实施了 10 转 4 派 0.5 元的分配方案，在此后的 4 年间从未做任何反映；2007 年，实施了 10 转 3；2008 年 10 派 0.5 元；2009 年 10 派 1 元，2010 年 10 派 1 元。就是说，10 年间，公司股东只享受了 10 派 7 股和 2.7 元（税后）的利润分配。

随着国家对医改的不断投入，该股景气度不断上升，做强做大是该公司的既定目标。

可以预见，新华医疗在国家医改惠顾和大股东笼罩下，医疗器械龙头老大的宝座坐定了。

164 辣妹子莱美药业

莱美药业（300006）公司所在地重庆，是第一批上市的创业板公司。自上市以来，股价基本保持平稳走势，公司业绩逐年增长。

2011 年公司实现营业收入 53389.53 万元，比去年同期增长 41.73%；营业利润为 7228.84 万元，增长 52.04%，利润总额为 9338.37 万元，增长 84.88%，基本每股收益为 0.44 元，增长 83.33%；净资产收益率 13.35%，增加了 5.53 个百分点。

公司主业继续保持稳步增长。2012 年抗感染类产品将实现恢复性增长，公司募集资金项目的逐步投产有利于抗感染类产品实现稳定增长安，而特色专科用药将保持30%的平稳增速。

公司生产的氨曲南制剂主要为县级医院使用，销量 2010 年为 700 万支，2011 年为 1200 万支，2012 年销售将提高 25%左右。作为肿瘤淋巴结转移示踪剂的纳米炭混悬注射液 2011 年实现销量 7000 万支，2012 年有望突破 15000 万支，该产品利润空间较大，有望成为公司业绩增长的动力。同时，作为治疗出血的氨甲环酸氢化钠注射液，去年实现近 2000 元收入，2012 年可实现 30%增长。

研发有望突破，新药等待获批。公司研制的新药埃索美拉唑补充生物等效性试验的结果符合预期，公司正积极准备现场检查；地西他滨需要使用 3 批样品进行现场检查，走绿色通道可以加快审批程序；碳酸氢钠软袋注射液今年可拿到发改委单独定价；与液固双腔袋媲美的"混药嘴"去年已拿到药包材批文，正申请药品批文。

湖南康源新的软袋生产线通过了新版 GMP 认证。公司基础输液集中在湖南、广东销售，价格稳定。

2011 年收购的康源制药公司，2012 年将实现快速增长。2011 年，康源软袋产能 4000 万袋，销售 4000 万袋；塑瓶产能 6000 万瓶，销售 4000 万瓶。2011 年底在新增 3 条软袋生产线后，预计 2012 年软袋销售 8000 万袋，塑瓶销售 4000 万瓶，预计实现收入 2.2 亿元。贡献净利润 4000 万元。

2011 年公司增长继续保持的主要原因是由于收购湖南康源制药有限公司、四川禾正制药有限责任公司新增利润；同时，公司获得了重庆市茶园新区开发建设委员会 1660 万元扶持资金。

公司产品生产线现已涵盖抗感染类和特色专科用药两大系列，其中，抗肿瘤药纳米炭混悬注射液作为诊断用淋巴示剂的问世填补了国内空白，为我国该类药物首个通用名药物。

公司研究的新药品种比较丰富。目前，在研项目 31 个，已获临床批件、正在临床研究的 11 个，6 个为全国首家临床批件。

2012 年公司主要利润来源于三个方面：所属子公司康源药业的输液产能的扩张；纳米炭混悬注射液进入高速成长期；胃药新品埃美拉唑肠溶胶囊的上市。

莱美药业是一家有持续增长潜力的创新型药业公司。其产品市场销售就像四川辣妹子那样比较受欢迎。公司储备的新药，比如埃索美拉唑，符合用药趋势，可以预见，获批上市后，这将成为公司利润的核心增长点。

　　二级市场上，2011年7月12日10送10除权后，走出了贴权行情，2012年1月19日，最低下探至12.90元，逐渐企稳，股价有所上翘，但一季度业绩公布，不尽如人意。主要原因是抗感染限用，导致药物价格降价；湖南康源受成本扩张等因素影响，一季度利润同比减少800万元。

　　2011年12月29日，公司发布公告，公司拟购买与公司主业相关的经营性资产，做大做强医药行业，但由于实施存在一定障碍，相关条件尚不成熟，公司决定终止筹划本次重大资产重组计划。12月30日公司复牌后，股价在前期随同大盘下跌后，又遭到重挫，一度创下新低。有道是，好公司遇到利空，股价重挫，正是吸纳的好机会，有智慧的投资者如能把握此机会，无论是短线过瘾或是长线投资都可谓春光明媚时。

165　顶天立地的中国重工

　　集多种题材于一身的中国重工（601989）上市以来，上市当年中期就实施了10转6的分配方案，2011年，业绩十分突出，显示出了顶天立地、慷慨激扬的龙头风范。

　　中国重工，一个符合七大新兴产业的上市优秀企业，综合分析，有以下投资亮点，很值得探讨。

　　1、2012年2月25日，中国重工披露公告，2011年公司盈利46亿元，业绩增长193%，每10股派0.68元，此前，在2011年中期已实施了10转增6的计划。2011年业绩增长的原因主要是完成购买资产的重大重组，使得业务扩大，盈利水平大大提高。

　　2、重大重组使公司不断壮大。2011年2月，公司通过包括大股东中船重工集团在内的7名对象增发股份收购其大船重工、勃船重工、山船重工100%股权及北船重工94.85%的股权，从而实现了集团民船业务整体上市。这次重组完成后，形成了船舶制造（含军品）、船舶修理及改装、海洋工程、能源交通装备及其他五大产业板块。

　　3、80亿可转债，打造海工全生产链。中国重工以36亿收购中船重工集团持有的武昌船舶重工有限责任公司、河南柴油机重工有限责任公司、山西平阳重工机械有限责任公司、中船重工中南装备有限责任公司、宜昌江峡船用机械有限责任公司、重庆衡山机械有限责任公司等6家公司100%股权。以及中船重工船舶设计研究中心有限公司29.41%的股权。

　　此次收购完成后，将有助于完善公司海洋工业布局，打造国内唯一海洋经济产业链企业。国家十二五规划关于海洋工程装备市场将达到 1000 亿美元，我国海洋工程企业在国际市场份额将提升至 20%，中国重工无疑是首先获益的企业。从收购的特点看，上述 7 家企业均以特种船舶、船舶配套和非船业务为主，这将使公司产业结构更加完善，提升公司抗风险能力。

同时，用 44.19 亿元用于投向舰船及海洋工程装备产业能力建设、海洋工程及大型船舶改装修理及拆解建设、能源环保装备及工程机械减速机制造建设三大类项目。

4、资产注入仍将持续，优化结构不断深化。根据之前集团计划注入 16 家企业的承诺，包括此次增发至少还有 11 家公司需要注入上市公司，随着集团优质资产的不断注入，公司的结构不断优化，多元化协同效应将大大提升，使公司做大做强，资本扩张和行业竞争中处于领先地位。

5、十二五期间公司的发展战略，将使公司得到较大发展。充分重视发挥军工技术优势，大力调整产业结构，不断完善高技术舰船、海洋工程、能源交通装备研发生产体系，使公司成为国内最强大、国际一流的船舶及舰船装备、海洋工程和能源交通装备企业。努力提高能源装备与高端交通装备的市场地位，加强核电装备、风电装备、海水淡化与水处理装备、石油化工装备。从十二五规划不难看出，公司的龙头地位逐渐呈现。

十二五规划正在加快实施和落实，且进展比较快。比如武船重工的注入，公司已将与核心军品及非主要经营性资产相关的资产无偿划转给武船集团。在核心军品分线管理后，武船重工承担非核心军品的生产任务及民品业务。这样，武船重工将大大增强中国重工现有的船舶及海洋工程业务研发制造能力，其民船设计中心将提升公司船舶海洋工程的设计和优化能力。而河柴重工将使公司现有以低速、中速柴油机构成的柴油机动力产业链新增高速柴油机业务，2012 年将对公司贡献利润。

6、由于公司年初重组取得突破性进展，公司产业结构不断优化，2012 年公司订单仍保持较快增长。公司五大业务板块：1）船舶制造及舰船配套；2）海洋工程；3）船舶修理及改装；4）舰船装备；5）能源交通装备及其他板块。2011 年新增订单较上年度都有新的增加，2012 年将继续保持活跃势头。比如 2011 年底，公司发布公告称，公司海洋工程装备业务合同金额 242 亿元，其中已生效合同金额为 134.9 亿元，附选择权合同金额为 107.1 亿元。仅武船重工的海洋工程业务手持合同金额就达到 34.47 亿元。

7、该股上市以来在股价走势上，发行价 7.38 元，上市首日收报 8.30 元，随后，在大势影响下，601 打头的新股跌破发行价，几乎无一幸免，该股在 2010 年 4 月

28 日最低下探至 6.44 元，随后出现了一波大幅上攻行情，12 月 20 日，最高上摸至 13.44 元。显示出了王者风范的姿态。2011 年底大盘急速直下，该股在实施 10 转增 6 后，也出现贴权行情，最低下跌至 4.55 元。其实，有先见之明的投资者，此时，择机进入，不失为最好选择。

8、中国重工集多种题材于一身，十二五规划最大受益者，七大新兴产业有它的身影，属于高科技，高成长行业，经过重组收购，上市以来实施了 10 转增 6 分配方案，股本有了一定扩张。股本结构更加趋于合理，现股本适中，是典型的绩优蓝筹二线股。其后继更加优质的公司等待注入，相信，中国重工必将成为顶天立地的中国重工业的标杆。

喜欢投资重工行业的投资者，对该股应给于关注。

166　振华重工还能挺起脊梁吗？

振华重工曾经书写过辉煌的历史，也曾代表上海重工业的崛起，70% 的海外市场被这个龙头盘踞。而如今，出现了严重亏损，不能不让人痛心。振华重工，往日的绩优股，曾经有多少追星族对该股寄托着无限的遐想和厚望，而今却梦断在该股上，人们不禁要问，一个好端端的公司，怎么一夜之间就变成了垃圾股，是金融危机惹的祸，还是长期隐患突发？百思不得其解。

好在公司于 2011 年底前公告称，已实现扭亏为盈。公司总裁在接受投资者调研时说："明年有望实现根本性好转"，这就是说，2012 年公司大有希望。所以，我们不妨对公司进行一番分析。

振华重工是传统的港口机械领域的全球龙头企业，其主营业务是生产和销售大型集装箱起重机械；设计、建造、安装和承包大型港口装卸系统和设备；海上重工装备：大型钢结构、能源环保设备、工程矿山机械等新兴业务。

2011 年，振华重工实现扭亏为盈主要得益于行业回缓，客户需求量放大。比如在 2011 年前三季度订单 32 亿美元中，有 13.4 亿美元订单为公司新拓展的业务领域。

港口机械是公司的主打产品，经过多年的经营，港机销售已在世界 78 个国家和地区打开了市场，建立了良好的信誉，使港机产品成为世界著名品牌。从前景来看，海外海工市场有望超过中国重工、中集集团、中国船舶等上市公司。

公司的制造能力，特别是高端钢构制造能力已得到世界承认，公司承接的美国加州海湾大桥已通过验收，承建的英国海上风电项目也得到认可。

同时，公司多项核心部件已打入国际市场。比如公司平台升降系统、平台电控系统、铺管船铺管系统、甲板机械等多项关键配件已在美国市场登陆。

公司拥有强大的技术队伍。现有 7500 多名铆焊技术工人，这个庞大的技术队伍在国内并不多见。公司还拥有 2000 多人的机械、电器设计团队，这些雄厚的设计队伍完全具备了拓展海工平台的设计能力，进军海工产品是公司的既定目标。

远洋特种运输船队是公司的一支生力军，其拥有 4 艘半潜船、22 艘特种运输船、7 艘浮吊船、23 艘驳船。这支强大的运输船队曾为许多国家提供过特种服务，同时为公司承接的各种港口机械制造产品按时交货提供了保证。

2011 年以来，公司重视海工业务的拓展，海工业务订单占营业收入上升到 60%左右，可以预见，公司的海工潜力还很大，有待进一步挖掘。

风电安装项目是公司根据自身优势进军的一个新项目。2010 年 6 月公司与龙源电力合资成立的江苏龙源振华海洋工程有限公司，是以海上风力发电设备的调试、安装、维修为主营业务，成为国内最早进军海上风力发电的专业公司。其风电安装船是核心设备，公司制造的 800 吨风电安装船通过单管桩沉技术，大大加快了工程进度。

2011 年，国家发改委批准公司公路长大桥建设中心。该中心将围绕国家重点工程建设和行业发展需求，参与其技术标准制定，建立大跨度、大宽度、深水域及外海桥梁建设的研发及工程化验证平台，2011 年底，公司中标苏格兰福斯钢结构的施工图设计、材料采购、制造、总装等项目，仅主体钢结构总重量达 2 万吨。公司中心的此次直接参与，使公司直接掌握桥梁领先技术，向桥梁施工装备市场进军奠定了基础。

同时还成立了疏浚技术装备中心，该中心紧紧围绕国家重大工程建设发展需求，建立疏浚技术和关键装备的研发和工程化平台，直接参与技术标准制定。公司连续开发出的全系列疏浚船，为公司占领市场创造了有利条件，此次建立的疏浚技术装备中心为公司带来更多订单。

从公司股票二级市场走势上看，在 2007 年 10 月 12 日创造出 32.80 元新高以来，此后一路下跌，于 2011 年 12 月 28 创下 4.49 元新低，昔日上海工业的领军企业，已沦落为一支垃圾股。

振华重工能否挺起脊梁，再现昔日辉煌，这是关心该股所有投资者的共同心声。公司总裁康学增在 2011 年 11 月接受投资者调研时表示，公司前三季度经营业绩同比已呈上升态势，今年内扭亏为盈的目标可以实现，而明年有望达到根本性好转的格局。

康学增满怀信心地说，2012年，公司紧紧抓住东南亚地区和巴西、印度，这些国家和地区正在成为公司业务增长的热点。

我们希望振华重工能再次挺起脊梁，承担起投资者的厚望，康总裁有一句话很值得重视，"明年有望达到根本性好转的格局"。就是说，2012年，公司实现根本性好转，这句话分量很重。他很直率地告诉投资者以下几层意思：2011年已经告别亏损，2012年，实现根本性好转；2012年业绩大为改善，并且有显著提高，不然怎么能够根本性好转；业绩有望达到0.2-0.3元左右，不然不能成为根本性好转。如果这样，不足5元的股价就显得太低了。

167　中国家电的旗帜

青岛海尔（600690）1993年11月19日上市，距今已18个年头了，我们先看看18年给投资者的回报。

时间	派现（元）	转增（股）	每股收益	说明
2011	1.70		1.002	
2010	1.00	10 转增 10	1.520	
2009	3.00		1.034	
2008	1.50		0.574	
2007	2.00		0.481	
2006	1.50		0.415	定向增发 14204.63 万股
2005	1.00		0.200	
2004	3.00		0.309	
2003	0.50	10 送 2 转 3	0.460	
2002	3.00		0.500	
2001	3.00		0.770	

2000	2.00	10 送 2	0.750	全体增发 10000 万股
1999	2.00	10 送 2	0.660	10 配 3 股，配股价 11.60 元
1998			0.63	
1997	4.70		0.48	10 配 3 股，配股价 6.80 元
1996	4.30		0.55	
1995	1.00	10 送 2		10 配 3 股，配股价 3.80 元
1994	3.50			
1993		10 送 2		

在 19 个年度中共派现 17 次，送 38.70 元，共转增 6 次配股 3 次，增发 2 次。股本扩张了 14.76 倍。

从上述统计看，青岛海尔分红扩股在众多家电行业的企业中，也算是首屈一指。可以看出，该公司是一家讲信誉、负责任、重回报的优秀企业。

我们回顾一下，该公司经营情况。

公司 2011 年年度报告显示，海尔电器品牌全球市场占有量第三次蝉联世界第一，达到 7.8%；在国内市场上，海尔冰箱连续第二年蝉联市场占有率第一，海尔洗衣机和热水器以 27% 和 19.78% 的销售仍名列前茅。海尔代表中国家电在国际市场上赢得了越来越多的话语权。

公司坚持"即需即供"的经营理念，其产品库存几乎为零，而渠道库存仅为两周，对库存的有效控制达到经营平稳，资金回笼加速，公司生产经营始终保持良性循环。

海尔的主打产品冰箱、洗衣机强势得以保持并呈现超行业增长。冰箱业务全年实现营收 250 亿元，同比增长 9.8%，毛利率为 29.2%，其中下半年同比增长 11.9%，体现出公司强势业务在行业不景气的环境下仍保持优质增长的能力，中高端产品市场份额稳步提升，洗衣机业务全年实现营收 122 亿元，同比增长 5.9%，毛利率为 28.9%，2011 年公司的空调业务全年实现营收 121 亿元，同比增长 6.12%，毛利率 21.7%；热水器业务全年实现营收 38.2 亿元，同比增长 22.5%，毛利率为 43.4%；小家电业务实现营收 17.4 亿元，同比增长 34.6%，毛利率为 28%；渠道综合服务及其他业务收入同比增加 73.95%，毛利率为 7.18%。

公司控股子公司海尔电器主营处于平稳转型之中，"日日顺"渠道的拓展与渠道内加盟店配送比例的提高，将是公司2012年营收增长的主要推动力。

作为世界名牌，海尔不断更新产品，因而越来越受到国外用户青睐，其中无霜三门冰箱最受欢迎。2009年9月，在德国举行的德国柏林国际消费类电子展览会上，海尔集团在"设计创新驱动生活"的主题下，涌现出一批吸引人气的产品，比如MY-Zone系列无霜三门冰箱以及红、白、黑、仿不锈钢色四个颜色同时亮相，成为会场最受老外认可的产品。

公司做大做强得到大股东全力支持。大股东海尔集团承诺5年内拟通过资产注入、股权重组等多种方式支持公司解决同业竞争，减少关联交易。拟注入的资产主要包括海尔集团的白电资产、家电上游资产、彩电、家具业务等。2011年6月，海尔集团就将海尔模具等10家公司注入上市公司，实现了公司向上游产业链延伸，这样既扩大了收入，同时又降低了运营成本。现在公司的特钢和模具产业是全国最大，不仅给企业内部做配套，同时，特钢还给其他家电企业供货，模具也给部分汽车厂商供货。

公司不断扩大股权激励对象和范围，在前两次激励对象顺利实施后，第三次股权激励对象为222名核心技术人员，2600万份股票期权，占股本总额的0.97%，期权价格11.36元。此次激励对象的设置能够进一步激活公司激励体制，使得核心业务人员的利益与公司利益趋同。这样，在家电行业整体增速放缓形势下，公司运用激励手段，得到全员齐心齐力，保持公司经营活力。

股东增持，利在长远。2012年4月7日，公司公告称，公司的控股股东海尔集团的一致行动人海尔创投自2011年4月6日起，在上海证券交易所增持公司股份，并表示在未来的12个月内增持累计不超过公司总股本2%的股份。2012年4月5日，海尔创投已增持公司26799350股股份，占总股本的1%。目前海尔集团及海尔创投共持有海尔公司股份629342421股，占公司总股本的46.4%。海尔集团增持公司股份，表明海尔集团发展充满信心，同时也是对公司有力支持。

168 四川长虹崛起在何时

四川长虹集团公司建于1958年，在半个多世纪的发展中顺利实现了军转民的战略调整，成为业务全球拓展的多元化、综合跨国企业集团。近年来，在加速向"信息家电制造商、关键器械供应商、IT产品提供商"的角色转变中，公司综合实力全面提升，其技术水平、市场营销、产品质量均处世界领先水平。

持续发展，长虹树立了中国家电由小到大、由弱到强并迅速走向世界的杰出典范。如今的长虹，已经不仅仅是中国彩电大王，而且还成为海内外享有盛誉的特大型、多元化、国际化集团。目前，长虹系列数字产品已远销海内外90多个国家和地区。

1994年3月11日，四川长虹登陆上海证券市场，股票代码600839，上市18年中，股本已扩张至46亿股。四川长虹曾在A股市场中创造过辉煌，那个年代，曾以四川长虹、深发展为代表的A股为中国证券市场添了重重一笔。股票走势一飞冲天，在上市后的第四年，1999年5月21日曾创出66.18元的高价。也曾因大面积亏损，在2011年12月22日创下2.05元的新低。直到目前，还有不少投资者在当年高位接盘，被牢牢套死在高山上。

2012年4月20日，长虹公布2011年年报显示，实现销售收入520.06亿元，实现4.06亿净利润，基本每股收益0.09元。应当说，2011年收入增长较为理想，其中，彩电收入增长19.2%、内销增长23%。全年彩电销售数量突破610万台，列行业第二位，市场份额增速保持行业第一位。

冰箱整机销量突破460万台，继续保持行业第一；冰箱压缩机销量突破2400万台，列全球第二。空调和机顶盒销售也实现高速增长，海外销售正在以零售商为主向运营商为主的转变。2011年销售规模继续实现高速增长，增幅超过50%，销售规模首次突破100亿元。

四川长虹管理层对未来发展充满信心，公司将按照"转型升级、融合创新、提速发展、再上台阶"的发展战略，不断推进服务业转型和制造业升级，打造以消费电子、家用电器、IT通讯等为主的几大产业平台。。

不难看出，四川长虹正以积极稳妥的经营思想逐渐走出困境，以优异的成绩给投资者一个好的汇报。

有一个重要公告值得一说。长虹集团和四川长虹共有50名高管和骨干员工作为股东于2011年7月5日以自有资金共同出资组建虹扬投资（注册资本6800万元），通过二级市场投资四川长虹股票。其中董事长赵勇持有10%股权，刘体斌持有7%股权，杨学军持有5.5%股权，郭德轩等5人持有2%的股权，吴学锋等持有1.1%的股权，其他34名股东持有43.2%的股权。

2011年10月28日至10月31日期间，虹扬投资公司通过二级市场购买公司

25831137股，占四川长虹总股本的0.56%。同时，虹扬投资公司表示未来三年内，公司股东每个年度将以不低于其年工资收入的30%的资金向虹扬投资增资，增资将全部用于虹扬投资在二级市场购买四川长虹股票。未来三年，虹扬投资将累计持有不超过四川长虹总股本的5%股权，并承诺三年内不通过任何方式减持长虹公司股票。

四川长虹管理层个人投资组建公司，用他们自己的部分工资购买本公司股票，至少说明三个问题：一是体现了集团管理层对公司发展充满信心，对公司前途持乐观态度，他们是长虹发展的管理者，当事人，购买自己公司的股票，用的是自己的真金白银，这无疑是上市公司的一个创举；二是将管理层利益与公司股价挂钩，也将激励管理层完善公司治理，提升业绩；三是这则重要公告，也向持有四川长虹股票的投资者发出了一个信号，现在投资四川长虹，正当其时。

我们看到，四川长虹曾代表了中国证券市场发展的一个缩影，那个时候人们都疯狂抢购长虹、发展，并为自己手中持有长虹、发展而骄傲，许多老股民给新股民推荐的股票中，长虹、发展，必居首位。

如今长虹风光不再，股价一落千丈，目前股价不到 2.5 元，市值只有 120 亿，PB已低于 1。实际上股价已处于历史低位，从价格角度上看，已进入投资区域，从 K 线图上看，2011 年 12 月 22 日创出新低 2.05 元后，能量逐渐放大，表明有部分机构和投资者看好该股。

169 中国白酒第一坊

1998 年 8 月，原四川成都全兴股份有限公司的曲酒生产车间在改造建厂房时，在地下发现埋藏有古代酿酒遗迹，经发掘，一座规模宏大的古代酿酒作坊——水井坊，在历经元明清 600 余年世事沧桑之后，再次完整地呈现于人们面前。经考古发掘和科学论证，遗址中晾堂、酒窖、炉灶、灰坑、路基、木柱、蒸馏器基座历历在目。上启元末明初，下至当今，延续数百年从未间断生产。国家文物局认定这是我国发现的古代酿酒喝酒肆的唯一实例，被列为"全国重点文物保护单位"。

水井坊（600779）原名为四川制药，四川全兴股份公司，后改名为水井坊。1996年 12 月 6 日上市。总股本 4.8855 亿股。流通 A 股为 2.9532 亿股。近 5 年来，业绩收益基本稳定，没有出现大起大落。

2011 年以来，水井坊品牌价值逐渐凸现，从其股价走势上即可看到。原全兴大曲是中国八大名酒之一，改名水井坊后，600 多年的品牌效应逐渐被发掘，其价值提升会逐渐体现在股价上，2012 年一季度收益超预期就是最好反映。

对水井坊的研究，更多的应当关注一下外资收购问题，这也是水井坊的最大看点。所以首先要了解一下帝亚吉欧（Diageo），世界第一大烈酒巨头，分别在纽约和伦敦交易所上市的世界五百强公司，是全球最大的洋酒公司，占全球 30% 的洋酒市场份额，拥有 100 个世界顶级酒类品牌中 14 个。目前业务已遍及全球 180 多个国家和地区，公司旗下汇集了一系列著名的烈性酒、葡萄酒和啤酒品牌，斯米诺伏特加和尊尼获加威士忌雄踞全球销量第一与第三宝座的烈性品牌。

帝亚吉欧公司于 1995 年开始进入大陆市场，在中国区（大陆、台湾、香港、澳门）总部设在上海。

帝亚吉欧在中国建立市场后，就开始关注中国的酒业，四川全兴集团是它选中的最理想的目标，早在 2006 年，帝亚吉欧以 5 亿元人民币获取了全兴集团 43% 的股权后，又曾两度增持，已拥有 49% 的股权。

2012 年 4 月 18 日，水井坊刊登关于帝亚吉欧要约收购水井坊股份有限公司股份的公告，其中关于要约收购目的，明确指出：为增强双方在中国的酒业的合作，帝亚吉欧与成都盈盛投资有限公司于 2010 年 3 月 1 日签订《股权转让协议》，约定由帝亚吉欧受让盈盛投资持有的全兴集团 4% 的股权。股权转让完成前，盈盛投资和帝亚吉欧分别持有全兴集团 51% 和 49%。全兴集团于 2011 年 7 月 4 日已完成工商过户手续。目前，盈盛投资在全兴集团的持股比例已由 51% 降至 47%，帝亚吉欧在全兴集团的持股比例由 49% 升至 53%，从而成为全兴集团的控股股东，并通过全兴集团间接控制水井坊 39.71% 的股份。

2012 年 5 月 10 日，中国证监会发布关于核准帝亚吉欧公告水井坊要约收购报告书的批复，表示对帝亚吉欧要约收购水井坊报告书无异议。

帝亚吉欧坚持五年，志在必得，终于完成了对全兴集团的收购，成为绝对控股股东，并间接控制了水井坊。帝亚吉欧这一举措开了外资控制中国白酒企业先河，也成为中国白酒企业被外资并购的首个案例。

谁都明白，帝亚吉欧控股水井坊只是其在中国发展战略的起始，他们看中的是中国巨大的市场、中国白酒的超高赢利能力及广阔的发展空间。帝亚吉欧承诺将积极推动水井坊进入国际市场，这对中国的白酒企业无疑起到了积极的借鉴作用。

在帝亚吉欧的眼里，全兴集团最值钱的便是水井坊品牌，以此为基础打造起亚太地区的独有市场。在合作之前，水井坊的外贸销售仅有四五十吨，而 2011 年水井坊在国际渠道的销售就达到 200 多吨。

二级市场上，水井坊 2011 年度报告，每股收益 0.66 元，资产收益率达到 20%，营业收入近 15 亿元，同比增长 37%，2012 年公司一季报每股高达 0.37 元，已高出 2011 年中报每股收益，一季度公司收入增长 53%，说明公司白酒业务正处于快速恢复增长期，其恢复增长速度超预期。在股价走势上，前期跟随大盘下跌，最低探至 21.48 元，其后在要约收购获批消息刺激下，股价出现了快速上涨，最高达到 28.14 元。

具有 600 年历史的水井坊，英国人做了老板，看来要到世界上闯一闯了，让更多外国人喝一喝中国白酒，我看是一件好事，去年在国外销售了 200 多吨，今年突破去年的数字已不在话下。

当然，我们也应看到，就水井坊整体看，公司的产品结构单一，高端产品销售不够顺畅，基酒新项目投资巨大，达产还需要一定时间，制约了能量释放。但从长远看，看好水井坊应该是共识，不妨喝一点水井坊，尝一尝 600 多年品牌的味道，也许会回味无穷。

170　中国第一窖：泸州老窖

泸州老窖具有 400 多年的酿酒历史，公司的主导产品有国窖·1573、百年泸州老窖及泸州老窖特曲等。国窖·1573 经国家专家组鉴定，具有"无色透明、窖香优雅、绵甜爽净、柔和协调、尾净香长、风格典雅"特点。而泸州老窖特曲是中国最古老的四大名酒，早在 1915 年就荣获巴拿马金奖、屡获重大国际金牌 17 枚。泸州老窖品牌价值高达 102 亿元。

泸州老窖资源丰富、拥有老窖池 10084 口，百年以上老窖池 1619 口，储酒能力 8 万吨，包装生产能力 15 万吨。

1994 年 5 月 9 日，泸州老窖上市，股票代码 000568，目前总股本 13.9423 亿股，属二线蓝筹股。2011 年，公司实现净利润 29 亿元，同比增长 3 成多，每股收益 2.08 元，股益率达到银行同期存款 5%。2012 年第一季度，每股收益 0.928 元。

2011 年公司经营出现三大特点：

一是 2011 年呈现销售收入大增。2011 年全年实现营业收入 84.28 亿元，同比增长 56.92%，实现利润总额 40.45 亿元，同比增长 38.57%。公司高中档各档次产品销量和收入的大幅提升推动公司实现超预期增长。2011 年公司实现白酒销售 14.29 万吨，其中公司的主要高档产品的销售量达到 4000 吨，同比增速超过 20%，出厂价也于 2011 年提价 22%；中档酒的传统产品老窖特曲系列实现增速稳步提升；在新产品中，窖龄酒系列实现较大突破，收入达到 10 亿元，中档酒销售总量达到 1 万吨，同比增速达到 50%；老窖特曲以上产品收入达到 56.41 亿元，同比增长 60.33%。

同时，公司实施的股权激励也为业绩增长提供了内在动力。公司于 2010 年 2 月向包括董事长在内的 11 名高管以及其他 132 名骨干员工一次性授予 1344 万份股票期权，行权价格每股不低于 12.78 元，占公司当前股本的 0.96%。可以看出，2011 年公司收入的增速，及时实施股权激励政策无疑调动了公司主要人员的积极性。

二是构建价值链营销模式，走可持续发展之路。泸州老窖通过双品牌战略，驱动经销商的力量，同时厂家加强区域组织，掌握市场，走可持续发展道路。公司一季报中已呈现良好的营销势头。一季度营业收入 31.9 亿元，增长 54.1%。一季度泸州老窖收入令人鼓舞，这主要是 1573 发货量大幅增加，同时又增加了新的经销商。

2012 年在销售公司内部推行狼性团队，博大公司的成功运作为打开营销市场积累了经验。公司在 2010 年开始大力建专卖店，在 2012 年建成 1000 家；并开始建 300 人的品牌顾问团队，公司极力打造团购模式，力保销售畅通。

三是加强和巩固主业，逐步淡化非主业业务。2011 年 12 月 2 日，公司发布公告，公司拟向泸州集团转让华西证券 12% 的股权，预估值为 10.85 亿元，转让完成后，公司持有华西证券的股权比例进一步下降为 12.99%，不再是第一大股东。2007 年以来公司投资华西证券获益颇丰，本次转让前共持有华西证券 3.51 亿股，累计出资 11.2 亿元，入股均价 3.18 元。此次转让每股 6.40 元，较入股价值增值 100%。此次转让，剥离券商业务，对公司进一步专注主业，减少业绩波动，提升估值水平有积极作用。此次转让获得一次性收益 2.03 亿元，预计 2012 年股权转让完成后，提升业绩 0.12，公司投资华西证券大部分收益已计入历史各期利润表中，符合权益法核算规定。

同时，2012 年 4 月 20 日公司公告，公司拟以每股 2.5 元的价格转让 6615 万股湖南武陵酒公司股权，占湖南武陵股权总数的 32.9%，公司对武陵累计投入 8933.66 万元。转让完成后公司不再持有湖南武陵股权，这也是收缩战线集中力量打造中国白酒金三角，力保主业的又一举措。

我们注意到，2012 年公司在高端酒国窖·1573 坚持控量保价的策略，2012 年计划销售 5000 吨。而公司新推窖龄酒只有一年的时间，销售已突破 10 亿元，可见次高端酒出现了新的发展机遇，酒窖龄酒和特曲系列成为 2012 年最大亮点。

泸州老窖酒好喝，泸州老窖股票是好股票，发展前景好，这是各机构看好泸州老窖比较统一的意见。我们从股东分析看，2012 年第一季度末，股东人数为 41654 户，较上期减少 10.42%，筹码高度集中，户均持流通股数 33471.6 股，较 2011 年底户均持股数增长了 117.68%，前十大流通股东中 7 家基金合计持有 9641 万股。股价走势上，2012 年 1 月 17 日创下阶段新低 33.97 元后，便一路上扬，最高摸至 46.63 元，相信股价最终能反映一个公司的内在价值。

171　会下崽的同方股份

同方股份最吸引人的地方，就是其股本结构，恐怕是由上市初总股本才11070万股，流通股3780万股，可现在同方股份的子公司、孙公司也比同方股份上市初时的股本大，15年时间，同方股份可谓家大业大，骡马成群，儿孙满堂。

目前为止，同方股份总股本接近20亿，市值接近200亿。同方股份最大的看点莫过于它的孵化作用。我们重点探讨它的孵化器的成果表现在哪些方面。

1、2011年，同方股份实现营业收入209.60亿元，同比增长14.8%，归属上市公司股东的净利润7.07亿元，同比增长47.52%，每股收益0.36元，公司收入稳定增长，2011年利润分配每10股派1元。

2、公司经过三年多的调整，产业布局基本完成，产业＋资本带动未来市值成长。目前公司已经形成了11个核心产业的全面布局，同时，加大对新兴产业投资，通过资本运作来培育和发展新兴产业。

3、公司作为控股性公司，从孵化到剥离子公司是同方公司区别其他上市公司的最大特点，且这种孵化没有季节性，孵化一个，成熟一个，成熟一个，剥离一个。一个很简单的例子：公司所持百视通15.466%股权参与重组获得广电信息股权后，进而获定向增发6333万股，形成5.8亿元公允价值变动受益。

4、同方股份不仅能孵化，还能收养。2011年收购唐山晶源电子和新收购的重庆国信都是优质公司。重庆国信预计2012年能为同方股份进贡1亿元。

5、同方股份已经具备了市值管理的能力。2011年分拆上市火了一阵后又传分拆上市严格控制，这对同方股份是个不太好的消息，但分拆上市需要技巧和管理能力。晶源电子收购后，先后将同方泰德、同方微电子、百视通注入晶源电子，实现打包上市。

6、打开重庆路桥（600106）F10资料，其控股股东为重庆国信，而同方股份收购重庆国信后，实际成为重庆路桥控股股东。重庆路桥主要以收过路钱为生。同方股份将又开始复制晶源电子办法，将几个成熟的子公司，甚至孙公司装到重庆路桥中，到那时，又会连过路钱都不用交就赶到上海交易市场挂牌上市了。

7、环保是同方股份很早就看中并巨资打造的产业。2004年，公司属下的龙江环保集团，发展到2010年，短短的8年时间，已拥有河水处理和自来水公司20个，总处理能力达到260万立方米／日，主营业务收入达到3亿多元。

其后，易程科技承接的大型交通枢纽，从事公共安全的辰安伟业都是科技含量很高的科技公司，这将逐步为伟大的母亲同方股份做出贡献。

8、在和同方股份管理人员了解中得知，同方股份的子公司同方知网是同方股份的一个很值得看好的公司，有可能根据同方知网的实际情况，突破现行体制的束缚实施分拆上市。

9、公司子公司打造境外上市取得进展。公司下属新加坡科诺威德有限公司，经中国证监会批准，并经香港交易所同意，已于2011年在香港联交所主板上市交易，股票代码1206。本次共发行12200万股，发行完成后，科诺威德总股本为48520万股，公司合计持股35.4%，为其第一大股东。同方股份海外子公司成功登陆香港主板市场，标志着同方股份打造海外市场取得新的突破，也为其子公司获取上市途径摸索了一条新路子。

10、公司近几年每年的第一季度每股收益总是只有几分钱，在2008年至2011年第一季度分别是0.0425、0.0331、0.0620、0.0224，看了使人不舒服，市盈率高企不下，2012年第一季度市盈率高达103.6%，公司股价从2010年11月16日最高31.57元，逐渐下沉，10送10后出现了加速贴权行情，2011年10月24日股价最低下挫到6.97元，较最高点下跌超过50%，这让钟情于同方股份的投资者感到很纠结，也很困惑。2011年全年收益每股0.36元，也不甚理想。

但长期投资同方股份的投资者之所以选择坚守，他们更看好同方股份的明天。

172 中国种业第一股：隆平高科

研究隆平高科，不能不了解袁隆平其人，我们先看看一篇文章，1999年9月1日人民日报播发了新华社一篇文章，文章不长，节录如下：

袁隆平，一个属于中国，也属于世界的名字，他发起的"第二次绿色革命"，给整个人类带来了福音。

现为中国工程院院士的袁隆平，从60年代开始致力于杂交水稻的研究，经过12年的努力，成功培育出了"三系杂交稻"。1976年至1978年间，他培育的杂交水稻种植面积累计达到11亿亩，增产稻谷1000亿公斤。

袁隆平的杂交水稻引起了世界关注。许多国家的专家到中国来取经，印度、越南等 20 多个国家和地区还引种了杂交水稻。

为此，我国政府授予袁隆平"全国先进科技工作者"、"全国劳动模范"和"全国先进工作者"等光荣称号。联合国世界知识产权组织授予他金质奖状和"杰出的发明家"。国际同行称他为"杂交水稻之父"。

读了这篇文章，我们对袁隆平有了大致了解，全中国人民为我国能出现袁隆平这样伟大的科学家而感到骄傲和自豪。

隆平高科（000998）于 2000 年 12 月 11 日登陆深市主板。每股发行价 12.98 元，发行量为 5500 万股，首日开盘价为 27.98 元。上市十年来，广大投资者对隆平高科寄予厚望，全力支持公司发展，公司也给广大投资者带来丰厚回报。

2012 年中央 1 号文件，不仅是中央连续九年聚焦"三农"，而且是中央首次在 1 号文件中对农业科技进行全面部署，这对于隆平高科来说，无疑是重大利好。

2011 年公司实现收入 15.52 亿元，净利润 1.33 亿元，同比增长了 21.33％和 78.79％，每股收益 0.48 元。公司利润增长主要来自高毛利率的稻种热销，公司稻种 Y 两优 1 号已经成为全国播种面积最大的品种。

2011 年，隆平高科实现了营收稳步增长，收入增长主要来源于水稻业务及其他品种，水稻和玉米种收入大幅增长主要系品种结构调整带来的销量的大幅提升，其中水稻种销量增长 25％左右。公司子公司湖南隆平、安徽隆平、四川隆平和亚华种业的营业收入同比分别增长 61.62％、18.23％、12.44％、23.94％，4 家子公司的营业收入增长对整体营收增长的贡献达 60％。

毛利率大幅提升是 2011 年公司收入增长呈现的又一特点。2011 年，公司综合毛利率为 35.41％，同比提升了 6.32 个百分点。其中杂交水稻业务毛利率提升了 7.6 个百分点，玉米种子业务毛利率更是提升了 23.26 个百分点。

同时，2011 年的收入增长，也是公司实施了对低端种子品种的剥离，以及加大研发投入和有关机构加强合作，也体现了公司强主业的决心。

2012 年第一季度，公司呈现出高增长势头。营业收入 58562 万元，同比增长 38.08％。一季度最大特点是主导品种量增价升，2011 年产品结构经过合理调整，其主导品种 Y 两优 1 号、准两优 608、C 两优 608 登高毛利率种子品种在公司销售收入比例稳步提升，其中主打产品 Y 两优 1 号已经成为当前杂交稻第一品种，2011 年推广面积超过 500 万亩，贡献毛利约 15000 万元，2012 年，Y 两优 1 号每公斤价格高达 100 元。目前股价和种植面积呈继续扩大趋势，该品种毛利率达到 70％以上。

整合和变革为公司发展带来新的机遇。国家关于促进种业发展的政策和措施，促使种业育种体系和科研体制都将发生巨大变革，将实现两个转变为目的，即：育种体系向以杂种优势利用和常规育种为基础，以现代生物技术为主导的转变已成必然趋势；在科研方面，将由科研院所主导品种选育向科研院所进行基础性公益性研究，企业进行商业化育种转变。未来以公司为代表的大型"育、繁、推"一体化企业兼并重组种业小企业是势在必然。

因此，公司在 2012 年将加快重组收购步伐。湖南隆平、安徽隆平、四川隆平，已经对整体营收增长的贡献超过 60%，而少数股东权益占比已高达 41%，其中湖南隆平公司占 55% 的股权，安徽隆平公司占 65.6% 的股权，而这两个子公司收入分别为 4.22 亿和 3.38 亿，净利润分别为 1.37 亿元和 0.70 亿元。在这种情况下，公司用重组和回购等方式，收回部分股权，能增厚公司净利润约 35% -70%。

2011 年公司以 6.40 元 / 股的价格成功收购四川隆平少数股东权益 28%，公司持有四川隆平股权升值 80%。四川隆平 2011 年净利润 3029 万元，同比增长 42.8%。收购四川隆平少数股权意味着未来收购湖南隆平、安徽隆平等少数股权只是时间问题。

公司原本实施 2011 年度 10 转 5 派 1 元的分配预案，但由于重大重组而延迟进行，停牌前，4 月 5 日公司股票收盘价为 24.20 元，市盈率 21.6 倍，反映了目前公司基本情况。如果重大重组成功，可能会刺激股价上涨，当然还要看沪深大盘走势是否配合。但从较长时期看，作为中国种业第一股，隆平高科今后的走势必然会被越来越多的机构和投资者所关注。

173 中国汽车业的"航母"：上汽集团

上汽集团（600104）是国内 A 股市场最大的整车上市公司，2011 年实现整体上市。上汽集团主要业务涵盖整车、零部件的研发、生产、销售，以及汽车服务贸易业务。

上汽集团所属主要整车企业包括乘用车公司、商用车公司、上海大众、上海通用、上汽通用五菱、南京依维柯、上汽依维柯红岩、上海申沃等。

2011 年，上汽集团整车销量超过 400 万辆，继续保持国内汽车市场领先优势，第七次入选《财富》杂志世界 500 强，排名第 151 位，比 2010 年上升了 72 位。

2011 年，公司实现营业收入 4348 亿元，同比增长 19%，归属于母公司净利润

202 亿元，同比增长 23.4%，每股收益 1.83 元，分配方案为 10 派 3 元。

从销售上看，销售量继续位居国内汽车大集团首位。其中乘用车 265.15 万辆，同比增长 16.37%，商用车 136.03 万辆，同比增长 4.31%，国内市场占有率为21.02%，与上一年度表比上升了 1.59 个百分点。

上汽集团 2012 年第一季度销售汽车 150.9 万台，已完成全年销量的 35.1%。市场份额提升至 23.5%（2011 年为 21%），同比增长 9.2%。

上汽集团 2011 年实现了整体上市，使上汽集团成为真正意义上的汽车蓝筹股，在上市公司中更加耀眼。

2011 年 12 月 30 日，上汽集团发布公告，公司发行股份购买资产暨关联交易事项已经发行完成，标着着上海汽车重组宣告成功，中国最大的汽车集团实现了整体上市。根据重组方案，上海汽车以 16.33 元 / 股的发行价格，向上海汽车工业（集团）总公司以及上海汽车工业有限公司非公开发行 17.83 亿股，以收购其持有的从事独立零部件业务、服务贸易业务、新能源汽车业务相关公司股权及其他资产，评估价值为291.19 亿元。

此次资产注入将进一步完善产业链，价值链向高端延伸。未来服务贸易盈利空间被打开，将改变以整车营利为主的格局，有望实现整车盈利和服务贸易共同盈利的局面。整体上市的成功，使公司的汽车零部件业务将进入全新的发展阶段。

2012 年第一季度，上海通用销售 44.5 万辆，已完成全年销量的 34%。

上海大众 2011 年实现销售 116 万辆，目前也以满负荷运转，上海大众 2012 年目标为 128 万辆，同比增长 9.8%，第一季度已销售完成全年计划的 34%。

上海通用和上海大众 2011 年销售量已超过上汽集团全年销售量的 80% 以上，继续领跑汽车销售，2012 年，随着新款大型车推出，其销量将继续保持高增长态势。

新车型有序推出有望带动乘用车销量的快速增长。上海通用 2012 年初推出君越、2012 款君威、迈锐宝；上海大众在 2011 年底先后推出新晶锐、2012 款昊锐、途观、全新 CrossPolo，并拟在 6 月份推出新郎逸；通用五菱推出宝骏 630 自动挡等车型，都将为 2012 年鼓足了劲，这些新品种新车型被消费者十分看好。

2012 年北京车展。展现了上汽集团实力。十二届北京国际汽车展览会，上汽集团将以"创新驱动，创赢未来"为主题，亮相旗下的自主品牌和合资企业，共计展出 8家汽车企业 110 余辆展车，10 余款首发车型。这是上汽集团通过资产重组实现整体上市后首次亮相国际级车展。

在研究上汽集团时，有一个问题需要交代。这就是通用有意回购上汽1%的股权。在2008年金融危机期间，于2009年底，通用出让给上汽1%的股权，这样使上汽和通用的合作比例为上汽51%，通用49%，金融危机过后，通用一直想回购其出让的1%的股权，认为这样好对股东有个交代，并提出用8500万美元的价格回购。如果上汽集团出让给通用1%的股权，双方持股比例为各占50%。根据我国新的会计总则，销售公司的利润可以合并到上汽集团，这样即使股权平均，仍可以满足上汽集团的底线，看来回购已成必然。同时，双方将共同成立销售公司，上汽集团占60的股权，这样就保证了业务收入和并表的要求。但双方更看重的是合作，上汽集团需要通用提供的高端技术，比如2012北京车展，上汽发布的自主高端车型荣威950就是使用了通用君越的平台技术。而通用的发展离不开中国，在2012年第一季度财报显示，中国市场是通用最大的单一市场，一季度通用在中国市场销售量为74.5万辆，同比增8.7%，是通用在中国市场销售以来最佳季节表现。通用董事长艾克森表示，通用的目标是在2015年底至2016年的生产量要达到500万辆。

2012年，上汽集团将开足马力，急速前进，扩建扩产，尽力满足市场需求。通用东岳三期扩建项目预计2012年6月份投产，产能将达到24万台；上海大众仪征工厂将于2012年9月份前后投产，产能可望达到30万台；通用五菱柳州基地1年内将新增21万台产能，柳州新基地也将于2012年底完工，可新增产能40万台。同时，通用北盛三期项目、通用武汉基地和上海大众宁波工厂将在2014年投产，产能为30万台。可以说，2012年起，公司主要的合资公司陆续进入产能释放期，当然也为折旧增加了压力。

但是，从上述扩建扩能可以看出上汽集团每年都有新规划、新项目，这些项目稳健扎实，可望可及，无疑为提升业绩奠定扎实的基础。

174　钢铁霸主：宝钢股份

记得70年代建设宝钢的争论，一方面中国需要加强重工业特别是钢铁工业的建设，以满足国家建设的需要，但另一方面许多专家及管理者认为，建设一个宝钢谈何容易，"文革"的创伤，难以治愈，更何况，铁矿石需要进口。争论归争论，1977年12月成立宝钢工程指挥部。并成立"上海宝山钢铁总厂"。1978年12月，宝钢工程启动典礼隆重举行，1985 年 9 月，一号高炉点火，1991 年 6 月，二号高炉点火，1994 年 9 月三号高炉点火；1998 年 11 月宝钢与上钢、梅钢合并；2000 年 2 月成立宝山钢铁股份有限公司；2000 年 12 月，发行 18.77 亿股，12 月在上交所挂牌交易，股票代码 600019。

2011 年宝钢生产粗钢 2663 万吨，商品材 2580 万吨。宝钢所需铁矿石主要从澳大利亚和巴西三大铁矿石巨头进口，至今未变，这就制约了宝钢的盈利能力。

2011 年基本每股收益 0.42 元，全年实现营业收入 225 亿元。每股净资产 6.08 元，2011 年 12 月 31 日，宝钢股份收盘价为 4.85 元，已跌破发行价，从一个方面反映了钢铁行业的不景气程度，但从每股净资产同当前股价相比，在钢铁业转暖之时，也有一个价值回归过程，目前股票价格仍低于其内在价值，看好钢铁业回暖的投资者特别是股价低于净资产 25%，应引起关注。

一季度，宝钢生产生铁 586.4 万吨、钢 636.5 万吨、材 636.2 万吨，总体平稳增长，较去年同期总体保持稳定。公司对 2012 年钢材市场大环境总体较为谨慎，产量不会有明显增长，对普通产品价格的提升预期并不高，计划将盈利改善的重点提升高端产品占比上。

公司最大下游应用领域汽车市场发展空间仍然比较大，在经历 2012 年的调整之后增速有望逐步恢复，对公司来说是利好。公司目前估值比较低，具备较强安全边际。

而就整个钢铁行业而言，2012 年第一季度全行业亏损 17 亿元，而宝钢能保持盈利，实属不易，也显示出钢铁巨头抗风险能力。

2012 年 4 月 21 日，宝钢股份公告称，由宝钢集团和广钢集团共同出资组建的广州薄板有限公司正式揭牌成立，标志着宝钢重组广钢迈出了实质性的一步。此次由宝钢湛江钢铁有限公司以现金出资、广钢集团以其持有的广州 JFE 钢板有限公司 50% 的股权出资，共同设立广州薄板有限公司，并着手建设南沙第二条冷轧生产线。这是宝钢股份重组广钢做大做强又一实质性举措。

2012 年，宝钢股份计划生产生铁 2325 万吨，产钢 2525 万吨，商品坯材销量 2425 万吨，营业收入 2160 亿元，营业成本 1960 亿元。

2012 年 3 月 14 日，宝钢股份刊登公告，公布了不锈钢、特钢业务出售的详细方案，公司拟向宝钢集团有限公司及其全资子公司上海宝钢不锈钢公司和宝钢特钢公司出售不锈钢和特钢业务以专注于最具竞争力的碳钢业务，巩固并强化碳钢板材在国内市场的主导地位，致力于成为全球最具竞争力的碳钢板材供应商，提升公司业绩表现，实现可持续发展。此次出售标的经审计的总账面价值 3734668.36 万元，总评估价值为 4692641.70 万元，较账面价值增加 957973.34 万元，评估增值为 25.65%。

2012 年 1 月 17 日，宝钢股份发布公告：2011 年 9 月 27 日至 2011 年 12 月 28 日期间，以及 2012 年 1 月 16 日，宝钢集团通过上海证券交易系统买入方式累计增持宝钢股份 175307826 股，约占公司已发行总股份的 1.00%，增持后宝钢集团直接持有宝钢股份的数量为 13128825267 股，约占本公司已发行总股份的 74.97%。可以看出，宝钢集团对宝钢股份未来充满信心。

我们从宝钢股份一季度公司股东持仓情况看，前十大流通股东中有 2 家基金，1 家 QFII，合计持有 15625 万股，其中易方达 50 指数持有 5907 万股，在一季度增持了 719 万股。股东人数减少了 3%，表示筹码相对集中。

总体上看，宝钢股份是中国最大、最现代化的钢铁联合企业。宝钢在上市 11 年多的时间里，从未出现过亏损，其业绩波动比较平稳，显示出公司较强的竞争力，这在国内国际大环境中，实属不易。目前宝钢的总市值为 870 多亿元，在沪深所有上市公司里，市值规模居第 33 位。

自 2000 年 12 月 12 日上市以来，公司坚持每年现金分红。上市 11 年累计分红高达 431.94 亿元，11 年间，每股累计分红 2.645 元，分红回报率为 53.33%，年收益率为 7%，明显高于同期存款利率。

宝钢股份最大的软肋是铁矿石 100% 靠进口，而近几年铁矿石被澳大利亚、巴西三大巨头垄断，铁矿石价格连年上涨，不断吞噬钢铁企业的利润，致使钢铁企业处于微利或亏损状态。同时，我国钢铁行业产能过剩、库存加大、钢价下跌，这些因素制约着钢铁行业的发展和盈利空间，这也是大部分投资者不看好钢铁行业的根本原因。钢铁行业走出困境还待时日，而一些垄断性的钢铁集团生存环境稍好些，宝钢股份的生存状况应好于其他钢铁行业，这也是一些机构和投资者看好宝钢股份的主要原因。

175　能源旗舰：兖州煤业

兖州煤业（600188）公司主要从事煤炭生产、洗选加工、煤炭销售和铁路运输、煤化工、电力等业务。公司所处位置得天独厚，交通优势十分明显，公司与主要煤炭进口国家日本、韩国毗邻，运输便捷。公司东临日照港、青岛港、连云港，紧密连接京沪、兖石、兖新铁路，公司拥有现代化煤炭水运码头直通京杭大运河，公司的自营铁路网将公司所属煤矿连为一体，使公司成为东北亚市场、中国华东、华南市场最具竞争力的大型煤炭企业之一。

公司现有山东、内蒙、陕西、山西和澳洲五个矿区。2011 年含量达到 5700 万吨。

2011 年，公司实现营业收入 487.68 亿元，同比增长 39.96％，公司经营性净利润比 2010 年增长了 15.6％。其中煤炭销售收入 454 亿元，同比增加了 125 亿元，增幅达 38.1％，煤炭毛利率达到 43.37％。

近几年，兖州煤业在山东本地煤炭资源减少情况下，加大了省外开发，并取得长足进展。2011 年在内蒙古和澳洲新增的煤炭资源对公司业绩贡献比较大。

海外收购，既要有实力，也要靠智慧，应该说，兖州集团在澳洲的收购，符合国家政策，并得到国家的鼓励，收购是成功的。2011 年兖煤澳洲实现净利润 20 亿元，占集团归属于母公司的净利润比重为 22.9％。

2011 年兖州煤业每股收益达到 1.75 元，净资产收益率为 20.43 ％，每股派发现金 0.57 元，应该说分红也是可喜的。

2012 年公司第一季度每股收益 0.4457 元，净资产收益率 4.89％，每股净资产 9.10 元，营业收入 143 亿，同比增长 54.14％，净利润 21.92 亿元。一季度业务呈现平稳增长态势。一季度生产原煤 1474 万吨，同比增长 30.41％；销售煤炭 2089 万吨，同比增长 73.46％；煤化工业务增长较大，生产甲醇 17 万吨，同比增长 53.57％；销售甲醇 17 万吨，同比增长 57.41％；铁路运输业务微增；发电量、售电量略有下降。

2011 年 10 月 10 日，公司发布公告，公司于 2011 年 7 月 18 日分别与加拿大德文涅钾肥公司、北大西洋钾肥公司签署了《购买协议》。并于 2011 年 9 月 22 日指定公司在加拿大全资子公司加拿大资源有限公司出资 2.9 亿美元，收购加拿大萨斯喀彻温省 19 项钾矿资源探矿权。

2011 年 9 月 28 日，兖州煤业全资子公司澳思达煤矿有限公司签署协议，拟以 2.968 亿澳元（约合人民币 18.63 亿元）的价款收购澳大利亚新泰克控股公司与新泰克 II 控股公司 100％股权。此次交易有利于进一步增加兖州煤业煤炭资源储备，优化公司澳洲资产组合，对现有生产经营项目和勘探资源形成有益补充，为公司未来可持续发展、提升盈利能力提供保障。

2012 年 2 月 7 日，公司全资子公司鄂尔多斯能化通过竞标方式取得内蒙古鄂尔多斯东胜煤田转龙湾井田采矿权，井田总面积 43.507k㎡，总资源储量 5.48 亿吨，矿井规划设计生产能力 500 万吨／年。公司近几年持续扩展后备资源，先后在内蒙和陕西等地进行投资，说明公司资源扩张能力在逐步加大。

目前，兖矿集团已初步建成山东省内邹城、鲁南、兖州 3 个工业园区，贵州、陕西榆林、新疆、内蒙古鄂尔多斯、澳大利亚 5 个能源基地，成为中国在国际资本市场和能源产业界具有较大影响的煤炭企业。

同时，公司出资 8.24 亿元收购集团 215 万吨成熟产能。两座煤矿均在山东兖州煤田，北宿煤矿煤种主要为炼焦配煤和动力用煤，产能为 100 万吨／年，2011 年产原煤 95 万吨，剩余采储量 1745 万吨；杨村煤矿煤种主要为炼焦配煤和动力用煤，产能为 115 万吨／年，2011 年产原煤 102 万吨，剩余可采储量 2176 万吨。预计 2012 年两矿收益可增厚公司业绩 0.04 元／股。

兖州煤业发布公告称，兖州煤业澳洲分公司将吸收合并在在澳大利亚上市的格罗斯特，并取代格罗斯特在澳大利亚上市。兖煤澳洲在收购中给出的交易方案中带有价值保障，对格罗斯特原有股东利益进行了程度相当高的保护。

格罗斯特公司的资产主要包括五个在生产煤矿、两个开发中煤矿以及纽卡斯尔港基础设施集团有限公司 11.6% 的股权。

通过这次收购合并，使兖煤澳洲资产规模、资源储量和生产能力得到了提升。同时为拓展出口通路，很明显兖煤澳洲未来产量增加，而原有的港口配额就显然不能满足出港需求，吸收合并后，新公司持有纽卡基础设施集团股权比例增加至 27%，这样大大缓解出港需求。

2012 年一季度，公司产能同比增长，但吨煤收入同比下滑 10%，我们注意到 2012 年 7 月 1 日澳大利亚政府开始征收碳税；同时受国家宏观经济增速下滑影响，2012 年公司营业收入会有所影响。

176 前进中的北京银行

让我们先看一下最近几年北京银行（601169）每股收益和分红情况。

2008 年	每股收益 0.87 元	10 派 1.8 元
2009 年	每股收益 0.90 元	10 派 1.8 元
2010 年	每股收益 1.09 元	10 派 2.16 元
2011 年	每股收益 1.44 元	10 派 2 元送 2 股
2012 年	第一季度收益 0.46 元	

简单的统计告诉我们两个问题：一是每年每股收益呈台阶式增长，从 2008 年每股 0.87 元至 2011 年每股 1.44 元，四年中增长了 66%；二是分红也是稳步向前，平均一年收益为 4%，高于一年定期存款，若在低位买进，还可享受股价上涨带来的收益。上市四年多，2011 年首次实施 10 送 2 股。

2008 年至 2011 年北京银行现金分红金额分别为 11.21 亿元，11.21 亿元，13.45 亿元，现金分红比率分别为 20.69%、19.90%、19.77%。2011 年实施 10 派 2 元送 2 股后，分红比例将提高到 33%。

北京银行目前总资产在 2011 年末已达到 9564.99 亿元，同比增长 30.45%，存款总额 6142.41 亿元，贷款总额 4056.10 亿元，较去年分别增长了 10.13% 和 21.17%。

北京银行的资本充足率和核心资本充足率分别为 12.06% 和 9.59%，较去年同期分别下降了 0.56% 和 0.92%，拨备覆盖率达到 446.39%，较去年同期增加了 139.27%，不良贷款率 0.53%，较去年同期下降了 0.16 个百分点。

2012 年第一季度实现净利润 33.71 亿元，同比增幅为 33.79%，每股收益 0.46 元。一季度末，资产总额突破了万亿大关，达到 10012.60 亿元。存款余额 6634.89 亿元，比年初增 493 亿元，增幅 80%。

2012 年，北京银行预计净利润增长 10% 以上，总资产余额预计 1.1 万亿人民币，贷款余额预计增长 15% 以上，不良贷款率控制在 1% 以内。

从北京银行 2011 年和 2012 年第一季度分析，净利润增幅比较大，而增长主要来源于规模快速扩张,效率继续改善,同时中间业务和投资收益也有不菲的表现。2011年,生息资产规模扩张贡献净利润增速30%。其中贷款和存款分别增长了21%和10%。

我们分析北京银行落脚点仍然放在资本充足率和潜在的贷款增速上。在定向增发完成后,2012年信贷规模增速可望达到20%,从第一季度看,贷款增速到19%;存款增速18%,分别增长5%、8%。在2011年,银行的议价能力不断增强,因而中间业务收入占比有所提高,达到7.78%,在2012年第一季度升到9.81%,占净利润的4%。

2011年,北京银行继续保持比较高的经营效率,成本收入比为26%,较去年下降了4%,贡献净利润增速8%。2012年1季度,成本收入同比下降了26%,反映了营业收入的快速增长。2011年和第一季度出售金融资产投资收益增长了4倍,使投资收益对净利润贡献增长了5.5%和4.6%。仅第一季度,债券利息收入比2011年就增长了20%。

2011年经过信贷结构调整,使北京银行由过去的以大中型客户为主逐渐向微小企业上提供方便,收到了较好效果。2012年,将会提升向零售和中小企业放贷力度,这样就打开了贷款收益空间。

截止到2011年年末,北京银行中小企业人民币贷款余额1497亿元,占对公贷款余额的46%,较2010年增长了34%。其中,最早与中关村管委会合作,推出一系列贷款,最早推出的"融信宝"中小企业信用贷款。可以看出,北京银行重视和积极关注小微企业,针对小微企业融资特点,加大小微企业融资产品研发和倾斜支持力度。

北京银行上市以来,一直坚持稳健的经营风格,始终保持良好的资产质量,平台贷款规模保持在500亿元左右,房地产贷款比例下降至11%,可见风险控制比较好。

2012年3月28日,北京银行发布公告,完成定向增发筹资118亿元,本次融资是北京银行上市以来,首次再融资,所筹资金全部用于核心资本金。融资顺利完成,使该行资本充足率、核心资本充足率提高两个百分点。

本次融资北京银行采取对市场冲击较小的非公开发行方式,华泰汽车、中信证券、泰康人寿等9家机构参与融资。

北京银行从上市起就采取了合理股权激励方案,实现了全员持股的激励机制,使员工收益与银行业绩直接挂钩。北京银行推行科技强的战略理念,同时建立安全高效的信息技术平台和完善的电子信息化服务渠道,大大节约了成本。

应该说,北京银行上市时间不长,但在短短的几年中,稳步迈进,前进的步伐比较大。目前每股净资产8.93元,同期股价9.80元,相差不足1元,动态市盈率5.4倍,而超级大银行工商银行市盈率 6 倍，中国银行 5.7 倍，建设银行 5.5 倍，农业银行 5 倍。和这些银行比，北京银行总股本只有 73 亿，属于小银行，有股本扩张能力，2011 年度 10 派 2 元送 2 股就反映了北京银行送转能力，也说明上市以来重视回报的经营理念。

稳健的投资者，不妨留意多加关注北京银行的走势，特别要注意半年报盈利状况和每股收益，如果半年报能亮丽的每股收益呈现在投资者面前，那么在实施 10 送 2 除权后有可能出现填权行情。当然，还要看大盘的脸色，大盘配合，走势良好，北京银行在大盘的保驾护航下，才能有不俗的表现。

177　成长中的保利地产

保利地产（600048）于 2006 年 7 月 31 日上市。上市 5 年多来，销售收入和公司资产都实现了近十倍的增长。

2011 年公司营业收入 470.4 亿元，同比增长 31.0%；净利润 65.3 亿元，同比增长 32.7%。年末预收款 709.3 亿元，毛利率 37.2%，净资产收益率 13.9%。2011 年末，公司持有货币资金 181.5 亿元、短期有息负债 139.3 亿元、长期借款 499.8 亿元，负债率为 118.9%，略低于去年同期。

公司土地储备和可售资源充足，2011 年底未开工建筑面积达到 3795 万平方米，为 2011 年实际新开工面积的 2.5 倍，基本满足公司未来 2-3 年开发的需要。2011 年公司新开工面积 1503 万平米，大都集中在大中城市。

公司 2012 年第一季度实现营业收入 49.20 亿元，同比增长 36.4%，实现净利润 6.69 亿元，每股收益 0.91 元。营业收入大幅增长的原因是房地产竣工交楼面积增加。

公司实现房地产销售面积 143 万平方米，销售金额 148 亿元，分别比去年同期增长 8.98% 和 6.07%，均领先全国水平 20 个百分点以上。同时 2012 年新开工面积 243.55 万平方米，为同期销售面积的 1.7 倍。一季度公司在建面积 2568 万平方米，比上年同期增长 50.83%。这样，有力地保障了公司未来业绩。

公司在 2012 年新增规划容积率面积 182.86 万平方米，同比下降 56.54%，反映了公司在 2011 年下半年以来的谨慎态度。

同时，良好的负债比率反映了公司正常运转的态度。仅就 2012 年第一季度，公司扣除预收账款后的其他负债占总资产的比例为 41.01%，较年初下降 1.05 个百分点。

公司有良好的现金储备,目前,公司有货币资金177亿元,且高于短期借款与一年内到期的非流动负债之和161亿元,说明公司财务状况整体保持稳健。

2012年,在国家对房地产调控政策继续收紧,保利地产面对复杂多变的市场形势,公司坚持快速周转,以中小户型普通住宅开发为主的经营策略。保利地产认为,国家对房地产调控的目的是抑制投机,控制房价过快上涨,促使房地产市场回归刚性居住需求和合理投资需求,促进行业的长远健康发展。

股权激励,志在长远。2011年11月7日,保利地产公布股权激励草案,公司拟向激励对象授予总量5704万份的股票期权,占当期公司已发行总股本的0.959%。激励对象为公司董事、高管及管理和技术骨干共179人,授予的股票期权的有效期为6年,行权价格为9.97元。根据股权激励标准,第一年净资产增长率2012年净利润不低于73.8亿元,每股收益不低于1.24元,则能顺利实施股权激励计划。

股权激励计划解决了公司对管理层长期激励机制问题,利于管理层平衡公司发展过程中的短期目标与长期目标,促进公司保持长期快速增长。同时在房地产调控影响下,公司推出股权激励计划有利于凝聚力量、稳定队伍、保留骨干。

有意思的是,激励计划将管理层的收益直接与股票价格挂钩,利用管理层为投资者创造价值,促使管理层推动公司业绩快速增长,进而推动公司股价上涨。

公司成功发行中期票据,这是继首开股份、栖霞建设等国有房地产上市公司拟发行中期票据后,保利地产发行的中期票据,表明公司积极参与保障房建设计划、拓宽融资渠道的有益尝试。而发改委放开发行企业债券支持保障房建设,无疑对公司发行票据是个有力支持。

保利地产做大做强地产行业决心未改,公司在2010年就提出用3-5年时间再建一个保利,并且积极向前推进,公司坚持等量拓展的投资原则,尽力完善布局,2011年新进入石家庄、郑州、合肥、慈溪、德阳、通化六个城市,使城市布局扩大到40个,当地市场占有率进入前三名的城市达到15个,总资产超过100亿的子公司达到10个,比2010年增加了5个。2012年,公司坚持以中小户型普通住宅以迎合市场和百姓需求,努力做到"当年拿地、当年开工,次年销售"。

2012年2月8日公告,公司控股子公司武汉保利金谷房地产开发有限公司通过挂牌方式取得武汉市东湖新技术开发区关山村地块,公司获得项目成本为20.11亿元,为商住用地,用地面积17.09万平方米。

同时,公司新获取西安张家堡地块,建筑面积48.54万平米,地价6.3亿元,楼面地价 1300 元。

在产品结构中，保利地产坚持以普通住宅为主。目前，普通住宅约占 75%，商业项目占 15%，高端产品和大户型占 10% 左右。

4 月 10 日，公司公告，全资子公司保利华南实业有限公司与信保（天津）股权投资基金管理有限公司通过挂牌方式取得佛山市佛山新城商务中心项目地块，净用地面积 252445 平方米，规划容积率面积约 62.5 万平方米，成交总价 18.7 亿元，为商住用地。

此前，保利地产在 1 月份斥资 20.22 亿元取得石家庄两宗地块，2 月在取得武汉地块后，3 月又以 6.31 亿元取得西安一商住用地项目。

众所周知，国家对房地产调控已坚持了三年多，短期之内还会继续坚持下去，保利地产正是在这种形势下，紧跟政策，适时调控，力争主动，走出了求生存求发展的一条正确道路。

当然，就目前保利地产股价已涨幅过多，动态市盈率已达到 38 倍，考虑到国家将继续坚持房地产调控不动摇，综合考虑，还应谨慎为好。

178　证券界的大佬：中信证券

证券业界的大佬中信证券（600030）总股本 110 亿，H 股 11.78 亿，每股净资产 7.94 元。

2011 年，中信证券实现净利润 125.76 亿元，同比增长 11.18%；实现营业收入 250.33 亿元，每股收益 1.23 元，净资产收益率 17%，利润分配为每 10 股派 4.3 元。

2011 年，中信证券在市场经济不景气情况下，其经纪业务仍然保持了行业领先。全年在上海和深圳两个证券交易所代理买卖证券交易总额 4.95 万亿元，其中股票、基金交易总额为人民币 4.67 万亿元，市场排名第一位。同时，2011 年，中信证券积极扩大营业部数量，加大区域覆盖。到 2011 年底，内地和香港共拥有 160 家证券营业部和 18 家期货营业部，分别比 2010 年底增加 18 家和 12 家。

2011 年，中信证券在投行业务上完成股权承销项目 15 个，承销金额 450.2 亿元，在资产管理业务上，受托管理资产 620 亿元人民币。

2012 年第一季度，公司实现营业收入 23.89 亿元，同比下滑 31%。实现净利润 8.63 亿元。主要原因是公司转让华夏基金 51% 的股权，华夏基金不再纳入合并报表和代理买卖证券业务，致使净收入同比下降。

一季度，公司的市场占有率继续保持市场领先水平，代理买卖业务净收入 7.48 亿元，环比增长 12.38%。

投行收入同比增长 27%，IPO 承销能力突出。投行业务收入 3 亿元，同比增长 27.47%，占总收入的 12.58%。一季度 IPO 承销 5 家，承销金额 65.1 亿元，市场份额 17.74%，在同行业中位居第二。

作为战略领先地位的中信证券，新业务在年报中显示，公司目前在创新和扩充经济业务领域、资本中介型交易业务、创新类财务顾问、私募股权投资及管理、海外拓展等领域已取得明显的先发优势。

2012 年，制约中信证券子公司融资融券的瓶颈将被打开。2012 年 5 月 9 日，公司公告，公司全资子公司中信万通证券公司已被中国证监会批准获得融资融券业务，这无疑对中信证券来说，是个惊喜。最早在 2012 年 6 月份，公司的两家公司可望获准参与融资融券。业务规模大大提升，这是中信证券 2012 年一个最大亮点。这样，子公司可以助推公司将融资融券 6.8% 的份额提升至 11.6%，可望超过海通证券跃居行业第一位。

创新业务是中信证券最大优势。近年来，公司在直接投资、产业基金、股指期货、资产管理等多方面创新领域均处于领先地位。仅 2011 年公司开展的创新业务收入就达 46.9 亿元，占总收入的 39%，大大高于同行业公司。可以预见，公司创新预期逐步兑现将是公司收益的最大加速器，2012 年将是创新业务的集中贡献期。

公司在 2011 年 10 月份完成了 H 股上市，H 股的发行对公司的推动作用十分明显，表明对境内业务的增量效应和国际业务的快速发展双重推动，促使国际业务的快速发展，加快国际化进程。公司公告表明，H 股发行募资主要用途为建立和收购海外研究、销售及交易网络，发展资本性中介业务，补充流动资金。募集资金的投入使用将逐步提升国际业的加速发展；同时募集资金将显著改善公司净资本状况，将使受到净资本制约的直接投资等买方业务的空间显著提升，H 股的成功发行，使得直接投资资金增加 40%，同时也将显著提升对融资融券的发展潜力。

近三年的中国证券市场不景气，严重影响证券行业的营业收入。中信证券也不例外，公司的四大业务营业利润在 2011 年度同比减少 79.33 亿元，其中经济业务减少 28.81 亿元，自营业务减少 39.16 亿元，佣金下降了 10.8%，自营股票亏损 34.47 亿元。

中信证券，从 2003 年 1 月 6 日上市以来，已接近 10 个年头，上市初，发行价仅为4.50元，首日开盘价不过5.53元。从上市至今9个财年总共派现每股2.91元（含税），资本公积金转增2次共15股，可以看出派现逐年增加，如果从第一年就持有该股至今，既享受了分红派现收益，又得到了转增股，获得双重收益。

由于该股总股本已超过100亿，属二线绩优蓝筹股，适合长线投资，短线难有收益。青睐中信证券的投资者，可积极关注其走势，并密切留意半年报收益，等待是上上策。

179　沾了广胜寺灵气的山西焦化

大概国人都晓得山西省洪洞县有棵老槐树，老槐树下一家人的传说家喻户晓。但在洪洞县有座广胜寺，大多数人就不太熟悉了，广胜寺建于东汉建和元年（公元147年），为全国重点文物保护单位。唐李世民曾写诗《广胜寺赞》。

广胜寺赞
（唐）李世民

鹤立蛇行势未休，五天文字鬼神愁。

龙蟠梵质层峰峭，凤展翎仪已卷收。

正觉印同真圣道，邪魔交闭绝踪由。

儒门弟子应难识，穿耳胡僧笑点头。

郦道元的《水经注》对广胜寺也有记载：广胜寺分上下两寺，下寺门外即是霍泉，霍水出自霍太山，积水成潭，数十丈不测其深。

广胜寺建在霍山之上，传说隋大业十三年秋，李世民父子起兵后，一路南下，攻城拔寨，无往不胜。不料想在霍邑受阻，被隋将宋老生所拒，久攻不克，人困马乏。就在此时，从霍山来了一位老人，指点迷津，使唐兵大获全胜。公元626年，李世民登基后，很快敕建兴唐寺。

我们要说的是在广胜寺镇，有一家上市公司，山西焦化（600740）。公司注册地、办公地址就设在洪洞县的广胜寺镇。是鬼使神差，还是沾了广胜寺的灵气，在2010年和2011年间，特别是2011年，在大盘不断下跌中，山西焦化却演绎出了一番轰轰烈烈的上涨行情，从2010年7月2日最低的4.54元，一直上涨17.09元，中间只歇了一口气，仅仅一年的时间股价就上涨了3.7倍，那时山西焦化还戴着帽子。

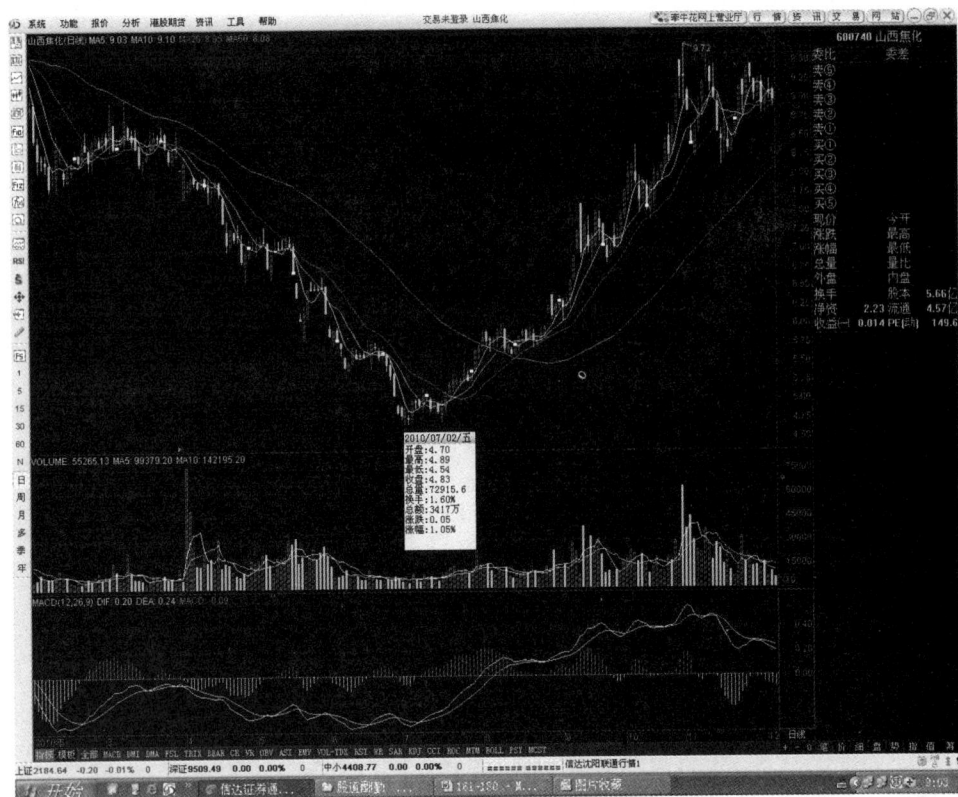

　　山西焦化疯涨，一方面是沾了广胜寺的灵气，另一方面是借了王亚伟的光。当时，王亚伟旗下的华夏基金持有山西焦化股票曝光后，山西焦化名气大振，几乎与王亚伟齐名，成为2010、2011年当红明星，其股价上涨已成必然，但当山西焦化摘掉帽子后，王亚伟却早已脱身。昔日山西焦化热热闹闹，想当日，涨幅榜上，不时见到山西焦化的名字，到如今人去楼空，难得清静。

　　山西焦化在2011年最后一个交易日股价收盘在9.00元上，2009年巨亏后，2010年实现了每股收益0.11元，实际上，在2010年前三个季度还在亏损，而在第四季度不但将前三季度亏空全部补上，还实现了每股0.11元的收益，真是神灵保护啊，2011年全年收益每股0.09元，2012年第一季度每股只有0.014元收益。

　　看来山西焦化要走出困境，尚待时日。十二五煤炭规划明确提出"大集团、大基地、大矿井、大通道"的四大原则。继续推进兼并重组、发展大型企业集团。山西焦化作为山西省焦化行业龙头企业，在受益于山西焦化行业整合政策，目前山西焦炭产量在全国所占比重为 21%，出口占到全国总量的 87%。

　　焦化行业是山西的支柱产业，目前存在着布局分散，产能不足状况，全省 60 多个县区、户均不足 70 吨的产能严重阻碍了焦化行业做大做强，致使资源综合利用水平低下。

　　山西焦化受省政府政策支持，同时控股股东山西焦煤集团大力支持，公司原料煤供应和焦炭产品销售都能够得到充分保证，公司原料近 70% 由集团供应，原料来源充足，价格稳定。

　　山西焦化 2011 年实现每股收益 0.09 元，营业收入 77.5 亿元，每股净资产 2.21 元，净资产收益率 4.26%。2012 年第一季度每股收益 0.014 元，营业收入 15.8 亿。和去年同期相比下降 50% 以上，主要原因受国内焦炭市场整体低速，公司的主要产品焦炭销量减少，价格下滑，致使收入降低，利润减少，因而对公司一季度的业绩带来影响。

　　山西焦化是山西省独立焦化行业的龙头企业，公司拥有焦炭产能 360 万吨、30 万吨焦油加工、20 万吨焦炉煤气制甲醇、10 万吨粗苯精制等生产能力。公司是山西焦煤集团企业生产规模最大、相关附属化工产品回收并深加工能力最强、技术装备最先进、焦化产业链最完整的焦化企业。

　　相信，山西焦化在省政府政策大力扶植下，又有焦煤集团公司支持和具体承诺，做大做强，势在必行。况且山西焦化地处洪洞县广灵寺，人杰地灵，佛光笼罩，一定能起到山西焦炭行业的龙头作用，蒸蒸日上。

180　门户网站第一股：人民网

　　2012 年 4 月 27 日，中国门户网站第一股：人民网（603000）登陆上海主板市场。

　　令人意外的是，人民网一上市就表现出强劲的上涨势头，该股发行价 20.00 元，上市开盘 31.01 元，当日收报 34.72 元，涨幅高达 73.6%，创 4 月份新股上市新高，换手 86.01%，成交 15.4 亿元；其后，在第二个交易日继续上涨，以涨停板收盘，收报 38.19 元，换手 35.62%，成交 7.2 亿，在接下来的整整 10 个交易日，人民网节节上推，在 5 月 16 日最高上涨到 48.04 元，市盈率已超过 100 倍，尔后才出现回调。

　　投资者对人民网青睐有加，人民网不负众望，高歌猛进。但仔细分析，可以发现推动人民网上涨的动力并不是基金等公募机构，而是游资所为，他们借人民网的声誉和投资者对人民网的信赖，以游击战的手法，成功地打了一场阻击战，而后主动撤退，又转换了战场。

我们继续分析，人民网发行价 20.00 元，发行市盈率高达 46.13 倍，这已经高出以前发行的网络传媒股一大截，之前上市的传媒板块市盈率只有 30 多倍。此次 20 元的发行价，对应 46 倍的市盈率，实际上已经考虑到了人民网在投资者心目中的威望，给予了超前的估值。

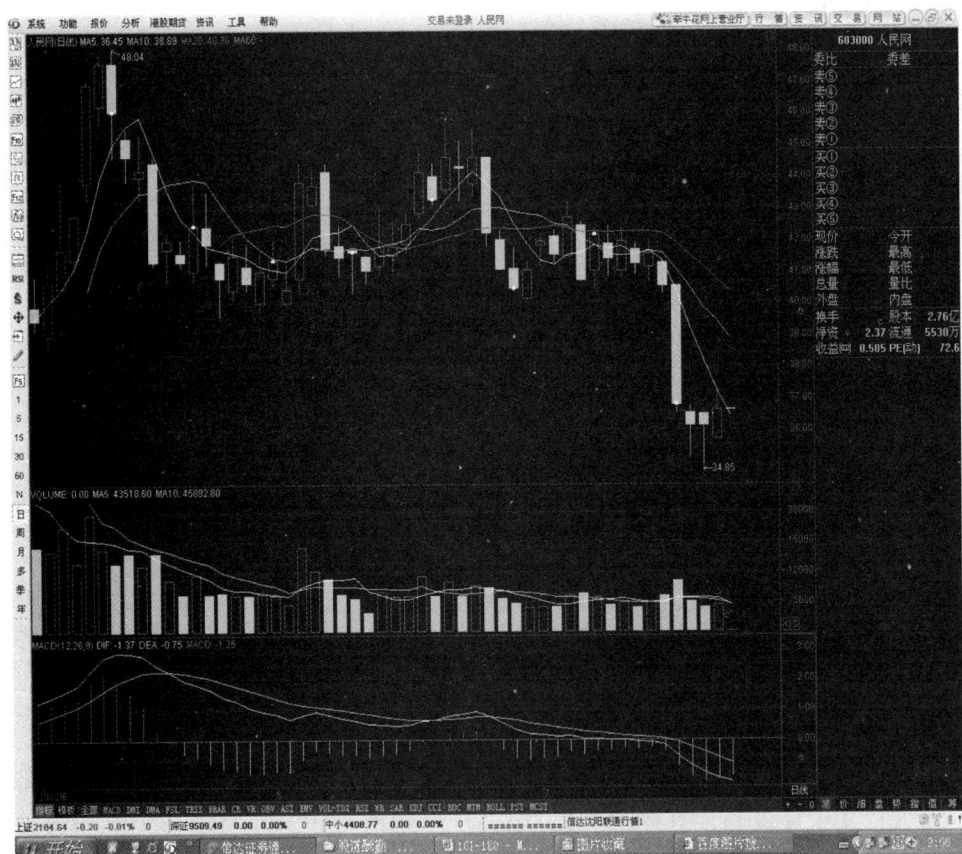

我们从人民网认购上作一些分析。人民网发行过程中，各路机构齐捧场，给予极大关注，有 115 家机构给出了有效报价，认购倍数 56.29 倍。但是在多数机构中，保持了乐观谨慎的态度，在作出预测的 7 家券商中，有 5 家的最低价格低于发行价。由此可见，大多机构对人民网的合理定价都保持了冷静的态度。

我们再从人民网盈利能力上做一些估值。人民网依托现代化的互联网广告作为主要收入来源，为其盈利提供强有力的保障，三年来毛利率超过 50%，净资产收益率达到 20%，每股收益为 0.60 元左右，对应市盈率 35-40 倍较为合理，据此股价应在 30 元左右较为合适。

回过头来我们对人民网 2011 年年报作一些分析。人民网 2009 年收益 0.23 元，2010 年 0.48 元，2011 年 0.67 元，呈逐年递增趋势。从股本结构上看，总股本只有 2.7642 亿股，流通股 0.5531 亿股，盘子偏小，以后有较强的资本扩张能力和较高的送配潜力。2011 年人民网给投资者的回报是每 10 股派 3 元。

从股东构成看，人民日报社持股 13224.23 万股，占 47.84%，为第一大股东，环球日报社持股 2382.00 股，占 8.62%，为第二大股东。中银投资、全国社保、北京北广传媒投资发展中心、中国移动、英大传媒持股在 2.00% 左右。

人民网同时拥有多项准入门槛较高的互联网相关业务经营资质，并且具备独立的新闻采编权。

投资者对人民网的期盼有三：

期盼之一，真实准确及时反映党中央的声音，国家的政策和人民的诉求，人民网是政府和人民紧密联系的纽带，这不仅是人民的期盼，也是人民网的职责所在，它是以更现代的手段体现和实践"人民的喉舌"的作用，"责任重于泰山"是人民对人民网的重托。人民网的上市，必定会引起极大关注，据报道，仅点击量就提高了 10 倍。

期盼之二，人民网的上市，使沪深 2000 多家上市公司中多了一个新成员，但所不同的事，因为人民网的特殊性，比其他上市公司更多地引起关注，从某种意义上说，人民网股价的走势，也或许是一个风向标。投资者所期盼的是人民网能在众多的股票中起到一个标杆作用、带头示范作用。比如在规范运作、信息披露、防止内幕交易等方面能及时准确，能够成为上市公司的典范，就因为你是人民网，只此一条理由就足矣。

期盼之三，年年有成就，岁岁发红包，让投资者得到实惠，这是对人民网最现实的期盼。从近三年看人民网收益和分红在逐年提高，这是可喜的现象，办好人民网，回报众股民，这是大家的希望。人民网有逐年提高的收益，更有送转股的能力，希望在回报投资者上既要考虑公司长远的发展，更要想到回报股民，相信人民网会处理得很好，也一定会对得起支持和拥护她的广大投资者。

181 中国 "第一蓝筹股" 的覆灭

银广夏（000557），1996 年 6 月上市，为广大投资者所熟悉是因为它的诱人业绩和广阔的发展前景，因而被称为中国第一蓝筹股。

2001 年 8 月，《财经》杂志发表 "银广夏陷阱" 一文，银广夏虚构财务报表事件被曝光。至此，"中国第一蓝筹股" 的桂冠黯然失色。

根据银广夏 1999 年年报，银广夏的每股盈利当年达到前所未有的 0.51 元，其股价则先知先觉，从 1999 年 12 月 30 日的 13.97 元启动，一路狂升，到 2000 年 4 月 19 日涨到 35.83 元。次日实施了优厚的分配方案 10 转增 10 后，其股价启动了填权行情，于 2000 年 12 月 29 日完全填权并创下 37.99 元新高，折合为除权前的价格 75.98 元，较一年前启动时的价位上涨 440%，较之 1996 年 "5·19" 行情发动前，上涨了 38 倍多；2000 年全年涨幅居沪深两市第二；2000 年年报披露的业绩再创 "奇迹"，在股本扩大一倍的基础上，每股收益攀升至 0.827 元。

更为惊奇的是，2001年3月1日，银广夏发布公告，称与德国诚信公司签订连续三年总金额为60亿元的萃取产品订货总协议。仅仅依此合同推算，2001年银广夏每股收益将达到2-3元。董事局主席张吉生预测，未来三年内每年业绩连续翻番不成问题。

但是骗局终将会被揭穿，让我们看看中国第一蓝筹股神化是如何破灭的。

银广夏事件被曝光后，舆论哗然。我们听听专家的意见。专家意见认为，天津广夏出口德国诚信贸易公司"不可能的产量、不可能的价格、不可能的产品"。以天津银广夏萃取设备的产能，即使昼夜运作，也生产不出所宣传的数量；天津银广夏萃取产品出口价格高到近乎荒谬；对德国出口合同中的某些产品，根本不能用二氧化碳超临界萃取设备提取。

天津广夏董事长兼财务总监董博在1999年11月接到广夏（银川）实业公司财务总监、总会计师兼董事局秘书丁功民的电话，要求他将每股的利润做到0.80元。根据计算，1999年的财务造假从购入原材料开始。这样，董博虚构了北京瑞杰商贸公司、北京通商贸易公司、北京东风实业研究所等单位，由上述几家公司作为天津广夏原料提供方，虚假购入萃取产品原料蛋黄粉、姜、桂皮、产品包装桶等物。在黑市上购买了发票、汇款单、银行进账单等票据，并伪造了上述几家单位的销售发票和天津广夏发往这几家单位的银行汇款单。有了原材料的购入，也便有了产品的售出。董博伪造了总价值5610万马克的货物出口报关单四份、德国捷高公司北京办事处支付的金额5400万元出口产品贷款银行进账单三份。为完善造价过程，董博又指使天津广夏萃取有限公司总经理阎金岱伪造萃取产品生产记录。最后，董博虚构天津广夏萃取产品出口收入23898.60万元。该虚假年度财务报表经深圳中天勤会计师事务所审计后，并入银广夏公司年报，于是公司向社会发布的虚假净利润高达12778.66万元。2000年，财务造假行动继续进行，结果，天津广夏共虚造萃取产品出口收入72400万元，还是由深圳中天勤会计师事务所审计，注册会计师刘加荣、徐林文签署无保留意见后，向社会发布虚假净利润41764.6431万元。

2001年初，为进一步完善造假程序，董博虚报销售收入，从天津市北辰国税局领购增值税专用发票500份，虚开增值税专用发票290份，价税合计22145.6594万元，涉及税款3764.7619万元。董博供认，在造假过程中，所涉及的银行公章都是在电脑上制作出来的。

银广夏造假是一个由李有强同意、丁功民授意、董博实施、阎金岱协助，以及刘加荣、徐林文"明知"有假而不为的过程。可以看出，天津广夏1999年、2000年获得"暴利"的萃取出口产品，纯属子虚乌有。整个事情从大宗萃取产品出口到银广夏利润猛增到股价上涨是一场彻头彻尾的骗局。

2003 年 9 月 16 日，宁夏银川中级人民法院对银广夏做出一审判决，原天津广夏董事长兼财务总监董博因提供虚假财会报告罪被判处有期徒刑三年，并处罚金人民币 10 万元；原广夏董事局副主席兼总裁李有强、原董事兼财务总监兼总会计师丁功民、原副董事长兼总经理阎金岱因提供虚假财会报告罪分别判处有期徒刑两年零六个月，并处罚金 3 万元至 8 万元；以出具证明文件重大失实罪分别判处深圳中天勤会计师事务所合伙人刘加荣、徐林文有期徒刑两年零六个月、二年零三个月，并各处罚金 3 万元。

2002 年 5 月，中国证监会对银广夏的行政处罚决定书认定，公司自 1998 年至 2001 年期间累计虚增利润 77156.70 万元，其中：1998 年虚增 1776.10 万元，由于主要控股子公司天津广夏 1998 年及之前年度的财务资料丢失，利润真实性无法确定；1999 年虚增 17781.86 万元，实际亏损 5003.20 万元；2000 年虚增 56704.74 万元，实际亏损 14940.10 万元；2001 年 1－6 月虚增 894 万元，实际亏损 2557.10 万元。从原料购进到生产、销售、出口等环节，公司伪造了全部单据，包括销售合同和发票、银行票据、海关出口报关单和所得税免税文件。2001 年 9 月后，因涉及银广夏利润造假案，深圳中天勤这家审计最多上市公司财务报表的会计师事务所实际上已经解体。财政部亦于 9 月初宣布，拟吊销签字注册会计师刘加荣、徐林文的注册会计师资格；吊销中天勤会计师事务所的执业资格，并会同证监会吊销其证券、期货相关业务许可证，同时，将追究中天勤会计师事务所负责人的责任。

"中国第一蓝筹股"的覆灭是中国证监会最早处罚财务造假的上市公司，它昭示了任何欺骗造价都要受到严惩。上市公司造假，不仅是股市的害群之马，它极大地破坏了证券市场的正常秩序，更为严重的是误导广大投资者，使投资者蒙受资金损失，这个案例实实在在告诉广大股民时刻警惕股市陷阱，始终把资金安全放在第一位。

182 "中国农业第一股"的神话

蓝田股份曾经创造了中国股市长盛不衰的神化，在股市创造了很多不可能，而在这些不可能的背后隐藏的是一个又一个的谎言与欺骗，许多编造的谎言，看起来很可笑，其骗术也十分荒唐，经不起任何推敲，但这在当时令很多人深信不疑，有多少人被骗。

顶着"农业第一股"的旗号，在股市招摇蒙骗，而在刘姝威 600 多字的一篇文章面前露出了马脚，现了原形。

让我们看看所谓"农业第一股"神话神在哪里。

蓝田股份有限公司成立于 1992 年，在最初的几年里，公司的主业并不突出。直到 1993 年，其下属的洪湖蓝田水产品开发有限公司成立，产业结构转变为经营农副水产品种养、加工和销售，1994 年 8 月，蓝田股份的 1828 万股国家股划归农业部持有，农业部成为蓝田股份的第一大股东。

凭借农业部这杆大旗，蓝田如鱼得水。农业部将 3000 万股上市额度给了蓝田，1996 年 6 月 18 日，蓝田股份上市，号称"农业第一股"。

蓝田股份的上市成本并不高，加上优惠政策的扶持，其农业产业基地又在物产丰富的洪湖边上，人力成本也相对低廉，又是其创始人瞿兆玉的老家。上市成功融资 2.4 亿元，在招股书中提出，4 年后，年销售收入达 10 亿元，年税利超过 2 亿元，而当时，蓝田股份年销售仅 3 亿元，税利只有 3200 万元。而要达到瞿兆玉的梦想，要有超常规的发展，否则只能是一句空话。

蓝田股份成功上市融资，瞿兆玉尝到了资本市场的甜头，他深知，从 1987 年创业到 1996 年上市，9 年时间公司总额仅有 2.77 亿元，净资产仅 1.72 亿元，而一次融资就达 2.4 亿元。

国家对农业的大力扶持，使蓝田股份再次获得融资资格，按照每 10 股配 1.5 股的比例进行配股，又获得募资 1.1 亿元。

再次融资的成功，强化了瞿兆玉借助资本市场实现超常规发展的意识。他认为，只要把资产规模做的越大，把"中国农业第一股"的金字招牌吹得越响，融资机会就越大，融资越多则规模扩张就越快。

蓝田股份上市以来，每年都要上新项目，大量投入基础建设。大规模的扩张需要大量资金，蓝田股份希望通过配股进行直接融资，但配股需要间隔一年，这样向银行贷款是瞿兆玉启动的第二个融资杠杆。仅农行先后贷给蓝田股份 9 个亿，工行、民生银行也向蓝田股份贷了款。

农业的回报低，周期长，这是众所周知的常识，高额的负债加大了投资成本。蓝田股份对配股的欲望又燃了起来，他们懂得，资本越大，配股融资就越多，于是蓝田股份连续 2 年实施了 10 送 10 的方案。到 1999 年，蓝田股份在两次配股后股本成为

9696 万，在此基础上又使股本增至 4.46 亿股。

常识告诉我们，股本的增大，业绩摊薄理所当然，而业绩摊薄，市盈率高企又使配股难以实施。但在蓝田股份来说，他们有办法。1997 年蓝田股份以 1∶1 的比例送股后，每股收益为 0.64 元，业绩不但没有摊薄，反而比 1996 年每股高出 0.03 元；而这个业绩实质说明 1997 年蓝田股份的收益要比上一年增长 1 倍多。

奇迹还在后面。1998 年蓝田股份再次实施 10 送 10，业绩不但没被摊薄，反而每股收益竟达到 0.81 元，又比上一年增长一倍多。能达到如此高的收益，要达到两个条件，要么业绩超预期增长，而水产品的收益不可能每年都翻一倍多；要么是造假。

蓝田股份的如意算盘继续打着。1999 年 5 月，蓝田股份再次向证监会提出配股申请，此次配股的比例为 10 配 3，配股价格区间为 9-12 元，按当时流通股本 1.99 亿股，可获配 5992 万股，将获得融资 5.39-7.19 亿元。如果融资成功，向银行借贷的压力就得到缓解。

然而，美梦不可能永远做下去，谎言终有露馅的一天。接下来该是蓝田股份走滑铁卢了。正当蓝田股份配股申请送报到证监会时，证监会正在对蓝田上市时虚增资产的违规事实进行调查。1999 年 10 月 26 日，蓝田股份接到中国证监会证《行政处罚决定书》，查明蓝田股份在股票发行申报材料中，伪造证明虚增资产 3870 万元。受此事件的影响，蓝田的配股申请没有获得批准。

蓝田股份并不甘心，2000 年 4 月，公司再次将 1999 年的配股方案报证监会复审。10 月，证监会再次对蓝田股份进行调查，致使公司上报的配股计划再度搁浅。2001 年 3 月 20 日，蓝田股份的配股方案，第三次上报证监会。同年 9 月和 10 月证监会两次派员对蓝田股份进行调查。

一篇 600 多字的文章在《金融内参》上发表，揭开了蓝田股份造假的面具。作者刘姝威因此成了蓝田股份的眼中钉，蓝田股份的总裁找到刘姝威，要求她公开道歉，消除影响，并称刘姝威的文章"让所有的银行全部停止对蓝田贷款。资金链断了，蓝田让你搞死了"。因刘姝威拒绝道歉，蓝田股份以侵害名誉权为由将刘姝威告上了法庭。

实际上刘姝威作为一名财务专家，从蓝田股份的财务数据上看出了破绽，在 2001 年年报中，蓝田股份加大了对银行资金的依赖程度，流动资金借款增加了 1.93 亿元，增加幅度达 200%。这与其良好的现金流表现不太相符。其账上尚有 11.4 亿元的未分配利润，又怎么向银行贷款补充流通资金，在 2000 年公司实现经营性现金流量 7.86 亿元，而投资活动产生的现金净流量则为 -7.15 亿元，这两个极为相近的数字，这不仅是巧合，而是折射出产品如此高的毛利率让谁人相信？

更有甚者，应收账款的造价岂能瞒过财务专家的眼睛？公司 2000 年销售收入 18.4 亿元，而应收账款仅 857.2 万元。2001 年中期销售收入 8.2 亿元，应收账款 3159 万元。可以想象，水产品的销售，一般都由代理商经销，而销售收入与应收账款相差之大，难以让人相信，货币回笼如此之快，应收账款如此之少，只能蒙上欺下，在专家面前，只能是小孩耍大刀，自欺欺人。

让我们看看蓝田股份业绩的真相。

真正揭开蓝田业绩之谜的是 ST 生态 2001 年年报，三年来的财务指标来了一个大变脸：主营业务收入，1999 年调整前是 18.5 亿，调整后是 0.24 亿元，2000 年调整前是 18.4 亿元，调整后不到 0.4 亿元，2001 年是 0.55 亿元。调整后的收入不到调整前的零头。从净利润上看，1999 年调整前是 5.1 亿元，调整后是 -0.22 亿元，2000 年调整前是 4.3 亿元，调整后是 -0.1 亿元，2001 年是 0.8 亿元。每股收益，1999 年调整前是 1.15 元，调整后是 -0.0049 元，2000 年调整前是 0.97 元，调整后是 -0.0239 元，2001 年是 0.18 元。上述不难看出，主要指标调整后，全部由正变副了。一个堂堂正正的"绩优股"变成了"垃圾股"，"中国农业第一股"的神化破灭了。

蓝田股份造假事件，曾轰动全国，一个公司，从上市前就编造假数据，初始得逞后，胃口越来越大，胆子越来越大，肩扛"中国农业第一股"大旗，背靠农业部这棵大树，瞒天过海，谎言连连得逞，骗局屡屡成功。假的就是假的，伪装应当剥去，玩火者必自焚，60 岁的沈阳蓝田股份董事长、总经理、法定代表人瞿兆玉最终被送进了监狱。2008 年 10 月，北京市第二中级人民法院一审以单位行贿罪，判处有期徒刑 3 年，缓刑 4 年。

蓝田股份给中国证券市场带来非常恶劣影响，给广大蓝田股份持有者带来极大伤害。同样，也给蓝田股份董事长瞿兆玉带上了枷锁。

183 德隆：中国第一庄

"如果你们信得过我，就给我这个机会，如果信不过我，就送我去监狱"；"但凡我们用生命去赌的，一定是最精彩的"。这是曾经风云一时的德隆系领军人物唐万新说过的话。有道是，但凡绝话不能随便就说，事隔 18 年后，随着德隆系的倒塌，唐万新被送进了监狱，果然应验了他的那句名言。

唐万新，德隆国际投资控股有限责任公司总裁。他的资本运作能力一时倾倒众多企业家和众多的金融人物。其所塑造的"德隆神话"曾经是中国民营企业的骄傲和典范。其财富曾被《福布斯》杂志百润财富榜 2002 年中国大陆 100 强富豪排名第 27 位。

1992 年，新疆德隆国际实业总公司、乌鲁木齐德隆房地产公司相继成立。这是后来被称为"德隆系"的唐氏事业的起点。1993 年 5 月，新疆金融租赁有限公司开始筹建，德隆随后参股。1994 年，德隆承包了新疆金融租赁在武汉证券交易中心的席位，唐万新由此获得第一个金融管道。在后来的一年多时间里，唐以新疆金融租赁的名义，在武汉、北京等地融资 3 亿多元。1996 年底，唐万新获得机会收购金新信托 30% 股权。由于以德隆名义出资收购获批的可能性很小，唐万新绕道新疆屯河股份有限公司。1996 年春天，唐万新建仓湘火炬，1996 年 7 月，唐万新已将湘火炬 70% 的流通股握在手中，该股也从 2.3 元上涨到 4 元左右。1997 年 6 月，德隆入主合金投资，半年后入主湘火炬，并分步完成了对新疆屯河及其母公司屯河集团的收购。

德隆控盘坐庄，众所周知，由此获得了"江湖第一庄"的美名。在"无庄不欢"的那个年代，因为有了笑傲江湖的地位，德隆很少畏惧让市场知道其买了哪些股票，唐万新配合坐庄而鼓吹的产业整合，更是让很多不合理的事情看上去很合理。但人工堆成雪山再大也有融化掉的一天。2004 年 4 月 13 日，不堪资金重负的德隆系在瞬间倒塌，三驾马车 200 亿的市值十余个跌停后成过眼烟云，曾经飞在天上的股价现在都在 2 元徘徊。

我们看看德隆系是如何倒塌的。为了更快、更方便地搞到钱，唐万新把吸钱的触角伸到了能伸到的每个领域。德隆的实业看上去做得很大，在相继控制了天山股份、ST 中燕、重庆实业、沱牌曲酒之后，德隆已经把产业链布局到了番茄酱、水泥、汽配、娱乐、饮料等行业，2004 年成为中国第一大民营企业集团。北京曾经最著名的 JJ 就曾在三年内给德隆盈利 3 千万。

在德隆系倒台前，唐万新控制的德恒证券、中富证券、伊斯兰信托、金新信托、南京国投几大机构非法吸存资金高达 460 亿元。唐万新的梦想是，借助资本市场的杠杆之力，通过产业整合把实业做大。为此，唐氏团队在短短的几年中就控股和参股了多家证券公司、信托公司、城市商业银行、金融租赁公司、保险公司，完成了庞大金融帝国的布局，为其后来几年疯狂非法融资提供了渠道。

资本曾经帮助唐万新和他的德隆帝国迅速膨胀，但由资本构建的没有"地基"的金融帝国最终还是拖垮了德隆。从 2000 年底和 2001 年，中科创业、亿安科技的先后崩盘让德隆的客户相继嗅到了"危险"的味道，而银广夏的财务造假曝光也让曾经很坚信唐万新"产业整合"故事的人开始清醒。一直风平浪静的"中国第一庄"感受了从未有过的紧张，挤兑压力的暗流在德隆内部此起彼伏。

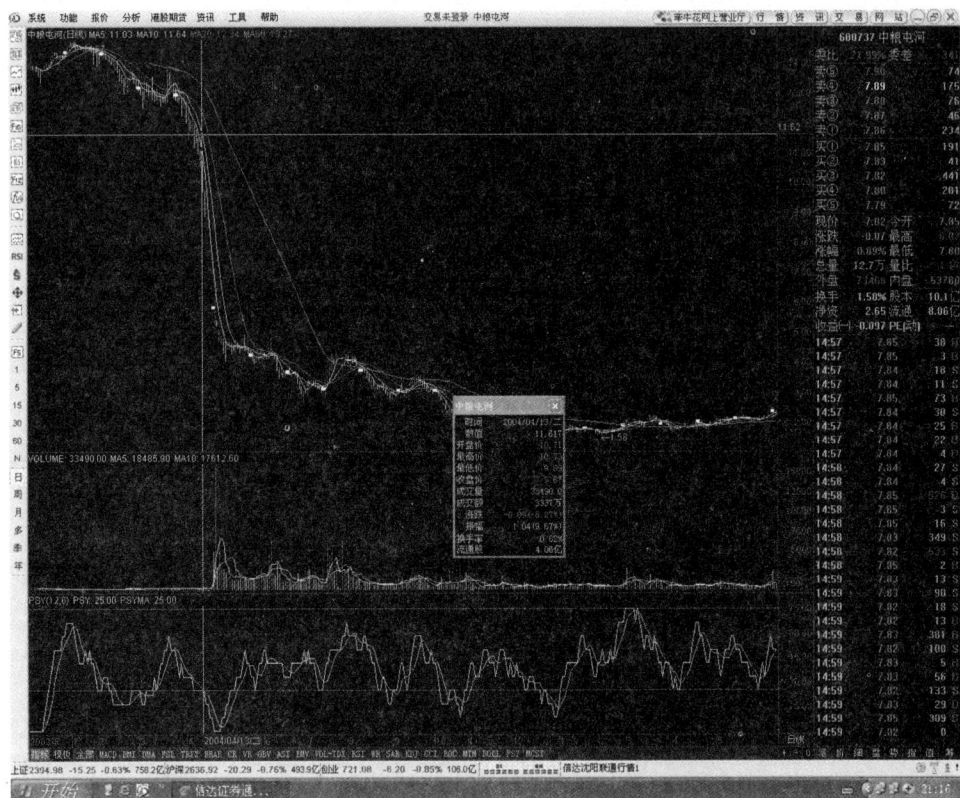

从 2000 年开始，德隆每月的护盘及其他成本已达到上亿元，而漫长的熊市也让德隆压力倍增，用收购金融资产堵窟窿的方式死扛了三年之后，"中国第一庄"终于扛不住了。2004 年 4 月 13 日开始惊心动魄的跳水。到 2004 年 5 月 25 日，"老三股"的市值蒸发了 160 亿元。

危机爆发后，唐氏兄弟四处出击，先后与民生银行、美国机电基金、JP 摩根、高盛中国等企业商谈拯救计划，均告失败。2004 年 5 月 28 日，唐万新、唐万川失踪。唐万新则是逃往缅甸，唐万川逃往加拿大。

2004 年 7 月 18 日，唐万新回到北京，随后在北京中苑宾馆被监视居住。那段时间里唐万新还在寻求中央企业接手德隆资产，但中央级的大财团了解越来越多的真相后更加没人敢碰德隆这块烫手的山芋。最终，华融资产管理公司全面托管德隆的实业、金融资产。唐万新的德隆帝国梦 18 年后彻底被自己击碎。

调查显示，1997 年，新疆德隆通过新疆屯河等企业控股金新信托后，即组织金新信托采取承诺保底和固定收益率的方式对不特定社会公众开展委托理财业务。2000 年底，金新信托的委托理财业务开始出现兑付危机。为应付兑付危机，德隆国际在唐万新及唐万川、张业光等人（另案处理）的决策下，决定收购新的金融机构，加大委托理财业务量，并决定在德隆国际金融管理部的基础上成立上海友联。为扩大委托理财业务，上海友联、德隆国际先后重组、收购并控股了德恒证券、中富证券、大江国投、伊斯兰信托等公司，采取承诺保底和以 22%至 1.98%不等的固定收益率与不特定社会公众签订委托投资协议及补充协议 35890 份，变相吸收公众存款 450.02 亿余元人民币，其中未兑付资金余额 172.18 亿余元。

操纵证券交易价格的事实主要是，从 1997 年 3 月以来，新疆德隆、德隆国际先后以金新信托、德恒证券、中企东方为操作平台，在唐万川、张业光等的决策下，批派王恩奎提供统计数据，并指挥董公元、洪强、张龙等人具体操盘，利用自有资金和部分委托理财资金，使用 24705 个股东账号，集中资金优势、持股优势，采取连续买卖、自买自卖等手法，长期大量买卖新疆屯河、合金投资、湘火炬A股票（下称老三股），造成三只股票价格异常波动。

截至 2004 年 4 月 14 日，新疆德隆、德隆国际累计买入老三股 678.36 亿元，累计卖出 621.83 亿元，余股市值 113.14 亿元，余股成本 162.30 亿元，按照移动平均法计算，德隆共非法获利 98.61 亿元。

2006 年 4 月 29 日，在这起被称作是建国以来最大的金融证券案件中，唐万新被武汉市中级人民法院以非法吸收公众存款罪、操纵证券交易价格罪，被判处有期徒刑 8 年，并处 40 万元罚款。德隆系三家核心企业新疆德隆有限责任公司与德隆国际战略投资有限公司因"操纵证券交易价格罪"则各被处以 50 亿元的巨额罚款，上海友联管理研究中心有限公司因"非法吸收公众存款罪"被罚款 3 亿元。

事有巧合，在编辑本案时，时间是 2012 年 4 月，正是唐万新八年牢狱生活期满之时。18 年的经营到德隆系的倒塌，八年的牢狱之苦，2012 年 4 月，唐万新已是知天命之年，八年中，我们不知唐万新感悟出什么，不得不承认，唐万新是个资本运作的能人，重新生活后，能否在法律框架内，再创一片崭新天地，那就看他的造化了。

184　震惊国内的"琼民源"案

琼民源全称海南民源现代农业发展股份有限公司，曾经是中国股市 1996 年最耀眼的"大黑马"之一，股价全年涨幅高达 1059%。因被指控制造虚假财务会计报告而受到查处。公司股票也从 1997 年 3 月 1 日起停牌。经过一年多漫长而痛苦的等待和期盼之后，1998 年 4 月 29 日，中国证监会公布了对"琼民源"案的调查结果和处理意见。

调查发现，"琼民源"1996 年年报中所称 5.71 亿元利润中，有 5.66 亿是虚构的，并且虚增了 6.57 亿元资本公积金。鉴于"琼民源"原董事长兼总经理马玉和等人制造虚假财务数据的行为涉嫌犯罪，中国证监会将有关材料移交司法机关。

1998 年 6 月 10 日，北京市第一中级人民法院经审理判处"琼民源"原董事长马玉和有期徒刑 3 年。至此，中国股市有史以来最大的股市神化落下帷幕。

　　琼民源在 1996 年因虚假年报误导投资者，使股价在短时间内扶摇直上，大批股民高位套牢，构成中国证券史上最严重的一起证券诈骗案，因此对该公司的重组成为中国证券史上一次艰难的试验。

　　"琼民源"事件使 10 万余名"琼民源"的投资者成为股市一幕幕场景的无奈看客，他们当中，几乎所有人都经历了期望、祈望、失望、无望的精神熬炼过程，作为创始人的马玉和是如何成为数万人噩梦的制造者，这一切是怎么开始的？

　　1996 年初，深成指被打到 1000 点以下，随即在深发展带领下，深指揭竿而起，一批多年被视为"垃圾"的股票也开始踏上"价值回归"之路，当时，一天涨百分之几十，几天翻倍的股票比比皆是。人们需要赚大钱、市场需要大黑马。正在此时，创造 1996 年中国股市神化的"琼民源"登台了。

　　1996 年 4 月以前，"琼民源"股价才 2 元左右，市场转好后，该股随大盘一起扶摇直上，到 6 月份，股价已翻一倍多，经过一个月的盘整，"琼民源"从 4.45 元起步，在其后的 4 个月中，股价已达到 20 元，这时的琼民源俨然从一只无人光顾的垃圾股一跃而成备受人们追捧的绩优股，甚至取代了深发展的龙头地位，成为启动深市走强、"低价股革命"的先导。至此，一个为人瞩目的"股市神话"被造就出来。

　　1996 年上半年，在深发展"价值回归"的示范效应下，几乎每只股票都无一例外地从低谷走了出来。此后一段时期，市场炒作题材似乎一时进入了真空，市场急欲寻找一个同样能激发人气的新"龙头"。几乎与此同时，在主力策动下，市场又扯起了"价值发现"的大旗。任何一个可资利用的题材都可能被套上诱人的光环。

　　主力在处心积虑编织各种概念的同时，也在不遗余力地寻找着资质尚可的"黑马"。在琼民源被挖掘出来后，套在它身上的光环也就最多，也最为耀眼，什么"扭亏概念股"、"首都概念股"、"农业概念股"、"房地产概念股"、"高科技概念股"、"政策倾斜概念股"、"高速成长概念股"，以至令人费解的"关系概念股"等等。可以说，任何一种概念都无不显示"琼民源"所独具的"优势"和可能带来的"高额回报"。

　　"琼民源"在一连串惊人之举中，又添上了更为醒目的一笔。1997 年 1 月 22 日，公司率先公布 1997 年年报。这份被冠以"闪亮登场"的年报中赫然列出：每股收益 0.867 元，净利润同比增长 1290.68 倍；分配方案为每 10 股送转 9.8 股。年报一出，市场无不震撼，股价当即创出 26.18 元的新高。欢呼者有之，顿足者有之，恨无慧眼者更是将手心捏出了汗。也有一部分头脑清醒者表示不解，他们在问，"琼民源"如此骄人的业绩，利润从哪儿来？

让我们看看"琼民源"如此高额利润究竟是从哪儿来的。

关于虚报利润。经调查发现，"琼民源"在未取得土地使用权的情况下，通过与关联公司及他人签订的未经国家有关部门批准的合作建房、权益转让等无效合同，编造了5.66亿元的虚假收入，这些虚假收入均来自于北京民源大厦。民源大厦是"琼民源"与北京制药厂、香港冠联置业公司、京工房地产公司、北京富群新技术开发公司等四方合作开发的房地产项目。其中，北京制药厂提供地皮，香港冠联置业公司作为出资合作的一方，另一合作方富群公司则是"琼民源"的第二大股东。后民源大厦项目已停工。就是这个未完成的项目，在1996年末给"琼民源"带来疑点重重的共三笔总计5.66亿元收入。

关于虚增资本公积金。"琼民源"1996年年报宣称，其资本公积金增长6.57亿元，主要来自对部分土地的重新评估。所谓6.57亿元资本公积金，是"琼民源"在未取得土地使用权，未经国家有关部门批准立项和确认的情况下编造的对四个投资项目的资产评估，违反了有关法规，构成了严重虚假陈述行为。

关于操纵市场。据中国证监会调查，"琼民源"的控股股东民源海南公司曾与深圳有色金属财务公司联手，于"琼民源"公布1996年中期报告"利好消息"之前，大量买进"琼民源"股票，1997年3月前大量抛售，获取暴利。

重组过程数据表明，"琼民源"调账后，总资产由原来的近26亿元变成了10亿元左右，净资产由原来的20多亿元变成了近8亿元。

经过艰难的工作，重组各方智慧的贡献，"琼民源"终于脱胎换骨。经过重组，"琼民源"社会公众股东获得补偿。通过"等量换股"将社会公众股东由可落实每股净资产仅为0.032元的"琼民源"换到1998年预计每股净资产2.21元的新设公司股票。考虑二级市场中关村定价，社会公众股得到了较好的补偿。

重组方北京住总通过本次重组实现上市，投入优质资产，开辟融资渠道，实现控股上市公司中关村，实现集团通过资本运营取得进一步发展的战略目的，同时提升了公司的知名度。这次重组，也为政府分了忧，减轻了社会压力。

如今"琼民源"已不存在，代之而起的是中关村（000930）。但"琼民源"留给它的股民的伤痛恐怕难以忘怀。每一个案件，受伤的总是它的投资者。痛定思痛，要想在股市长期立足，就要练就一双火眼金睛，不断提高自己识别能力，坚定正确的投资理念，不轻信、不信谣、不跟风、不追高，始终保持独立作战能力，这样才能立股市于不败。

185 诈骗上市第一股

红光实业（600083）于 1997 年 6 月在上交所上市。其前身是国营红光电子管厂，始建于 1958 年，该厂是我国"一五"期间 156 项重点工程项目之一，是我国最早建成的大型综合性电子束器件基地，也是我国第一只彩色显像管的诞生地。

正是这样一个有着光荣传统的国营企业的高管却走了不光彩的道路，为了达到上市目的，上市前就编造谎言，隐瞒事实，欺骗上市。我们先看看这个企业上市前的财报，当时红兴实业披露的经成都蜀都会计师事务所审计的 1994-1996 年财务报表：1994 年主营业务收入 83771 万元，利润总额 9042 万元，净利润 6076 万元，1995 年主营业务收入 95676 万元，利润总额 11685 万元，净利润 7860 万元，1996 年主营业务收入 42492 万元，利润总额 6331 万元，净利润 5428 万元。

1997 年 4 月，即股票公开发行前一个月，进行了一次 1：0.4 的缩股，将原来 4 亿股的总股数缩为 1.6 亿股。按缩股后计算，1994-1996 年的每股税后利润分别为 0.380 元、0.491 元、0.339 元，在此基础上，确定了每股 6.05 元的发行价格。

红光公司还提供了经会计师事务所审核的盈利预测数字：预计公司 1997 年度全年净利润 7055 万元，每股税后利润 0.3513 元。正是由于此包装，红光实业上市认购中签率不到 2.8%，锁定认购资金 133 亿元。

我们再深入分析，红光实业 1997 年 6 月 6 日上市，8 月 20 日，公布 1997 年中期业绩为 0.073 元，并称"公司生产经营面临困难"。1998 年 1 月 8 日，红光实业发布董事会公告，称公司对彩管玻壳池炉进行必要的停产大修及技术改造。红光实业在此时实际上已基本丧失主营业务生产能力，而此时距上市才半年时间。

好戏还在后面，紧接着 1998 年 4 月 30 日，红光实业披露了亏损 1.984 亿元的 1997 年年度报告，并因巨额亏损申请特别处理，开了中国证券市场有史以来上市公司上市不到一年即告亏损的先河。公司对亏损原因的解释主要有三：一是受电视机大幅度降价、彩管市场竞争激烈、东南亚经济危机导致公司主导产品出口数量下降等因素的影响，公司主营业务收入大幅度下降；二是公司彩色显像管玻壳屏炉和锥炉已超过为期 5 年的设计使用寿命，导致玻壳生产能力下降，生产成本增加；三是公司处于企业转轨期，在转变观念、转变机制等方面的力度不足，对于彩玻池炉超期服役期间采取的措施不得力。

1998年5月，上海证券交易所对该公司股票交易实行特别处理，股票简称变为"ST红光"。与此同时，中国证监会开始对"红光实业"立案调查。

震惊全国的"红光实业"上市欺诈案，在我国证券市场的历史上创下了四个第一：第一家当年上市、当年亏损；第一家因欺诈发行股票被公开揭露和受到查处的上市公司；第一家被追究刑事责任；第一家被提起民事诉讼的上市公司。

那么，就让我们看看，红光实业究竟出了哪些问题。

红光实业所采取的欺骗上市手段主要是编造虚假利润，目的是骗取上市资格，这是第一个问题。在股票发行上市申报材料中称，1996年度盈利5000万元。经调查证实，公司通过虚构产品销售、虚增产品库存和违规帐外处理等手段，虚报利润15700万元，而1996年实际亏损10300万元。

少报亏损，是红光实业欺骗上市的第二个问题。红光公司在1997年8月公布的中期报告中，将亏损6500万元虚报为净盈利1674万元，虚构利润8174万元；在1998年4月公布的1997年年度报告中，将实际亏损22952万元披露为亏损19800万元，少报亏损3152万元。

隐瞒重大事项是红光公司欺骗上市的第三个问题。红光公司在股票发行上市申报材料中，对其关键生产设备彩玻池炉就已出现废品率上升、不能维持正常生产的重大事实未做任何披露，显然，如果红光公司在事先如实披露其亏损和生产设备不能正常运行的事实，它将无法取得上市资格。

未履行重大事件的披露义务是红光公司的第四个问题。经查实，红光公司上市后，仅将发行新股募集的41020万元中的6770万元投入招股说明书中所承诺的项目，其余大部分资金被改变投向，用于偿还境内外银行贷款和填补公司亏损。改变募集资金用途属于重大事件，但红光实业却未按规定对此进行披露。

挪用募集资金买卖股票是红光实业的第五个问题。1997年6月，红光实业将募集资金中的14086万元违法投入股市买卖股票。其中通过开立217个个人股票账户自行买卖股票，动用9086万元；以委托投资名义由其财务顾问中兴发企业托管有限公司利用11个个人股票账户买卖股票，使用5000万元。红光实业在上述股票交易中共获利450万元。

涉嫌犯罪是红光实业的第六个问题。按红光实业与中介机构签订的协议，应支付发行上市费用1496万元，占募集资金总额的3.53%，比公开披露需支付的发行上市费用多出166万元。在166万元中，白条入账等非正常开支13万元，从账外支付100

万元，存在涉嫌犯罪问题。

中国证监会根据《股票发行交易管理暂行条例》、《禁止证券欺诈行为暂行办法》、《证券市场禁入暂行规定》及其他有关规定，对红光实业作出如下处理：

1、没收红光实业买卖股票的非法所得 450 万元并罚款 100 万元；认定红光实业原董事长何行毅、原总经理焉占翠和原财务部副部长陈哨兵为证券市场禁入者，永久性不得担任任何上市公司和从事证券业务机构的高级管理人员职务；对负有直接责任的王志坚等 12 名公司董事分别处以警告。

2、对红光实业股票发行主承销商中兴信托投资公司和红光实业财务顾问中兴发公司分别没收非法所得 800 万元和 100 万元，并分别罚款 200 万元和 50 万元；认定两公司主要负责人于振永、李峻和直接责任人吴书骏、吴子维、傅文成为证券市场禁入者，永久性不得从事任何证券业务；撤销中兴信托投资公司股票承销和证券自营业务的许可。

3、对为红光实业出具有严重虚假内容的财务审计报告和含有严重误导性内容的盈利预测审核意见书的成都蜀都会计师事务所，没收非法所得 30 万元并处以罚款 60 万元，暂停该所从事证券业务资格 3 年；对签字注册会计师汪应钦、张秀花为证券市场禁入者，永久性不得从事任何证券业务。

4、对承担红光实业股票发行相关中介业务的成都资产评估事务所和四川省经济律师事务所分别没收非法所得 10 万元和 23 万元，并分别罚款 20 万元和 46 万元。

5、对红光实业上市推荐人国泰证券公司和成都证券公司分别处以罚款 132 万元和 50 万元。

2000 年 12 月 14 日，成都市中级人民法院以欺诈发行股票罪，判处红光实业罚金人民币 100 万元；有关责任人员何行毅、焉占翠、刘正齐、陈哨兵等 6 人分别被判处 3 年以下有期徒刑。

为维护投资者的合法权益，部分投资红光实业的投资者起诉红光实业，2002 年 11 月 25 日，经过四年多的等待后，成都市中级人民法院调解成功结案：ST 红光和国泰君安分别按 1：8 的比例向 11 位原告支付诉讼标的额的 90%，共计 22.4096 万元，并承担部分诉讼费。

几经周折，红光股份得以重组，东莞博讯电子技术有限公司成为第一大股东，公司注册地也随即迁至广东省东莞，股票简称也变更为"*ST 博信"，股票代码 600083 不变。截至笔者写此文时间 2012 年 5 月 9 日（周三），该股收盘价为 4.97 元。2011

年每股收益 0.072 元, 2012 年第一季度每股收益 -0.006 元。

这就是红光实业的过去和今天, 红光案结束了, 时间已过去了很多年, 大多数人忘记了, 相信知道事情原委的人都不会再去碰这只股票了。留给广大投资者的是擦亮眼睛, 千万不要把问题股当香饽饽, 它只是一杯抹了香水的毒药, 闻起来似乎很香。

186 郑百文究竟值多少文

1988 年, 郑百文 (600898) 改制成功并首次向社会公开发行股票。1996 年 4 月 17 日, 郑百文的 5149 万 A 股在沪上市交易, 成为郑州市第一家上市企业。此后, 郑百文一路走红, 1997 年每股收益 0.448 元, 以净资产收益率 19.97% 的 "业绩" 成为当时中国股票市场上的一颗耀眼的 "明星"。1997 年, 郑百文主营规模和资产收益率等指标在深沪上市的所有商业公司中均排序第一, 进入国内上市企业 1 0 0 强。

那么, 郑百文是如何成为众目仰望的 "明星"?

郑百文从 1996 年起着手建立全国性的营销网络, 在没有一份可行性论证的情况下, 大规模投入资金上亿元, 建起了 40 多个分公司, 最后把配股资金 1.26 亿元也提前花完。公司离奇地规定, 凡完成销售额 1 亿元者, 可享受集团公司副总待遇, 自行购进小汽车一部。仅仅一年间, 郑百文的销售额便从 20 亿元一路飚升到 70 多亿元; 可用于购置交通工具的费用就高达 1000 多万元。为完成指标, 各分公司不惜采用购销价格倒挂的办法, 商品大量高进低出, 形成恶性循环。

接下来, 我们看到郑百文出现巨额亏损也就不足为怪了。1998 年, 郑州百文以每股收益 -2.54 元创出沪深两市 1998 年度上市公司每股收益亏损之最, 净资产收益率达 -1148.46%。股票由原来的每股盈利 0.448 元变为净亏 2.54 元, 公司负债率达 97.85%。

1999 年 4 月 27 日, 郑百文股票被实施特别处理, 股票简称由 "郑州百文" 改为 "ST 郑百文", 股价由 1998 年初的最高每股 17.32 元跌到 4 元左右。1999 年 12 月, 郑百文欠建设银行 20 多亿元的债务被转移到中国信达资产管理公司。2000 年 3 月, 信达资产管理公司接手郑百文债权债务, 提出破产申请。至此, 这个曾号称 "全国商业批发行业龙头老大"、"国企改革一面红旗" 的先进典型, 备受广大股民追捧的 "明星", 以 "有效资产不足 6 亿元、亏损超过 15 亿元、拖欠银行债务高达 25 亿元"、"中国第一个由债权人提出破产起诉的上市公司"成为股市引人注目的反面典型。最终郑百文只留下"世界最烂垃圾股"的称号。

2000 年 5 月，总部设在山东济南，以经营家用电器为主业的三联集团公司作为重组郑百文的战略投资者，即与郑百文及其主要债权人进行和解谈判，提出了郑百文资产、债务重组方案。

2001 年 2 月 22 日，郑百文召开了 2001 年度第一次临时股东大会，审议通过了《关于股东采取默示同意和明示反对的意思表达方式的议案》和《关于授权董事会办理股东股份变动手续的议案》。按照这两份议案，同意重组的郑百文股东可用"默示同意"的方式表示赞成，将自己 50% 的股份过户给三联集团；而不同意参加重组的股东，则必须在一定期限内将其反对声明提交给公司，由公司以流通股每股 1.84 元、法人股每股 0.18 元的"公平价格"回购并注销其股份；有以上两种意思表示以外的其他任何意见的股东，均视为不参加重组，公司也将按公平价值回购其股份，并予以注销。

该决议一出，立即引起质疑。包括李香玲、苏建华等 6 股民，向郑百文提交了股东声明表示："既不同意将所持股票的 50% 过户给三联集团，也不同意所持股份按所谓的公平价格被回购。"一些专家也指出，股东对股东大会的决议及实施不能默示表态，多数股东也无权处分少数股东的股份权利。这样，郑百文的重组似乎陷入了一个僵局。

重组方案通过后不久，郑百文即因连续亏损于 2001 年 3 月被上海证券交易所暂停上市，郑百文也面临永久退市的风险。

2001 年 11 月 8 日，郑州市市区农村合作社联合社等 8 名股东将郑百文诉至郑州市中级人民法院，请求确认郑百文 2001 年度第一次临时股东大会决议的效力。11 月 30 日，三联在没有得到郑百文任何股份的情况下，将其优质经营性资产和房产置入郑百文，此后又承诺无论郑百文未来能否恢复上市，置入郑百文的资产都不再退回。

郑州市中院对此作出判决，支持原告的诉讼请求，并判令郑百文及其董事会立即履行该决议，完成股份过户手续。

2001 年底，中国证券登记结算有限公司上海分公司根据同级财政部的有关批复，将郑州百文集团有限公司持有的郑百文国有股以零转让价格过户给三联集团公司持有。截至 2003 年 7 月 4 日，除尚有两个股东账户因司法冻结无法办理外，其他郑百文股东所持股份已全部办理完股份变动手续，包括李香玲等 6 名股民所持的股票已全部办理完股份变动手续。

2002 年 6 月 25 日，中国证券登记结算有限公司上海分公司根据郑州市中级人民法院对股东大会决议效力的民事裁定书和协助执行通知书的要求，办理了郑百文流通股和法人股股份的过户手续，三联共持有郑百文49.79％的股份，成为郑百文的控股股东，三联对郑百文的重组工作宣告完成。

按照原定的方案完成重组，2003年7月18日PT郑百文在上证所恢复上市（后改名为三联商社）。随即，李香玲、苏建华等6位股民先后将郑百文及中国证券登记结算有限责任公司上海分公司诉至郑州市金水区人民法院。6位股民认为，郑百文强制回购其股份、结算公司擅自将股民的股票予以回购注销，其行为也违反了证券法。法院判决原告胜诉。

6月22日，原被告双方均上诉至郑州市中级人民法院，中院二审判决，撤销郑州市金水区法院判决，驳回李香玲等6人的诉讼请求。

郑百文案给人留下了更多的思考，关于重组方案中有关异议股东与郑百文之间形成的股份有偿转让法律关系的认定解释有待研究；有关股份的性质、股份转让权的归属，股东大会能否代表公司处分股东的股份很值得商讨；由此引起的股份回购到底是公司享有的权利或是公司履行的法定义务，

截止到2011年12月30日，三联商社（600898）股票收盘价为5.40元，打开该股F10，在股东研究栏内我们看到控股股东为山东龙脊岛建设有限公司（10.98％），最终控制人为黄光裕。

真是时过境迁，物转星移，时间不饶人啊。转眼之间，又冒出了新的控股股东，真让人难以琢磨。

187　东方锅炉还能冒烟吗

四川东方锅炉（600786）采用编造虚假财务报告的方法"包装上市"，炮制了试点发行股票连续三年稳定盈利、净资产利润率增长平衡的假象。

东方锅炉虚假上市问题暴露后，在社会上引起了很大反响。有关调查部门在对东方锅炉审计业务的四川会计师事务所进行检查，从验资报告所附工作底稿看，确实附有银行进账凭证，手续齐备，程序合法，该所有关人员也一口咬定是银行和企业欺骗了注册会计师，注册会计师不知情。

然而，经进一步检查后，检查人员从事务所与公司签订的委托协议上发现了疑点，

从表面上看，协议书的签订日期是1992年11月28日，正好在验资报告日期1992年12月30日之前，但仔细分辩，协议书日期已被涂改，原字迹为1993年5月8日。检查组以此为突破口，兵分两路，一路前往自贡现场核对账证，提取当事人证明材料，一路留在四川会计师事务所继续检查有关工作底稿。几天后，两个小组得出同样结论：四川会计师事务所朱××等人为东方锅炉提供虚假验资报告并非失误，而是共谋作弊。

经调查证实，1992年，国家体改委要求各地对过去已实施股份制试点的企业重新登记，符合条件的可继续试点。东方锅炉并未进行股份制试点。但公司为了争取国家体改委的批准，于1993年1月至10月间，炮制了一系列证明其1988年至1990年已进行股份制试点并发行股票5400万股的虚假文件和资料。在其过程中，各方一路绿灯、配合企业作假。

成都会计师事务所明知该公司未发行过股票，却出具了一份虚假的验资报告，称"股金已分期分批进入中国工商银行自贡支行开设的账户。"报告落款日期为1992年12月30日，签字注册会计师为朱××、贺××，此份验资报告连同其他文件一起上报后，1993年10月，国家体改委批准东锅公司继续进行股份制试点。从1993年11月起，东锅公司才开始定向募集资金。

1995年5月，东锅公司为申请其股票上市，要求事务所对原验资报告做修改，搞了第二份验资报告，验资报告后附中国工商银行自贡支行补办的假进账单、企业假传票、假记账凭证，目的是使验资报告看上去手续完备、资料齐全。第二份验资报告的日期、文号均不变。

1995年，东锅公司在申请股票上市过程中，为表现良好的盈利状况，提出要对1992年至1994年的利润进行调整，虚增利润1500万元。公司将此意见告诉朱××后，朱未提出异议，没有对公司账表进行审计，该审计报告的签字注册会计师仍为朱××、贺××。

经查，该所有关执业人员购买了"东锅公司"的股票，其中朱××购买了5000股。

对案件事实核实后，财政部会同中国证监会等有关部门对为东锅公司出具有关验资、审计报告的四川会计师事务所没收违法所得，并处罚款20万元，暂停四川会计师事务所从事证券业务3年，吊销参与做假的朱××、贺××注册会计师证书，取消其执业资格，没收朱××等人买卖股票非法所得，并建议四川省公安部门立案侦查，追究朱××的刑事责任。

在上述一系列作假过程中，并没有提出东方锅炉管理层的责任，那么，这些高管们都在干什么呢？

我们看看东方锅炉的高管们都是什么货色。

江仲生，东方锅炉股份有限公司党委书记、董事长，继任四川省证券监督办公室副主任（正厅级）。

马一中，东方锅炉股份有限公司副董事长、总经理（正厅级）。

何允明，东方锅炉股份有限公司党委副书记、副总经理、董事长、党委副书记（正厅级）。

程兆峰，东方锅炉股份有限公司副董事长、副总经理（副厅级）。

经调查证实，1996年11月，东方锅炉股份公司的股票，准备在上海证券交易所挂牌上市。于是，江仲生、何允明、马一中、程兆峰利用可以调拨股票的职务便利，四人商议，先后二次由程兆峰从董事会秘书贺建强保管的股票中，领出30万股、50万股，何允明、程兆峰到成都，分别以每股人民币7元、8.8元的价格卖给北京天龙股份有限公司，获款人民币650万元。除将本金交还外，差额部分由程兆峰、何允明用化名存入银行，存折由程兆峰保管。后四人商议将违法存款进行私分。1996年12月、1997年5月4人先后二次利用到成都出差之机，分得人民币67.5万元和人民币33.6万元。1996年11月，四人考虑到政府规定不允许公司董事买卖自己公司的股票，便由何允明出面，用东锅集团的股票换回四川银山化工股20万股，（四人各分5万股）。再将20万股卖给北京比特股份有限公司，获款人民币270万元。何将本金交还外，仍将差额款用化名存入银行，存折仍交程兆峰保管。1996年12月30日，四人私分上海申银万国证券公司返还的广告宣传费人民币200万元，（每人分得人民币50万元）。1997年3月11日程将人民币200万元转存回公司时，连同部分利息一并化名存入银行。1998年8月20日检察机关立案前，被告人程兆峰将存单交回东方锅炉股份有限公司。

1996年12月，东方锅炉股份有限公司决定以奖励股票的方式奖励公司领导和部分中层干部。四人利用职务之便，擅自各多分8万股，由何允明办好托管手续后，分别交本人自行处理，江仲生获利人民币735304元，何允明获利人民币925960元，马一中获利人民币739328元，程兆峰获利人民币696904元。

经调查证实，四人利用可以调拨股票的职务之便，先后领出股票132万股，违规出售后，再交回股本认购金，获取巨额差价，江仲生获利人民币222.1304万元，何允明获利人民币241.196万元，马一中获利人民币222.5328万元，程兆峰获利人民币218.2904万元。四人均构成贪污罪。

　　1999 年 4 月 13 日，四川省自贡市中级人民法院审理认为，四人身为国家绝对控股的东锅公司的主要领导人，利用管理、发行股票职务之便，将未发行的 132 万股公司管理的股票违规出售后再交回公司原定的本金，此行为是发行行为而非认购后的炒卖行为。四人将本该交回公司的巨额差价款占为己有，属于利用职务之便侵吞溢价发行款的贪污行为，且贪污数额特别巨大。

　　案发后，江仲生、马一中认罪态度较好，且所获赃款已全部追缴，未给国家财产造成损失。

　　1999 年 6 月 22 日自贡市中级人民法院一审判决：江仲生犯贪污罪，判处死刑，缓期二年执行，剥夺政治权利终身，并处没收个人全部财产。马一中犯贪污罪，判处死刑，缓期二年执行，剥夺政治权利终身，并处没收个人全部财产。何允明犯贪污罪，判处无期徒刑，剥夺政治权利终身，并处没收个人全部财产。程兆峰犯贪污罪，判处无期徒刑，剥夺政治权利终身，并处没收个人全部财产。

　　四被告均不服，提出上诉。1999 年 9 月 22 日四川省高级人民法院经审理维持原判，驳回上诉。

　　摘录完这起案件后，笔者想找到东方锅炉（600786）股票，但已经找不出来了。

　　根据上海证券交易所签发的有关通知，自 2007 年 12 月 28 日至 2008 年 1 月 26 日，东方锅炉控股股东锅炉运行规程东方电气集团公司向东方锅炉全体流通股股东实施全面要约收购。收购完成后东方锅炉的股权分布已不满足东方锅炉上市条件。根据《上海证券交易所股票上市规则》第 14.3.1 条规定，上证所决定自 2008 年 3 月 18 日起依法终止东方锅炉股票在上证所上市交易。

　　看来，东方锅炉真的不再冒烟了。

188　券商"老鼠仓"第一人

　　令人羡慕的学位：上海财经学博士，复旦大学工商管理博士后；受人尊重的职位：西南证券副总裁，证券投资管理部总经理兼投资经理。季敏波，一个颇有名气的名字，如今又多了一个头衔：券商"老鼠仓"第一人。

　　2010 年 9 月才获得重庆证监局的高管任职资格核准，任期本该到 2012 年 2 月，但任期未满，却因涉嫌"老鼠仓"，被请到公安机关受审。

　　就是这位博士后，戴副眼镜，曾当过老师，为人师表，个子不高，有着浓浓的书生气。在短短两年多时间里，利用职务便利掌握的公司股票自营信息，通过其亲友控制的多个个人证券账户，同期与其负责的西南证券自营账户买卖相同股票40多只，单向成交金额约5000万元，获利大约2000万元。利欲熏心的他，甚至不惜将公司自营账户中的股票瞬间打到跌停，倒给早已埋伏好的个人账户。正是这胆大妄为的交易行为，暴露了这只深藏的"老鼠"。

　　事情的起因是，2011年4月12日，这天，景谷林业（600265）集合竞价为11.43元，开盘不到一分钟，就被一笔4498手的大卖单把股价砸到10.37元，距跌停价只差2分钱，此后股价又被小单快速拉起，这一过程仅仅在一分钟内完成。下午3时，景谷林业收盘价为11.62元，当天接盘的账户收益超过12%。之后几天，景谷林业股价一直涨到13.19元才调头向下。

　　令人奇怪的大单、瞬间跌停，K线图上长长的下影线，显然不能用正常的交易行为来解释。这一异常表现未能逃过监管部门的眼睛。证监会调查发现，当日景谷林业集合竞价阶段前后，托管于上海、浙江等地区的孙某某等 9 个账户，以接近跌停价的 10.37~10.39 元的价格区间申报买入景谷林业 71.7 万股；9：30：36 西南证券自营账户以 10.36 元每股的价格申报卖出景谷林业 44.98 万股，并与 "孙某某" 账户组成交 36.18 万股，占该笔卖出订单成交量的 80%，导致景谷林业成交均价从 11.43 元迅速下探至 10.37 元。

证监会发现，在 10.37 元接单的 "孙某某" 账户组，9 个账户中共成交了 6 个账户，其中 5 个来自浙江丽水，1 个来自上海。

为此，根据证监会稽查局的部署，浙江证监局抽调精兵强将，立即成立了调查组，兵分三路，分赴浙江丽水、上海及重庆展开调查。浙江组和上海组主要调查这 6 个账户，重庆组负责调查西南证券自营盘交易情况，并同时担任整个案件的总协调和总指挥。

5 月 30 日，3 个调查组同时到位，并在 31 日早上同时开始行动。为了避免打草惊蛇，重庆组在调查时没有单刀直入，而是选择了侧面迂回。调查组没有直接找西南证券自营部门，而是先到公司合规部门了解情况，通过闲聊，得知公司自营负责人姓季，叫季敏波，浙江丽水人，而且公司在上海也有自营部门。季敏波常年在上海办公，偶尔到重庆。重庆自营部负责汇总交易指令并根据各个交易指令完成交易。

根据调查，浙江 5 个账户 4 月 12 日交易景谷林业的操作地来自上海，其中有个账户开户人也姓季，这与调查的季敏波在上海办公，并在上海有自营部门，奇怪的是，开户姓季的人和季敏波只一字之差，这不能不引起怀疑，这两个季是否是一家人。

在和季敏波正面接触后，季敏波很快承认，他和上述实际控制浙江 5 账户的季谋是亲兄弟，承认指令都是他下达的。为了掌握季敏波下达指令的交易表，调查组几经周折，对季敏波下属职员反复做工作，终于从其职员办公室拿出交易确认表，在该表上赫然写着季敏波的签名。

接下来，调查组比对分析相关证据材料，基本认定了季敏波与其弟弟控制的账户组之间约定交易、操纵股价的违法事实。

经调查证实，异常交易的景谷林业，只是季敏波违法违规行为的冰山一角。经查，季敏波于 2008 年 9 月进入西南证券，时任西南证券副总裁、证券投资管理部总经理兼投资经理，案发期间有权下达西南证券自营账户的操作指令，并可对该部门投资经理的股票交易行为进行实时监控。

2009 年 2 月 28 日至 2011 年 6 月 30 日期间，季敏波利用职务便利掌握的公司股票自营信息，通过其亲友控制的多个个人证券账户同期于西南证券自营账户买卖相同股票 40 多只，初步统计，单向成交金额约 5000 万元，获利约 2000 万元。

证监会有关部门负责人表示，本案是证券公司从业人员涉嫌"老鼠仓"刑事犯罪第一案。季敏波的上述行为涉嫌构成《刑法》第一百八十条规定的利用未公开信息交易罪，根据《行政执法机关移送涉嫌犯罪案件的规定》及有关规定，证监会已于 2011 年 10 月 12 日将该案移送公安机关侦查。

券商的资金都是来自基民，季敏波拿着基民的钱本应为基民和投资人服务，可他却"监守自盗"，为了他家人牟取私利，不惜将自营股票用巨单打到跌停，好让其亲属控制的账户买进，牟取暴利，这实属损人利己，不仅有违法规，更是道德沦陷，品质恶劣，对于这种"老鼠仓"行为，就应严厉打击，决不手软。我们为监管部门抓住这个券商"老鼠仓"第一人而叫好。

189　从天堂到地狱

基金圈内有"南有李旭利，北有王亚伟"之说，李旭利案发，有人拍手称快，有人扼腕叹息。是人性的贪婪原罪，还是制度缺失诱发？李旭利案创下多个第一，无疑将成为中国证券监管史上浓重的一笔。

2011 年 8 月 13 日 20 时，上海市公安局在北京市石景山海航大酒店将李旭利抓获并刑事拘留，8 月 26 日由上海市公安局执行逮捕。

经调查证实，2005 年 8 月至 2009 年 5 月，李旭利担任交银施罗德基金公司投资决策委员会主席和投资总监，参与该公司所有基金的投资决策。2007 年 8 月，李旭利兼任交银施罗德基金公司蓝筹基金基金经理。

2009 年 4 月 7 日，李旭利指令五矿证券深圳金田路营业部总经理李智君在其控制的"岳彭建"、"童国强"证券账户内，买入工商银行（601398）和建设银行（601939），并于 2009 年 6 月份悉数卖出。两个月时间，上述两只股票的累计买入金额约 5226.4 万元，获利总额约为 1071.6 万元。

同时，在 2009 年 4 月 7 日至 4 月 9 日，交银施罗德基金旗下两只基金买入工商银行和建设银行。

上海浦东检察院认为，李旭利利用控制的证券账户先于或同期于其管理的蓝筹基金、成长基金买入相同的"工商银行"、"建设银行"股票。李旭利系基金管理公司的从业人员，其利用职务便利获得该基金公司尚未公开的信息后，违反规定，从事与该信息相关的证券交易活动，情节严重，其行为已触犯《中华人民共和国刑法》第一百八十条的规定，应当以利用未公开信息交易罪追究其刑事责任。

李旭利被调查的机缘显得颇为偶然。2010 年下半年，上海证监局发起对交银施罗德基金另一位出走私募基金经理郑拓的调查。调查人员顺便将该基金公司其他人员的电脑亦带走调查。其时，李旭利早已辞去交银施罗德基金投资总监一职将近一年半。

证监会稽查部门对所带走电脑过往交易记录进行逐笔检查，在调查李旭利个人账户的过往交易记录时，将其与李旭利所管理基金持仓详细比对，其中有多笔确凿的"老鼠仓"行为。

基金公司"老鼠仓"有多种表现形式，最常见的是基金经理等，在以基金资金拉升某股前，先用个人资金在低位建仓；待某股价格被拉升至高位后，个人部分先卖出获利，李旭利采用的获利方法不外于此。

监管部门在发现上述交易记录后，随即开始从资金流追踪，发现该笔资金在 2009 年 2 月前后转至外地一位营业部负责人名下。经过调查得知，该人士与李旭利为同学关系。而该账户随后大举建仓工商银行和建设银行上亿元。至此，整个案情得以被查清。

其实，在现有的交易制度和监管体系下，交易记录很容易被查到。监管部门突击检查早在 2009 年就已开始。2009 年 8 月，深圳证监局对深圳部分基金公司实施突然检查，电话拨号记录、手机上缴是否规范等都在检查之列，同时带走电脑，检查交易记录。通过此次检查，包括景顺长城、长城基金等两家基金公司的三名基金经理被查出有"老鼠仓"行为。

调查人员发现，在动用上亿资金购买工商银行和建设银行之前，李旭利的行为更为大胆。其直接用自己的工作电脑操做买卖股票，无视基金从业人员不能在资本市场交易的规定。李旭利违法违规操作早于 2008 年下半年，2009 年刑法七修之前的违规行为不涉及刑事。但根据《行政处罚法》规定，违法行为在两年内没有被发现的，不再给予行政处罚。李旭利 2008 年下半年之前的违规操作，已经无法追究。

因此，能够追究李旭利的时间段，只有在刑法七修之后即离开公募基金之前。而此段时间仅有短短三个月，在这三个月时间内，其巨额资金便全部重仓于两只大盘银行股。

在大多数人的印象中，李旭利智商极高，人缘极好，是为人处世智慧、和善的完美人士。正由此，李旭利在业界享有盛名。应该说，李旭利是个成功者。1998 年毕业之后，选择了刚刚起步的基金行业，南下深圳参与南方基金的筹建。

从那时候起，李旭利可谓顺风顺水，2000 年，年仅 26 岁的他，因业务突出，升任南方基金旗下天元基金的基金经理，在今天来讲，也不可能突破。此后四年，李旭利扎根在天元基金，此间经历科技股泡沫，指数从 2245 点跌近 1000 点，天元基金却始终正收益，逆市跑赢大盘，李旭利声名大噪，期间获奖无数。四年后，李旭利即成为这家当时最大的基金公司的投资总监。

然而，在 2005 年，李旭利辞去南方基金所有职务，转战上海，与"五道口"同班同学莫泰山一起，开始筹建交银施罗德基金管理公司，仍出任投资总监。短短两年时间，莫泰山和李旭利就将交银施罗德基金的规模带进业内前十，在李旭利的投资管理下，交银施罗德多只基金业绩稳健，名列前茅。李旭利以自上而下的投资理念著称，在宏观趋势的研判下进行行业选择的能力最为人称道。他多次获得金牛基金奖、晨星年度基金经理奖等，基金圈内称"南有李旭利，北有王亚伟"。

李旭利使其走下神坛，创出中国基金经理多个涉案第一：基金业内第一位投资总监级涉嫌违法违规者，亦是从公募转至私募涉案第一人，其涉及金额上亿元，亦同样在基金业创下纪录。

证监会对于"老鼠仓"等违法行为的态度鲜明，发现一起严厉查处一起。任何机构和个人都不能触犯"老鼠仓"、非公平交易和各种形式的利益输送这三条底线。

李旭利也不例外，其触犯监管底线，就要受到监管惩罚。早些时因"老鼠仓"而被证监会立案调查的光大保德信基金管理公司原基金经理许茂春因"老鼠仓"非法获利 209 万元，被上海静安区法院判处有期徒刑 3 年，缓刑 3 年，并处罚金 210 万元。那么，李旭利远比许茂春严重得多，该领刑多少，被罚款又有多少呢？

对于普通基民来说，李旭利被判多少、罚多少，那是法院的事，他们只是想说，这些基金经理，拿着基民的钱，为己私利，行"老鼠仓"之实，其道德已败坏。这样的基金经理，理应严惩。

190 受贿千万获领死缓

国家开发银行副行长，前中国证监会副主席王益因受贿罪被判刑，一个国家高级干部成了阶下囚。

2010 年 5 月 15 日，北京市第一中级人民法院对国家开发银行原副行长王益作出一审判决，认定王益犯受贿罪，判处死刑，缓期二年执行，剥夺政治权利终身，没收个人全部财产。法院在判决书中认定，1999 年 11 月至 2008 年 2 月，王益利用其担任国家开发银行副行长的职务便利，为数名请托人谋取利益，索取、收受对方钱款共计折合人民币 1196 万余元。案发后全部赃款均已追缴。

根据检方指控，1999 年 11 月至 2008 年 2 月，王益利用其担任国家开发银行副行长的职务便利，接受云南昆钢朝阳钢渣开发有限责任公司董事长周宏等人的请托，在企业经营、申请贷款等事项上为请托人谋取利益，索取、收受上述人员钱款 1196 万余元。

案件的发现，恐怕还得从王益的秘书孟涛说起。王益案件始于其秘书孟涛的 4 万元违法收入，而真正案发于王益的弟弟王磊高达 6400 万元的巨额灰色收入。

2010 年，国家审计署在审计国开行对河南郑东新区的贷款项目时，发现王益的秘书孟涛在其中有 4 万元非法收入。正是由此，王氏兄弟大案渐渐露出端倪。由于孟涛的"双规"，另外四个关键人物被牵出：石德义、李涛、魏东及另一位副部级官员的弟弟。

石德义的身份尚无法确认，魏东则是 4 月底辞世自杀的九芝堂集团董事、湖南涌金集团董事长，李涛为利联实业发展（深圳）有限公司董事总经理。调查组从李涛身上牵出王氏兄弟在郑东新区项目贷款中有 6400 万元的利益。

2007 年 3 月上旬，国开行副行长王益曾到郑州市考察县域经济和郑东新区建设。随后，国开行为郑州基础设施建设及文化产业发展提供 25 亿元信贷资金支持。这笔贷款主要用来支持河南登封市打造中岳嵩山、少林禅宗、武术圣地的旅游事业发展。

正是这笔资金，令王益的弟弟王磊在该项目中以"财务咨询费"的名义获得 6400 万元收入。据调查，25 亿贷款中，少林寺和嵩山中学只用了 2 亿多，其余款项去向不明。

我们还是回到和证券有关的问题上来吧。

有消息称王益案牵涉太平洋证券上市与广发证券借壳。曾频传王益案牵涉者众多，且有其他官员和企业涉及，更有甚者，将此次金融监管风暴与本轮股市大跌相互联系。据悉，广发证券因董正青涉嫌内幕交易案原定于 6 月中旬开庭审理，但因某种原因搁浅。但大家关注的是 51 岁的广发证券代总裁李建勇与 52 岁的王益是同门师兄弟，都是著名经济学家，也同是原西南财经大学校长刘诗白教授的经济学博士。同时，李建勇与王益私交甚笃。

就在王益被捕前，外界纷纷传言其与一些证券公司的违规操作有关。"涌金系"

掌门人魏东自杀后，有人怀疑"涌金系"与王益之间的重大关联，涌金系旗下的国金证券董事长雷波，是王益在证监会时期的秘书；魏东的哥哥魏锋是王益《神州颂》演唱会的策划人之一。

我们再看看王益任职中和证券业的关系。29岁的王益，在大学毕业后不久就进入中央顾问委员会办公厅工作，任办公厅秘书，这一干就是7年，从1985年至1992年间，因工作关系，王益认识了许多省部级官员。这些人脉资源，为他后来能在证券界取得地位发挥了很大作用。1992年10月，36岁的王益担任国务院证券委办公室副主任。据悉，当时的国务院证券委并无实权，主要任务是协调各部委的关系。

终于在1995年11月，39岁的王益出任中国证监会副主席，成了最终实至名归的权利拥有者。而这一阶段证监会还处于初创期，王益分管了发行、基金等最为核心的部门，可谓位高权重。

王益在证监会期间，在证券界建立了深厚的人脉关系，不仅提拔的数位官员在他离任后仍担当要职，且在证券业界也建立起了千丝万缕的关系。知情人称，正是凭借曾经当过证监会副主席的资源，王益掌握了大量的内幕信息。

我们从一个具体事例中看看王益对证券业的熟知程度。一位经济学家和王益交往不久，就收到王益赠送的他自己主编的若干本证券行业的著作。这位常年在美国的经济学家不懂事，与王益开玩笑，说他分析的是"初级市场"。王益当场就给了他脸色看，说他从国务院证券委办公室做起，还在海南涉身股市，又做了证监会副主席，说"关于证券的行业规则，没有人比我更熟悉"。

由此，我们联想到在整个王益案件链条中，李涛是个关键人物，正是这位深圳市利联太阳百货法人代表与实际控制人。作为利联实业发展公司的子公司太阳百货，主要从事房地产经营开发，但却屡屡涉足股票市场，利联实业发展有限公司的名字曾于2007年3季报出现在深赛格B的十大流通股股东名单中，也曾经在2010年三季报和2011年一季报现身于中关村的十大流通股股东名单中。而由利联实业主办的由王益主创的《神州颂——太阳夜》交响音乐会在深圳大剧院上演，太阳百货作为利联旗下的公司还向顾客送出了几百张音乐会赠票活动。据悉，李涛还为王益女友买了两处房产。

但是，检方指控王益只有一项罪名即受贿罪。北京市第一中级人民法院只从其受贿罪上作了认定，主要认定其身为国家工作人员，利用职务便利，索取、收受他人财物，为他人谋取利益，其行为构成受贿罪。王益受贿数额特别巨大，为请托人谋取不正当利益，且有索贿情节，论罪应当判处死刑。鉴于王益在归案后如实交代主要犯罪事实，赃款已全部追缴，认罪悔罪，故对其判处死刑，可不立即执行。

仅受贿罪就已置王益于死地，再去追查他与证券业间的犯罪事实还有必要吗？这上上下下的人又不知道牵涉到多少人出来。到此为止，也实属恰到好处。王益已被一棒打死，如果受牵人能疼在心上，也算杀鸡给猴子看了。

191 黑保代，黑在哪

2011 年 11 月 29 日，证监会开出了保荐制度建立 7 年来最严厉的一张罚单。

证监会通报指出，胜景山河保荐机构平安证券出示警示函，并撤销平安证券胜景山河项目两名签字保荐的保荐代表人资格。

证监会认为，平安证券在尽职调查工作不完善、不彻底，对胜景山河的销售及客户情况、关联方等事项核查不充分，未对胜景山河前五大客户进行任何函证或访谈。

据悉，林辉是投资银行事业部北京区域总部总经理，周凌云则是平安证券深圳区域总部副总经理。作为最早的一批保代，38 岁的林辉签字保荐 IPO 项目颇多，包括 *ST 天润（002113）、华芳纺织（600273）、华兰生物（002007）等。但其保荐项目质量也参差不齐。其中，*ST 德棉（002072）2006 年上市，2009 年卖壳；天润发展（002113）2007 年上市，2010 年卖壳。

另一位保代周凌云，6 年前从南方证券资本市场部总经理任上跳槽到平安证券。周凌云在平安证券保荐的 IPO 项目包括劲胜股份（300083）、沃华医药（002107）、英飞拓（002528）、凯美电器（002549）等。周凌云最近一个项目方直科技（300235）2011 年 6 月底才刚刚上市。

目前，林辉和周凌云手上均有数个项目仍在督导期。

2010 年 10 月 27 日，胜景山河 IPO 获中国证监会发审委通过，但在 12 月 17 日胜景山河即将登陆深交所的前夜，有媒体发文称其招股书披露不实，涉嫌虚增销售收入等情况，监管紧急叫停，公司申请暂缓上市。2011 年 4 月 6 日，证监会发出《关于撤销胜景山河首次公开发行股票行政许可的决定》，该决定认为，胜景山河在招股说明书中未披露关联方及客户信息，构成信息披露的重大遗漏。经证监会发审委会议再次表决，胜景山河首发申请未获通过。至此，胜景山河成为继立立电子和苏州恒久之后，中国证券史上第三家"募集资金到位、但 IPO 最终被否"的拟上市公司。

2010 年 12 月 17 日，胜景山河登陆在 A 股最后时刻，新股挂牌前半个小时，被证监会叫停。一篇题为《胜景山河 IPO 涉嫌"酿造"弥天大谎》的文章见诸报端。据报道，多名记者历时 10 余天对岳阳、长沙、上海、苏州、成都五大市场进行地毯式调查后，发现胜景山河在招股书披露的主渠道，大型连锁超市难觅踪迹，公司大批量生产的"喜酿"系列更是无影无踪。没有产品销售，说明卖不出去，既然消费者没有买，那么其宣称的一年 7446.05 吨酒（近 744.61 万瓶）销量，是被谁买走了，让众人产生怀疑。

同日，有关媒体再度刊发《胜景山河厂区暗访：铁皮墙设备锈工人稀生产闲》，调查结果也印证了销售市场情况。当记者进入胜景山河的生产区，映入眼帘的是一片萧条：厂区内冷冷清清，工人稀稀拉拉，部分设备锈迹斑斑，开工率严重不足。公司的保密工作非常到位，竖起了约 4 米的高墙，周围栏杆上加了厚厚的铁皮，将这一切包裹起来。在记者蹲守的近 10 个小时内，未见拖货车辆出入，这不像是身处产销旺季的胜景山河应有的景象。调查结果令人震惊，在业内迅速掀起千层浪，随着真相的曝光，胜景山河也被挡在了 A 股市场的大门之外。

胜景山河涉嫌造假一事给各方带来巨大伤害，中签资金长达数月被冻结，市场对新股发行制度也产生了怀疑。

证监会认为，相关中介机构在胜景山河项目中存在的主要问题是：

保荐机构及其保荐代表人的尽职调查工作不完善、不彻底，对胜景山河的销售及客户情况、关联方等事项核查不充分，未对胜景山河前五大客户进行任何函证或访谈；亦未对会计师工作进行审慎复核。

会计师在存货监盘、关联方和关联方认定、重大客户销售真实性认定等多个重要审计领域执业判断不够审慎，审计程序不到位，在未取得充分、适当的审计证据的情况下，出具了标准无保留意见的审计报告，存在过失。

同时，律师事务所及其签字律师对发行人关联方及关联交易、股东间的关系等事项核查不充分，在胜景山河的法律意见书、律师工作报告等文件中对发行人关联方及关联交易事项、发行人大股东之间的关联关系披露不充分。

据此，对于胜景山河项目中上述中介机构的失职行为，中国证监会根据《证券发行上市保荐业务管理办法》的有关规定，对有关中介机构及其责任人员分别采取了以下监管措施：

对保荐机构平安证券，采取了"出具警示函"的监管措施。对保荐代表人林辉、周凌云采取了"撤销保荐代表人资格"的监管措施；对从事审计业务的会计师事务所中审国际，采取了"出具警示函"的监管措施。对签字会计师姚运海、吴淳采取了"出具警示函"并在"36 个月内不受理其出具的文件"的监管措施。对湖南启元律师事务所，采取了"出具警示函"的监管措施。对签字律师刘长河、张劲宇采取了"出具警示函"并在"12 个月内不受理其出具的文件"的监管措施。

"罚得这么重，出人意料。估计是撞到枪口上了。这个信号很明显，监管趋紧，我们必须更加慎重"这是深圳一家大型投资总经理的感慨。平心而论，罚得重吗？相对于前两次处罚当事人是重了些，但事不过三，这次较前两次相比，影响更坏。假如，胜景山河真的上市了，可以想一想，一个造假公司上市了，募集资金到手，又不知坑了多少申购中签者，二级市场又有多少不明真相的投资者购买胜景山河的股票，而套牢者又是广大股民，像这样的造假公司，其真相一旦暴露，股价只能是一泻千里，证监会在关键时刻叫停，又办了一件大好事。

192　顶风作案被市场禁入

刘双珉，一个显赫的名字，他的头衔、荣誉列出来，着实吓人：山东省政协委员、省工商联副主席、中国企业家联合会副会长等多项社会职务；荣获山东省优秀厂长经理称号、全国劳动模范、山东省劳动模范、十佳优秀企业家称号；中国时代十大新闻人物等16项荣誉；国家653工程客座教授、专家指导委员会委员，享受国务院特殊津贴，还有许多荣誉、头衔，就不一一列举。

然而，就是这样一位赫赫有名的企业家，一夜之间，因连年造假被中国证监会列为市场禁入者。头上的皇冠不再闪亮，众多荣誉被嗤之以鼻。真可谓头顶皇冠，脚走邪路，上愧对国家和社会所给的荣誉，下无颜面对众多股东，最终获得十年禁入者的"荣誉"，10 年内不得从事证券业务或者担任上市公司董事、监事、高级管理人员职务。

我们看看科达股份（600986）董事长刘双珉犯了什么法。

科达股份（600986）是一家从事土木工程建筑业公司，2004 年 4 月 26 日上市，主营业务是公路工程、市政工程建设施工。

收购土地按规定是要进行及时信息披露。2006 年，东营市土地储备中心收购科达股份 125,571 平方米土地，而科达股份对上述土地收购事项未按规定及时披露，违反了《证券法》第六十七条之的规定。

而在其年度报告中少计因转土地使用权而取得的营业外收入 46712400 元，多计已不存在的土地开发费用 5864210.51 元，多计管理费用 106130.09 元，多计已不存在的无形资产 8917410.95 元，少计利润 31357936.54 元；此外，少计应收账款 46712400 元。

2007 年对年度报告中未披露相关关联交易。经查实，2007 年科达股份向科达集团累计划拨资金 52220000 元。

2008 年科达股份对相关关联交易未按规定及时进行信息披露。经查实，在 2008 年期间，科达股份向科达集团累计划拨资金 883316031.73 元，科达集团向科达股份累计划拨资金 796621943.61 元，这么大的资金往来也未及时披露。

更有甚者，科达股份在 2008 年年度报告中，对土地收购事项进行了虚假记载。科达股份将 2006 年东营市土地储备中心收购其 125571 平方米土地事项作为 2008 年事项在 2008 年年度报告中披露，因此，科达股份 2008 年年度报告多计其他业务收入 46712400 元，多计其他业务支出 15918007.12 元，多计营业外收入 30794392.88 元。

2009 年科达股份向科达集团累计划拨资金 785650000 元，科达集团向科达股份累计划拨资金 996726525.66 元，科达股份对上述关联交易未按规定及时进行信息披露。

2009 年半年度报告未披露的相关关联交易主要是，上半年科达股份向科达集团累计划拨资金 670650000 元，科达集团向科达股份累计划拨资金 632726525.66 元。

以上事实可以看出，从 2006 年到 2009 年，科达股份每年都有未披露的信息，且有虚假信息。作为一家上市公司，不能及时披露信息，且连年屡犯，是不懂法还是故意犯法，我们看看主要高管的态度是什么。

时任科达股份董事长刘双珉在陈述中提出，其在担任董事长期间，主要负责战略决策，不过问公司财务事项，并已认识到问题的严重性，主动辞去了在科达股份的职务，请求减轻处罚。

经查，按照《证券法》、《公司法》规定，上市公司董事长负有召集和主持董事会会议对公司的重大事项作出决议等各项职责，并应当保证所披露的信息真实、准确、完整，上述事实不能证明刘双珉忠实、勤勉地履行了自己的职责。

总经理韩晓明在陈述中提出，其主要负责公司日常生产经营管理，不分管财务工作，由于职责和专业背景限制，不能发现科达股份的违法行为；科达股份的违法行为极具隐蔽性，其在正常履职中无法了解真实情况；已经辞去了在科达股份和科达集团的职务，请求从轻或减轻处罚。但根据《证券法》和《公司法》等有关规定，上市公司总经理负有了解公司重大决策等各项职责，应当保证所披露的信息真实、准确、完整，但事实是韩晓明没有忠实、勤勉地履行职责。

时任独立董事姬光荣、赵军、杨庆英、袁东风、李树印在申辩中提出，客观方面没有具体组织、策划、参与实施中国证监会《行政处罚和证券市场禁入事先告知书》所列违规行为，对于告知书所列违规内容不知情。主观方面对告知书所列违规行为没有主观过错，即没有故意参与或疏忽大意。告知书所列违规行为极为隐蔽，虽然其已经勤勉尽责，但仍未能发现。经查，现有证据证明杨庆英忠实、勤勉地履行了职责，不再对其进行行政处罚。现有证据证明姬光荣、赵军、袁东风、李树印履行了一定的董事职责，但是其提出开会研究后，并没有采取其他措施了解科达股份的财务和经营情况，也没有及时督促科达股份及时进行整改，其陈述申辩中提到的督促整改发生在我会对科达股份立案调查之后。因此，不能认定姬光荣、赵军、袁东风、李树印忠实、勤勉地履行了职责。考虑到姬光荣、赵军、袁东风、李树印履行了一定的董事职责，没有参与实施科达股份的违法行为，其不知情是由于部分人员故意隐瞒造成的，在证监会对科达股份立案调查之后积极督促科达股份进行整改，依照《中华人民共和国行政处罚法》第二十七条的相关规定，不再对其罚款。

2011 年 9 月 08 日，中国证监会根据当事人违法行为的事实、性质、情节与社会危害程度，依据《证券法》第一百九十三条、《行政处罚法》第二十七条的规定，对下列人员作出决定：

一、对科达股份给予警告，并处以 60 万元罚款；

二、对刘双珉给予警告，并处以 30 万元罚款；

三、对韩晓明给予警告，并处以 15 万元罚款；

四、对时任董事、副总经理、总经理的潘相庆给予警告，并处以 10 万元罚款；

五、对时任董事的吕江、卢文纲、和时任董事会秘书的韩晓光给予警告，并分别处以 3 万元罚款；

六、对姬光荣、赵军、袁东风、李树印、王树云、延新贵、孙明强给予警告。

科达股份股价走势上，从证监会对其立案调查后，一路下跌，从 2010 年 11 月 12 日最高 12.61 元下跌至 2012 年 1 月 6 日的 3.78 元，已下跌了 71%，可谓惨烈。2011 年，该股年报显示，每股收益 0.080 元，2012 年 4 月 26 日，该股公布第一季报，每股收益高于去年全年收入，达到 0.13 元，其后，股价大幅上扬，在 5 月 2 日，最高摸至 6.83 元，股份从最低点上涨了 80%。

科达股份连续三年造假，重大事项隐瞒不报，欺上瞒下，全部高管人员参与其中。

这样的上市公司可谓是上市公司违法的典范，他们置《证券法》于不顾，置广大股东利益于不顾，顶风犯法，时间之长、数额之大，令人发指，中国证监会对科达股份高管全部给予处罚，并对董事长刘双珉处于10年市场禁入者。可谓惩一警百，处罚得当，赏罚严明。对上市公司造假，高管带头违法就应严惩，任何违法行为一经发现，立即严查，决不手软，我们希望上市公司守纪守法，千万不要忘记上市公司的顶头上司叫"中国证券监督管理委员会"，"监督管理"四个大字赫赫醒目，它就是一把尚方宝剑，对违法者决不剑下留情。

193　上市三天自杀祸起股权纠纷

2005年5月23日，万昌科技（002581）董事长高庆昌突然坠楼身亡，这一突发事件，在上市刚刚三天的万昌科技内部无疑激起千层大浪。

　　按常理说，一个刚刚上市的新股，突发重大利空，其股票出现剧烈波动，董事长意外死亡，属大利空，股价出现大幅下挫在情理之中，甚至出现跌停也在所难免。

　　令人意想不到的是，当日，万昌科技股票却出现逆市涨停。5 月 20 日上市首日，以 22.35 元开盘，最高 22.66 元，最低 20.60 元，收报 21.40 元。第二个交易日，即 5 月 23 日，以 20.82 元高开，随后一路走高，在下午 1：50 封上涨停，直到收盘，随后经过多日调整后，于 7 月 15 日最高上涨到 25.38 元。

　　也正是这一天，沪指重挫 83.89 点，失守年线，跌破 2800 点整数大关，跌幅达 2.93%，创下自 2011 年 1 月 17 日以来单日最大跌幅。

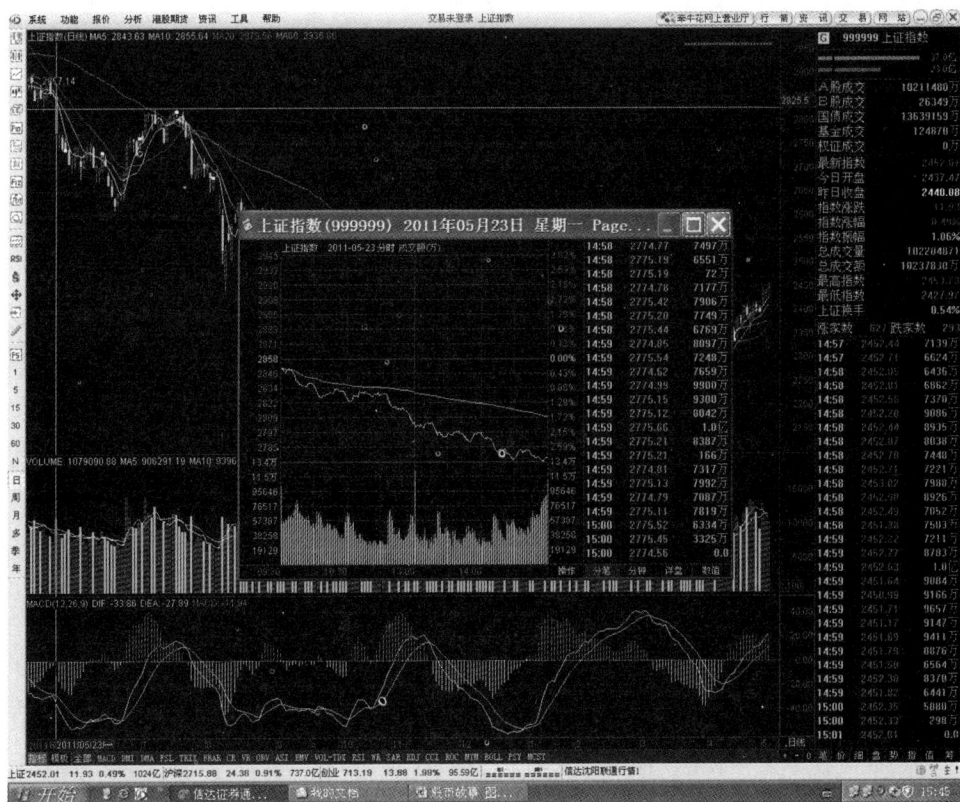

　　使人不解的是，万昌科技股票以涨停来对其董事长高庆昌身亡的回应，还是另有缘由，是亲者痛、还是仇者恨，这里究竟暗藏着多少谜，广大万昌科技股票的持有者急切需要答案。

　　按理说，十年寒窗、一朝上榜。本该是"人生得意马蹄轻"的巅峰时刻，可就在庆功宴后数小时的第二天凌晨，68 岁的高庆昌却选择了从 23 楼的家里跳了下来。有人不无感叹，即使放在世界商业史上，"公司上市仅三天董事长自杀"，也是绝无仅有的旷世奇案。许多人疑惑，高庆昌这一跳，留给世人太多谜团。

作为整个事件的重要知情人，武汉万国宝通生物谷股份有限公司的总经理艾群策向记者详述了案情背后的历史过节。

从淄博市区往东，经过两个小时车程，便可达高庆昌的老家，临淄区皇城镇。30多年前，他从这里开启了他的征途。从1976年起，高庆昌先后在临淄制酸厂任副厂长、临淄刺绣厂任厂长，后又到临淄区皇城镇经委任挂职副主任。

1990年代中期，高庆昌代表国有股，出任万昌股份董事长兼总经理之职。万昌股份的前身是淄博临淄石化机械厂，原为一家村办企业，1992年经过股份制改造，皇城镇政府持股52.55%，个人持股47.45%。1996年，公司更名为万昌股份，高庆昌本人持有1.8万多股。

1997年5月，万昌股份职工股在淄博自动报价系统挂牌交易，高庆昌作为实业家的才干在这一时期得到了发挥，万昌股份一度也受到投资者的追捧，每股股价最高时接近8元，堪称当地的明星股。

1998年6月，为稳定金融市场秩序，国家决定关闭场外股票交易市场，由于万昌股份效益比较好，上市的名额有限，当地政府决定让万昌股份和莱芜的山东华冠集团捆绑上市。

1990年年末，山东华冠曾是国内最大的塑料机械制造商，国内市场占有率在20%以上，其股票在山东产权交易中心挂牌。根据当时的重组方案，上市以山东华冠为主，合并吸收万昌股份，上市一年后即分拆。

华冠的董事长叫王士范，其作风硬朗、性格强势。但高庆昌的性格比他还要强势。有人说，高庆昌就是"叫鸡公"，喜争好斗。由于是华冠吸收万昌，两家企业合并后，王士范任董事长，高庆昌任副董事长。此后华冠的上市之路，走得曲折离奇。其"两次通过证监会审核，又两次因为被人举报而搁浅"的情节，成了中国股票市场上绝无仅有的案例。

第一次是在1999年。几乎在通过了证监会审核的同时，有人举报华冠财务造假。虽然最终调查结果是"山东华冠财务指标属实，没有发现所举报问题"，但其上市路却戛然而止。

第二次是在2002年。重启上市之路的华冠在这年6月通过证监会的审核，股票号码、发行价格都已经公布，离最终上市，仅差最后一步。为了到上交所敲钟，王士范和很多高管还特别买了高级西装。

　　谁也想不到，就在上市前夜，两个关键人物举报华冠财务造假。证监会立即火线叫停华冠上市。出乎所有人意料的是，这两个关键的举报人不是别人，正是高庆昌和一个万昌股份的副总，举报内容是"万昌为了提高与华冠的换股比例虚增利润"。有趣的是，自己举报自己造假，这等匪夷所思的事情，竟然实实在在地发生了。

　　华冠与万昌组成的联合战车，两次冲上上市之路，最终都在最后一道门前沉沙折戟。两个企业的命运仿佛被某种强大而神秘的力量支配。

　　2006 年，华冠董事长王士范因贪污受贿被判处有期徒刑 15 年。

　　艾群策等自然人股东，华冠上市之梦破灭无疑让他们丧失了希望。但接下来高庆昌欲将华冠破产的决定，则是把他们逼到了血本无归的绝境。

　　2004 年，高庆昌将华冠推进破产程序时，华冠总资产约有 6 亿元，负债约 3 亿元，年销售额有两三个亿。从企业财务的基本面上看，华冠远不至于一破了之。

　　这里就提出一个问题：高庆昌为何决绝地要让华冠破产。艾群策称，这是为了掩盖他转移华冠里面万昌股份资产的行为，"他背后还有一个利益体"。

　　越往细说，可能越说不清楚，几经曲折后，万昌科技于 2011 年 5 月 20 日顺利上市。上市后的第三天，高庆昌意外身亡。高庆昌自杀前曾说，他所持有股份，并非完全属于他所有，这就是说，这些股票另被不愿透露身份的人持有，他个人只是傀儡或代持者，他这一跳，从遗产角度来讲，就能将股权转移给家人。

　　回过头来，人们就想，这么盘根错节的公司，股权纠纷这么复杂，竟能顺利过会。但愿持有万昌科技的投资者能顺利脱手，至于万昌科技还有多少未解之谜，那是讲故事和听故事人之间的事了。

194　黑嘴汪建中

　　2008 年 11 月 21 日，中国证监会通报了三起违法违规案件，其中北京首放投资顾问有限公司法人代表汪建中，由于先行买入证券、后向公众推荐、再卖出证券，被没收非法所得 1.25 亿元，并罚款 1.25 亿元，对其采取终身证券市场禁入措施，并将本案移送公安机关，依法追究刑事责任，撤销北京首放的证券投资咨询业务资格。至此，黑嘴汪建中终于浮出水面。

汪建中，生于1968年，大学学历，1989年至1998年，先后就职于中国工商银行某分行和中国国际航空公司；1998年至2001年，服务于北京中投策投资顾问有限公司。

2001年8月，汪建中注册成立了北京首放，初始注册资本金为100万元，其中汪建中投资80万元，持股比例为80%；赵玉玲投资20万元，持股20%。2002年10月，北京首放进行增资扩股，注册资本金达到1000万元，汪建中和赵玉玲分别出资800万元和200万元，持股比例维持不变。

汪建中，曾为中央电视台二套《中国证券》栏目特约嘉宾，撰写《炒股看大势》，曾被安徽电视台选为"资本市场的安徽七大名人"之一。在长期的证券市场研究中形成了独树一帜的实战分析理论和投资理论，对证券市场运行有敏锐洞察力和较为精准的把握。开创性的在国内首开板块实战研究先河，在板块、个股实战机会研究方面处于国内咨询机构领先水平，预测出了众多的市场热点和多次大的行情。

在2007年1月份捐200万元给安徽省高河中学发展教育，并在2008年2月份捐资360万成立安徽建中教育发展基金会，来捐助贫困失学儿童。

汪建中案事发后，证监会于2008年5月对汪建中、北京首放涉嫌操纵市场行为立案调查。调查发现，北京首放的法定代表人、执行董事、经理汪建中利用北京首放及其个人在投资咨询业的影响，借向社会公众推荐股票之际，通过"先行买入证券、后向公众推荐、再卖出证券"的手法操纵市场，并非法获利。2007年1月至2008年5月期间，他通过上述手法交易操作了55次，买卖38只股票或权证，累计获利超过1.25亿元。

经过调查和审理，证监会认定汪建中、北京首放的上述交易操作行为，违反了《证券法》第77条关于禁止操纵证券市场的规定。证监会已于近日依法做出行政处罚决定，没收汪建中非法所得125757599.50元，并处以罚款125757599.50元。同时，按照《证券法》第226条的规定，撤销北京首放的证券投资咨询业务资格。鉴于汪建中的违法行为情节严重，决定对汪建中采取终身证券市场禁入措施，并将本案移送公安机关，依法追究刑事责任。

根据证监会的调查，汪建中为北京首放的大股东、执行董事、经理。汪建中利用本人及汪公灿、汪小丽、段月云、汪伟、何玉文、吴代祥、汪建祥、汪谦益等九人的身份证开立资金账户17个、银行账户十个，并下挂以上述个人名义开立的股票账户进行股票、权证交易。上述账户由汪建中管理、使用和处置，汪建中为上述账户的实际控制人。

2007 年 1 月 1 日至 2008 年 5 月 29 日期间，北京首放向社会公众发布咨询报告，方式包括在首放证券网上发布名为"掘金报告"的咨询报告，并提供给东方财富网、新浪网、搜狐网、全景网、《上海证券报》、《证券时报》发布或刊载。

在北京首放的咨询报告发布前，汪建中利用其实际控制的账户买入咨询报告推荐的证券，并在咨询报告向社会公众发布后卖出该种证券，实施了操纵证券市场的违法行为。

汪建中以上述方式买卖的证券包括"工商银行""交大博通""中国联通""四川长虹""*ST 夏新""深康佳 A""上海贝岭""士兰微""新疆天业""重庆钢铁""马钢 CWB1""武钢 CWB1""长江电力""马钢股份""一汽夏利""一汽轿车""五粮液""中国铝业""包头铝业""金证股份""北大荒""中信银行""红豆股份""好当家""中信证券""中国石化""华泰股份""深发 SFC2""万科 A""伊利 CWB1""申能股份""皖通高速""梅雁水电""民生银行""三佳科技""中海集运""上港 CWB1"和"吉林化纤"等 38 只股票和权证。

以上买卖证券行为中，买入证券金额累计 52.60 亿元，卖出金额累计 53.86 亿元。根据统计，上述账户买卖证券行为合计 55 次，其中 45 次合计获利 1.50 亿元；十次合计亏损 0.25 亿元，累计净获利 1.25 亿元。

以中国联通为例，汪建中于 2007 年 3 月 23 日买入中国联通约 480 万股，成交金额约 2500 万元。同日 17 时 55 分、18 时 02 分、18 时 58 分，北京首放在首放证券网、新浪网、东方财富网先后发表题为《目标 3300 点春季攻势全面打响》的报告，力推联通。报告将中国联通等股票列为"具备大幅上攻潜力的品种"，建议股民不宜盲目做空，以免踏空。3 天后，汪建中卖出中国联通，获利 81.8 万元。

经证监会调查，在北京首放发布咨询报告对相关证券做出推荐或者投资建议时，汪建中参与了决策过程并拥有最终的决定权。证监会认为，汪建中和北京首放利用从事证券投资咨询业务的地位和优势，违背诚信和执业操守，严重损害公众投资者的信任和信心，扰乱证券市场秩序。汪建中在公开推荐前买入证券，在公开推荐后卖出该种证券，通过或意图通过市场波动获取不当利益，其行为本身是违法行为，通过此种违法交易行为获取的所有利益，应当被认定为违法所得。

从历史情况看，股市"黑嘴"受惩并非孤例，但涉嫌操纵市场移交司法，汪建中却为第一人。曾被称为中国证监会最大一笔个人罚单，经北京市西城区法院审理，北京首放投资顾问有限公司总经理汪建中因被认定操纵市场，被没收违法所得 1.25 亿余元，并处罚款 1.25 亿余元。总额超过 2.5 亿钱款已上缴国库。

2011 年 8 月 3 日，汪建中以操纵证券市场罪被判处有期徒刑七年。

195　内幕交易的下场

让我们先看看肖时庆是哪路神仙。肖时庆，管理学博士。曾在中央财政管理干部学院任教，后调入中国证监会工作，先后在证监会上市公司部、发行部、会计部工作，历任处长、副主任。2001 年，担任东方证券股份有限公司党委书记、董事长、总经理。2004 年，在中国证监会先后担任上市公司监管部副主任、股改办副主任。2007 年 1 月，任中国银河金融控股有限责任公司党委委员，中国银河证券股份有限公司党委书记、纪委书记、总裁、法人代表。

1964 年出生的肖时庆，其履历复杂，尤其是他能够两进两出证监会，这绝非普通官员能做到的。证监会原副主席王益案发后，受王益赏识的肖时庆才浮出水面。2009 年 4 月底，肖时庆被司法部门刑事拘留，半个月后，被河南检方正式批捕。在肖时庆面临的诸项指控中，内幕交易为最大一宗。据判决书显示，2006 年，肖时庆利用银河证券担任中石化下属上市公司财务顾问的机会，获知其即将启动第二批下属上市公司的股改和重组工作。当年 9 月 21 日至 30 日期间，肖时庆指使其妹肖爱英及邹国庆利用马志勇等五个账户，斥资约 3529 万元购入北京化二股票约 430 万股，获利约 1 亿元。案发后，肖时庆亲属退回涉案赃款约 7251 万元。

在对肖时庆的指控中，主要围绕受贿及内幕交易两项罪名。其中受贿行为主要体现于两处。

王益胞弟王磊为帮青岛金王扫平上市障碍，找到肖时庆帮忙，肖帮助王磊办成此事，青岛金王 IPO 获得通过。为答谢肖时庆帮忙，王磊于 2006 年 12 月，在北京一会所停车场送给肖时庆现金 20 万元。对肖的另一受贿指控，源于其 2008 年低价购买的一套商品房。该房源涉及另一家上市公司亿城股份。当年亿城股份谋求增发，肖时庆任职的中国银河证券股份有限公司正是此次股份增发的保荐人和承销商。

当年的亿城股份，其财报显示资产负债率已达到 74.9%。亿城股份的增发申请曾被证监会否决。后在肖时庆的帮助下，亿城股份通过新的增发方案，且将发行方式改为公开发行。同年 10 月 30 日，新方案获得证监会核准。通过此次发行，亿城股份最终募集资金 12 亿元。亿城的资产负债率压力得到缓解。

调查材料所示，作为监管者的肖时庆，寻租手法多样，手段繁多。如青岛金王 IPO、九芝堂重组、株洲千金药业并购、亿城股份增发、太平洋另类上市路径、云南信托理财产品、国金证券借壳上市，均有个人影响与行政之手强势介入，亦有特定关系人利益共沾。肖时庆作为证券监督管理人员不仅不行监管职能反而实施内幕交易犯罪，社会影响更为恶劣。

据了解，肖时庆 1964 年生于湖南邵阳隆回县三搁司乡温塘村，其祖辈务农。作为一个从大山走出来的农家孩子，肖时庆大学毕业后，成为中央财政管理干部学院一名教师，有管理学博士学位。1996 年，只有 32 岁的他与证监会原副主席王益结识后，遂以大学教授之身，被作为特殊人才调入中国证监会。2001 年，37 岁的肖时庆空降东方证券，担任董事长兼党委书记、总裁。2007 年 1 月，肖时庆调任中国银河金融控股有限责任公司党委委员，中国银河证券股份有限公司党委书记、纪委书记、总裁、法人代表。2009 年 4 月，肖被有关部门带走调查。事后，证监会内部传出消息说，在肖时庆家里搜出有近千万现金。

2011 年 4 月底，肖时庆因受贿和内幕交易两宗罪名，被河南省高级法院终审判处死缓。法院认定，肖受贿约 1546 万元，内幕交易获利约 1 亿元。

2011 年 7 月 8 日，肖时庆进入省第一监狱服刑改造。刚入狱时，肖时庆思想包袱看起来很沉重，每天睡眠时间不过四五个小时。肖抽烟厉害，每天至少两包。由于患有高血压、心脏病，曾因心脏病发作，昏迷不醒。

服刑期间，肖时庆始终不愿谈及自己内心深处的任何伤痛，稍有触及，一般他都是很有技巧地转移话题。2012 年 1 月 19 日，肖时庆的家人在春节前特意从湖南赶来见他。由于肖时庆自尊心强，内心纠结，想见又怕见亲人的痛苦，使他当时并没有因亲属的会见而快乐。在警官带肖时庆返回监舍的途中，肖时庆一路含着眼泪，

在一张入监教育阶段的认罪悔罪书上，肖时庆写下了这样一段内容："深刻反思自己的罪行，对自己过去的行为深感痛惜和内疚，对不起党和人民多年来对我的培养，对不起父母、妻儿以及好友们的关心和支持，在改造过程中，要用自己的血泪和汗水洗刷思想的污垢，洗心革面，重新做人。"

在监狱警察的教育下，肖时庆对如何度过漫漫刑期，重新找好自己的人生定位，做了这样的设想：从经济学的角度写一本有关解决"三农"问题的书，期待着自己的思考能回馈那片养育他的穷土地。

记得诗人李白在《望庐山瀑布》诗中有两句："飞流直下三千尺,疑是银河落九天"。意思是说,壮观的瀑布从高处急冲直流而下,真使人怀疑这是从天上倾泻下来的银河。仔细琢磨,这两句诗就好像是通过穿越时空写给肖时庆的。银河证券原总裁,在银河当上了总裁,你看,官高位显,高高在上,证券大老,正厅级。肖时庆正是会长袖善舞,好不容易舞到了银河,一个山里娃,能到这个份上,还不满足,结果,飞流直下,银河落天,可悲可叹。

196 一个女市长的沦陷

李启红,原中共广东省中山市委副书记、市长,广东省委党校研究生学历,1968年6月参加工作,1974年8月加入中国共产党,前任中山市市委副书记、市长。2010年5月因经济问题双规。2011年4月6日至7日,李启红在广州受审,其被控内幕交易罪、泄露内幕信息罪和受贿罪三项罪名。2011年10月27日,广州市中级人民法院以涉嫌内幕交易、泄露内幕信息罪、受贿罪判处李启红有期徒刑11年。

2010年5月31日,李启红涉嫌严重违纪被查的消息见诸报端,引发民间种种猜测。起诉书显示,的确是股票让李启红发了大财,也栽了跟头。

2006年年底,中山公用科技股份有限公司的控股股东中山公用事业集团有限公司筹备集团公司整体上市。2007年5月,谭庆中担任中山公用事业集团股份有限公司董事长期间,将集团公司整体资金注入中山公用科技股份有限公司的构思告诉郑旭龄,共同研究资产重组的可行性。随后,谭庆中要求郑旭龄准备一份关于集团公司重组中山公用科技股份有限公司并整体上市的材料,并于2007年6月26日向李启红全面汇报了整体上市的工作情况。

2007年7月3日,李启红、谭庆中、郑旭龄等人向中国证监会汇报了中山公用科技股份有限公司重大资产重组的初步方案。2007年7月4日,中山公用科技股票停牌。2007年8月20日,公用科技股票复牌,同时发布了关于换股吸收合并公用集团及定向增发收购乡镇供水资产的预案公告。2007年5月至6月,谭庆中多次向李启红汇报中山公用科技股份有限公司筹备资产重组的事宜。2007年6月中旬,谭庆中在办公室约见了林永安,向其泄露有关中山公用科技股份有限公司资产重组内幕信息。

2007年6月下旬,李启红与林永安商定后,在家中向林小雁泄露了中山公用科技股份有限公司准备资产重组，股价会上涨的内幕信息，并让林小雁找林永安拿钱帮助买卖"公用科技"股票。随后，林小雁从林永安存款账户中转出人民币236.5万元，从其丈夫李启明存款账户转出人民币350万元，并拿出自有资金，共筹集人民币677万元，以其弟林伟成和同事刘赞雄的名义，在中国银河证券股份有限公司中山营业部办理了证券交易开户手续，分别转入林伟成账户人民币400万元，转入刘赞雄账户人民币277万元，指使朋友关穗腾负责买卖"公用科技"股票。

2007年6月29日至7月3日，上述账户在"公用科技"股票停牌前累计买入89.68万股，买入资金人民币669万余元。后于2007年9月18日至10月15日陆续卖出"公用科技"股票，账面收益人民币1983万元。

据调查，2007年6月11日，中山公用科技股份有限公司重大资产重组这一内幕信息已形成，2007年6月11日至7月3日为这一内幕信息的价格敏感期。在此期间，除了李启红外，公用集团亦有多名高管利用内幕信息炒股。其中，原公用集团企管部经理周中星从郑旭龄处获知内幕信息后，与其妻子黄某和母亲麦某共买入88.44万股，并于2007年10月8日至10日卖出，账面收益高达人民币1809万余元。

为应付调查，李启明曾伙同林永安、林小雁等人商量规避调查事宜。2009年12月，中国证监会找到李启明调查林小雁等人买卖"公用科技"股票的情况。2010年4月初，李启明向林小雁提出转款人民币1000万元至其合作伙伴郭长棋的存款账户，用于收购建大电器公司20%的股权。随后，林小雁安排林伟成于2010年4月6日、7日、9日分3次转款人民币1000万元至郭长棋的存款账户。

另据指控，2006年至2010年，李启红利用担任中共中山市委副书记、中山市人民政府市长的职务便利，为梁某某担任中共中山市委组织部副部长、市直机关工委书记等职务提供了帮助。并接受了梁某某的请托，指示中山市教育局为梁某某的子女等人解决入学问题，在家中共收受梁某某贿送的现金40万港元。另据调查，李启红还在家中收受关某某贿送的现金人民币10万元。

2011年4月6日，李启红将在广州受审，同案受审人员共计10人之多。这10人中，有5人来自李启红的家族，包括其丈夫林永安、弟弟李启明、还有李启明的妻子。

2011年10月27日，广州市中级人民法院宣判，李启红犯内幕交易、泄露内幕信息罪，判处有期徒刑六年六个月，并处罚金人民币两千万元；犯受贿罪，判处有期徒刑六年，并处没收财产人民币十万元。决定执行有期徒刑十一年，并处罚金人民币两千万元、没收财产人民币十万元。其他同案人也各领其刑。

宣判后，李启红辩称有自首情节，认为判决过重，并当庭痛哭。众被告人均未当庭提起上诉。

案发后，李启红本人对"利用内幕交易信息炒股票"非常后悔，在分别接受省公安厅和省检察院的调查时供认，她当时不知道这样做是违法的，对证券法缺乏了解，如果知道绝对不会这么做，后来是在接受组织调查时才知道这样做是违法的，她恳求司法机关看在她是自首的分上，希望得到从轻处理，她愿意将非法所得上交，也愿意接受罚金的处罚。

李启红案给人的启示有二：一是身为堂堂的市长，知法犯法，获取非法所得。一个共产党的高官，身在高位，不谋思政，却利用手中权力，为他人服务，妄为党的高级干部，共产党应以天下之任为己任，本应全心全意为人民服务，当好人民的公仆，李启红却违背了党的宗旨，辜负了党对她的培养教育，党和人民把她送上领导岗位，也曾高调当选"2009 中国十大品牌市长"，她当时获奖的颁奖词是："前瞻木兰，情系中山"，获奖理由是："她脚踏实地，一步一个脚印成长为杰出的品牌女性；她以其务实的作风，前瞻性的眼光，引领中山迈入珠三角'科技金融结合试点城市'。2009 年，她在交通、金融产业集群、城建环保等各个环节，为打造中山城市品牌，持续不断地挥洒着热情。"这也许是对她在中山市任市长期间的评价，也或许是对她最大的讽刺，也或许是对评选机构最好的嘲笑。

启示之二是作为一名高官，对"利用内幕交易信息炒股票"不知是违法，这实在让人啼笑不得，不知道违法，那么亲朋好友利用你提供的信息，买卖股票赚得非法收入，这难道不是犯法？人们不禁在问，这样无知的辩词，不知她是怎么高调当选为市长的。

197 史上最大规模"抢帽子"案始末

2009 年 11 月，证监会根据相关线索，查获了一起史上最大"抢帽子"操纵案件，一个涉案证券账户 148 个，动用资金 20 亿元、交易股票 552 只，累计交易金额 571.76 亿元，非法获利 4.26 亿元的市场操纵大案。

证监会组织了三四十人的调查组，对案件作了深入调查。调查结果显示，以薛书荣、郑宏中为首的团伙通过广东中恒信传媒投资有限公司，私下联络 10 家证券公司和 8 家证券投资咨询公司的 30 名证券分析师，以"先行买入股票、公开推荐、推高卖出"

的"抢帽子"手法操纵市场获利。

初始，调查组在广东中恒信公司，然而，在这个打着中恒信公司招牌的地方，并没有实质性的东西，更没有一个作为视频节目制作公司应该有的摄影基地与相关视频资料。经过多方努力，在当天傍晚，调查组终于找到了真正的视频制作中心，它隐藏在一个居民楼，是很专业的视频制作场地，其中光是摄影棚就有三个，灯光、化妆、摄影器材一应俱全。他们在这里发现了一部分正在制作的荐股节目的视频资料与 PPT 资料，使案件获得重要突破。

案件中涉及的 112 个资金账户，分布在 44 家证券营业部，为了调查犯罪线索，调查组人员去了 10 来个省份。

调查证实，自 2007 年 4 月至 2009 年 10 月，该团伙以 70 个自然人名义在 44 家证券营业部开立 112 个资金账户，使用 148 个证券账户，动用超过 20 亿资金预先买入他们选定的股票，在电视台通过分析师公开推荐这些股票后迅速卖出，这些账户累计交易金额 571.76 亿元，非法获利 4.26 亿元。

这 148 个证券账户、112 个资金账户的操作手法都是统一的，而其与中恒信的一系列节目播出的内容都高度吻合，他们在操作上均是延续着这样的路线：这些账户买入相关股票，相关股票在一系列中恒信制作的电视节目上播出，账户随后卖出股票。

他们荐股的三部曲，首先是薛书荣、郑宏中、杨晓鸿、黎睿咨等人以 70 个自然人名义在 44 家证券营业部开立 112 个资金账户，先后使用 148 证券账户，动用超过 20 亿元资金买卖股票。

其中薛书荣是一个有着多年证券从业经验的人士，其曾在相关证券机构任职过，而其余郑、杨、黎三人均在股市有着多年的涉猎经验，并且资金量不低，是市场的大户。

紧接着，中恒信公司登场，这家传媒投资公司打着"投资学习专家"的口号，向外宣称自己是一家"秉承'持恒守信'的价值观，以投资者的投资价值实现为目标，以优势媒体为载体向广大投资者传递及时、公正、客观、高效财经服务"。

薛书荣、郑宏中等人，开始通过各种渠道，私下联络了一些证券公司和投资咨询机构的证券分析师，让他们担任出镜主角。最后的调查显示，薛和郑在 2007 年 4 月到 2009 年 10 月份期间，先后总共合作过 10 家证券公司和 8 家投资咨询机构的 30 名证券分析师。他们通过一系列广告公司，购买了多家电视台的早、午、晚证券栏目时段。

接下来，薛等人便圈定了一系列股票，然后由黎睿咨、张宏、欧阳宏、桑旭、何淼、梅养和等人首先安排人员制作这些股票的荐股 PPT，最后这些荐股 PPT 被使用在中恒信公司的视频制作中心来录制出各种节目。

与此同时，在节目制作以及相关播出日期拟定之后，薛等人的操盘手，便在他们的操盘地点收到薛等人的指示，运用那些庞大的账户买入相应的股票。

证监会认定，薛书荣、郑宏中等人以"抢帽子"交易方式操纵股票价格，违反了《证券法》第七十七条第一款第（四）项的规定，同时涉嫌构成《刑法》第一百八十二条第一款第（四）项规定的情形，证监会已于 2010 年 3 月将该案移送公安机关追究刑事责任。

在总结这个案件中，证监会认为，这个案件涉嫌金额十分巨大，操纵股票数量史无前例，涉案人员数量众多。同时，他们通过多家卫视媒体荐股，影响力巨大，受害股民数量众多；涉案团伙组织周密且公司化运作，反侦察能力极强。

调查组分析指出，中恒信案件复杂性在于，涉案人员分工明确，有人专门负责挑选股票，聘请操盘手下单；有人制作荐股 PPT，并录成节目播出。除少数核心人员外，这条流水钱上的人员并不知道自己实际上涉嫌进了这起史上最大的"抢帽子"案。

此案的操纵方式与过去坐庄相比，更表现出多人团队有组织的、大规模的股票数量操作模式。

在这次案件中暴露出了严重的分析师道德风险，分析师在本案中，无疑扮演了一个重要角色，他们充当了演员，因为剧本是准备好的，台词是准备好的，他们上台只是表演罢了。

此案最有教育意义的是，广大股民不要相信分析师荐股，可是善良的股民总是愿意听信荐股，结果只有上当受骗的份。杜绝上当受骗的最好办法就是自己选股，从分析基本面入手，选择那些质地优良的、有持续增长能力的、符合国家扶植政策的，分红派现能力强的，总之树立价值投资理念，无疑是最好的选择。

198 "偷"消息的下场

证监会新任主席郭树清上台初始，就对内幕交易、市场操纵等行为予以痛斥，指出"内幕交易的本质就是'偷'，证监会发现一起，坚决查处一起，将严惩操纵市场、欺诈上市、利益输送、虚假披露等违法违规行为。"

下列案件颇有戏剧性。

谭亚西，原重庆市总商会投资担保公司总经理，上市公司东方银星（600753）控股股东债权人的高管，其利用特有身份获取内幕信息，并进行内幕交易。

2009 年 6 月下旬，东方银星控股股东重庆银星智业集团，开始与广西有色金属集团委托的广西矿业投资管理公司筹划东方银星控股股权变更并进行重大资产重组事宜。6 月 29 日，双方进行重组谈判。经过谈判，双方达成一致意见，拟由广西矿投受让银星集团持有的东方银星股份 2500 万股，并协助东方银星剥离现有全部非货币资产，双方签署了《关于东方银星资产重组与股份转让的意向书》。

同时，广西有色控股的广西华锡集团全体股东以其持有华锡集团的全部股份注入东方银星，使东方银星取得华锡集团的全部资产，成为一家以矿业为主营业务的公司。

由于谈判在重庆市总商会投资担保公司进行，会议室由商会担保总经理谭亚西提供和安排，这为其获取内幕信息创造了得天独厚的条件。

当日，谭亚西及其亲属控制的"商会担保"等 4 个账户，动用资金 1258.86 万元，合计买入东方银星 1534468 股。

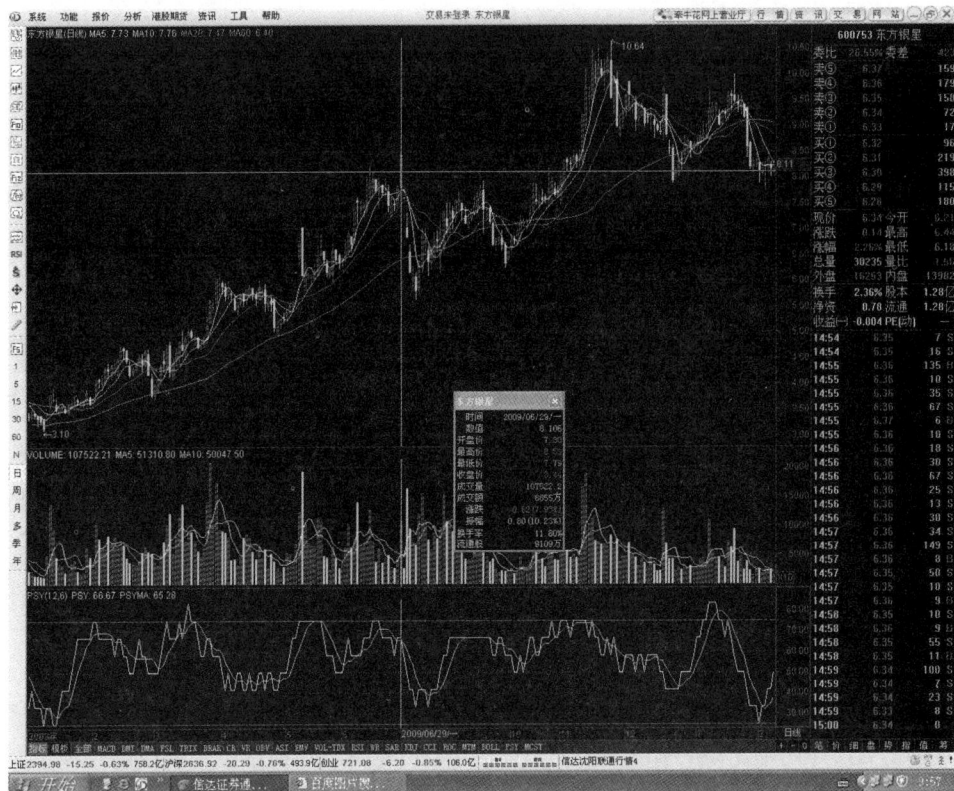

2009 年 7 月 1 日，东方银星对上述重大资产重组事项进行了公告，公司股票于当日开始停牌。

俗话说，再狡猾的狐狸也斗不过老猎人。谭亚西买入股票，只等着东方银星复牌后股价大涨，可他万万没想到其控制的 4 个账户的大手笔买入行为，已被上交所的监控系统"盯上"。

发现线索后，上交所立即上报到证监会。随即，证监会对东方银星重大资产重组过程中股价异动问题迅速展开调查。

由于重组双方在沟通资产重组意向、确定谈判时间和地点等事项时均是采用电话联系方式进行，且重组谈判在 2009 年 6 月 29 日一次完成。除双方签署的资产重组及股份转让意向书外，此次重组的前期筹划阶段没有形成其他书面文件和电子资料，客观上给案件调查带来一定难度。而调查过程中，当事人对其知晓内幕信息的事实矢口否认。

证监会调查人员在查实嫌疑账户实际控制人的基础上，多方求证，最终查明了谭亚西等人进行内幕交易的事实，并移送公安机关查处。

谭亚西等人的上述行为构成了内幕交易行为，同时涉嫌构成《刑法》第一百八十条规定的内幕交易罪。证监会认为，谭亚西作为上市公司控股股东债权人的高管人员，利用其特有身份获取内幕信息，并进行内幕交易，违背了重组双方的信赖义务，恶意利用其掌握的信息优势，使交易相对人处于不利地位，有违市场公平原则。证监会强调，内幕交易的主体日趋多元化，不论任何主体，但凡知悉、利用内幕信息从事证券交易活动，一经发现，均依法查处，决不姑息。

2009 年 6 月 29 日，东方银星开盘价为 7.80 元，较前一日低开 0.02 元，当日最高摸至 8.59 元，最低 7.79 元，收报 8.44 元，换手 11.80%。8 月 13 日开盘后，即出现连续下跌，最低下探至 5.63 元后，一根长阳将股价拉起。此后，该股一路上涨，到 11 月 24 日，股价最高上涨到 10.64 元，这里显然有主力运作的痕迹，显示打压再清洗筹码，尔后大幅拉升，这些情况，一般投资者当然很难看清。

至于谭亚西所买股票何时卖出，获利多少，我们无从知晓，但仅就 6 月 29 日接换手情况，较前一交易日扩大了一倍多。有明显异动迹象。

目前谭亚西案件已移送公安部门。2012 年 4 月 20 日证监会向社会公众通报了谭亚西等人涉嫌内幕交易案情况。公安机关已侦查终结并移送检察机关审查起诉。

有意思的事，本案利用内幕消息，提前买入大量股票，而其消息并非本人亲临会议，而是借给谈判双方安排了会议室,他是如何窃取谈判内幕,且如此之快,当日谈判成功,谭亚西当日调动资金上千万元,并完成交易,"偷"消息之快,完成交易之快,可谓迅速之极,令人咋舌。

有道是法网恢恢,疏而不漏,谭亚西满以为不露声色偷消息得逞,但没有不透风的墙,最终,将被押上审判台,这就是"偷"的下场。

199　"卖花姑娘"何学葵

2012 年 5 月 7 日, *ST 大地 (002200) 刊登一则停牌公告:

*ST 大地涉嫌欺诈发行股票罪、违规披露重要信息罪、伪造金融票证罪、故意销毁会计凭证罪一案于 5 月 7 日 9 时 30 分在云南省昆明市中级人民法院第二法庭开庭审理,为避免公司股价异常波动,充分保护广大投资者的利益,经公司申请,公司股票自 2012 年 5 月 7 日起停牌,待相关事项公告后复牌。

云南绿大地生物科技股份有限公司始建于 1996 年, 2001 年完成股份制改造, 2007 年 12 月 21 日,公开发行股票并在深圳证券交易所挂牌上市,成为 A 股唯一一个园林行业的上市公司。公司的主营业务为绿化工程设计及施工,绿化苗木种植及销售。注册资本 15, 108.71 万元人民币,拥有自主苗木生产基地 2.9 万余亩,是国内领先的特色苗木生产企业。

2011 年 3 月 17 日,绿大地公司发布公告称,董事长何学葵因涉嫌欺诈发行股票罪被公安机关逮捕。随即中国证监会在官方网站上表示,证监会在 2010 年 3 月就因绿大地涉嫌信息披露违规立案稽查,发现公司存在虚增资产、虚增收入、虚增利润等多项违规违法行为。

绿大地造假行为主要表现在以下几个方面。

虚增资产。公司在上市招股说明书显示,截止到 2007 年 6 月 30 日,公司资产合计约为 4.5 亿元,其中流动资产中的存货一项达到 1.8 亿。其存货主要为各类苗木。其报价与市场价完全不一致。如某种苗木市场价是 60 元,而到了绿大地就变成了 300 元,价格相差 5 倍。

除了货物价格造假以外,其地价也是假的。绿大地总部在昆明二环以外,当时经济技术开发区为 20 万一亩,绿大地自己报价 100 万一亩。

有报道称，绿大地上市之前一共有近 20 枚假公章来伪造上市材料。在其 2010 年年报全年收入总额为 35905.95 万元，而其中绿化工程占据了 34484.67 万元，很明显存在虚假数字。

令人不解的是，在其 2010 年一季报中，仅合并现金流量项目，就有多达 27 项差错，这些差错少则几千万，多达上亿元。在"筹资活动产生的现金流量"项下，取得借款收到的现金、筹资活动现金流入小计、偿还债务支付的现金分别为 1.57 亿元、1.57 亿元、6.14 亿元，更正后均为空白。那么人们要问，绿大地到底借到了 1.57 亿元没有？6.14 亿元欠债到底还了没有？

绿大地的报表可谓漏洞百出，在其马鸣基地的 3 口深井造价惊人，计入固定资产216.83 万元，每口价值 72.27 万元。而该招股说明书上的另一口深井，却只有 8.13 万元，价格相差 10 倍。在其马鸣基地围墙的固定资产值为 686.9 万元，在其招股说明书上显示的该基地 4 块地（原为荒山）共 3500 亩，如果只围地块的周长，折算下来，每米围墙的价格高达 1268.86 元。

令绿大地被查的导火线，是该公司 2010 年 3 月的一季报。这是一份令人叹为观止的季度报告，2010 年 4 月 28 日预告基本每股收益 0.27 元，4 月 30 日正式出台的一季报每股收益竟然只有 0.1 元，隔一天之差，相差如此之大，可见绿大地作假丝毫不加掩饰。

绿大地在季报、年报频繁出现错误，引起了证监会的重视，就在其第一季度报告公告后，证监会即对绿大地进行了调查。结果更为惊奇，更改数字当儿戏，可以随意更改，视为家常便饭。

在 2010 年 6 月 17 日发布的《关于 2010 年一季度报表更正差异的专项说明》显示，其原一季报的营业收入少计 10 万元，营业利润多计 67.57 万元，净利润多计 52.57 万元。

其 2010 年一季度的固定资产多计 5983.67 万元，应付款多计 6295.75 万元，绿大地对此解释是"因工作失误"。

还有更可笑的疑点，在 2010 年一季度的销售额仅为 5989.35 万元，而缴纳的税费高达 3.02 亿元。

其实，绿大地的报表差错不仅仅在 2010 年第一季度，在最近三年来，该公司的年度报告，也接连出现类似状况。

深交所曾在 2010 年 7 月 9 日《关于对云南绿大地生物科技股份有限公司及相关当事人给予处分的公告》中称，该公司的"2008 年年度报告存在重大会计差错，对销售退回未进行账务处理，没有把 2008 年的退货计入年报。

经查，该公司在 2010 年 4 月 30 日披露的 2009 年年报中对前期重大会计差错进行了如下更正：追溯调整减少 2008 年度合并及母公司营业收入 2348.52 万元，那么，该年度未分配利润也随之减少 1038.40 万元。

绿大地的财务手段，到 2009 年更加肆无忌惮，创下中国证券市场年报变脸新记录：2009 年 10 月～2010 年 4 月，绿大地披露的业绩预告和快报曾五度反复，由之前的预增过亿，变更为最后的巨亏 1.5 亿元。

2009 年 10 月 30 日，该公司发布 2009 年三季报称，预计 2009 年度净利润同比增长 20%～50%。2010 年 1 月 30 日，该公司公告称，将 2009 年净利润增幅修正为较上年下降 30% 以内，来了个大转折。

变脸继续进行，数字游戏越变越奇。2010 年 2 月 27 日第三次发布 2009 年度业绩快报时，净利润却又变为 6212 万元。2010 年 4 月 28 日，绿大地又将净利润修正为亏损 1.2796 亿元，再次大逆转一回。仅隔了一天，4 月 30 日正式公布 2009 年年度报告时，该公司 2009 年净利润定格为亏损 1.5123 亿元。

对绿大地的审判，已于近日开庭，相信不久就会有结果。绿大地董事长何学葵也会罪有应得，对绿大地上市作出"贡献"的会计师事务所、律师事务所、保荐机构等涉案单位和个人也会给他们香饽饽吃。

可怜、可悲、可恨的绿大地董事长何学葵，竟如此胆大妄为、欺诈上市，明目张胆作假，不加掩饰，业绩变脸一天一个样，多少投资者被绿大地的香花毒草所迷惑，上当受骗。

何学葵，曾经是一个"卖花姑娘"，靠花卉生意赚到第一桶金，而后转入园艺行当，1996 年 6 月花 100 万元成立了绿大地的前身云南河口绿大地实业有限责任公司。

她深知，投资农业类行业不可能赚大钱，她也明白，银广夏、蓝田股份的下场，但她更知道，做园艺 20 年的财富积累，远不如上市，一夜暴富，于是铤而走险，贪婪、欺诈，其结果把自己送上审判台。

200　处罚违规违纪案件，证监会决不手软

2010 年证监会处罚的违法违纪案明显加大了处罚力度，有力地打击了各类违法违

规行为。

从 2010 年统计看，反映在证券案件上，主要违法行为是信息披露类违法，包括信息披露违规、虚假陈述、机构违规经营或交易、市场操纵、内幕交易和非法证券经营活动等。而信息披露类违法行为是证券违法行为最主要类型，占全部案件的 50%，其次是机构违规经营或交易行为，占 20.31%。

从证监会查处的内幕交易案件看，一个显著的特点是，查处的内幕交易案件数量显著上升，占比 16.53%，远远超过 2007-2009 年间的 5.35% 均值。2010 年行政处罚委共审结内幕交易案件 14 件，分别是 2008 年—2009 年间的 4.6 倍和 2.3 倍。同时另有 13 件内幕交易案件由证监会稽查部门依法直接移交公安机关。

在违法行为的具体表现上，在机构违规经营或交易行为中，机构投资者利用他人账户行为有明显增长。2010 年机构投资者因利用他人账户受到处罚的案件共 10 件。

违法主体类型分为上市公司及高管（董事、监事、高级管理人员）、上市公司股东、证券经营机构包括证券公司、基金管理公司及从业人员、中介机构包括律师事务所、会计师事务所、资产评估机构及从业人员。在 2010 年中，有 16 家上市公司及 159 名上市公司高管受到处罚，8 名上市公司股东受到行政处罚，2 家证券经营机构及 32 名从业人员受到行政处罚，5 家中介机构及 19 名从业人员受到行政处罚。上市公司及高管是被处罚主体类型的主流。

从处罚金额上看，处罚金额在 10-50 万元区间的案件最多，占整个处罚案件的 34.04%，处罚金额在 0-10 万元间的小案件不多，超过 500 万元罚款的大案也比较少。其主要原因是我国经济犯罪追诉机制。依照最高人民检察院与公安部的规定，涉案金额超过一定标准的案件在稽查阶段就直接移交公安部门处理；另外，由于我国《证券法》对上市公司信息披露违法等行为规定的罚款金额大多为 60 万元人民币以下。

中国证监会对处罚对象采取两类制裁：一是作出《行政处罚决定书》；二是作出《市场禁入决定书》。

从证券行政处罚总体情况分析看，2010 年，共收案件 107 件，审结 67 件。经过行政处罚委审理，中国证监会作出 53 项行政处罚决定书及 16 项市场禁入决定书，共有上市公司 24 家、会计师事务所 3 家、期货公司 2 家、其他机构 7 家受到处罚，其中 2 家机构证券投资咨询业务许可被撤销，1 家机构期货经纪业务许可被吊销，没收法人违法所得总计 4669.95 万元、港币 854.47 万元，对法人罚款总计 3785.24 万元；48 名自然人被市场禁入（永久性禁入 8 人、十年禁入 9 人、七年禁入 2 人、五年禁入

16 人、三年禁入 13 人），3 人证券从业资格被吊销，53 人被警告，证监会对 197 名自然人给予罚款合计 1721.62 万元，没收违法所得共计 96.57 万元。

2010 年，证券行政处罚案件当年的案件审结比率为 62.62%，与 2009 年有所降低，这与 2010 年收案数上升有关，案件审理人员缺少和案件增加矛盾有待解决。

和各国证券行政处罚相比较：

美国证监会共有雇员 3748 人，可谓庞大，财政预算当年为 15.71 亿美元。当年美国证券监管的罚没收入达到了 28.5 亿美元，其中没收违法所得 18.2 亿美元，罚款 10.3 亿美元。该财年共对 71 名个人实行市场禁入，案件调查终结比率为 37.47%，司法部提起证券刑事诉讼 139 起。

英国金融服务局共有雇员 3300 人，财政预算 7.47 亿美元。2010-2011 财年共展开调查案件 258 件，审结 103 件，结案比率为 39.92%。移交给金融服务和市场审裁处 32 件案件。

该财年共对 71 人实施市场禁入。2010-2011 财年的处罚金额 9850 万英镑（16080.125 万美元），创下迄今为止的最高纪录，其中包括对 JP 摩根处以高达 3330 万英镑的高额罚款。

香港证监会共有雇员 544 人，财政支出约 1 亿美元。在 2010-2011 财年中，香港证监会共展开调查案件 262 件，已完成 251 件调查，共处罚对象 49 个，罚金 1462.88 万港币。成功检控 55 件，不成功检控 1 件。被起诉人士为 58 人，提出的刑事控罪为 361 项。其中，涉嫌市场操纵和内幕交易行为被起诉的人士为 9 人，涉嫌市场操纵和内幕交易行为的刑事控罪 76 项，分别占到 15.51% 和 21.05%。

德国联邦金融监管委员会共有雇员 1829 人，财政预算 1.533 亿欧元。根据 2009 财年数据，该财年共针对内幕交易、市场操纵、上市公司信息披露、董事交易、投票权问题立案 441 件，结案 392 件。

法国金融市场管理局雇员为 383 人，共支出 0.6717 亿欧元。其处罚委员会新收案件 76 件，作出制裁 39 件。

印度证券与交易委员会共有雇员 607 人，2009-2010 财年，发起调查 71 件，审结 74 件。提出刑事控诉 30 件，被控诉人士 109 人。在案件类型中，市场操纵占比最高，其次是内幕交易案件。

我们之所以把证监会 2010 年查处违纪违法案件基本情况摘报给投资者，以便使大家了解一些证券市场一年来所发生的案件，及查处情况。2011 年结果虽未公布，但从即时公布的案件看，查处案件的力度更大，效果更明显。它一方面告诉我们证监会不断加强稽查和查处力度，使一些重大违规违法案件被揭露；另一方面说明在证券市场，风险无处不在，股市陷阱不得不防。其目的通过对证券市场违规违纪案件的了解，不断提高防范风险意识，牢固树立安全第一的思想，只有这样，才能防止掉进股市陷阱，有效保护自己的资金，只有资金的安全，才能把盈利的基础打得更扎实。

后　记

　　2011年元月开始写作本书，2012年5月完稿，迟迟不敢发表，生怕误导投资者，先在微博上发表了几章，给周围股友看了，征求意见，得到了不少股友的认可，并给予了许多鼓励和支持。

　　事隔整整一年，至今才出版，一年前写的内容，是当时思想和历史的记录，和现在作个对比，所以保持了原来的内容和数据，无论对错。可笑的是，股市还是没完没了的下跌，多少人看好2012年，笔者也寄希望于2012年，让中国的股市有个好收成，对于饥饿了几年的股民，都在期盼股市好起来，可老天如此折磨人，多么吉祥的龙年对善良的股民也不愿眷顾。笔者书中有好几篇文章赞美2012年，到时头来也是一厢情愿。2013年5月4日，就是写这篇后记的时候，美国道琼斯指数已攀上15000点，又创新高，可中国股市勉强站上2200点。亿万股民热切期待何时能圆股市梦。

　　说实话，我打字太慢，写作思维和打字速度常常发生矛盾，只好用手写。在此期间，刘佐扬女士给予了极大的帮助，深表感谢。

　　在本书写作过程中，我所在营业部总经理尹维达先生、客户经理安卓女士和技术总监高志强先生都给了我很大的支持和帮助，尹先生还为本书写了序，深表感谢。

　　感谢香港著名作家陈超毅先生为本书作的序。

　　感谢中国著名书画家范曾老先生为本书题写了书名。

感谢北京大吕文化传播有限公司总经理吕进先生、编辑部主任梁玉刚先生对本书修改、编辑、出版所做的努力。

感谢我的朋友孙思源先生、郭坤先生、梁爱军先生，他们在本书出版过程中给予了大力支持。

我还要感谢我的两个女儿，从始至终她们一直鼓励我坚持写作下去，并对文章的修改润色尽了最大努力。年仅13岁的小外孙，帮我查找了许多资料，他是我学习电脑的启蒙老师，我打心眼里感谢他们。

最后要感谢我的老伴，她见证了本文诞生的过程，默默地承担承担了所有的家务。她不仅是我一生中最好的伴侣，也是我股市中最好的搭档，我们共同在股市超过了十五个春秋，并将一同继续走下去。

在写作过程中，我查阅和参考了许多书籍和资料，这里不一一列举，在此一并表示感谢。

说心里话，没有大家的支持，这本书不可能出版，再一次对给予我帮助和支持的朋友和亲人们表示感谢。

尽管如此，由于本人思想感悟不深，写作水平低，书中有不少漏洞、缺点和错误也肯定存在。希望读者谅解，并提出批评指正。

郑子敬

2013 年 5 月